汉译世界学术名著丛书

炼 狱 的 诞 生

〔法〕雅克·勒高夫 著

周莽 译

商务印书馆
The Commercial Press

Jacques Le Goff

LA NAISSANCE DU PURGATOIRE

汉译世界学术名著丛书
出 版 说 明

我馆历来重视移译世界各国学术名著。从 20 世纪 50 年代起，更致力于翻译出版马克思主义诞生以前的古典学术著作，同时适当介绍当代具有定评的各派代表作品。我们确信只有用人类创造的全部知识财富来丰富自己的头脑，才能够建成现代化的社会主义社会。这些书籍所蕴藏的思想财富和学术价值，为学人所熟悉，毋需赘述。这些译本过去以单行本印行，难见系统，汇编为丛书，才能相得益彰，蔚为大观，既便于研读查考，又利于文化积累。为此，我们从 1981 年着手分辑刊行，至 2020 年已先后分十八辑印行名著 800 种。现继续编印第十九辑，到 2021 年出版至 850 种。今后在积累单本著作的基础上仍将陆续以名著版印行。希望海内外读书界、著译界给我们批评、建议，帮助我们把这套丛书出得更好。

商务印书馆编辑部

2020 年 7 月

炼狱，多么伟大的东西！

——热那亚的圣卡特琳娜

炼狱在诗歌意义上超越了天国与地狱，因为它代表着这两者
所欠缺的一种未来。

——夏多布里昂

炼狱的诞生与欧洲社会转型

彭小瑜

在雅克·勒高夫的丰富著述中，《圣路易》《试谈另一个中世纪》和《炼狱的诞生》在其最满意的几本书之列。"炼狱"不仅指有罪之人死后洗涤自己罪过的处所，也是中世纪欧洲的一个独特社会文化现象。勒高夫给出了一个动态的阐释。他举出列日一位高利贷者的故事：死者的亲人和朋友可以代其行善，帮助炼狱中的罪人提前升天。高利贷者的妻子在他去世之后坚持做了14年的施舍和苦修善功，帮助死者脱离炼狱的磨难，提前升入天堂。勒高夫就此议论说，以男女合意和男女平等为基础的一夫一妻制度在中世纪被稳定地建立了起来，即便在配偶去世以后，人们仍然希望为对方做点什么。人们因为炼狱的存在或者想象，能够去积极行善，实践自己对亲人和所有人的爱情和爱意。所以在中世纪人们的心目中，承认炼狱存在的信念，代表着希望。勒高夫坦白说，他其实想说的是"中世纪代表着希望"，代表着面向未来的现代人类的希望，因为在他看来，中世纪的文化传统培育良善品德，是对冷漠的现代商业社会的批评和修正。

这种态度还提示了一条尊重甚至敬畏传统的一般性原则：不

是轻率和粗暴地否定和抛弃历史遗产，而是用体贴入微的心思去感受过去发生的事情以及这些事情背后活生生的人——这一条原则当然也可适用于我们自己对待中华文明传统的态度。缺乏批判性地肯定文艺复兴和启蒙运动对现代世界的贡献，很容易导致人们对前现代社会的低估以及对历史和文化传统的轻视。理解勒高夫对中世纪西方文化的欣赏，理解他对炼狱作为一种观念和社会实践的欣赏，不仅有助于我们理解作为近代欧洲文明基础的中世纪人文主义，甚至有助于我们针对所谓的"李约瑟难题"给出一个更加合理的解释。

炼狱和中世纪人文主义

马尔库塞在《单向度的人》（1964）一书里面批评了现代西方的技术社会，认为前现代的中世纪欧洲"封建"文化在一定程度上让现代西方还保留着些许高雅的精神和文化，让人们对商人的牟利务实品位的厌恶和反感有了传统元素的有力支撑。勒高夫由中世纪历史研究的角度阐释了同样的看法。他心爱的中世纪不仅代表着西方文化的精华，不仅构成其中人道主义关怀最强烈、对个人尊严和情感最体贴关照的部分，也为现代世界走向充满希望的美好未来提供了历史经验和借鉴。这样一种态度反转了启蒙运动以及之后的西方世俗文化质疑和否定中世纪的立场。

勒高夫热爱中世纪，《炼狱的诞生》一书是他对中世纪的爱情的结晶。该书在结构上符合欧美学者研究中世纪思想和制度史的常规，譬如作者追溯了炼狱观念和学说及早期教会的作者，甚至还追溯到犹太教传统。勒高夫也按照时间顺序谈论了中世纪不同阶段的炼狱观念及其对宗教实践活动的影响，并系统、深入地研究了 12 和 13 世纪的情况。勒高夫拒绝认同 18 世纪启蒙运动和 19 世纪激进世俗化所带来的以自私自利的个人主义为特征的资产阶级观念体系，认为西方文明在近代的良性发展在很大程度上得益于中世纪的文化和制度建构。这也是晚近中世纪研究的主流看法之一。

对中世纪文化深刻的同情和理解构成了勒高夫的中世纪研究的基础。正如他在回忆青少年学习经历时所说的，司各特的小说《艾凡赫》让他在 12 岁的时候就对中世纪生活和文化着了迷。这部小说里面的故事发生在英国国王理查德一世（1189—1199 年在位）和他的随从艾凡赫身边。幽静神秘的森林，热闹和充满惊奇故事的骑士比武大会，包围和攻打妥吉尔司东城堡的战斗，在贵族和骑士周围的仆人、妇女、修士和神父，都让少年勒高夫对中世纪充满遐思；美丽的犹太姑娘蕊贝卡及其亲人被迫害的情节激发了他作为一个天主教徒对当时（20 世纪 30 年代）流行的反犹主义的憎恨。他后来还特意提到一个细节，就是他记得，在 1952 年版电影《艾凡赫》中扮演蕊贝卡的演员伊丽莎白·泰勒，让他看到心目中的人物在眼前变得光彩夺目。欧洲的历史和现实，在他的情感里面是无法分离的。勒高夫在晚年论及他的中世纪历史研究时毫不犹豫地指出，历史学家当然不是小说家，但是历史学家对历史的理解无法脱离他对现实生活的强烈感受，而且中世纪文化不仅延续到现代社会，还将深刻地影响世界的未来："我心目中的中世纪来自我对过去、现在和未来的长期思考。"① 学者将自己对现实生活的感受和强烈的情感投射到对延续千年的历史文化传统的注视和探究，是勒高夫对法国年鉴学派"长时段"理论的一个有趣发展。

按照勒高夫的"长中世纪"概念，追溯近代欧洲的文化和制度起源需要回到中世纪，甚至需要回到古典晚期，而在近代欧洲诞生的漫长进程中，11—13 世纪这 300 年是至关重要的。在他看来，人文主义并非出自 14 和 15 世纪的意大利文艺复兴。人文主义是中世纪的产儿。这一观点在《炼狱的诞生》一书中十分突出，是勒高夫讨论炼狱问题的主导思想。

正如大卫·诺里斯（David Knowles）1941 年就曾论及的，12 世纪的人文主义对文学、个人情感以及情感的优雅表达给予高度重视，而且这种对个人和个人情感的重视在 13 世纪，在当时的经院学者群体之外，在方济各和茹安维尔那里，仍然得到延续。② 而方济各和茹安维尔——后者为法国国王路易九世的传记作者，恰恰是勒高夫特别关注和深入研究的历史人物。二者的态度、情感和活动也构成勒高夫借以理解和阐释中世纪人文主义及其社会语境的主要依据。11 和 12 世纪的欧洲神学家、教会法学家和布道者都开始强调《创世记》第 I 章第 26 节：神按照自己的形象创造了人。在神和人之间由此建立的相似性，勒高夫明确指出，构成了

---

① *My Quest for the Middle Ages*, 2005, pp. 1–3, 121–124.

② David Knowles, "The Humanism of the Twelfth Century," 1941.

中世纪人文主义的基础，并引导人们看重人的理性、个体性、世俗生活和大自然，尽管这一切仍然被看作来自神的恩典。而且在当时，个人价值与人所归属的社团之间被认为存在密切的关联。勒高夫认为，中世纪对现代西方社会的建构意义不能局限于11和12世纪，之前的几个世纪也不应该被忽视。他比诺里斯更加强调13世纪在欧洲文明诞生进程中的关键地位，尤其是城市化的社会冲击力；更加重视人世间生活的价值观转向，其对欧洲社会政治和经济的发展以及宗教生活的各个方面都有深刻的塑造作用。[①]

对炼狱的想象以及与炼狱相关的赎罪祈祷和其他赎罪制度，在12世纪后期得到教会的认可，并成为宗教礼仪的一个组成部分。在理论上，教宗拥有赦免罪人的权威，但是对在炼狱里面受苦的罪人，这一赦免在本质上只是为忏悔者进行有益的祈祷，并不可以保证他们立刻获得解脱，进入天堂。信徒在去世前为赎罪捐献给教会或者慈善事业的财富，或者死者家属为他捐赠的钱财，不仅帮助修建了教堂、修院，推进了各项救济工作，也成为教会道德教化工作的一个组成部分。在这方面滥用教会权威的现象一直存在，到了16世纪变得十分严重。赎罪券被直接用来增加君主和教会的财政收入，引发了路德的抗议和宗教改革。

炼狱观念抵制极端主义

正如勒高夫的研究所表明的，在13世纪的社会实践中，信

---

① *The Birth of Europe*, 2005, pp. 79–81.

徒们相信炼狱的存在，并希望通过祈祷和善功忏悔罪过，来缩短自己和亲人在炼狱受苦的时间。在这一宗教观念和行为的背后，是中世纪人文主义所代表的新的社会格局，也就是对人、对美好生活的更加珍惜和器重，同时对人世间苦难有更深的关切。这一社会新动向在很大程度上与城市工商业的发达有关，与财富和贫穷同步增长的不平等现象有关。方济各会等新修会试图以更加积极的态度来应对新的社会问题，进行了规模前所未有的慈善事业，以至于勒高夫认为出现了一个新的"仁爱的欧洲"。

炼狱的观念和制度构成了中世纪人文主义运动的一个侧面，譬如被曲折地用来为商业活动和商人的地位提供合法性。敏锐察觉和清晰展示了这一点，恰恰是勒高夫所做研究的一个创新贡献。他曾经说，商业牟利活动的合法性在这一时期逐渐得到认可，商人的社会地位以及政治影响也有所加强，与封建贵族的关系更加密切。与此同时，商人们表现出高涨的宗教热情，为许多欧洲城镇建立了那里的第一所为穷人服务的医院兼济贫所。中世纪人文主义对商人牟利行为的认可只是一种让步，并不是以放弃基督教经济社会伦理为代价的。贪婪依然是重罪，依然会让商人坠入地狱。不过因为炼狱，他们现在有了更多机会进入天堂。譬如教会允许和鼓励列日的那位高利贷者的妻子祈祷和行善，帮助她死去的丈夫早日脱离炼狱中的磨难，在天堂获得永生。[1]

炼狱给了这位高利贷者以及各行各业积极入世的人们更多控

---

① *The Birth of Europe*, pp. 116–118, 143.

制自己命运的主动权。譬如贪吃、说脏话、放肆地笑以及传递八卦新闻等，在中世纪曾经被教会看作很严重的罪过。犯有这类罪过的人，因为炼狱的存在，即便在死后也有了洗涤罪过和进入天堂的机会。在 12 和 13 世纪，中世纪人文主义在宗教问题上系统地展现了去极端化的倾向，并推动基督教道德更加开放地接受和肯定世俗生活。炼狱观念和制度得到教会、国家和社会的认可并被视为正统，是其中一个重要的侧面。而这一时期出现的异端运动主流恰恰是信奉极端善恶二元论的"纯洁派"（可能受到摩尼教的影响），极力贬斥包括婚姻家庭在内的世俗生活的价值，当然也毫不妥协地反对炼狱的观念。这些异端试图否定炼狱存在的理由恰恰证明了炼狱的社会意义：在人世间，除了完美得可以直接进入天堂的人，邪恶得必须直接坠入地狱的人，还有更多不完美也没有邪恶到不可救药的普通人。将人类社会区分为完美和极度邪恶的两部分，几乎就彻底地否定了人性的空间，否定了宽容的温情，否定了妥协的余地。勒高夫指出，这种善恶二元论的极端思维被当时的社会主流明确认定为异端，非常幸运地在中世纪欧洲被击退了。[①]

不仅炼狱这一看似可怖的观念和制度成为中世纪欧洲抵制极端主义的工具，以人文主义为标识的文化转型也改变了人们对笑、对美食的态度：无论笑还是饮食都曾经在崇尚苦修的中世纪早期被看作是需要克制的，因为人们希望抑制个体情感和身体欲望。这一情况在 12 和 13 世纪发生了变化。勒高夫诙谐地谈到，当时

---

　　① *My Quest for the Middle Ages*, pp. 101–102.

的人们对表达欢乐的笑和情感的宣泄有了更加积极和肯定的态度，譬如在一些契约文件上的签名处会有"快乐的捐赠人某某"这样的表述——也就是欢笑着的捐赠人。经院神学家曾经争论过，笑，尤其是开心的而不是表示轻蔑的大笑，是否构成一种狂妄和对他人不尊敬的表情，修道人士是否能够露出牙齿大笑。阿奎那的老师大阿尔伯特说，人间的笑声是天堂笑声的回声。方济各将欢笑变成圣徒的性格特征。一些方济各修会的修院因为老有笑声而受到修会领导的训诫，后者提醒年轻的修士们不要过度和简单地模仿修会的创始人。贪吃在中世纪常常被看作放纵身体欲望的一个方面，但是到了 12 世纪，烹调技术的提高和讲究营养的风气增加了人们对美食的欣赏。使用菜谱成为时尚，法国的美食也逐渐开始获得声誉。① 享受人世间的美好生活，培育和伸张个人的个性，这一切符合现代人习惯的新生活态度，按照中世纪的道德说教，不可避免会有种种不完美甚至罪过。所以炼狱是必要的，可以为真实生活中形形色色和丰富多彩的人生提供一个通向天堂的途径，即便人们没有都活出圣徒的模样。世俗生活由此获得了切实可行的发展空间。所以勒高夫在《炼狱的诞生》的开场白里面说，炼狱观念和制度背后是一场思想和文化的革命，是中世纪生活方式的一场巨变。

　　这一核心主题在该书第九章得到了集中的阐释。勒高夫肯定炼狱对一些严重罪过的宽恕态度，并因此由三个方面谈到了炼狱

----

　　① 　Jacques Le Goff, "Rire au Moyen Age," 1989; *My Quest for the Middle Ages*, pp. 107–108; *The Birth of Europe*, pp. 152–153.

的社会进步意义，正如我们在前面提及的，列日的那位高利贷者借助他妻子的虔诚和祈祷脱离了炼狱，获得了永生。勒高夫认为，在布道和宣讲基督教道德的书本里，教会不仅通过这一类故事表彰了基于爱情的一夫一妻婚姻，批评了算计经济和政治利益的封建婚姻，并且对商人和高利贷者展示了宽容的态度，推动了工商业的发展和近代资本主义的起源。炼狱第三个方面的社会意义在于，生者为炼狱中死者的祈祷和所做的慈善工作，说明了这个时期的中世纪欧洲重视和强调集体的团结互助，包括家族、行会和修道院成员相互之间的爱护、忠诚和同情。

　　勒高夫还强调说，在人文主义的大氛围中，对异端的迫害令人遗憾，但是有时候是出于压制极端主义的需要。他也认为，镇压异端在整体上属于罕见的情况，连阿奎那在神学方法上具有革命性和颠覆性的创新都没有受到阻碍。他对商人和银行家的研究说明，在受到基督教伦理严格规范的中世纪经济领域也顺利进行了系统的革新。[①] 由勒高夫的炼狱问题研究可以引申出来的一个观点是，避免极端主义倾向和坚持温和的改良（改革）主义传统至少在 11 世纪以来一直是中世纪社会进步的一个突出特点，并最终推动西方社会进入近代化的起飞跑道。

由理解中世纪到破解 "李约瑟难题"

　　勒高夫曾经斩钉截铁地说："人文主义绝不是文艺复兴的产

---

① *My Quest for the Middle Ages*, pp. 45–64.

物。"① 他在这里所指的是 14 世纪发源于意大利、延续到 15 和 16
世纪的文艺复兴。对他而言，在 11、12 和 13 世纪繁盛的中世纪人
文主义才是近代欧洲起源的关键元素。他在 2003 年出版的《欧洲
的诞生》里面研究的，恰恰就是中世纪如何推动欧洲进入了近代
社会的发展阶段。中世纪为近代社会出现进行的最重要准备，就
是将基督教对天国的向往在一定程度上世俗化，进而强调尘世生活
和世俗追求的价值。② 正如恩格斯所说的，中世纪的激进人民运动
由 "'上帝儿女的平等'得出有关社会平等的结论，甚至已经部分
地得出有关财产平等的结论"。③ 中世纪人文主义所代表的主流文
化没有走那么远，没有具备那么激进的革命性，却实实在在为欧
洲向资本主义过渡进行了全面的准备。

　　勒高夫在《钱袋与永生》的结语里面写道：高利贷者是近代
欧洲资本主义的推动者。正是对地狱的巨大恐惧让他们在资本主
义的门槛上迟疑徘徊，而经由炼狱逃脱地狱的希望让他们摆脱了
恐惧，开始推动 13 世纪的欧洲经济和社会向着资本主义的方向发
展。而且这一发展同时在政治上和法律上有相匹配的制度建设。④
这里的关键词是 "13 世纪"。在写给中文版《圣路易》的序言里
面，勒高夫同样强调了 13 世纪在欧洲历史上的枢纽作用：13 世
纪的中国在各个方面都比欧洲更加发达、先进和富足，不过欧洲
"在各个方面处于发展和进步之中"。而在《欧洲的诞生》一书的

---

① *My Quest for the Middle Ages*, p. 119.

② *The Birth of Europe*, p. 177.

③ 《马克思恩格斯文集》第 2 卷，人民出版社，2009 年，237—238 页。

④ *Your Money or Your Life*, 1990, p. 93; *My Quest for the Middle Ages*, pp. 86-93.

结论里面，勒高夫直截了当地认为，在 15 世纪仍然是最先进的中国由于"封闭了自己，之后开始衰落了"。① 也就是说，勒高夫与李约瑟的看法有一致的地方，都认为在 15 世纪之前，中国在科技和其他方面都"远远超过同时代的欧洲"。而李约瑟提出的难题是："欧洲在 16 世纪以后就诞生了近代科学，这种科学已被证明是形成近代世界秩序的基本因素之一，而中国文明却未能在亚洲产生与此相似的近代科学，其阻碍因素是什么？"②

如果我们将视野由李约瑟的科学史研究拓宽到勒高夫的欧洲中世纪文明研究，拓宽到他对炼狱和其他中世纪社会问题的考察，我们会清楚地意识到后者借助观察长时段的欧洲历史，已经针对前者的问题提出了一个解释的思路：近代欧洲诞生的关键节点在11、12 和 13 世纪，不宜将此推迟到 14 和 15 世纪甚至更晚时期，也不宜笼统地追溯到古希腊文化；审视近代欧洲诞生是一项文明研究，科学史研究需要放在整体的文明研究中来进行，考虑到政治、法律和宗教等多方面的因素。按照勒高夫的逻辑，任何对欧洲文明和中国文明不同发展路径的讨论，或者说比较研究，都不可能忽略 11、12 和 13 世纪的欧洲，都需要解释为何近代欧洲的特征（包括文化、教育和科学等方面在内）在这个时期已经开始成型并稳定发展起来。

所谓"李约瑟难题"并不是一个设计得很好的问题。李约瑟

---

① *The Birth of Europe*, pp. 198–199.
② 李约瑟：《中国科学技术史》第一卷，科学出版社 2018 年版，2 页。

对中西科学思想的考察在时间上由古希腊和周代开始，延伸到明清和近代早期欧洲，跨度极大，几乎无法保证研究的科学性；内容上则是非常模糊的"中国和西方的人间法律和自然法则"，没有系统涉及复杂社会生活的方方面面。李约瑟研究中国科技史的一个关键着眼点在于，他认为中西科技在近代早期距离拉大，而其中的一个重要原因是"中国人的世界观"与西方人有很大差异——虽然他承认这种差异本身是有利有弊的。[①] 这样的思路很容易导致一个似是而非的结论，就是东方文明在结构上有难以克服的内在缺陷。如果我们比照勒高夫的欧洲文明研究，问题的设计就会全然不同：12 和 13 世纪的欧洲到底发生了什么，使得中国和其他东方文明到了 17 和 18 世纪不得不面对一个被认为是"先进"的西方文明？

也许，炼狱观念和制度所代表的中世纪人文主义，以及中世纪人文主义对善恶二元论及其极端主义倾向的抵制，是我们需要寻找的答案的一个组成部分。

---

① 李约瑟：《中国科学技术史》第二卷，科学出版社 2018 年版，551—619 页。

目　　录

第一部分　炼狱诞生之前的各彼岸世界

第二部分　12世纪：炼狱的诞生

第三部分　炼狱的胜利

第三个处所

16世纪在新教徒与天主教徒之间的激烈论争中，新教徒强烈指责他们的对手相信炼狱的存在，相信被路德称作"第三个处所"①的存在。这个"被杜撰出来的"彼岸世界是圣经中所没有的。

我的目标是从古代犹太基督教开始追踪这第三个处所的漫长的形成过程，揭示在12世纪后半叶中世纪西欧的鼎盛期里的炼狱如何诞生，及在下一个世纪中如何迅速成功。最后，我将尝试解释为何炼狱与这个基督教史上的重要时期紧密相关，它如何以决定性的方式在经历了公元千年后两个半世纪的飞速发展的这个新社会中得到接受（或者说它如何在那些异端中遭到拒绝）。

炼狱所涉及的关键问题

我们很少能够追踪某种信仰的历史发展过程，即使这种信仰汇聚了一些来自远古的元素（炼狱信仰便属于这样的情况），而大多数信仰似乎都是从远古起源的。炼狱信仰不是一个次要枝节，

---

① 关于路德与炼狱，见阿尔特豪斯《路德关于末世的看法》（P. Althaus: "Luthers Gedanken über die letzten Dinge"），载《路德年鉴》（*Luther Jahrbuch*, 23, 1941, pp.22—28）。

不是基督教的原始建构之上的一个不重要的增建部分，不能认为炼狱信仰是基督教在中世纪的发展演进，以及基督教随后以天主
10 教形式进行的发展。彼岸世界是各宗教与社会的一个重要境域。当信徒认为并非死去之后便没有转圜余地，他的人生便发生了改变。

炼狱信仰的这种兴起、这种漫长建构，预示和引发了基督徒想象世界中时空框架的本质性改变。这些时间和空间的精神结构是一个社会的思想方式与生活方式的骨架。当这个社会如同从古典古代晚期到工业革命的漫长中世纪的基督教社会一样被宗教侵染，那么因更改彼岸世界的地理格局，从而更改了宇宙的格局，因更改死后的时间格局，从而更改了俗世的、历史的时间与末日论的时间之间的关联，更改了存在的时间与守望上帝的时间之间的关联，这样做便是在进行一场缓慢的然而具有本质性的精神变革。这是名副其实的改变人生。

这样一种信仰的诞生，显然与它诞生于其中的那个社会的一些深层转变有关。对彼岸的这种新的想象，与社会的改变有着怎样的关系，其意识形态功能是什么？教会甚至于发展到了在彼岸世界中与上帝平分权力，教会针对这种想象所建立起来的严格控制证明了此中关涉之重。为何不任由死者们去游荡或者沉睡呢？

炼狱诞生之前

炼狱正是作为"第三个处所"被确立起来的。

从先于它存在的一些宗教与文明那里，基督教继承了对彼岸世界的空间地理描述；在认为死者们居于一个清一色的世界的概

念——比如犹太教的"阴间"（shéol）——与死亡之后有两重世界的想法（一个可怖，一个喜乐，如古罗马人的地狱和乐土）这两者之间，基督教选择了二元模式。基督教甚至特别强化了这个二元模式。基督教并未将从创世以来到最后审判之间存在的恶与善的两个亡者空间都弃置于地下：在个体死亡之后，义人们——至少是义人们里最优秀的那些人，那些殉道者，随后是那些圣徒——的居所就被安置在天上。基督教甚至在大地之上确定了地上天堂的位置，由此给这片"黄金时代"的人间乐土赋予了一片空间，让它一直存在，直到世界末日，然而，古人却认为这"黄金时代"只有短暂的存在，是他们记忆中怀恋的天地。在中世纪的地图上，我们看到这乐土处于远东，在长城的另一边，越过令人不安的歌革（Gog）与玛各（Magog）的民族，那里有四条支流的大河，耶和华创造这河流来"浇灌乐园"（《创世记》二：10）。地狱与天堂之间的对立尤其发展到了顶点，这一对立被建立在天与地的敌对之上。虽然地狱处于地下，但地狱是大地，地狱世界与天上世界对立，就如同在古希腊人那里冥府与天国的对立。尽管对于天空有些美好向往，但古人——巴比伦和埃及人、犹太和希腊人、罗马和蛮族人——更畏惧大地的深渊，超过了他们对无尽苍穹的渴望，而且天上往往是愤怒的天神们的居住地。至少在其最初几个世纪和中世纪的蛮族化阶段，基督教未能将其对彼岸的观念完全转化为地狱。基督教将人类社会向天上推举。耶稣本人曾经做出榜样：在下到地狱之后，他才升到天上。在象征空间的方向系统中，古希腊罗马优先重视左右之间的对立，而基督教保留了同样存在于《旧约》和《新约》中的这一对对立关系的重

11

要价值，^①但同时很早就偏重于上下之间对立的系统。在中世纪，通过将思想加以空间化，上下之间的对立系统为基督教价值的主要辩证关系主导了方向。

　　向上、提高、攀升，这是精神与道德生活的激励，而社会规范却是恪守本分，留在上帝安排你在俗世所在的地方，不要奢想摆脱自己的处境，要提防自己不要辱没自己，不要堕落。^②

　　当对于末日世界并不那么着迷的基督教在 2—4 世纪之间开始对灵魂在个体死亡与最后审判之间的阶段的处境进行思考，当基督徒们认为（与人们后来看到的情况略有不同，这是公元 4 世纪那些教会的伟大教父们的看法，即安布罗斯、哲罗姆、奥古斯丁的看法）某些罪人的灵魂在这一阶段中或许可以通过经受考验而得到拯救，信仰由此出现，并在 12 世纪产生了炼狱，但在当时人们并没有对这种境况和这种考验做出明确定位。在中世纪，通过对思想进行空间化，这一系统指导了基督教价值观的主要辩证关系。

　　直到 12 世纪末，"炼狱"（purgatorium）这个词作为名词还不存在。炼狱还不存在。^③

---

　　① 古尔格在《在上帝的右手边——耶稣的复活与诗篇 110：1 在新约中的实现》（M. Gourgues: *A la droite de Dieu – Résurrection de Jésus et actualisation du Psaume CX, 1, dans le Nouveau Testament*, Paris, 1978）一书中，认为新约的文字对于基督处于上帝的右手位置只给予很少关注。

　　② 见金兹伯格：《上与下：16 与 17 世纪禁忌知识的主题》（C. Ginzburg: "High and Low: The Theme of Forbidden Knowledge in the XVIth and XVIIth c."）载《古与今》（*Past and Present*, n.73, 1976, pp.28—41）。

　　③ 直到此前的提到过导致炼狱的发明的那些情况的文字中只使用形容词 purgatorius, purgatoria, 即赎罪的，而且仅仅用于那些固定表述：ignis purgatorius（赎罪之火）、poena purgatoria（赎罪的惩罚），或者复数形式的 poenae purgatoriae（赎罪

　　值得注意的是，"purgatorium"这个词表达出人们对于作为处所的炼狱形成意识，是炼狱的名副其实的出生证，但这个词的出现却被历史学家们忽略，首先是被那些神学与灵修史研究者忽略。① 大约历史学家们对于"词"还没有给予足够重视。不论是唯实派，还是唯名派，中世纪的学者们都懂得在词与物之间存有一种紧密的结合，就像身体与灵魂。对于思想史与心态历史的研究者，对于研究长时段现象的历史学家，那些（某一些）从久远幽深处来的词拥有一种优势，即它们出现、诞生并由此带来一些时

13

（接上页）惩罚），和更加少见的 flamma, forna, locus, flumen（火焰，熔炉，处所，河流）。在 12 世纪，人们有时使用具有潜在名词意义的 in purgatoriis（poenis），即处于赎罪的惩罚中。这一用法很可能助长了暗示赎罪之火 igne 的 in purgatorio 的使用。经常用作 in purgatorium（"炼狱中"）形式的中性名词 purgatorium（"炼狱"）的诞生很可能得益于 in（igne）purgatorio（"赎罪之火中"）。12 世纪末和 13 世纪初，当人们遇到 in purgatorio，常难以弄清应理解为"在炼狱中"还是不言而喻的"在赎罪之火"中。但这意义不大，因为这之后，这个名词即处所已经存在了，这两个表述都指向这里。

　　① 少数发现这个问题的炼狱的研究者通常是在注解中提出该问题，而且既简单又不得要领。两部奠基性的杰出著作的作者约瑟夫·恩特迪卡（Joseph Ntedika）在谈到勒芒的希尔德贝尔时说道："他极可能是首位使用 purgatorium（炼狱）这个词的人（见《奥古斯丁思想中炼罪教义的演变》（*L'Evolution de la doctrine du purgatoire chez Augustin*），p.11, n.17）"。但从前被归在勒芒的希尔德贝尔名下的布道文早就不再被认为是他的了（见附录二）。皮奥兰蒂在《炼狱教义》（A. Piolanti："Il dogma del Purgatorio"，载《往训万民》（*Euntes Docete*），6, 1953, 287—311）这篇出色论文中仅限于指出（第 300 页）："这个世纪（12 世纪）出现了最早的《炼狱论》（*De purgatorio*）的雏形（从此之后形容词变成名词）。"至于埃里希·弗莱施哈克，他在《炼狱：有关死者的能力的基督教思想的图解历史》（Erich Fleischhak：*Fegfeuer. Die christlichen Vorstellungen vom Geschick der Verstorbenen geschichtlich dargestellt*, 1969）一书中提到（p.64）"从加洛林王朝时代起 purgatorium（炼狱）一词就被用来表示赎罪和赎罪的场所"，却未给出出处。（原因就不必说了！）

序元素，没有它们便没有真正的历史。当然，为一种信仰确定年代不像对一个事件确定年代，但是必须排除这样的想法，即认为长时段的历史是一种没有年代的历史。如同炼狱信仰这样的一个缓慢现象，它在几个世纪中停滞不前，却又在酝酿着，它处在历史洪流的一些死角，然后突然或近乎突然，它被拉入洪流中，并非淹没其中，相反从中涌现出来，并崭露头角。讨论炼狱（即便是博学多闻），从罗马帝国说到13世纪，从圣奥古斯丁说到托马斯·阿奎那，但若忽略了炼狱这个名词在1150—1200年之间出现这个问题，那就漏过了炼狱历史的一些重要侧面，甚至是最主要的东西。他同时会错失阐明这个决定性阶段和当时社会深层变迁的可能性，错失通过炼狱信仰来发现思想与心态历史中一个重要现象的机会：即思想的"空间化"进程。

空间，有待思考

在学术领域，有许多研究刚刚指明空间概念的重要。空间概念让历史地理的传统焕发青春，对地理学与城市规划加以更新。空间概念尤其在象征层面表现出效力。继动物学研究者之后，人类学家揭示出"领地"现象具有根本性。[1] 在《隐藏的维

---

[1] 地理学的视角可参见雅格尔等：《人类空间行为：社会地理学》(J. Jakle: *Human Spatial Behavior. A social Geography*, 北锡丘埃特，马萨诸塞，1976)。科拉尔和尼斯图恩：《人文地理：世界社会中的空间设计》(J. Kolars/ J. Nystuen: *Human geography: Spatial Design in World Society*, 纽约，1974)。动物学的视角，见霍华德《鸟类生活中的领地》(H. E. Howard: *Territory in Bird Life*, 伦敦，1920)。语言学角度，见沃夫：《语言、思想和现实》(B. L. Whorf: *Language, Thought and Reality*, 纽约，

度》① 一书中，爱德华·T. 霍尔指出领地概念是对动物与人类生 14
物机理的延伸，对空间的这种认知很大程度取决于**文化**（也许
他在这一点上过于文化主义了），领地是对空间的内在化，是由
思想进行组织的。这一概念中存在着个人与社会的一个根本维
度。对各种不同空间的组织：地理学的、经济学的、政治的、意
识形态的等等，各种社会在其中演变着，空间组织是社会历史的
一个非常重要的侧面。对彼岸世界的空间加以组织，对于基督
教社会来说，这是一个重大举措。在人们等待着死者们在末世复
活的时候，彼岸世界的地理不是一件次要的事情。可以料想在这
样一个社会组织此岸空间的方式与它组织彼岸空间的方式之间存
在某些联系。这两个空间的联系是通过生者社会与死者社会的关
联。在 1150—1300 年间，基督教世界对此世与彼岸的地理描述
进行重大修改。对于中世纪西欧这样的基督教社会而言，事物在
俗世和天上，在此岸和彼岸是同时（或几乎同时）活跃着和改变
着的。

（接上页）1956）。跨学科的角度，见卡朋特：《领地性：概念与问题评述》（C. R.
Carpenter: *Territoriality: a Review of Concepts and Problems*，载 A. 罗和 G. G. 辛普森：
Behavior and Evolution《行为与演变》，纽黑文，1958）。赫迪杰：《领地行为的演变》
（H. Hediger: "The Evolution of Territorial Behavior"，载 S. L. 沃什伯恩编：《早期人
类的社会生活》（*Social Life of Early Man*），纽约，1961）。巴蒂默《跨学科视野的
社会空间》（A. Buttimer: Social Space in Interdisciplinary Perspective，载 E. 琼斯编：
《社会地理学阅读》（*Readings in Social Geography*），牛津，1975）。还有雅默：《空
间概念》（A. Jammer: *Concepts of Space*，纽约，1960，由阿尔伯特·爱因斯坦作序）。
　　① 　霍尔：《隐藏的维度》（E. T. Hall: *The Hidden Dimension*，纽约，1966；法译
本 *La Dimension cachée*，巴黎，1971）。

炼狱的逻辑和炼狱的创造

约 1150—1250 年间，当炼狱概念在西方基督教信仰中确立的时候，它是怎么一回事呢？那是一个介于两者之间的彼岸地带，某些死者在那里经受考验，考验可以借助于生者们的祈祷——精神辅助——而得以缩短。要想达到这一步，要经历长久的历程，涉及思想和意象、信仰与行为、神学论辩和社会深层的变迁（这些变迁极有可能存在，而我们难以捕捉）。

15　　本书的第一部分将关注这些古老元素的形成，它们在 12 世纪结构成型，变成炼狱。我们可以将这部分看作对于拉丁基督教世界的宗教思想的独特性的思考，这种思考从遗产传承、断裂、内外部冲突出发，拉丁基督教世界是在其中形成的。

炼狱信仰首先包含对不朽与复活的信仰，既然炼狱意味着在一个人的死亡与他的复活之间会发生一些新的事情的可能。这一信仰是提供给某些人的用以达到永生的一种额外的境遇。这种不朽是通过唯一的一生来赢得的。那些相信永远轮回，相信灵魂转生的宗教——比如印度教或纯洁派，它们排除炼狱的存在。

炼狱的存在还依赖于对死者进行审判的概念，这是在不同宗教系统中比较普遍的一种认识，但是"这种审判的方式却根据各个文明而各不相同"①。包含着炼狱存在的这种审判的变体是非常独特的。

----

① 《对死者的审判》（埃及、亚述、巴比伦、以色列、伊朗、伊斯兰世界、印度、中国、日本）(*Le Jugement des mort*)，"东方史料"丛书，Ⅳ，巴黎，色伊出版社，1961，第9页。

它实际依赖于对双重审判的信仰，第一次审判是在死亡时候，第二次是在世界末日。它在每个人的末日命运的居间时期建立一个根据不同因素来"减轻"刑罚、减短刑期的复杂的司法程序。故而，它意味着对一种司法思想和一种非常精致的刑罚体系的投映。

它同样关联着对个人责任、人的自由意志的认识，人从本性上是有罪的，因为他的原罪，但他却依照他的负有责任的罪过而受到审判。在彼岸的居间地带的炼狱与一种中间类型的罪过之间有着紧密联系，这一中间类型处于圣徒和义人们的纯洁与罪犯们的不可饶恕的罪恶之间。对"轻微""日常""惯见"的罪过的认识在很长时间中是模糊的，圣奥古斯丁和后来的大教皇格里高利都曾注意到，但要经历很长时间才成为轻罪（véniel）这一类别——即可饶恕之罪过，这要略微早于炼狱概念的成长，它是炼狱诞生的一个条件。虽然，如我们所见，情况更加复杂一些，但从本质来看炼狱是作为赎偿可饶恕之罪的场所出现的。

信仰炼狱——受惩罚的场所——意味着灵魂与肉体之间的关系厘清了。确实，教会很早就主张在死后不朽的灵魂离开肉体，它们到末日，在死者重生时才重新会合。但是，就炼狱或者炼狱雏形而言，我不认为灵魂具有还是不具有形体性的疑问是构成问题的。离体的灵魂被赋予一种自身独具的（sui generis）物质性，而炼狱的惩罚因此才能折磨这些灵魂，就像是身体的折磨一样。[①]

16

[①]　托马斯·阿奎那对于让具有精神性的灵魂感受到身体的烈火折磨的困难特别敏感。他主要依据圣经的权威（《马太福音》二十五：41）与离体的灵魂和魔鬼的类比来肯定"离体的灵魂可以受身体之苦"（《神学大全》，附加问题70，第3条）。灵魂的形体性的问题或许曾在9世纪让约翰内斯·司各特·爱留根纳和他的12世纪

对中间地带的思考

作为中间地带，炼狱在多个方面均是如此。在时间上，它处于个体死亡与最后审判之间。炼狱要经过很多漂移才被固定于这个时间段。虽然圣奥古斯丁在这一问题上起了决定作用，但他并未彻底为炼狱在这一时间段里打开局面。炼狱时间在世俗时间与末日时间之间摇摆，炼狱的起点在俗世，是要通过人的赎罪行为来界定的，而最后彻底赎清罪过只能是在最后审判的时刻，这一时刻是在不断推迟中的。所以炼狱延续到末日时间，最后审判日不仅是一个时刻，它还是一个时间段。

　　炼狱同样是纯粹空间上的中间地带，它在变迁中，在天堂与地狱之间不断扩大。但是这两极的引力同样也长时间作用于它。要想存在，炼狱必须取代叫作"refrigerium"（安息地／清凉狱）的接近天堂的地带，那是基督教初期人们想象出来的，此后重获活力的地带，是《新约》（《路加福音》十六：19—26）中拉撒路和恶富人的故事中称作"亚伯拉罕的怀抱"的地方。尤其，炼狱必须与地狱脱离，在长时间中，炼狱一直是地狱的一个不明确的分区，是地狱上层。在天堂与地狱的撕扯下，可以想见炼狱对于基督徒来说事关重大。在但丁在彼岸天堂、炼狱、地狱三王国的地

（接上页）的后继者欧坦的洪诺留感到忧虑。参见卡罗齐《特努格达鲁斯灵视的结构与功能》（Cl. Carozzi: "Structure et fonction de la vision de Tnugdal"，载《让人相信》（*Faire croire*）（罗马法国学院研讨会文集，1979），罗马，A. Vauchez 编，1980。在此我不遵从克洛德·卡罗齐之说，我感谢他提前将他的文章提供给我。

理分布中给出对炼狱的最终表述之前，彼岸世界中的这个新大陆的确立是漫长和艰难的。最终，炼狱并非一个真正的完善的居间地带。它专用于为那些未来的上帝选民彻底洗清罪过，它是向天堂倾斜的。这是个偏移中间点的居间地带，它不是居于正中，而是在天堂和地狱之间的偏靠上方的地带。因此，它属于偏离中心的平衡系统，是封建制心态的典型特征：即我们在封建时代的附庸制和婚姻模式中看到的平等中的不平等，人们处在一个平等的世界中，但附庸却仍要臣属于领主，妻子仍要服从于丈夫。在得以逃脱的地狱与已然起身前往的天堂之间，炼狱是个虚假的等距点。它是虚假的中间地带，因为炼狱是过渡性的、暂时的，不具有地狱和天堂的永恒。然而，它有别于此世的时间与空间，它服从于一些不同规则，这使它成为我们称作中世纪的"神奇"想象的一个元素。

核心思想也许属于逻辑范畴。要想让炼狱诞生，就必须让中间地带的概念成立，让它对于中世纪的人们变成合理思想。炼狱属于一个体系，即彼岸世界的地点系统，它的存在仅仅相对于其他彼岸地点才成立。烦请读者们不要忘记这一点。但是因为在彼岸世界三个场所中，炼狱花了最长时间才得到界定，因为它的作用引发的问题最多，所以我觉得或许可以（并最好）不进入关于地狱和天堂的细节问题而直接进入炼狱问题。

作为逻辑结构、数理结构，中间的概念与中世纪社会现实与心态现实的一些深层转变有关。不再仅仅让强权者与穷人，让教士与世俗人针锋相对，而是寻求一个中间范畴，中间阶层或者第三个等级，这些属于同一种举措，它对应着一个发生了改变的社

18 会。从两元图式过渡到三元图式，这就是在关于社会的思想的组织中跨越列维–斯特劳斯强调指出的那重要一步。[1]

刑罚的意象：烈火

与犹太人的——令人不安、悲惨，却没有惩罚的——阴间（shéol）相反，炼狱是一个死者们忍受某种（或某些）考验的场所。后文中我们会看到这些考验可能是多重的，它们与遭永劫者在地狱中忍受的苦难相似。但是这些考验中的两种最为常见，即烈火与寒冰。由火来考验，作为考验中的一种，在炼狱的历史中起着首要作用。

人类学家、民俗学家、宗教史研究者熟知作为神圣象征的火。在中世纪的炼狱中，在炼狱概念之前的雏形中，火几乎以宗教人类学家所能搜罗出的各种形式出现：火圈，火湖和火海，烈焰环，火墙和火沟，喷射火焰的怪物之口，炽烈的木炭，火星儿形式的灵魂，火的河流、山谷和山脉。

这神圣之火究竟是什么？G. 范德雷奥指出："在入教仪式中，火抹去之前结束的生命阶段，并让新的生命阶段成为可能。"[2] 所以这是种转化过渡仪式，正好适合炼狱这个过渡处所。炼狱属于那

---

① 列维–斯特劳斯：《两元的组织存在吗？》（Cl. Lévi-Strauss: "Les organisations dualistes existent-ils?"），载《结构人类学》（*Anthropologie structurale*），I，巴黎，1958，参见第 168 页。

② 范德雷奥：《从本质与表现来看宗教》（G. Van Der Leeuw: *La Religion dans son essence et ses manifestations*, Paris, 1955, p.53）。

些范根内普所说的"边际仪式",其重要性常常被人类学家忽略,他们过多关注开展和结束过渡仪式的那些分离与加入团体的阶段。

但是,这里火的意涵仍很丰富。通过中世纪和现代的故事、传说和民众表演,卡尔-马丁·埃兹曼指出具有重生意义的火的存在,与我们在古代罗马人、希腊人以及远方伊朗人和印度人那里看到的类似,这种圣火(Ignis divinus)的概念似乎是在古伊朗和印度人那里诞生的。[①] 由此炼狱在这种对印欧文化基质的复活中占 19 据着位置,11—13 世纪基督教世界似乎是上演这种复活的舞台。最近由乔治·杜比和其他研究者阐明的三分功能图式,它的出现(或者再次出现?)几乎与我们所关注的现象是同一时代的。炉火、煅烧之火、火刑之火,必须在它们旁边加上炼狱之火,民众

---

① 埃兹曼:《圣火:作为焕发青春和得到不朽的手段的火:故事、传说、神话和仪式》(C.-M. Edsmann: *Ignis Divinus. Le Feu comme moyen de rajeunissement et d'immortalité: contes, légendes, mythes et rites*, 伦敦, 1949)。提醒大家注意虽已过时,但具有开拓性和经典意义的弗雷泽的研究《火的起源神话》(J. G. Frazer: *Myths of the origin of Fire*, 伦敦, 1930)。巴士拉尔的杰出论著《火的精神分析》(Gaston Bachelard: *Psychanalyse du feu*)。关于古伊朗圣火见埃德曼:《古伊朗的圣火》(K. Erdmann: *Das iranische Feuerheiligtum*, 莱比锡, 1941)。《神学与教会词典》(*Lexicon für Theologie und Kirche*, 4, 1940, 106—107)中关于"火"(Feuer)的词条(A. Closs)。尤其是《天主教神学词典》(*Dictionnaire de théologie catholique*, 第 2 卷, 巴黎, 1939)"地狱之火""审判之火""炼狱之火"(A. Michel)的词条和《精神性研究词典》(*Dictionnaire de spiritualité*, 第 5 卷, 巴黎, 1964)中"火"词条(J. Gaillard),对于火的宗教的古老形式了解不多。在福音书伪经中,用火来洗礼以多种形式出现。在 3 世纪上半叶(埃及部分)希腊语来源的《二火书》中,耶稣在复活后用水、用火、用圣灵对门徒们加以三重洗礼(亨内克 / 施内梅尔歇:《新约伪经》(E. Hennecke, W. Schneemelcher: *Neutestamentliche Apokryphen*), 第三版, 第宾根, 1959, 第 185 页)。在诺斯替教派和摩尼教徒使用的可能来自 2 世纪的埃及的《菲利普福音》中,我们再次看到用水与火洗礼(前引书, 第 198 页)。

文化同样将之占为己有。

炼狱火是一种让人年轻并让人永生的火。凤凰鸟的传说是其最著名的化身，中世纪基督教把它从特土良（Tertullien）等人那里承继过来。凤凰变成了被召唤去复活的人类的象征。错误地归在圣安波罗修（Ambroise）名下的一篇文字将圣保罗的"火将考验每个人的工程"（《哥林多前书》三：13）这句话用在了凤凰传说上，这句话是《圣经》中的主要根据，整个中世纪基督教以之为基石来建构炼狱。

通过这种传承，我觉得炼狱之火的三个特征得到阐明，炼狱之火在中世纪的炼狱建构中占据了核心位置。

第一个特征是这种让人焕发青春并使人永生的火是一种"人们从中通过"的火。圣保罗很好地描述了这个仪式，在《哥林特前书》的同一段落中（三：15），他说："他固然将会得救，却像从火中经过一样"（quasi per ignem）。炼狱确是过渡性的一个场20 所（或一种状态），想象中的炼狱之行（我重复这一点）将是些象征性的历程。以火来过渡，这尤其得到中世纪的人们重视，因为炼狱的模型是作为司法模型发展起来的。火的考验是一种"神判"（ordalie）。火对于炼狱中的灵魂自身来说是神判，对于那些被接纳了去经历炼狱的生者来说，火是神判，不是去观光旅游的，他们是冒着风险的。我们看出这仪式多么吸引人，在从继承了印欧文化之火的古希腊和罗马传承下来的来自遥远古代的传统之上，人们又结合了蛮族的信仰和实践的传承。

我们同时理解到，为何在对炼狱的地理定位的尝试中，至少是在对炼狱之口的定位中，一个自然的地理元素尤其引人注意：即火山。作为山脉，火山的优势在其聚拢，具有火山口，即一个井（天坑），而且它喷火，这是炼狱的物理与象征结构的三个主要元素。我们下文将看到，寻求炼狱地理分布的人们如何围绕着西西里岛，在斯特龙博利岛与埃特纳火山之间逡巡犹疑。但是，在西西里没有社会团体像爱尔兰人那样善于把握机会，爱尔兰人的英国邻居和熙笃会教派拥有称作"圣帕特里克的炼狱"的这个岛，在那里很快就发展起有组织、有控制的朝圣活动。腓特烈二世统治下的西西里处在一位有异端嫌疑的君主、希腊僧侣和穆斯林之间，它显得不够"正宗天主教"，从而不可能成为掩蔽炼狱的地方或是作为炼狱的主要入口，而埃塔纳火山则无法摆脱它纯粹地狱般的形象。

　　炼狱的第二个特征，中世纪的炼狱之火虽然占据首要地位，甚至说是独特的地位，但火通常属于一对组合：即火与水。在属于中世纪之前时代的文字中，这一对组合常常出现在一个火焚的地点与一个潮湿的地点、一个酷热的地点与一个寒冷的地点、一个灼烧元素和一个冰冻元素相叠加的形式中。炼狱中的死者们忍受的最根本的考验，不是简单地通过火来完成过渡，而是水火交替的过渡，类似一种考验性的熏蒸加冷水的"苏格兰浴"。

　　卡尔-马丁·埃兹曼很有洞见地提醒我们注意，古代罗马的文本中我们看到一些高加索的苦行者，他们赤身裸体地生活，时而在火焰中，时而在冰里。西塞罗谈到"一些智者裸体生活，毫无 21 痛苦地承受高加索之雪和冬季的严酷，然后跳入火里，在里面被烧而没有呻吟"。[1] 瓦莱里乌斯·马克西穆斯（Valère Maxime）同

---

[1] 《图斯库卢姆辩论》（*Tusculanes*），第77诗句。

样提到"那些终生赤裸而行的人，时而让身体忍受高加索的严冰，时而将身体暴露于烈焰而毫无呻吟"。①

　　火与（冰）水这一对组合还出现于基督教早期被人提到的一个仪式中，应该在炼狱的先期历史中起着某种作用：即用火来洗礼。对于基督徒而言，这一仪式出现于《马太福音》和《路加福音》，是在提到施洗者约翰的时候。马太让这位先驱者说了这样的话："对我而言，我是用水给你们施洗，叫你们悔改；但那在我以后来的，能力比我更大，我就是给他提鞋也不配。他要用圣灵与火给你们施洗"（《马太福音》，三：11）。《路加福音》（三：16）让施洗者约翰说了相同的话。

　　用火来施洗这个概念来自印欧传统关于火的古老神话，这一观念成型于犹太教和基督教的末世论文字中。最初的基督教神学家，尤其是希腊人，他们对此很敏感。奥立振（奥利金）在评论《路加福音》（三：16）的时候称："必须首先用水和圣灵来施洗，目的是当受洗者到达火流之时，他要证明他保有着对水与灵的容器，证明他配得上接受与基督耶稣所受的同样的火的洗礼"（《评路加福音》（*In Lucam*），布道词二十四）。从马太提到的珍珠（《马太福音》十三：45—46）："天国又好像买卖人寻找好珠子，遇见一颗重价的珠子，就去变卖他一切所有的，买了这颗珠子"，埃兹曼识别出对经历了水火洗礼的基督的象征。在"正统派"基督教中，用火施洗礼仍然是个隐喻。在某些教派中（浸礼派、门萨里安派，

---

① 《古人可贵言行九编》（*Factorum et dictorum memorabilium libri novem*，三，3, ext. 6）。如埃兹曼指出的，在莫扎特《魔笛》中，"塔米诺和帕蜜娜穿过两个山洞，其中第一个有一个瀑布，而第二个充满了火"。

某些埃及苦刑教派），乃至纯洁派异端那里都与此不同，12 世纪一位诋毁纯洁派的"正统派"，埃克贝尔（Ecbert），他嘲讽地指责纯洁派并非真正"在火中"施洗礼，而是在火"旁边"。

在古代神话与宗教中，火具有多重的和多样的性质。我们在 22 犹太教和基督教对火的象征意义中也看到这一点，在炼狱之火的不同功能和寓意中更是如此。"既是赋予神性的又是赋予生命力的，既进行惩罚又消除罪孽"，在火的这些不同侧面中，埃兹曼看到"神性的同一个存在中的不同侧面"，所以他将火的多重面目在神性人格中归于统一。这一模式可以用于解释 13 世纪对古代的赎罪之火的基督教诠释的多样性。大家可能觉得谈论的不是同一种火，但是这种多样性从古代神圣之火的多义性得到解释。时而，火看起来主要是洗清罪孽的；时而，火看起来首先是惩罚性质的，时而像是考验性质；火有时似乎是现时的，有时似乎属于将来；它常常看起来是真实的，但有时是属于精神性的；它关系到某些人或者关系到所有人。但涉及的始终是同一种火，处于复杂性之中的炼狱之火继承了印欧传统起源中的神明之火、圣火的多重面目。

奥古斯丁似乎已经把握到这种延续性，尽管存在意义上的根本改变，但这种延续性将某些古代的火的概念与基督教概念联系起来，他在《上帝之城》（八：5）中写道："斯多葛派认为火，即一个实体，构成这个可感知世界的四大元素之一，它是活着的、明智的，是世界本身及其全部包含物的创造者，总之，火就是上帝。"当然，在基督教义中，如同阿西西的方济各后来恰当指出的，火仅仅是一种造物。但根据埃兹曼恰如其分的表述，"彼岸世界的火的全部的复杂性，不论是在普遍形式上还是在特殊形式上——比如火流——都能作为同一种神圣之火的多样功能得到解释"。这一表述同样适用于炼狱之火。就炼狱之火的意义的这一悠久的历史，中世纪的人们对此并无意识，群众与教士都一样，他们只了解圣经文字，对于他们而言这是神圣传统的充要条件。我觉得有必要对这一悠久传承加以阐明。这种传承解释清楚了中世纪的炼狱历史中某些令人困惑的侧面，让我们能够更好理解这段历史中表现出来的那些犹疑、论辩、选择，因为某种传承所提供的内容与其强加的内容一样多。我认为这尤其解释了炼狱获得成功的一个原因，即它采用了某些非常古老的象征的材料。根植于

23 传统的东西最有机会取得成功。炼狱是基督教义的一个新观念，但它向先前的宗教借用了一部分次要原则。在基督教体系中，神圣之火转换了意义，历史学者必须首先对这些转变具有敏感。但是在变化的或大或小的剧烈程度下，某些长时段历史材料的恒定性也应该引起历史学者的注意。革命很少是创新，革命是些意义的转换。基督教义曾经是一场革命，或者一场革命中的关键一环。它接纳了让人焕发青春、让人永生的神圣之火，但并非将之变成与仪式相联结的一种信仰，而是变成上帝的一个属性，对它的使用是通过人类的双重责任来确定：死者的责任，他们在俗世的表现，他们是否服从于责任决定神圣之火是否使用于他们；还有生者的责任，他们或大或小的热忱可以改变死者炼狱时期的期限。炼狱之火虽然仍是一个具有意义的象征，象征着通过赎罪而得救，但它同时成为服务于某个复杂司法系统的一个工具，与它关联的那个社会，与那些信仰再生之火的社会截然不同。

团结互助：生者与死者

炼狱最终成为一个居中的彼岸世界，人们在那里承受的考验可以因为"祈祷襄助"（suffrages），即生者们的干预，而变短。似乎这种信仰运动是从早期基督徒对自己的祈祷对死者们的有效性的信仰开始的（如同墓葬铭文、瞻礼经文及随后 3 世纪初的《圣佩佩图阿的受难》所证明的，这部受难记是后来对炼狱空间表现的发端），这种信仰运动应该导致了对炼狱的创造。很说明问题的是，奥古斯丁在《忏悔录》中首次开启了某种思考，这让他走上了通往炼狱之路，他的思考是关于他母亲莫尼加死后的感受。

基督徒们对于生者的襄助的有效性的这种信心只是在很晚时候才与对死后存在某个赎罪场所的信仰结合起来。约瑟夫·恩特迪卡指出，在奥古斯丁那里，两种信仰分别创立，但实际并未相遇合。生者襄助死者意味着构成双方对死亡的长久的团结一心，24 意味着生者与死者之间的紧密联系，因为在这双方之间存在一些联络的机制来资助这些襄助——比如遗嘱，或者让祈祷襄助成为义务——比如行会。这些联系同样花了很长时间才建立起来。

这种对于死亡的控制对于生者来说是多么重要的力量的壮大！但同样，随着死后的团结互助的有效性的扩大，从俗世开始，社群和谐便得到多么大的加强——血亲家族，人为的、宗教的或行会的家族！而对于教会而言，这是多么大的权力工具！教会确认了它作为"奋斗的教会"对于炼狱中灵魂的（部分）权利，将教会的辖区向上帝的辖区推进，而上帝才是彼岸世界司法权的掌握者。这是精神权力，同时也如我们后文看到的是资金的收益，托钵僧团体的修士们比别人更多地从中受益，他们正是这种新信仰的热忱宣传者。免罪符这种"该下地狱的"系统最终也从中找到巨大财源。

炼狱案卷

我邀请读者与我一起打开炼狱案卷。我觉得只有这样做才能通过接触伟大神学家或者晦涩的编纂者，甚至有时是佚名作者的文本来说服读者，不论这些文本是具有很高的文献价值，还是简单的沟通工具，它们很多都是初次得到翻译，常常在不同程度上具有想象的魅力、劝说人皈依的热情、对内心和外部世界进行探索的战栗。尤其，这是最佳方法，去看着对一个地点的信仰缓慢构建起来，并非始终非常确信，而是处于完全的历史的复杂性之中，而这个地点本身就是信仰。

这些文本常常是重复的，却因此形成一个文本库，因此形成为历史。在本书中常常遇到的这种相互呼应是对现实的反映。消除历史中的这些重复会使我们歪曲历史，误解历史。

后文中我们会看到对彼岸世界的地理描述会变成什么，看到它在中世纪上半期的那些主要阶段中的关键作用，这一时期中建25 立起我们的西方现代世界。如今我们更加了解并且更加恰当评价3—7世纪我们称作帝国晚期和早期中世纪的这一漫长转变的独特之处，更恰当的称呼是古代晚期。古代晚期：古代的传承变得明晰，基督教义塑造着新的习惯，人类为肉体与精神的存活而战。

在天堂与地狱之间，在对世界末日已经迫在眉睫的确信中，炼狱观念近乎是奢侈品，它仍处在深层次下。封建制的产生在8—11世纪之间于神学与宗教实践的近乎停滞中搁置了炼狱的雏形，但是修道院的想象在由雷电撕破的明暗交错中探索着彼岸世界的犄角旮旯。12世纪是伟大的创造世纪，同样是炼狱诞生的世纪，炼狱只有在此时确立起来的封建体系内部才能得到阐明。在迸发时代之后，秩序时代来临。炼狱使人们能够驯服彼岸世界，这种驯化将死者们加入到对社会的整体约束中。炼狱提供给这个崭新社会的额外的机会，它被纳入到整体系统之中。

神学与民间文化

我应该向读者明确两点。

第一点与本书研究中给予神学的地位有关。我既非神学家，亦非神学史家。所涉及的显然是一个变成道统的信仰，这段历史中神学所起到的作用重大。我希望给神学一个公道。但我认为作为信仰的炼狱同样由其他途径确立起来，这些途径尤其让我关注，因为它们对信仰与社会的关系，对心态结构，对想象在历史中的地位提供更多情况。我并非不了解对于现代天主教神学来说，炼狱并非一个处所，而是一种状态。特伦托主教公会的教会先哲们在这一问题及其他问题上关心的是避免宗教被"迷信"传染，他们将炼狱观念的内容留在了道统之外。因此，炼狱的位置和人们在那里遭受刑罚的性质都未由道统加以定义，而是被交给世人的舆论自由来处置。

26   我希望在本书中说明作为"处所"的炼狱概念和与之相关的意象在这一信仰的成功中起了首要作用。[①] 这不仅适用于信众，同样适用于 12 和 13 世纪的神学家与教会当局。我们将在世俗人中遇到一个有天分而且博学的人，他比其他人——在各个层面上——更好地表达出对于公元 1150 年之后中世纪后半期的人们而言炼狱是什么。这位关于炼狱历史的最优秀的神学家便是但丁。

      第二点要明确的与民间文化在炼狱诞生中的地位有关。这种地位定然是压倒性的。在本书中将会再三提及。在正在形成中的炼狱的某些本质特征背后，民间传统——并非通俗意义的大众文化，而是有效意义的特殊民俗文化——是存在并起作用的。可举三个例子：如同卡尔-马丁·埃兹曼所指出的，炼狱之火属于一些仪式和信仰，故事、传说和民间表演可以让我们理解它们；彼岸世界的旅行属于一个类别，其中学者元素与民俗元素充分混合[②]；关于炼狱的圣徒的布道示例故事经常出自民间故事或者与之有关。几年来，与同事和朋友们一起，在我于高等社科研究院开设的研讨课的框架内，我进行了一些关于中世纪学者文化与民间文化之间关系的研究。但是，我并未努力沿着这一线索走太远。对于这

[①] 关于"纯净的"但狭隘的神学观点，见如下论点："天主用民众语言谈到拉撒路的手指和为富不仁者的舌头，这是必要的，这可能让一些人找到根据，他们习惯于将灵魂与肉体结合为不可分割整体，赋予分割开来的灵魂一个天生的身体，如他们的想象里必然导致他们去做的那样。这是对神学哲学的真正障碍"（J. Bainvel 在《天主教神学词典》（卷 I，巴黎，1909，第 1001 页）中的"灵魂"词条）。这样论理，即是封闭自己对历史的理解。

[②] 海因里希·京特（Heinrich Günter）写道："彼岸的景象成为一个民间主题，历经各个时代，与神秘的思辨同样古老"（《西方基督教传说》（*Die christlich Legende des Abendlandes*），海德堡，1910，第 111 页）。

类主题，存在太多不确定性，以致无法轻易明确、深化、诠释民间文化的不可否认的作用之大小。但是应当明白，这种文化在炼狱的诞生中有过它的作用。炼狱诞生的世纪同样是民俗对学者文　27化的压力最大的世纪，是教会对一些传统的态度从中世纪早期的摧毁、隐藏或漠视转变为更加开放的世纪。① 这种推力同样对炼狱的诞生有所贡献。

---

① 见勒高夫《墨洛温王朝文明的学者文化与民俗传统》（J. Le Goff: "Culture cléricale et traditions folkloriques dans la civilisation mérovingienne"，载《试谈另一个中世纪》（*Pour un autre Moyen Age*），1977, pp.223—235），及《教士文化与民俗文化：巴黎的圣马塞尔和龙》（"Culture ecclsiastique et culture folklorique au Moyen Age: saint Marcel de Paris et le dragon"，Ibid., pp.236—279）和施密特《民间宗教与民俗信仰》（J.-Cl. Schmitt: "Religion populaire et culture folklorique"，载《经济、社会与文明年鉴》（*Annales E S C*），1976, pp.941—953）。

第一部分

炼狱诞生之前的
各彼岸世界

1 古代的想象

中世纪的炼狱重新使用了古老时代流通起来的一些主题：黑暗、火、酷刑、作为考验和越界通道的桥、山脉、河流等，而最终拒绝了险些接纳下来的一些元素：放牧、游荡或者从火口里被推出（转世、灵魂转生）。所以，我在后文中将首先提及这些来自别处，在空间和时间上来自远方甚至有时来自极远方的残片。

在炼狱案卷中提及这些古老宗教，这同样是将炼狱重置于对同一个问题做出的各种解答的一个整体之中：彼岸世界的结构、作为对其功能的证明而对彼岸世界的想象。有时，这种对其他宗教的参照显现出一些真正的历史的传承：比如火从古印度流布到基督教的西欧，但炼狱之火融汇了各个时代在各处出现的多重的火。埃及的榜样似乎对人们将死后世界变成地狱有过很大影响。有时，我们与其他宗教的彼岸世界进行比较仅仅具有逻辑价值，只是列举一些关于彼岸世界的体系和它们对相同问题的多样解答。当这些解答与基督教的炼狱解答之间有遇合之处，是否它们是没有实证影响关系的相同答案呢？诺斯替派对地狱时期的本质性焦虑，和基督徒对炼狱世界的焦虑却最终抱有希望的关注不正是来自于一种内在于这两种思想之中却相互独立的对时间的敏感吗？

32　　阐明这些传承和进行筛选，即表明基督教炼狱与这些对彼岸世界的更早的想象之间的关系是属于历史的关系，而非属于谱系的关系。炼狱并未由一系列的信仰与意象——即便它们有着前后的历时性——自动产生，它是历史的发展结果，在这段历史中混杂着必然性和偶然性。

古印度的三条道路

在古印度，在吠陀时代末期，最早的《奥义书》（*Upanishad*）出现时（前6世纪），死者面前有三条道路，依据他们的修为而定，但却没有审判。走上其中任一条道路的入口是通过火，因为死者是在柴堆上焚化。义人"从火焰到白昼中，从白昼到达（月历）15个光明日，从15个光明日到一年中6个太阳升高的月份，从这些月份到达诸神世界，从诸神世界到达太阳，从太阳到达光明世界。从这个光明世界，那些懂得者被一个（来接引他们的）精神存在引到婆罗门世界。他们居住在婆罗门世界，那里在遥不可测之处。对于他们来说是不可能回归的"。

品德还算好的人"进入烟雾，从烟雾到达黑夜，从黑夜达到（月历）15个黑暗日，从15个黑暗日到达一年中6个太阳下降的月份，从这些月份到达亡灵世界，从亡灵世界到达月亮"。在月亮上，他们被诸神吃掉，重新回到地上，开始转世和精进性的再生的循环，其中每次转世都是通往天国的一步。

无可救药的坏人则承受着惩罚性的再生，以"蠕虫、昆虫、畜牲"形式，直至落入地狱。①

《伊萨奥义书》(*Isha Upanishad*) 提到地狱中的居处："这些人们称作不见天日的世界，覆盖着目盲一样的黑暗：那些杀死了自己的灵魂的人在死后进入其中。"但是其他文本使我们能够推测这些死者的命运不是从火的入口来控制的。所依据的是他们是否跨 33 过了由两只犬看守的门槛。如果他们跨过了，他们会被接到一个还算舒适的地方，类似于古罗马人的死后乐土 (Champs Elysées)、日耳曼人的死者殿堂 (Walhalla)，"不会再剥夺交给他们的牧场"，他们在那里分享冥王 (Yama) 的宴席，冥王即第一个人，印度−伊朗传统中的亚当，他变成了地狱之三。如果他们过门槛时遭拒，要么他们进入地狱的黑暗，要么他们悲惨地返回到地上游荡，像受苦的灵魂一样徘徊，成为幽灵的形式。②

多种传统呈现出一些元素，我们在炼狱中将再次看到它们：对灵魂得救的一条中间道路的观念、通过火来过渡、黑暗与光明之间的辩证关系、死亡与最终得救之间的各种状态的改善、彼岸世界作为那些注定成为幽灵游荡的灵魂的容器的功能。但是，审

---

① 这些片段摘自《唱赞奥义书》(*Chandagya Upanishad*)，引文和诠释来自瓦雷纳《古代印度的死者审判》(Jean Varenne: "Le jugement des morts dans l'Inde"，载《对死者的审判》，收入《东方史料》，Ⅳ)，巴黎，1961，第 225—226 页。

② 前引书，第 215—216 页。另见舍尔曼：《中世纪印度对地狱的刻画：对古印度的死后刑罚古老观念的几点看法》(L. Scherman: "Eine Art visionärer Höllenschilderung aus dem indischen Mittelalter. Nebst einigen Bemerkungen über die älteren Vorstellungen der Inder von einer strafenden Vergeltung nach dem Tode"，载《康拉德·霍夫曼罗曼语文学纪念文集》(*Festchrift* Konrad Hofmann *Romanische Forschungen*)，5, 1890, pp.539—582)。

判的缺席、灵魂转生占据核心位置，这与基督教的彼岸世界体系相距甚远。

古伊朗：火与桥

在古伊朗，在关于彼岸世界的学说与意象中尤为引人注意的是火的无所不在。但是，拜火教末日论的某些侧面呈现出一些特性，对于后来发展为炼狱的那些基督教概念大概并无直接影响，但却让我们产生联想。[①] 这首先是对最后审判之前死者们的居处的一种"天堂观"的诠释与一种"地狱观"的诠释之间的传承。在《吠陀》中，这个居处即冥王的王国，时而是光明的天堂，时而是个地下的凄惨的世界，是一个深渊，人们从一条下坡路下到里面。同样有一座桥存在——如同我们在古印度传统中看到，它联结着大地和天上，死者从桥上走过，投身一次力量和灵敏的考验，这考验同样具有某种道德价值。[②]

最后，灵魂的善行与恶行具有同样的重要性，对于它们来说，存在着一个中间场所，但是专家警告我们说，不应认为这是相当于炼狱的地方，因为这更像拜火教的地狱，可以比作基督教的炼狱，其临时性同炼狱是一样的。[③]

34

---

① 见帕弗里：《关于来世的拜火教教义》（J. D. C. Pavry : *The Zoroastrian doctrine of a future life*, 纽约，1926）和迪歇纳-吉耶曼：《古伊朗宗教》（J. Duchesne-Guillemin: *La Religion de l'Iran ancien*, 巴黎，1962）。

② 见《宗教与伦理百科全书》（ERE）中奈特（G. A. Frank Knight）撰"桥"（bridge）词条，第 2 卷。

③ 迪歇纳-吉耶曼：《古伊朗宗教》，第 335 页。

古埃及：地狱意象

古代埃及的悠久历史让人不再能用些简单观念来总结那些关于对死者的审判和彼岸世界的信仰，这些信仰随时代演变，似乎依照社会阶层不同而各不相同。对死者进行审判的观念在古埃及是非常古老的。如同让·约约特所指出的："古埃及人的发明，关于对死者审判的观念、恐惧和希望，将在他们之后发扬光大。"①

古埃及人的地狱是尤其惊人与精密的。那里是一片广大区域，拥有城墙与大门，神秘的居室周围有泥泞的沼泽和火湖。马斯佩罗（Maspéro）指出古埃及的死者必须翻越一座山，山势陡峭。古埃及对彼岸世界的地理想象如此发达，以至于在某些石棺上面发现了一些彼岸世界的地图。在那里有很多严厉的惩罚。这些惩罚既触及肉体，也触及灵魂。它们既是肉体的也是精神的，特征是远离诸神。最主要的感受是封闭与囚禁。那里的刑罚是血腥的，以火为工具进行的惩罚众多而且可怕。但即使在其最具有地狱特征的意象中，基督教的炼狱与古埃及的地狱中的某些酷刑也无近似之处，比如丧失某些感觉器官或者损及人身的整体性。地理想象在古埃及人对地狱想象中得到很大发展。那些"容器"——房屋、居室、龛洞、多种场所——在其中构成一个复杂的住房系　35

----

① 约约特：《古埃及的死者审判》（J. Yoyotte: "Le Jugement des morts dans l'Egypte ancienne"，载《对死者的审判》，第69页。

统。[①]但在古埃及人那里不存在炼狱。埃里克·霍尔农明确指出虽然古埃及用来指称彼岸世界人类的术语丰富，但这些术语局限于两个严格对立的类别：即"有福者"与"遭天谴者"。"在彼岸世界中既没有中间的状态或阶段，也没有洗清罪过的进程。"

　　要等到一篇民书体（俗语）故事，即公元前 2 世纪之后和公元前 1 世纪之前写作的西–奥希尔（Si-Osire）的彼岸之旅，我们才看到对死者的三分法：背负过多恶行者、善行者和善恶行参半者，但始终没有任何洗清罪过的进程。后文中我们会看到，个体命运之间的轻微区别，从公元 2 世纪起在科普特基督徒的启示录中——比如彼得和保罗的启示录——已经显明，但在古埃及却无前例可循。[②]

　　然而必须提及这一埃及背景，因为公元前后的埃及，特别是在亚历山大港和那些基督徒的修道院中，曾经是奠定众多犹太、希腊、科普特文本的地方，这些文本在奠定对彼岸世界的意象，特别是地狱的意象，起到过重要作用。E. A. W. 巴奇强调了这一地狱意象传承中的一些特征："在所有关于彼岸世界的书籍中，我们看到一些火井、黑暗深渊、致人死命的利刃、沸腾的水流、恶臭的蒸汽、火焰蛇、可怖的怪物和长多种动物头颅的生物、各种残暴的杀人的生灵……与我们熟悉的中世纪古文学中的那些东西相似，几乎可以肯定这些现代国家的许多关于地狱的概念都拜古埃

———

　　[①]　霍尔农：《古埃及的地狱思想：莱比锡萨克森科学院论文，古文献学和历史学班》（E. Hornung: *Altägyptische Höllenvorstellungen*. Abhandlungen der sächsischen Akademie der Wissenschaften zu Leipzig, Philologish-historische Klasse, Bd 59. Heft 3, 柏林，1968）。

　　[②]　霍尔农：《古埃及的地狱思想：莱比锡萨克森科学院论文，古文献学和历史学班》，第 9—10 页。

及人所赐。"① 我们在后来的中世纪基督教世界常常看到的地狱化的炼狱，大概部分地从埃及传承中汲取了营养。

古希腊与罗马的下地狱

36

古希腊与罗马大概只是在下地狱这一主题上对于基督教的彼岸世界的意象有所贡献。这一主题——我们看到后来用在基督身上——是古希腊常见的主题：俄耳甫斯、波鲁克斯、忒修斯、赫拉克里斯下到阴影们的居所。这些下地狱（catabase）故事中最著名的是《奥德赛》第十一编中尤利西斯的故事。但我们知道很多篡改内容被加进原始文本，原始文本既不包含对死者的审判，也不包含道德制裁，也不包含惩罚性的折磨。荷马描绘的地狱与东方的地狱相比显得很贫乏。从中我们可以记取一些笼统的地理元素，它们会再次出现于炼狱的诞生中：一个岛屿（喀耳刻之岛）、海上一座陡峭的布满岩洞的山、一段进入阿佛纳斯湖（Averne）一直下降到真正的地狱般的蒸汽环境的历程，提及死者们的内容后来不复见于正统基督教，因为只有上帝才能偶然让某些炼狱中的死者为某些生者所见。② 赫西俄德对塔尔塔洛斯（Tartare）也只是

---

① 巴奇：《古埃及的天国和地狱》（E. A. W. Budge: *The Egyptian Heaven and Hell*, t. Ⅲ, 伦敦, 1906）。引论部分第Ⅻ页的引文和译文见埃兹曼：《火的洗礼》（C. M. Edsman: *Le Baptême de feu*）, 第 73 页。

② 见贝纳尔《尤利西斯的航行》卷四《喀耳刻与死者》（Victor Bénard: *Les Navigations d'Ulysse*, Ⅳ. Circé et les morts, 巴黎, 1929, 第 281—372 页），此书过度关注寻找真实的地理位置。这种地理的现实主义有时蒙蔽了最本质内容，即一种想象结构与一种文化传统的结合。有人不是曾经想将炼狱景象中对热与冷的内容提及

简要提及（《神谱》（*Théogonie*），695—700，726—733）。

古希腊对于彼岸世界观念的贡献从长时段来看主要在于两种智性上的建构，很难弄清它们对基督教思想可能具有什么影响。

37　　　　一种灵魂转世哲学：柏拉图

试图从论述一个居中的彼岸世界的角度来归纳柏拉图的关于灵魂在人死后命运的思想，这是个挑战。维克多·戈尔德施密特是我的向导。[①] 柏拉图的学说以这样的认识占主导，在人的错误中存在着人的一部分意志，所以也存在人的一份责任；还存在一部分的无知，这一部分只能通过一个复杂过程加以清除。所以，灵魂的命运既取决于它们自身的选择，又取决于诸神的裁判。

死者的命运一般采取灵魂转世的形式，由死者相对自由地加以选择，但也可能被诸神的干预改变或打断。恶人可能经受降格的变形，进入低贱社会等级的人的躯体或者丑恶的动物的身体，也可能被诸神加以地狱的惩罚。在《理想国》第十章中（615e）提到这些惩罚，在书中我们看到一些火人将暴君的手脚和头加上锁链，将他们扔在地上，剥他们的皮并沿着道路拽着他们侧身匍匐向前，这让我们想起彼得的启示录中的一段（五：30）。至于那

（接上页）之处重新分配到南方地中海地区作者与北方作者名下吗？如我们所见，最初存在冷热的配对，起源也许是印欧传统。但这不是去从中发现对西藏与高加索地区气候的反映的理由。

　　① 戈尔德施密特：《柏拉图的宗教》（V. Goldschmidt: *La Religion de Platon*，巴黎，1949），特别是《惩罚与奖励》一章，第75—84页。

些达到了柏拉图的理想的人，即达到了哲学的人，和那些"纯洁与正义"中奉行理想的人，他们达到了完美的沉思，通常是到达"极乐岛"，因为对彼岸世界的命运的定位、空间化的需要始终是无法抗拒的。

多重考虑促使柏拉图去追寻死后的各种居中地位的道路。比如这样的想法，即如同《理想国》（十：615a—b）着力表述的，刑罚必须与罪行成比例。但是同样有对那些德行平平的人安排特殊命运的想法：他们继续穿过灵魂转世的循环，但是在中间地带他们会得到一些奖励，这些奖励并未明确，那是"在一个纯净的居所，位于大地上的高处"（《斐多篇》，114c，1—2）。

如同《旧约》，柏拉图关于彼岸世界的思想从根本上仍旧是 38 两元论的。在灵魂转生中，灵魂或者进入更加邪恶者的灵魂，或者进入更加良善的灵魂。诸神的裁决不放过任何人，柏拉图警告同类："诸神的裁决决不会放过你，即便你足够小，可以钻入大地的深处去，或者长得足够高，可以飞到天上去"（《法律篇》十：905a）。这让我们联想到《圣经》的《诗篇》一百三十九：9：

> 我若升到天上，你在那里，
> 我若在阴间下榻，你也在那里。

柏拉图补充说："你将向诸神偿付你所欠的刑罚，要么你留在俗世，要么你去冥王哈德斯那里，要么把你送到某个更加遥不可及的所在"（《法律篇》十：905a）。在著名的关于厄洛斯（Er）的神话中，对于那些相聚于一片神奇草地的人来说，存在两个可能的方向。

他们一些人来自天上，另一些从大地内部经过千年才爬上来。

然而，在无疑与他的哲学以及雅典司法制度相关的刑罚的比例的想法推动下（在存在对死者的审判的所有宗教中，我们都看到俗世司法与彼岸神圣裁判之间的某种联系），柏拉图为人类的灵魂想象出一种动态的命运，它可能包含几种情况："那些个人德行仅有稀少的轻微转变的人只在空间上做平面位移；如果人们更经常更深入地陷入不义，那么他们会被带入深处和称作下层的地方，在冥王哈德斯和其他类似的名目下，那里肆虐着他们的恐惧与噩梦……。如果灵魂经受了邪恶或美德上的更加深层的改变……如果它混合了神圣的美德直至显著地浸染了神性，那么灵魂就会有显著的移位，被神圣之路带到一个新的更好的地方去。如果情况相反，那么它被自己的生命之座带到相反的地方……"（《法律篇》：904c—905a）。

对灵魂转生的信仰尤其能让人们可以对刑罚设出等级，设想一些居中位置的惩罚。我们在俄耳甫斯神秘教理中再次看到这种倾向，"俄耳甫斯秘教从一开始就似乎接受了先后相继的俗世的生 39 命是由一些在哈德斯冥界的赎罪过程分隔开的"。[①] 俄耳甫斯秘教对基督教的影响经常被人强调。鉴于在古犹太教中未看到对于某个介于天上至福与地狱折磨之间的中间状态的信仰，鉴于炼狱的前身出现于希腊的基督教，人们便提出基督教对于罪孽不足以受永恒之苦的那些灵魂在其中完成赎罪的炼狱观念来自异教的希腊

---

① 布朗热：《俄耳甫斯：俄耳甫斯秘教与基督教的关系》（A. Boulanger: *Orphée. Rapports de l'orphisme et du christianisme*, 巴黎，1925）。

文化，尤其是俄耳甫斯秘教教义。①虽然这种影响曾经存在，但我认为它首先渗透到犹太人群体。正是在犹太人的末世论文字中，特别是公元前后的犹太拉比们的训导中，我们看到未来基督教炼狱的真正雏形。但是，在巴勒斯坦、埃及，那些犹太人群体和后来的基督徒群体的确浸染于一种希腊环境，在那里神秘宗教取得了大发展。

人们将品达罗斯（Pindare）看作这种希腊神秘倾向的见证人，在柏拉图引用的一个残篇中（《美诺篇》，81b），品达罗斯认为在地狱中赎罪的期限为8年；在涉及公元前6世纪初大概与俄耳甫斯秘教近似的西西里神秘宗教的一篇颂歌中，品达罗斯说：

> 它（伴有美德的富足）是闪烁的星，是人类生命真正的辉煌。啊！如果拥有它的人懂得预知将来就好了！如果他懂得在死亡在俗世降临在自己身上时，那些罪人的精神将立刻承受它们的苦难；在地下，一个判官对在宙斯的这个王国所犯的罪行宣布不可更改的裁定。②

一位先驱者：下至地狱的埃涅阿斯

现在要对维吉尔的《埃涅阿斯纪》中埃涅阿斯下到地狱的历

---

① 布朗热：《俄耳甫斯：俄耳甫斯秘教与基督教的关系》（A. Boulanger: *Orphée. Rapports de l'orphisme et du christianisme*，巴黎，1925），p.128。

② 《品达罗斯集》（Pindare, t. I，G. Budé 辑，Aimé Puech 译，Les Belles Lettres，巴黎，1922，第45页）。

程给予特别关注。

40　　　　在这一过程中有一处对彼岸世界的地理描述，努力给予地狱以比古代更精确的描述——某些古埃及的描述除外。较近时期，布鲁克斯·欧替斯甚至为此画出了简图。存在某种下至地狱—炼狱的通道，通常是井。然后是没有坟墓埋葬的死者之野、冥河（Styx，恨水）、泪野和进入岔道口之前最好的草地，岔道的左边道路通往塔尔塔洛斯（Tartare，地狱），右边在越过狄斯（Dis，即冥王普鲁托）的城墙之后，通往乐园，是舒适如天堂似的居所，之后有封闭的圣林，最后是忘川（Léthé）。①

　　　在一则著名的评论中，爱德华·诺登②不仅指出人们在《神曲》中再次看到的那些潜移默化的影响（这再正常不过，因为但丁是以维吉尔为向导，而且将维吉尔当作诗歌榜样），而且那些复现于中世纪意象中的元素，它们标志着正在形成中的炼狱路途。

　　　比如，埃涅阿斯在入口时：

　　　　　　从城堡外面可以听到里面呻吟号叫之声，

　　　　　　野蛮的鞭打声，铁链拖地的嘟哝声。

---

　　① 奥蒂斯：《维吉尔：对文明化诗歌的研究》（Brooks Otis: *Vigil. A Study in civilized Poetry*, 牛津，1964）。

　　② 诺登：《维吉尔：埃涅阿斯纪六》（E. Norden: *P. Vergilius Maro. AEneis Buch* Ⅵ, 第4版，达姆施特塔，1957，第207—349页）。关于基督教的反应，见库塞尔《教会教父面对维吉尔的地狱的态度》（P. Courcelle: "Les Pères de l'Eglise devant les enfers virgiliens"），载《中世纪教义与文献史档案》（*Archives d'histoire doctrinale et littéraire du Moyen Age*），22, 1955。

埃涅阿斯停止了脚步，听到这声音吓得发呆。

(诗句 557—559)^①*

这些内容我们在《韦蒂的灵视记》(*Visio Wittini*, 9 世纪)、《特努格达鲁斯的灵视记》(*Visio Tnugdali*, 12 世纪中叶，其中炼狱尚不明晰) 中，在炼狱诞生的《圣帕特里克的炼狱》(12 世纪末) 中，当然还有但丁作品中再次看到，在但丁的《地狱篇》中我们看到对维吉尔的呼应，而在《炼狱篇》中，虽然还有一些哀叹之声：

啊！这里的入口与地狱里的那些入口多么不同啊
因为这里是伴随着歌声进去
而那下面则是伴随着剧烈的哭声进去。^②**

　　同样，下至地狱的埃涅阿斯从下面展示了上方的光明的田　41
野。^③*** 这是从深渊向上方光明注目与示意的经典动作。在各启示录

---

　　① "Hinc exaudiri gemitus, et saeva sonare / verbera, tam stridor ferri tractae catenae / constitit Aeneas, strepituque exterritus baesit" (v. 557—559)。——原注

　　* 译文自杨周翰译《埃涅阿斯纪》，南京，译林出版社，1999 年。【* 号后为译者注，下同，不另注。】

　　② "Abi quanto son diverse quelle foci / dall'infernali! Che quivi per canti / s'entra, e la giu per lamenti feroce"（《炼狱》，十二，112—114 行）。

　　** 译文自田德望译《神曲·炼狱篇》，北京，人民文学出版社，1997 年。田译 lamenti 作 "哭声"，也可理解为哀叹。

　　③ ... camposque nitentis / desuper ostentat...（《埃涅阿斯纪》，六，677—678 行）。

　　*** "指给他们看上方一片光明的田野"，但是杨周翰译 "站在高处指给他们看前面一片光彩夺目的平野"，此处 desuper 似应如勒高夫理解为这光明的平野是处于上方的，而非人在高处。

中（《约翰启示录》二十一：10，《彼得启示录》[伪经]* 五：第 4
行之后），在炼狱概念之前的中世纪的灵视作品中（《圣弗尔塞的
灵视》（*Visio Fursei*）、《韦蒂的灵视》《特努格达鲁斯的灵视》），
以及福音书里关于拉撒路与恶富人的片断中恶富人"在阴间受痛
苦，举目远远地望见亚伯拉罕，又望见拉撒路在他怀中"（《路加
福音》十六：23），我们再次看到这一动作。福音书文字在基督教
的炼狱的先期历史中将起到重要作用。

　　爱德华·诺登同样敏锐地指出，维吉尔的这一段如同但丁的作
品中一样，虽然对时间的记载有时是任性的，但在这两位诗人那
里，对于彼岸世界的旅程的确定的时间的概念，（24 小时的）一天
的时序，尤其是夜间的时序是存在的。在《埃涅阿斯纪》中，重返
地面的路程必须在午夜之前完成，在这个时辰那些真正的影子会出
去（六：893 诗行以下）；而在《神曲》中路程要持续 24 小时（《地
狱篇》三十四：68 诗行以下）。在各启示录和中世纪的灵视记中，
彼岸的旅程往往必须在黎明前完成，在第一声鸡啼之前。圣帕特里
克的炼狱中便是如此，这种时间的强制要求是属于神判（ordalie）
系统的。

　　对于后来的基督教和中世纪人们，《埃涅阿斯纪》的第六章歌
的最主要的段落如下："从此这些灵魂有恐惧、欲望、痛苦、喜悦，
他们不再明辨天的光明，被禁锢在他们的黑暗和他们盲目的囚笼。
甚至到了最后的时日，当生命离开他们，这些可怜的灵魂仍旧没
有摆脱肉体的全部的邪恶和全部玷污；他们的恶行逐年加强，应

---

　　*　Apocryphe，天主教系统称"伪经，密经"，而新教系统称次经。

该已经惊人地根深蒂固。所以必须让他们受到惩罚，让这些灵魂
在折磨中赎清这些年久日深的罪孽。一些灵魂被吊在空中，暴露
在清风中；另一些被投入一个广袤的深渊，清洗他们的污秽；另 42
一些则在火中得到净化"（733—743 诗行）。①

后来在炼狱诞生中起到作用的整整一套主题俱在于此：痛苦
与喜悦的混合、天上光明隐约可见、囚禁的语篇、暴露于刑罚、
赎罪掺杂于净化，用火来净化。

相反，下文的内容是从历史上得到确定的时序：从古巴比伦
到犹太教—基督教。

下至地狱的吉尔迦美什

在古巴比伦人那里，彼岸世界的景象是更加动荡、更加萦绕不
去的。这景象出现于一些令人惊奇的对地狱之旅的记述中。乌尔纳木
（Our-Nammou）下至地狱，即乌尔（Our）王，这是欧洲人的中东领
域内这类故事的最古老的文本（公元前 8 世纪）。只有一个埃及故事
比它更早。主人公受到了冥王奈尔迦尔（Nergal）的审判，故事提到
一种火，在一座山附近有一条河，而彼岸世界被"黑暗"笼罩。②

---

① 贝莱索尔译文（A. Bellessort），比代（Budé）辑，第 191—192 页。

* 杨周翰译本中是肉体在受罚，似不妥。

② 见埃贝林《巴比伦思想中的天堂与地狱》（E. Ebeling: *Tod und Leben nach
den Vorstellungen der Babylonier*, 柏林-莱比锡，1931）。关于古希腊人的黑暗的不
明确的"神圣"价值，见斯维拉《因黑暗是神圣的：古希腊人的灵界之旅》（Maja
Reemda Svilar: *Denn das Dunkel ist heilig. Ein Streifzue durch die Psyche der archaischen
Griechen*, 伯尔尼-法兰克福，1976）。

尤其是著名的吉尔迦美什的史诗对地狱有两处提及。最不明确地提到的地方涉及吉尔迦美什本人。主人公没有获得永生，诸神给予他在地狱中的优渥位置，但是这种恩惠似乎并非是他的德行的结果，而是与他的地位有关，而且仅仅取决于诸神的一个随意的决定。[①]相反，吉尔迦美什的朋友恩奇都（Enkidou）在死前访问了地狱，并对之进行了更加明确的描述。那是尘土与黑暗的王国，是"广袤之地""有去无回之地""不归之地"，人们下到那里，当有人呼唤他们的时候，某些死者会从中"再上来"。当人们被抓入诸神之网，即一个牢狱，人们就去往那地方。也许最让人担心的是"正常的"生者与死者被一些"消瘦"的死者折磨。这些消瘦者即埃提姆（ekimmu），他们的阴影[*]没有得到坟墓的掩蔽 43 也没有得到生者的照料（我们再次看到这种对生者的干预的号召，这种生者的襄助在炼狱系统中的作用是那么重要），他们作为幽灵回来作祟地上居民或者折磨地狱中其他死者。

一个中性而黑暗的彼岸世界：犹太人的阴间

有人指出过这些信仰中的某些部分与《旧约》中见到的犹太人信仰的亲缘关系，这并不令人吃惊，如果我们想想古巴比伦人

---

①　见艾纳尔《亚述与巴比伦人的死者审判》（J.-M. Aynard: "Le Jugement des morts chez les Assyro-Babylonienne"），载《对死者的审判》，见《东方史料》四，第83—102 页。

　*　即灵魂。

与希伯来人之间的关联，尤其是在巴比伦之囚时代（Exil）。[1]

　　亚述人的地狱阿拉鲁（Arallù）与希伯来人的阴间、古希腊人的哈德斯地狱相近，虽然后两者显得更加平淡些。对于前两者而言，亲缘关系是显著的。下至地狱并重新上来的例子，比如雅各以为约瑟死了，他宣告："我必悲哀着下阴间到我儿子那里"（《创世记》三十七：35）。撒母耳的母亲哈拿在祷词中称："耶和华使人死，也使人活，使人下阴间，也使人从阴间再上来"（《撒母耳记上》二：6）。最后，当扫罗请求隐多珥的女巫从死者中召唤撒母耳，女巫对他说："我看到有神灵从地里上来"（《撒母耳记上》二十八：13—14）。罗网陷阱的意象复现于《诗篇》十八（"阴间的绳索缠绕着我，死亡的网罗临到我"，十八：6）和《诗篇》一百一十六（"死亡的绳套缠住了我，阴府的罗网缚住了我"，一百一十六：3）[2]。井（天坑）的意象也一样："耶和华啊！你曾把我的灵魂从阴间救上来，使我存活，不至于下坑（井）"（《诗篇》三十：3）；"你把我放在极深的坑（天坑）里，在黑暗地方，在深处"（《诗篇》八十八：7）。在《诗篇》四十：3，深渊的意象与淤泥的意象结合在一起："他从祸坑里，从淤泥中把我拉上来。"据尼古拉·J.特龙普看来，"bôr"这个词相继有"水窖""监狱"的意

----

　　① 见多尔姆《巴比伦与希伯来人思想中亡者的居处》（P. Dhorme: "Le Séjour des morts chez les Babyloniens et les Hébreux"，载《圣经研究》（*Revue biblique*），1907，第59—78页）。

　　② 阴间的罗网复现于《撒母耳记下》二十二：6，《约伯记》十八：7—10。这个主题同样可见于古埃及人那里。见伊利亚德《形象与象征：论魔法与宗教象征系统》（M. Eliade: *Images et Symboles. Essais sur le symbolisme magico-religieux*），巴黎，1952，第124—152页。

思，最后既是"坟墓"的意思，又是"地下世界的深井"，语义的
演变给人启发。《诗篇》五十五（24）提到的"灭亡的坑"与天坑
相近，并在《格林童话》里是彼岸世界的入口：*Frau Hölle*（《霍勒
大妈》，Hölle 在德语中即地狱）。尘土通常与虫子（蛆虫）结合在
一起，同样出现于《旧约》中。"这些要同我一起下到阴间，与我
同归尘土吗？"（《约伯记》十七：16），以及"他们一样躺卧在尘
土中，被虫子遮盖"（《约伯记》二十一：26）。

　　提及彼岸地狱的"shéol"是希伯来语特有的词，在《旧约》
中经常出现。[①] 它的某些特征是纯属于地狱的，不复现于基督教的
炼狱，比如被吞噬的怪物吃下，这或许起源于古埃及人，以及作
为城市的彼岸世界意象，这已经见于乌加里特文献，它预告着但
丁的"愁苦之城"（città dolente，《地狱篇》三：1）。希伯来的地狱
之苦有些非常有特色，比如阴间概念与混沌的象征之间的紧密联
系，混沌一方面体现在海洋中，一方面体现在沙漠中。也许应该
更加专注地探究中世纪基督教世界中炼狱与某些海上流浪和荒林
独处的圣徒或隐士之间可能存在的联系。

　　犹太人的阴间对于炼狱——如同对于地狱——将黑暗这一概
念传播下来（炼狱中的灵魂从中涌现，走向光明），黑暗侵占了整

<hr>

[①]　在阅读《旧约》之外，我还参阅了佩德森《以色列：生活与文化》（J. Pedersen: *Israel, its life and culture*, I-Ⅱ, 伦敦-哥本哈根，1926，第460页及以下）；马丁-阿沙尔：《旧约所说的从死亡到复活》（R. Martin-Achard: *De la mort à la Résurrection d'après l'Ancien Testament*, 讷夏泰勒-巴黎，1956）；特龙普：《旧约中原始的死亡和彼岸观》（N. J. Tromp: *Primitive Conceptions of Death and the Other World in the Old Testament*（Biblia et Orientalia 21），罗马，1969）。最后一部著作通过在拉斯沙姆拉发现的乌加里特文本来阐释旧约。

个地下的亡者世界。这一主题在《约伯记》中特别纠结不去：

> 就是往黑暗和死荫之地以先，可以稍得畅快。
> 那地甚是幽暗，是死荫混沌之地，那里的光好像暗夜。
>
> （《约伯记》十：21—22）①

对于"阴间"的景象，我们应该记取两个重要元素，它们复 45 现于炼狱和基督教的地狱：即山与河。对《诗篇》四十二：7 的某些诠释谈到"风暴之山"，《约伯记》两次提到人们在阴间入口处跨越的河流：

> 拦阻人的性命不陷于冥坑，
> 使他的生命不渡过死河。
>
> （《约伯记》三十三：18）

> 若不听从，必渡过死河，
> 无知无识而死。
>
> （《约伯记》三十六：12）

特龙普坚定支持反对其他的《旧约》注解家，他认为描述"shéol"（阴间）的那些词适用于一个地点，并非是隐喻性的，但他认为存在对这个词的一种朝着"文学""伦理"方向用法的演变，

---

① 兹纳迪：《古埃及观念中作为敌人的死亡》（Znadee: *Death as an Enemy according to Ancient Egyption Conceptions*），莱顿，1960。

认为《新约》中的哈德斯地狱继其之后继续沿着这个方向演进。

　　不管怎样，《旧约》与《新约》的"阴间"主要出现于一个两元对立系统，将天与地极力对立起来。比如《诗篇》一百三十九：8 中诗篇作者对耶和华说：

　　　　我若升到天上，你在那里。
　　　　我若在阴间下榻，你也在那里。

　　而《以赛亚书》四十四：24 让耶和华说道：

　　　　我耶和华是创造万物的，
　　　　是独自铺张诸天，
　　　　铺开大地的，谁与我同在呢。

　　"大地"实际就是生者世界与死者世界合成的整体，更多指的是地下的居所，多于指地面的居所。

　　很少提及一个三分系统（比如但丁作品中那样将彼岸世界分三部分，集合了地下的地狱、地上的炼狱、空中的天堂）。然而，《耶利米书》（十：11—12）在提醒"巴比伦之囚"中的希伯来人耶和华的力量时说：

　　　　那未能创造天地的神祇，
　　　　只有从大地上和天底下消失。
　　　　上帝以自己的能力创造了大地，
　　　　以自己的智慧奠定了寰宇，

以自己的才智展布了诸天。

因此，先知耶利米区分天上、天下世界和大地（地下世界），如同后来的保罗说的（《腓力比书》二：10）：

> 致使上天、地上和地下的一切，
> 一听到耶稣的名字，
> 无不屈膝叩拜。

虽然"阴间"是可怕的，但它并不作为一个酷刑场所出现。在那里有时会看到三种特殊惩罚：虫子床，在基督教的地狱和炼狱中不复见到，除非愿意将虫子看作地狱之蛇的祖先，我觉得情况并非如此；另外两种惩罚是口渴与火。我将会重新谈到已经提到过的火的问题。口渴，比如《耶利米书》（十七：13）就谈到：

> 耶和华，凡远离你的，必被记录在地上，
> 因为他们离弃了活水的泉源……

口渴至少复现于炼狱先前历史中两个重要的基督教文本。首先是贫穷的拉撒路与恶富人的故事，富人在地狱深处请求拉撒路将指尖沾湿来给他的舌头清凉一下（《路加福音》十六：24）。特别是我们能称作关于某个炼狱场所的异象的第一份异象记，即《圣佩佩图阿的受难》（3 世纪初）中佩佩图阿所见灵视，其中口渴是异象中的一个核心元素。

人们已经注意到在《旧约》中阴间经常被提到，却几乎未给出真正明确的细节。据说这是因为耶和华是生者们的上帝，《传道书》九：4 提醒人们：

> 但凡跟一切活人相连的，那人还有指望；
> 因为活的狗比死了的狮子强。

47　　耶稣以让人吃惊的方式再次说出这内容："关于死人复活的事，你们没有念过上帝告诉你们的话吗？上帝说：'我是亚伯拉罕的上帝，以撒的上帝，雅各的上帝。'这意思是说，上帝是活人的上帝，不是死人的上帝。"（《马太福音》二十二：31—32）。耶和华对于阴间的威力已经在《旧约》中多次证实，但在《旧约》中耶和华从未明示提前将某个死者从中放出、在他下到阴间之后原谅他、缩短他在地狱中居留时间的意图。

除了同样适用于炼狱的一种地狱意象，在《旧约》中没有什么东西（如果我们将《玛加伯下》中非常特别的一段除外的话，我们后文将谈到这一段）预示着基督教的炼狱。

只有从两个角度看，《旧约》让人推测其中可能存在对阴间的一些区分，人们可能被上帝从中救出。

首先，《旧约》在阴间分隔出最深处保留给特别可耻的死者的：未接受割礼的民族、遭人谋杀者、处刑受死者和没有坟墓的死者，但更多涉及一些**不纯洁**（impurs）的死者，而非**有罪**（coupables）的死者。

《诗篇》中某些文字尤其提到一种从中释放的可能。

耶和华啊！求你回转搭救我，

因你慈爱的缘故拯救我。

因为在死亡之地无人纪念你，

在阴间有谁颂赞你呢？

（《诗篇》六：5—6）

他们好像羊群被派定下阴间；

死亡必作他们的牧人。

到了早晨，正直人要管辖他们；

他们的形体必被阴间消灭，他们再没有住处。

但神必救赎我的灵魂脱离阴间的权势，因为他必把我接去。

（《诗篇》四十九：15—16）

你不会把我撇弃在阴间，

让你所爱的在坟墓里腐朽。

你必把生命之路指示我，

在你面前我欢欣快乐，

在你右手中有永远的福乐。

（《诗篇》十六：10—11）

48

犹太教—基督教的启示录灵视

公元前 2 世纪与公元 3 世纪之间（以及更久之后，因为希伯来文本的希腊语版本，尤其是拉丁文版本，古叙利亚语、科普特语、埃塞俄比亚语、阿拉伯语版本是在这段时间之后才问世的），在中东，尤其是巴勒斯坦和埃及，确立起来的一整套文本以决定性的方式丰富了关于彼岸世界的概念及其表现。这些文本多数得到了多个官方教会的接纳，列入教义和信仰中所谓的真实文献。它们属于被拉丁基督教会（罗马公教）称为伪经（apocryphe）的文本材料（基督新教徒将旧约的非正典的文本称作伪书（*pseudépigraphes*））。这种伪经特性是更晚些时候在 397 年由圣奥古斯丁主导的主教会议上才被强加于这些文本中的某一些，甚至是在 16 世纪关于天主教义的特伦托主教会议上才确立的。所以，这些文本中不少在中世纪具有一定影响，要么因为它们尚未被看作伪经，对它们的使用并不导致教会的谴责，要么因为它们被排除在“正典”文本之外，但多少以地下方式通过多种渠道流传。一个特殊例子是归在使徒约翰名下的《启示录》，经过反复的争论后，它得以被接纳在拉丁文基督教圣经的正典中，然而它却与同类其它启示录文本并无实质性区别。

　　犹太教—基督教启示录文学中，我关注的是那些通过拉丁文版本，或通过它们对于拉丁文基督教义的影响，对于中世纪拉丁基督教世界表现彼岸世界起过作用的文本。在那些福音书伪经之外，还有那些曾经在炼狱诞生中起作用的，对神显视象或者彼岸世界想象之旅的叙述，不管它们是否具有启示录的名称
49（apocalypse）。本书中我不寻求在怎样的特殊的社会历史背景下这些文本得以确立和流传。我将专注于仅仅对明确的炼狱概念诞生的时代进行单纯的社会学和历史学分析，即 12—13 世纪。在此之前，我仅仅找出思想与意象的传承。一个元素在启示录文学中起到过重要作用，即对耶稣下至地狱的信仰，其光芒闪现于启示录

文本材料的整体。我会在基督教的《新约》的研究中谈这个问题。值得注意的是，这些启示录多数讲述天上旅程，而非下至地狱的历程，这是基督教出现的时代前后几世纪的期待与希望的氛围的特征。

犹太教的启示录中，我保留《以诺书》和《以斯拉记》第四卷，基督教的启示录中，我保留《彼得启示录》《以斯拉启示录》，尤其是《保罗启示录》。

《以诺书》在拉丁文的缩减版本中仅存一个很短的残篇，只保留在 8 世纪的一份稿本。我们拥有的最完整版本是一个以希腊文版本为依据的埃塞俄比亚语版本。[①][*] 原始版本是用一种闪米特语写作的，很可能是希伯来文，是在公元前 2 世纪—公元前 1 世纪编成的，受到过埃及影响。这是个编纂文本，其最古老部分大约上溯到启示录文献出现的时代，稍早于公元前 170 年。所以，这是启示录文献的一份最古老的证据。

与彼岸世界有关的内容主要在第一卷，即《以诺升天》。以诺在天使们的指引下被带去"一个地方（一座房屋），那里居民就像燃烧着的火"，然后被带去风暴、雷电和湍流中的居所。"我到达了一条火河，那里的火像水一样流淌，流入大海……我到达了大黑暗地……我看到冬季的黑暗山脉……和深渊的入口"（第十七章）。他随后到达地狱之天坑："然后我看到深渊，接近那些天上的火柱，我看到山脉之间一些火柱落下，其高其深都无法量度"

---

① 我的译文是依据这个版本和弗朗索瓦·马丁的评注。马丁:《根据埃塞俄比亚文本翻译的以诺书》(François Martin: *Le Livre d'Hénoch traduit sur le texte éthiopien*)，巴黎，1906。

＊ 也称《以诺一书》，《埃塞俄比亚以诺启示录》。

50 （第十八章）。以诺于是向陪伴他的天使拉斐尔询问在最后审判之前死者们的灵魂的居所在哪里。在第二十二章中出现了对彼岸世界的处所的认识和一些处于期待之中的死者的类别。巴比伦人与希伯来人将阿拉鲁地狱（arallû）和阴间（shéol）置于地下世界，与此相反，《以诺书》的作者则基本上同古埃及人一样，似乎将这个处于期待之中的彼岸世界定位在大地表面上的一个偏僻角落。"从那里我去到另一个地方，他指给我看西方一座高而广的山，由坚硬的岩石组成。那里有四个非常深、非常广、非常平滑的洞穴，其中三个是幽暗的，一个是光明的，居中有一泉水……"拉斐尔向以诺解释说："这些洞穴是用来让死者灵魂即这些孩子们聚集其中……让他们待在那里直至对他们进行审判，直到给他们规定的时日；这漫长的时间一直持续到对他们的最后审判。"以诺看着："我看到死去的孩子们的灵，他们的声音到达天上，他们在哀诉。"

这四个洞穴关着四类死者，依据他们灵魂的无辜或有罪程度，依据他们在地上是否经受苦难。第一个洞穴接纳一些正义的殉道者，即光明洞穴，它靠近光明泉。第二个洞穴接纳另一些义人，他们留在阴影里，但在最后审判时将接受永恒的奖掖。第三个洞穴关着那些在俗世未受到任何惩罚和考验的罪人，他们在最后审判时将被判永恒的惩罚。最后是第四个洞穴：这是曾经在世上受到折磨的罪人的洞穴，特别是那些曾经被其他罪人杀死的人。这些人受到的惩罚较轻。

以诺继续旅程，他再次遇到地狱，但是在另一个侧面："于是我说：'为什么这地方得到神佑，种满树木，而山脉中央的幽深处却是遭诅咒的？'此时指引以诺的天使乌列尔回答他：'这遭诅咒

的谷地是用来将那些遭天谴者永远留住。'"（第二十七章）

所以，我们在《以诺书》里遇到地狱深渊或狭窄山谷的意象，作为等待最后审判的处所的、两个世界之间居间居所的一座地上的山的意象，对死亡与最后审判之间的一种中间状态的认识，对刑罚的递进等级的认识，但是这些都只是部分地取决于人类的德行。　51

这一作品由来源于多个时代的部分组成，我们从中遇到一些自相矛盾之处，尤其是关于彼岸世界。在第一卷的第二十二章，正义殉道者的灵魂呼喊着复仇；而在第五卷，所有义人们的灵魂都在沉睡，如同陷入漫长的睡眠，他们得到天使看护，等待着最后审判。在第二卷中（《寓言书》），以诺对等待的场所有截然不同的所见：他看到义者们休憩的床在天尽头，甚至似乎是在天上，在天使们中间和弥赛亚身旁（第三十五章）。这种躺着等待的意象复现于中世纪炼狱的某些先期预兆中，比如关于埃特纳火山中的亚瑟王。最后，在第三十四章中，我们看到死者的灵魂[*]为生者们向上帝说情："他们请求着，他们说情，他们为人类孩子们祈祷。"彼岸世界德行的可更改性，这一认识要花很长时间才在中世纪确立，要到中世纪末期，炼狱中的灵魂才最终被承认拥有这一优待。

《以斯拉记》第六卷同样是由几部分连缀在一起的，很可能是一个"奋锐党"（zélote）犹太人在公元 120 年前后完成的，即接近于犹太启示录文学的末期。我们拥有几个古叙利亚语、阿拉伯语和亚美尼亚语版本。原始的希腊语版本佚失了。几个稿本，其中

---

[*]　指圣徒们。

最老的上溯到 8 世纪，保存了一个拉丁文版本，即我在本书中援引的这个。①

以斯拉问天主："我主，既然我在你面前得恩宠，请你明示你的仆人在死后或现在当我们每个人归还其灵魂时，是否我们将被保留在休憩之中直至你复活万物的时候来临，或是我们在死后将受到惩罚。"② 他得到的回答是："那些曾蔑视至高至大者的道路的人，那些曾蔑视其法度者和那些曾经对畏惧上帝者心怀憎恨的人，他们不会进入住所，而是游荡着，随后依据七条不同'道路'受到惩罚，痛苦而悲惨"。③ 这些道路中的第五条是他的神显视象，"其他死者被天使们保留在居所，那里一片大静寂"。④ 此处，我们再次看到在《以诺书》第五卷中遇到的想法。

相反，这里存在七个等级（ordines），许诺给得救［健康与安宁］的居所。⑤ 在与肉体分离后，这些灵魂"将有七天自由去看为他们预见的现实，然后他们将被聚集到他们的居所"。⑥ 所以，此

---

① 《以斯拉记第四（拉丁文版）》(*The Fourth Book of Ezra. The latin version*)，R. L. Bensly 校勘，M. R. James 作引论，剑桥，1895。

② Si inveni gratiam coram te, domine, demonstra et hoc servo tuo, si post mortem vel nunc quando reddimus unusquisque animam suam, si conservati conservabimur in requie, donec veniant tempora illa in quibus incipies creaturam renovare aut amodo cruciamur（第七章，75 节）。

③ ... in habitations non ingrediendur, sed vagantes errant amodo in cruciamentis, dolentes simper et tristes per septem vias（第七章，79—80 节）。

④ Quinta via, vidantes aliorum habitacula ab angelis conservari cum silentio magno（第七章，82 节）。

⑤ Habitacula sanitatis et securitatis（第七章，121 节）。

⑥ Septem diebus erit libertas earum ut videant septem diebus qui predicti sunt sermones, et postea conjugabuntur in habitaculis suis（第七章，199—201 节）。

处等待中有两群人，一些受惩罚，一些得安宁。

这里值得注意的是，提及彼岸的居所时称"habitationes"或"habitacula"。在下面段落中，此处的空间概念得到强化和扩展。那些遵从了至高至大者的道路的人将按照七个不同"等级"休憩。第五个等级"看着他们如今脱离可腐烂的肉体，看到他们将拥有未来的遗产，再看到他们得以从中解脱的、狭小的满是苦难的世界，他们欢欣鼓舞，开始接纳宽广的世界，真福而不朽"。①

由此表达了这种空间解放的感觉。这种彼岸世界事物中对空间的关注，我认为在炼狱诞生中是具有根本性的。后来的炼狱是一个居所或者居所的整合，是一个封闭的地方，从地狱到炼狱，从炼狱到天堂都同样是封闭的，疆域在扩大，空间在膨胀。后来但丁找到了对其出色的表述。

《以斯拉记》第四卷吸引了古代的基督教作者们。当然，最早的确定的引用是在亚历山大的克莱孟作品中（《杂记》（*Stromata*）三，16），他是炼狱之"父"中的一位，但我刚刚引用的段落在4世纪得到过圣安波罗修的评论。

在他的《论死亡之善》（*De bono mortis*）中，安波罗修想要证明灵魂的永生，并谴责罗马人墓葬的奢侈。他说："我们的灵魂并不因禁在坟墓中的躯体中……人们建造奢华的坟墓，好像坟墓是灵魂的掩蔽所（receptacula），而不仅仅是尸体的掩蔽所，这

---

① Quintus ordo, exultantes quomodo corruptibile effugerint nunc et futurum quomodo bereditatem possidebunt, adhuc autem videntes angustum et (labore) plenum, a quo liberati sunt, et spatiosum incipient recipere, fruniscentes et immortals (第七章, 96)。

纯属浪费虚掷。"他补充说:"灵魂,它们,在天上拥有居所。"[1]
于是,他长篇引用《以斯拉记》第四卷,而他说他的"居所"
(habitacula)与天主在说"在我父的家,有许多住处(mansiones)"
(《约翰福音》十四,3)时所谈到的"住所"(habitationes)是
一回事。他抱歉引用以斯拉,他把以斯拉算在异教哲人之列,但
他认为这也许会打动那些异教徒。始终引用以斯拉,发展"灵魂
的居所"的想法之后,他同样采用了义人们的灵魂的七个"等
级"的分类。其实,他将"道路"与"等级"混了起来,他提到
那些其中由大的安宁主宰的居所(in habitaculis suis cum magna
tranquillitate)。他注意到以斯拉指出义人们的灵魂开始进入空间,
在真福与不朽中。[2]安波罗修对《以斯拉记》第四卷这个段落的长
篇评论做出结论,他庆幸《以斯拉记》以提及义人们的灵魂结尾,
义人们的灵魂在七天后前往他们的居所,因为最好更长篇地谈论
义人们的真福,好过谈蔑视宗教者的不幸。

　　基督教的启示录既是对犹太教启示录的延续,又是断裂。处
于延续之中,因为这些启示录浸淫于相同的语境,在基督教最初
两个世纪中,更恰当的做法是谈论犹太-基督教教义,而非两个分
离开来的宗教。但同样处于断裂中,因为耶稣的缺席或者耶稣的
在场,对于弥赛亚的截然相反的态度,阶层与教义的不断加大的

---

[1]　Animarum autem superiora esse habitacula,《论死亡之善》(*De bono mortis*),
十,44,见米涅(Migne)编 *Patrologie latine*(《罗马教会圣师著作全集》),卷14,
560 列。

[2]　Eo quod spatium, inquit(Esdras)incipiunt recipere fruentes et immortales(前
引书,562 列)。

区别，都在逐渐加大分歧。[①] 此处，我的选择是《彼得启示录》，应该更加古老，在基督教最初几个世纪中最获成功；我选择《以 54 斯拉启示录》，因为我们拥有它的一些有价值的中世纪版本；我选择《保罗启示录》，因为它在中世纪的影响更大，因为它是《圣帕特里克的炼狱》的主要参照，而《圣帕特里克的炼狱》对于 12 世纪末炼狱诞生，对于但丁都是决定性文本。

《彼得启示录》应该是在公元 1 世纪末或者 2 世纪初在亚历山大的基督教社群中由一个皈依的犹太人编纂的，他既受到犹太启示录的影响，又受到希腊民间的末世论影响。[②] 在 2 世纪时，它列入罗马公教采用的正典目录，却在 397 年从迦太基主教会议确立的正典中被排除。它尤其强调地狱的惩罚，它严酷地加以描绘，借助于一些意象，它们多数是辗转通过犹太教和古希腊文化借自古伊朗的拜火教。关于彼岸世界的中世纪文献保留了它按照罪孽和罪人种类对于地狱惩罚的划分。鉴于那些高利贷者在 13 世纪时是首批从炼狱信仰中受益的人，我将仅限用《彼得启示录》中他们的例子：他们在炼狱中被吞没在一个以沸腾的脓血而形成的湖里。

《彼得启示录》的主题是那些传统的提及地狱、黑暗（第十一章）时的主题："我看见另一个地方，那里完全黑暗，那是惩罚的

---

① 关于犹太-基督教的启示录文献，见达尼埃卢《犹太-基督教神学》（J. Daniélou: *Théologie du judéo-christianisme*），I，巴黎-图尔奈，1958，第 131—164 页。

② 我们拥有其一个埃塞俄比亚语文本和一个希腊语文本。它们被出色地译为德文：亨内克 / 施内梅尔歇：《德文翻译的新约伪经》（E. Hennecke-W. Schneemelcher: *Neutestamentliche Apokryphen in deutscher Übersetzung*），第 3 卷，二，蒂宾根，1964，第 468—483 页。

地点"；火的无所不在：第二十二章："一些人被从舌头吊起，那是些诋毁诽谤者，他们下面有一团火，吐着火焰，折磨他们"；第二十七章："其他一些男人和女人站在火苗已蹿至身体中部的火焰中"；第二十九章："面对他们有一些男人和女人，他们咬着自己的舌头，口中有吐焰的火。这是些做伪证者……"

　　《彼得启示录》坚定地依据一种两元论的观念，满足于地狱一侧。这种观念复现于它影响过的基督教的古老文本，比如归在圣西彼廉名下的《论歌颂殉道者》（ De laude martyrii ），很可能是诺瓦替安所作。"人们称作矾汉那（ géhenne，焦热地狱）的残酷所在回响着哀叹的呻吟，处于火焰口的中央，在浓重烟雾的可怖黑夜中，火焰的道路始终发着红光接连不断，一个结实的火球形成一个塞子，然后分解成多种形式的折磨……那些拒绝天主的道路和蔑视他的命令的人被相应比例的一些刑罚惩处；按照德行，他给予得救或者裁判罪责……那些始终寻求并发现上帝的人得以去到基督之所在，那里有神恩，在花开的绿色牧场，繁茂大地覆盖着草……"①

　　从这种两元论和这些幽暗颜色中却涌现出对正义的召唤。《彼得启示录》中的天使们宣布：

　　　　上帝的法是公正的

①　哈纳克：《古老西方教会中的彼得启示录》（A. Harnack："Die Petrusapo-kakypse in der alten abendländischen Kirche"），载《早期基督教文献史文本与研究》（ Texte und Untersuchungen zur Geschichte der altchistlichen Literatur ），XIII, 1895，第71—73 页。

他的法是善的。

与此形成反差，《以斯拉启示录》，这个中世纪被大量阅读和引述的文本，却并不包含任何炼狱的预兆，但却提供了几个元素。我们从中看到火、桥。人们通过一些台阶到达那里。尤其是，人们从中遇到这俗世的大人物，就如同但丁后来在《炼狱篇》所回顾的那些政治论战的文字。

《以斯拉启示录》呈现为三个版本：真正的《以斯拉启示录》《塞德拉克启示录》和《真福的以斯拉的灵视记》。最后这部更加古老，这是希伯来原本的一个拉丁语版本，保存在两部稿本中，一个是10—11世纪的，另一个是12世纪的。[①]

在七位地狱天使指引下，以斯拉由70级台阶下至地狱。于是他看到一些火门，门前坐着两头狮子，它们嘴里、鼻孔和眼睛喷吐出很强的火焰。他看到一些生命旺盛的人穿过火焰而不被火焰触及。天使们向以斯拉解释，这是些名声上达天上的义人。另一些人来穿越这些门，但被狗噬咬，火将他们烧尽。以斯拉请求天主原谅罪人们，但未得到听从。天使们告诉他，这些不幸的人曾经否认上帝，在礼拜日的弥撒前与妻子犯下罪过。他们又走下一些台阶，他看到一些人站着受折磨。有一口满是火的巨大的锅，义人们从火的波浪上毫无障碍地走过，而罪人们却被恶魔推入锅里。随后，他看到一条火河，上面有一座非常大的桥，罪人们从

56

---

① 见《以斯拉启示录》《塞德拉克启示录》和《真福的以斯拉的灵视记》（ *Apocalypsis Esdrae. Apocalypsis Sedrach. Visio Beati Esdrae* ），O. Wahl 校勘，1977。

上面落下。他遇到希律王坐在火的王座上，四周围绕的幕僚也站
在火中。他看到东方一条很宽的火路，许多俗世的国王和王公们
被送上那条路。然后，他去往天堂，那里的一切皆"光明、喜悦
和永福"。他再次为遭天谴者祈求，但天主对他说："以斯拉，我
按照自己的形象塑造人，我命令他们不要犯罪，而他们犯罪了，
这便是为何他们受到折磨。"

一个源头:《保罗启示录》

所有这些启示录中，对中世纪关于彼岸世界的文献在整体上
具有最大影响，尤其对关于炼狱的中世纪文献具有最大影响的是
《保罗启示录》。这是全部启示录中最晚近的文本之一，应该是在
公元 3 世纪中叶在埃及以希腊文编纂的。《保罗启示录》留有亚美
尼亚语、科普特语、希腊语、古斯拉夫语和古叙利亚语的一些版
本，有过拉丁文的各种不同的编纂。最古老的可能是在 4 世纪末，
无论如何最迟是在 6 世纪。这是最长的版本。其他短的编纂是在 9
世纪进行的。其中被称为编纂版本四的后来最获成功。我们拥有
其 37 份稿本。其引入作品的新颖之处中有来源于大格列高列的桥
的意象，来自《彼得启示录》的火轮的意象和一些西比拉的神谕。
中世纪后期翻译成各种俗语的通常是这个版本。版本五是对于炼
狱历史最有价值的，因为它是首个接纳了上层地狱和下层地狱之
间划分的，这是由圣奥古斯丁引入的，被大格列高列重复，在 6—
57 7 世纪间成为对地狱上方确定方位的根据，这一部分在 12 世纪末

变成了炼狱。①

值得注意的是，《保罗启示录》在中世纪获得如此大的成功，而它却曾经遭到过圣奥古斯丁的严厉谴责。除了奥古斯丁对于启示录概念的反感之外，其原因大概是这一作品与保罗的《哥林多后书》矛盾，但《保罗启示录》却正是以保罗的这一书信为依据的。保罗的确说过："我知道有一个在基督内的人，十四年前，被提到三层天上去——或在身内？我不知道；或在身外？我也不知道，惟天主知道。我知道这人——或在身内？或在身外？我不知道，天主知道。他被提到乐园去，听到了不可言传的话，是人**不能说出的**。"(《哥林多后书》十二：2—4) 由此有奥古斯丁的评论："一些自大者，于自身巨大的愚蠢中杜撰的《保罗启示录》，恰是教会所不接受的，全是子虚乌有的东西。他们说这是对保罗被提到三层天的叙述以及他在那里听闻的不可言传、不可磨灭的话语的启示。我们能容忍他们的大胆吗：既然保罗说听到了不可言传的东西，他会说出来吗，既然这是不许任何人传的？那些胆敢那么不谨慎和不敬重地谈论这些的人是谁？"②

---

① 长的版本由詹姆斯校勘《轶事伪经》(M. R. James: *Apocrypha anecdota, Texts and Studies*, II, 3, 1893, 第11—42页)。短版本最有名的版本四由布兰德斯校勘《圣保罗灵视：对灵视文学的贡献，1个德文本和2个拉丁文本》(H. Brandes: *Visio S. Pauli: Ein Beitrag zur Visionlitteratur, mit einem deutschen und zwei lateinischen Texten*, 哈雷，1885, 第75—80页)。古法语的版本由梅耶校勘 (P. Meyer: "La descente de saint Paul en Enfer", 载 *Romania*, XXIV 1895, 365—375)。其他的短版本由西尔弗斯坦校勘《圣保罗灵视：拉丁文启示录历史附9个文本》(Theodore Silverstein : *Visio Sancti Pauli. The History of the Apocalypse in Latin together with nine Texts*, 伦敦,1935), 有出色的引论，具有奠基意义。

② 奥古斯丁：《论约翰》(Augustin: *Tractatus in Joannem* , XCVIII , 8)。

我在此援引版本五。在很短的入径之后（提到两个地狱，我后文再论），圣保罗到达上层地狱，即未来的炼狱，仅仅谈到"他在那里看到那些等待天主慈悲的灵魂"。

叙述最长的部分用在描写地狱之刑罚，主要关注两个方面：
58　给出明确的细节；对遭天谴者的识别和分类。圣保罗看见一些火树，上面吊着罪人，然后看见一个七色火焰的炽热的炉子，另一些罪人在里面受到折磨。他看见罪人在那里日常遭受的七种惩罚，还没算上那些数不清的特殊的附加的刑罚：饥饿、口渴、寒冷、炽热、虫蛆、恶臭、浓烟。他看见（我保留拉丁文 vidit［看见］一词，这个词不断重现，表达着 apocalypse［启示］的这一类别本身，在这类文本中人们揭示曾经看到的而通常是不可见的东西）火轮，千百个灵魂在里面轮番烧炙。他看见一条可怖的河，河上有桥，所有灵魂都要从桥上过，遭谴者的灵魂被投入河里，淹没到膝盖、肚脐、嘴唇或眉毛。他看见一个黑暗覆盖的地方，高利贷者（男人和女人）在那里吃自己的舌头。他看见一个地方，那里一片漆黑，曾经失贞犯罪的和让自己的孩子死去的年轻女子被交给龙与蛇。他看见赤裸的男人和女人，是迫害寡妇与孤儿的人，他们在一个冰冻的地方，在那里他们一半在燃烧，一半在结冰。最后（我简短些），遭谴者的灵魂看到一个义人的灵魂经过，被大天使米迦勒带入天堂，他们哀求义人为他们在天主面前说情。米迦勒邀请他们，与保罗和陪伴保罗的天使们一起，去哭着乞求上帝，让上帝赐他们凉爽（refrigerium，安息）。哭声大合奏响起，使得圣子从天降下，他提醒众人他的受难和众人的罪孽。但是他被圣米迦勒和圣保罗的祈请打动，赐予他们每周六晚上至周一早上（ab hora nona sabbati usque in prima secunde ferie，从周六的第九时至下周的第一时）的休憩（requies）。启示录的作者赞美了礼拜日。保罗询问天使存在多少地狱刑罚，天使回答他：154000，他补充说如果从创世至今四个各自都被赋予铁舌的人不间断地说话，他们也无法完全列举地狱的刑罚。《启示录》的作者邀请他的启示的听众们高唱圣咏《求造物主降临》（*Veni creator*）。

12世纪的一个版本中，彼岸世界的视像的结构是这样的，这是炼狱存在之前在中世纪最成功的视像。从中我们看到对地狱刑罚的描写，在后来炼狱被定义为临时的地狱之后，这些刑罚多数复现于炼狱中。尤其，通过两个地狱的区分，通过地狱中主日休憩的观念①，我们从中感到对减轻彼岸世界刑罚的需求，对更慎重 59 更宽厚的司法的需求。

我不向摩尼教和诺斯替教（灵智派）扩展，虽然它们与基督教有着复杂关系，但我认为这是些非常不同的宗教与哲学。我认为，唯有公元最初几个世纪中存在的宗教与民族之间的接触让我们必须提到一些可能对基督教发生过影响的教义，首先是希腊的基督教，然后可能对拉丁基督教有所影响。

在诺斯替教中，虽然我们再次看到作为囚禁、黑夜、污秽地、荒漠的地狱概念，但将俗世等同于地狱的倾向限制了它与基

① 礼拜日休憩的观念是向犹太教借用的，犹太教中这属于民间信仰。见以斯拉艾尔·列维《遭永劫灵魂在安息日的休憩》（Israël Lévi: "Le repos sabbatique des âmes damnés"），载《犹太教研究》（*Revue des Etudes juives*），1892，第1—13页。另见西尔弗斯坦的引论，《圣保罗灵视》（*Visio Sancti Pauli*），第79—81页："The Sunday Respite"（主日的休憩）。

督教的相似之处，在基督教中，即便是中世纪西方对俗世的蔑视
（contemptus mundi）最盛的时代，这种等同也未曾有过。同样，
我不认为诺斯替教派的曼德恩人与摩尼教徒主张的将地狱分成五
个层叠区域的划分与基督教对彼岸世界的地理描述有何关系。剩
下对黑暗的执念，这可以理解为地狱意义的，也可以理解为实证
的神秘意义的。但是黑暗是神圣事物的一个如此具有普遍性的侧
面，在诺斯替派的摩尼教徒与基督徒之间围绕这个概念进行比较，
我认为这没有什么意义。至于作为本质之恶被人们感到的时间的
焦虑，它使得地狱的时间成为纯粹绵延的时间的一种可怖化身，
我认为它同样让诺斯替教和摩尼教徒远离基督教。①

　　我们在这些古老的彼岸世界中的漫长而简短的这一旅程不是
对起源的寻找。历史现象并不像孩子从母腹中生出那样从过去中
60 走出来。在其承继中，社会与时代在选择。我的本意是仅仅阐明
拉丁基督教分两个时期做出的选择，首先是 3—7 世纪，没有到达
这一系统的合乎逻辑的终点，接着是 12 世纪中到 13 世纪中，以
决定性方式为个体死亡与最后全体审判之间的时期选择了地狱与
天堂之间的一个中间的彼岸世界。
　　简要地回顾过去带来双重的澄清。一方面这让我们能够捕捉

----

①　我主要阅读了皮埃什的研究《伪狄奥尼修作品和早期教父传统中的神秘黑
暗》（H.-Ch. Puech：“La Ténèbre mystique chez le pseudo-Denys l'Aréopagite et dans la
tradition patristique”, 1938），重新收入《追寻灵知》（*En quête de la Gnose*, I，巴黎，
1978，第 119—141 页），以及《在自己王国中的黑暗之君》（"Le Prince des Ténèbres
en son royaume"，载《迦密会研究》（*Etudes carmélitaines*），1948，第 136—174 页（撒
旦研究专号）。关于地狱的时间焦虑，见《追寻灵知》第一卷，第 247 页及其以下。

到基督徒选择放进他们的炼狱中去的某些元素、某些意象，炼狱从其中获得某些特征、某些色彩，当我们知道它们大概从何而来，它们能够更好地被人理解，虽然它们被纳入到一个新系统，改换了意义。另一方面，这些可能发展成为炼狱的信仰与意象的古老的雏形，它们为我们提供了关于可能导致炼狱概念，同样也可能在演变中流产的那些历史条件与逻辑关系的信息。隐身于所有这些尝试之中的正义与责任的概念未能——在与社会与心态结构的关系中——发展成为一套刑罚等级，似乎只有灵魂转世说达到了这一点。诸神留给其他问题——比如献祭问题——难以捉摸之处，这是诸神所不缺乏的。俯身探寻或者善多一些或者恶多一些的人们的命运，在以粗率筛选为最重要的时代，在细微差别常常纯属多余的时代，这是一种奢侈。这尤其是因为这些社会所拥有的时间概念，（即便如同皮埃尔·维达尔-纳凯指出的，人们夸大了循环的永远回归的时间观），使我们不好定位这种介于人类死亡与永恒命运之间的不确定的时间。同样，在天与地（理解为地狱的地下世界）之间，在古希腊人称为乌刺诺斯天（ouranien）与冥府（chthonien）之间，如何插进第三个彼岸世界？不管怎样，总归不是在这片大地，因为自从人类黄金时代结束之后，对于至福的想象就永远地抛弃了这片大地。

犹太人发现一个居于中间的彼岸世界　　61

在富于变化的公元纪年的转折点，我觉得犹太宗教思想中的一个演变对于后来的炼狱观念具有决定性。我们在公元后最初两个世纪犹太教理的文本中看到它。

它首先表现为对彼岸世界地理描绘的更大的精确度。从根本上——就大多数文本来说——并无大的改变。灵魂在人死后始终前往一个居间场所，即阴间（shéol）；或者直接进入永远的惩罚的场所，矶汉那地狱（géhenne）；或者得到奖励，同样是永恒的，即伊甸园（Eden）。天空主要是上帝的居所，但一些拉比同样将义人们的灵魂的居所安排在那里。这种情况下，它们处于第七层天，是七层天中最高一层。但人们对于彼岸世界的规模和它们相对于大地的位置有所疑问。阴间始终是地下的和黑暗的，那是一整套冥坑、坟墓、死者和死亡的世界。

地狱在深渊之下或者在大地之下，大地是它的盖子。人们可以从海底、通过挖掘沙漠或者从阴暗山脉的后面到达那里。地狱通过一个小洞与大地连通，（地狱）火从那里过，烤着大地。某些人将这个孔洞定位在耶路撒冷附近，在欣嫩谷（Hinnour），地狱的门在那里，有 3 个或 7 个，在两棵棕榈树之间。

地狱是巨大的，广延是伊甸园的 60 倍，在某些人看来甚至是无法量度的，因为地狱是用来接纳 200—300 个无量（myriade）的蔑视宗教者，它逐日扩大才能接纳新的来客。

伊甸园是创世的那个乐园：在亚当的地上乐园与义人们天上的天堂之间没有区分。它面对或在地狱一旁，有些人认为很近，另一些人认为更远些，不管怎样它是通过不可跨越的一道裂沟与地狱分离的。有些人认为它的广度相当于俗世的 60 倍，但另一些人称它是不可量度的。伊甸园有门，通常为 3 个。一些拉比曾去过那里，亚历山大曾徒劳地试图穿越其中一个门。居于那里的义人中有亚伯拉罕，他在那里接待他的子孙。①

　　特别是在某些犹太教的教理学派中出现了对彼岸世界中命运的另一种观念，是三分法的。圣庙遭毁（70年）到巴尔科赫巴起义（132—135年）间的两部论著证明了这种新的教理。

　　第一部论著是论一年之初（Roš Ha-Šana，犹太新年）。我们从中读到：

　　　　依据霞玛依（Šammay）学派的教理：在审判日有三群人：一群是完全的义人，一群是完全的蔑视宗教者，还有介于中间的一群。完全的义人立刻被登记和封印去往永生；完全的蔑视宗教者被登记和封印去往地狱，这是依据圣书所言（《但以理书》十二：2）。至于那些介于中间的人，他们下到地狱，遭到束缚，然后依据圣书所说重新向上（《撒迦利亚书》十三：9和《撒母耳记上》二：6）。但是希肋耳学派（Hillélites）说：那富于慈悲者倾向于慈悲，大卫谈到的就是他们（《诗篇》一一六：1），是谈到倾听人吁求的上帝，大卫的那一段话就是关于他们……曾在肉身里犯罪的那些以色列的罪人和异族人，他们在地狱受惩罚12个月，然后化为乌有……

　　第二部论著是论犹太公会（Sanhedrin，坐在一起、犹太公会、

---

　　① 邦西尔旺：《塔古姆、塔木德、米德拉什中犹太拉比的末世论：与新约的共同元素》（J. Bonsirven: *Eschatologie rabbinique d'après les Targums, Talmuds, Midraschs. Les éléments communs avec le Nouveau Testament*），罗马，1910。

犹太长老的法庭）。说到的内容大致相同：

> 霞玛依学派的人说：有三群人，一群去往永生，另一群
> 去往永远的耻辱和蔑视；那些完全的背神者，其中最轻微的
> 那些人下到地狱受惩，被治愈后再上来，此依据《撒迦利
> 亚书》十三：9（圣书《撒母耳记上》二：6）谈到这些人时
> 说：上帝使人死使人活。希肋耳学派的人说（《出埃及记》
> 三十四：6）：上帝富于慈悲；他倾向慈悲，大卫在《诗篇》
> 一一六：1 的段落谈到的就是他们。

> 以色列的罪人，他们以俗世凡胎之身犯罪，还有那些
> 俗世的异邦人，他们以俗世凡胎之身犯罪，他们下到地狱
> 被惩罚 12 个月，然后他们的灵魂化为乌有，他们的肉身被
> 焚，地狱吞噬它们，它们变成灰，风把它们吹散到义人们
> 脚下。

> （《玛拉基书》四：3 和三：21）

63　　最后，阿齐瓦拉比（Rabi Aqiba），研究《米书拿》（Michna，
又译米示拿、密西拿、口传律法）的一位最著名的犹太法学博士，
在巴尔·科赫巴起义（135 年）失败后，死于酷刑之下，他传授的
是相同的教理。

　　他同样说有 5 件事情持续 12 个月：对大洪荒世代的审判、对
约伯的审判、对埃及人的审判、未来的对巨人歌革（Gog）和玛各
（Magog）的审判、对地狱中的背神者的审判，此据圣书（《以赛

亚书》六十六：23）：每逢月朔。[*][①]

所以，一个居于中间的类别是存在的，由既不全善也不全恶的人构成，他们在死后遭受暂时的惩罚，随后进入伊甸园。但是这种赎罪是在最后审判之后进行，不是在一个专门场所进行，而是在地狱中。这种观念却导致了在地狱中区分出一个上层部分，这些暂时的惩罚将在那里进行。

所以，存在着一种倾向，加剧对彼岸世界空间化，创造一个暂时被判为受刑者的中间类别。我们可以认为，在 12 世纪，一类新型的知识分子出现，即发明了经院哲学的那些城市学院中的教师，他们的出现是真正意义的炼狱的诞生的一个决定性因素。与此相同，在公元最初两个世纪，对应着犹太人族群的社会结构与心态框架的演进，拉比教育的发展、教理注疏导致犹太人到达了炼罪概念的边缘。[②]

基督教炼狱是萌芽于《圣经》的吗？　　64

炼狱的基督教教义是 16 世纪特伦托主教会议才最终确立的——

---

[*]　据"思高本"。勒高夫原文为"逐月地"。

[①]　邦西尔旺：《基督教最初两个世纪的犹太拉比文本，以此来辨析新约》（J. Bonsirven: *Textes Rabbiniques des deux premiers siècle Chrétien pour servir à l'intelligence du Nouveau Testament*），罗马，1955，第 272、524 页。勒内·居特曼向我指出，"塔木德经论《拉比拿单箴言》肯定说背神者的灵魂在世间游荡，不停息地嗡鸣着。一个天使在世界一端，另一个在另一端，他们一同将这些灵魂掷前抛后。拉比们想象出一种真正的空中炼狱，有罪的灵魂在那里扔进并卷入激烈的旋涡，旋涡的作用是净化灵魂并让它们能够到达天上"。

[②]　关于这些犹太法学的文本的背景，见福尔茨的经典之作《新约时代犹太族群的末世论》（P. Volz：*Die Eschatologie der jüdischen Gemeinde im neutestamentlicher Zeitalter*），蒂宾根，1934。

以天主教教义的形式，因为新教教派对其是拒绝的。特伦托主教会议之后，关于炼狱的天主教教理论者们，白敏（Bellarmin，博敏/贝拉明）和苏亚莱（Suarez，苏亚雷斯/索阿勒兹）突出了几个《圣经》文本。在此我只保留两个，在中世纪，更确切说是直至14世纪初，它们确实在炼狱诞生中起过作用。

《旧约》中唯一的文本来自《玛加伯下》——基督新教徒不把它［《玛喀比二书》/《马加比二书》］看作正典——，它被从圣奥古斯丁到托马斯·阿奎那的古代和中世纪基督教神学保留下来，它被看作证明一种炼狱信仰的存在。在这一文本中，一场战役后，因为阵亡的犹太战士曾经犯了神秘的过错，犹大·玛加伯命令大家为他们祈祷。

　　　于是众人称赞秉公审判并揭示隐秘的上主，同心哀祷，求使所犯过恶，得以完全赦免。随后，英勇的犹大劝勉民众避免犯罪，因为人都亲眼看见这些阵亡者因罪所受的罚。于是大众募集了二千银"达玛"，送到耶路撒冷作赎罪祭的献仪：他做的是一件极美妙高超的事，因为他想念着复活。如果他不希望那些死过的人还要复活，为亡者祈祷，便是一种多余而糊涂的事。何况，他还想到为那些善终的人保留下的超等报酬：这实在是一个圣善而虔诚的思想。为此，他为亡者献赎罪祭，是为让他们获得罪赦"。

《玛加伯下》十二：41—46*

---

* 中译文据思高本。

不论古犹太教的专家，还是圣经注疏者，对这段艰深文字的诠释均不能达成一致，这段文字暗示着一些在别处未提到过的信仰和实践。我不会卷入这些争论。对本文而言，最主要的是，追随着教会教父们的看法，中世纪的基督徒在这段文字中看到对未来的炼狱的两个根本元素的肯定：即死后补救罪过的可能性；生 65 者为可以获得补救的亡者作祈祷的有效性。我将补充说：对于中世纪的基督徒来说这是必要的文本，因为对他们而言，任何现实，乃至任何信仰的真实都必须在圣经中有新旧约的双重依据，符合于类型化象征系统的教义，要在《圣经》中找出一种呼应结构：对于《新约》中的任何真理，都对应着《旧约》中一个预告性的段落。

那么在《新约》中情况如何呢？三个文本起过特殊作用。

第一个在《马太福音》中（十二：31—32）：

> 为此，我告诉你们：一切罪过和亵渎，人都可得赦免；但是亵渎圣神的罪，必不得赦免；凡出言干犯人子的，可得赦免；但出言干犯圣神的，在今世及来世，都不得赦免。

这是具有首要意义的。以间接的方式——但通过凸显预先设定的内容来进行注疏，这是基督教义中惯见的，我认为在逻辑上是完全站得住的——，这段文字设定了，也肯定了在彼岸世界补救罪过的可能性。

第二个文本是《路加福音》讲述的穷人拉撒路和恶富人的

故事 ① ：

> 有一个富家人，身穿紫红袍及细麻衣，天天奢华地宴乐。
> 另有一个乞丐，名叫拉匝禄（拉撒路），满身疮痍，躺卧在他
> 的大门前。他指望藉富家人桌上掉下的碎屑充饥，但只有狗
> 来舐他的疮痍。那乞丐死了，天使把他送到亚巴郎（亚伯拉
> 罕）的怀抱。那个富家人也死了，被人埋葬了。
>
> 他在阴间，在痛苦中举目一望，远远看见亚巴郎及他怀
> 抱中的拉匝禄，便喊叫说："父亲亚巴郎！可怜我罢！请打发拉
> 匝禄用他的指头尖，蘸点水来凉润我的舌头，因为我在这火
> 中极甚惨苦。"亚巴郎说："孩子，你应记得你活着的时候，已
> 享尽了你的福，而拉匝禄同样也受尽了苦。现在，他在这儿
> 受安慰，而你应受苦了。除此之外，在我们与你们之间，隔
> 着一个巨大的深渊，致使人即便愿意，从这边到你们那边去
> 也不能，从那边到我们这边来也不能。"

（《路加福音》十六：19—26 ［思高本］）

　　从彼岸世界的角度看，这一文本带来三点明确之处：地狱
（Hadès 海地司）和义人等待的地方（亚伯拉罕的怀抱）离得很近，
因为彼此能看见，但它们被一个不可逾越的深渊分开；地狱以焦
渴为特征，米尔恰·伊利亚德（Mircea Eliade）称之为"死者之

---

　　① 我特意用故事这个词，而不用寓言，在这一点上，我追随"食书者"彼得
（Petrus Comestor，法文 Pierre le mangeur），他在 12 世纪时解释说这并非一个寓言
而是一个讲道示例故事（exemplum）。

渴"，我们会再次看到它，它是凉爽（refrigerium 安息）观念 ① 的基础。最后，义人们等待的地方被称作"亚伯拉罕的怀抱"。亚伯拉罕的怀抱是炼狱在基督教中的第一个化身。

最后一个文本是受到评注最多的。这是圣保罗《哥林多前书》中的一个段落。

> 因为除已奠立了的根基，即耶稣基督外，任何人不能再奠立别的根基。人可用金、银、宝石、木、草、禾秸，在这根基上建筑，但各人的工程将来终必显露出来，因为主的日子要把它揭露出来；原来主的日子要在火中出现，这火要试验各人的工程怎样。谁在那根基上所建筑的工程，若存得住，他必要获得赏报；但谁的工程若被焚毁了，他就要受到损失，他自己固然可得救，可是仍像从火中经过的一样。
>
> （《哥林多前书》三：11 — 15）

显然这是个很艰深的文本，但对于中世纪炼狱的诞生却是最重要的——我们几乎可以通过对保罗这段文字的注疏来追踪这一诞生过程。② 然而，在彼岸世界的命运依据每个人的品质而不同，

---

① 伊利亚德：《论各宗教历史》（M. Eliade: *Traité d'histoire des religions*），巴黎，1953，第 175 — 177 页。

② 两部出色研究分析了拉丁教父们和中世纪对这一文本的评注。兰德格拉夫：《教会教父与早期经院学者论哥林多前书三：10 — 17》（A. Landgraf: "I Cor. 3. 10 — 17, bei den lateinischen Vätern und in der Fürhscholastik", in *Biblica*, 5, 1924, pp.140 — 172）和格尼尔卡：《哥林多前书 3：10 是对炼狱的签字证明吗？一部注疏与历史考察》（J. Gnilka: *Ist 1 Kor. 3, 10—15 ein Schriftzeugnis für das Fegfeuer? Eine exegetisch-historische Untersuchung*, Düsseldorf, 1955）。埃兹曼《圣火》，引文见本书第 19 页注解 2。（注释中所及"本书第×× 页"均指原著页码，即中译本边码。）

存在某种德行与罪过之间、奖赏与惩罚之间的比例，一个决定最终命运的考验将在彼岸世界进行，这个最主要的认识很早就自整体上凸显出来。但是这种考验的时刻似乎是在最后审判之时。这里保罗的思想仍旧与犹太教接近。保罗文本的另一个后来具有重大影响的元素是对**火**的提及。"像"（quasi）从火中经过一样，这一表述后来赋予对保罗之火的某些隐喻诠释以合理性，但在整体上，这一段落将会认可对某种真火的信仰。

　　火的作用再次出现于此。在被看作一个场所之前，炼狱首先作为一种**火**被人所知，难以确定地点，火的身上集中着炼狱所源出的教理，对炼狱的诞生大有助益。所以，还应当对此多作论及。早在拉丁教父们的时代，各种不同观点就在考问这种火的性质：它是惩罚性的、洗清罪过的还是考验性的？现代天主教神学区分出惩罚性的地狱之火、赎罪与净化的炼狱之火、审判的考验之火。这是晚近的理性化之举：首先，炼狱之火是地狱之火的兄弟，这个兄弟不是用来保持永恒的，但在它起作用的时候却同样炙烤；然后，审判的火被移到死后立刻进行的对个人的审判，炼狱之火和地狱之火实际上后来经常被搞混。神学家们更多强调炼狱的这个或那个侧面，中世纪的布道者们也一样，普通信众应该是以他们自己的方式有着同样的态度。炼狱之火曾经同时是一种惩罚、净化和神判，这与印欧传统中火的双重特性相符，这一点已由 C.-M. 埃兹曼阐明。

　　从《新约》中同样阐发出一个插曲，虽然在炼狱历史中没有起重要作用，但至少对基督教彼岸世界的整体概念间接起了作用：这便是耶稣下至地狱。它的根据是三个《新约》文本。首先，在《马太福音》（十二：40）中："有如约纳曾在大鱼腹中三天三夜，同样，人子也要在地里三天三夜。"《使徒行传》（二：31）将事件移到了过去："他（大卫）既预见了，就论及默西亚（弥赛亚、基督）的复活说：'他没有被遗弃在阴府，他的肉身也没有见到腐朽。'"最后，保罗在《罗马书》（十：7）中，将生于信仰的正义与生于古法的正 68义对立起来，他由此让发自信仰的正义发言说："你心里不要说：谁能升到天上去？意思是说：使基督从那里下来；也不要说：谁能下到深渊去？意思是说：把基督从死者中领上来。"

基督下至地狱

这段插曲——显然超出其纯粹的基督教意义：即基督神性的证明和未来复活的许诺——处于一个古老的东方传统中，已由约瑟夫·克罗尔（Joseph Kroll）出色地研究过。[①]这是上帝之战的主题——是太阳与黑暗之战，在这场战斗中，太阳必须战胜这个敌对力量的王国被等同于亡者世界。这一主题在中世纪瞻礼仪式中大获成功：在拔除恶魔的驱魔咒语中，在赞美歌中，在赞课中，在譬喻中，最后是在中世纪末期那些戏剧中。但这段插曲在中世纪得以普及，却是通过一个福音书伪经中做出的明确描述，即《尼苛德摩[*]福音》。在下至地狱时，基督从地狱里解救出一部分

---

① 克罗尔：《上帝与地狱：关于下地狱战斗的神话》（J. Kroll: *Gott und Hölle. Der Mythos vom Descensuskampfe*），莱比锡-柏林，1932。比德：《耶稣基督下至地狱的思想》（W. Bieder: *Die Vorstellung von der Höllenfahrt Jesu Christi*），苏黎世，1949。

* 尼苛德摩此人在《新约》中出现，译名有尼哥底母、尼哥迪慕。

囚禁在那里的人，他们是未受洗礼的义人，因为他们生活在基督降临俗世之前，即主要是先祖和先知们。但他留下的那些人将被囚禁，直到世界末日。因为他用七封印永远给地狱加了封印。从炼狱的角度看来，这一插曲具有三重意义：它揭示出，即便属于特殊情况，存在着在人死后来减轻某些人的处境的可能；但它将地狱从这种可能性中排除，因为地狱被封印，直到世界末日；最后，它创造了一个新的彼岸世界的场所，即地狱外缘的灵簿狱（limbes），灵簿狱的诞生几乎与炼狱诞生同时代，是在12世纪对彼岸世界的地理描述的重大调整之中。

69

为亡者祈祷

最重要的是基督徒们似乎很早就有为亡者祈祷的习惯。与古代相比，这一态度是一种新事物。按照萨洛蒙·雷纳克的神来之笔的表述，"异教徒们向亡者祈祷，而基督徒们却为亡者祈祷"。[①]当然，信仰与心态现象并非突然出现，生者对彼岸世界中受苦的亡者的襄助可见于某些异教环境，特别是在民众阶层。比如俄尔甫斯秘教中：

　　俄尔甫斯说：人们为了使背弃神明的祖先获得解救而完成一些神圣之举；你对他们拥有能力……你将他们从大苦难

---

　　① S. 雷纳克：《论为亡者祈祷的起源》（S. Reinach: "De l'origine des prières pour les morts"）载《犹太教研究》（*Revue des Etudes juives*），41（1900），第164页。

和大苦刑中解脱出来。①

　　这些宗教实践在公元前后得到发展，那时还是一个主要在埃及看到的当代现象，埃及是民族与宗教融汇的绝佳地方。西西里的狄奥多罗斯（Diodore）在约公元前50年去埃及旅行，他吃惊于埃及人的墓葬习俗："盛殓死者的棺材被放入小船的时刻，生者们祈求地狱之神，求他们将死者接纳入专门给虔诚人的居所。群众边呼求边许愿，想让死者在冥间，在善人的群体中享有永生。"②

　　应该将《玛加伯书》中的那个段落重新放进这种语境中，《玛加伯书》是一个亚历山大港的犹太人在狄奥多罗斯埃及之行半个世纪前编纂的。③这个文本证明在犹大·玛加伯的时代（约公元前170年）没有向亡者祈祷的习俗，这一创新是让人吃惊的，并且这一文本证明在一个世纪之后在某些犹太人中间这一宗教实践是实际存在的。应该将圣保罗在《哥林多前书》（十五，29—30）中谈到的古怪习俗重新与一些此类信仰联系起来，保罗肯定了复活是实际存在的："不然，那些代死人受洗的是做什么呢？如果死人总不复活，为什么还代他们受洗呢？"这种替亡者受洗礼不是基督教的洗礼，而是那些皈依犹太教的希腊新入教者接受的洗礼。

　　我们拥有的基督教最初几个世纪有关为死者祈祷的碑铭与仪

―――――――――

　　①　《俄耳甫斯残篇》（*Orphicorum Fragmenta*），O. Kern 校勘，柏林，1922，第245页，引文见恩特迪卡《为亡者祈祷中彼岸世界的演变：早期教父和罗马教会瞻礼研究4—8世纪》（J. Ntedika: *L'Evolution de l'au-delà dans la prière pour les morts. Etudes de patristiques et de liturgie latine (IVe-VIIIe siècles)*），鲁汶-巴黎，1971，第11页。

　　②　《西西里的狄奥多罗斯》（Diodore de Sicile: I, 91），引文见雷纳克书第169页。

　　③　前引书，第64页。

式的卷宗浩繁，经常被用来证明基督教炼狱信仰的古老。[①] 我认为这些诠释是过度的。人们向上帝祈求给予死者的神恩，主要让人联想到天堂的幸福，总之是一种用安宁和平（pax）和光明（lux）来定义的状态。要等到 5 世纪末（或 6 世纪初）才能看到一则谈到一位死者的灵魂救赎的铭文。这是布里约尔的一个高卢罗马人，他的碑铭上有 *pro redemptionem animae suae*（为了他灵魂的救赎）的表述。[②] 另一方面，在这些铭文与祷文中并不涉及一个有别于传统的福音书以来的"亚伯拉罕的怀抱"的救赎或等待的场所。但最主要的是，要想形成一个此后发展成为炼狱信仰的地基，生者们必须要关心死者们的命运，超出坟墓之外与死者们保持一些联系，这些联系并非是请求死者佑护的联系，而是为了死者们祈祷的有用的联系。

一个重获清凉的地方：舒适之地

这些文本中某一些终于提到一个虽然邻近"亚伯拉罕的怀抱"，却终归与之不相混的地方：即"舒适之地"（refrigerium）。

71　　　几个墓葬铭文带有"refrigerium"（清凉）或"refrigerare"（使清凉）这些词，清凉，使清凉，单独用，或者同"pax"（安宁）

---

① 比如勒克莱尔（H. Leclercq）撰"死者"（défunt）词条，见《教会历史与考古词典》（*Dictionnaire d'Histoire et d'Archéologie ecclésiastique*, t. IV, 427—456 列），同词典"炼狱"（purgatoire）词条，t. XIV/2, 1948, 1978—1981 列。布拉查：《基督教古代世界炼狱的存在》（F. Bracha: *De existentia Purgatorii in antiquitate christiana*, 克拉科夫，1946）。

② 《教会历史与考古词典》，t. XIV/2, 1980—1981 列。

一起用：*in pace et refrigerium*（于安宁与清凉中），*esto in refrigerio*（愿他入舒适之地），*in refrigerio anima tua*（愿你的灵魂入舒适之地），*deus refrigeret spiritum tuum*（愿上帝清凉你的灵）[1]。

克里斯蒂娜·摩尔曼（Christine Mohrmann）的一部出色的文献研究准确定义了古典拉丁文 *refrigerium*（凉爽）一词向基督教拉丁文的语义演变："随着这些模糊而变动的意义，*refrigerare* 和 *refrigerium* 在基督徒的常用语系统中获得了一种明确定义的修辞意义，即天堂之福。这种意义的 *refrigerium* 早已见于特土良（Tertullien，或译德尔图利亚努斯）笔下，他既用这个词来指称他个人认为的那些在亚伯拉罕怀抱等待基督再临的灵魂的临时的幸福，又用来指称那些殉道者和那些在上帝最后审判后的入选者得到许诺去享有的天堂之中的至福……。在后来的其他基督教作者那里，*refrigerium* 笼统地表达离开坟墓的喜悦，这是上帝许诺给入选者的。"[2]

在炼狱的先前史中，*refrigerium* 占有特别地位，唯一的原因就是克里斯蒂娜·摩尔曼提到的特土良的个人观念。确实，正如我们所见，*refrigerium* 指称一种近乎天堂般的幸福状态，它并不代表一个处所。但是，特土良想象出 *refrigerium* 的一种独特变体，即 *refrigerium interim*（临时的、居间的幸福），这居间的幸福专用于那些处于个体死亡与最后审判之间的被上帝裁判为配得上得到一

---

① 《教会历史与考古词典》，t. Ⅳ, 447 列。

② 摩尔曼：《舒适之地》（C. Mohrmann: *Locus refrigerii* ），载伯特 / 摩尔曼《弥撒的日常：校勘、译文和研究》（B. Botte/C. Mohrmann: *L'Ordinaire de la messe. Texte critique, traduction et études* ），巴黎—鲁汶，1953，第 127 页。同样见摩尔曼《舒适、光明和安详之地》（C. Mohrmann: "Locus refrigerii, lucis et pacis" ），载《瞻礼与教区问题》（*Questions liturgiques et paroissiales* ），39/1958，第 196—214 页。

种优待的等候待遇的死者。

　　非洲人特土良（死于 220 年之后）曾写过一篇现已佚失的小论文，他在文中主张"任何灵魂均被囚禁在地狱中，直至我主审判之日"（《灵魂论》（*De anima*）五十五：5）。这是采用了《旧约》里的"阴间"概念。这些地狱是在地底，在复活前三日中基督是下到那里去（《灵魂论》五十四，4）。

72　　　在他的著作《反马吉安论》和论文《论一夫一妻制》中，特土良明确了自己关于彼岸世界的思想，表述了他对 *refrigerium*（临时之福）的观念。马吉安（马西昂）声称，不仅是殉道者，那些普通的义人同样也立时被接纳上天，入天堂。以穷苦的拉撒路的故事为依据，特土良认为义人们等待再生的居所不在天上，而是在 *refrigerium interim*，一种居间的幸福（清凉狱）中，即亚伯拉罕的怀抱："这个地方，我的意思是亚伯拉罕的怀抱，虽然不是天上，却高于地狱，它供给义人们的灵魂一种居间的幸福，直至万物终结导致全体的再生和完成福报……"（《反马吉安论》（*Adversus Maricionem*）四：34）[①]。直到此时，亚伯拉罕的怀抱是"忠诚者的灵魂的临时的居所"。[②]

　　的确，特土良的思想仍旧是天堂地狱两分法的。对他而言，存在两种相反的命运，一种是惩罚的命运，通过折磨（*tormentum*）、苦刑（*supplicium*）和酷刑（*cruciatus*）这些词汇来表述，另一种是酬报的命运，用清凉（*refrigerium*）这个词来指称。有两处文字甚至明确指

---

　　① "Eam itaque regionem, sinum dico Abrahae, etsi non caelestem, sublimiorem tamen inferis, interim refrigerium praebere animabus iustorium, donec consummation rerum resurrectionem omnium plenitudine mercedis expungat..."

　　② "...Temporale aliquos animarum fidelium receptaculum..."

出这两种命运是永恒的。[①]

　　相反，特土良极力强调对死者的祭礼，在死亡的周年进行，他强调说一种虔诚行为可以建立在传统和信仰基础上，不需要以圣经为基础。除去《马太福音》（十二：32）和圣保罗《哥林多前书》（三：10—15）的圣经依据，后来的炼狱几乎就属于这种情况。特土良说："对死者的祭献，我们在死亡周年时进行……。从这些行为以及类似活动中，如果你从圣经中寻求一种正式的法度，你是不会找到的。保障它们的是传统，肯定它们的是习俗，恪守它们的则是信仰。"《论战士之王冠》（*De corona militis*）三：2—3）[②]

　　关于炼狱的先前史，如果特土良有创新的话，那就是关于义　73
人们的内容，在得到永远的真福之前，他们经过一个居间的清凉地。但是这个清凉地并非真是全新的，这里是亚伯拉罕的怀抱。在特土良的居间的清凉地与炼狱之间，存在着差别，不仅是性质上的差别———一处是休憩中的等待，另一处是清洗罪过的考验，因为炼狱是惩罚和赎罪的———，而且是期限上的差别：清凉狱接纳义人直至复活之日，而炼狱仅仅持续到赎清罪过。

―――――――――――

　　①　"Herodis tormenta et Iohannis refrigeria; mercedem... sive tormenti sive refrigerii"（"希律王受折磨，施洗约翰得幸福；得到酬报，要么折磨要么清凉"《反马吉安论》四，34）。"per sententiam aeternam tam supplicii quam refrigerii"（"由永恒的判决，不论得苦刑，还是得清凉"《灵魂论》三十三，11）。"supplicia iam illic et refrigeria"（《灵魂论》五十八，1）"Metu aeterni supplicii et spe aeterni refrigerii"（"立时得苦刑和清凉"《护教学》四十九，2）。"aut cruciatui destinari aut refrigerio, utroque sempiterno"（要么被判酷刑，要么得清凉，两者皆是永远地）。见 H. Fine: *Lie Terminologie der Jenseitsvor-stellungen bis Tertullian*, Bonn, 1958.

　　②　译文来自 J. 库贝尔和 L. 克里斯蒂亚尼《关于彼岸世界的最优美文字》（J. Ccubert /L. Cristiani: *Les plus beaux textes sur l'au-delà*），巴黎，1950，第 183 页及以下。

　　居间的清凉狱让人们费了很多笔墨。最能说明问题的讨论是早期基督教艺术史专家阿尔弗雷德·施图伊贝尔（Alfred Stuiber）与多位批评者的争论，其中主要人物是德·布吕纳（L. De Bruyne）。[①] 布吕纳归纳了他的反对意见如下："按照这一理论……在原始基督教雕刻艺术主题的选择与建立中起决定性意义的，是亲属们死后灵魂命运的不确定性，这些不确定性滋养着那些最初世代的基督徒，他们不得不在地下海地司地狱（Hadès）这种临时的不确定的解答中等待最终的复活。我们只要用构成那些地下骸骨墓艺术之最根本倾向的乐观与明快来说明这个问题，任何人即会看出上述立论中的不足信之处。"[②]

　　可能应该把"任何人都会看出"这个表述摘出来。它表达出布吕纳这位专家的天真，他将一个专家小团体所推测的共同立场扩展到了全部读者，尤其是它用随意的一种对显而易见之事实的肯定代替了人们期待他进行的论证。

　　但如果我们尝试去从中看明白，我认为布吕纳在两个重要之处是正确的：对阿尔弗雷德·施图伊贝尔所依据的多数墓葬艺术作品进行分析，并不能让我们得出一种对于居间的清凉地的不确定的信仰，因为如同布吕纳很专业地指出的，地下骸骨墓艺术表达出更多的是确信，而非不确定性，还因为——我们会在后来中

---

　　① 施图伊贝尔：《暂时的舒适：早期基督教墓葬艺术与中间状态的思想》（A. Stuiber: *Refrigerium interim. Die Vorstellungen vom Zwischenzustand und die frühchristliche Grabekunst*），波恩，1957。德·布吕纳：《暂时的舒适》（De Bruyne: "Refrigerium interim"），载《基督教考古》（*Rivista di archeologia cristiana*），34, 1958，第87—118页及同刊物35, 1959，第183—186页。
　　② 德·布吕纳，前注1959年文，第183页。

世纪的炼狱中看到这一点——对清凉狱这样的一个微妙概念进行
图像表现是非常难以落实的。但相反，这种"乐观"从当时已经 74
很有约束力的教会当局那里得到了加强，或者说得到强力推行，
这种"乐观"不应当掩盖当时很可能在大多数基督徒中滋生的关
于彼岸世界中，在最后审判和集体复活之前命运的那些不确定性。
不确定性至少具有双重基础：一方面是教义基础，因为《圣经》
和基督教神学在当时对这一领域远未拥有明晰的概念，另一方面
是存在论的基础，因为面对奋进的乐观主义，在古典古代后期的
基督徒以及异教徒中存在着那种深层的"焦虑"，多兹（Dodds）
曾对此做过出色的分析[①]。

最古老的炼狱想象：圣女佩佩图阿的灵视

清凉的概念与意象仍旧启发了——在特土良发生转变的那个
环境中——最古老的、有炼狱的想象浮现其中的文本。

那是一个从其性质和内容来看都非同凡响的文本：即《圣佩
佩图阿和圣菲莉西塔斯的受难》。[②]203 年当北非基督徒受到罗马

[①]　多兹《焦虑时代的异教徒与基督徒》（E. R. Dodds: *Pagan and Christian in an Age of Anxiety*），剑桥，1965。

[②]　《圣佩佩图阿和圣菲莉西塔斯的受难》（*Passio sanctarum Perpetuae et Felicitatis*），C. 范贝克校勘，奈梅亨，1936。德尔格文章《佩佩图阿受难中受苦的蒂诺拉特斯在古代的同类》（F. J. Dolger "Antike Parallelen zum leidenden Dinocrates in der Passio Perpetuae"），载《古代与基督教》（*Antike und Christentum*），2, 1930（1），1974（2），第 1—40 页，文章强调围绕此文本的整体环境，却未对其深层次上的独特意义有更多阐明。多兹《焦虑时代的异教徒与基督徒》第 47—53 页给出对《圣佩佩图阿的受难》的一种有益的解读，但并不是从炼狱的先兆的角度。

皇帝塞普蒂米乌斯·塞维鲁（Septime Sévère）的迫害之时，5 名
基督徒的一个团体，其中两名女性佩佩图阿和菲莉西塔斯，三名
男性萨图卢斯、萨土尼努斯和雷沃嘉图斯，在迦太基附近被处死。
殉道之前，在拘押狱中的时候，在萨图卢斯的帮助下，佩佩图阿
将她的回忆写下来或者她得以口头传给其他基督徒。这些基督徒
中的一个撰写了该文本，并加上一个后记，讲述殉道者们的死难。
谈到文本的形式与内容的最主要方面，哪怕最严厉的批评者也不
75 会怀疑文本的真实性。这一短小作品的产生情境、语调的朴素与
真诚让它成为基督教文学乃至文学的一份最感人的证明。在拘押
期间，佩佩图阿做了个梦，看到了自己死去的弟弟蒂诺科拉特斯。

　　几天之后，当我们都在祈祷时，我突然听到一个声音，
我不由叫出蒂诺科拉特斯的名字。我为此感到吃惊，因为在
此刻之前我从未想起过他；我痛苦地回忆起他的死亡。我立
即明白我有资格为他请求点什么，我应当这样做。我开始长
长的祷告，将我的哀吟上达我主。就在次夜，下面的事发生
在我身上：我看到蒂诺科拉特斯从一个黑暗的地方走出来，
他与许多人一起在那里，烧灼焦渴，褴褛肮脏，脸上带着他
死去时的伤口。蒂诺科拉特斯是我的亲弟弟；他在 7 岁时病
亡，脸部被恶性下疳侵害，他的死让所有人觉得恶心。我曾
为他祈祷：在我与他之间，距离如此遥远，我们无法会合。
在蒂诺科拉特斯所处的地方，有一个装满水的池，池沿太高，
是我弟弟这样孩子的身材够不到的。蒂诺科拉特斯踮着脚尖，
像是想要在池里喝水。我能看到池里有水，但他却因为池沿

的高度而无法喝到，我为此难过。我醒来，明白我的弟弟在经受考验；但是我毫不怀疑我能够减轻这考验给他的痛苦。我每日为他祈祷，直至我们去到皇宫的监狱；实际上，我们将要在皇宫举办的斗兽竞技中搏斗，那是为了庆祝盖塔皇帝的周年。我日夜为弟弟祈祷，哀吟哭泣，为的是得到恩许。[1]

几天之后，佩佩图阿又得到了一次灵视：

他们为我们上镣铐的那天，下面的事情发生在我身上：我看到我曾看到过的那地方，蒂诺科拉特斯身体清洁，穿着整齐，得到清凉（*refrigerantem*），我看到伤口处结痂；我看到过的那个池子的池沿降低到孩子肚脐的高度；水从中不断流出。池沿上方，一个金杯盛满水。蒂诺科拉特斯走过去，开始喝水，杯子并不变空。随后，他解了渴，开始欢快地玩水，就像 76 孩子们所做的那样。我醒来，于是明白他脱离了苦难。[2]

重要的词是 "*refrigerantem*"（得清凉）。它显然对应着 "*refrigerium*"（清凉）的概念。

这一独特的文本既非绝对新，在 3 世纪初也非完全孤立。时代断定为 2 世纪末的一个希腊文伪经作品，《保罗与特格拉行传》[3] 谈

---

① 范贝克校勘本，第 20 页。
② 同上书，第 22 页。
③ 武奥：《新约的次经：保罗行传及次经书信》（J. Vouaux, *Apocryphes du Nouveau Testment. Les Actes de Paul et ses lettres apocryphes*），巴黎，1913。

到为一位女性死者做的祈祷。异教徒的王后士非拿（Tryphène）向她的基督徒义女处女特格拉（Thècle）请求，求她为自己死去的亲女儿科干纽娜（Phalconille）祈祷。特格拉请求上帝赐给科干纽娜永恒的得救。

有时人们愿意把特土良当作《圣佩佩图阿和圣菲莉西塔斯的受难》的撰写者——这当然是错的——，但他生活在圣女们殉道时的迦太基，他熟悉《保罗与特格拉行传》，他在自己的著作《洗礼论》（*De baptismo*，十七，5）中曾加以引用，在另外地方他谈到一个基督徒寡妇必须为自己死去的丈夫祈祷，为他请求 *refrigerium interim*，即居间的清凉地。[①]

既不可夸大，也不可看低《圣佩佩图阿与圣菲莉西塔斯的受难》在炼狱先前史中的重要性。

这里关系到的不是地地道道的炼狱，这两个灵视作品中没有任何意象，也没有任何死者复现于中世纪的炼狱。蒂诺科拉特斯所处的花园近乎天堂，那既非谷地，也非平川，也非山脉。他所忍受的焦渴与无奈被指称为一种更多属于心理性的苦难，而非道德性的。所涉及的是心理兼生理的苦难，即 labor（艰辛），而非如同在所有那些关系到炼狱的先兆或炼狱本身的文本中那样是作为惩罚的苦难，即 poena（刑罚、受罪）。此处既无审判，也无惩罚。

然而，这一文本早从圣奥古斯丁开始，就从通往炼狱的思考的角度被使用和评论。首先涉及一个场所，既非"阴间"，也非

---

① "Enimvero et pro anima eius orat, et refrigerium interim adpostulat ei"（另一方面，为他的灵魂祈祷，为他求居间（临时）的清凉地）（《论一夫一妻》（*De monogamia*），十，4）。

"海地司"，也非"亚伯拉罕的怀抱"。在这个地方，一个人尽管年幼，但他应该是个罪人，因为在第一次灵视中他脸上带的伤口，即下疳（*vulnus, facie cancerata*），在第二次灵视中消失了，按照 77 基督教体系，这只可能是罪的标记，忍受焦渴，这是彼岸世界受惩罚者的典型苦难。[①] 多亏了某个有资格获得对他的原谅的人的祷告，他得救了。首先是通过血亲联系：佩佩图阿从血缘上是他姐姐，但是尤其还因为她的德行：即将殉道，她获得了在上帝面前替自己的亲人们说情的权利。[②]

[①] 关于"死者之渴"，见伊利亚德《论各宗教历史》，巴黎，1953，第175—177页。我不相信在焦渴与火之间，在地狱的"亚洲"概念和"降低的温度"（寒冷、冰冻、冰封的沼泽等）和"北欧"概念之间存在"气候"关联。多兹《焦虑时代的异教徒与基督徒》（第47—53页）恰当指出《佩佩图阿的受难》中的池子让人想起洗礼池。要弄清楚蒂诺科拉特斯是否接受过洗礼，这个问题是那些古代的基督徒作者们关心的，特别是奥古斯丁。

[②] 马鲁引用了费夫里耶《非洲的殉道者崇拜与最古老文献》（P. A. Février："Le culte des martyrs en Afrique et ses plus anciens monuments"，载《拉韦纳与拜占庭艺术的文化课程》（*Corsi di cultura sull'arte ravennate e bizantina*），拉韦纳，1970，第199页），在他去世前，他提醒大家关注一则对"清凉"概念很有意义的非洲铭文："由提帕萨的墓葬群带来一个奇怪的——新的——细节：即那些水窖和水井的存在，以及给予水的重视。水不仅作为一个饮食元素出现，还泼洒在坟墓上，我们想知道水在那些文本所谈的清凉中是否必不可少的。我们知道从这个词的最初词义开始，refrigerium 一词是古人们用来暗示出离坟墓的至福的意涵最丰富的意象之一，首先是那些异教徒，然后是基督徒（《使徒行传》三:20）。通过扩展，这个词曾经指葬礼时的宴会，一种相对直接的象征系统将这餐饭与期望中的这种幸福联系起来。面对我们手头这个文物，可以想象一层水被泼在海洋动物装饰画上，水让人们能够具体地实现这种'清凉'的概念，refrigerium，这是与葬礼宴会联系在一起的。"马鲁：《提帕萨的基督教铭文与清凉狱》（H.-I. Marrou："Une inscription chrétienne de Tipasa et le refrigerium"），载《非洲古代》（*Antiquités africaines*），t. 14, 1979，第269页。

在天主教会如此严厉地重新修正其圣徒年历的时代，我不会去扮演制造主保圣女的角色。但是，让人吃惊的是，在这个了不起的文本中，在一位如此感动人的圣女的庇佑下，炼狱在磕磕巴巴地说出话来。

2　作为炼狱之父的教会诸圣师

亚历山大城：炼狱的两位希腊"奠基者"

炼狱真正的历史开始自一个悖论，一个双重悖论。

人们恰当地称作炼狱教义的"奠基者"的那些人是些希腊神学家。然而，虽然他们的概念在希腊基督教（东正教）中有过反响，但希腊基督教并未发展出真正意义上的炼狱概念，在中世纪时，炼狱甚至是希腊东正教基督徒与拉丁罗马公教基督徒之间不和的一个主要肇因。而且，由这些希腊神学家建立起来的，炼狱雏形所源出的那个理论在罗马与希腊的基督教义看来都真的是异端学说。因此，炼狱的教理是以一种历史的嘲弄开端的。

在本书中，我触及希腊基督教对彼岸世界的概念，只是为了将它们与1274年第二次里昂主教会议上罗马教会的看法，以及后来的超出本书研究时限的1438—1439年佛罗伦萨主教会议上的观点相比较。两个教会之间，两个世界之间的分歧早在古典古代后期就开始了，这种分歧使得炼狱的历史成为西欧的罗马教会的事情。但是，在炼狱的创造之初，应该对炼狱的希腊"发明者"，亚历山大的克莱孟（死于215年前）和奥利振（死于253/254年），进行特征上的介定。他们是亚历山大的基督教神学的两个最重要的代表人物，他们处在亚历山大这个大港口作为"基督教文化之极"的时代（H.-I. 马鲁），特别是，那里是希腊文化与基督教义进行某种融合的熔炉。

　　他们教理的基础一方面来自希腊异教某些哲学和宗教潮流，另一方面来自关于《圣经》和犹太教-基督教末世论的独特思考。[①] 两位神学家向古典希腊思想借用了由诸神加予的惩罚并非惩罚，而是教育和拯救手段，是一个洗清的过程的认识。对于柏拉图而言，惩罚是诸神的恩赐。[②] 克莱孟和奥利振从中得出这样的认识，即"惩罚"和"教育"是同义语[③]，上帝的任何惩罚都是为了人的得救[④]。

---

　　① 从炼狱产生的角度看亚历山大的克莱孟和奥利振，最重要的研究仍旧是安里希《作为炼狱教理奠基者的克莱孟与奥利振》（G. Anrich: "Clemens und Origenes als Begründer der Lehre vom Fegfeuer"），载《纪念霍尔茨曼神学论文集》（*Theologische Abhandlungen*, Festgabe für H. H. Holtzmann），蒂宾根，莱比锡，1902，第 95—120 页）。以及从天主教角度看问题的优秀的报告，米歇尔：《奥利振与炼狱教义》（A. Michel: "Origène et le dogme du Purgatoire"，载《教会问题》（*Questions ecclésiastiques*），里尔，1913），作者将其概述于《炼狱》词条 "Purgatoire"，载《天主教神学词典》，1192—1196 栏。从炼狱先前史的角度看，皮奥兰蒂的意见简短而有见地，《炼狱教理》（A. Piolanti："Il Dogma del Purgatorio"），载《往训万民》（*Euntes Docete*），6, 1953。从用火洗礼的角度看，见埃兹曼《火的洗礼》第 3—4 页）。从保罗《哥林多前书》注疏的角度，见格尼尔卡《哥林多前书 3：10—15 是对炼狱的签字证明吗？》（J. Gnilka: *Ist 1 Kor. 3, 10—15 ein Schriftzeugnis für das Fegfeuer?*）特别是第 115 页。

　　② 所引用的主要文本来自安里希，前引书，第 99 页注解 7 和第 100 页注解 1，文本是《高尔吉亚篇》（*Gorgias*）34, 478 和 81, 525，《斐多篇》（*Phédon*），62, 113d,《普罗泰戈拉篇》（*Protagoras*），13, 324b,《法律篇》（*Lois*），V, 728c。

　　③ 克莱孟《杂记》（Clément d'Alexandrie: *Stromata*），V, 14 和 VII, 12。

　　④ 奥利振《论基要教理》（Origène: *De principiis*），II, 10, 6 和《论祷告》（*De oratione*），29。

柏拉图的思想被俄尔甫斯秘教加以通俗化，并由毕达哥拉斯学派加以传播，而在维吉尔的《埃涅阿斯纪》卷四中（741—742行，745—747行），我们再次看到作为清洗罪过的地狱之苦的认识：

> 另外一些在一个广阔深渊的底下
>
> 清洗他们的罪孽；另一些在火中净化自己。
>
> ……
>
> 只有经过漫长时日，最终结束的时光之程
>
> 才抹去先前的耻辱，让灵魂回归纯净的元体……①*

从《圣经》的《旧约》中，奥利振保留了作为上帝的工具的 81 火，从《新约》中保留了福音书中由火来施洗礼的概念和圣保罗关于死后的清洗罪过的考验的思想。

第一个概念来自对一些《旧约》文本的诠释，通常是经常被引用的文本。克莱孟和奥利振从基督教义出发来理解柏拉图的观念，这让他们达到了一些令人确信的立论。比如，对于克莱孟而言，上帝不可能是爱记仇的："上帝不进行复仇，因为复仇即以恶易恶，而上帝只是为了善才进行惩罚。"（《杂记》七：26）这一观念导致两位神学家从上帝殷切期望的意义来阐释《旧约》中上帝

---

① Aliis sub gurgite vasto / infectum eluitur scelus, aut exuritur igni/... donec longa dies perfecto temporis orbe / concretam exemit labem, purumque relinquit / aetherium sensum...

* 杨周翰译《埃涅阿斯纪》版本不包含这些诗句。

明显用火来作为发怒工具的段落。比如，当上帝用火吞噬亚伦的儿子们时："亚郎（亚伦）的儿子纳达布和阿彼胡，各自取了火盘，放上火，加上乳香，在上主面前奉献了上主所禁止的凡火。那时由上主面前喷出火来，将他们烧死在上主面前。"（《利未记》十：1—2）还有《申命记》三十二：22的段落："因为我怒气中有火烧起，直烧到阴间之最低处，把地和地的产出都烧掉……"尤其在他的《利未记讲道》中，奥利振在这些文本中看出上帝的殷切期望的意象，上帝惩罚人类是为人好。同样，奥利振诠释《旧约》中那些上帝显现为火的段落，那并非愤怒的上帝的显现，而是显现一个自己变成洗清罪孽者的上帝，是通过吞噬和燃尽的方式。在他的《耶利米书讲道》的《布道文》十六中他以同样方式诠释《耶利米书》十五：14："因为我的怒火已燃起，必对你们发作。"还有他的《驳克里索》四：13也一样。

　　第二个概念出自对《路加福音》三：16这一文本的思考，是关于施洗约翰的传道："约翰对众人说：'我用水给你们施洗，但那能力比我更大的要来，……他要用圣灵与火给你们施洗'。"对此奥利振（在《路加福音注疏》的《布道文》二十四中）如下评述："就像约翰在约旦河边在那些来受洗的人中间，他欢迎一些人，那些忏悔自己的罪恶的人，而驱逐另一些人，对他们说：'毒蛇的种类……'，与此相同，我主基督耶稣站在火河之中（in igeo flumine），在火矛旁（flammea rompea），为的是让所有那些死后应当前往天堂然而缺少洗清（purgtione indigent）的人在这火河里由他施洗礼，让他们进入想去的地方，但是那些没有最初的洗礼的标记的人，他并不在火河里对他们施洗。确实，必须要最初在水与灵中受洗，才能在到达火河之时显示出保留的水与灵洗礼的记号，方配得上接受耶稣基督的火的洗礼。”

《诗篇》三十六提到背神者的命运，成为上帝怒火的牺牲品，而义人们的命运则是享受上帝庇护，奥利振在关于《诗篇》的第三个布道文中作了同样的评论，对提到最终用火洗清罪孽的保罗的《哥林多前书》中的段落的评论也一样：“我认为我们全都必须走到这火那里。不论我们是约翰还是保罗，我们都必须到火那里。……就像我们是面对红海的埃及人，我们会被吞没在这河里，或者这火湖里，因为必会在我们身上发现罪孽……或者我们同样进入火河，却像红海的水对希伯来人形成左右两边的墙，这火会为我们形成墙……我们将沿着火和烟的走廊走去。”

亚历山大的克莱孟是首位区分此世与彼岸的两类罪人和两类惩罚的。在此世，对于那些可改过的罪人，惩罚是“教育性的”（διδασκαλικός），对于那些不可改过的人，它是“惩罚性的”（κολαστικός）。[1] 在彼岸，将有两种火，对于不可改过者是一种“吞灭”的火，对于其他人是一种“让人圣洁”的火，“它不像煅炉里的火那样将人吞灭”，而是一种“谨慎”“智慧”（φρόνιμου）的火，“深入进灵魂，灵魂从中通过”。[2]

奥利振的概念更加精确，且走得更远。对于他而言，如我们所看到的，所有人都必须从火中经过，即使是义人也一样，因为不存在绝对纯净的人。单从灵魂与肉身的结合这一事实来讲，任

---

① 亚历山大的克莱孟：《杂记》四：24。
② 亚历山大的克莱孟：《杂记》七：6。

何灵魂都是遭到玷污的。在他的《利未记讲道》的第十三布道文中，奥利振依据的是《约伯记》十四：4 的诗句："谁能使洁净出于
83 不洁？"但对于义人们，从这火中经过是一种洗礼。火让重压灵魂的铅熔化，并将之转变成纯金。①

　　与克莱孟一样，奥利振认为有两类罪人，或者更确切地说存在那些义人，他们不担负内在于人性之内的玷污（ρύπος，后来译成拉丁文 *sordes*（玷污）），还存在那些真正的罪人，他们被原则上讲的那些死罪（πρός θάνατον άμαρτία，或拉丁文的 *peccata*（罪））压负着。

　　奥利振的独特观念——这让他成为异端——在于认为不存在最终不能完全洗脱的，而且不能进入天堂的，从原则上讲那么邪恶、那么根深蒂固、那么不可改过的罪人。连地狱本身都是暂时的。如同安里希（G. Anrich）所说的："奥利振将地狱本身设想为炼狱。"奥利振确实将洗清罪孽（κάθαρσις）的理论发展到极致，他的这一理论来自柏拉图、俄耳甫斯秘教和毕达哥拉斯学派。因为他无法接受希腊异教的灵魂转生、连续转世的思想，这与基督教义太过互不兼容了，于是他相信一种变体能够将这一理论变成基督教的，那就是死后灵魂持续进步、不断完善的概念，这让灵魂能够重归于上帝永恒的冥思，不管这灵魂最初是如何罪孽深重：这就是万有复兴论（修复论，*apocatastase*, άποκατάστασις）。

　　对于两个类型的死者，对仅仅受玷污的罪人和真正意义的罪人，实行两类不同的洗清罪的火。对于前者，是"审判的圣灵"

---

①　奥利振：《出埃及记讲道》（*In Exodum*），第六布道文，载《希腊正教圣师全集》（*Patrologie Grecque*），13 卷，334—335；《利未记讲道》（*In Leviticum*），第九布道文，《希腊正教圣师全集》，12 卷，519。

之火，灵魂只是穿过，只持续片刻。后者相反要在"焚尽的圣灵"中待或长或短的一段时间。这种惩罚是苦难的，但并非与奥利振的乐观主义不兼容，因为惩罚越严厉，拯救就越有保障，在奥利振这里有一种苦难的救赎价值感，中世纪要到 15 世纪末才重新找到这种感觉。

对于亚历山大的克莱孟来说，穿透可救赎的罪人灵魂的"智慧"火，并非如 A. 米歇尔所认为的那样是物质性的火，但它也不是"隐喻意义"的火，而是一种"灵性的"火（《杂记》七：6 和五：14）。人们曾想将奥利振所说作为"真"火的，仅受玷污的灵 84 魂穿越的审判之火，与罪人们忍受的焚尽之火对立起来，焚尽之火是一种"隐喻"之火，因为罪人们最终应得到拯救，不能被这火焚尽。所援引的文本（*De principiis*，即《论首要原理》二：10；《驳克里索》四：13，六：71 等）似乎不能合理解释他这种诠释。在两种情况下，均涉及一种洗清罪过的火，既非物质性，也非隐喻性；火是真的，但却是灵性的，微妙的。用火来洗清罪过何时发生呢？奥利振在这一点上十分明确：在全体复活后，在最后审判的时刻。[1] 这火就是世界末日之火，它来自印欧民族、古伊朗和古埃及的古老信仰，斯多葛派曾用 ἐκπύρωσις（火宇宙，Ekpyrosis）的概念加以采用。

在犹太教末世论中，关于世界末日之火的最能说明问题的文本是但以理的梦中的古代的异象（《但以理书》七：9—12）：

---

　　① 　比如在《耶利米书讲道》（*In Jeremiam*）第二布道文中；《利未记讲道》第八布道文；《出埃及记讲道》第六布道文；《路加福音讲道》（*In Lucam*）第十四布道文中等。

他的宝座好似火，

宝座的轮子如同烈火。

一道火河涌出，

从他面前流下

……

一直观望到那兽被杀，它的尸体被撕毁，被投入火内。

　　但是奥利振对世界末日时代有着极具个人性的见解。一方面，他认为义人们立即通过火，将在第八日即达到天堂；相反，最后审判日。罪人们的火焚烧他们直至最后一天，可能是历经永久——这并不意味着永恒，因为迟早所有人都会入天堂，而是意味着一连串的时期（《路加福音讲道》布道文二十四）。在别的地方，依据一套奇特的计算方法，奥利振明确说，现世的生命在审判第八日之前持续一星期，与此相同，对罪人们在焚尽之火中洗清的时间持续一个或两个星期，到第三星期的开始时他们才被洗清（《利未记讲道》第八布道文）。这种计算仍然是象征意义的，我们后来看到在 13 世纪时有关炼狱的计算落实在一些真正的期限。85　但是炼狱期计算的雏形已经具备。

　　关于个体死亡与最后审判之间的死者、灵魂的命运，奥利振说得仍很模糊。他保证说义人们死后即入天堂，但此天堂与真的至福天堂不同，灵魂在最后审判和——或长或短——火的考验之后才到达至福天堂。[①]同许多同时代人一样，但奥利振大概比他们

――――――――――

　　① 《论首要原理》（*De principiis*）二：11，注解 6；《厄泽克尔先知书讲道》（*In Ezechielem*）布道文十三，注解 2；《民数记讲道》（*In Numeros*）布道文 26。

大多数人更加相信世界末日的迫近:"世界被火焚尽迫在眉睫……土地与所有元素都将在末世的烈火中燃尽。"(《创世记讲道》第八布道文,《希腊正教圣师全集》,12,191)还有:"基督在最后之时来临,世界的末日临近了。"(《论首要原理》三:5,6)个体死亡与最后审判之间,今日与世界末日之间的时间是如此短暂,以至于没必要加以思考。火的考验"是作为在生命结束后等着我们的考验"。(见《路加福音讲道》布道文二十四)

因此未来的炼狱已由奥利振隐约窥见,它受困于他的末世论与临时性地狱的概念之间,终消散于无形。然而,对死后在彼岸世界洗清罪过的明确认识第一次得到表述。轻罪与死罪之间的区分出现了。甚至有了三个类别划分的雏形:义人们仅仅穿过火,直接进入天堂,轻罪人只在焚尽之火中待一阵子,"死罪"人在焚尽之火中留很长时间。实际上,奥利振发展了《哥林多前书》三:10—15的隐喻。对圣保罗所引述的物料,他分成两类:金、银、宝石给义人,木、麦秸、禾秆给"轻"罪者。他对其补充了第三类:铁、铅、青铜给那些"重"罪者。

对彼岸世界洗清罪过的计算方法同样初步构建起来。赎罪与彼岸世界命运之间的紧密联系得到强调:对于亚历山大的克莱孟 86 来说,可改过的罪人这一类别是由那些曾经悔过的罪人构成的,他们在死去时与上帝和解,但却来不及赎罪。对于奥利振而言,"万有复兴"其实是一个赎罪的建设性的和渐进的进程。①

---

① 见拉内尔《奥利振关于赎罪的教理》(K. Rahner: "La doctrine d'Origène sur la pénitence", 载《宗教学研究》(*Recherche de Science religieuse*), 37, 1950)。

　　但是，对于真正的炼狱概念，此时仍欠缺几个主要元素。对炼狱的时间界定不明，因为与最后审判的时间混同，这种混同难以让人满意，奥利振不得不对世界末日阶段加以压缩，同时又加以扩张，使它接近于无限。此时并没有一个与地狱分开来的炼狱，炼狱的有时间的、临时的性质并未阐发出来。唯有死者们背负着或轻或重的罪过，只有他们在死后的这种洗清罪过的过程中负有责任，还有上帝在审判中的善意。生者们并不干预。最后，不存在洗清罪过的场所。通过将洗清罪过的火变成一种不仅有"灵性"而且"不可见"的火，奥利振封死了对炼狱的想象。

罗马基督教：彼岸世界的发展和不确定性

　　要等到 4 世纪的终点和 5 世纪初，随着圣奥古斯丁的观念，炼狱的先前史的内容才在罗马基督徒中真正得到丰富。

　　3 世纪中叶，人们将对于未来炼狱教理的一大贡献归功于圣西彼廉。在《致安东尼书》中，他说："尚有等待饶恕，尚有达到光荣；尚有被送入囚牢（*in carcere*）为的是在付尽最后的铜板才得脱离，尚有立时得到信仰与德行的报偿；尚有用漫长的火中受苦从自己的罪孽得解脱与净化，尚有用殉道来抹去所有的罪过；最后，尚有在我主最后审判之日被吊起，尚有立时被我主加冕。"[①]对此有人写道："这种洗罪的苦难，这种出离坟墓的火，不可能仅

87

---

① "Aliud pro peccatis longo dolore cruciatum emundari et purgari diu igne, aliud peccata omnia passione purgasse, aliud denique pendere in die judicii ad sententiam Domini, aliud statim a Domino coronari."

仅是炼狱。西彼廉虽没有达到我们在后世看到的清楚明白的表述，他已经比特土良进步了。"[1] 这种诠释代表着对炼狱的一种进化论的观念，将基督教的教理看作一个缓慢但确定的进程，倾向于解释说一种信仰早在起源时就萌芽于基督教教义中。我认为这根本不符合历史现实。面对千年至福说，面对一种多少具有任意性的拯救或毁灭的震骇末世的信仰，教会依据历史条件、社会结构和一种它逐渐变成正统的传统，建立起一些元素，这些元素在 12 世纪发展成为一个彼岸世界体系，炼狱成为其中一个主要部分，但同样有可能会流产。炼狱概念在 5 世纪初，在 6 世纪末到 8 世纪初，在 12 世纪有过加速发展，但曾经有过漫长的停滞期，这些停滞期完全有可能变成彻底的停滞。我认为热（P. Jay）的见解是中肯的，他拒绝圣西彼廉思想中的存在炼狱的伪说。在致安东尼书信中涉及的，是将那些在迫害中失足的基督徒（ *lapsi*（失足者）和变节者）与那些殉道者进行对比。这里不涉及彼岸世界的"炼狱"，而是此世的赎罪。所提到的囚牢不是在那个尚不存在的炼狱中的囚禁，而是教会的赎罪的戒律。[2]

4 世纪的教会教父与作者们，虽然意见多样，但他们构成一个比较一致的整体，此时基督教不再受到迫害，而是成为了罗马世界的官方宗教。他们对于人类死后命运的思考主要从但以理的梦（《但以理书》七：9，1）、保罗《哥林多前书》三：10—15 的文

---

[1] "炼狱"（purgatoire）词条，《天主教神学词典》1214 栏。

[2] P. 热：《圣西彼廉与炼狱教理》（P. Jay: "Saint Cyprien et la doctrine du Purgatoire"），载《古代与中世纪神学研究》（*Recherche de théologie ancienne et médiévale*），27, 1960，第 133—136 页。

本出发，以及比较少见的从奥利振对洗罪的火的概念和特土良的
"清凉"（*refrigerium*）概念出发。奥利振的看法主要影响《息彼拉
88　神谕》（*Oracles sybllins*）中基督教的部分。

　　拉克坦提乌斯（Lactance，或译拉克唐修，317 年之后去世）
认为所有死者，包括义人们，都将接受火的考验，但他将这一考
验安排在最后审判时刻："当上帝检视义人们的时候，他也用火来
进行。那些身上罪过的重量或数量占多的人将被火包围并得到洗
清，相反，那些达到完全的正义或德行的成熟的人将感受不到这
火焰，他们身上具有某种排斥和推开这火的东西"（《神圣原理》
或《神性制度》（*Institutiones*），七：21，PL, Ⅵ，800）。

　　普瓦捷的希拉里乌斯（或译伊莱尔，367 年去世），安波罗修
（397 年去世）、哲罗姆（419/420 年去世）、生活于 4 世纪下叶被
称作"安波罗修之星"（Ambrosiaster）的佚名作者，他们对于人
类在死后的命运的想法是与奥利振一脉相承的。

　　对于普瓦捷的希拉里乌斯来说，在等待最后审判时，义人们
去亚伯拉罕的怀抱休息，而罪人们受到火的折磨。在最后审判时，
义人们直接去天堂，而不信教者入地狱，其他的所有人，全体罪
人，将受到审判，没有赎罪的罪人将在地狱受到重罚。希拉里
乌斯在对《诗篇》五十四的注疏中谈到"净化用审判之火来烧我
们"①，但这火是净化所有罪人的，还是仅仅对其中一些人？希拉里
乌斯对这一问题没有给出明确答案。

---

　　①　"emundatio purtitatis... qua indicii igni nos decoquat"（《罗马教会圣师全集》
（*PL*），Ⅸ, 519A）。

圣安波罗修更加模棱两可，但同时在某些点上却更加明确。首先，他认为，如同我们已经看到过的，根据《以斯拉记》第四卷中的概念，灵魂在不同的居所等待审判。随后，他认为在全体复活之时，义人们直接去往天堂，而不信教者直接入地狱。只有罪人们被审查、审判。他们将穿过火，这火被定义为依据《马太福音》（三：11）由施洗约翰宣告的火的洗礼："一片火在这些复活者面前，是所有人都必须穿过的。这是施洗约翰所预告的在圣灵里进行的火的洗礼，这火是看守天堂的二品天使的烈焰之剑，必须从中通过：所有人都受到火的审查；因为所有想重回天堂的人都必须受到火的考验。"① 安波罗修明确说，即使耶稣、使徒和圣徒 89 都是在经过火之后进入天堂的。如何调和这一论断和义人们不经审判即入天堂的论断呢？安波罗修的看法有所不同，却并没有明确的认识。似乎对他而言，同样存在三类火。义人们是纯银，给予他们的是一种清凉，就像甘露让人清爽（我们在此再次看到珍珠的概念，珍珠是冷与热的合成体，是基督的象征）。不信教者、变节者、亵渎神圣者是铅，给予他们的是惩罚与折磨。罪人是银与铅的混合物，给予他们的是净化之火，其痛苦作用的时限与罪过的重量成比例，与需要熔掉的铅的数量成比例。至于这火的属性，它是"灵性"的还是"真实"的？安波罗修虽然受到奥利振很大影响，但就这一点上，他既有继承又有变更。安波罗修终归更加接近圣保罗，而非奥利振，他认为所有罪人都将通过火来得

---

① 载《诗篇讲道》（*In Psalmum*）CXⅧ，布道文 20，*PL*，15，1487—1488。关于火的考验另见《诗篇讲道》CXⅧ，布道文 3，*PL*，15，1227—1228 和《诗篇讲道》XXⅥ，26，*PL*，14，980—981。

救，因为他们有罪过，但他们曾经有过信仰："如果我主将拯救他的奴仆，那么我们将因信仰而得救，但我们要通过火来得救。"① 但是安波罗修明确肯定生者们的祈祷对减缓死者们死后的苦痛的可能的效力，肯定生者祈祷襄助减缓刑罚的价值。尤其在谈到他与之有过我们所知的错综关系的狄奥多西皇帝时说："我主，给你的仆人狄奥多西安宁吧，你为圣徒们准备的那种安宁……我爱着他，因此我愿陪伴他到生命之所居：只要我的祈祷和哀叹不能让他被接纳到天上，到他所失去的那些人在呼唤他的我主的圣山上，我不会离开他。"②

在他的弟弟沙吉尔（Satyre，沙弟乐）死后，他希望弟弟一生中救助过的不幸者的眼泪与祈祷值得给他上帝的宽恕与永恒的得救。③

90　　安波罗修提及死者在彼岸世界的命运的这两处，从我们看到后来在炼狱历史中起作用的另一个原因来看，它们同样有价值。看到那些重要的世俗人——皇帝或国王——在彼岸世界的异象曾经是教会的一种政治武器。我们在后来的时代会看到狄奥多西、查理·马特、查理大帝在彼岸世界的异象。但丁将会回想起这些内容。提醒君主们如果不服从的话会有那些惩罚在彼岸世界等着他们，并提醒他们教会的祈祷对他们的解脱与得救的重要性，对于教会而言，有比这更好的方法来让他们服从于它的——精神或

① "et si salvos faciet Dominus servos suos, salvi erimus per fidem, sic tamen salvi quasi per ignum"（《诗篇注疏》（*Explanatio Psalmi*）XXXVI，注解 26，《罗马教会史家汇编》（*Corpus Scriptorum Ecclesiasticorum Latinorum*），64，p.92）。

② 《狄奥多西之死》（*De obitu Theodosi*），25，《罗马教会史家汇编》（*CSEL*），73，383—384。

③ 《沙吉尔之死》（*De excessu Satyri*），I，29，《罗马教会史家汇编》，73，225。

世俗的——教导吗？当我们了解安波罗修与狄奥多西之间的关系，提及这一背景就是必须的了。就他弟弟沙吉尔的情况，我们看到生者与死者之间关系的另一个侧面浮现出来。安波罗修为他弟弟祈祷：这是彼岸世界加以救援的亲族网。亲族网在中世纪时还会变得更加强大，正是在炼狱这个方面。但安波罗修主要谈到沙吉尔曾经救助过的那些人的祈祷襄助。在此，我们看到一个社会历史现象：罗马的门客制度被移植到基督教的范围之内。另外一些团结互助，贵族的、修道士的、世俗人与修道士的、行会的互助在炼狱的时代将会取代这种保护人（主公）死后（post mortem）由门客们进行的（多少具有强制性的）相互帮忙。

最后，如我们后文将看到的，安波罗修同意对第一次复活和第二次复活的认识。

圣哲罗姆虽是奥利振的敌人，但在有关得救的问题上，却是最具奥利振主义的。除了撒旦、否认上帝者和不信教者，所有凡人、所有罪人都将得救："我们相信对恶魔、所有否认上帝者和在内心中说不存在永恒上帝的不信教者的折磨；同样，从反面看，我们认为执法者对基督教罪人的审判将是温和的，掺杂着仁慈的，他们的作为将在火里加以考验和洗清。"[1] 以及："全神信仰基督者，即使在罪孽中作为有欠缺的人死去，他也会由他的信仰得到

---

[1]　"Et sicut diaboli et omnium negatorum atque impiorum qui dixerunt in corde suo: Non est Deus, credimus aeterna tormenta; sic peccatorum et tamen christianorum, quorum opera in igne probanda sunt atque purganda, moderatam arbitramur et mixtam clementiae sententiam iudicis"（《以赛亚书讲道》(In Isaiam), LXVI, 24,《罗马教会圣师全集》, 24, 704B）。

永生。"①

91   "安波罗修之星"虽然相对于安波罗修并没有带来什么新鲜东
西，但其独特与重要之处在于他写作了圣保罗《哥林多前书》三：
10—15 这一文本的首个真正的注疏。就此而言，他对炼狱诞生的
这一核心文本的那些中世纪的注疏者有过很大影响，特别是对于
12 世纪最早一批经院哲学家。同希拉里乌斯和安波罗修一样，他
区分三个类别：圣徒与义人们在整体复活时直接去往天堂，背神
者、变节者、不信者、无神论者直接进入地狱之火的折磨，普通
的基督徒虽然有罪，但在一段时间内用火洗清后，偿付了欠债之
后，将进入天堂，因为他们有过信仰。在评注圣保罗时，他写道：
"他（保罗）说：'而是像通过火'，因为没有苦难便没有得救；因
为他不曾说：'他将由火来拯救'，但当他说'而是像通过火'的
时候，他想指出这拯救将会来临，但必须忍受火的磨难；为了让
火来洗清，让人得救，不像那些不信者（*perfidi*）那样不会得救，
他们永远受到永恒之火的折磨；之所以人平生作为中有一些价值，
那是因为他曾相信基督。"②

    诺拉的保利努斯（431 年去世）也在一封信里谈到知识、智
慧之火（*sapiens*），我们将经过它而被检验，它来源于奥利振。

_____

①   "Qui enim tota mente in Christo confidit, etiam si ut homo lapsus mortuus fuerit in peccato, fide sua vivit in perpetuum."

②   "Ideo autem dixit: sic tamen quasi per ignem, ut salus haec non sine poena sit; quia non dixit: salvus erit per ignem; sed cum dicit: sic tamen quasi per ignem, ostendit salvum illum quidem futurum, sed poenas ignis passurum; ut per ignem purgatus fiat salvus, et non sicut perfidi aeterno igne in perpetuum torqueati ut ex alique parte operae pretium sit, credidisse in Christium"（*PL*, 17, 211）.

在一种综合表述中，我们再次看到热与冷、火与水以及清凉（*refrigerium*）的概念，他写道："我们经过火与水，他带我们去往清凉地。"① 在一首诗里，他又提到"检验之火"（*ignis arbiter*）审阅每个人的所有作为，"火焰不烧焚，仅仅考验"，他提到永恒的报偿，提到坏的部分被烧焚，提到人的得救，肉身被焚尽后，出离火中，飞向永生 ②……

真正的炼狱之父：奥古斯丁

奥古斯丁对基督教打上如此深的印记，大概是中世纪最重要的"权威"，是他为未来的炼狱的案卷带来了一些关键元素。

约瑟夫·恩特迪卡在其出色的研究著作《圣奥古斯丁思想中炼狱教理的演变》（1966）中，将奥古斯丁众多相关文本辑录在一起，构成关于这一问题的案卷。往往是出于幸运，他在关于炼狱的先前史中指明了奥古斯丁的地位，他指出这一主要事实：不仅奥古斯丁的立场发生过转变，这是正常的，而且他的立场从某一时刻开始有过重大改变，恩特迪卡将这一时刻确定在 413 年，他认为其原因在于对抗那些彼岸世界的宽容论者，即"宽大论者"（misericordes），奥古斯丁从这时起衷心投入这场斗争。在此我仅限于引述、定位和评论奥古斯丁关于炼狱的主要文本。我将从两个角度来进行：奥古斯丁整体的思想与行动，从长时段中看炼狱的产生。

---

① "Transivimus per ignem et aguam et induxisti nos in refrigerium."

② 《书信集》28（《罗马教会史家汇编》，29，242—244）和《诗集》，7，32—43（《罗马教会史家汇编》，30，19—20）。

92

作为开始，我想指出一个悖论。强调圣奥古斯丁对炼狱教理形成的重要意义是恰如其分的。不仅从重新构拟炼狱历史的现代历史学和神学的角度看，而且从建立炼狱概念的那些中世纪教士的角度看，这都是对的。然而，我认为这一问题显然并没有让奥古斯丁十分关注，之所以他时常提及，那是因为许多同时代的人关心这个问题，虽然是从边缘的位置，但这个问题——我更愿意说在他看来这个问题是令人厌恶的——触及一些在他看来属于根本性的问题：即人的信仰和事工、人类在上帝安排中的地位、生者与死者之间的关系、对从俗世社会层面到超自然的层面的层层叠起的一系列观念的秩序的关注、主与次的划分、人类走向灵性的进步和永恒得救的必要努力。

我认为奥古斯丁的逡巡优柔部分来自于他相对不关注人死后到最后审判之间的命运。同样还可以从一些更深层的原因得到解释。

最重要的是那些属于那个时代的原因。古罗马社会必须面对罗马世界的重大危机、蛮族的挑战、新的主导意识形态的建立（其关于彼岸世界的重要论断是整体复活和在地狱劫罚与永生得救之间做出选择）这些巨大问题。这个社会浸透着千年至福说，比较模糊地认为最后审判即将来临，这个社会不太倾向纠结于对死亡与永恒之间的阶段的思考所要求的细腻的思想。当然，对于古典古代后期的男性与女性来说，我认为（因为情况一直如此，如同保罗·韦纳在分析古代权贵的乐善好施时所指出来的）他们对于彼岸世界的期望较少建立在对灵魂得救的含混认识之上，而更多建立于到与此世的不义不同的另一种生活中获得酬报的认识之上，对于他们来说，这些对公义的要求可能通过死后灵魂救赎所带来的复杂的审判得到满足。在 12 世纪时社会发生的变化如此之大，对于古人是奢侈的东西变成了人们必须的东西，于是炼狱才得以诞生。

但是，我认为一些奥古斯丁个人的原因同样促使他对当时这一边缘问题的某些侧面表达出自己的不确定。这些原因出现于我将引用的这些文本。

首先，我们看到《圣经》文本对于这一问题的不明确甚至自相矛盾之处。奥古斯丁是位了不起的注疏者，但他并不掩饰《圣经》那些不明了的、困难之处。大家没有充分注意到，当阿贝拉尔在 12 世纪于《是与否》(Sic et Non) 使用一种被人认为是革命性的方法之时，他所做的只是回归到奥古斯丁罢了。作为神父、主教、基督徒知识人 *，奥古斯丁坚信宗教、他应当给人的教诲的**根基**（这个词是他极喜欢的，他在《哥林多前书》三：10—15 找到这个词）就是《圣经》。当《圣经》有不明了的地方，在尝试给它带来（这同样是他的一个深层倾向）最大程度的明晰的同时，必须承认我们无法断言出明确的东西。在关于拯救的问题上，越发要（这是他的第二个动机）尊重围绕它的某些侧面的秘义、神秘，或者不如让上帝去做出决定，上帝在《圣经》和耶稣的教诲中已经指出过这个拯救计划的大脉络，但上帝为自己保留了（在紧邻神迹之外的地方）一个自由决断的空间。① 94

此处，奥古斯丁的重要性首先来自他的语汇，他的语汇在中世纪长时间内是权威性的。有三个词是最主要的：形容词 purgatorius（洗清的），temporarius（临时的、过渡的）或者 temporalis（临时的），

---

　　* 即身为基督徒的知识人。

以及 *transitorius*（过渡的）。我倾向将 purgatorius 翻译成形容词
purgatoiae（炼罪的），而非 purificateur（净化的），净化的译法对于
奥古斯丁的思想来说太过明确了，这个词黏合在 *poenae purgatoriae*
（炼罪的刑罚，《天主之城》二十一：13 和 16），*tormenta purgatoria*
（炼罪的折磨，《天主之城》二十一：16），尤其是 *ignis purgatorius*
（炼罪的火，《论信望爱》69）①。*temporarius*（临时的）则见于 *poenae*
temporariae（临时的刑罚）这一表述，与 *poenae sempiternae*（永远
的刑罚）相对立（《天主之城》二十一：13）。*poenae temporales*（临
时的刑罚）见于伊拉斯谟的《天主之城》（二十一：24）②。

莫尼加之死：为她祈祷

奥古斯丁首先肯定了生者祈祷对死者的有效性。他首次肯定
这一点是在一个感人时刻，在他 397—398 年写作的《忏悔录》
（九：13：34—37）中他母亲莫尼加死后他所做的祈祷中：

> 我这一处可能受人指斥为肉体情感造成的内心创伤，现
> 在已经痊愈了。我的天父，现在我为母亲流另一种眼泪，为
> 一切"死于亚当"的人所面临的危险，忧急而流下的泪。

---

①　我们还看到 *ignis purgationis*（炼净之火）（《创造论，驳摩尼教》（*De Genesi*
contra Manicheos），Ⅱ，ⅩⅩ，30）和 *ignis emendatorius*（改过之火）（《诗篇三十七阐
释》（*Enarrationes in Psalmos* ⅩⅩⅩⅦ），3）。在《天主之城》二十一：13 的段落中 12
行中连续三次遇到 *poenae purgatoriae*（炼净的刑罚）。作为同义语，奥古斯丁还用了
poenae expiatoriae（赎罪的刑罚），这同样促使我们不把 *purgatoriae* 翻译成净化。

②　见《奥古斯丁文库》（*Bibliothèque augustinienne*）卷 37，第 817—818 页。

虽则我的母亲肉躯存在之时，已生活于基督之中，能以信光与德业显扬你的圣名，但我不敢说她自受了"洗礼"再生之日起从未有一句话违反你的诫命。你的圣子，真理本体说过："**谁说自己的弟兄是疯子，就应受地狱之罚。**"

95

假如一个正人君子撇开你的慈爱而检查自己的生平，也必大可寒心！但你并不苛求我们的过恶，为此我们才能安心希望在你左右得一位置。如果有人想计算自己真正的功绩，那么除了历数你的恩泽外还有什么？唉！如果人们能认识人之所以为人，那么"谁想夸耀，只应夸耀天父！"

为此，"我的光荣，我的生命，我心的天父"，我撇开了她的懿行——对此我愉快地感谢你——又为我母亲的罪业祈求你，请你顾视高悬十字架、"坐在你右边，为我们代求"、治疗我们创伤的良医而俯听我。

我知道我母亲一生以忠恕待人，常宽免别人所负的债；如果她在受洗获救后悠悠岁月中积有罪债，请你也赦免她。主啊！求你宽赦，求你宽赦，"求你对她免行审判"。"让哀矜胜于决议"，你的话真实不虚，你原许以怜悯对待怜悯。"你要怜悯谁，就怜悯谁；要恩遇谁，就恩遇谁"，一人所以能够如此，无非出于你的恩赐。

我相信，我所要求的，你已施行了。但是，主，"请你收纳我心口相应的献礼。"我母亲临死之前，绝不关心死后的哀荣，不计较尸体的香料，不希望建立坊表，不要求归葬本乡；她不作这一类的遗嘱，而仅叮咛我们在天父台前纪念她，她一天也不间断地侍候在你台前，她知道在台上分发神圣的牺性，而这牺牲"已经抵消了我们的罪状"，战胜了利用我们罪恶、穷尽心计控告我们的仇敌，仇敌对我们赖以致胜的基督更无所施其搏击。谁能输还基督无辜的鲜血？谁能偿还基督从敌人手中救赎我们所付出的代价？

你的婢女以信仰的锁链把她的灵魂束于救赎我们的奥迹上，防止有人使她脱离你的保护，防止毒龙猛狮用暴力诡计离间你和她；她也不会说自己一无欠缺，使奸猾的控告者无从反驳，无所借口；她将承认自己的罪债已为吾人无法图报的、自身一无欠缺而代人偿债的恩主所赦免。

96　　希望我父母安息于和平之中，我母亲从少女至寡居一直保有贞淑的操守，她侍奉丈夫，把"辛勤得来的果实"献给你，赢得他归向你。

我的主，我的天父，求你启发你的仆人们，我的弟兄们，求你启发你的子女们，我的主人们；我现在以心灵、以言语、以文字为他们服务；求你启发一切读这本书的人，使他们在你台前纪念我的父母，——你的婢女莫尼加和她的丈夫巴特利西乌斯——我不知道你怎样用他们的血肉生我于此世。希望读者以虔诚的心情纪念我今生的父母，他们是和我一起同奉你为慈父，和我同是慈母教会内的弟兄，也是同属于永恒的耶路撒冷——你的羁旅中的子民自出发至旋归期间念念不忘的永城——的同胞。这样，通过我的忏悔而获得许多人的祈祷，比我一人的祈祷能更有力地完成我母亲的最后愿望。[*]

---

[*]　译文自［古罗马］奥古斯丁著，周士良译:《忏悔录》，商务印书馆，1963 年。

这段可敬的文字不是对教理的陈述，但我们从中能得出对于为死者祈祷的有效性的重要资料。

是否让莫尼加进天堂，进入永恒的耶路撒冷的决定权仅属于上帝。但是，奥古斯丁仍旧坚信自己祈祷能够感动上帝，影响他的决定。但上帝的裁决不是专横的，他自己的祈祷不是荒唐的，也不是冒失的。因为，莫尼加虽然有罪过——因为任何人都是罪人——但综其一生她配得上得救，上帝的慈悲可能实施，她儿子的祈祷可能有效。不言而喻，这里我们预感到的，是上帝的慈悲和生者的祈祷能够让死者更快进入天堂，而如果他们在世间是大罪人的话，那是无法让他们越过天堂之门的。同样不曾说出但似乎确实的是，因为还不存在炼狱（在奥古斯丁的任何文本中没有一个句子在生者的祈祷襄助与炼狱之火之间建立关联），这种对有罪但有品行的死者的得救进行的襄助，将在死后立即进行，不管怎样这不花太长时间，没有长到有必要确定期限，更不要说给这种等待安排一个场所了。

奥古斯丁以莫尼加的品行为之辩护，这是说明问题的：这品行意味着洗礼，包含信仰与德业。她的善行，依据上帝的教诲，是宽免别人所欠的债（应该理解为，对于这位富有的贵族来说，97 这是物质意义和精神意义上的），奉行一夫一妻和寡居而拒绝再婚，特别是领圣体的虔诚。这些对彼岸世界的保障，我们在后来人们对天堂和炼狱的认识中再次看到：慈悲的功德、领圣体的虔诚、遵守世俗人婚姻的法规，这些对于逃脱地狱是很有帮助的，可以让人处于优先位置，即便不是进入天堂，那至少会进入炼狱，这些要靠上帝的慈悲，以及生者祈祷的襄助。此处的生者首先是死者的血肉至亲，她的儿子。但是，同样通过她的儿子，两个群体可以被请求为母亲进行有效的祈祷，那就是他作为主教所属的社群和他作为作家所属的社群：即他的教众和他的读者们。

几年之后，在他对《诗篇》*三十七的注疏中，奥古斯丁为自己请求上帝在此世生活中纠正他，为的是死后不必忍受赎罪之火（*ignis emendatorius*）。这不仅是他个人的想法，它早已出现在为莫尼加的祈祷中，认为彼岸世界的得救首先要靠此世的德行，而且这似乎是他直到晚年一直牵挂的一个概念，按照这个概念，此时的磨难是一种"炼罪"形式。

最后，426/427 年在《天主之城》中（二十一：24），奥古斯丁重新谈到祈祷对死者的有效性。但这次是为了明确其限度。祈祷襄助对恶魔、不信基督者和无信仰者是无用的，对于要下地狱者无用。祈祷只对某一类罪人有效，他们没有得到明确界定，但不管怎样其特征是以一种独特方式来描绘的：即那些此生不太好也不太坏的人。奥古斯丁依据的是《马太福音》十二：31—32 的诗句："为此，我告诉你们：一切罪过和亵渎，人都可得赦免；但是亵渎圣神的罪，必不得赦免；凡出言干犯人子的，可得赦免；但出言干犯圣神（即圣灵）的，在今世及来世，都不得赦免。"那些能有效地为死者进行祈祷的人的资格同样得到了明确：那就是教会机构，即教会本身，或者"某些虔诚的人"（*quidam pii*）。

　　我们不为那些注定受永恒之火惩罚的人祈祷，出于同样

---

　　* 天主教称作《圣咏》。

原因，如今和彼时都不为恶魔祈祷，仍是出于同样原因，从 98
现在起，我们不要再为那些死去的不信基督者和无神者祈
祷，虽然我们是为人类祈祷的。因为，襄助某些死者，教会
或某些虔诚的人的祈祷得到了恩准，但祈祷是为了那些在基
督中再生者，其在肉身中的生活不是坏到被判为不配得到这
样的慈悲，也不足够好到让他们被认为这样的恩德对他们不
必要了①；同样，在死者全体再生后，有些人在作了补赎后，
得到上帝的仁慈，不受永恒之火的罚。实际，对于某些人，
我们可确切说他们在现世与来世均不得宽恕，因为如果是能
得宽恕者，即便在此世未得，那在来世也会得到。但是，裁
判生者与死者的判官既然说过："我父所祝福的，你们来吧，
承受自创世以来为你们准备的国度吧。"相反，他对另一些
人说："可咒骂的，离开我，到给魔鬼和他的使者预备的永火
里去吧。""这些人将进入永罚，但义人们却要进入永生。"②
若说上帝所说将受永罚的不受永罚，一定是胆大妄言。因为
相信这种妄言，要么甚至会对现世失望，要么会怀疑永生的
来世。*

直至 413 年，奥古斯丁仅限于对 3—4 世纪教会教父们关于

---

① "nec usque adeo vita in corpore male gesta est, ut tali misericordia iudicentur digni non esse, nec usque adeo bene, ut talem misericordiam reperiantur necessariam non habere."

② 《马太福音》二十五：34；二十五：41—46。

* 中译文选自［古罗马］圣奥古斯丁著，吴宗文译：《天主之城》（上下册），吉林出版集团，2010。

审判之火与死后居所的教理加入某些个人评注，尤其是关于给义
人们预备的"亚伯拉罕的怀抱"，其主要依据是对恶富人与穷苦
的拉撒路的故事（《路加福音》十六：19—31）和圣保罗《哥林
多前书》（三：10—15）的注疏。在398年的《创世论驳摩尼教》
中，他区分了炼罪之火与永劫："此生之后，要么将得炼罪之火，
99 要么得永劫。"① 在399年的《论四福音书的和谐》中，他将恶富人
那样的不可拯救的死者，与那些懂得通过自己的慈悲功业来友爱
他人，并因此铺垫好了他人的祈祷襄助的人对立起来。但他承认
不知道《路加福音》（十六：9）提到的接纳入永恒的居所是在此
生之后即死后立刻进行，还是要到世界末日全体再生和最后审判
的时刻。②

　　这些《诗篇》的评注很可能写作于400—414年间，他在其
中尤其强调死后的炼罪之火引发的困难：这是个"不明朗的问题"
（*obscura quaestio*），他如此宣布。然而，在他的《诗篇三十七诠
释》中，他提出一个论断，这个论断在中世纪关于炼狱的问题中
大获成功："虽然某些人被这火拯救，但这火比一个人在此生能够
忍受的任何火都要可怕得多。"③

---

①　"et post hanc vitam habebit vel ignem purgationis vel poenam aeternam."

②　"Quanquam illa receptio, utrum statim post istam vitam fiat, an in fine saeculi in resurrectione mortuorum atque ultima retributione judicii, non minima quaestio est sed quandolibet fiat, certe de talibus qualis ille dives insinuatur, nulle scriptura fieri pollicetur."

③　"Ita plane quamuis salui per ignem, gravior tamen erit ille ignis, quam quidquid potest homo pati in hac vita"（《诗篇》三十七注疏（*Enarratio in Ps. XXXVII*），3 CCL, 38, p.384）。

公元 413 年之后：死亡与最后审判之间对于
那些非全善之人的严酷的炼罪刑罚

从 413 年开始，奥古斯丁对于死者们的命运，特别是对死后赎罪的可能性的看法更加明确，更倾向于限制约束。多数奥古斯丁思想的专家，特别是约瑟夫·恩特迪卡正确地将这种强硬转变看作他对宽大论思想的反应，奥古斯丁认为宽大论是非常危险的。从中，我们还看到千年至福说观念的影响，这些观念通过那些西班牙的基督徒曾触动过奥古斯丁。我认为同样必须看到 410 年重大事件的反响：亚拉里克和西哥特人攻陷罗马，这不仅标志着罗马帝国的结束，罗马的岌岌可危，对某些基督徒来说这还预示着世界的末日，而仍旧相信异教的、受过教育的罗马贵族则指责基督徒耗尽了罗马 100的实力，指责他们应为被人们认为是末日的灾难负责，如果这不是世界末日，至少是秩序与文明的末日。正是为了回应这种局势，回应这些胡言乱语和这些指责，奥古斯丁才写作了《天主之城》。

我们对于这些"宽大论者"所知的几乎只有奥古斯丁对他们的责难，他们说些什么呢？[①] 奥古斯丁认为他们是奥利振的继承者，他们认为在"净化"（*paracatastase*）过程结束时，所有人都将得救，包括撒旦和恶魔使者。但是，他指出宽大论者关注的只是人类。但虽然他们彼此有些细微差别，他们全都多多少少相信罪孽深

---

① 见 G. 巴迪（G. Bardy）的 "宽大论者"（les miséricordieux）词条，载《奥古斯丁文库》，卷 37，第 806—809 页。

重的罪人将得到拯救，或者整体得救或者部分得救。依据奥古斯丁的说法，他们宣扬六种不同的但近似的看法。按照第一种看法，所有人都将得救，但或长或短要在地狱中留一段时间。按照第二种看法，圣徒们的祈祷将为所有人在最后审判时获得拯救，没有人会去往地狱。第三种看法是拯救将给予所有基督徒，甚至教会分立派和异端，只要是受过洗礼的。第四种看法将这种恩宠局限在天主教徒，将教会分立派和异端排除在外。第五种看法认为拯救的是那些至死都保留信仰的人，即便他们曾生活于罪孽中。第六种看法，即宽大论者的最后一种变体，他们相信那些曾经施舍的人会得救，虽然他们在别的方面怎么样。我们不具体到细节，仅限于指出虽然它们的启发或多或少来自奥利振，但这些宗派或者孤立的基督徒主要依据一个脱离了语境的、被按照字面解释的《圣经》文本。

作为对此的回应，奥古斯丁断言存在两种火，一种永恒之火是对那些下地狱者，对于他们任何祈祷都无用，他极力强调这火；而炼罪之火是让他较多迟疑的。所以我们可以说，奥古斯丁关心的不是未来的炼狱，而是地狱。

之所以他去定义一些罪人和罪过的类别，那是为了定义地狱。约瑟夫·恩特迪卡区分三类人、三类罪和三种命运。我认为奥古斯丁的思想更为复杂（三分法是出自于 12 世纪和 13 世纪的那些教101 士）。存在四类人：背神者（不信基督或罪犯）将直接且没有任何解救与解脱可能地进入地狱；另一极是殉道者、圣徒和义人，虽然他们犯过"轻"罪，他们将立刻或很快升入天堂。在这两极之间，存在那些既非全善又非全恶的人。并非全恶的人实际上也要下地狱，至多可以为他们抱有希望，或如我们后文将看到的，通过祈祷为他们获得一种"更加宽容"的地狱。还剩下那些非全善者。他们有可能通过一种炼罪之火得到拯救。这终归不是一个人数众多的类别。但是，虽然这火，虽然这个类别存在，奥古斯丁对于它们存在的条件有着更加明确的想法。除了这火是非常痛苦的，它不是永恒的，与地狱之火相反，它不是作用于最后审判的时刻，而是在死亡与全体复活之间的时间。另一方面，人们可以依靠那些有资格向上帝说情的生者的祈祷而获得一些宽免，而条件是他虽然有罪但配得上最终得救。这些德行是通过整体上算善的一生和向善的持续努力来获得，通过完成一些慈悲的事工，通过奉行**赎罪**。赎罪与"炼罪"建立联系，这后来在 12—13 世纪是极为重要的，这种联系首次明晰地表述在奥古斯丁思想中。虽然奥古斯丁将炼罪的时间从最后审判的时刻拉回到死亡与整体复活之间的阶段，但他倾向于将对罪过的洗清更往前拉，即拉回到此世。在这种倾向的本质上，存在这样的想法，俗世的"磨难"是"炼罪"的主要形式。他对于炼罪之火的性质的迟疑由此而来。虽然在死后实施，但并不妨碍这火是"真实"的；但如果这火存于地上，那它应当在本质上属于"精神性"的。

关系到罪过，奥古斯丁区分出他称为"罪"（crimina, facinora, flagitia, scelera）的非常严重的罪，而非罪过，它导致犯罪者入地狱，区别于他称作"轻""微""小"的，特别是"平常的"（levia［轻］, minuta, minutissima, minora, minima, modica［微］, parva, brevia［小］, quodidiana［平常］）不重大的罪过，他举例说比如过于牵挂亲族、过分的夫妇之爱（《天主之城》二十一：26）。约瑟夫·恩特迪卡指出，不论从整体上，还是从细节上，奥古斯丁均未命名这些"中间"的罪，特别是那些应当消灭于炼罪之火的罪。 102

恩特迪卡提出假设，认为奥古斯丁害怕被那些宽大论者利用。这是有可能的。但不应忘记，奥古斯丁更加关注精神生活的整体性、全体人类的人性，而非清点一些将精神生活加以物化的道德生活的客体。这些"罪"更多是罪犯的习惯，而非具体的恶行。只有"平常"罪过可以举出来，因为它们是人生之常。举出它们，对于精神生活无伤大雅，这是些可以轻易消除的失误、糟粕、瑕疵，只要它们不会沉积起来，不会侵犯灵性。

奥古斯丁对宽大论者的反对和他关于死者命运的认识的演变出现于他 413 年的论文《论信光与德业》（*De fide et operibus*），但他主要在他 421 年的小册子《论信望爱》（*Enchiridion*）里，和 426—427 年《天主之城》的第二十一章中表达自己的想法。

在此期间，应朋友们之请，他做出了一些明确。在 417 年《致达尔达努斯书信》中，他勾勒出对彼岸世界的地理描述，那里并没有炼狱的位置。重新提到穷苦的拉撒路和恶富人的故事时，他的确区分出一个施折磨的地方和一个安宁的地方，但他并非像有些人那样将两者都放在地狱里，因为《圣经》说耶稣下至地狱，却没有说他到"亚伯拉罕的怀抱"。"亚伯拉罕的怀抱"就是天堂，天堂是个通称，它并不指上帝安置犯罪之前的亚当和夏娃的地上天堂。①

---

① "Porro si utraque region et dolentium et requiescentium, id est et ubi dives ille torquebatur et ubi pauper ille laetabatur, in inferno esse credenda est, quis audeat dicere dominum Iesum ad poenales inferni partes venisse tantum modo nec fuisse apud eos qui in Abrahae sinum requiescunt? Ubi si fuit, ipse est intellegendus paradisus, quem latronis animae illo die dignatus est polliceri. Quae si ita sunt, generale paradisi nomen est, ubi feliciter vivitur. Neque enim quia paradisus est appellatus, ubi Adam fuit ante peccatum, propterea scriptura probilita est etiam ecclesiam vocare paradisum cum fructu pomorum."

419 年，北非的凯萨里亚[*]的维克多询问奥古斯丁关于洗礼对得救的必要性。奥古斯丁用《论灵魂的性质与起源》来答复他，其中他举了《圣佩佩图阿和圣菲莉西塔斯的受难》中蒂诺科拉特斯的例子，希波的主教奥古斯丁排除了未受洗的孩子进入天堂的 103 可能，他们同样不能如伯拉纠派所认为的那样去一个居于中间的安宁福地（所以，奥古斯丁否定后来在 13 世纪成为孩子们的灵簿狱的东西）。要想进入天堂，就必须受洗：蒂诺科拉特斯曾经受洗，但后来他曾有罪过，也许是受他父亲的影响背叛宗教，但他最终因为姐姐的说情而得救。

下面是《论信望爱手册》^①和《天主之城》第二十一章的重要文本。

假如恶人只凭信心就可以经火得救，假如这就是保罗所谓"虽然得救，乃像从火里经过一样"（《哥林多前书》三：15）的意思，即信心没有行为也可使人得救，那么他的使徒同伴雅各所言一定是错的了。若然如此，保罗自己在另一处所写的也必定是错的了，他写道："不要自欺，无论是淫乱的、拜偶像的、奸淫的、作娈童的、亲男色的、偷窃的、贪婪的、醉酒的、辱骂的、勒索的，都不能承受上帝的国（《哥林多前书》六：9—11）。"这些在恶道上一意孤行的人若可以凭信基督而得救，他们不能承受上帝的国又怎能是真的呢！

---

[*]　不是巴勒斯坦的该撒利亚，而在阿尔及利亚的 Cherchel。

①　Enchiridion 这个希腊词的意思是"手册"，从 16 世纪开始指《论信望爱手册》。

　　但因使徒们这些明白无误的宣告不可能是错的，那意义不甚明显的说法，即那些根基建在耶稣基督之上，不用金、银、宝石建造，却用草木、禾秸建造的人（是这些人，"虽然得救，乃像从火里经过一样"，是那根基救了他们），就有必要经过解释才能与以上引用的经文不矛盾。

　　草木、禾秸可被合理地解释为对世俗事物的恋慕（无论这些事物本身如何正当），失去这些东西会令其恋慕者心痛。假若心痛虽如火烧，但基督却仍在此人心中占有根基的地位，也就是说，他仍然爱基督胜过一切，且虽然痛火中烧，却宁愿失去自己所恋慕的东西，也不愿失去基督，那么，他就像经火一样得救了。但在遇试探中，有人宁愿为自己保住不能长存的俗世之物，而不是基督，那么就没有以基督作自己的根基，而是把俗世的事物放在首位，而建造房子首先要立的必须是根基。

　　保罗此处所说的火，必定是这两种人均须经过的火，一种是在根基上用金、银、宝石建造的，另一种是在根基上用草木、禾秸建造的。因为他随即补充道："这火要试验各人的工程怎样。人在那根基上所建造的工程若立得住，他就要得赏赐；人的工程若被烧了，他就要受亏损，自己却要得救（《哥林多前书》三：13—15）。这火要试验的不仅是一种人的工程，而是两种人的均要试验。*

---

　　* 中译文选自［古罗马］奥古斯丁著，许一新译：《论信望爱》，生活·读书·新知三联书店出版社，2009年。

　　《论信望爱手册》中的 67 和 68 章中选出的这些文字说明了奥古斯丁思想的几个侧面。首先是他的注疏方法。对圣保罗的文本（《哥林多前书》三：13—15），他承认有不显明之处，他用同样是圣保罗的显明的文本来与之对峙。必须用确定的文本来阐明不确定的文本。另一方面，他小心区别出那些曾经犯罪的人（homo sceleratus, crimina）和那些只犯过轻微过错的人，对奥古斯丁来说其典型就是过分依赖虽然正当却属于俗世的东西。在最后审判之日，两者均要承受火的考验，但是一种人将死去，被火烧尽，而另一种人将得到拯救。

　　　　这类事情在此生之后发生并非没有可能。事实如此吗？大可以去寻求答案，不论是否得解。有些信徒可能将会因恋慕必朽坏的事物经炼罪之火，依他们恋慕的程度，经火长短，得救早晚不一。然而，那些所谓"不能承受上帝的国"（《哥林多前书》六：11）的人却绝不属于这种情形，除非它们是经过必要的悔改而得赦免他们的罪（*crimina*）。我说"必要"的意思是，他们在施舍上不是不结果子，因为圣经极其看重施舍的美德，以至主事先就告诉我们（《马太福音》二十五：34—35），他只赐奖赏给那些在他右边而多行施舍的人，只将匮乏降给那些在他左边而少行施舍的人，他对前者说："你们这蒙我父赐福的，可来承受那创世以来为你们预备的国"；又对后者说："你们这被诅咒的人，离开我，进入那为魔鬼和他的使者所预备的永火中去。"

　　　　但我们必须留意，免得有人认为，可以每天犯那些不能　105

　　承受上帝之国的人所犯的重罪，却能因施舍免受审判。人的生命必须向善而变，而施舍在上帝面前只能用来补偿过往的罪，却无法换取上帝不因今后犯罪而降罚。因为"上帝从未准许人犯罪"（《西拉书》*十五：21），尽管他赐下怜悯，只要我们不忽略弥补既往所犯的罪，让上帝满意到适当程度，他就可能把我们的罪涂抹掉。**

　　在前面段落中，奥古斯丁已经强调，要想经过火得救，必须在今世生活中结合信仰与德业。此处（《论信望爱手册》69—70）则更为明确。不仅要行施舍，还要"人的生命必须向善而变"（*in melius quippe est vita mutanda*），尤其必须适当地赎罪，并让主满意，即完成教会规定的赎罪。在这种情况下，在此生之后（post hanc vitam），借助"某种炼罪之火"（*per ignem quemdam purgatorium*）可能得到赦免，奥古斯丁对这火似乎并无定见，但它与地狱之火、永恒之火不同。他采用了对两种火的区分，即《天主之城》二十一卷 26 章区分的永远折磨的火和炼罪拯救的火。不管怎样，赎罪可以非常有效，以至于除了那些卑污罪行，赎罪可以弥补那些非卑污的（*infanda*），却仍然称之为"罪"（*crimina*）的罪过。炼罪之火要么用于未受教会规定的赎罪的信徒，要么用于那些接受赎罪却未完成的信徒。相反，那些应该赎罪却不接受的人，他们不能被炼罪之火净化。

　　在《论信望爱手册》第 109 和 110 章，奥古斯丁提到在个体死

---

　　*　　新教以为次经。天主教为《德讯篇》。

　　**　中译文选自［古罗马］奥古斯丁著，许一新译：《论信望爱》。

亡与最后全体复活之间的阶段接纳灵魂的那些居所。存在一些安息的场所（"亚伯拉罕的怀抱"，虽然没有点明）和一些受折磨的场所（"矶汉那"地狱同样没有点明）——如同圣安波罗修所引用的《以斯拉书》第四章中明确指出的。死者们的灵魂可能得到生者祈祷的襄助：领圣体、施舍。奥古斯丁在这个环节最好地表明了他对四类人类命运的观念。全善人不需要祈祷的帮助。祈祷对全恶人也无用。剩下那些不全善和不全恶的人，他们需要祈祷襄助。那些近乎全善的人从中获得好处。至于那些近乎全恶的人，似乎他们至多能够抱有希望，这是一种"更加容易忍受的刑罚（劫难）"（*tolerabilio damnatio*）。对此，奥古斯丁没有做出解释。可以设想，他要么想到了地狱中每星期的休憩，要么想到了地狱中一些不那么残酷的折磨。此处减轻刑罚的想法似乎超出了"炼罪"。

在人死后和最后复活前的一段时间里，灵魂处于某种隐遁的状态之中，在此状态中，它或享安息，或受痛苦，全因人在世生活的行为如何而异。

同样无可否认的是，活着的亲友若生活敬虔，在教会中代死者献上中保的牺牲或施舍，会对死者的灵魂有益。但这些只对生前有同类功德的灵魂产生益处。

这类仪式之所以存在，是因为有些人的一生既不是好到死后无需这些仪式，也不是坏到死后既有的这些仪式也对他无帮助。不过，也有些人一生好得无需这类仪式，还有一些人坏得即便有这些仪式也无助于他们。因此，是人们今生一切的善恶使其死后的痛苦或是减轻，或是加剧。所以，没有人能指望今生不行善，死后却可以得到上帝的赏赐。

这样，教会为死者行的仪式就与保罗的话并不矛盾，保罗说："因为我们众人必要在基督台前显露出来"（《罗马书》十四：10），"叫各人按着本身所行的，或善或恶受报。"（《哥林多后书》五：10）我所说的使这类仪式对人产生益处的德行，是人活在肉身里时便拥有的。这类仪式并非对每个人都有益处。为什么不是人人都因此受益？只是因为各人在肉身里的生活各式各样。

于是，以受了洗的死者的名义献在坛上或施舍的财物，对于极好的人来说是感恩祭，对于不太坏的人来说是挽回祭，对于极坏的人来说，虽于死者无补，却可以安慰活着的人。

107　在这些仪式产生益处的情形下，有益处或在于让死者得到完全的赦免，或至少使死者所受的刑罚比较容易忍受。*

《天主之城》（426—427 年）二十一卷实际在谈地狱及其刑罚。奥古斯丁的主要目的是强调其永恒。除了我在谈到生者祈祷可能有帮助的死者类型时引用过的第 24 章，我在此引用第 13 章和第 26 章的大部分内容。

在第 13 章，奥古斯丁谈到认为此生或彼岸的所有磨难都是炼罪，故而都是临时的那些人。他采用了对永恒之罚与炼罪或暂时之罚的划分，但是这一次，他更加明确地认可了炼罪刑罚的存在，并就此给出更多细节。

---

* 中译文选自［古罗马］奥古斯丁著，许一新译:《论信望爱》。

13. 柏拉图派的哲学家，虽然不承认任何罪不受罚，但他们相信任何人间或天主法律所定的罚，生前死后，都以迁善为目的，无论已得宽恕，或虽受罚，但未改善的人。因此维冶利·马罗（维吉尔）说了肉身后，论灵魂说："关入黑暗地狱中，恐惧期望苦与乐，离开人世光明后，未脱人间之灾祸；久积恶念一时露，依照罪恶定刑罚，或悬空中或沉渊，烈火炼净诸罪恶。"随从这意见的人，只承认死后的罚能炼净灵魂，因为宇宙间主要的元素是水、火、风，世间所犯的罪，当由它们炼净。"或悬空中"是指风，"深渊"指水，火则明白说出了"烈火炼净"。我们也承认在现世有的苦难能炼人，不是每况愈下的罪人，而是因苦难而改正的人。其他一切刑罚，无论是暂时的或永远的，由天主的上智安措，或因人、天使及邪魔而来，为罚以往或现在的罪恶。若有人因别人的恶意或错误而受苦，因无智或不公义使人受苦的，一定有罪，但天主因着公正，虽然隐藏的判断，让人去作，并无不对之处。有人现世或死后受暂罚，也有人在现世及死后都受暂罚，但总在公审判之前。但并非所有死后受暂罚的人，公审判后，都受永罚，因为有些人，在现世未得宽恕，在来世将得宽赦，以不受永罚，如我已在前面说过的。[*]

此处针对的并非基督徒，而是那些异教作家，即奥古斯丁称为"柏拉图派"的人，他把维吉尔也放在里面，他认为维吉尔

---

[*] 中译文选自［古罗马］圣奥古斯丁著，吴宗文译：《天主之城》。

《埃涅阿斯纪》第一歌的诗句（我前面引过）是基督教彼岸世界的先兆。他强调炼罪之罚的存在，他也称作"赎罪"之罚。他承认这些罚或者在此世承受，或者在死后。它们是暂罚，因为最后审判时就停止了，那时那些承受了罚的人将进入天堂。最后这一论断非常重要：它将构成中世纪炼狱体系的一个主要元素。最后，奥古斯丁重复说，只有那些在此世生活中自我纠正的人才能从这些炼罪之罚中获益。

在《天主之城》二十一卷第 26 章，奥古斯丁以更加深邃更加精微的方式采用了对保罗《哥林多前书》三：13—15 的注疏。

照圣保禄宗徒，在这基础上以金银宝石建筑的，是"没有妻子的，所挂虑的是主的事，想怎样悦乐主"；以木、草、禾秸建筑的，是"娶了妻子的，所挂虑的是世俗的事，想怎样悦乐妻子"；"各人的工程将来总必显露出来，因为主的日子要把它揭露出来"。是痛苦的日子，因为将以火揭露出来。圣保禄称磨难为火，如《圣经》别处所说："炉火试炼陶人的器皿，对义人的试验，却在于他的磨难中。""这火要试验各人的工程怎样。谁在那根基上所建筑的工程，若存得住——天主的思想及愿意悦乐他的心仍旧存在——他必要获得赏报，即获得他思想的效果，但谁的工程若被焚毁了，他就要受到损失"，因为没有他所爱的。他自己可能得救，因为任何磨难，没有使他离开这基础，但好像经过火一样，没有不正当的爱情所有的，也不会没有痛苦就失去。我们似乎已找到这火了，它不罚任何人，使一人富，一人受罚，而试

探两者。[*]

他明确区分了经过火得救的两类人，火是工程经得住的人和工程被焚毁的人共同的考验。前者会得到酬报，即直接进入天堂；后者开始承受损失，即赎罪，但他们最终同样进入天堂。

最后，在第 26 章结束时，奥古斯丁重新对圣保罗的同一文本进行注疏，加入了两点明确。首先，明确肯定炼罪之火在肉体死亡与肉体复活之间的阶段进行，"在这个中间的时期"（*hoc temporis intervallo*）。然后，界定人类的态度，这些态度或者导致永罚，或者导致从炼罪之火中受益。标准就是每个人建立自己的人生的根基的属性。唯一获拯救的根基就是基督。如果偏爱肉体享乐超过将基督作为根基，就会堕入永罚。如果相反，有些过度牺牲这些享乐，而没有用它们来代替以基督为根基，就将"通过这类火"得救。

至于每人死后至公审判的中间，复活后，他们说：亡者的灵魂当受火刑，在现世没有这类爱情及习俗的人，是不会受其害的，不会烧他们的木、草、禾秸的；即自己的住所，在后世或在现世，虽然亦受轻微的罚，使蒙暂时的罚，烧去俗务。我并不反对这意见，因为可能是真的，肉身死亡，是原罪的罚，亦能属于这种试炼，使每人发觉他所建筑的。教难曾使许多殉教者得到荣冠。全体信友当安心忍受，它如火 110

---

* 中译文选自［古罗马］圣奥古斯丁著，吴宗文译：《天主之城》。

一般，要试验建筑物。有些建筑物与建筑的人，都为火所焚，因为他们没有基督作基础。有的建筑物被烧，但建筑者未受其害，因为他们虽经过许多艰难，终于得救了。别的建筑物屹然不动，因将永远存在。在世界穷尽，假基督时，将有空前的灾祸。这些以金、草建筑在基督基础上的，亦将受火的考验，有些人喜乐，别人忧苦，但因基础稳固，无人要受损失。但谁将妻子放在基督之上的，或只以人性爱亲人而没有基督为基础，他们不但不为火所救，并且不能得救，因为不能与基督在一起，他对这点明说："谁爱父亲或母亲超过我，他就不配是我的。"谁以肉情爱自己的亲人，但不将他们放在基督之上，受试探时，情愿失去他们，不愿离开基督，将经过火而得救，因为失了他们后，因着爱他们之情，将发生巨大的痛苦。但谁照基督爱他的父母子女，劝他们寻找天国，与基督结合，或爱他们，因为是基督的肢体；这种爱情，一定不是当受火烧的草、木及禾秸，而是以金银、宝石所建的官室。因基督而爱人，如何能比基督更爱他呢？*

奥古斯丁与鬼魂

我认为不可能告别对于炼狱产生如此重要的奥古斯丁的观念，却不提及两个相关问题。第一个问题是在421—423年间题献给

---

* 中译文选自［古罗马］圣奥古斯丁著，吴宗文译：《天主之城》。

诺拉的保利努斯的《论对死者的料理》。奥古斯丁在书中重复了在《忏悔录》卷 9 为他母亲莫尼加的祈祷。他大力反对殡葬的奢华，某些基督徒热衷于此，他们效仿那些富有的异教徒的样子。最起码的照料对死者足够了，奥古斯丁同意殡葬和墓地有一定的装饰，那是出于普通的对人的尊重。从中得到慰藉的主要是家人。可以满足他们这一点。但是在《论对死者的料理》的第二部分，奥古斯丁谈到幽灵的问题。他先肯定了死者的亡灵的真实性，提供了一些个人的例子。

　　民间有关于某些显现和异象的故事，似乎可以作为一个不可轻视的问题引入目前的讨论。故事说，死人有时会进入活人的梦境或者以其他方式向活人显现出来，这活人原本不知道他们的尸体是没有安葬的，于是死人就向他们指了一块地，告诫他们应当在那里给他们造座坟墓。如果我们回答说这类事全是虚假的，就会显得太不谨慎，与某些信主之人的说法相冲突，不相信那些向我们保证这样的事发生在他们身上的人的理智。但我们要说，这并不表明我们会认为死人因出现在梦里或诉说或指示或询问这些事就必然对这些事有意识。其实，活人有时也会出现在活人的睡梦里，而他们并不知道自己出现在别人的梦里。唯有事后别人告诉他们梦见了什么，说在梦里梦见他们做了什么事或说了什么话，他们自己则对此一无所知。一个人可能在梦里看见我告诉他某件发生的事，或者甚至预言某件将要发生的事，而我事实上对那件事全然不知，不仅对他的梦全然不知，而且根本不知道我入睡的时候他是否醒着，或者我清醒的时候他是否睡着，或者我们俩同时醒着或睡着，什么时候他做了看见我的梦。既然这样的事都是可能的，那么活人做梦，看见没有意识、对诸事毫无知觉的死人显现在梦里，并且告知人醒来后发现属实的一些事，这又有什么可稀奇呢？

112　　　对这类事，我会认为是天使的介入起了作用，不论这是来自上帝的许可或者命令，使死人虽然身体上已经完全没有意识，却在梦境里说到关于他们身体埋葬的事。

　　有时一些虚假的梦让人陷入严重错误，他们确实活该搞错。比如，有人在梦中看到埃涅阿斯在地狱所见的事情，就像是在虚构的诗歌作品里讲述的那样（《埃涅阿斯纪》六），一个未葬人的形象向他显现。这个人向他说一些话，就像诗人让帕里诺鲁斯说的话。他醒来之后，发现一切真如梦里所说的那样，在那个地方看见没有埋葬的尸体，想起那个人梦里告诉并请求他看到之后就把它埋葬这一切既是真的，他就会相信埋葬死者是为了让他们的灵魂进到所渴望的地方去，如他梦里所知的，人若是未得掩埋，阴间之法就禁止其灵魂进入这样的地方。然而，他若真相信这一切，岂非大大偏离了真道？

　　不过，这是人的弱点，当他在梦里看见死人，就会认为自己看到的是死者的灵魂。但是，当他以同样方式梦见一个活人，却坚信那不是灵魂，也不是身体，而是人的形象向他显现。就好像死人不可能以与活人相同的方式出现在梦里，并非以灵魂的形式，而是以一个再现其面貌的形象。

我可以保证下面的事情属实。在米兰时，我听说一位债主为了让人还债，用一位刚刚死去的欠债者签署的借据向欠债者的儿子讨债。然而这债务是一件清偿了的。但儿子不知道，他很悲伤，很吃惊父亲既然写了遗嘱，却在死去时完全没有告诉他这件事。

就在这种极端焦虑中，他在梦里看见父亲的形象向他显现，向他指出收藏收据的地方，这收据可以取消借据。他找到了收据，出示给债主看，不仅拒绝他欺骗的要求，而且拿回了在偿付时没有找零的钱。这是个事实，死者灵魂似乎同情他的儿子，在他睡眠时来帮助他，告诉他所不知的事情，把他从忧虑中解脱出来。

差不多在有人向我们讲述这件事的同一时期，当时我仍住在米兰，迦太基的修辞学教师尤罗基乌遇到一件事（他是我教授修辞学时的学生，他在信里谈到这一点），在我回到迦太基时他又亲口讲给我听。他正在讲西塞罗的修辞著作，他正准备第二天的课；他遇到了一个他不明白的晦涩的段落。他很烦恼，他好不容易才入睡。然而，我在他梦里出现，向他解释那些他不懂的句子。当然，那并不是我，而是我所不知的我的形象。我那时人在远方，在大海的另一岸，忙于另一件事情或者在做另一个梦，似乎不关心他的烦恼。

这两件事是如何发生的？我不知道。但是不论它们如何发生，为何我们不相信死者在我们梦里是作为一个形象出现的，就像出现在梦里的活人一样？谁看到他们，哪里，什么时间？大家彼此都不知道，也并不关心。

在谈到人们在谵狂或昏沉中可能见到的异象之后，奥古斯丁得出结论，建议不要探究这些神秘之事：

> 但是万一他引用圣经里的话回答我："比你高的事，不可探求；比你强的事，不可揣测；你日思夜想的事，主已经吩咐你"（《西拉书》三：22），我会充满感激地接纳。当面对我们无法理解的一些不明了的和不确定的事情，如果我们想要获知一些有用的东西，至少明白不应去探究它们，无视它们并非有害之事。这难道不是极大的益处吗？

这篇论文的整体结论重述了祈祷对死者的用处，限制条件是只有那些配得上拯救的人才从中受益。但是，在上帝给予的命运的不确定中，做得多要好过不足。这再次肯定了我们后来在炼狱概念上看到的辅助死者的三部曲：弥撒、祈祷、施舍。

114

> 问题大体上解决了，让我们坚信我们照料的死者只从祭坛祭礼中为他们所做的庄严祈祷中、从我们的祷告中和我们的施舍中受益。让我们仍然有所保留，这些大祈祷并非对所有人有用，而仅仅对那些在此生中配得上享有的人有用。但是，鉴于我们无法区别那些获得这德行的人，我们必须为所有将再生的人求告，目的是不遗漏任何一个可能并且应当得此恩惠者。实际上，宁愿我们的善事徒劳付与那些法事对他们既无用也无害的人，我们也不愿错过那些能够从中受益者。每个人仍旧要投入更多热情来给亲人做祈祷，期望亲人们也

会为你这样做。

　　我长篇引用了这些奇特的文本，因为后来的炼狱将给予鬼魂重要位置：炼狱是它们的监牢，但它们可以获准出去向那些提供襄助却缺乏热情的生者短暂显现。重要的是，在这一点上，奥古斯丁将可能被当作权威来援引。实际上，这位基督教的知识人时刻准备着揭露这些民间的迷信，但他在这一点上却与大众共同心态一致。另一方面，我们看到他面对梦境与灵视的诠释手足无措。基督教义摧毁了古代高深的梦占法，压制或者拒绝民间的占卜实践。梦的道路被堵塞，噩梦将会产生。中世纪的人们要用很长时间才重拾这个梦想世界[①]。

炼罪之火与奥古斯丁的末世论

　　另一方面，即便奥古斯丁没有明确把它们联系起来，不应该将他的炼罪之火的概念与他的整体末日论教理割裂开来，特别是他对于千年至福说的态度[②]。

　　千年至福说是某些基督徒的信仰，传承自犹太教，相信在世

---

　　①　在《中世纪西方文化与集体心理中的梦》中（"Les rêves dans la culture et la psychologie collective de l'Occident médiéval" 载 *Scolies*，I，1971，第 123—130 页）我草草描画了关于中世纪西方梦与释梦研究的脉络。重新收入《试谈另一个中世纪》，第 299—306 页。

　　②　关于千年至福说，见巴迪的注解。见圣奥古斯丁《天主之城》19—22，《奥古斯丁文库》，卷 37，巴黎，1960，第 768—771 页，和勒高夫的 "Millénarisme"（千年至福说）词条，载 *Encyclopaedia Universalis*，卷 11，1971，第 30—32 页。

界末日的第一个阶段，地上降临一千年的幸福与安宁的时期，即
非常长的时期，Millenium（千禧）。相信千年至福的基督徒在希腊
115　人中尤其众多，chiliasme（千禧说）这个词由此而来——来自希腊
文 χιλία，意思为"千"——这教理便以此得名，主要依据圣约翰
《启示录》中一个段落。某些反对千年至福说的基督徒曾经徒劳地
将这一段排除在《圣经》正典之外：

> 我又看见一些宝座，有些人在上面坐着，赐给了他们审
> 判的权柄，他们就是那些为给耶稣作证，并为了天主的话被
> 斩首之人的灵魂；还有那些没有朝拜那兽，也没有朝拜兽像，
> 并在自己的额上或手上也没有接受它印号的人，都活了过来，
> 同基督一起为王一千年。这是第一次复活。其余的死者没有
> 活过来，直到那一千年满了。于第一次复活有份的人是有福
> 的，是圣洁的。第二次的死亡对这些人无能为力；他们将作
> 为天主和基督的司祭，并同他一起为王一千年。
>
> （《启示录》二十：4—6）

千年至福说在基督徒中的流行似乎在 2 世纪达到顶峰，然后
式微。但这信仰并未消失，在中世纪有过或强或弱、或长或短的
爆发，其中最主要的大概是 13 世纪于 1202 年去世的卡拉布里亚
的菲奥雷的约阿希姆（Joachim de Fiore）修道院长的千年至福思
想中得到的反响。

奥古斯丁用《天主之城》第二十卷来谈论末世、末日。在这
部分，他激烈批判了千年至福说，而他首先承认了自己在年轻时

曾经是相信千年至福说的。他说，Millenium（千禧）以耶稣降生
开始，接着是受洗，洗礼代表人类的第一次复生，即灵魂的复生。
相信未来的千禧，这其实是与那些当弥赛亚（救世主）已经降临
却仍一直等待弥赛亚的犹太人犯了相同的错误。而且，奥古斯丁
解释了其中寓意。千是个完全数，是 10 的平方倍数，它意味着时
间的圆满。另一方面，奥古斯丁缩小了《启示录》所宣告的一个
时期，即敌基督的来临，这个恶魔般的人物应当在千禧开始前统
治大地，那时被锁千年的撒旦将得释放。奥古斯丁断言，敌基督
的统治将很短暂，即便在这个阶段里，基督和教会——教会不会
消失——并不会放弃人类。对未来最后审判之前的义人们的第一
次复活的否定，与对炼罪之火的肯定相互衔接，在死亡到复活之间　116
的时段某些死者将经过炼罪之火，而在这个中间时期并没有其他末
世事件发生。相反，圣安波罗修依据奥利振的看法（奥利振曾经严
厉谴责千年说，但他按照复兴论的理论预言灵魂有一些净化阶段），
曾肯定说未来存在几种复活，他假定炼罪之火主要是在第一次复活
和第二次复活之间进行（《〈诗篇〉一的讲道》，注解 54）。[①]

　　由此，从奥古斯丁开始，我们发现千年至福说与炼狱的一种
不兼容性。后来的炼狱的建构甚至可能是教会对于千年至福说爆

---

　　① 安波罗修的文本见《罗马教会圣师全集》（*Patrologie Latine*），t. 14, 950—
951 栏。"Et ideo quoniam et Savaltor duo genera resurrectionis posuit, et Joannes in
Apocalypsi dixit: Beatus qui habet partem in prima resurrectione（*Apocalyse*, XX，6）isti
enim sine judicio veniunt ad gratiam, qui autem non veniunt ad primam resurrectionem, sed
ad secundam reservantur, isti urentur, donec impleant tempora inter primam et secundam
resurrectionem, aut si non implverint, diutius in supplicio permanebunt. Ideo ergo rogemus
ut in prima resurrectione partem habere mereamur."

发的回应。但大家可能有疑问，是否千年说在奥古斯丁思想中的
影响，一种残余影响，导致了他对于炼罪之火的思想的不明确处。
如同我们在《天主之城》第二十一卷第 26 章的文本中所见，奥古
斯丁提及敌基督的时代，他预言炼罪之火的实施会有再次爆发。
他对已存的千禧说和现世磨难是炼罪考验之始的观念让他无法设
想一个专门用来进行炼罪之火考验的地方。我认为约瑟夫·恩特
迪卡很好地定义了奥古斯丁对于未来炼狱教理的贡献，他写道：
"后世将要记取并且发展的，主要是奥古斯丁思想中的两个发端，
即将净化之火的有效性限定给轻罪者的倾向，以及将这火转移到
死亡与复活之间的时期"（第 68 页）。

　　这的确是奥古斯丁的两大贡献。一方面，从三重视角对炼罪
之火进行非常严格的定义。它作用于少数罪人，它是让人痛苦的，
类似暂时的地狱（奥古斯丁是对"炼狱的地狱化"负有主要责任
的）。这火施加的苦痛超过任何现世的痛苦。另一方面，是对炼狱
时间的定义：在个体死亡和最后全体审判之间的时期。但是，奥
117 古斯丁留下炼狱系统的两个主要元素未得阐明。首先，不仅要定
义罪人（既非全善也非全恶），而且要定义导致进入炼狱的罪行。
在奥古斯丁的思想中，不存在关于"轻罪"的教理。再者，他定
义了反对千年说和宽大论的"时间"。但他没有定义"地点"和
"具体内容"，因为他必须因此或多或少采用一些民间的信仰——
那正是由他所拒绝的启示录和伪经的传统承载着的。对于这位贵
族知识分子，他认为"民间"的等同于"庸俗"的、"物质论"
的，是让他厌恶的。当第二次里昂主教会议（1274 年）、佛罗伦
萨主教会议（1438 年）和特伦托主教会议（1563 年）的教会圣师

们将炼狱建制的时候，他们同样倾向于将对于炼狱的想象维持在教理之外，在信仰的真理之外——维持于一种明显的怀疑气氛中，至少特伦托主教会议的与会者是这样的。

尽管其不确定与保留，奥古斯丁接受了**炼罪之火**：这也是他对于炼狱先前史的一个重要贡献，因为仰仗奥古斯丁的权威，直到 12 世纪末，这**炼罪之火**一直是先于炼狱的事实，它将仍旧是炼狱这个新处所的一个主要元素。这是因为在 1150—1250 年之间，对于民间信仰和意象的不信任感在一定程度上消退了，炼狱因此得以作为一个地点诞生。从否定意义上和肯定意义上，奥古斯丁的立场对于整个炼狱历史都非常能说明问题。[①]

在教理上，基督教神学开始变得坚定起来：对于某些人，死后有赎罪的可能。对于赎罪时间，反千禧说的斗争方便了将这期限加以个体化，其两级是个体死亡和全体审判。至于实施，教会机构在整体上是谨慎的：不应该将彼岸的道路开得太宽，这有可能把地狱清空。但教会对于将炼狱处境物质化尤其感到忧虑。如果寻求精确定位这种净化的地点，非常具体地表现净化的考验是什么，这就走上了危险的方向。当然，既然保罗谈到这火或者某种与火类似的途径（*quasi per ignem*），人们可以使用这一意象，因为这火多多少少可能是非物质的，或许可以将它归结为一种隐喻。但是，对马勒伯朗士称作"闭门造车的女疯子"——空想——的意象做出更多让步，那便有可能受制于魔鬼及其幻象，受害于

118

---

① 《忏悔录》《论信望爱》《天主之城》和《论对死者的料理》的译本分别从《奥古斯丁文库》中各卷抽出。我只是简单修改了一些我觉得翻译不准确的词：比如 ignis purgatorius 用炼罪，而非净化；poenae temporiae 用暂时，而不用现世。

异教徒、犹太教、异端尤其是"民间"想象。奥古斯丁提出并留给中世纪的正是这种确信与疑虑的混合。

人们曾将炼狱的先前史的重要里程碑归功于阿尔的凯撒里（Césaire d'Arles，542 年去世）。皮埃尔·热纠正对这位阿尔主教的两个布道文的这错误诠释，将它们恰如其分地纳入炼狱卷宗合适的位置。[①]

伪炼狱之父：阿尔的凯撒里

阿尔的凯撒里在两个布道文中谈到炼罪之火（*ignis purgatorius*），布道文 167 和 179。[②] 对于最重要的第 179 布道文，下面是 A. 米歇尔在《天主教神学词典》中所做的部分翻译。这是对圣保罗《哥林多前书》三：10—15 的一段注疏：

> 对保罗这段文字理解错误的人会被一种虚假的安全欺骗。他们认为，有基督的根基却犯下大罪时，这些罪能够通过那火（*per ignem transitorium*）被净化，因此他们可以随后达成永生。弟兄们，纠正这种理解方式：为这样的出路沾沾自喜，这是大错特错了。对这火使徒保罗说：他自己也将得救，却

---

① P. 热：《阿尔的圣凯撒里的预言中的炼狱》（P. Jay: "Le Purgatoire dans la prédication de saint Césaire d'Arles"），载《古代与中世纪神学研究》（*Recherches de théologie ancienne et médiévale*），24（1957），第 5—14 页。

② 阿尔的凯撒里《布道文》（Césaire d'Arles: *Sermones*），G. Morin/C. Lambot 校勘，辑入《基督教汇编》（*Corpus Christianorum*），蒂伦豪特，1953，卷 104，第 682—687 页和第 723—729 页。

像是经过火，在这途径之火（*transitorio igne*）中，将得到净 119
化的并非大罪，而是小罪……。虽然这些罪，按照我们的信
仰，并不杀伤灵魂，但它们改变其面目……让灵魂经历极端
困窘才到天主身边去……。我们救赎它们是通过不断的祈祷
和经常的斋戒……不能被我们救赎的罪必将被这火净化，使
徒说这火，每个人的工程都由这火显明，因此每个人都要经
这火试炼，《哥林多前书》三：13……因此，在我们活在现世
时，让我们折辱自己……这些罪因此在现世赎偿，以至于在
彼世，炼狱之火或者无可烧，或者在我们身上只找到很少东
西可焚尽。但是，如果在苦难中我们不感激上帝，如果我们
不用德业来弥补过失，那么我们将必须留在炼狱之火里，直
到我们的那些小罪像草木、禾秸那样焚尽所要求的时间。

任何人都不要说：如果我之后将到达永生，那待在炼狱之
火里也没关系！啊！不要这样说，亲爱的弟兄们，因为炼狱之
火将比我们在现世能够设想、承受和感觉的任何刑罚都苦……

但是，凯撒里的拉丁文原始文本说的完全是另一回事。米歇
尔翻译成炼狱之火的地方，是 *ignis purgatorius*，炼罪之火，他说
叫炼狱的地方，文中什么都没有。①

---

① "non pertinet ad me quamdiu moras habeam, si tamen ad vitam aeternam
perrexero"：无所谓等待多久，如果我之后要达永生。这个文本没有说在哪里等，但
是按照前面的句子，显然这是炼罪之火（in illo purgatorio igne）。皮埃尔·热正确地
指出，托马斯·阿奎那同样转述了圣奥古斯丁对《诗篇》三十七的注疏，他写作 ille
ignis purgatorii（这炼狱之火），但那是在 13 世纪！

实际上，凯撒里转述了在他之前的教会教父们所写的内容，特别是圣奥古斯丁的思想。相对于圣奥古斯丁，他甚至有所回退，因为对他来说炼罪之火仅仅是审判试炼之火。不涉及死亡到复活之间的阶段。如同皮埃尔·热正确指出的："所以，我们不要过度推崇神学中不断进步的认识。但是，凯撒里始终在炼狱的先前史中占有自己的一席之地，因为这些被错误诠释的文本同其他的文本一样具有历史价值。然而，凯撒里的文本尤其吸引了中世纪教士们的关注，因为它们被当成奥古斯丁的文本了：'奥古斯丁的权威'，阿尔主教的这些表述穿越了世纪，在后来的某一天，被一些关注一些完全不同的问题的神学家系统地加以利用。人们将从中寻找对炼狱地点、时限的答案。"

确切地说，与真正的奥古斯丁的文本相比，凯撒里在两点上做出了肯定，甚至对其中一点加以明确。在其对《诗篇》三十七的注疏中，奥古斯丁说"炼罪之火将要比一个人在现世所能承受的一切苦都要可怕"。我们看到，凯撒里重复了这种观点，这有助于提供给中世纪的人们一种炼狱之火的可怖意象。奥古斯丁区分出一些他称作 *crimina* 的通常会导致下地狱的非常严重的罪行，和一些无关痛痒的不必挂心的轻罪。凯撒里采用了这种划分，并且加以明确。他将前者称作 crimina capitalia（大罪、首罪）：这是七宗死罪的渊源，大格列高列将巩固这一教理。相反，他继续将那些小罪称为 *parva*（小），*quotidiana*（平常），*minuta*（微小），但是他指定这些罪是人们在炼罪之火中偿赎的，这是奥古斯丁从未给出的明确解释。

最后，随着凯撒里，人们谈论死者与彼岸世界的氛围改变了。

在凯撒里的讲道中，最后审判是一个他偏爱的主体，他更愿意对
地狱有所发挥，而非复活和天堂。他自己在一则讲道中承认他的
听众们指责他不停地谈论一些严酷（*tam dura*）的主题。他比奥
古斯丁更关注让信众相信永恒之火的现实和暂时之火的严酷。有
人写到，他执著于"他的信众被拉到永恒的判官面前的意象"。他
的关注主要是牧道。他想提供给信众一些朴素想法，一些秘方，
一种简单的教育。正因为此，他列举了奥古斯丁未曾举出的那些
"大"罪和"微"罪。用社会与宗教的蛮族化来解释这种态度是比
较合理的。这个现象标志着时代进入了真正意义的中世纪，但是，
这个现象要比人们所想的复杂得多。

　　首先，不能将文化和精神水平降低的"责任"仅仅归咎于
"蛮族"。罗马帝国内部的农村大众、"蛮族"加入基督教，这个 121
现象至少同来自帝国外部的入侵与移民者的定居同等重要。"蛮族
化"的一个侧面是民主化。这里，事情又复杂化了。教会的首领
宣扬一种平等宗教，想要迁就信众，努力走向"民众"。但是，就
教会大多数人而言，他们是城市里的贵族；他们充满了自己阶级
的偏见，紧紧地跟自身在俗世的利益联系在一起。对乡下人的蔑
视和对异教的仇恨，他们对那些被草草称作迷信的外邦文化行为
的不理解，这些导致他们去宣扬一种恐惧的宗教。这种宗教更多
转向地狱，而非转向那些减轻刑罚的进程。教会教父们，特别是
奥古斯丁，他们不引人注目地点燃了炼罪之火，这火将潜伏很长
时间，却未能在这个不安全的世界里燎原，这是个原始争斗的世
界，这些争斗是由更强的审判之火照亮的，这审判之火多多少少
被人同地狱之火的凄惨之光混同起来。

在俗世中炼罪的故事：大格列高列，
最后一位炼狱之父

在末日论的视角下，在充满戏剧性的俗世背景下，受着牧道热情的驱动，一位教宗将重新燃起炼罪之火。在亚利山大的克莱孟和奥利振之后，在奥古斯丁之后，炼狱的最好一位奠基者是大格列高列 *。①

格列高列属于一个罗马贵族大家族。在他"皈依"之前和之后，在他在罗马西里欧山上自家别墅里创建的（城市）修道院中穿上修道服的前后，他担任着一些很高的职位。比如他是罗马的城市行政官，在那个受制于拜占庭、哥特人、伦巴第人且鼠疫肆虐的意大利，他负责物资供应；然后他当了教宗代表（apocrisiaire），即教皇派驻君士坦丁堡的大使。590 年，在戏剧性的情境下，他被召唤坐上圣彼得教宗的宝座：台伯河发了可怕的洪水，让城市处于令人焦虑的奇观异境中；尤其是一次可怕的鼠疫流行（是这种传染病的一次大发作，是被称为查士丁尼瘟疫的黑死病的第一次爆发，半个世纪以来这种病肆虐中东、拜占庭帝国、北非、地中海地区的欧洲部分），使人口减少十分之一。因职位、个性及历史际遇不同，格列高列超越凯撒里，成为一位末世论宣道者。他坚信世界末日临近，热情地投入一项拯救基督教子民的伟大事业，他认为这是他应该很快就到上帝面前去汇报

122

---

* 译名有额我略、格里高利、格列高列等。

的。对于帝国内的基督徒，他增加了救世教育，注疏圣经特别是先知书，通过对《约伯记》的冥想来支持僧侣，用一个牧道手册来教导俗间神职人员，号召世俗人通过瞻礼的训导（他是一位巡礼与仪式的伟大组织者）和道德教育走向得救。对于帝国外的子民，他派遣一些传道士：英伦的人回到了异教中，他派遣一个传教团到坎特伯雷，开始了基督教对英伦的光复。对意大利人，他提供了一套圣徒传记，在意大利的教父们中间，他突出一位刚刚去世的僧侣，即卡西诺山的本笃，他使本笃成为基督教社会最重要的圣徒之一。在这些有待拯救的基督徒中间，为何不会有些无可挽回的死者呢？格列高列的末世论的热情将实施于死亡之外的世界。[①]

大格列高列对炼狱教理的贡献是三重的。在《约伯记道德论》（*Moralia in Job*）中，他对彼岸世界的地理做出了一些明确。在《对话集》（*Dialogi*）中，在带来几个教理的明示之后，他特别讲述了一些小故事，展现死者在最后审判前正在赎罪的情景。最后，哥特人国王狄奥多里克被送进地狱的故事，虽然与"炼罪"的地点无关，但在后来却被认为是关于炼狱地理位置的案卷的一份古老文件。

在《约伯记道德论》（十二：13）中，格列高列评注了《约伯记》（十四：13）的诗句 "Quis mihi tribuat ut in inferno protegasme?"

---

① 关于大格列高列，见达让《圣格列高列：文化与基督教经验》（C. Dagens: *Saint Grégoire le Grand. Culture et expérience chrétienne*, 巴黎，1977），第三部分"末世论"，第 345—429 页。关于格列高列的末世论，另见希尔《格列高列的末世论》（N. Hill: *Die Eschatologie Gregors des Grassen*, 弗莱堡，1942）。曼塞利：《大格列高列的末世论》（R. Manselli: "L'eschatologia di S. Gregorio Magno"），载《宗教史研究》（*Ricerche di storia religiosa*），I，1954，第 72—83 页。

（耶路撒冷圣经学会翻译为"哦，唯愿你蔽护我于阴间"，因为这里涉及的是犹太人的地狱）。格列高列尝试解决如下问题：在耶稣降临前，所有人都下地狱是正常的，因为要等到耶稣来到才打开通往天堂的路，但是义人们应该不是堕入了受折磨的那部分地狱。实际上，地狱中存在两个区域，高处的区域供义人安息，低处的区域用来折磨不义人。

123

　　"谁为我得恩宠，让你庇护我于地狱？"在上帝与人类之间的中保者来临之前，所有人，不论此世多么纯洁多么可靠，都下到地狱的牢笼，这是毫无疑问的，因为人类是因为自己而堕落，若非那人经由道成肉身的神秘来为我们开辟通往天堂的道路，不能重回天堂的安宁。这就是为何根据《圣经》里的话，在人类第一次犯罪后，一把闪耀的利剑被安置在天堂门口；这利剑也是旋转的，因为某一天来临之时，它可以远离我们。但我们不愿因此而说义人们的灵魂下到地狱里，被留在受刑的平野。在地狱中存在上层，还有下层，这是我们所信的；上层是许给义人安息的，下层用来折磨不义人。这诗篇作者的话语由此而来，当上帝的恩宠来在他面前："你已将我灵魂拔出下层地狱。"因此，约伯明白在中保者降临之前，他将入地狱，真福的约伯渴望在那里找到造物主的庇护，为的是离开苦刑之地，去一个处在安息之路上的地方，可免见苦刑①。

　　　　————————————

　　①　大格列高列：《约伯记道德论》（*Moralia in Job*），A. Bocognano 校勘，巴黎，《基督教史料》（*Sources chrétiennes*），1974，第 167 页。

稍后之处（《约伯记道德论》十三：53），在谈到《约伯记》另一个诗句（十七：16）："In profundissimum infernum descendent omnia mea"（我的这一切都降入地狱深处）时，格列高列重新谈到并深化了这个问题。

"我的这一切都降入地狱深处。"确实义人们被留在地狱，不是在苦刑之地，而是在安息的上层的庇护所：关于约伯所说的"我的一切都降入深深的地狱"，我们因而面临一个重要问题。因为，如果在上帝与人类的中保者降临前，约伯必须下地狱，但显然他不应下到地狱深处。难道他正是将地狱上层命名为地狱深处？因为，我们知道，从天穹的角度看，我们大气的区域可能应该叫作地狱。从那里，那些背神的天使从天上的居所被推下这个阴暗的气层，使徒彼得说："他没有赦免那些犯罪的天使；他用地狱锁链将他们锁走，交给地狱，留他们给审判之刑。"所以，如果从天顶看，这样的阴暗的气圈就是地狱，从这气圈的高处看也一样，大地相对于它是低下的区域，可以被称作深深的地狱；但是从大地的高处看也一样，地狱的区域则处在其他地狱处所上层，它大可以接受地狱深处之名，因为就像空气之于天空，就像大地之于空气，就像地狱上层对于大地①。

格雷高利是注重具体细节的人，他关注彼岸世界的地理分布。

---

① 大格列高列：《约伯记道德论》，《基督教史料》，1974，第315—317页。

他所谈到的上层地狱，是教父们所说的灵簿狱，但是在 13 世纪，当炼狱已经存在的时候，人们为它找寻依据，《旧约》谈到地狱深处的那些文本将借助大格列高列的注疏得到诠释。

在《对话集》第四卷中，大格列高列讲授一些基督教的根本真理，特别是灵魂的永恒、彼岸世界的命运、圣体仪式，他借助一些趣事——他称为 exempla（例子），是 13 世纪那些传播炼狱信仰的 exempla（讲道示例故事）的前身。某些死者在死后的命运是通过分散在两章的三个故事来谈到的。这些故事是对两个教理问题的回答，一个是关于炼罪之火，另一个是关于祈祷对死者的有效性。

作为格列高列的配角的对话者，副祭彼得首先问他："我想知道是否在死后存在一种炼罪之火？"[1]格列高列首先用教理陈述来
125 回答，依据《圣经》的文本，[2]其中最重要的是保罗《哥林多前书》中关于人类德业的不同材料的命运的段落。最先援引的材料似乎证明人类在最后审判的时刻会恢复他们临死时的状态。但是，保罗的文本似乎意思是"对于某些轻罪，有一种审判之前的炼罪之火"。为这些"轻微罪"，格列高列提供了一些例子：不断饶舌、不节制地笑、恋慕私物，如果在此生中没有从中解脱，所有施行

---

① "Discere vellim, si post mortem purgatories ignis esse credendus est." 本书我使用 U Moricca 的校勘本。大格列高列：《对话集》（*Dialogi*），罗马，1924，我翻译了所引用文字。那之后出版了 A. de Vogüé/P. Antin 的出色的校勘与翻译本的第三卷，巴黎，Cerf 出版社，"基督教汇编"丛书，1980。此处评述的段落（Ⅳ, 41）见 146—151 页。帕斯卡索的故事（Ⅳ, 42）见同册 150—155 页。

② 《约翰福音》十二：55，《以赛亚书》四十九：8，保罗《哥林多后书》六：2，《西拉书》九：10，《诗篇》一一七：1，《马太福音》十二：32。

者有意或无知犯下的罪过，不管有多么轻微，在死后都作用于他们。[①] 至于圣保罗想说什么，如果用铁、铜或铅来建筑，即犯下"大的即更加严酷的罪"，这些罪不能消于火，相反那些用草木、禾秸来建筑的，即犯下"微小的罪"。但是人只有在此世通过行善而获得资格时才可以在死后通过火来消灭微小罪过。

格列高列的观念仍旧是奥古斯丁的，但他强调"轻的，小的，微不足道的"罪，他对之加以明确，将火的作用明确定在死后，不像奥古斯丁那样倾向将此世的磨难也包含在赎罪之内。

新颖之处尤其来自于借助趣事来做说明。"我还年纪很轻的时候，还是个世俗人，我听年长而且受人信任的人讲述一个故事。"帕斯卡索是教廷的六品神职，他留有关于圣灵的一部出色作品，他是个过着圣徒般生活的人，不关注自己。但是在教会分立时期，从 498 年起十年里存在两位教皇，西玛克和劳伦蒂乌斯，帕斯卡索固执地支持"伪"教皇劳伦蒂乌斯。在帕斯卡索死亡时，一个三品教士触摸了放在棺材上的他的祭披，他立刻得救了。在他死后很长时间，卡普阿主教日尔曼（大概 516—541 年）去阿布鲁佐地区奥古鲁姆（靠近现今的圣安杰罗城）一个温泉疗养。他很吃惊地看到帕斯卡索在浴池服务人员里面。主教问他在这里做什么。帕斯卡索回答："我被送到这个惩罚地（*in hoc poenali loco*）的唯

126

[①] "sed tamen de quibusdam levis culpis esse ante judicium purgatories ignis credendus est"，"hoc de parvis minimisque peccatis fieri posse credendum est, sicut est assiduous otiosus sermo, immoderate risus, vel peccatum curae rei familiaris." 在这一章结尾，格列高列谈到未来炼罪的火（de igne futurae purgationis），谈到可能通过火得救（per ignem posse salvari），并重新谈到轻微的容易用火烧去的罪（peccata minima atque levissima quae ignis facile consumat）(《对话集》四: 41)。

一原因就是支持劳伦蒂乌斯而反对西玛克，但我请你替我请求我主，如果你回来找不到我，那你就知道你的请求得到了满足。"日尔曼做了热切的祷告，几天后他回来，在那里找不到帕斯卡索。格列高列补充说，之所以帕斯卡索能够在死后洗清罪过，首先是因为他出于无知而犯过，再者是因为他生前乐于施舍使他有资格得到宽恕。

彼得向格列高列提出的第二个教理问题是关于为死者祈祷：

彼得：怎样来帮助死者的灵魂？

格列高列：如果过错是死后可以抹除的，圣体祭礼通常对灵魂很有帮助，即便是在死后，我们看到死者的灵魂有时要求人们做这些。

下面是费利克斯主教向我保证他所知的一个两年前死去的神父的事情，他有圣洁的一生。他住在奇维塔韦基亚教区，主管陶里拉的圣约翰教堂。每次需要洗澡的时候，他会到一个很多蒸汽从温泉里冒出的地方去清洗，很仔细地进行清理，这是经常的事情。一天神父又来洗澡的时候说："我不应该对那个如此认真为我洗澡的人不知感激；我必须给他带件礼物。"他带来两个圣体饼。他一到达，就找到那个平常为他服务的人。神父洗澡，然后穿戴起来，要走的时候，作为祝福，他将带来的东西送给那个为他服务的人，请他接受出于感激所送的东西。但是那人悲伤地回答："神父大人，为何你给我这个？这祭品面包是神圣的，而我不能吃。如你所见，我过去是这里的主人，但因为我的罪过，我死后被遣在此。如果你愿意帮助我，将这面包献给全能的主，为我的罪过说情。等你发现我不在这里了，那你就知道你的祈祷得到了满足。"

127

说了这些话，他消失了，由此显示出他实际是人形的灵。整整一星期，神父为这个人流下许多泪，每天奉上圣体饼。然后他回到浴室，找不到那人了。这是圣体祭礼对灵魂的用处的证明。[1] 即死者的灵自己向活人要求，指出通过什么迹象了解他们得到了宽恕。

在这则故事之上，格列高列又加上一则新的。这个故事三年前发生在他自己的修道院。那里有一个修士叫茹斯图斯，精于医术。茹斯图斯病倒了，无药可救，他亲弟弟科皮奥索斯帮助他，他也是位医生。茹斯图斯告诉弟弟他藏了三个金币，科皮奥索斯只好告诉了修士们。

他们找到藏在药品中的三个金币。他们向格列高列汇报，格列高列很生气，因为修道院的戒律规定修士的一切都共有。格列高列很烦乱，想知道能做点什么，既能"洗清"这个垂死的人，又能教育修士们。如果垂死者叫他们去身边，他禁止修士们回应他的呼唤，并且告诉科皮奥索斯对他哥哥讲修士们知道了他的作为都讨厌他，目的是让他在死的时候悔过。在他后来死去的时候，他的尸体将不被埋在修士们的墓地，而是扔进一个粪坑，修士们必须向他尸体扔三个金币同时喊："让你的钱去同你一起堕地狱。"一切都进行得同预料一样。修士们害怕了，避免任何可遭责难的行为。茹斯图斯死后三十日，格列高列开始悲伤地想到这位死去的修士要忍受的折磨，他下令此后三十天里每日为他举行一次弥撒。三十天后，死者在夜里向他的弟弟显现，告诉他直到此前他

① 大格列高列：《对话集》，四，57，1—7，Vogüé-Antin 校勘本，t. Ⅲ，第184—189页。

128　都在受苦，但他刚刚被接纳到（受选者的）信众中间。显然，多亏圣体祭礼，死者脱离了折磨。①

　　在其传道热情下，大格列高列明白了信众集体心理的两个要求：必须有真凭实据，有值得信任的证人，需要对炼罪的刑罚的处所作出指示。

　　在第一点上，格列高列的故事尤为重要，因为它们是 13 世纪教会用来传播最终存在并得到定义的炼狱信仰的那些小故事的原型。这些故事包含着控制历史真实性的可能：指定一个值得信赖的信息来源，对时间和地点做出明确。再者，这些故事包含一个图式，可以在两个层面将约定俗成的东西串起来：具有叙事的诱惑力的故事的吸引，一个情节，一些引人的细节，一个"悬念"，一个惊人的结局；可实际感受的超自然的明证：异象与对生者的有效的行为结果的验证。这一切都复现于真正的炼狱信仰之中，包括为使死者摆脱炼狱考验，生者与死者之间关系属于什么性质才起作用。受到死者恳求的有效的生者应该是需要洗清罪的死者的亲近者，通过血缘关系或者灵性的联系。最后，为死者祈祷襄助的三部曲在这些故事中得到肯定：祈祷、施舍以及最重要的圣体仪式。

　　格列高利的第二个新颖之处是他在三个故事的两个中将死者赎罪的地点定在现世。这确实是令人吃惊的地方。是在温泉里。借助神来之笔，格列高列指定一个特别恰当的地点：这位罗马贵族选择了一个残存的最具罗马文明本质性的建筑，绝佳的古代文

_____

　　① 大格列高列：《对话录》四：57，8，17 Vogüé-Antin 校勘本，第 188—195 页。这段故事不涉及火。

明的清洁卫生与社交的场所。再者，这位基督教教宗选择了这个
地点，这里的浴室冷热水交替的洗浴对应着炼罪地点的结构，从
基督教所传承的那些最古老的宗教开始便是如此。最后，在超现
实与日常的混合中，浴室的杂役是鬼魂，而温泉的蒸汽是彼岸世
界的挥发物，一种重要的富于想象的气质秉性从而显现出来。

　　矛盾的是，大格列高列对炼狱诞生的最大贡献也是在新的信 129
仰中被牺牲掉的部分。格列高列肯定如下认识，即炼罪可以在此
世来承受，在那些犯过错的地点，那里也成为惩罚的地点：人们
在自己犯罪的地方受到惩罚，就像温泉的主人回到这个地点并非
是因为犯罪，而是因为他的罪过而使那里变成了一个"受刑场所"
（ *in hoc loco poenali* ）。格列高列的权威性后来并未让俗世炼狱的想
法在"真正"炼狱诞生后被人援引，而是被看作一种不可信的假
设，类似于过去时代的趣闻。托马斯·阿奎那和瓦拉泽的雅各布
（ Jacopo da Varazze ）* 在《黄金传奇》** 中仍然提到这种看法。但是，
13 世纪时，炼狱已经定型，炼罪不在地上日常地点的位置进行，
而是在一个专门场所，一个彼岸世界的区域里。至于炼狱中的死
者，他们只有在某几个时刻里才被允许回来哀求生者帮助。在此
时有所活动是严格禁止的。炼狱将变成一个囚禁鬼魂的地方。

　　作为炼狱的最后一位奠基者，格列高列却仅给予这一信仰非
常次要的关注。对于他而言，主要的是在最后审判日仅仅留下两
类人：上帝选中的和弃绝的。每个类别都分别将以两种可能的方

---

　　*　 即弗拉津的雅各布斯（ Jacobus de Voragine ）。

　　**　《圣传金库》，即圣徒全传。

式，直接或间接地，在整体复活时的审判之后接近自己的永恒的命运。"一些受到审判而灭亡，另一些不受审判但却（同样而且立刻）灭亡。一些受到审判而与主一同为王，另一些不受审判而（同样而且立刻）与主一同为王。"

在另一章，《对话集》四：37中，大格列高列不再描述地上的炼狱，而是描述彼岸世界的炼狱。某个史蒂法努斯（法文 Etienne）意外死于君士坦丁堡，在等待涂香料处理时，他的尸体一夜没有坟墓覆盖，他的灵魂被带到地狱，在那里参观了很多地方，但是当他被带到撒旦面前，撒旦说他们搞错了死者。他等的是另一个史蒂法努斯，是铁匠。第一位史蒂法努斯回返人世，而铁匠死去。史蒂法努斯在590年的鼠疫中死去。一位受伤的士兵死去了片刻，随后复活，他也在短暂瞬间访问过地狱，他对那里做了详尽描述，被汇报给格列高列。他看到"一个桥下流淌着一条黑色而阴暗的河，散发出无法忍受的气味的烟雾"；当人跨过桥，便看见一些诱人的草地、鲜花、在芬芳中漫步的白衣人、充满光明的屋舍，有些是用黄金建造的。在河岸边有些居所，一些紧邻恶臭的云，另一些则不受恶臭影响。这桥是个考验：如果一个不义者想要跨越，他会堕入黑暗恶臭之河，但义人们却无障碍地跨越它，到达惬意的地方。史蒂法努斯同样讲到这桥，他说当他想过去的时候，他的脚滑了一下，他半身悬空。一些恐怖的黑色人从河里冒出来，拉着他的腿往下拽，而上方有些非常美的白色人拽他的胳膊向上拉。在这场搏斗中，他时常就陷入肉体的诱惑，但另一方面却在做慷慨的施舍；淫欲拉他向下，善行拉他向上。之后，他彻底地改过了自己的人生。

案卷的最后一个文件（或者说几乎是最后一个，我们后文会看到），格列高列在《对话录》四：31 中转述一个关于地狱的故事，但这个故事后来在炼狱历史中将起到作用。他转述了某个朱利安讲给他听的内容，此人是罗马教会的仁慈"捍卫者"，七年前死去。在狄奥多里克国王（死于 526 年）的时代，朱利安的一个亲戚去西西里收税，回程在利帕里岛岸边遇到船难，他去请求住在那里的一位名气很大的隐修士为自己祈祷。隐修士对船难者说："你知道狄奥多里克国王死了吗？"对方不信，他进一步明确说："昨天，在第九时，他穿着衬衣，赤着足，手被绑着，在教皇约翰与贵族西玛克之间，他被带到武尔卡诺岛，被扔进火山口。"回到意大利之后，朱利安的这位亲戚得知狄奥多里克死亡，因为他不义地处死了约翰教皇和贵族西玛克，他认为让那些被他迫害的人送他去永火里是很正常的。

对狄奥多里克传奇性的惩罚是一个应该加入到对彼岸世界的政治利用的卷宗中的文件。

用彼岸世界的刑罚来威胁世俗的领导人，这曾经是一种教会掌握的强大工具。在惩罚之火中显现一个显赫的死者，赋予这种威胁一种证据价值和一种无法比拟的反差。对彼岸世界的想象曾经是一种政治武器。但是大格列高列仍只是拥有地狱可供支配。诉诸这一终极武器只能针对极端情况。炼狱则可以让人对这威胁加以调和。 131

这种观念还有另一个先兆：将迫害基督徒的国王送进地狱之火，这是在一个火山进行的，而且是在西西里。中世纪将会记住这个火山口，并试图将那里看作炼狱的一个入口。

3　早期中世纪：
教理的停滞与灵视的繁荣

在大格列高列到 12 世纪之间的时期（即 5 个世纪中），炼狱的雏形几乎没有发展。但是，那火始终在那里，虽然在理论方面没有新的神学内容，但是在彼岸世界的灵视与想象之旅方面，在瞻礼仪式领域，提供给炼罪之火的一个空间得到了确立，生者与亡者之间的关系变得更加紧密。

那么为何关注这个在对彼岸世界的概念方面没有什么事情发生的时代？

这样做并非顺从于按时代顺序陈述的传统。相反，我在此希望说明历史的时间并非一味地加速前进和具有目的性的。在我们所研究的领域，对于彼岸世界的思考，这五个世纪是表面停滞的漫长时期。

对于读者而言，这可能导致两个误解。

第一个误解可能来自所引用文献的表面上的庞杂。后文中我将提到当时基督教思想史的重要人物——阿尔琴、约翰内斯·司各特、赫拉班（拉邦·摩路）、维罗纳的拉泰留斯（拉哲利斯）、兰弗朗克——他们对于我们的主题所言不多，但他们对此的少言是有意味的。我还会援引一些外围或更外围的文本，它们更好地说明了始终存在，甚至有时活动并且跃动起来的那种东西。它们彼此以自己的方式印证着关于彼岸世界的思想的状态。

　　读者同样有可能觉得我自己陷入了我所揭露的一种缺陷：从文本的庞杂的整体中只保留那些预兆着炼狱的内容，好像它的诞生在这种停滞的表面之下是无可挽回地进行的。这个时期的关于 134 彼岸世界的内容只是炼狱的前身，这并非因为我不认为应该向这些文本拓展，一些毫无新意的文本除外，因为必须留意的是那些关系到未来的炼狱的文本，或者是背弃它的，或者是预告它的。《韦蒂的灵视》这样让人吃惊的文本，呈现出一个充满狂暴与嘈杂的彼岸世界，未来的炼狱几乎在里面毫无预示，但是我仍然比较详尽地加以讲述，因为首先要看看早期中世纪对于彼岸世界的想象是如何进行的。

　　对我来说，这仍旧是个仅具有负面功效的漫长时期。

　　对于这一时期，我们可以跟踪某个想象材料的构成，看到它变得丰富或者变得稀释。甚至在图尔的格列高列笔下《叙钮尔夫灵视》这样寥寥数笔的文本中，我们也看得出已经植入人们记忆中的死者经受的水淹到身体不同高度的意象，窄桥的意象。相反，出现了一个没有传下去的意象：即一个蜂巢般的彼岸世界，死者的灵魂在那里飞旋，像蜜蜂一样相互拥挤。

　　对于这一事情，我们还发现各个想象单元之间形成系统的开端所在。在比德的笔下，弗尔西自他的彼岸世界之旅中留下身体的印记，后来成为人们可以从炼狱归来的证明——这种信仰在 19 世纪末，使人们搜罗汇集一些物品，至今仍可在罗马的"炼狱博物馆"（Museo del Purgatorio）看到它们。仍是在比德的笔下，在《德赖瑟尔姆的灵视》中，彼岸世界的地理元素被组织在一条路线中，组织成一系列走向合乎逻辑的地点，成为一条建成的通路。

最后，零星出现了一些神学或者道德上的提前的定义，比如与罪行的类型学相关的内容。

尤其，几乎没有中断地，一系列的灵视作品与彼岸之旅出现了，它们充斥着启示录般的回忆，但却有着修道院的烙印，它们针对新的受众，这些人更加贪恋图景，而非启明。这些图景印在了教士与信众的记忆里，炼狱必将在这些图景中占有一席之地。

广义的加洛林王朝时期，同样是瞻礼仪式复兴的时刻。为死者所做的仪式在这一时期是否经历了一些与对彼岸世界和死者命运的新的观念相关的改变呢？

135　三个西班牙人的奥古斯丁式的彼岸世界

在暗示到未来的炼狱的释经和教理著作中（或者提到末日和炼罪之火，或者提到祈祷对死者的帮助），我将首先选择三位 6—7 世纪的西班牙的主教：萨拉戈萨的塔尤斯，著名的塞维利亚的伊西多罗（或译依西多禄），他是中世纪文化之父之一，以及托莱多的朱利安（儒利安）。

在《箴言集》（*Sententiae*，《教会圣师全集》80，975）第四卷第 21 章，萨拉戈萨的塔尤斯（Tajon de Saragosse）在注解保罗《哥林多前书》文本时，用了几行篇幅采用了奥古斯丁和大格列高列的教理，却没点出他们的名字："虽然可以联系此世的磨难之火来理解这位大布道师所写的东西，但如果我们思考他所说的，人们如果不用铁、铜或铅来建筑根基，即那些大罪（*peccata majora*），而是用草木、禾秸来建筑，即一些微小（*minima*）和轻微（*levissima*）的罪，火可以轻易焚尽的罪，便能够通过这火得到拯救，那么我们可以将这文字用于未来的炼罪的火。但是，要知道，即便是对于那些轻微的罪，如果在此世没有通过善行而有资格得到炼罪，那么也是得不到炼罪的。"

塞维利亚的伊西多罗（Isidore de Séville）在其《论教会职责》（*De ecclesiaticis officiis*）中，在谈到为死者祈祷时，尤其涉及彼岸问题。他引用马太关于罪行推延到来世的诗句时（《马太福音》十二：32），和圣奥古斯丁关于三类人的文本时（《天主之城》二十一：24），他肯定地说对于某些人来说，他们的罪将推延，并且"通过炼罪的火来洗清"①。

托莱多的朱利安（Julien de Tolède）是这三位主教中对我们的主题最有价值的。首先，这是位地道的神学家；再者，他的《未来生命的预测》（*Prognosticon*）是部真正的详尽的末世论著作。整个第二卷是关于全体复活之前死者灵魂的状态。然而，他的思想几乎没有创新。他主要依据奥古斯丁的思想。

他区分出两个天堂和两个地狱。两个天堂即地上天堂和天上 136
天堂，后者如同安波罗修、奥古斯丁和大格列高列所设想的一样，与"亚伯拉罕的怀抱"是一回事。同样如同圣奥古斯丁所教导的，有两个地狱，但是奥古斯丁的教理中前后有所不同（朱利安表现

---

①　"et quodam purgatorio igne purganda"（《教会圣师全集》83，757）。

出他的批判意识和历史意识）。奥古斯丁最初认为存在一个地上地狱和一个地下地狱，然后在注疏穷苦的拉撒路和恶富人的故事时，奥古斯丁发现两个地狱都应在地下，一个在上，一个在下。朱利安总结说："所以，也许存在两个地狱，其中一个，圣徒的灵魂在里面安息，另外一个，背教者的灵魂在里面受到折磨。"随后，始终依据着圣奥古斯丁的思想，包括一些语史学的原因，他解释了为何人们认为地狱是在地下的。

　　对于圣徒（完全的义人）的灵魂在死后是否直接升天还是留在某些"居所"的问题，他陈述了多种观点。自从基督下至地狱，这些地狱就被封闭，义人们立刻升入天堂。同样，不义者的灵魂立刻入地狱，永不会从地狱出来。存在一个明确的派生的话题，在肉体死后，灵魂不被剥夺感观，仍旧借助圣奥古斯丁的思想（《论创世记的字面意义》，*De Genesi ad litteram* 十二：33），朱利安肯定地说灵魂具有"与身体的相似性"（*similitudo corporis*），这让灵魂能够感知安息或者折磨。因此，灵魂可以受到具形体之火的折磨。这便是地狱中进行的事，但是所有下地狱者并不以同样方式受苦：他们受的折磨与他们过错的轻重成比例，就像现世的生者或多或少受到太阳的炙烤。最后，如同保罗、奥古斯丁和格列高列所教导的，必须相信在死后存在一种炼罪之火。采用了大格列高列的语汇，朱利安解释说这火洗清微小的罪，比如不断多嘴多舌、无节制地笑、过分贪恋个人财产。这火比世上所有的痛苦都可怕，只有通过善行来获得资格才能够从这火中得益。这种炼罪之火与地狱的永火不同，这火作用于最后审判之前，而非之后——奥古斯丁甚至认为这火是随着现世的磨难开始的。下地狱者受到的折磨与他们的罪行轻重成比例，同样，那些洗罪者留在火里的时间长短也与他们的不足相对应。等价的梯级在这里不是通过刑罚强度来表达，而是通过刑罚的期限，"依据他们对个人 137 财物的留恋的多少，他们或早些或晚些得到拯救"。

　　建立在《圣经》文字——尤其是《新约》文字——和教会圣师文本的基础上，这是早期中世纪对于未来的炼狱的最明晰最全面的陈述。[1]

其他 "蛮族的" 彼岸世界

　　来自"蛮族的"多个基督教地区的一些证据，它们出自于主教的俗间教士系统，也出自修道院系统，它们表明新的基督徒对于彼岸世界的关注，却并未带来值得关注的创新。

爱尔兰

　　人们曾长期认为《论受造物的秩序》(*Liber de ordine creaturarum*) 的作者是塞维利亚的伊西多罗。最近，马努埃尔·狄亚茨·伊·狄亚茨 (Manuel Diaz y Diaz) 指出这是一位 7 世纪爱尔兰佚名作者所作。这一论著依据《创世记》，探讨上帝、灵性造物和肉体造物

---

　　① 托莱多的朱利安：《未来生命的预测》卷二，见《教会圣师全集》96，475—498。"ignis purgatories"（炼罪之火）见 483—486 栏。托莱多的朱利安对于 12 世纪确立炼狱教理的重要性，特别是对伦巴第人彼得的重要影响，曾由 N. 维基进行研究，N. Wicki: *Das "Prognosticon future saeculi" Julians von Toledo als Quellenwerk der Sentenzen des Petrus Lombardus*。

的问题。最末四章是关于人类的属性（第十二章），**罪人与刑罚场所的多样**（第十三章），**炼罪之火**（第十四章）、**未来的生命**（第十五章）。

　　因此，大家可能觉得，这一论著的作者对彼岸世界有着三分法的看法：地狱、"炼狱"、天堂。但是这种划分仅仅存在于几部稿本，而从文本的连贯性中看，这样的划分并没有那么显著。① 尤
138 其是，论著作者的古老观念实际上排斥对彼岸世界三分法的想法。早在关于罪人处境之差别的那一章开头，他就陈述了自己的想法。存在两大类罪人，那些罪行（crimina）可以用审判之火洗净的，还有那些将受到永恒之火惩罚的。在后一类人中，有一些将不经审判立刻下地狱，另一些将在审判之后下地狱。所以，这火是审判之火，在审判之前不发生。这种看法在第十四章得到确认。

　　那些在洗罪后将得到"永远清凉"（*refrigerium aeternum*）的人是那些将完成后来被称作慈悲德业的人。他们将受火的洗礼，而另外那些人将被不可熄灭之火焚尽。对保罗《哥林多前书》的注疏促使《论受造物的秩序》的作者明确指出罪行的类别，他仅

---

　　① 《〈论受造物的秩序〉，一位 7 世纪爱尔兰佚名作者》（*Liber de ordine creaturarum. Un anonimo irlandés del siglo Ⅶ*），M. C. Diaz y Diaz 校勘，圣地亚哥德孔波斯特拉，1972。唯一的遗憾：马努埃尔·狄亚茨的出色校勘本倾向于用一种时序混乱的方式来呈现这一著作。在结构研究中，第 29 页，下面的说法是对文本的歪曲：inferno（地狱）（第十三章），purgatorio（炼狱）（第十四章）y gloria（和荣耀）（第十四至十六章）。同样，第十四章，在那些具有题目的稿本中它的题目是 de igne purgatorio（论炼罪之火），译文翻译成西班牙语 del purgatorio（论炼狱），这题目加倍让人恼火，首先因为要等五个世纪，炼狱才存在，其次因为这一论著相对于导致炼狱诞生的教理来说，是明显向后退缩的。

仅以否定的方式表述，"那些不太为害的人，虽然他们没有建造什么"："对合法的婚姻的无益使用、过分饮食、过度贪恋浮华无谓的东西、怒火导致言语无当、过分关心私人的东西、听布道时漫不经心、迟于起床、无节制地大笑、过分放纵于睡眠、吞吐实情、多嘴多舌、固执于错误、在无关信仰的领域以错为真、忘记该尽的义务、衣冠不整"，① 人们不能否认这些罪是可以被火洗清的。最后一点意见：这种炼罪之火比此世所能想象的任何折磨都要持久和可怕。

早在 7 世纪初，在欧洲大陆传播修道院制度的爱尔兰的圣高隆邦（Columban，又译高隆庞，615 年去世）曾经提供了一种对人类从出生到永恒的归纳性的看法，其中有火的作用，但这种火没有命名，若非一种炼罪之火，至少是验证之火，因为它发生在审判之前，但似乎处于全体复活和最后审判之间。

"下面便是悲惨的人类生命的过程：从土中来，生于地上，埋入土中，从土中到火中，从火中到审判，从审判或入地狱，或入永生；的确，你被用土来创造，你足履土地，你将去到土里，你将从土里站起，你将在火中受考验，你将等待审判，然后你或者拥有永劫，或者拥有永恒之国。"他还谈到我们人类，"从土中被创造，在地上短暂经过，几乎立刻就回到土里，然后第二次，在上帝的命令下，被泥土复原和抛出，将在世界末日通过火接受检验，这火以某种方式消灭泥土和污浊；如果存在金银或其他地上

139

---

① 如同 M. 狄亚茨合理指出的，这些"罪"主要是在修道院的环境中具有意义。

有用的物质，在赝伪之物融尽后，火将让它显现出来。"①

高卢

在一则布道文中，著名的努瓦永主教圣安利日（法文 Saint Eloi[*]，659 年去世），在回顾了大罪（*crimina capitalia*）和小罪（*minuta peccata*）之间的区分之后，他认为施舍，即便慷慨，即便每日进行，也鲜有可能足以救赎那些大罪，他提到了两次审判与炼罪之火：

"在《圣经》中，我们确实读到存在两次审判：一次用大洪荒的水（《创世记》七），它预示着洗礼，我们在洗礼中被水洗去所有罪孽（《彼得前书》三）；另一次在未来，是用火进行，在上帝来施审判之时，《诗篇》作者云：'我们的上帝来临，决不缄默；有火在他面前焚烧着，有暴风在他四周呼啸着'（《诗篇》五十：3）；就像烈风，他审视那些火焚尽的人。让我们洗净所有肉体和精神的玷污吧，让我们不被那永火，也不被那过渡之火焚烧吧；对上帝的这审判之火，使徒保罗有云：'这火要试验各人的工程怎样'（《哥林多前书》三：13）。毫无疑问，他在这里谈到炼罪之火。对

140

---

①　圣高隆邦《教育》九《论最后审判》（ Saint Columban: *Instructiones, Instructio IX. De extreme judicio*,《教会圣师全集》246—247 ）。"Videte ordinem miseriae humanae vitae de terre, super terram, in terram, a terra in ignem, de igne in judicium, de judicio aut in gehennam, aut in vitam: de terra enim creatus es, terram calcas, in terram ibis, a terra surges, in igne probaberis, judicium expectabis, aeternum autem post haec supplicium aut regnum possidebis, qui de terra creati, paululum super eam stantes, in eamdem Paulo post intraturi, eadem nos iterum, jussu Dei, reddente ac projiciente, novissime per ignem probabimur, ut quadam arte terram et lutum ignis dissolvat, et si quid auri aut argenti habuerit, aut caeterorum terrae utilium paracarassimo (paracaximo)liquefacto demonstret."

　　*　拉丁文 Eligius。

这火，背神者、圣徒和义人对之感受不同。因这火的折磨，背神者将被推下永火的烈焰；圣徒们将在肉身中复生，不带有任何罪过的污点，因为他们将以基督为根基，筑在金银宝石之上，即信仰之光明义、拯救之闪耀语和宝贵的德业克制这火的容易程度对应着他们此世在恪守基督教诲的信与爱中纯洁生活的程度。所以，还有一些义人犯有轻微之过，他们是以基督为根基，用草木禾秸来建筑的，即指多种微小之罪，他们还没有适当地清洗，还不能配得上天国的荣耀。在经过这火之后，当最后审判完全完成之时，每个人依据自己的德行，或受永劫，或得荣耀。所以亲爱的弟兄们，我们要铭记在心的是那个日子……。"[①]

这是个值得注意的文本，它将人类分成三个类别，而非像在奥古斯丁的传统中那样分成四个。但是这文本尤其值得我们留意，因为它表达了一种"古老"的炼罪之火的观念，它将这火安排在最后审判之时，拉伸为漫长的一日。而且，安利日似乎任凭这火去做出圣徒、背神者和义人的筛选，所以并不确保义人们能够在考验后到达天堂。这种"搁置"将持续到最后。

日耳曼尼亚

看看 732 年格列高列三世教皇对圣波尼法爵（Saint Boniface）所作的指示是有益的，波尼法爵询问他对那些仍旧信异教或者刚刚皈依的日耳曼人应该怎样对待。"你还询问我是否可以为死者做奉献。下面是圣教会的立场：如果死者是真正的基督徒的话，各

---

① 《教会圣师全集》87，618—619 栏。

人均可为自己的死去的亲人做奉献，而神父可以行仪式纪念。虽然我们所有人都有罪，但神父应该仅仅为那些天主教徒死者行纪141 念仪式和祈福，因为对于背神者，即便他们曾经是基督徒，也不允许这样行事。"①

虽然，这里不明确涉及生者替死者祈祷襄助，也没有暗示炼罪之火，但应该注意到在这个传道的地区和阶段，大力强调了奉献对"真正基督徒"死者有益和奉献对即便是基督徒的"背神"的死者无益（故而要禁止）之间的区分。

大不列颠

同一时代，在大不列颠，一位著名僧侣，比德（我们将会看到他在通过灵视与想象之旅来建立彼岸世界地理描述中所占的位置）在《布道书》（730—735 年）中强调为死者祈祷的重要性，他明确提到炼罪之火的称呼。他说，使徒、殉道者、忏悔者等等，在死亡和整体复活之间的阶段都进入"父的怀抱"，应当理解为"父的秘密"（*secretum Patris*），它将这个"父的怀抱"（*sinus Patris*）等同为《约翰福音》（十四：2）中"我父的家里"（*domus Patris*），却只字未提"亚伯拉罕的怀抱"。他接着说：

"教会中的众多义人在肉体消解后立刻被接纳入天堂的至福安息中，他们在那里在欢喜中，在欣悦灵魂的大合唱中等待他们恢复肉身和出现在上帝面前的时刻。但是，有些人因为他们的善行而被预先指定为获选者，有些人则因为他们所出自于的那个肉身里的恶

---

① 《教会圣师全集》89，577 栏。

行而在死后受炼罪之火焚烧，受到严厉惩罚。或者，直至最后审判日，他们被这火的漫长的考验（*longa examinatione*）洗净了恶行的玷污，或者，多亏了他们忠诚友人的祈祷、施舍、斋戒、哭泣、圣体礼的奉献，他们得以解脱刑罚，而他们自己也到达了真福的安息。"①

比德定义了那些被判炼罪之火的人，大力肯定了生者的祈祷 142 襄助和忠诚友人网络的力量，但他尤其明确指出"炼罪"时间的机制：从死亡到整体复活这个最大期限之内，存在因为生者祈祷襄助而得以缩短的可能。相反，他未提到这炼罪之火与刑罚的地点。

加洛林王朝和后加洛林时代的漠视与守成

加洛林时代的教会较少关注炼罪之火，没有创新。

阿尔琴（Alcuin，或译亚勒昆，804 年去世），这位来自英伦、启发了查理大帝的文化政策的大师，在其《论圣三一信仰》（*De fide Sanctae Trinitatis*）中注疏保罗《哥林多前书》（三：13），将审判之火（*ignis diei judicii*［审判日之火］）等同于炼罪之火（*ignis purgatorius*）。在他看来，这火无差别地被那些背神者、圣徒和义人感受到。背神者将被这火永远焚烧，圣徒即那些用金银宝石建筑者，他们将无损地经过这火，如同那三个年轻的希伯来人进入烈火窑中毫发无伤（《但以理书》三）。最后，存在"某些犯有微小罪过的义人，他们以基督为根基，用草木禾秸建筑，他们将被这火的烈焰清洗这些罪过，他们将变得配得上永福的荣耀"。所有

---

① 《教会圣师全集》94，30 栏。

人都要通过这过渡之火（*ignis transitorius*），一些人去往地狱，另一些去往荣耀，第一类依据各自罪行的程度或多或少受到折磨，而第二类将依据各自圣洁的程度或多或少得到奖赏。对于最后一点，阿尔琴是模糊的和感到为难的。①

　　加洛林时代教会与文化的另一个重要人物是赫拉班（Raban Maur），他是富尔达修道院院长和美因茨总主教（死于 856 年），是日耳曼尼亚的知识大师，他在对保罗书信的注疏中对这火进行了神学思考。对于他，保罗《哥林多前书》中所涉及的火同样是审判之火。他删除了人们可能犯下却不会停止以基督为根基的那些不守规矩之事（*illicita*，不法之事），比如对俗世的美食采取通融，比如俗世爱情，如果是夫妻关系，是不可判刑的。这一切，磨难之火（*tribulationis ignis*）会焚烧消灭。但是，对那些用草木禾秸建筑的，"这些在此世之后发生也并非不能相信，而人们可能想知道如果不是这种情况会怎么样；以公开或者隐秘的方式，一些信徒可能依据各自或多或少热爱现世财产的程度而或早或晚通过炼罪之火得到拯救"。②

　　因此，同比德的作品中一样，这里出现了未来炼狱系统的一个重要元素：死亡到审判之间阶段的炼罪处境，以及炼罪过程或长或短的期限的可能，这期限不一定持续整个间隔阶段。

　　帕斯卡尔西乌斯·拉得伯土（Paschase Radbert）是科尔比修道院院长（死于 860 年），他从《马太福音》关于用火洗礼的段落

----

　　① 《论圣三一信仰》（*De fide Sanctae Trinitatis*），Ⅲ，21《教会圣师全集》101，52。

　　② 《保罗书注疏》（*Enarrationes in epistolas Pauli*），《教会圣师全集》112，35—39。

出发，陈述了更多发展的关于火的神学教理；他审视火的不同侧面和功能，在火的称呼下汇集了"仁爱之火"（*ignis charitatis*）、"神爱之火"（*ignis divini amoris*）。他探寻这火的几个可能的意义：

"也许应该如同某些人想做的那样，**把他将亲自在圣灵和火中为你洗礼**（这个句子）理解为圣灵与火的同一，我们承认这一点，因为上帝是一种焚尽之火。但是，因为有连词连接，所以看起来不是在说唯一的同一个东西。由此，某些人认为这是炼罪之火正在用圣灵来洗净我们，然后，如果还剩下罪孽的印迹，我们会通过遍燃的大火（即审判之火）的焚烧让我们洁净。但是，如果如此，那必须相信所涉及的是较轻小的罪过，因为不可设想所有人都逃脱惩罚。因此才有使徒的句子：'这火要试验各人的工程怎样。'"①

哈尔伯施塔特的艾莫（Haymon de Halberstadt, 死于 853 年）被认为是加洛林时代关于炼罪之火最承前启后的言论的作者。他两次涉及这一主题，分别在《论各书的分歧》（*De varietate librorum*）和一部被人认为是欧塞尔的雷米所作的保罗书注疏。艾莫的看法实际上是对前人著作的一种折中混合，他深受奥古斯丁和大格列高列影响（虽然从未提到他们的名字）——他常常一字不差地采用两个世纪前托莱多的朱利安的综述。依据艾莫，必须相信审判前存在一种炼罪之火，它作用于轻微的罪行。存在两种火，一种是（暂时的）炼罪之火，另一种是（惩罚的）永恒之火。用火炼罪的期限可能或长或短，依据世俗暂时之物的羁绊的程度。

144

---

① 《马太福音讲道》（*Expositio in Mattheum*）Ⅱ，3《教会圣师全集》120，162—166。

一些人在死后承受炼罪之刑，另一些则是在现世。如果此世只有信仰而未完成任何德业，那么说人可以通过炼罪之火得到拯救便是错误的。教会可以有效地为那些承受炼罪之刑的人进行祈求。存在两类义人，那些在死后立刻享受天堂安息，以及那些必须受到炼罪之火焰惩罚的人，他们要在火里待到最后审判日，或者因为与他们亲近的信徒的祈祷、施舍、斋戒、眼泪和弥撒礼时的奉献而更早得到解脱。生者与死者之间的互助的基调大概是从比德那里继承的，这是哈尔伯施塔特的艾莫唯一的独特之处——是形式上，而非在内容上。

韦尔切利的阿图（Atton de Verceil，死于 961 年）在对保罗《哥林多前书》的注疏中给出了非常传统的、非常奥古斯丁式的诠释（他倒是多次提到奥古斯丁的名字）。但是，在他的著作中有一个独特之处和一个新颖之处。独特之处是他认为将要（通过炼罪之火，以及更加普遍地通过审判之火）接受考验和审判的东西，主要是教理之正统，即 doctrina（道统），而非个人作风和感情。另一方面，形容词 venialia（可宽恕的），与轻罪同时出现，它与大罪相对，但它是在罗列事实时出现的，可饶恕之罪与死罪（或大罪）的对立系统要等到 12 世纪才确立 ①。

---

① 《保罗书讲道》（*Expositio in epistolas Pauli*），《教会圣师全集》134，319—321。与相对立的罪行有关的段落如下："attamen sciendum quia si per ligna, fenum et stipulam, ut beatus Augustinus dicit, mundanae cogitations, et rerum saecularium cupiditates, apte etiam per eadem designantur levia, et venialia, et quaedam minuta peccata, sine quibus homo in hac vita esse non potest. Unde notandum quia, cum dixisset aurum, argentem, lapides pretiosos, non intulit ferrum, aes et plumbum, per quae capitalia et criminalia peccata designantur"（321 栏）。

甚至深受古典文化熏陶，由洛林王朝学院培养出来的独树一帜的维罗纳的拉泰留斯（Rathier de Vérone）也未对炼罪之火说些什么。他所谈到的少数内容是一个严格的信息：在死后是不可能获得德业的。至于死后炼罪刑罚的存在，没有人应以此庆幸，因为它们对真正的罪行无效，而只对较轻的罪过有效，那些被称作草木禾秸的罪过。①

甚至伟大的兰弗朗克（Lanfranc），在他对保罗《哥林多前书》145关于火的考验的段落的注疏中也没有什么创见。他是诺曼底的贝克-埃卢万修道院的院长，后来成为坎特伯雷总主教，在 11 世纪末他曾让贝克-埃卢万修道院的学校大放光彩。对于他来说，炼罪之火就是审判之火，他暗示说，在这种情况下，审判之火将持续到那些应该得救的人被洗清。②

尽管在"秃头"查理的宫廷学校里有着正式职位，爱尔兰人约翰内斯·司各特·埃留根纳（Jean Scot Erigène）曾经是几乎被中世纪神学家们忽略的一位遭到孤立的思想家，即使是在他死后两个世纪受到巴黎主教会议（1210 年）谴责之前的时期便是如此。如今，他在神学史和哲学史研究者那里得到青睐。他同样没有就

---

① 维罗纳的拉泰留斯：《讲道二，论四旬斋期》（*Sermo II De Quadragesima*），《教会圣师全集》136，701—702。"Mortui emim nibil omnino faciemus, sed quod fecimus recipiemus. Quod et si aliquis pro nobis aliquid fecerit boni, et si non proderit nobis, proderit illi. De illis vero purgatoriis post obi um poenis, nemo sibi blandiatur, monemus, quia non sunt statutae criminibus, sed peccatis levioribus, quae utique per ligna, ferum et stipula indesignatur." 关于这位让人吃惊的人物和作者，他更像是个列日人而非维罗纳人，请见《维罗纳的拉泰留斯》（*Raterio di Verona*），《中世纪灵学研究中心大会》（Convegni del Centro di Studi sulla spiritualita medievale），X，托迪，1973。

② 《教会圣师全集》150，165—166。

炼罪之火多作论述。穷苦的拉撒路与恶富人的故事引发他的思考，这一故事让人相信不仅是在活在肉体中的时候，而且还在被剥夺了肉体的时候，灵魂可以请求圣徒们的帮助，或者是为了完全从 146 刑罚中解脱，或者是为了少受其折磨。① 而对于地狱的永恒之火，他说那是具有实体性的，虽然由于它的属性之微妙，人们说它是不具有实体性的。②

彼岸世界与异端

我将 11 世纪初的两个文本单独处置，不是因为它们本身带来新的东西，而是因为它们是在对于未来富于意蕴的环境中产生的。

第一个文本是沃尔姆斯的布尔夏德（Burchard de Worms，死于 1025 年）的被称作《教令集》（*Décret*）中的一个长段落。这个集子是教义和戒律问题的权威——是通往《教会法大全》之路上的里程碑。布尔夏德仅限于转述大格列高列《对话集》中的那些段落，以及《约伯记道德论》中关于炼罪问题的一个段落，还有圣奥古斯丁关于为死者祈祷的段落（《论信望爱手册》110）。奥古斯丁的文本前面有这样的句子，"有四类奉献"（*quatuor genera sunt oblationis*），这个句子在一个世纪之后被录入格拉提安（格兰西）的《教令集》，其四分法的特征对经院学者们造成问题。布尔夏德

① 《本性的分解》（*Periphyseon*，或译为《自然的区分》）V，《教会圣师全集》122，977。

② 《论得救预定论》（*De praedestinatone*），第 19 章，《论地狱之火》（*De igni aeterno*），《教会圣师全集》122，436。

引用的《圣经》的权威，部分地借力于格拉提安的传播，在后来取得成功。即《约翰福音》十四：2 的诗句："在我父的家，有许多住处。"①

1025 年，康布雷的主教杰拉尔在阿拉斯召开的教区会议上，让异端与教会和解，异端的"错误"之一是否认祈祷对死者有效。主教强迫他们承认与此相关的下列"真理"：

"为了让人不认为赎罪只对生者有用而对死者无用，要知道确实许多死者因他们的亲友的虔诚而摆脱了刑罚，这是依据《圣经》的证据，是通过中保者的圣体礼的奉献（弥撒）或者施舍，或者通过生者替死去的亲友赎罪，比如病人未能完成赎罪就先死去的情况下，或者一位活着的亲友恳求这样做。与你们所肯定的相反，你们并非真正聆听《圣经》。因为《圣经》的真理说：惟独谤渎圣灵，总不能得赦免（《马太福音》十二：31）。在这个句子中，如圣格雷高利（格列高列）在《对话集》中所说的，必须理解为某些罪过可以在此世抹去，另一些在来世……。但是，必须相信那是针对像不断饶舌、无节制地笑、过度在意财产等这样的轻微罪过，这些人生中不可避免而在死后却有影响的事，如果不在此生将它们抹去的话；如他所说，这些罪过可以在死后通过炼罪之火洗清，如果此生的善行让人获得资格的话。故而，圣师们的话是恰当的，存在一种炼罪之火，通过它，某些罪过被洗脱，只要生者通过施舍、弥撒，或者通过我所说的替代赎罪来获得这结果。所以，通

147

<hr>

① 布尔夏德：《教令集》（Burchard de Worms: *Decretorum libri*），XX，XX，68—74，《教会圣师全集》140，1042—1045。

过这些德业为代价，死者可以被宽恕罪过，若非如此，我们便不能明白使徒保罗的话了。你们这些自称聆听保罗话语的人没说实话，保罗说那些轻微的罪可以被炼罪之火轻易焚尽，而如果它们没有资格通过那些圣体礼的奉献而被这炼罪之火抹去，那么这些罪行导致的就不是炼罪的刑罚，而是永远的折磨。"①

在这个教理归纳中没有新的东西。然而，这个文本与布尔夏德的《教令集》一起，后来有了独特的成功：它们构成了 12 世纪面对那些否定炼狱者来建立炼狱概念的基础案卷。在 12—13 世纪这个异端的时代，圣伯尔纳铎及其他正统派教士将确立起炼狱，从一方面来看，炼狱是对抗公元千年开始的异端的质疑的结果。

148

灵视系列：彼岸世界之旅

与这种教理的停滞同时，有另一个系列，并不具有革命性，却在更加切实地筹备着未来的炼狱：即那些彼岸世界的灵视、另一个世界的想象之旅。

传承

这个文类是传统的。如我们所见，在对其影响甚深的犹太教和基督教的启示录文学的框架下，此类文蓬勃发展。虽然涉及的是一个在学者文献中难以见到影响的一个次要的源流，但在古代

---

① 《康布雷主教杰拉尔一世的阿拉斯教区会议决议》（*Acta synodi Atrebatensis Gerardi I Cameracensis Episcopi*），第 9 章，《教会圣师全集》142，1298—1299。

便有这类文的实例，特别是在希腊文献中。普鲁塔克在《道德小品》（*Moralia*）中讲述了泰斯佩修斯（Thespésios）所见灵视。泰斯佩修斯在堕落中过了一生，从外观看他死去了，但在三天后，他活过来，从此过着完美德行的生活。在人们催问下，他透露说他的灵离开了肉体，去到空间，与那些被气流捆束着的灵魂在一起，其中一些是他认识的，他们发出可怕的哀号，而另外一些在更高处，他们似乎平静喜乐。这些灵魂中的一些是纯净闪耀的，另一些有瑕疵，另一些完全黯淡。那些负着很少罪过的灵魂只承受很轻的惩罚，但那些背神者却被交付裁判，如果审判认为灵魂不可救药，那便把它们抛到厄里倪厄斯*那里，她们把这些灵魂投入一个无底深渊。泰斯佩修斯随后被带入一片宽广的平原，满是鲜花和宜人香气，一些灵魂在那里像鸟一样快乐地飞翔。最后，他访问了下地狱的人的地方，旁观了他们的苦刑。在那里主要有三个湖，一个沸腾的金湖，另一个是冰冻的铅湖，还有第三个是波浪翻滚的铁湖。一些恶魔将灵魂们从一个湖投入另一个，然后捞出来。最后，在另一个地方，一些铁匠胡乱地重新塑形，给那些要重新转世的灵魂各种各样的形状。①

　　后来对炼狱的描述，从这一灵视中保留了灵魂的不同色彩、149

---

　　*　Erinyes，即三复仇女神。

　　①　我依据 E. J. 贝克尔的著作《对中世纪天堂与地狱灵视比较研究的贡献，附中古英语版本参考》（E. J. Becker: *A Contribution to the Comperative Study of the Medieval Visions of Heaven and Hell, with special Reference to the Middle English Versions*, 巴尔的摩，1899，第27—29页）来概述泰斯佩修斯的灵视，提马库斯的灵视根据帕奇《中古文学描写的彼岸世界》（H. R. Patch: *The other World according to description in medieval literature*, 剑桥，1950，第82—83页）。

从一个湖到另一个湖的转换。

普鲁塔克还描写了提马库斯（Timarchos）的灵视。提马库斯下至一个献给特罗丰尼乌斯（Trophonios）的洞穴，在那里完成了获得神谕所必须的仪式。他在漆黑中待了两夜一日，不知道自己是醒着还是在做梦。他的头上挨了一击，他的灵魂飞起来。快乐地飞在空中，他的灵魂看到一些燃烧的岛屿，燃着让人惬意的火，变幻着颜色。有两条河流入多色之海，海的下方有一个圆形的阴暗的深渊，从里面发出呻吟声。一些灵魂被那个洞吸入，另一些则被抛出来。此处的描写同样预告着产生真正的炼狱的灵视的作品，即 12 世纪末的《圣帕特里克的炼狱》中的描写。

这种灵视文学深受我已谈到过的犹太教—基督教传统中对启示录的论述的影响，特别是彼得的《启示录》和保罗的《启示录》，但灵视文学同样带有我在下文将提及的两种传统的烙印：即凯尔特人与日耳曼人的古老异教文化中的彼岸世界之旅。①

对在炼狱想象中肯定起到作用的中世纪文化的这两个组成部分，我之所以大部分搁置，那是因为要想切中要害地谈清楚这两个问题所要求的研究的力量，在我看来与所能期待的成果不成比

----

① 丁策尔巴赫尔《中世纪灵视》(P. Dinzelbacher: "Die Visionen des Mittelalters")，载《宗教与学术史学刊》(*Zeitschrift für Religions und Geistesgeschichte*)，30，1978，第 116—118 页（是一份教授资格论文的概述，《中世纪灵视与灵视文学》(*Vision und Visionsliteratur im Mittelalter*)，斯图加特，1978 ）。同一作者的《彼岸的阶级与等级》("Klassen und Hierarchien im Jenseits"，载《中世纪学刊》(*Miscellanea Medievalia*)，vol. 12/1)，《中世纪自我认知中的社会体系》(*Soziale Ordnungen im Selbstverständnis des Mittelalters*, 柏林-纽约，1979，第 20—40 页 ）。克洛德·卡罗奇正在准备关于《早期中世纪的彼岸世界之旅》的博士论文。

例。估量这两种文化的贡献——尽管已有一些高质量的研究——意味着一些非常困难的问题得到解决。首先是年代断定问题。很正常，那些书面的文本的年代是在这些文化的语言落实在文字上的时期，最早在11世纪。这些语言的最早的书面作品表述的肯定是多数属于更早时期的东西，但是要早多长时间呢？

在我看来，更为重要的是，这种古老文学是一个错综的产品，难以加以特性定义。学者与民众之间的区分在此没有什么意义。相近的口头的来源在我看来主要是"学者"之功。口头不混同于民众。书面作品从12世纪起成为学者兼口头艺术家草创的东西。这些"通俗"作品被人讲述、歌唱然后记录下来的时代，这些"蛮族"的文化已经或长或短时间接触到教会的、学者的、基督教的、用拉丁语表达的文化。文化触染加入到确定"蛮族"遗产的困难之中。我并不想抛弃这种遗产，相反，我相信它对于中世纪文化的重要影响，但我认为我们所拥有的武器还不足以把它分离出来，确定特性，衡量影响。相反，我认为在拉丁语长久作为学者语言确立的地区，拉丁文的学者文化情愿或不情愿地、或多或少有意识地接纳了一些分量或多或少的"民众"的传统的文化的元素，也就是说，对于这个时代，"民众"文化多数是农民文化，完全可以定义为民俗土风（教会称之为"异教"的），既是先于基督教的，又是乡村的。要想找出这种遗产，我们有一个方法，当然操作起来有些微妙：通过回顾的方法，将19和20世纪民俗学家整理的文本谨慎上溯，与那些确定了年代的或者可以确定年代的中世纪文本进行对照。尽管其不确定性，我感觉使用格林兄弟、皮特雷、弗雷泽、范格纳普收集的材料来阐明中世纪的想象要比对着那些凯尔特人的 imrama（彼岸岛屿之旅的故事）和北欧的《萨迦》来进行思辨更加可靠。

对于这些在场却难以辩明的"蛮族"文化，对早于 12 世纪的时代，我将仅仅保留对于炼狱的产生能够说明问题的一些特征。

在凯尔特文化中，幸运岛屿之旅的主题占据主导，最古老的实证似乎是布兰（Bran）的旅程，其最原始版本上溯到 8 世纪。[①]

151 另一个世界处在一个岛屿，常常可由一个井（天坑）通达，但却没有圣山。井（天坑）的意象频繁遇到。

北欧人与日耳曼人那里，当我们着手去把握时，彼岸世界的神话看起来比较有条理。死后主要有两个地方：一个由女神赫尔（Hel）统治的地下世界，与犹太人的阴间比较接近，那里黑暗，让人焦虑，但没有酷刑，由一条河环绕，人们从一个桥过河；另一个地方是天上安息休憩的地方，即瓦尔哈拉（Valhalla，英灵神殿），那里仅限给那些有资格的死者，特别是死在战场上的英雄。有可能在被安置在天上之前，瓦尔哈拉也曾经是在地下的，可与罗马人的地下乐园相比。凯尔特人的彼岸世界只在特例情况下才包含一座山（山是后来的炼狱的主要地理元素），而日耳曼神话中却有冰岛的海克拉火山，火山上有天坑，那里容纳着一个酷刑

---

① 见库诺·梅耶（Kuno Meyer）校勘并翻译成英语的《菲泊尔之子布兰往生者之土的旅行》（*The Voyage of Bran son of Febal to the land of the living...*），卷 2，伦敦，1895—1897。著作包含阿尔弗雷德·纳特（Alfred Nutt）的研究《爱尔兰神话传奇文学中的幸福彼岸：凯尔特的再生教义》（*The happy other-world in the mythico-romantic literature of the Irish. The celtic doctrin of rebirth*），研究指出某种"天堂般"的炼狱的凯尔特源头。

王国。[①]

　　日耳曼人想象的彼岸世界看起来比凯尔特人的更多受到学者的拉丁文的基督教文化渗透。12 世纪"有学问的"萨克索（Saxo Grammaticus）[*]在《丹麦人史》中讲述的那些彼岸世界之旅便是如此。大格列高列的《对话集》很早就被翻译成古北欧语，为斯堪的纳维亚神话留下了桥的主题，而且这一主题同样从东方来到这里，可能早在《对话录》之前就已在那里。

　　最重要的是，在基督教的影响下，倾向于嬉笑的凯尔特与日耳曼人的原初的神话变成了阴暗的、地下的，正在变成地狱。在后来炼狱诞生的时刻，我们将看到凯尔特人对于一个已经接近天堂的等待和净化场所的乐观观念（也许是日耳曼人的），在一个如地狱般残酷的暂时的炼狱的意象面前隐没了，这种炼狱来自东方的启示录和正统的基督教传统。凯尔特人的意象并不完全消失，而是被收罗在天堂的观念中。这些模棱两可的"民俗"的彼岸世界将散落到正负两极，而炼狱则在两极之间的分隔线上徘徊。 152

　　8 世纪初到 10 世纪末的彼岸世界灵视的拉丁基督教文学中，有三个文本涌现出来。第一个是早期中世纪一位重要思想家的，

---

　　① 　毛雷尔：《冰岛的地狱》（Maurer: "Die Hölle auf Island"），载《民俗学会会刊》（*Zeitschrift des Vereins für Volkskunde*），Ⅳ, 1894，第 256 页及下。另见埃利斯《地狱之路：古代北欧文学的死神观念的研究》（H. R. Ellis: *The Road to Hell. A study of the conception of the Dead in Old Norse Literature*, 剑桥, 1943）。关于瓦尔哈拉（Valhöle）见杜梅齐尔《日耳曼人的神祇》（G. Dumézil: *Les Dieux des Germains*, 新版 1959, 第 45 页）。从现代日耳曼民间文化的视角看，见休茨《德国民间故事主题》（H. Siuts: *Jenseitsmotive deutschen Volksmärchen*, 莱比锡, 1911）。

　　* 　旧译萨克索·格拉玛提库斯，后面是其绰号，应译有学问的，或语法学家，他还有绰号叫 Longus（高个子）。

即英伦的僧侣比德。那就是《德赖瑟尔姆*的灵视》(*Vision de Drythelm*)。它首次区分出故事主人公游历的彼岸世界里一个炼罪的场所。日耳曼尼亚南部的一位僧侣的《韦蒂的灵视》(*Vision de Wetti*)是对彼岸世界的地狱般的谵狂的描述，那里部分地用于政治目的，对查理大帝不利。墓外之旅的故事的政治挪用，完全表达于9世纪最后时期的佚名故事《法兰克国王"胖子"查理的灵视》(*Vision de Charles le Gros*)中，这是为加洛林王朝皇位觊觎者服务的论战文本。

这三个重要文本之前有两个简短的灵视，一个在6世纪末，另一个在8世纪初，是由教会的两个重要人物转述的，即图尔（都尔）主教格列高列（格雷戈里）和美因茨的波尼法爵（英语中作Winfrith，温弗里斯）。这些灵视提及的是当时修道院环境中比较平常的彼岸世界形象。

在这个阶段的两个时间极点上，受到古典古代罗马文学影响的两首诗是它们的基调，第一首在6世纪初，第二首在11世纪初。它们展示的非常传统的彼岸世界想象，炼狱并未受其很大影响。

我们先要考察的这两个灵视的更大的价值是它们的作者，而非其内容，作者是教会的权势人物，内容则是在多数意象和认识上紧扣保罗的《启示录》。

在6世纪末，在其《法兰克人史》（四：33）中，图尔的格列高列转述了朗多修道院院长叙纽尔夫的灵视："他看到自己被带到一条火河，岸上一些人像绕着蜂巢的蜜蜂一样奔忙；一些人被淹没至腰，另一些淹到腋下，某些人淹到下巴，他们因被残酷烧灼

---

　　* 又译作德莱绅。

而哀号。河的上方有一座很窄的桥，几乎不足一尺。在河的另一侧看到一座纯白的大房子。那些轻视修道戒律的修道士落入河里，而那些遵守戒律的则通过桥，并被接纳到房子里。”

8 世纪初，日耳曼人的传教者圣波尼法爵致信（《书简 10》）萨 153
尼特岛（塞恩特）女修院院长爱博（Eadburge），告诉她说温洛克的一位修道士有过一个灵视。一些天使带他到空中，他看到整个世界被火环绕。他看到一队恶魔和一众天使，他们分别代表着他的恶行与德行。他看到一些喷着烈焰的火坑，一些黑鸟形状的灵魂在哀号，用人的声音在喊叫。他看到一条沸腾的火河，上面有一块板子当作桥。灵魂从这桥上过，另一些则滑落地狱。一些人完全淹没在水流中，另一些人淹没到膝盖，另一些淹没到腰，另一些淹没到肘。所有人从火里出来时都闪光而清洁。河的另一岸有一些闪耀的高大城墙。那就是耶路撒冷天城。邪恶之灵则被投入到火坑中。

我在此插入古典罗马晚期的一首诗，它与普鲁塔克的文本相反，它与后世的那些真正启示录性质的灵视和那些多少具有“民俗学”意义的彼岸世界之旅没有亲缘关系，而正因其不同而在我们的案卷中占有自己的位置。

《致真福者弗拉维乌斯的诗》（*Carmen ad Flavium Felicem*）由一个非洲基督徒写作，关于死者们的复生和上帝的审判。[①] 其目的是描写天堂与地狱（矶汉那）、上帝之全能和导致人类有死亡的亚当之堕落。上帝在人死后将灵魂保存在不同地区（*diversis*

① 《致真福者弗拉维乌斯的诗，论死者再生与最后审判》（*Carmen ad Flavium Felicem de resurrectione mortuorum et de iudicio Domini*），H. Waszink 校勘，波恩，1937。

partibus），留待最后审判。随后而来的是死者复活的证明，提到全
体复活与上帝的审判。对天堂的长篇描述提到那里的鲜花、宝石、
树木、黄金、蜜、奶，那里四条河从宁静的源头流出，处于永恒的
春天里，天气温和，永恒光明，在那里获选者们没有烦恼，没有罪
孽，没有疾病，而有永恒的安宁。灵视的结尾简短提及用火来毁灭
世界，提到火河、下地狱者的哀号，提到死前悔过的必要，因为在
地狱里后悔就太迟了，在那里见到遭永劫者徒劳地哀告上帝。

154　　这一文本中，除了隐约暗示死者们的不同居所，没有内容关系
到未来的炼狱，但我们可以保留两个元素。首先，更明确强调的是
天堂而非地狱。这首诗洋溢着 4—5 世纪的乐观精神。另一方面，
在排斥下地狱者的祈祷的有效性的同时，也提到了他们在祈求，而
在中世纪末期，人们将炼狱中的灵魂与地狱中的灵魂区分开来，炼
狱中的灵魂是进行祈祷的，而地狱中的灵魂拒绝了无用的哀求。

彼岸世界的中世纪灵视的"奠基者"：比德

英伦的伟大的比德在 375 年于雅罗修道院去世前不久（他在
此度过五十年，间有外出旅行，其中几次是前往罗马）在《英吉
利教会史》中讲述了几个灵视。① 这些故事的目的是进行教化，它

---

① 关于作为历史学家的比德，见布莱尔文章《比德的历史著作》（P. H.
Blair: "The Historical Writings of Bede"）和布鲁克《850—1150 年英伦历史著作》（Ch.
N. L. Brooke: "Historical Writings in England between 850 and 1150"），载论集《早期中世纪
史学》（*La Storiografia altomedievale*），斯波莱托（1969），第 197—221 页，第 224—
247 页。另见华莱士-马德里尔《英伦与欧陆早期日耳曼人的王国》（J. M. Wallace-
Madrill: *Early Germanic Kingship in England and on the continent*），牛津，1971，第 4 章，
《比德》，第 72—97 页）。

们想要证明彼岸世界的真实，想引发生者们足够的畏惧，以便让他们希望在死后逃脱折磨，并变更自己的人生。但它们并不像大格列高列的布道事例那样具有说教性。它们对于我们的炼狱史的价值，是在这些灵视作品的一篇里首次出现了彼岸世界一个专门让灵魂在死后接受净化的地点，这个地方超越了此前对应《约翰福音》的人们所提到的一个灵魂居所。

让我们快速浏览第一个灵视，即圣弗尔西的灵视，这位爱尔兰僧侣前往大陆传教，650 年葬于佩罗讷，在那里克洛维二世的宫廷总管埃尔西诺德让人在自己坟墓上修建了一座礼拜堂。比德转述了弗尔西死前不久在佩罗讷写作的一个传记。在弗尔西住在东英格利亚他所创建的科诺波莱斯伯罗修道院的时候，他病倒并有过一个灵视，他的灵魂在"从晚上到鸡鸣"期间脱离了肉体。从天上，他看到身下有四处火，即谎言之火、贪婪之火、纷争之火和渎神之火，它们很快汇在一处。一些恶魔飞过这火，与善天使们争夺死者的灵魂。三位天使保护弗尔西不受这火和恶魔侵害：一位天使为他开辟道路，两位保护他的侧面。然而，一个 155 恶魔成功抓住他，在天使干预之前，让他被火燎烧。弗尔西肩膀和下巴被灼伤。但他回到地上时，这些烧伤仍可见，他向人展示它们。一位天使对他解释说："你所点燃的东西，即你之内燃烧的东西"，并对他作了关于赎罪与拯救的陈述。弗尔西的灵魂回到地面，每当想起，这位僧侣对他的想象之旅满怀恐惧。即便在冬天寒冷的日子穿得很少，他也会因为恐惧而流汗，好像正当盛夏一样。

在这个故事里，炼狱的概念很模糊。火的性质未加明确，弗尔西烧伤的特性也模棱两可：是神判，是对罪的惩罚，还是净化？但是这种含混性同样存在于对炼罪之火的定义之中，但此处并没有这样称呼。[①]

德赖瑟尔姆的灵视：一个专用于洗罪的场所

《英吉利教会史》第五卷第 12 章，德赖瑟尔姆的灵视对于我们的研究而言其重要性更大。主人公是一个世俗人，一家之长。这位靠近苏格兰边境的康宁汉姆（或者切斯特勒街镇）居民病重，一天晚上死去。在黎明时，他复生了，吓跑了那些为尸体守灵的人，只有他的妻子除外，她吓坏了，但感到高兴。德赖瑟尔姆将财产分作三份，三分之一给妻子，三分之一给孩子，三分之一给穷人，自己去特威德河转弯处孤立的梅尔罗斯隐修院修行。在那里他活在赎罪之中，有机会的时候，他就讲述他的遭遇。

一个白衣的闪光的人物将他带向东方，进入一个宽阔幽深的山谷，山谷无限悠远，左侧是可怕的烈焰，右侧是恐怖的霜与雪的大风。这两个山坡上满是人类的灵魂，风把它们从山谷一侧吹到另一侧，没有停歇。德赖瑟尔姆认为这是地狱。他的同伴猜到他的想法，告诉他："不，这里不是你认为的地狱。"然后，他进入一些越来越阴暗的地方，他在那里仅能看出他的向导的光影。

156

---

① 《英吉利教会史》（*Historia ecclesiastica gentis Anglorum*）Ⅲ，19。比德几乎原样誊写了最初的《弗尔西传记》（*Vita Fursei*），见克鲁施（B. Krusch）校勘本《历史上的日耳曼尼亚史料，记述墨洛温王朝事迹的书吏们》（*Monumenta Germaniae Historica. Scriptores rerum merowingicarum*），卷Ⅳ，1902，第 423—451 页。

突然从一口大井中涌出一些暗色的火球，复又落回井里。只剩下德赖瑟尔姆一个人了。在这些火焰中，一些人类的灵魂升升降降，如同火星。这一景象伴随着非人的哭声、狞笑和恶臭。德赖瑟尔姆特别留意到一些恶魔施加给五个灵魂的酷刑，其中一个灵魂是一位教士的，可以从他头上的剃度认出；另一个是世俗人，第三位是个女性（我们处于一个两元对立的世界：教士／世俗人，男人／女人，这三个人物代表人类社会整体，另外两个灵魂待在神秘的幽暗之中）。他被恶魔包围，恶魔威胁他要用着火的钳子抓住他，德赖瑟尔姆以为自己没救了，突然一道光出现，变大，就像闪耀的星光，恶魔散开去，逃走了。他的陪同者回来了，改变了方向，将他带到一些光明的地方。他们到达一堵墙，长度和高度是他的肉眼无法量度的，但他们以不可理解的方式穿过那墙，德赖瑟尔姆到了一个广阔的绿色的草地，那里到处是闪光的芬芳的鲜花。一些白衣人在那里结成数不清的快乐的人群。德赖瑟尔姆认为到达了天国，但他的同伴读出了他的想法，告诉他："不，这不是你所推测的天国。"德赖瑟尔姆穿过草地，一道更强的光越来越亮，一些非常柔美的歌声响起，一种香气环绕着他，跟这香味比起来，他在草地闻到的香味只是微不足道的气味，光变得非常强，以至于草地上的光比起来就像微光。他希望进入这个神奇的地方，他的向导却迫使他返回原路。当他们到达白衣人欢笑的居所，他的同伴告诉德赖瑟尔姆："你知道我们所见到这一切是什么？——不。——满是燃烧火焰和冰霜的山谷，是那些迟于忏悔和纠正他们所犯罪行（*scelera*）的、到了死亡时才后悔并且在这种状态下脱离肉体的人的灵魂受到审查和惩罚的地方；但是，至

少在死亡之时，他们忏悔过，赎过罪，他们所有人在最后审判日
157　将到达天国。许多人得到生者的祈祷、施舍、斋戒，特别是弥撒
礼的帮助，他们甚至会在最后审判日之前得解脱。"[①] 向导接着说：
"然后，突出火焰的恶臭的井，那是阴间的出口，一旦堕入，将
永远无法从中解脱。你看到迷人而闪耀的青年人在消闲的那个
开满鲜花的地方，那里接纳的是那些在善行中脱离肉体的人的灵
魂，但他们的完善程度还没有资格立刻被引入天国；但是他们所
有人在最后审判日将进入基督的视野和天国之喜乐。因为那些所
言、所行和所想都全善的人，刚刚脱离肉体，他们立刻到达天国；
那个在芬芳香味中有光彩闪耀，你听到柔美歌声的地方离天国很
近了。而你现在必须回到你的肉体里，重新在人们中间复活，如
果你努力思考你所做，在行为和话语中恪守正直和简朴，你在死
后同样将到你看到的那些快乐的灵魂中间去安居。因为，在我留
下你独自一人的时候，我去打听了将发生在你身上的事情。"听
到这些话，德赖瑟尔姆为返回肉体感到伤心，渴望地看着他所处
的地方和所见伙伴的迷人与美好。但当他自己心里想着怎样对
向导提出问题，但却并不敢这样做的时候，他就已经重新活在人

---

① "Vallis illa quam aspexisti flammis ferventibus et frigoribus horrenda rigidis, ipse
est locus in quo examinandae et castigandae sunt animae illorum, qui differentes confiteri
et emendare scelera quae fecerunt, in ipso tandem articulo ad poenitentiam confugiunt,
et sic de corpore exeunt: qui tamen quia confessionem et peonitentiam vel in morte
habuerunt, omnes in die iudicii ad regnum caelorum perveniunt. Multos autem preces
viventium et ellemosynae et jejunia et maxime celebration missarum, ut etiam ante diem
judicii liberentur, adjuvant."

境了。①

这一文本对于通往炼狱之路是至关重要的，虽然它相对于未来的炼狱体系还有一些重要的空白点，虽然它写作于一个开始疏离彼岸世界的炼罪问题的时代。

此中呈现的是专门用于炼罪的场所；这是对炼狱这一场所的 158 严格定义：不仅灵魂在那里被冷热交替折磨，以致德赖瑟尔姆以为那里是地狱，而且这是一个甄别和惩罚的场所，并非真正意义上净化灵魂的场所；对那些导致灵魂前往那里的罪过进行了定义，是重罪（*scelera*）；对导致灵魂进入那里的情境进行了介定：最后关头的（*in extremis*）忏悔和悔恨；肯定了置身此地确保永恒的得救；指出了生者襄助的价值，给出了系列等级：祈祷、施舍、斋戒，尤其是圣体礼仪，指出了它们可能的效果：即缩短炼罪的时间，这确认了这段时间是处在死后与整体复活之间，处在一个或长或短的阶段，最长的是直到最后审判日的惩罚。

那里所欠缺的，首先是炼罪这个词，以及更加广义的同根词"净罪"（purger）。大概比德在这里迁就了一种"文学"类别，他有意忽略了任何正典中的术语，甚至忽略了任何对权威的引述，然而《圣经》与奥古斯丁著作却隐在这一文本之后。但是，这个没有说出名字的场所尚不存在。

---

① 在 11 和 12 世纪德赖瑟尔姆的灵视将被一些最重要的作者引用：埃尔弗里克在其讲道文中（B. Thorpe 校勘，卷Ⅱ，1846，第 348 页及下），圣埃默兰的奥特罗在《灵视书》（*Liber Visionum*，《教会圣师全集》146，380 及下），以及 12 与 13 世纪之交的熙笃派的弗鲁瓦蒙（寒山，Froimont）的埃利南的作品中（《教会圣师全集》212，1059—1060）。

　　尤其，与奥古斯丁对那些既非全恶（non valde mali）又非全善（non valde boni）的人的看法相符，不存在唯一的居中的场所，存在两个地方：进行严酷改过的地方，和欣悦等候的地方；前者靠近地狱，后者靠近天堂。因为德赖瑟尔姆灵视的体系仍旧是一个两元体系，一堵看起来无法逾越的墙将永恒地狱和暂时地狱与永恒天堂和等待天堂分隔开来。要让炼狱存在，那必须设置一个三元体系（即便后来的炼狱仍旧在地理分布上偏向地狱），必须在炼狱与天堂之间存在一种更好的连通系统。即必须推倒那堵墙。

　　大约一个世纪之后，在日耳曼尼亚南部，赖兴瑙（富谷 Reichenau）修道院的一位僧侣韦蒂（Wetti）[1]，在讲述了他死前一天得到过灵视之后于 824 年 11 月 4 日离世。随后，这个故事被修道院院长海托（Heito）记录下来。不久之后，诗人、圣加仑（Saint-Gall）修道院院长 "斜眼的" 瓦拉菲（Walahfrid Strabo）* 给出了韵文版本[2]。

159
彼岸世界的怪诞之梦：韦蒂的灵视

　　病中的韦蒂在自己的小室中休息，他闭着眼睛但并未睡着。

---

　　① 拉丁名 Wettinus，韦蒂努斯。

　　* 有译名作瓦拉弗里德·斯特拉博，Strabo 是别号，拉丁文意思是 "斜眼的"。

　　② 《韦蒂的灵视》（*Visio Guetini*），《教会圣师全集》105,771—780，另见《拉丁文诗人们的日耳曼尼亚历史文献》（*Monumenta Germaniae Historica Poetae latini*），t. Ⅱ。"斜眼的" 瓦拉菲的韵文版本的校勘、翻译和评注版本见特雷尔出色的研究作品《斯特拉波的韦蒂灵视：文本、译文与评论》（David A. Traill: *Walahfrid Strabo's Visio Wettini: text, translation and commentary*），法兰克福，1974。

撒旦以教士的面目出现，面黑，丑陋以致让人辨不清眼睛，撒旦带着一些刑具伙同一群恶魔威胁他，准备将他禁闭在类似刑讯室的地方。但仁慈的上帝派来一群穿着得体尊贵的修道士服装的人，他们说拉丁语，他们赶走了恶魔。一位异常美丽的天使穿紫色衣服，来到韦蒂床头，与他亲切说话。灵视的第一部分在此处结束。修道院院长和另一位修士来协助病人。韦蒂向他们讲述刚刚发生的事情，并请他们为自己的罪行进行祷告，他自己则依据修道院著名的赎罪的姿态，双臂与身体成十字匍匐在地。两位修士唱了七首赎罪的圣咏（诗篇），病人回到床上，要人拿来大格列高列的《对话集》。在朗读了九到十页之后，他让探病者去休息，自己也准备休息。他见过的那位穿紫衣的天使重新出现，这一次穿着闪耀的白衣，他恭贺病人做了他刚刚做过的事情。他尤其建议他朗读并反复朗读《诗篇》一一八 ①。

于是，天使带他从一条宜人的路到达一些高不可测的异常美丽的山，似乎是大理石质地的，有一条大河环绕，河里有数不清的遭永劫者，他们被留在那里接受惩罚。他认出其中许多人。在 160 其他地方，他旁观数不清的各种酷刑施加于许多神甫及他们诱惑的女子，他们被投进火里，深及他们的性器。在有烟雾从中冒出的形态古怪的木石结构的类似城堡的建筑里，他看到一些修

---

① 《诗篇》一一八在希腊文《圣经》和拉丁文通俗译本（武加大本，是中世纪人们所使用的《圣经》）中的编序，即按照今日通常使用的希伯来本的编序，就是耶路撒冷经学会出版的《诗篇》一一九。经学会校勘者指出："这是炽烈和不懈的忠诚的连祷……所有的心念都表达出来，对人说话的上帝，赐人被人深思、爱戴和遵守的法度的上帝，他是生命、安全、真正的完全的幸福的源泉。"

道士，据天使告诉他的话，他们聚集在那里洗清自己的罪（*ad purgationem suam*）。他还看到一座山，山顶有一位十几年前死去的修道院长，他被安置在那里不是因为永劫，而是为了炼罪。一位主教本来应该为这位修道院长祈祷的，他现在正在山的另一侧受地狱的刑罚。他还在那里看到一位曾经统治意大利和罗马人民的君王，一只动物正在撕碎他的性器官，而身体其他部分却不受触及。他吃惊地看到曾经是天主教信仰和教会的捍卫者的这个人（此人是查理大帝，"斜眼的"瓦拉菲在韵文版中道出他的名字）这样子受到惩罚，他从天使那里得知，尽管有可敬仰和称许的功绩，这个人物曾经放纵于不正当的情爱。但是，他最后将进入受选者之列。时而在荣耀里，时而在刑罚中，韦蒂看到一些法官、世俗人、僧侣。随后，他去往一些非常美好的地方，那里矗立着黄金白银的拱门。王中之王、主中之主与许多圣徒一起走来，人类的眼睛无法承受其光辉。天使请圣徒们为韦蒂求情，他们照办了。来自王座的一个声音回答他们："他本应有榜样性的行止，而他不曾如此。"他随后看到殉道的真福者的荣耀，他们同样请求上帝宽恕韦蒂的罪过。来自宝座的声音宣布他必须首先为他因为自己的坏榜样而导向罪恶的所有人请求宽恕。他们随后进入一个地方，那里有众多圣贞女，她们同样为他求情，天主宣布如果他传授完善的教理，做出好的榜样，纠正那些他引向邪恶的人，上帝便会听从她们的请求。天使于是对他解释说，在人类所犯的所有恶行中，特别冒犯上帝的有：违逆天性的罪行，鸡奸。天使还对他长篇大论谈到那些必须避免的恶行，激励他特别让那些日耳曼人和高卢人恪守谦卑与志愿的贫穷，天使岔开话题谈到女性修

161

会的罪过，复又回到鸡奸邪行，对这一主题大加发挥，解释说瘟疫因为人的罪过而染上人类，尤其建议他无懈可击地完成天主的事工（*opus Dei*）。他顺便指给他看某位曾经替查理大帝统治巴伐利亚的吉罗德伯爵，他曾经显示了卫教的热忱，被接纳享有永生。说了许多话之后，天使离开韦蒂，他在即将黎明时醒来，口授了自己的灵视。对他死前最后时刻的描述结束了这一故事。

必须对这一不寻常的灵视本身进行分析。我只记取三个与后来炼狱相关的元素：强调在彼岸世界炼罪，一个作为这些暂时刑罚的场所的山脉占有的地位（在我们炼狱史的末篇，我们将看到但丁《炼狱篇》的山脉），这些惩罚场所中查理大帝的在场（他因为抵不住肉体的诱惑而受到惩罚）。这是在中世纪获得成功的查理大帝的这段传奇的最古老的版本之一：皇帝似乎跟自己的妹妹有过罪孽的关系，并且因此是罗兰骑士的父亲。更晚的时代，我们将看到查理大帝的祖父查理·马特（铁锤查理）也在彼岸世界受到折磨，因为他曾剥夺教会的财产。但查理·马特同狄奥多里克一样受到了永劫，而查理大帝却"最终得救"①。

虽然查理大帝和他的罪孽出现在韦蒂的灵视中，但在9世纪末的另一个惊人的灵视中，我们将看到整个加洛林王朝，这是对中世纪大获成功的一种事业的最佳实证：即对启示录文学的政治

---

① 葛莱菲耶：《查理大帝传说：皇帝之罪与宽恕》（B. de Gaiffier: "La légende de Charlemagne. Le péché de l'empereur et son pardon"），载《圣徒传与造像批评研究》（*Etudes critiques d'hagiographie et d'iconologie*），布鲁塞尔，1967，第260—275页。

利用。①

162　**对彼岸世界的政治利用："胖子"查理的灵视**

　　我给出这一灵视文本的全文，它大概写作于皇帝"胖子"查理死后（888 年）不久。这一灵视旨在为路易的事业效力，他是博索与"童子"路易二世皇帝的独女埃芒加德的儿子，"童子"路易则是洛泰尔的儿子，"胖子"查理的侄子。路易三世，别号"瞎子"，实际在 890 年被宣立为国王，900 年被教皇加封为皇帝。他被竞争者贝伦加尔赶下皇位，贝伦加尔按照拜占庭的习俗让人刺瞎他的双眼。这一文本是兰斯总主教周围的人写作的，文本中肯定了圣雷米说情的力量，圣雷米是兰斯总主教区的主保圣人。

　　对查理皇帝的灵视的讲述是根据其本人的陈述：

　　　　以众王之王，我主上帝之名，我，查理，蒙主恩宠为日

---

　　① 见利维森《中世纪早期关于死后生活的灵视中的政治》（W. Levison: "Die Politik in den Jenseitsvisionen des frühen Mittelalters"），载《莱茵与法兰克王国早期》（*Aus rheinischer und fränkischer Frühzeit*），杜塞尔多夫，1948。这一文本由哈利乌尔夫在 1100 年前后加入他的《圣里基耶修道院编年史》（*Chronique de Saint Riquier*, F. Lot 校勘，1901，第 144—148 页），在 12 世纪由马姆斯伯里的威廉收入他的《盎格鲁国王史》（*De Gestis regnum Anglorum*, W. Stubbs 校勘，Ⅰ，第 112—116 页），13 世纪由博韦的樊尚收入《大宝鉴》（*Speculum*）。我们看到它单独存在于众多稿本。圣德尼修院的僧侣将这灵视归于他们的施主"秃头"查理。这是这所修道院进行的众多赝托作品之一。与《伪丢尼修》有关的造假在 12 世纪受到阿贝拉尔的揭露，这促成他所遭遇的麻烦，丢尼修（狄奥尼修斯）是由圣保罗进行皈依的，据传是修道制度的创始人。

耳曼人国王、罗马人之总督和法兰克人之皇帝，在一个礼拜日的神圣之夜里，在做了夜间圣事之后，我上床休息，我想要睡一会儿。一个声音对我说话，以可怕的声响告诉我："查理，一会儿你的灵将离开你，一个灵视将显现给你上帝正义的审判和一些相关预兆；然后你的灵在整整一个时辰之后将回来。

立刻，我在心中感到喜悦，那个带我走的人全身洁白，手中拿着一个线团，线团发出极亮的光，如同彗星出现时的光芒，然后他开始展开线团，对我说："拿起一根闪光的线，结实地系在右手拇指上，因为它将领你进入地狱刑罚的迷宫。"说着，他迅疾地走在前面，一边展开闪光的线团，把我领入燃着火的深谷，那里满是深井，井里燃烧树脂、硫磺、铅、蜡和炭黑。我在那里看到我父亲和叔父们的高位圣职者。我恐惧地问他们为何这些严酷的折磨施加在他们身上，他们回答我："我们曾经是你父亲和叔父们的主教；但我们非但没有给他们及其人民和平与和睦的建议，我们反而传播不和，我们曾是恶行的唆使者。这便是为何我们现在在炙烧，如同其它爱好杀戮和劫夺者一样承受地狱的折磨。你的那些主教和附庸同样会来这里，他们至今放纵于相同的作为。" 163

当我颤抖着听这些话的时候，一些飞着的漆黑的恶魔试图用铁钩抓住我手里所持的线团的线，并把我拉向他们那边，但是光线的晃照让他们无法够到那线。然后，他们跑到我背后，想钩住我，推我进硫磺井；但是拿着线团的我的那位向导将线团的一根线抛到我肩膀上，双重加固，然后用力将我拽到他身后，我们这样子爬上了很高的铁山，一些燃烧的沼泽和河流从那里发源，里面各种金属在沸腾。我在那里看到数不清的人的灵魂，我父亲的大臣和我的兄弟们的灵魂被推进去，有的淹没到头发，有的到下巴，其它的到肚脐，他们对我喊叫着："在我们生前，我们同你和你父亲、你的兄弟和叔伯一起喜好作战和杀戮，因俗世的贪欲而劫夺；这就是为何我们现在在这沸腾的河里在各种金属中受折磨。"

当我畏怯地听着这些话，我听到身后一些灵魂在叫喊："有权势者承受沸腾之河里树脂与硫磺的酷热，那里满是大龙、蝎子和各类蛇"；我还看到我父亲、叔父和兄弟们的一些大臣，以及我手下的一些大臣，他们对我说："我们真不幸。查理，你看到我们在忍受怎样的严酷的折磨，是因恶行和傲慢，因为我们因贪欲而给国王和你本人的那些坏的建议。"他们呻吟着哀诉时，一些龙冲向我，张着口，口里满是火、硫磺和树脂，它们想吞下我。但我的向导更加努力地将线团的线在我身上打了三重，线的光战胜吐火的龙口，他更用力地把我向前拽。

于是我们下到一个谷里，一侧黑暗，但如同炉中之铁冒着火焰；另一侧，宜人，有无可言说之妙。我转向黑暗的喷着火焰的一侧，在那里看到我家族中的国王在受苦刑，于是我陷入深深的焦虑，因为我立刻想象自己被全身漆黑的巨人推入苦刑之中，他们用各类的火燃烧着山谷。我浑身颤抖，在线团的线的照明下，我看到在山谷这一侧有微光闪现片刻，有两眼泉流淌。一个泉是沸腾的，但另一个是清澈温和的，

164

存在两个水池。在线团的线的指引下我走向泉水，我盯着里面沸腾的那水池，我在里面看到路易，我的父亲①，他站着，水淹没到大腿。

他承受极端的痛苦，他的焦虑让痛苦加剧，他对我说："查理大人，别害怕，我知道你的灵魂将回到肉身去。上帝允许你来到这里，那是为了让你看到因为何种罪过我在承受你所见的这样的折磨。实际上，我一天在沸腾的水池，隔一天则被送到那个水清凉的池子；我得到这好处是因为圣彼得和圣雷米的祈祷，我们的种族在他们的保佑下才统治至今。但是如果你们，你及其他忠于我的人、主教、修道院长和教会成员，通过弥撒、奉献祭礼、圣咏、瞻礼前夕祭礼和施舍来帮助我，那么我将很快从这沸水池里解脱，因为我的兄弟洛泰尔和他儿子路易靠着圣彼得和圣雷米的祈祷已经解脱了这刑罚，他们已经被带到上帝的天堂的喜乐中。"然后他对我说："你看左边。"我看过去，看到那里有两个深池。他接着说："这些是给你预备的，如果你不改过的话，如果你不为自己的可耻罪行赎罪的话。"

于是我开始感到毛骨悚然。看出我的灵的惊恐，我的同伴对我说："跟着我向右走，那里是天堂的美妙谷地。"我们往前走，我看到我叔叔洛泰尔坐在一块石头上一些光明中的荣耀的国王的身边，这块石头是一块尺寸非同寻常的黄晶石。他头戴珍贵的王冠，旁边是他儿子路易，他头戴类似的王冠。

---

① 即皇帝"日耳曼人"路易（卢德维希）二世。

看到我走近他，他亲切呼唤我，大声对我说："查理，我的继承人，你现在安然统治罗马帝国，到我这边来；我知道你穿过你父亲，也是我兄弟，赎罪的地方到这里来的，他被安置在一个为他准备的池子里；但是仁慈的上帝很快会解脱他的刑罚，就如同我们因为圣彼得和圣雷米的德行而得到解脱一样，上帝把给国王们和所有法兰克人传道的崇高使命交给他们。如果这位圣徒没有协助我们幸存的后代，那么我们的家族早就不再统治和施行皇帝的权力了。所以，你要知道这皇权很快要从你手里夺走，然后你只能活很短时间。"路易转向我，对我说："你作为继承者至今拥有的罗马人的帝国必须落入路易，我女儿的儿子之手。"听到这些话，我觉得小孩子路易到了我们面前。

　　他的祖父盯着他，对我说："这个小孩子如同我主放在门徒中的那个孩子，我主当时说：'神的国属于这些孩子；我告诉你们，他们的天使总是看着我天上的父的正脸。'至于你，用你手里持的线团的线，把权力转交给他。"我从右手拇指解开线，我用这根线把整个帝国王朝交给他。立刻，闪亮的线团整个团在他的手中，如同闪耀的太阳。这样，在经历了这次灵视之后，我的灵回到肉体，但我非常疲惫，满怀恐惧。作为结束语，让所有人都知道，不论他们愿意与否，整个罗马人的帝国将回到符合上帝意志的他的手中。但我没有办法替他行事，因为上帝要召唤我的日子近了，这让我无法办到。统治生者与死者的上帝，将会完成并确认这桩事，因为他永恒的统治和他的普世帝国将绵延万代。①

　　这一文本，后来成为但丁阅读的内容，它显示出虽然没有任何理论的思考，却内在地存在对地狱进行划分的需求，原则上那些权贵都在那里，这是一个不能出来的地方。其中细节的元素同样是珍贵的里程碑。充当着阿里阿德涅破解迷宫之线的闪光线团的民俗学主题复现于蒂尔伯里的杰维斯的作品中，谈到的是 12 世纪末兰斯的一个巫婆的故事。冷热交替的主题、减轻刑罚的主题都在这里得到强调。我们从中看到提醒彼岸世界的刑罚的一个用途浮现出来：即对生者进行敲诈。

166

　　从 7 世纪到 11 世纪，这些灵视提供了炼狱想象的几个元素，我用列日的埃格伯特的一首诗来终结对这些灵视的研究，《满载之舟》(*Fecunda Ratis*) 写作于 1010—1024 年，将人带回到两种火的古老观念，炼罪之火与永恒之火，把人带回到古老的文学形式。关于炼罪之火（231—240 诗句），涉及的是火河、轻罪，以及《约翰福音》二: 3 和《但以理书》七: 10，以及《以西结书》二十四: 11。关于永恒之火的诗句（241—248 诗句）提到地狱的

---

　　①　译文自拉图什《5—11 世纪中世纪史文本集》(R. Latouche: *Textes d'histoire médiévale du Ve au XIe siècle*, 巴黎，1951，第 144 页及下)。关于"瞎子"路易，参阅普帕尔丹《加罗林时代的普罗旺斯王国》(R. Poupardin: *Le Royaume de Provence sous les Carolingiens*, 巴黎，1901，《附录》六，《"胖子"查理的灵视》(*Visio Karoli Crassi*)，第 324—332 页)。如同《韦蒂的灵视》，9 世纪初的《罗查理乌斯的灵视》(W. Wattenbach 校勘，见《向下属显灵，德意志的过去》(*Auzeigen für Kundeder deutschen Vorzeit*)，XXII，1875，col. 72—74)，在那里，罪人被投入齐胸的火里洗清罪孽，同时有人往他们头上浇沸水。查理大帝则在得到上帝之选的人中间，因为信徒们的祈祷让他摆脱了惩罚。

湖、井和深渊。①

瞻礼：既接近又远离炼狱

通向炼狱之路的第三条要考察的道路是瞻礼之路。作为对新的信仰的准备，这既是最让人失望的，又或许是最丰富的。一方面，没有或者几乎没有什么内容暗示在人死后赦免罪过，另一方面，生者为死者祈祷的热忱，其发展创造出与炼狱衔接的结构。

在墓葬铭文中，我们看到基督徒对死者的忧虑。在瞻礼中，我们重又看到这种忧虑，但是为死者请求的虽然不是立刻进入天堂，至少是得到安息中的等待和对来世的许诺。与这些愿望最相符的概念是 *refregerium*（清凉）和"亚伯拉罕的怀抱"。最通常的表述是"清凉、光明和安宁之地"的表述。

就早期中世纪来说，人们区分三个版本的对于死亡的祷告：有"老哲拉修"的祷告（来自据说由哲拉修创作的圣礼书）或者叫罗马的祷告，有阿尔琴的祷告（从 9 世纪开始最为普及，如今仍见于罗马公教的主教仪典书；有法国天主教会的祷告，见于 9 世纪圣德尼修道院的一部圣礼书，直到 16 世纪仍可看到一些实证。

阿尔琴的祷告如下："万物因之存在，肉体死亡时因之不朽，而且变成更好，我主上帝，我们向你祷告，求你让你的仆人的灵魂被接纳到其圣天使之手，被引入你所爱的亚伯拉罕人类圣祖的

---

① 埃格伯特:《满载之舟》（Egbert de Liège: *Fecunda Ratis*），Voigt 校勘，哈勒（萨勒河畔），1889。

怀抱，在大审判的最后的日子复活，而他因为恶魔欺骗所养成的一切恶行，请你出于仁爱、仁慈和宽容而将其抹去。其为永远的永远。"①

普遍看来，两个特征限定了瞻礼文本在炼狱形成的研究中的作用。

第一个特征是故意避免对惩罚或墓外赎罪的任何暗示。谈到洗净的灵魂（*anima purgata*），像哈德良的圣礼书中，涉及的是赦免罪过。圣体礼的奉献让人希望"灵魂的彻底救赎和永远得救"。依据某些圣礼书，"圣体礼的奉献打破死亡统治的锁链，将灵魂引入到生命与光明的居所"。② 瞻礼是刻意曲避的、乐观主义的。意味深长的是，《博比奥镇修道院的弥撒经本》（*Missel de Bobbio*）重复了奥古斯丁为母亲祈祷的原文。约瑟夫·恩特迪卡正确指出大格列高列是"首位用炼狱教理来解释为死者祈祷的人"，他的追随者有塞维利亚的伊西多罗、比德和其他人，但这种观点"对于瞻礼的经本没有任何影响"。历史的各个领域的这种相对的自主是

---

① 西卡尔：《从起源至加罗林改革时期罗马教会纪念死者的瞻礼》（D. Sicard: *La liturgie de la mort dans l'Eglise latine des origines à la réforme carolingienne*,《瞻礼研究与史料》，玛丽亚·拉赫修道院学院出版社，卷 63，明斯特，1978）。在 89—91 页可见三个祷告文的拉丁文本。法国教会的祷告文谈到三位人类圣祖，不仅仅有亚伯拉罕。"你所爱的亚伯拉罕"之外还有"受你所选的以撒"和"你所爱的雅各布"。同样，在哲拉修的圣礼书中，涉及的是复数的怀抱（"in sinibus"），三位圣祖的怀抱。

② 见恩特迪卡的出色研究《为亡者祈祷中彼岸世界的演变：早期教父和罗马教会瞻礼研究 4—8 世纪》（J. Ntedika: *L'Evocation de l'au-delà dans la prière pour les morts. Etudes de patristique et de liturgie latines*）（IVe-VIIIe siècle)，鲁汶-巴黎，1971，特别是第 118—120 页。

值得历史学家思考的主题，历史学家应当顺应历史中的一切并非完全同步的事实。

第二个特征是瞻礼从其功能而来的本质的保守主义。比如，在弥撒圣典中引入为死者的弥撒纪念祈祷（memento des morts），这大概在大格列高列的时代就有了，但弥撒圣典的整体直到第二次梵蒂冈主教会议都不曾变化："从 5 世纪初开始，我们罗马教会的弥撒圣典从《故此，汝，至仁慈的圣父》（*Te igitur*）祷文到建立圣事经文在实质上已经是今天的样子。"① 之所以死者的弥撒纪念祈祷文在哈德良一世颁给查理曼的格列高列圣礼中被忽略了，那是因为在罗马，这一祷文在礼拜日和庄严圣事的弥撒中总是被忽略的。这一祈祷被看作对所认识的死者的一个普通仪式，只在平常的弥撒中进行。

这里有必要指出两点。我们应该将炼狱的产生重新放在早期中世纪的整体宗教氛围中。第一点，如同达弥益·西卡尔（Damien Sicard）指出的，在加罗林时代可以感到某种演进。在仪式中，"上帝这时被有意表现为法官。人们诉诸他的司法，几乎与要求他的仁慈一样多。"他提到最后审判，死者"必须得到净化，洗去罪孽和过失"。对死者的罪孽的感知（在古老的瞻礼中死者并不出现）这时表现为恐惧的表达和"对彼岸世界的思索的开端"。但这里彼岸世界仅具有两个可能的方向：即地狱与天堂。加罗林时代瞻礼所引入的内容，并非炼狱的希望：而是伴随着对天堂的

----

① 语出卡佩尔《罗马教会弥撒中的说情》（B. Capelle: "L'intercession dans la messe romaine"），载《本笃会会刊》（*Revue bénédictine*），1955，第 181—191 页。重收入《瞻礼研究》（*Travaux liturgiques*），卷 2，1962，第 248—257 页。

越来越脆弱的希望和与日俱增的对地狱的恐惧。早在 8 世纪，《博比奥修道院弥撒经本》就推出一种为死者进行的祷告，"为的是让死者摆脱惩罚的地点，摆脱地狱之火，摆脱阴间的烈焰，让他到达生者的地方"。另一个仪式说："解脱他，我主，从黑暗君主和惩罚之所解脱他，从地狱所有刑罚和磨难的陷阱中解脱他……"

　　第二点意见：在整个早期中世纪，瞻礼强调第一次复活的想法，将为死者的祈祷放在千禧至福说的框架中。这种认识建立在约翰《启示录》二十：6 之上："于第一次复活有份的人是有福的！"这一认识主要得到了奥利振和圣安波罗修的推广。多数仪式带有这样的表述："让他于第一次复活有份"（*Habeat partem in prima resurrectione*）。

　　达弥盎·西卡尔依据博特神父的研究，很好地介定了这种对第一次复活的信仰所引发的问题："这种古老的瞻礼经文具有千禧 169 至福说色彩，让人疑心在我们的法国教会和哲拉修仪礼的时代，人们近乎想象在死后有一个第一次复活的中间地点，人们希望和渴望在那里与基督一同为王一千年……但是，我们希望我们的瞻礼文本为我们更多明确出它们通过这个中间地点想表达什么。如同最初的罗马教会祈祷书，这些文本根据《路加福音》，通过等同于亚伯拉罕的怀抱、天堂和天国的一些表述来指称这个地方。"人们正在走向"对一个居间的安息地点，对一个甜美天堂的信仰，在那里在柔和的光明中，赎脱了所有罪孽的灵魂等待着自己的复活之日。但是，这种观念中，没有什么东西能让人设想我们与现今炼狱概念联系在一起的那种净化、那种已被饶恕的罪孽造成的苦难！"①

　　我认为这个居间的安息场所，就是亚伯拉罕的怀抱或者比德的《德赖瑟尔姆的灵视》中那些白衣灵魂所居的草地。这是等待着第八日的那些灵魂安息的地方，第八日即复活日，是那些修道院的文献中经常提到的。② 但是，如同后来的炼狱概念要求奥古斯丁划分出的不完全善的人（ *non valde boni* ）这个类别消失，而只保留不完全恶的人（ *non valde mali* ），或者一般善恶的人（ *mediocriter boni et mali* ），同样炼罪的场所要求这个近乎天堂的等候场所消失，并且彻底抹去亚伯拉罕的怀抱。

对死者的纪念：克吕尼教派

　　除了弥撒圣典中对死者的纪念和为死者进行的祷告，基督教瞻礼是关注死者的。罗马教会的圣礼书证明弥撒被用于死者，因为在葬礼当天未行弥撒，作为纪念而在一个周年祭日举行。但作为对死者的纪念的最佳实证的主要是那些各类形式的死亡登记簿。加洛林时代，在某些修院中在登记册上记录一些应该被举荐到弥

170

---

　　① 西卡尔：《从起源至加罗林改革时期罗马教会纪念死者的瞻礼》，第 412 页。关于第一次复活，见博特《第一次复活：千年至福说在西方瞻礼中的遗存》（ D. B. Botte: "Prima ressurectio. Un vestige de millenarisme dans les liturgies occidentales" ），载《古代与中世纪神学研究》，15，1948，第 5—17 页）。在《启示录》的支持下，这一观念将持续下去。比如我们在 12 世纪末绍斯威克的盖伊关于忏悔的一个短论中，A. Wilmart 神父校勘本，载《古代与中世纪神学研究》，7，1935，第 343 页。

　　② 勒克莱尔：《关于僧侣死亡的文献》（ J. Leclercq: "Documents sur la mort des moines" ），载《马比荣学刊》（ *Revue Mabillon* ），XIV，1955，第 167 页。

撒典礼上的生者与死者。它们代替了那些古老的记事双连板，过去在这种涂蜡的板子上列着那些奉上祭品者的名字。这就是"生命簿"（*libri vitae**）。① 随后，生者与死者分开来。修道院僧众——在爱尔兰早从 7 世纪开始——在卷子本上记下修院死者的名字，在同一系统的各修院间传递**，把这些名字通知各个修院。② 随后出现死亡者名簿（*nécrologe*），是写在年历边缘的死者名单，通常是在晨祷时念诵他们的名字，或者齐声，或者参事会前由主持者朗读，而忌辰登记簿通常不是用于诵读，而是提醒为某些死者建立的周年圣事和与此相关的慈悲德业（通常是发送施舍）。K. 施密德和 J. 沃拉施指出从加洛林时代（9—10 世纪）到格列高列改

---

　　*　或者叫纪念簿，是需要人们为之祈祷的人的名册。

　　①　于格贝特：《死者传略文献》（N. Huyghebaert: *Les Documents nécrologiques*，收入《西方中世纪史料分类》（*Typologie des sources du Moyen Age occidental*），第 4 分卷，蒂伦豪特，1972）。勒迈特：《法国的忌辰簿：新视角》（J.-L. Lemaître: "Les obituaires français. Perspectives nouvelles"），载《法国教会史学刊》（*Revue d'histoire de l'Eglise de France*），LXIV，1978，第 69—81 页。仅存世 7 件 *Libri vitae*（生命簿）。其中一件是勒密尔蒙修道院的，有出色的校勘本《勒密尔蒙修道院纪念簿》（E. Hladwitschka/K. Schmid/G. Tellenbach: *Libri memorialis von Remiremont*，都柏林 / 苏黎世，1970）。见特伦巴赫《勒密尔蒙修道院纪念簿：可供批评研究的有史料价值的瞻礼纪念簿》（G. Tellenbach: "Der liber memorialis von Remiremont. Zur kristischen Erforschung und zum Quellenwert liturgischer Gedenkbücher" 载《德国中世纪研究档案》（*Deutscher Archiv für Erforschung des Mittelalters*），35，1969，第 64—110 页。

　　**　可以在羊皮纸上续接，由各修道院长签名收执，卷子因此越来越长。

　　②　这些关于死者发表的传递卷轴的研究书目见迪普尔文章《博松的死者发表卷轴：苏兹修道院长（约 1130 年）》（J. Dupour: "Le rouleau mortuaire de Bosson, abbé de Suse（v. 1130）"），载《学报》（*Journal des savants*），第 237—254 页，以及《加泰卢尼亚死者发表卷轴和通谕（1008—1102）》（"Les rouleaux et encycliques mortuaries de Catalogne（1008—1102）"），载《中世纪文明手册》（*Cahiers de civilization médiévale*），XX，1977，第 13—48 页。

171 革时期（11世纪末）发生的演变。主要从笼统地提到死者发展到提到个体的名字。加洛林时代的"纪念簿"（libri memorialis）包含15000—40000个名字。克吕尼教派的死亡者名簿每天在日历上只提到50—60个名字。从此，"对于登记了名字的死者的仪礼纪念得到了持久的保障"。个体死亡的时间[①]从此在死亡名簿中确立。K.施密德和J.沃拉施同样强调了克吕尼教派在这一演变中的作用。如同W.约登所言，"在照料死者方面，具有某种克吕尼派的独特性"。[②]

的确，克吕尼派在顺应与统治集团相关的死者与生者之间的这些联盟的精英主义特征的同时，将每年一次的瞻礼的关注以庄严的方式扩展到全体死者。11世纪，大概在1024—1033年间，克吕尼派将对死者的纪念确立在11月2日，紧接着前一天的诸圣瞻礼节。这一教派在基督教世界中的威信如此之大，以至于"悼亡节"（诸灵节、追思已亡瞻礼）很快在各地都得到庆祝。生者与死者之间的这种额外的庄严的联系为炼狱诞生的基地做着准备。但是克吕尼派还以更加明确的方式为炼狱进行了准备。修道院长奥地禄（Odilon）去世后（1049年）不久，修道士约卒阿尔德（Jotsuald）在所著的这位圣徒院长的传记中转述了下列事件：

① K.施密德、J.沃拉施：《中世纪遗嘱中的生者与死者共同体》（K. Schmid/ J. Wollasch: "Die Gemeinschaft der Lebenden und Verstorbenen in Zeugnissen des Mittelalters"），载《早期中世纪研究》（Frühmittelalterliche Studien），I, 1967，第365—405页。

② 约尔登：《克吕尼派对死者的纪念》（W. Jorden: Das cluniazensische Toten-gedächtniswesen），明斯特，1930。勒迈特：《克吕尼派忌辰簿中的登记》（J.-L. Lemaître: "L'inscription dans les nécrologes clunisiens"），载《中世纪时的死亡》（La Mort au Moyen Age），高等教育中世纪史学会研讨会，斯特拉斯堡，1977，第153—167页。

　　理查主教大人向我转述了我曾听闻过的这个灵视,但之前我完全记不得了。他对我说,一天,一位来自阿基坦地区的修道士从耶路撒冷归来。在西西里到帖撒罗尼迦*之间的海上,他遇到强风,把他的船吹向一个多石的岛,那里住着一位隐修士,他是侍奉上帝的。但我们所说的这位修士看到大海平静下来,他与隐修士闲聊起一些事情。这个侍奉上帝的人问他是哪国人,他回答说是阿基坦人。于是,这位侍奉上帝的人想知道他是否知道一个名叫克吕尼的修道院,是否认识那里的院长奥地绿。他回答说:"我认识,还很熟,但我想知道你为何问我这个问题。"对方说:"我来告诉你,我请你记住你将听到的事情。离我们不远的一些地方,由上帝明示的意志,猛烈地喷着烈火。在确定的一段时间里,罪人们的灵魂在那里经受各种苦刑来清罪。许多恶魔不断翻新对他们的折磨:刑罚逐日层出不穷,让痛苦越来越难以忍受。经常,我听到这些恶魔的哀号,他们大声地抱怨:的确,上帝的仁慈让那些获罪者的灵魂可以通过神圣场所中僧侣的祈祷和向穷人的施舍而得以解脱苦难。在这些抱怨中,他们尤其针对克吕尼修院及其修道院长。所以,以上帝名义,如果你有幸回到克吕尼,我请求你让修院僧众知道你从我口中听到的一切,鼓励修士们为了陷入苦难中的那些灵魂的安息增加祈祷、守夜和施舍,由此使得天上有更多喜悦,让恶魔被战胜而气馁。"

　　回到自己的地方,这个人如实向圣徒院长和弟兄们转达

　172

---

　　*　今希腊塞萨洛尼基。

了这个讯息。听到他所说，弟兄们心中充满喜悦，感恩上帝，不断增加祈祷，不断增加施舍，不懈地为死者的安息努力。圣徒院长向所有修道院建议，在 11 月 1 日诸圣瞻礼节的第二天，私下或公开举行一些弥撒，伴随赞美诗与施舍，大量施舍给所有穷人：这样敌人恶魔会受到最严酷的打击，在阴间受苦，而基督徒将对上帝的仁慈抱有希望。

几年之后，著名的僧侣，意大利枢机主教彼得·达弥盎（Pierre Damien）也写作了一部奥地禄传记，几乎完全因袭了约卒阿尔德的，因为达弥盎的作品这段故事才变得出名。[①] 13 世纪，弗拉津的雅各布斯（Jacques Voragine）在《黄金传奇》（圣徒全传）中对此做出呼应："圣彼得·达弥盎转述，克吕尼修道院院长圣奥地禄曾揭示，在西西里一个火山附近，人们经常听到恶魔的哭嚎，他们抱怨说死者的灵魂因施舍与祈祷从他们手里夺走，院长要求在他手下各修院中，在诸圣瞻礼节后，对死者进行纪念。后来，这得到了教会的首肯。"弗拉津的雅各布斯写作的年代在 13 世纪中：因此他是根据炼狱的功能来解读这段故事的，那时炼狱已经存在。但是，约卒阿尔德和彼得·达弥盎撰写《奥地禄传》的时候，炼狱尚未诞生。克吕尼修院构成一个主要的里程碑；存在一个确定的地点：一座喷火的山。建立起来一种本质性的瞻礼习俗：死者们，特别是那些需要祈祷襄助的死者，从此拥有了他们在教会年历中的日子。

---

① 约卒阿尔德的文本见《罗马教会圣师全集》，142 卷，888—891 列，彼得·达弥盎的文本见 144 卷，925—944 列。

第二部分

12 世纪：炼狱的诞生

大飞跃的世纪

12 世纪是罗马公教蓬勃发展的时期。在经历了缓慢的成熟期之后，社会关系体系发生改变。奴隶制彻底消失，古典古代晚期和早期中世纪的大片的私人领地发生了深刻改变。领主体系建立起来，组织起一种双重等级，一种双重统治。第一个划分是根本性的，将统治者即领主们与服从于他们对领主领地的治辖权的广大农民分开来。根据这种权利，领主们从农民身上抽取他们劳动成果的很大份额，是以实物佃租的形式，并且越来越多以金钱的形式（同样以劳役形式，但是劳役开始减少）：这便是封建地租。通过一系列的权利，他们统治着农民大众（manants，平民，即那些居住在领地上的人；vilains，百姓卑贱者，即那些过去领地上住的并且在精神上同样可以加以轻蔑的人），这些权利中最重要的，即在经济上榨取收益的那些，来自于领主的司法权力。第二个社会划分是在领主阶级内部确定的。一个贵族阶级，即主要城堡的拥有者阶层，他们手下有骑士们通过附庸关系构成的中小贵族阶级。以一系列的服役为交换（主要是军事上的，但也是辅助和建议方面的），领主给予附庸保护，常常给予他生存资源，通常是一块土地，即采邑。

这一体系的整体构成封建制。虽然封建制仅仅对于封建附庸 的上层阶级在法律上得到了确立，但封建制的存在和运行却仅仅通过联系领主与农民的关系，通常是由**习惯法**以比较模糊的方式确定的。

　　这种封建制是一种更加广泛的体系即封建主义的一种历史化身，封建主义曾经存在（或仍然存在）于世界多个地区和多个时代。这一体系对于被统治者非常严酷，但却让整个社会有了千载难逢的飞跃发展。这一飞跃首先可见于人口数量：11 世纪初到 13 世纪中叶，罗马基督教世界的人口几乎整体翻倍。在乡村还出现了：耕地面积增加，因为耕作方式增加和技术进步而产量增加。飞跃是可观的，伴随着以农业开发剩余价值为基础的城市发展、手工业的劳力、贸易更新，伴随着与封建结构相关的城市阶层的产生，但城市阶层也给封建结构引入了一个部分具有否定意义的新元素，即自由的中产阶级：工匠、商人（随着一种与劳动、计算、和平、一定程度的平等、最强者领先其他人却并不统治他们的一种水平的而非垂直的等级关系相关的新的价值体系，资产阶级从中产生）。

　　一些崭新的社会描述与规范图式出现，它们经过了历史的演变，是来自于古老的印欧三分法的意识形态。教士阶层作为领主统治的组成部分参与到封建制结构中（教会领地属于最有势力的领地），从此教士阶层成为社会体系的意识形态的保障者，但教士阶层却是从宗教维度脱离出封建系统的。教士的优越感通过格列高列改革得到了激励，依照这次改革，教士们构成一个独身者的社会，他们摆脱性爱的玷污，他们是与他们所掌管的神圣之事直接接触的，他们所依据的是关于七大圣事（七圣礼）的新的理论。信众平等与伦理和宗教价值高于社会与世俗的形式，对此的强调同样使教士阶级得以作为第一等级，即祈祷者的等级，得到确立。在武器与战斗技术同样发生改变的时代（人和马有了重装备，战场围绕着城堡构成的网络），贵族的专门职责是武士，他们构成第二等级，即作战者的等级。最后，有意义的新生事物，一个第三等级出现了，即劳作者的等级，所涉及的是乡村的精英阶层——他们在开荒和获取耕地方面起着重要作用——以及乡村和城市的 179 劳作的大众。这里，我们辨识出 11 世纪初确立的三分社会图式，它在 12 世纪得到扩大：即教士（*oratores*）、武士（*bellatores*）、农夫（*laboratores*）。①

所以，社会的飞跃发展受到一种新的表现体系的认可。但 12 世纪的飞跃是地理与意识形态上的扩张运动：这是十字军东征的重要世纪。在基督教世界内部，这还是灵性与智性的飞跃，伴随着修道院系统的更新，查尔特勒（加尔都西）修会、普赖蒙特莱修会，特别是熙笃会，是这种更新的表达，伴随着城镇学院的兴起，在那里同时出现了一种对知识的新的观念和一些新的求知方法，即经院哲学。

炼狱是这种扩张在社会想象中、在彼岸世界的地理中、在宗教确信中的一个元素。它是系统的一个构件。这是 12 世纪取得的一项战果。

现在，我将逐渐拉近并深入我的调查。我将更切近地随着它

---

① 见杜比的重要著作《三个等级或论封建制想象》（G. Duby: *Les troisordres ou l'imaginaire du féodalisme*），巴黎，1979。印欧的三分法意识形态曾经由乔治·杜梅泽尔的大师之作进行揭示。这一问题的研究状况，见勒高夫《印欧传统的三功能：历史学家与封建欧洲》（J. Le Goff: "Les trois fonctions indo-européennes, l'historien et l'Europe féodale"），载《经济、社会与文明年鉴》，1979，第 1187—1215 页。

的构成过程来审视炼狱的理路。在两个方向上，炼狱将取得有体系的形态。一个是神学的方向，追随着救赎体系的发展，与罪与赎罪观念以及与终极目标关联的教理的发展紧密相连。另一个是在想象的方向，将会明确火的性质与功能，随后在彼岸世界构建炼罪的场所。

　　至此，我的文化地理与文化社会学调查力图涵盖彼岸世界在整个基督教世界的全部表述，此后我将专注于人们做出决定的、炼狱从中诞生的那些地方及人群。我将找出并确定神学和教理上最终定型的中心，及彼岸世界地理想象在俗世的地理现实中得到落实的那些地方。最后，我认为这个现象表达出社会的一个重要变迁，所以我将分析炼狱在这个崭新社会的分娩中所占据的位置。这便是本书中间部分的四重举措。

4　炼狱之火

12世纪初：已取得的成果和未决断之处

　　12世纪初，对于死者的态度，就我们所能了解的来自教士、教会的材料来看如下：最后审判之后，将有两群人得到永远的裁断：即被上帝所选者与下地狱者。他们的命运主要由他们生前的行为决定：信仰与德业决定得救，背神与罪行导致地狱。在死亡与复活之间的阶段，教义不太明确。有些人认为，在死后，死者在坟墓或者如同《旧约》阴间的一个黑暗的、中性的、等同于坟墓的地方等待，最后审判将决定他们最终的命运。对于另一些人来说（他们的人数更多），灵魂将被接纳入一些不同的居所。在这些居所中，有一个与众不同，那就是亚伯拉罕的怀抱，那里接纳义人们的灵魂，在他们等待着真正意义的天堂的同时，他们进入一个清凉安宁的地方。对于大多数人而言（而且这种观点似乎得到了教会当局的支持），对于两类死者，死后立刻就存在一种彻底的决断：那些全善的人、殉道者、圣徒、完全的义人，他们立刻进入天堂，享亲见天主之福，这是至高的奖赏，是至福直观；那些全恶的人则将立刻下地狱。在这两类人之间，可能存在一类或

182　两类居中的类别。按照圣奥古斯丁的看法，那些不全善的人将经受考验，然后入天堂，而那些不全恶的人将下地狱，但是或许在那里得到比较容易忍受的劫难。那些相信存在一类中间类别的人，他们多数认为那些等待着入天堂的死者将会经受炼罪。在这一点上，看法多样。对于一些人而言，炼罪发生在最后审判的时刻。但是持有这种观点的人中间，立场各自不同。他们中一些人认为所有死者——包括义人、圣徒、殉道者、使徒，乃至耶稣——都要经受考验。对于义人们，这只是无关痛痒地走个形式；对于背神者，这却是判受劫难；对于那些近乎全善的人来说，这是一种炼罪。另外一些人认为，只有那些不立刻上天堂或下地狱的人才经受这种考验。

　　这种炼罪是什么呢？绝大多数人认为这是一种火——他们主要依据保罗《哥林多前书》（三：10—15）。但是，一些人认为炼罪的工具是多样的，谈到"炼罪的刑罚"（*poenae purgatoriae*）。谁配得上接受这种查验呢，虽然是痛苦的，但却是得救的保障？自从奥古斯丁和大格列高列以降，我们知道只有那些只剩下轻罪需要赎的死者或者死前悔改却未及在现世赎罪的死者，以及那些因为德业足够突出且一生足够得体的人，他们才配得上这种"补救"。这种炼罪在何时进行呢？从奥古斯丁以来，人们通常认为炼罪将在死亡与复活之间的阶段进行。但炼罪的时间可能超出这一居间阶段的上限或下限。对于奥古斯丁本人而言，此生承受的考验，即俗世的磨难，可能是炼罪的开始。对于另一些人来说，炼罪确定在最后审判的时刻，这种情况下，人们通常认为审判之"日"会持续一段时间，以便让炼罪不流于形式。

　　炼罪在何处进行？对于这一点，人们模糊不清，不仅仅是观点各异了。多数人对这一点未加明确。一些人认为存在一个灵魂的居所来派这个用场，大格列高列在他讲述的故事中暗示说炼罪是在犯罪的地点进行。彼岸世界之旅的作者们不太了解承受炼罪之火的地点在哪里。可以这样说，它的位置在地狱上层的概念 183
（也意味着是地下的，其物质表现为一个山谷）和（比德提出的）山的概念之间拉锯。

　　总之，最大的不确定性主导着这个中间类别，虽然火的概念——与地狱的用火截然不同——被广泛接受，但这火的地点却付诸沉默或者很模糊提及。从教会诸圣师到加洛林时代教会的最后代表，彼岸问题主要是在通向天堂的得救与导致地狱的永劫之间进行选择。最终，4—11 世纪之间得到最大强化并且创造了最有利于炼狱诞生的信仰，就是祈祷的实践，更广义上的为死者祈祷襄助。全体信众从中找到既满足同彼岸世界的亲友团结一体，又满足对自己死后也享受到这种援助的希望的东西。奥古斯丁这位精细的心理专家和专注的牧道者，在《论对死者的料理》中很好地表述了这一点。这种信仰和这些实践要求教会介入圣体圣事——教会从中通过施舍而得益——保障了教会通过被认为有益于死者的教会权力的迂回手段而更好地掌控生者。

　　12 世纪，同许多领域中一样，事情的进展加速；作为场所的炼狱在世纪末才诞生。在此期间，被拨燃起来的是炼罪之火。

　　这里也许有必要预先明确说明一下。

　　对 12 世纪文本案卷的使用是棘手的。这个时代的整体飞跃复现于书面文献的创作。文本数量增加。从 16 世纪以来，特别是

19 和 20 世纪以来，学者们努力进行校勘出版。仍然有很多没有出版过。文本繁荣之上，还要加上一些这个时代的特征。为了确保作品的成功，这一时代的许多教士毫不犹豫地用著名或权威的作者来署名。12 世纪文献被众多伪书拖累。确定作者与真伪问题在很多情况下没有得到澄清。初生的经院哲学里却增加一些难于归属一个作者名下的文本，很难说作者这个词在这里是有意义的：*quaestiones*（问题），*determinationes*（决断），*reportationes*（深入思考）往往出自某个学生在某个老师课上记下的笔记。常常，书写者将老师真正的话语和自己的表述或者其他同时代作者的表述混合在一起。我们很少能最终拥有原始版本。我们所拥有的稿本是在更后的时期书写的，在 13—15 世纪之间。书写者有时无意识或者出于好意（因为中世纪的人们想的是寻求永恒真理）用另外一个词或者他们时代的某个表述来代替原始文本中的某个词。① 本书的研究未能去除某些不确定性，这些不确定性基于现今中世纪学科未臻完善，尤其是因为 12 世纪文献的大量涌现让人难以用现今科研的标准来加以掌握，现今的科研重视（这是正当的）作者的确定和明确年代的确定。我的研究与分析汇集起来，我认为是有说服力的：至早，在公元 1170 年之前，不存在炼狱。

　　但是，文本的数量增加，对死后到最后审判之间这一阶段的关注越来越多地表现出来，陈述的混乱证明了人们的探寻，对地点方位的关注越来越显著。

---

　　①　见附录二关于 purgatorium（炼罪）这个词。

这些不确定性的见证者：奥坦的洪诺留

　　这里的一位合适的证人是神秘的奥坦的洪诺留（Honorius Augustodunensis），他大概是爱尔兰人，宗教生活的大部分时间在拉蒂斯邦度过。卡普因斯（M. Cappuyns）说他大概是埃留根纳（Erigene）在中世纪的唯一传人，洪诺留对于彼岸世界当然有一些独特看法。对他而言，彼岸世界的地点在物质上并不存在。那是些"灵性的地点"。"灵性"这个词是含混的，它可以包含某种实体性，也可以指称纯粹象征性、隐喻性的现实。洪诺留在两种倾向之间犹豫。在《大天梯》（*Scala coeli major*）中他似乎倾向于完全非物质性的意义，但他用一种七个地狱的理论（地上的现世是其中的第二层）来缓和这种观点，它们或多或少是物质的或非物质的。[①] 洪诺留思想中让我关注的是他作品中的两个元素。第 185

---

　　① 见卡罗齐文章《特奴戈达尔灵视的结构与功能》（Claude Carozzi: "Structure et Fonction de la Vision de Tnugdal"），载集体作品《使人相信》（*Faire croire*），将由罗马法国学院出版。克洛德·卡罗奇似乎夸大了 12 世纪"物质派"与"非物质派"之间的争论，将炼狱的存在提前了，但是他的文章很有启发性。虽然，如同克洛德·卡罗奇的看法，在 12 世纪存在一种倾向，比如在洪诺留那里，他们倾向仅仅从灵性来看待彼岸世界的东西，但这种倾向对于仍然模糊的而且可能受阻的炼狱概念没有多大影响。当洪诺留在《教理阐释》中不得不提到灵魂在彼岸所处的地方，他必须赋予它们一定物质性，我们后文将看到。对于炼罪提到的构成惩罚的火的真实性或隐喻性的争论，几乎只是在基督教早期几个世纪里。灵魂不具形体，因而无法处于任何物质的地点，这一想法由 9 世纪的约翰内斯·司各特·埃留根纳宣扬，不太有反响，并不比这位孤立的思想者的大多数学说更有影响。见卡普因斯《约翰内斯·司各特·埃留根纳：生平、作品、思想》（M. Cappuyns: *Jean Scot Erigène. Sa vie, son oeuvre, sa pensée*），鲁汶-巴黎，1933。13 世纪初叶，黑尔斯的亚历山大将会表达神

一个正是他对灵性生命的空间观念的激烈批评。在《大天梯》中，他将这些处于地下的地狱的处所作为纯粹隐喻意义来解释——将地下、沉重与悲惨联系起来。他得出结论说"任何地点均有长度、宽度和高度，但灵魂因为不具备这些属性，所以不能被禁锢在任何地方"。[①] 在他的《论真正生命的知识》（*Liber de cognitione verae vitae*）中重又看到这一想法："但我觉得将灵魂与灵性封闭在一些具有实体的地方真是荒谬绝顶，既然它们是不具有实体的，尤其因为任何地点都是可以用长宽高来丈量的，而我们知道精神是不具备任何此类属性的。"[②] 我们可以假设，如果洪诺留这样的思想取胜，那么本质上与其处所联系在一起的炼狱将不会诞生，或者仍旧是一种次要的衰退的信仰。

186

但是，矛盾的是，在另一个作品中，简略陈述基督教主要真理的论集，类似教理书的《教理阐释》（*Elucidarium*）中，洪诺留谈及炼罪之火，这一段落在关于炼狱的孕育的案卷中占有重要位置。《教理阐释》第三卷是一个对话，洪诺留在其中回答一些关于来世的问题。在回答关于天堂的提问时，他明确说这不是一个具有实体的地方，而是至福者的居所，处在智性之天，他们在那里

（接上页）学家们的普遍看法，认可共同的信仰："罪孽只有加倍刑罚来宽赦：如果身体不受刑罚，宽赦就无意义"（Non ergo dimittitur peccatum sine duplici poena; non ergo valet relaxati cum nulla sit poena ex parte corporis），见《四审判书释义》（*Glossa in Ⅳ Libros Sententiarum*）Ⅳ, dist. XX。最主要的是意识到"灵性的"并不意味着"不具形体"。

① 《教会圣师全集》172，1237—1238。克洛德·卡罗奇对这一版本的怀疑应该有些道理。

② 《教会圣师全集》40，1029。

可以直观上帝。有人问他，义人们的灵魂是被带到哪里吗？他回答说，全善的人的灵魂出了肉体之后被带到那里。对方又问，这些全善之人是什么人？他答，那些在此世不仅限于做必须做的事情，而是做得更多的人：比如殉道者、修道士、处女。义人们处在其他一些居所。问：那些义人们是什么人？答：那些仅仅毫无怨言地完成该做的事情的人。一旦死后，他们的灵魂就被天使们带到地上天堂，或者不如说是灵性的愉悦中，因为灵不居住在具有实体的地方。但存在一类被称作不全善的义人，在圣书上写着，比如那些结婚的人，因为他们的德行，他们被接纳在非常惬意的居所。凭着圣徒们的祈祷和生者的施舍，他们中许多人在最后审判之前被接纳享有更大的荣耀；他们所有人在最后审判之后都汇集到天使那里。在获选的死者中还有一些远未完善，他们来不及对罪行赎罪；这些人，如同犯错的孩子被交给奴隶鞭打，他们在天使的允许下被交给恶魔，以便洗清罪过。但是恶魔不能折磨他们超过他们应得的折磨或者说超过天使允许的折磨。

下面的问题是关于这些不全善之人得到解脱的方法。老师，即洪诺留，回答说方法即弥撒、施舍、祈祷和其他虔诚功业，特别是如果他们生前曾经为他人做过这些。他们中一些人在第七天从刑罚中解脱，另一些人则是在第九天，另外一些在一年之后，另一些在更长时间之后。洪诺留这时解释说——按照一种神秘的象征意义的算法——这些期限的原因。

最后，学生提出的问题与我们调查的内容更加接近：

学生：炼罪之火是什么？

老师：某些人在此世忍受炼罪：有时是疼痛带来的身体的痛
　　　苦，有时是他们通过斋戒、守夜或其他方式强加给自
　　　己的身体的考验；有时是失去亲爱的人或者珍爱的财
　　　物，有时是痛苦与疾病，有时是节缩饮食和衣服，有
　　　时是自身死亡的残酷。但在死后，炼罪的形式要么是
　　　火的炽热，要么是寒冷的严酷，要么是任何形式的考
　　　验，但是最弱的考验也要高于在此时所能想象的最大
　　　的考验。当他们在那里的时候，时不时有他们在前世
　　　曾经尊奉过的天使或者圣徒出现在他们面前，给他们
　　　带来凉风或香气或别的形式的抚慰，直到他们在解脱
　　　后进入那个容不得任何污垢的殿堂。

学生：他们在那里以什么形态活着？

老师：以他们此世肉体的形态。据说恶魔赋予他们用气体生
　　　成的躯体，为的是让他们在这躯体里感到折磨。

在对肉体与灵魂之间关系做了不甚清晰的解释之后，洪诺留
谈到了地狱，或者不如说是多个地狱，依据他的看法，有两个地
狱。上层地狱是地上人世的下部，充满了刑罚：难以忍受的酷热、
极端的寒冷、饥饿、焦渴，各种痛苦，或者是身体的痛苦，比如
挨打的痛苦，要么是精神的痛苦，比如来自恐惧或耻辱的痛苦。
下层地狱是个灵性所在，那里有一种不灭之火，人们在那里承受
九种特别的刑罚：烧炙却无亮光火，无可忍受的寒冷，不死的蛆
虫，尤其还有蛇与龙，有恐怖的恶臭，一些如打铁般的让人不安
的噪声，有深重的黑暗，有各类罪人，恶魔和龙的恐怖视像只能

在火光迸发时隐约看见，那里有哭泣与咒骂的哀号，最后还有火的绳索把遭永劫者的四肢捆绑。①

　　这一文本只是重新拾起奥古斯丁的思想，包括炼罪的起点始 188
自现世的看法，只是稍微更多强调彼岸的隐喻性质，奥古斯丁同样有时怀疑彼岸是否更多属于象征意义而非物质意义。然而，洪诺留无疑从对灵视作品的阅读中得到滋养，他任凭意象与思想相互矛盾。与地狱描写的写实相比，我认为他交给天使和恶魔的职责比奥古斯丁思想更加具有"中世纪性"，他与大格列高列一脉相承，这构成了这一文本在炼狱先前史上的作用。

火：修道院的背景下

　　直到 12 世纪中，通常在谈到对保罗《哥林多前书》的注疏时，对于炼罪的思考局限于传统上的对炼罪之火的提及。下面首先谈到"加尔都西修道会士"布鲁诺*（死于 1101 年），有些人将他看作一位经院哲学之父，与坎特伯雷的安瑟莫**（死于 1109 年）并列。他是首位拥有真正意义的学院并且推出学院的注疏的，即后来经过很多后人改写的《对圣保罗书的注疏》。某些人将这一著作归在布鲁诺身边的某个作者名下，通常是拉昂（琅城）的拉乌尔（死于1136 年），他是拉昂学院的最著名的代表人物安瑟姆的弟弟，

① 见 Y. Lefèvre: *L'Elucidarium et les Lucidaires,* 巴黎，1954。
　* 又被称作科隆的布鲁诺。加尔都西会，又译查尔特勒会，跟法国查尔特勒山有关。
　** 又译安瑟姆，安瑟伦。

这是 12 世纪初的最著名的神学院。在对保罗《哥林多前书》的注疏中，与奥古斯丁思想一脉相承，谈到那些贪恋尘世却并非爱尘世超过爱上帝的人将得到拯救，但要经过火的惩罚。那些用木来建工程的人将受长久惩罚，因为木头燃烧慢，那些用草来建工程的人，草燃烧很快，他们将更快从火的炼罪中解脱；最后，那些用禾秸来建筑的，火烧掉得更快，他们最快穿越这火。[①]

189　　　图尔奈人盖里克大约生于 1187 年，受到圣伯纳铎思想吸引，1125 年进入克莱尔沃（明谷）修道院，1138 年成为圣伯纳铎于 1128 年在兰斯与苏瓦松之间建立的伊尼的熙笃会修院的第二任院长，1158 年他在那里"享尽天年"而逝，也就是说岁数相当大了。他留下来 54 个针对僧侣的布道文。[②] 在他谈到圣母玛利亚的净化的第四和第五布道文中，他同样谈到炼罪之火。盖里克似乎受到奥利振的影响，他认为净化是从现世开始，他倾向将彼岸世界的炼罪之火与审判之火等同起来。比如，在第五布道文中对于净化，他声称：

　　"兄弟们，用泉水清罪要比用火来清罪更加可靠，更加温和！

---

① 《教会圣师全集》153，139。

② 伊尼的盖里克的布道文曾有 J. Morson 和 H. Costello 的校勘本（卷一），有 P. Deseille 的译文，收入《基督教文献》（Sources chrétiennes）卷 166，1970。文本中净化（purgare, purgatio, purtatorius），我的译文按照习惯将净化和净化者代替为炼罪。盖里克同样使用了 purificare（提纯）。但应承认，这两个词对于他几乎同义。《圣经》的用法也促使他如此使用。第四布道文的主题即《路加福音》二：22 的：Postiquam impleti sunt dies purgationis eius（Mariae）（"按摩西律法满了洁净的日子"）。我部分引用的两个布道文见于《基督教文献》（卷 166），第 356—385 页。关于伊尼的盖里克和"炼罪"见德·维尔德《真福的修道院长伊尼的盖里克关于基督高贵诞生的教义》（D. De Wilde: *De beato Guerrico abate Igniacensi ejusque doctrina de formatione Christi in nobli*），韦斯特马勒，1935，第 117—118 页。

可以肯定，那些现在不用泉水来清罪的人在审判者亲自坐临的那一天将不得不用火来炼罪，如果他们还有资格得到净化的话，就像火准备进行熔化，熔化和提炼纯银，审判者将熔炼肋未（利未）的后代（《玛拉基书》三：2—3）。我毫不犹豫肯定，如果我主耶稣遣到地上的火在我们身上燃烧，其烈度如同遣来者所愿，那么在审判之时将要净化肋未子孙的炼罪之火在我们身上将找不到草木禾秸可烧。当然，两种火都是炼罪之火，但方式不同。一个是通过涂膏来净化，一个是通过烧灼。在这里，是清凉的甘露；在那边，是复仇的气息（spiritus judicii），灼热的气息……"还有："如果善行不足够完善，不足够覆盖诸多罪行，那么那位净化肋未子孙的熔炼者会用他的火来炼：剩下来的锈垢将被现在与未来的磨难之火净化，为的是让他们最终能够歌唱：'我们经过水火，你把我们领到得救之地'（《诗篇》六十五：12）。因此现世是这样的：首先经过洪荒之水的洗礼，然后经过审判之火的净化，然后将进入一种新的不朽的状态。" 190

带有奥古斯丁色彩的这个主题复现于关于洗罪的第五布道文："如果（此世）日子完结，而洗罪却未完成，随后不得不去用比现世所能想象的一切苦难都更加残酷（poenalius）、更加猛烈的火来洗罪，那我们就太不幸了！离开现世之后，谁足够完善和圣洁而不必承受这火呢？……当然，入选者很少，但这极少人中间，我认为只有很少的人足够完善，已经实现了智者所言的炼罪：'用最小的代价来洗脱你的疏漏。'"（《西拉书》七：34）

与奥古斯丁一脉相承，盖里克不认为多数人有资格在未来得到炼罪。

圣布拉辛修道院（德国）的维尔纳二世（1174 年去世）深

受圣维克托的休格的影响[①]，他的《教会圣师选集》(*Deflorationes sanctorum Patrum*)在关于亚当之堕落的布道文中提到炼罪之火："据说在死后也有一种炼罪之火 (*ignis quidam purgatorius*)，那些在现世开始洗罪但未完成的人在那里洗清。即使是轻度的，仍然很难承受这些折磨。所以最好在现世开始并完成我们应该做的事情。但如果未能完成，只要已经开始了，那就不必绝望，因为'固然可得救，可是仍像从火中经过的一样'（保罗《哥林多前书》三：10—15）。你身上所负罪行将烧尽。但是你将得救，因为上帝的爱仍是你的根基。"[②]

在城市学院的神学家的作品中

后文我还会再次谈到普瓦捷主教，普瓦捷的吉尔贝（Gilbert Porreta，又写作 Gilbert de la Porrée），这位独特的神学家的学院。他 1154 年去世，与同时代的阿贝拉尔一样，同教会发生争执。他对保罗书信的注疏没有勘本，但关于《哥林多前书》的注疏的一个残篇虽然并不忠实，但对吉尔贝的文本进行了诠释，这个残篇大约是 1150 年之后的，同样重复了此世的炼罪有待死后"在火中"完成的想法。残篇明确说，这炼罪之火应当在最后审判之前。[③]

---

① 见后文第 193 页及其后内容。

② 《教会圣师全集》157，1035—1036。见格洛里厄：《教会圣师选集》(P. Glorieux: "Les Deflorationes de Werner de Saint-Blaise")，载《纪念德·盖林克论文集》(*Mélanges Joseph de Ghellinck*)，Ⅱ，让布卢，1951，第 699—721 页。

③ 兰德克拉夫校勘本《普瓦捷的吉尔贝的哥林多前书注疏》(A. M. Landgraf: *Commentarius Porretanus in primam epistolam ad Corinthios*)，《研究与文本》(Studi e Testi)，177，梵蒂冈，1945。

在旧巴黎城外圣热纳维耶芙山脚下的受修会戒律约束的议事司铎们的著名的圣维克托修道院中同样谈到了炼罪之火。圣维克托的休格的作品是炼狱诞生之前的先前期的最重要作品之一，除了他以外，还有 1155—1161 年圣维克托修道院长阿沙尔，从 1161 年到 1170 或 1171 年去世，他担任阿夫朗什主教，在关于教会献堂节的第二布道文中他留下了证据。当他谈到人们用来行献堂仪式的铁锤与剪刀的象征意义时，他说可以将铁锤解释为"永火的恐怖"，将剪刀解释为"炼罪之火的恐怖"。①

在俗语文献中

我们看到对于死者在死后的命运的诘问和炼罪之火的问题超越了教士阶层，不仅在向市民阶层开放的学院里讨论，在修道院布道中谈及，而且在我们所拥有的布道文中传播，除了例外情况，这些都是拉丁文的书面版本，但教士对世俗人讲道时是用俗语进行的。② 正是在用古法语写作的两个文本中，我将去寻找 12 世纪的炼罪之火的"民间性"的两个证明。

第一个文本仅是大格列高列《对话集》的法文翻译：即用列　192

---

① 圣维克托的阿沙尔：《布道文》（Achard de Saint-Victor: *Sermons*），J. Châtillon 校勘，巴黎，1970，第 156 页。

② 见隆热尔《12 世纪巴黎大学教师的演讲作品》（J. Longère: *Oeuvres oratoires de maîtres parisiens au XIIe siècle*），巴黎，1975。对于彼岸世界的有价值的内容见卷一，第 190—191 页和卷二第 144—145 页，虽然炼狱的诞生并没有被注意到。关于法语讲道文学的开端，见赞克《1300 年之前用罗曼语进行的布道》（M. Zink: *La Prédication en langue romane avant 1300*），巴黎，1976。

日地区方言写的《格列高里教皇的对话》(*Li Dialoge Gregoire lo Pape*)。主要是在我前文谈到过的第四卷第 60 和 61 章，遇到 *li fous purgatoires* 或 *lo fou purgatoire*[*]，*(lo) fou de la tribulation*（磨难之火），*(lo) fou de la purgation*（炼罪之火）。彼得在第 60 章末提出的问题是：*Ge voldroie ke l'om moi enseniast, si li fous purgatories après la mort doit ester crue ester*（我想让人告诉我，是否应该相信存在死后的炼罪之火，或者说是否应该相信炼罪之火在死后存在）。

格列高列进行回答的第 61 章的题目是：*se li fous purgatoires est après la mort*（炼罪之火在死后是否存在）。[①]

在出现 *purgatoire*（炼罪）一词的韵文版本中，提醒人们格列高列的看法，在他看来并无"确定处所"来进行炼罪，而是每个灵魂死后在生前曾经犯罪的地方得到洗脱：

> Par ces countes de seint Gregorie
>
> Deit houme entendre qi purgatorie
>
> N'est pas en une lieu determinez
>
> Ou les almes seint touz peinez.

（通过圣格列高列的故事，我们应该这样理解，炼罪并非在一个确

---

[*]　炼罪之火的主格和宾格。

[①]　*Li Dialoge Gregoire lo Pape*, 伴有拉丁文本的 12 世纪翻译成法语的《格列高列教皇的对话》, 校勘 W. Foerster, 哈勒 / 巴黎, 1876。引用的段落见第 254—255 页。我们注意到炼罪之火的表述。我提醒大家注意，我将更早期的文本中名词 purgatorium 也是这样翻译的，我排除了净化这个词，它的意思与此不同。我因此使用的是中世纪法语词汇，但这不是复古的卖弄，而是出于准确的考虑。

定地点，让灵魂在那里一同接受刑罚。[①])

另外一个文本是 13 世纪初——复写了 12 世纪原本——对提尔的威廉（Guillaume de Tyr）的《圣地的十字军的历史》（*Historia rerum in partibus transmarinis gestarum*）[*]的法语译本，提尔的威廉在 1180—1184 年间去世。第一卷第 16 章描述了《普通百姓如何出发东征》*(Comment li menuz peoples se croisa pour aler outremer): "Tant* 193 *avoit de pecheours el monde qui avoient eslongnie la grace de Nostre Seigneur, que bien covenoit que Dex leur monstrat un adreçoer par où il alassent en paradis, et leur donast un travail qui fust aussiut comme feus purgatoires devant la mort.* "[即："世上远离了我主恩宠的罪人如此之多，上帝不得不给他们指出一条正路去往天堂，对他们进行考验，或者用炼罪之火，或者用死亡。"] 这一文本提醒我们注意作为赎罪的十字军东征的想法，这与十字军东征最初的精神不同，东征最初是持末世论的远征。文本提到在现世炼罪的概念，是在死前，而非死后。这是"走捷径"超越死后的可能的"炼罪"，得到资格直接入天堂。这是处在演进的道路上，这一演进将通往"现世炼罪"的纯粹隐喻的意义，如同在 13 世纪将看到的那样。[②]

---

① 引文见朗格卢瓦《中世纪法国的日常生活》（Ch.-V. Langlois: *La Vie en France au Moyen Age*），t. Ⅳ，巴黎，1928，第 114 页。

* 或译《大海彼岸的历史往事》，又名《耶路撒冷历史》。

② 《十字军历史汇编》（*Recueil des historiens des croisades*）Ⅰ/1,1884, 第 44 页。

四位重要的神学家与火：一种
末日理论的雏形

　　我想要在 12 世纪中叶四位重要的教士身上花些时间，他们的作品既是漫长传统的结果，又是新发展的出发点——这句话同样适用于炼狱。

一位巴黎的议事司铎：圣维克托的休格

　　第一位神学家是巴黎的一位议事司铎，圣维克托的休格，他死于 1141 年；第二位是一位意大利的修道士，是博洛尼亚的教规学者，大约在 1140 年，他在那里编纂了一部教会法文本集，题目为《格拉提安教令集》(*Décret de Gratien*，《教会法汇要》)，将开创中世纪教会法总集的传统。第三位是一位熙笃会教士，生前已经出名，即明谷（克莱沃）的伯尔纳铎，圣伯尔纳铎，1153 年去世。第四位是一个后来成为巴黎主教的意大利人，"伦巴第人"彼得，他在 1159—1160 年间去世，其《四部语录》(*Sentences*) 在 13 世纪成为重要的大学教科书。

194

　　按照让·隆热尔的说法，这个时代随着圣维克托的休格和伦巴第人彼得"*De novissimis*（末世论）的最早雏形组织起来"（即关于末日的体系）。关于世界末日、肉体复活、最后审判、人类永恒命运的各种见解或陈述进行了重组。人们自然倾向于将个体死亡到世界末日之间阶段在彼岸世界所发生的东西再次与之联系在一起。

圣维克托的休格可能讲授了不与《圣经》阅读（*lectio*）即经文注疏直接相关的第一门神学课程。[1]

他的作品中两个段落更多针对炼罪之火。第一个段落是一个"关于义人们的炼罪之火"的问题，出发点是保罗《哥林多前书》。休格说，炼罪之火针对的是那些将会得救的人，针对入选者。即使圣徒，那些用金银宝石来建筑的人，他们也将经过火，但是却毫发无伤。他们从中变得坚实，如同粘土经过窑炉变得更加结实。可以说，对于他们来说，"经过火是复活的一部分"。据休格说，某些人声称这火是一个惩罚场所（quemdam poenalem locum），那些用草木禾秸建筑的人的灵魂在死后被安置在那里，去完成他们在人世已经开始的赎罪。一旦赎罪完成，他们将进入一个安息之所等待审判日，在审判日他们将毫发无伤地通过那火，因为这火不是针对人的炼罪之火，而是针对天和地，天地将被火的洪荒洗净和更新，就像第一次大洪荒是用水来进行。但是休格反对这种看法，他认为最后审判之火将持续必要的时间来洗净那些入选者。另一些人认为炼罪之火就是现世的磨难。至于审判之火，那些背神者将不能穿越它，而是随着火被带入（地狱）深渊。[2]

195

---

[1] 关于圣维克托的休格，见巴龙：《圣维克托的休格作品中的科学与智慧》（R. Baron: *Science et sagesse chez Hugues de Saint-Victor*），巴黎，1957；以及兰德格拉夫的参考书目的法文版，由 A. M. Landry/P. Boglioni 修订的《早期经验神学文献史引论》（*Intraduction à l'histoire de la littérature théologiques de la scolastique naissante*），蒙特利尔／巴黎，1973，第 93—97 页。另见同书第 43—44 页，从关于得救的教理看问题，见克斯特：《圣维克托的休格关于得救的教理：基础与扩展》（H. Köster: *Die Heilslehre des Hugo von St. Victor, Grundlage und Grundzüge*），埃姆斯代滕，1940。

[2] 洛坦：《圣维克托的休格的未刊出过的问题集》（O. Lottin: "Questions inédites de Hugues de Saint-Victor"），载《古代与中世纪神学研究》，1960，第 59—60 页。

其重要作品《基督信仰的圣事大全》（*Summa de sacramentis christianae fidei*）是第一篇重要的关于圣事的神学论文，这一神学理论在 12 世纪确立（这是我们不应忘记的炼狱诞生的背景，后文谈到赎罪的时候我们还会看到这一点），休格在作品中涉及彼岸世界的问题。《圣事大全》的结构是历史结构的，按照人类救赎的历史。第一部分"从世界之始一直到道成肉身"。第二部分从道成肉身到一切的终结与焚净。在第二部分的第 16 章，在论及"垂死者或者人类之终结"时休格谈到炼罪惩罚。这一章处于论"忏悔、赎罪与罪行的宽恕"的一章与很简短的论临终涂油礼的一章以及论著最后两章之间，最后两章是关于世界末日和"未来之世"。所以，对于炼罪刑罚的阐发是处于个体与集体的得救的历史之间，与忏悔与赎罪紧密联系。在第二卷第 16 章的第 4 节，休格论及"刑罚的场所"（*loca poenarum*），在此之前他明确指出灵魂在离开肉体之后，很可能遭受有形的刑罚。他说："就像上帝为那些应该受到折磨的罪人准备了一下有形的刑罚，上帝同样区分出一些有形的场所来进行这些有形的刑罚。地狱是折磨的场所，天堂是喜悦的场所。折磨的场所在下，而喜悦的场所在上，这是理所应当的，因为罪过把人压向下面，而正义将人举向上面。"休格补充说，下面的场所，即地狱，处于大地的深处，但这并不确证。据说在地狱中笼罩着不灭的火。相反，那些从此生中净罪离世的人，他们将立刻去天堂。

于是，休格提到了炼罪刑罚。"最后，死后还有另一种惩罚，人们称作炼罪刑罚。那些离开此生时带着一些罪过的人，虽然他们是义人，注定得到永生，但他们要在那里受一阵子折磨，为的

是得到净化。承受这种刑罚的地方并不确定，虽然许多承受这种 196
刑罚的灵魂向人显现的例子让人认为人们是在此世承受刑罚，很
可能是在人们犯下罪过的地方，就如同许多证据所证明的那样。
这些刑罚是否在别的地方执行，这便难于知晓了。"

圣维克托的休格还想知道，邪恶程度比那些背神者和那些重
大罪人较低的一些恶人，在他们在被遣去受阴间的最大的刑罚之
前是否在一些受惩罚的地方等待，另一方面，一些负有某些罪过
的善人在被擢升到天堂的喜乐之前是否在一些居所里等待。休格
认为那些全善者（*boni perfecti*）毫无疑问将立刻入天堂，而那些极恶
者（*valde mali*）立刻下地狱。对于那些不全善者（*boni imperfecti*），
在中间阶段（死亡与最后审判之间），他们肯定在获得未来的喜乐
之前受某些刑罚。至于那些非全恶者或不甚恶者（*imperfecti sive
minus mali*），在整体复活日之前，在等待着下入永劫之前，他们
等待的地方是完全不能确定的。

最后，在此世还存在一些炼罪的刑罚，给那些在考验中没有
变恶而是变善，并且从中获益进行自我纠正的受苦者。至于对死
者进行的祈祷襄助，休格引用大格列高列，认为如果死者所犯罪
过不是不可消解的，如果他通过自己的正确的人生获得了在死后
得到襄助的资格，那么圣体礼可能对他有很大帮助。①

究其根本，相对于奥古斯丁和大格列高列，圣维克托的休格

---

① 《罗马教会圣师全集》176，586—596。这一段落原文引用的译文见 586 栏
CD。我在此暂时搁置一个重要的然而对圣伯尔纳铎本人立场无所增益的文本。相
反，因为它陈述了反对死后存在炼狱的异端的看法，我将在后文谈论异端与炼狱的
关系时再谈论它。

并未怎样推进问题，同他们一样，他强调幽灵的现实性。但他体现出他那个时代的强烈倾向，即为炼罪刑罚寻求一个场所或一些场所（locus 或复数 loca）。即便他表示自己对于这些场所之存在的无知或怀疑态度，虽然同大格列高列一样，他选择的解决方案后来未被保留（即在俗世犯罪的地点进行炼罪），但是他质询并且承认另外一些解决方案选择将死亡与最后审判之间人们炼罪的场所确定在彼岸世界。

197　　一位熙笃会修士：圣伯尔纳铎

我认为，圣伯尔纳铎对彼岸炼罪的问题的看法与人们所以为的不同，因为我坚信（我认为本书的研究将证明我的确信是有根据的）归在圣伯尔纳铎名下的主要文本并非出自于他手，明显是比他 1153 年突然去世时更晚的时期的（至少晚二十多年）。[①]

在两则布道文中，圣伯尔纳铎非常清晰地陈述了他的立场：在彼岸存在一些人们炼罪的场所（loca purgatoria）。

在圣安德烈纪念日的一则关于三类善的布道文中，他宣布："人们说那些在炼罪场所（in locis purgatoriis）受苦的灵魂在此世和彼世穿越一些黑暗而泥污的场所，这是正确的，因为在此世时，他们在思想上并不畏惧住在这样的地方。"还有："我们承认，不仅怜悯和为死者祈祷，而且恭喜他们有望；因为，虽然必须在那些炼罪场所受苦，但仍旧必须庆幸上帝要拭去他们眼上的一切泪痕；以后再也没有死亡，再也没有悲伤，没有哀号，没有苦楚，因为

---

① 　见附件二：Purgatorium（炼狱）。

先前的都已过去了。"(《启示录》二十一：4）[1]

在另一则布道文，圣伯尔纳铎去世前 5 年，即 1148 年为哀悼克莱沃（明谷）修院的安贝尔修士而做的悼词中，他未提到炼狱这个词，炼狱尚不存在，他对之是无知的，圣伯尔纳铎警告说："你们要知道，实际上，在此生之后，人们在此世疏于偿清的东西必须在那些炼罪的场所（*in purgabilibus locis*）[2]百倍偿还，非到你还了最后的一文，绝不能从那里出来。"（《马太福音》五：26）

在第三则布道文中，圣诞将临期的布道文中，圣贝尔纳铎对于"三重地狱"给出一些比较复杂的说明。我对这一文本的读解如下："第一个地狱是强制性的（*obligatorius*），因为那里要你偿清最后一文钱，而且刑罚没有尽期。第二个地狱是炼罪的。第三个是宽恕的地狱，因为它是自愿的（*volontarius*），刑罚和罪过（*et poena et culpa*）通常是都得到宽免的。在第二个地狱（炼罪的），虽然在那里刑罚有时被赦免，但罪过却永远不会，而是在那里洗清。穷苦的地狱是幸运的，耶稣生于穷苦，在穷苦中被抚养成人，在穷苦中生活，他道成肉身很彻底！在这穷苦地狱中，不仅他下至地狱去救出他的自家人，而且他'为我们的罪恶舍弃了自己，为救我们脱离此邪恶的世代'（《加拉太书》一：4），为将我们与那群遭永劫者分开，把我们召集起来，等待着我们被从中解脱。在这一地狱中，有一些很年轻的新生的女子，即一些灵魂

198

---

① 圣伯纳铎布道文十六《论不同问题》，载《全集》（*Opera*, J. Leclercq/H. Rochais 校勘，卷Ⅵ/Ⅰ，第 144、147 页）。

② 布道文《明谷修道院的安贝尔修士的死》（*in obitu Domni Humberti, monachi Clarae-Vallensis*），载 J. Leclercq/H. Rochais 校勘本，卷Ⅴ，第 447 页。

的雏形，一些持着扬琴的少女，她们前面是一些天使，天使们打着铙钹，少女们后面跟着另外一些天使，他们也欢快地打着铙钹。在两个地狱中，受折磨的是人，但在我们下面说的地狱中受折磨的是魔鬼。他们走过一些没有水的贫瘠之地，寻求着安宁，却找不到。他们在信徒灵魂的周边旋转，但是到处遭到神圣思想与祈祷的推斥。所以，他们理所当然地喊叫着：'耶稣，时期还没有到，你就来这儿苦害我们吗？'（《马太福音》八：29）"。[①]

我认为，圣贝尔纳铎区分一个地狱（下层）即真正的矶汉那，一个进行炼罪的地狱（中层）和位于地上的上层（地狱），这一层对应着他之后的时代的灵簿狱或者传统的亚伯拉罕的怀抱，在那里无辜者的灵魂已经处于安宁中，而那些希望宽限到最后审判日的魔鬼已经受到折磨。

所以，在圣贝尔纳铎的思想中存在着对彼岸世界加以空间化的追求，肯定一个"炼罪地狱"或"炼罪场所"（loca purgatoria 或 purgabilia）的存在，但是这个空间并未被指出名称，对于彼岸世界的地理描述仍旧非常模糊。

199   **一位作为教会法学家的僧侣：博洛尼亚的格拉提安**

格拉提安的《格拉提安教令集》（1140 年）的例子是独特的。若非文本的汇集、选择以及论文形式的谋篇布局构成其重要的新颖之处，这个文本集便展现不出什么独特地方。教会法在 12 世纪末和 13 世纪将取得的重要性迫使我们来审视这部重要作品，它开

---

① 《全集》，卷Ⅵ/Ⅰ，第 11—12 页。

创了中世纪教会法集成（*Corpus*），至少它让我们必须向这个 12
世纪如此活跃的知识中心进行探寻：博洛尼亚变成了法学研究之
都，在那里发展起来中世纪最早的大学行会。

从我们的视角看，《格拉提安教令集》中的两个章节很重要。
那就是第二部分的第 13 案例的问题 2 的第 22 和 23 章。[①]第一个
章节是由对教皇格列高列二世给传教德国的波尼法爵（Boniface）
的一封信（约 732 年）的解读，我前文已经谈到过这封信。这封
信重复了奥古斯丁和大格列高列以来列出的生者对死者祈祷襄助
的清单："死者的灵魂以四种方式得到解脱：通过神父的祭礼（弥
撒），通过圣徒的祈祷，通过亲友的施舍，通过亲人的斋戒。"

这一文本列入《教令集》具有很大重要性，它将生者帮助死
者的行为合理化，提醒人们圣体祭礼的首要作用，强调通过教会
（神父）中介的必要性，赞同对圣徒的崇拜，维系着通过施舍进行
的财产的流通（或者说将财产向教会疏导），强调亲友的作用——
亲戚和朋友，骨肉至亲与灵性知交。

第 23 章的题目为："在最后审判日之前，死者得到祭礼（＝弥
撒）和施舍的帮助"，它重复了圣奥古斯丁的《论信望爱》的第
109 和 110 章的内容。在此，我复述核心文本：

在人的死亡与最后整体复活之间的阶段，灵魂被保留在 200
一些秘密的存放处，在那里灵魂或者得到安息或者受到应得

---

① 《格拉提安教令集》（*Decretum Magistri Gratiani*），A. Friedberg 校勘，莱比
锡，1879，t. Ⅰ. col. 728。

的刑罚，是依据他们在肉身中生活时所造就的命运。

　　但是，没有理由否认死者的灵魂会因在世的亲友的祈祷而得到疏解，那是当人们为这些灵魂奉献中保者（基督）的祭礼的时候，或者在教会里进行施舍的时候。但是这些德业仅仅对那些生前有资格让这些德业在死后起作用的人有用。

　　实际上，存在一些人，他们的一生既不足够善以至于不需要这些死后的帮助，也不足够恶以至于这些帮助对他们无用。反之，也存在一些一生足够善以至于不必要帮助，还有其他一些一生足够恶以至于在死后不能从这些帮助中得益的人。所以，确定每个人在死后得到减刑或不幸的资格总是在此世获得的。

　　所以，祭坛的祭礼或施舍是为了所有受过洗礼的死者，对于那些全善的人，这是些德行；对于那些并不全恶的人，这是一些赎罪手段；对于那些全恶的人，尽管不能减轻死者痛苦，它们总归可以宽解生者。它们向那些从中受益者保证的，或者是完全的赦罪，或者至少是一种更加容易忍受的劫难形式。

　　我们注意到，在这一文本中，有两个重要元素妨碍着炼狱的诞生。第一个元素是，虽然奥古斯丁谈到死亡到整体复活之间为灵魂准备的场所，但这些场所类似孔穴、遮蔽处，即容纳处（*receptacula*），并非一个真正的空间，而且它们是隐蔽的（*abdita*），这可以从物质和精神两种意义来解读。物质意义上，它们是无法考察的，即使不是不可能，也是很难发现的。精神意义上，它们代表着某种神秘，按照某些人的看法，想要洞悉这奥秘虽然够不上亵渎神圣，至少是不正当的。所以，在通向对炼狱的地理描述的路上，这些概念构成一种障碍。

第二个元素是，按照奥古斯丁的看法，提及四类死者：全善的（*valde boni*）、全恶的（*valde mali*）、非全恶的（*non valde mali*）以及不言而喻的非全善的（*non valde boni*）。或者，未来的炼狱是针对奥 201 古斯丁的体系中的最后一类，而在这一文本中却没有点明；或者，（情况更像是这样）未来的炼狱要求将非全善与非全恶两类合并为一类。

因此，成为未来的炼狱的根据的这一文本，在一段时间之中，仍旧是一个迟滞因素。这种"权威的束缚"大概是教会法在炼狱诞生中作用微弱的一个原因。

一位巴黎的在俗圣职的教师：主教"伦巴第人"彼得

如同在许多问题上一样，关于炼狱问题，意大利裔的巴黎大学教师"伦巴第人"彼得（Pierre Lombard，又译作彼得·隆巴多）的思想是这个世纪中叶最明确地具有一个转向过去的侧面和一个转向未来的侧面的。"伦巴第人"彼得 1159 年成为巴黎主教，不久后去世（1160 年）。在 1155—1157 年间编写的《四部语录》中，一方面，这位伦巴第人以力量、明晰、综合精神归纳了前人观点，从教会圣师到 12 世纪上半叶的那些神学家和教会法家，圣维克托的休格、阿贝拉尔、普瓦捷的吉尔贝、格拉提安等等。但是，另一方面，这位无甚新意的思想家的作品将成为"后世经典"。J. 德·盖林克（Ghellinck）同样说彼得·隆巴多的《四部语录》是 12 世纪神学运动的"透视的中心点"。

　　他有关彼岸世界炼罪的核心观点见于作品的两处，《四部语录》中第四卷的"区别"21 和 45。

　　区别 21 被纳入关于圣事的陈述中。在洗礼、坚信礼、圣餐礼之后，紧跟着关于赎罪的长篇阐发，以关于最后赎罪的一章结束，即我们所说的 21 章，关于"此生之后得到宽免的罪孽"的区分。然后，在这部著作的结尾，关于"灵魂的不同居所"的区分 45 处于关于末日的行文中：处于整体复活与最后审判之间。近乎自我矛盾的是，这些文本（对它们的评论将会构成 13 世纪那些重要经院学者的理论核心）并不构成一个协调的整体。未来的炼狱被平分，一方面在赎罪与个体死亡之间，另一方面在末日事（*novissima*）*。而未来的炼狱的位置，在时间与空间上，正好在个体死亡与末日之间。这位伦巴第人似乎从反面，以反刻的方式，指出了未来炼狱的位置。

　　在区别 21 中，伦巴第人彼得想知道某些罪行在死后宽免。依据《马太福音》十二：32 和保罗《哥林多前书》三：10—15，在提及奥古斯丁关于保罗书的迟疑观点（《天主之城》二十一、二十六）之后，他给出了自己的明确看法。圣保罗书信中的段落"明显暗示那些用草木禾秸建筑的人将带走这些可燃的建筑，即一些轻微之罪，要在炼罪之火中焚尽"。木、草和禾秸之间存在等级；依照它们所代表的轻罪的严重程度，死者的灵魂将或快或慢地得到净化和解脱。伦巴第人并未带来新东西，他进行了澄清：在死亡与最后审判之间阶段存在对某些罪行的炼罪，将可净化的

---

　　* 即最后的四件事，指死亡、最后审判、天堂和地狱。

202

罪行等同于轻微罪行，（火）净化罪行的时间或长或短。

区别 45 更加重要。它探讨了灵魂的居所和对死者的襄助。关于居所，他仅限于引用奥古斯丁的文字，特别是《论信望爱》关于隐蔽的居室的文本。关于对死者的襄助，他同样引用了奥古斯丁。教会的弥撒与施舍对死者有益，但是死者必须以其人世和德业配得上以让这些帮助生效。他重复奥古斯丁的全善、非全恶和全恶三类，与他们对应的分别是教会祈祷襄助的"谢主恩宠""赎罪"和仅仅对生者的"宽慰"。但伦巴第人进行了补充，将从奥古斯丁分类衍生的两个类别拉近：对于一般的善人（*mediocriter boni*），教会的襄助达成完全的赦罪，对于一般的恶人（*mediocriter mali*），教会的襄助达成减轻刑罚。对于两种情况，伦巴第人彼得选择了一些"一般的善人"的例子（区别 45 的第 4 和 5 章）。对于全恶的人，如同奥古斯丁所推测的，伦巴第人认为上帝仍旧会在他们中区分出一些恶的等级，虽然将他们永远留在地狱中，但适当减轻对他们的刑罚。① 伦巴第人进行了一个重要转变：那些不完全恶的人同那些全恶的人分离开，却并不与那些与他们接近的不完全善的人混为一谈。可以说，他开始将他们往中间汇拢，我们将看到这样做在未来时代的结果。

次要的证据

另外一些作品中（有些甚至超过了 1170—1200 年这一时期），炼狱（*purgatorium*）这个词——即这个场所——已经诞生了，虽

----

① 《格拉提安教令集》第 1006 页及下文。

然它们并不使用这个词，这些作品表现出 12 世纪后半叶宗教思想努力给死后炼罪指定一个地点，在空间上对彼岸世界中的炼罪过程加以个体化。下面便是几个例子。

　　罗伯特·普卢斯（Robert Pullus，或普伦（Pulleyn））在 1134 年成为主教，1145 年成为罗马公教的掌玺大臣，1146 年去世，他在《箴言集》中也对彼岸世界的地理分布有所关注。在肯定地狱是一个地点（infernus...locus est）之后，他想知道炼罪在何处进行。古人去地狱中净罪一段时间，然后去往亚伯拉罕的怀抱，"即一个上层区域，那里是安息地"。而在我们的时代，即基督降临之后的时代，那些仍旧余下什么东西可焚烧掉的死者在死后受到一些炼罪刑罚（*purgatoriis poenis*）的检验，然后去到基督身旁，即天堂。这些刑罚主要是用火进行，即炼罪之火（*ignis purgatorius*），其猛烈程度介于俗世磨难与地狱折磨之间（inter nostras et infernorum poenas medias）。但在这一点上，罗伯特·普卢斯有很大困惑：

　　"但是这种纠正过错是在哪里进行呢？是在天上？是在地狱？但天上似乎不适合受磨难，地狱酷刑也不适合进行纠正，尤其在我们的时代。因为，如果天上只适于那些善人，那么地狱仅仅适用于恶人？如果天上排除了任何的恶，那么地狱怎有可能接纳任何的善？上帝将天上仅仅指定给那些善人，那么同样，阴间似乎仅用于那些背神者，为的是阴间成为罪人的囚牢，而天上成为灵魂的王国。因此，那些必须在死后赎罪的人在哪里呢？在那些炼罪的场所。这些场所在哪里呢？我还不清楚。[1] 他们要在那里多久

---

①　Ergo ubi sunt poenitentes post mortem? In purgatoriis. Ubi sunt ea? Nondum scio.

呢？直到让人满意（赎清他们的罪过）。"

罗伯特·普卢斯随后认为，在我们的时代，得到净化的灵魂离开处于地狱外部的炼罪场所前往天堂，如同那些得到净化的古人离开处于地狱之内的炼罪场所前往亚伯拉罕的怀抱得到安息。① 他用耶稣下入地狱的意义来结尾。

这一出色的陈述试图在这一地理系统中建立和谐，在末世学说中引入了历史与类比的维度。这一陈述被定位问题困扰，引入了主题：在哪里（*Ubi sunt*）？结论是面对这些神秘地点的奥秘的虔敬的无知。但它突出了 *in purgatoriis*（在那些炼罪处），隐含着 *locis*（地方）：即在那些炼罪地方（不言而喻的地方）。只要把这个名词从复数变成单数，炼狱就诞生了。

意大利人"纯净的"于格（Hugues Ehérien，或称比萨的于格）在其 1150 年后不久完成的《论脱离躯体的灵魂》（*Liber de anima corpore exuta*）中，同样并无更多进展。他引用大格列高列和费里克斯主教在温泉遇幽灵的故事，但并未从中得出结论来确定炼罪的场所。在与圣维克托的休格很相似的一个段落中，他提到了最后审判与火河，火河——近似大洪水——淹没大地与天空，同样也淹没人类，包括被焚尽的恶人和毫发无伤穿越炼罪之火的善人。这里体现着一种古老思想，同时对于生者的祈祷襄助，我们看到于格肯定说圣餐礼献祭对"沉睡者"带来帮助。②

205

---

① Unde peracta purgatione poenitentes, tam nostri, ex purgatoriis（quae extra infernum）ad coelos, quam veteres ex purgatoriis（quae in inferno）ad sinum Abrahae refrigerandi, jugiter conscendere videntur.

② 《罗马教会圣师全集》，202, col. 201—202，224—226。

　　默伦的罗伯特（Robert de Melun）于 1167 年去世，他是阿贝拉尔在巴黎的圣热纳维耶夫学院的继任者，在其 1145—1155 年间写作的《关于圣保罗书信的问题》中，他遵从奥古斯丁，只提到炼罪的刑罚将比此世的任何刑罚都要可怕，强调说这些炼罪刑罚将在未来进行，即此世之后。[①]

　　相反，塞勒的彼得（Pierre de Celle）却很接近炼狱了。他是特鲁瓦附近的塞勒的圣彼得修院院长，后来成为兰斯的圣雷米修院院长，最后他继索尔兹伯里的约翰之后成为沙特尔主教，他于 1182 年在那里去世。他在 1179 年写作一篇关于修道院生活的论文《论隐修院的戒律》（ De desciplina claustrali ），在文中提出灵魂在死后的居所的问题。"噢，脱离了身体的灵魂，你居于何处？是在天上？是在天堂里？是在炼罪之火中？是在地狱里？如果是在天上，那你与天使们一起是有真福的。如果是在天堂里，那么你是平安的，远离了现世的苦难。如果是在炼罪之火中，那么你受到刑罚折磨，但你在等待着解脱。如果是在地狱中，失去了任何希望，那么你等待的不是仁慈，而是真理与严厉。"[②] 我们看到在这一文本中的演变，它将很快导致炼狱的发明。这里炼罪之火被当作一个地点，与天上、天堂、地狱并列。

　　但是 in purgatoriis——意为在那些炼狱的地点（地点是隐

---

　　① 马丁：《默伦的罗伯特全集》第二卷《保罗书神学问题》（R. M. Martin: *Oeuvre de Robert de Melun*, t. Ⅱ, *Questiones (theologia) de Epistolis Pauli*），鲁汶，1938，第 174、308 页。

　　② 塞勒的彼得：《禁院的学校》（Pierre de Celle: *L'Ecole du cloître*），G. deMartel 校勘，（《基督教史料》240），1977，第 268—269 页。在译文中，我用炼罪之火来代替炼狱之火，这符合拉丁文的 in igne purgatorio（在炼罪之火中）。

含）——这个表述常常在这个世纪末反复出现，或许甚至在下个世纪初也如此，这个表述反映出对于地点的探寻，这种探寻还未曾找到它的形式，未找到确切的词。

1180—1195 年间的一次奇特的对话，即《赫尔维西亚（瑞士）关于人类先祖的灵簿狱的争论》(*Conflictus Helveticus de limbo Patrum*)，是本笃派的图尔塔勒的圣约翰修院的首任院长圣约翰的布尔夏德与同属本笃派的沙夫豪森的诸圣修院院长于格之间的通信，两位论战对手讨论灵魂在基督下至地狱之前的命运。布尔夏德主张许多灵魂在基督下至地狱之前已经上到天上，如同《新约》[206]对亚伯拉罕的怀抱的暗示所证明的（《路加福音》十六：22），这等于"平安"（《箴言》三：3），"安息"（奥古斯丁）和"父的秘密安息处"（大格列高列）。但是，于格得到了参与讨论的大多数人支持，他肯定说因为原罪，在基督下至地狱之前任何灵魂都不能进入亚伯拉罕的怀抱或者天堂。

在对话中，布尔夏德对当时仍旧用复数 in purgatoriis 指称的炼罪给出了很好的定义："存在三个教会，一个是在地上奋斗的教会，一个是在炼罪中等待酬报的教会，另一个是与天使一起在天上获得胜利的教会。"[①] 这一联想是了不起的，面对着被遗忘的地狱，提到三重教会，其中那些受到净化的人的教会被定义为等待中的教会，处于天地之间（俗世与天堂之间）。这一文本带来了双重证据：证明炼狱概念的进展，证明炼狱的空间概念，同时在这个决

---

① 《赫尔维西亚（瑞士）关于人类先祖的灵簿狱的争论》(*Conflictus Helveticus De Limbo Patrum*)，F. Stegmüller 编辑，载《纪念盖林克论文集》(*Mélanges Joseph de Ghellinck*)，Ⅱ，让布卢，1951，第 723—744 页。所引用的句子见第 737 页。

定性时刻，存在着一种与胜出的概念不同的概念，而这概念本来也可能胜出的：即可以存在一个不那么像地狱的炼狱。这个概念与"激情的"拉乌尔（Raoul Ardent）的观点接近，拉乌尔在12世纪不太有名，他的生平年月不确切，他在大约是世纪末的《布道文》中如下谈到那些处在炼罪中的灵魂："虽然他们在有限的时间内在炼罪中受到纠正，但他们已经在对安宁的确定的希望中安然处之。"[①] 我们在下文还会看到将炼狱作为希望的观念。

巴黎的建树

　　我们用巴黎的两位杰出的大师和法官的见证来结束。在1170年之前写作的《五部语录》中，普瓦捷的彼得（Pierre de Poitiers，1205年去世）讨论了一个问题："如果有人如下推论：两个人，一个同时犯有大罪和轻罪，另一个仅仅犯有跟前者相等的轻罪，他们将受到不同的刑罚的惩罚，前者将得永罚，而后者仅仅处于炼罪中，而且任何炼罪的刑罚（pena purgatoria）都将逊于任何的永罚，但是后者为轻罪受到的刑罚应同前者为轻罪受到的刑罚相等：因此，对待后者的方式是不公平的。这是错误的。这两个人所犯的轻罪相等，他们应当为罪行受到相等的刑罚，但是一个将在此世受到惩罚，而另一个却将在炼罪之火中（*in igne purgatorio*）得

---

　　① 《关于时间的布道》（*Homiliae de tempore*, I，43, PL, 155，1484）。可以将刑罚（poenae）理解为地点（loca）。"炼罪场所"（loca purgetoria）的表述在同一时代也有出现，我更愿意以此来解读 in purgatoriis（在炼罪地方），它表达的是相同的确定地点的愿望。

207

到惩罚，此世的任何刑罚都逊于炼罪之火的（*ignis purgatorii*）任何刑罚；因此这样对他是不公平的。"①

这一分析是出色的，在炼狱诞生前夕，它汇集了关于炼罪的全部词汇，强调炼罪与轻罪之间的联系，使用空间意义的表述 *in purgatoriis*（在炼罪的那里），表达出对赎罪与炼罪之间的兼容性的隐忧，这种忧虑是 13 世纪的与炼狱相关的实践的特色。

同样担任巴黎法官，1210 年去世的克雷莫纳的普雷波斯替（Prévostin de Crémone）在日期不确定的纪念死者的一个布道文中，同样使用了 *in purgatoriis*（在炼罪的那里）的表述："因为有些人在炼罪中得到清洁，所以我们必须照顾那些现在比较不够格的人，为他们祈祷、奉献和施舍。"② 现在，上个世纪由克吕尼教派确立的 11 月 2 日对死者的纪念与即将诞生的炼狱之间的联系建立起来了，围绕着炼狱的瞻礼仪式的生者与死者之间的链条闭合起来。

---

① 《罗马教会圣师全集》211, 1064。

② Quia vero sunt quidam qui in purgatoriis poliantur, ideo de eis tanquam de indignioribus hodierna die agimus, pro eis orantes, oblationes et elemosinas facientes（见隆热尔《12 世纪巴黎大学教师的演讲作品》（J. Longère: *Oeuvres oratoires de maîtres parisiens au XIIe siècle*），t. II，巴黎，1975，第 144 页，注解 16）。

5 "炼狱"：炼罪之所

12世纪中叶，火不仅仅倾向于指一个地点，而且倾向于在空间上体现某些死者要经历的炼罪阶段。然而，火尚不足以在彼岸世界对一个明确的地点加以个性化。现在，我要领着读者去进行技术性的研究，同时又不用过多的细节来让人厌烦。技术性的研究是必须的，因为我们的调查要集中针对12世纪基督教教义的建树相关的某些地方和某些群体。

作为确定的地点，并且作为语法意义的名词 purgatorium（炼狱）即将出现，到了这个时刻，我必须提到文本的真实性问题[①] 和确定年代的问题。

1170 至 1180 年间：一些作者与一些年代

过去，乃至今日，学者们的确被一些文本误导，它们被错误地归在一些 1170 年前去世的教会的作者名下，这使得人们相信炼狱诞生的年代过早。下面我将谈到两个文本，一个被归在 1072 年去世的圣彼得·达弥盎（Pierre Damien）名下，另一个被归在

---

① 细节见附录二：Purgatorium。

1153 年去世的圣贝尔纳铎名下。我将从一则布道文的片断开始，直到 19 世纪末，大家都认为这个布道文是勒芒主教拉瓦尔丹的伊尔德贝（Hildebert de Lavardin）的作品，他于 1133 年去世，是 12 世纪卢瓦尔河流域地区的"诗学复兴"的一个主要代表。

这是一篇教堂的献堂礼的布道，关于《诗篇》一二二：3（121）的主题"耶路撒冷建得好似京城，确是内部划一整齐的京城"。在一个比喻中，我们感到 11—12 世纪建筑的大发展，布道文的作者如此写道：

"在一座城市的建造中，有三个因素彼此协调，首先，用铁锤和铁钎，用粗糙的方式从采石场开挖石头，用人们的很多的辛劳和汗水；然后，用凿子、双刃斧和直尺，石头被抛光、削整、用角尺裁割；第三步，石头经工匠而被放在所属的位置。同样，在天国耶路撒冷的建造中，必须区分三个阶段：进行分离；炼罪清洗；放进永恒的位置。在第一阶段，人类处于焦虑与苦痛中；在第二个阶段，处于耐心与等待中；在第三个阶段，处于荣耀与喜悦里。在第一个阶段，如同种子，人类被筛选，在第二个阶段，如同银子那样受到检验，在第三阶段，被放进金库里……"①

布道文的后续部分对这个已经相当明确的意象加以解释，是通过一些《圣经》文本，其中包括《哥林多前书》三：10—15。

---

① 《罗马教会圣师全集》171, col. 739 及以下。这个段落中最有价值的部分的拉丁文原文如下：Ad hunc modum in aedificatione coelestis Jerusalem tria considerantur, separatio, politio, positio. Separatio est violenta; politio purgatoria, position aeterna. Primum est in augustia et affliction; secundum, in patientia et expectatione; tertium in Gloria et exsultatione. Per primum（cribratur）homo sicut tritium; in secondo examinatur homo sicut argentum; in tertio reponitur in thesaurum（col. 740）。

第一阶段，即死亡，是灵魂与肉体的分离，第二阶段是经过炼狱，第三阶段是进入天堂。对于第二阶段，他明确说，是那些用草木禾秸来建筑的人在炼狱中（in purgatorio）得到清洗。这一次，在文本中，炼狱（炼罪）这个词被用作名词。炼狱存在了，是那些获选者在进入许诺的天堂之前（暂时）前往的地方。这里，布道文作者只提到获选者的路径，那些直接进入地狱的遭永劫者未被提及。随后，他阐发一个很重要的想法。在他看来，诸圣瞻礼节前一日祭礼、诸圣瞻礼节、诸圣瞻礼节次日对死者的祭礼对应着获选的死者的路径的三个阶段。实际上，这是以时序上的小技巧为代价的。诸圣瞻礼前日是斋戒日，对应着第一阶段，即分离，但是要想让象征意义说得通，那必须将接下来两日的顺序颠倒。对应于炼狱的是第三日，纪念死者祭礼："第三日，是对死者的纪念，为的是让那些在炼狱中受到清洗者，或者获得完全赦免，或者减轻刑罚。"[①] 在炼狱中（in purgatorio）这个表述再次出现。最后，第二日是"庄严日，象征喜悦的圆满"。

　　这一布道文被归在拉瓦尔丹的伊尔德贝的名下，早在1888年就被重新归还给它真正的作者，"食书者"彼得，最近的一些研究证实了这种认定。[②] "食书者"彼得（Pierre Comestor 或

---

① Tertio, memoria mortuorum agitur, ut hi qui in purgatorio poliuntur, plenam consequantur absolutionem, vel poenae mitigationem.（《罗马教会圣师全集》171, col. 741）

② 奥罗《关于归在拉瓦尔丹的伊尔德贝名下的布道文》（Haureau: "Notice sur les sermons attribués à Hildebert de Lavardin"），载《国家图书馆及其他图书馆稿本说明与节选》（*Notices et Extraits des manuscrits de la Bibliothèque nationale et autres bibliothèques*），XXXII, 2, 1888, 第143页。马丁:《关于"食书者"彼得作品的说明》

Manducator，即食书者），因为据他同时代的人说他酷爱吃书，他 212
是"伦巴第人"彼得的弟子。他成为巴黎教会的法官，曾在"伦
巴第人"彼得 1159 年晋升主教后在圣母院的学院教书，他可能在
1178 或 1179 年去世。他如果不是第一个，也是属于最早一批注
解"伦巴第人"彼得的《四部语录》的人。他留下众多著作。对
他的布道文难以确定年代。相反，却可以将他的《论圣事》（*De
sacramentis*）确定在 1165 — 1170 年间，里面同样涉及炼狱。

（接上页）（R. M. Martin: "Note sur l'oeuvre littéraire de Pierre le Mangeur"），载《古
代与中世纪神学研究》，Ⅲ，1932，第 54—66 页）。兰德格拉夫：《"食书者"彼得
作品研究》（A. Landgraf: "Recherches sur les écrits de Pierre le Mangeur"，载《古
代与中世纪神学研究》，Ⅲ，1932，第 292—306；341—372 页）。维尔玛：《伊
尔德贝的布道文》（A. Wilmart: "Les sermons d'Hildebert" 载《本笃会会刊》，47，
1935，第 12—51 页）。勒布勒东《关于含有"食书者"彼得布道文的稿本的研
究》（MM. Lebreton: "Recherches sur les manuscrits contenant des sermons de Pierre
le Mangeur"，载 *Bulletin d'information de l'Institut de Recherche et d'Histoire des
Textes*, 2（1953），第 25—44 页）。施奈尔的《1150—1350 年中世纪拉丁文布道
文索引》（J. B. Schneyer: *Repertorium der lateinischen sermones des Mittelalters für
die Zeit von 1150—1350* 第四卷中接纳了将 Beaugendre（1708）旧勘本——归在
伊尔德贝名下的——第 85 布道文《用盐建起的耶路撒冷》（Jerusalem salem quae
aedificatur）归于"食书者"彼得，被米涅的《罗马教会圣师全集》采纳（*PL*, 171,
col. 739 及下）。多尔博同意为我们审查目前已知的两个最古稿本。他证实了对"食
书者"彼得的认定，以及"在炼狱中"（in purgatorio）的表述（稿本 Ms Angers 312
（303），f. 122（背面）和稿本 Angers 247（238）f. 76（背面），两个稿本均为 12 世
纪末的）。但是他发现一个更加古老的稿本瓦朗谢讷市图书馆 227（218）f. 49，其中
"在炼狱中受到清洗"（in purgatorio poliuntur）那个句子缺失。令人吃惊的是，一
向充分掌握信息的约瑟夫·恩特迪卡在著作中认为伊尔德贝"很可能是首位用炼狱
purgatorium 这个词的人"（《圣奥古斯丁作品中炼狱教理的演变》，巴黎，1966，第
11 页，注解 17）。关于"食书者"彼得，我们可以参考布雷迪《"食书者"彼得与
"伦巴第人"彼得的口头宣教》（I. Brady: "Peter Manducator and the Oral Teachings of
Peter Lombard"），载 *Antonianum*, XLI, 1966，第 454—490 页。

　　谈到赎罪，"食书者"彼得首先指出获选者的炼罪在炼罪之
火中（*in igne purgatorio*）进行得或快或慢，是根据罪行和赎罪的
差别，他援引奥古斯丁（《论信望爱手册》69）。随后，他回答关
于在此世未能完成的赎罪是否可以在彼世完成的问题。上帝是仁
慈而公正的，他会因仁慈而宽恕那些不应该受到过于严重的刑罚
即永罚的惩罚的罪人。但是鉴于上帝是公正的，他不会任由罪行
不受惩罚。罪行必须受到惩罚，或者是通过人来进行，或者是由
上帝来进行。但是，内心的悔恨可能很强烈，以至于虽然没有在
此世完成赎罪，但死者却可能由炼罪之火得到饶恕（*immunis erit
ab igne purgatorio*）。相反，死亡时未在赎罪的人要受永罚。有另
一个问题：如果因为神父的疏忽或无知，一个人接受的赎罪相对
于自己罪行的严重性是不足够的，那么他完成领受的赎罪就足够
了，还是说上帝在他死后会在炼罪之火中（in igne purgatorio）对
他进行补充的刑罚？根据"食书者"彼得，在这个问题上，凭
据的是人的悔过。如果悔过足够强，那么悔过可以豁免附加的刑
罚，但这依赖于上帝的评判。下一个问题更加直接涉及炼狱："炼
罪之火是什么？必须经过炼狱之火的是什么人？"（*Quid est ignis
purgatorius, et qui sint transituri per eum?*）"食书者"彼得回答说，
某些人说这是一种"物性的"火，而非"元素的"火，也非需要
木柴燃烧的火，而是一种存在于尘世中的火，它将在最后审判日
之后随着那些过渡之物消失。对于另一些人来说，这火就是刑罚
本身。之所以把它称作火，那是因为它是严酷的，如同火一样灼
人。因为存在一种毁灭性的永远的罚，而这里涉及的刑罚不属于
永罚，所以人们称之为炼罪之火，也就是说非毁灭性的，而是通

过有期的刑罚来净化，并不让人永远受惩罚。"食书者"彼得补充说，不管怎样，不管这火是什么，我们必须相信信徒们会通过这火，虽然并非是所有人。但是，一些人比其他人受苦更多，一些人比其他人更快从这火里解脱，这是根据罪和完成赎罪的数量，依据悔恨的强度。人们相信，只有全善的人可以免于炼罪之火，因为虽然没有人可能完全没有轻罪，但仁爱的炽烈（*fervor caritatis*）可以焚尽他们身上的轻罪。①

面对这些文本，可能有两种解释。或者，第一个布道文的文字曾在"食书者"彼得死后被缮写稿本的誊抄者修改过，或者，"食书者"根本未在谈炼狱，而是用了传统上的"在炼罪之火中"（*in igne purgatorio*）。只要加上（或者是跳过了）短短的词 igne（"火"，见注解 4 和《附录》二）就可以了。如果是这样，作者就仅仅是炼狱即将出现的又一位证人罢了，他将即将出现的炼狱与 11 月初的瞻礼仪式直接关联起来，这仍然是很有意义的。但我认为，更可能的是"食书者"彼得的确使用 *purgatorium*（炼狱）的名词，所以他若非这个词的创造者，至少也是这个新词的最早的使用者之一，这个新词与我认为是对彼岸世界地理描述的一种革命性的发展相关联。有两个元素——除了这些稿本的年份之外——可以证实这一假设。在去世前，"食书者"彼得在巴黎知识界占据核心地位。对我而言，炼狱诞生的环境无疑是在巴黎——更确切地说是在巴黎圣母院的学院。另一方面，可以认

---

① "食书者"彼得：《论圣事》《论赎罪》（Pierre le Mangeur: *De Sacramentis, De penitentia*, 25—31 章，R. M. Matin 校勘，载 *Spicilegium sacrum Lovaniense*, XVII, 附录，鲁汶，1937，第 81—82 页）。

为"食书者"是他那个时代"思想最独特的人"（奥雷欧）。这位知识分子较少受到研究，不太为人所知，他可能在他的老师"伦巴第人"彼得提出问题的这个领域中起过创新者的作用，"伦巴第人"使用的一些术语使得新的阐发变为可能。依据这种假设，1170 年之前，他曾经使用炼罪之火这个通行的表述，1170 年到去世（约 1178—1179）之间的时期，他的思想发生转变，他使用了新词 *purgatorium*（炼狱），这个词的诞生因此是在 1170—1180 这最后十年间。这与其他实证相符，这些证据虽然并不绝对有证明力，但都指向一个方向。在审视这些证据之前，我想对"食书者"彼得关于死亡到整体复活之间的过渡时期的思想的材料加以补足，我这次将引用一个有关"亚伯拉罕的怀抱"的文本。

　　这个文本引自"食书者"彼得最著名的著作，他生前以及在中世纪剩余阶段的知名度全凭这一著作：《关于新约的经院历史》*。《关于新约的经院历史》（*Historia Scholastica*）的第 53 章中，他讲述并评论了穷苦的拉撒路与恶富人的故事（《路加福音》十六）。他说："拉撒路被安置在亚伯拉罕的怀抱。那是在地狱之地的上缘（*in superiori margine inferni locus*），那里有少许光线，不受到任何物质的刑罚。那些预先注定进天堂的人的灵魂待在那里，一直到基督下至地狱。这个地方因为宁静笼罩，所以被称作亚伯拉罕的怀抱，如同我们称呼母亲的怀抱。用亚伯拉罕来命名，那是因为亚伯拉罕是信仰的最初道路（*prima credenda via*）。"①

----

　　* 并非一些译本中的《经院哲学史》，是对《圣经》的概述和注解。
　　① 《罗马教会圣师全集》198, col. 1589—1590。

这是对亚伯拉罕的怀抱的"历史"定义，它处于先祖时代与基督下至地狱之间的时期。基督关闭了地狱，同样，中世纪的人们准备关闭在《新约》中残存下的亚伯拉罕的怀抱。此后，过渡期的空间与时间将仅仅由炼狱来占据，如果人们感觉需要类似亚伯拉罕的怀抱的地方来安置那些基督将临之前的义人和那些未受洗礼就死去的孩子，那么人们可以借助于彼岸世界的两个附带的地点：先祖们的灵簿狱与幼童们的灵簿狱。

谈论到真正的炼狱的第二位神学家（从时序上看，他很可能是第一位）是乌尔斯康的奥多（Odon d'Ourscamp，也被人叫作苏瓦松的奥多（Eudes de Soissons））。[1] 他是这一时期最重要的教 215 师之一。承继伦巴第人彼得的教诲，曾经师从彼得，或者如其他人认为的那样，曾与彼得敌对，他拥有过一个很活跃的学院，在他死后仍旧延续下来。他对于"提问"（questio）这一经院学术的特色品类给予了决定性的推动，这一品类在他手中臻于成熟：即"在一场真正的争论中，逻辑之属被分担于两个不同的人物"（兰德格拉夫）。乌尔斯康的奥多曾经是巴黎圣母院学院的教师，后在晚年退隐到熙笃会的乌尔斯康修道院（位于埃纳省），1171 年于那里去世。他的弟子们以不同作品的形式发表了他的《问题》。

在归于乌尔斯康的奥多名下的一部这类的集子里，我们在一个

---

① 容易混淆的是，12 世纪下半叶在巴黎有几位奥多或者奥多大师，其中一位曾在 1164—1168 年间担任法官。参见勒布勒东《关于 12 世纪叫奥多的不同人物的布道文稿本的研究》（M. M. Lebreton: "Recherches sur les manuscrits des sermons de différents personnages du XIIe siècle nommés Odon"），载 *Bulletin de l'Institut de Recherche et d'Histoire des Textes*, 3, 1955，第 33—54 页。

《论炼狱中的灵魂》（*De anima in Purgatorio*）的问题中遇到了"炼狱"。

"脱离了肉体的灵魂立刻进入炼狱（*intrat purgatorium statim*）；它在那里得到净化，从中受益。相反的观点认为：灵魂承受这刑罚是不得已的，所以它并不从中受益。"

接下来是一些论据，关于在承受这刑罚的时候可能获得的德业。随后是解答："确实，某些灵魂，当它们脱离肉体，它们立刻进入炼罪之火中（*statim intrant purgatorium quemdam ignem*），但并非所有灵魂都在那里得到净化，只有某些灵魂才是。所有进入炼狱之火的灵魂都受到惩罚。所以最好将这火称作惩罚（punitorius）之火，而非炼罪（purgatorius）之火，但它却得到了最高贵的名字。在进入其中的灵魂中，一些得到净化和惩罚，另一些只是受惩罚。

那些带着草木禾秸的灵魂受到净化和惩罚；另一些是那些自愿或不自愿地，最终未能悔悟自己的轻罪的灵魂，或者那些未忏悔而猝死的。这些人只受惩罚，他们曾经忏悔和悔悟所有罪行，但死时未能完成神父要求他们做的赎罪；他们不能得到净化，因为罪行没有赎清，除非我们把净化从广义上来理解，将净化等同于解脱应受的刑罚。本来意义上的净化是指某人的罪行赎清；"所以那些一般的善人立刻进入炼狱"（*hi ergo qui sunt mediocriter boni, statim intrant purgatorium*）。

216　　对话者再次引起讨论，提出如下问题："如果神父对悔悟自己所有罪过的垂死者说：我赦免你应受的所有刑罚，哪怕是那些你应当在炼狱中（*in purgatorio*）中承受的，那么他仍旧会在这个炼狱中受到惩罚吗？"

老师回答："这类问题，上帝比我能更好地答复你。我所能说的只是神父的行事作为应当明辨是非。"但他补充说了一个非常能说明问题的句子："既然这火是一种物质性的刑罚，那么它就处在一个地点。但这火在哪里发生，我对这问题搁置不论。"①

这一文本中引人注意的是词汇的错杂的一面，如果不是思想的错杂的话。时而涉及炼狱，时而涉及炼罪之火。文本肯定了炼狱的方位的、空间的属性，通过直呼其名，或者将其归结为火发生的地点。这一切最终以肯定自己对这火的地点的无知来结束。

这些看法证实了 A.M. 兰德格拉夫的观点，他认为：这个时代的《问题》，特别是归在乌尔斯康的奥多名下的《问题》，汇集了数位作者的《问题》，"对作者的认定通常是子虚乌有的"，是难于验证的。②

我们有理由考虑如下解释：归于乌尔斯康的奥多名下的《问题》是从这位教师的课程的笔记编纂的，但形式（和词汇）却经过校改，某些并非属于奥多的想法被引入编纂中，编纂大概是在 1171 年（奥多去世的时间）到大约 1190 年之间，可能是在 1171—1180 这十年中进行。在奥多仍旧谈到炼罪之火的地方，他的弟子们已经在谈论炼狱了。对这火的空间化被当作一个既定事实，但方位却不确定。Mediocriter boni（一般的善人）这一表述大

217

① Cum materialis poena sit ille ignis, in loce est. Ubi ergo sit, quaerendum relinquo.《奥多大师的问题》（*Questiones magistri Odonis*）有 J. B. Pitra 校勘本：*Analecta novissima spicilegii Solesmensis altera continuatio*, t.Ⅱ, Tusculum, 1888，第 137—138 页。

② 兰德格拉夫：《12 世纪后半叶的几部问题集》（A. M. Landgraf: "Quelques collections de Questiones de la seconde moitié du XIIe siècle"），载《古代与中世纪神学研究》，6，1934，第 368—393 页，及 7，1935，第 113—128 页。从第 7 卷的第 117 页开始，兰德格拉夫表达了对 Pitra 校勘本的保留态度，他引用了肖萨《语录大全》（M. Chossat: "La Somme des Sentences" 载 *Spicilegium Sacrum Lovaniense*, 5, 鲁汶，1925，第 49—50 页），及瓦里谢《图尔内的西蒙的辩论集》（J. Warichez: *Les disputationes de Simon de Tournai*），丛书信息同前，12，鲁汶，1932。

概来自于伦巴第人彼得，让我们看到了这一体系的另一侧面。

<h1 align="center">一位炼狱的赝造者</h1>

　　现在，应当审视一下最成问题的那两个文本，尤其是第二个
文本。第一个文本被归在 11 世纪上半叶的著名的隐修士、意大利
主教圣彼得·达弥盎名下，但这一无法自圆其说的认定被最近的
彼得·达弥盎的研究者认为是错误的。[①] 第二个文本是一则布道
文，曾被归于 1153 年去世的圣伯尔纳铎，而最近的圣伯尔纳铎
全集的博学的校勘者让·勒克莱尔教士与亨利·罗谢虽然保留了
这一认定，但他们指出收录这一布道文的《各类事的布道文集》
（ *Sermones de diversis* ）所引发的问题不能让人们可以向对待圣伯
尔纳铎的其他布道文集那样肯定这一集子的真实性。我坚信这一
布道文并非出自圣伯尔纳铎。[②] 即便假设其内容是真的，它曾经历

---

　　① 　布卢姆：《圣彼得·达弥盎：对灵性生活的教诲》(O. J. Blum: *St Peter
Damian: His Teaching on the Spiritual Life*)，华盛顿，1947。瑞安：《圣彼得·达
弥盎和明谷的尼古拉的布道文》(J. Ryan: "Saint Peter Damiani and the sermons of
Nicolas of Clairvaux"，载《中世纪研究》，9，1947，第 151—161 页) 以及德雷斯
勒《彼得·达弥盎：生平与著作》(F. Dressler: *Petrus Damiani. Leben und Werk* (*Studia
Anselmiana*, XXXIV)，罗马 1954，特别是 *Anihang*, 3，第 234—235 页)。

　　② 　《罗马教会圣师全集》已经将这一布道文归于克莱沃（明谷）的尼古拉
(*PL*, 184, 1055—1060)，而在这一圣师全集 144 卷，835—840，我们看到这一布
道文归在彼得·达弥盎名下。这一布道文是为了纪念圣尼古拉圣日的。圣尼古拉
是"炼狱的主保圣徒"之一。被归于圣伯尔纳铎的这一布道文收在勒克莱尔校勘
的《全集》中（ Ⅵ/Ⅰ，第 255—261 页)。关于归在圣伯尔纳铎名下的《各类事的布
道文集》，尤其是第 42 布道文，见罗谢《关于圣伯尔纳铎各布道文与语录的研究》
(H.-M. Rochais: "Enquête sur les sermons divers et les sentences de Saint Bernard")，
载 *Analecta SOC*, 1962，第 16—17 页和《本笃会会刊》，72, 1962。

过重要的形式上的修改。我认为在 1153 年之前不仅不可能用一个名词来将炼狱作为一个指定地点来谈论，而且我们在这一文本中看到的对分成三个部分的空间化的彼岸世界的完美表述："存在三个地方，死者的灵魂依据他们各自的德业而接受自己的去向：地狱，炼狱，天上"，我觉得这在 12 世纪上半叶是不太可能的，如我们所见，那个时代仍然以对彼岸结构的很大的不确定为主导。

在提出假设之前，让我们看看这些文本。这两则布道文的主题是自然与超自然的世界中存在五个区域。

第一个区域是人类与上帝的分离（dissimilitude），上帝按照自己的形象造人，但人类因为原罪而远离了这种相似。这个区域就是地上俗世。

第二个区域是修道禁院的天堂。"实际上，修道院的禁院是个天堂"是这两个文本中许多一字不差的相同的句子中的一句。对修道生活的颂扬将修道禁院变成此世开始的一个生命场所。

第三个区域是赎罪的地方。依据死者的德业，它本身包含三个不同场所。对这些场所的称呼在两则布道文中不同，虽然所涉及的是相同地点。在伪彼得·达弥盎布道文中是天国、地狱之所和炼罪的场所（*caelum, loca gehennalia, loca purgatoria*）。在伪伯尔纳铎布道文中，如我们所见，涉及地狱、炼狱、天国（*infernus, purgatorium, caelum*），此外，这里的列举顺序也不相同。

第四个区域是地狱（矶汉那）。大家可能想知道这个区域与第三个区域中地狱部分有何区别。这一点在这两个布道文中都没有得到很好解释。但是，这两个布道文的解释似乎是相反的。在伪彼得·达弥盎布道文中，第三区域的地狱部分似乎针对那些犯死

218

罪而死的罪人，而第四个区域更像是背神者的居所。在伪伯尔纳
铎布道文中却相反，第三区域的地狱部分留给那些背神者，这是
明确说明的，而第四个区域针对恶魔及其恶天使和那些与之类似
的人类，即那些罪犯和邪行者（*scelerati et vitiosi*）。

最后，第五个区域是天顶的天堂，如伪伯尔纳铎布道文所言，
真福者在那里与圣三一面对面，如伪彼得·达弥盎布道文所言，
那是圣王之城。

219   这两个文本各自有些不同版本，内容上大致雷同。为了不让
读者厌烦，我仅仅取一个区域的例子，即第三个区域，我们所研
究的炼狱处于这个区域。

《伪彼得·达弥盎》

离开了这个世界和所选择的生命形式（禁院生活），到
达第三个区域，那是赎罪的地方。在这个区域，仁慈的父检
视他的有玷污的孩子，如同人们检验银钱；他让他们通过水
与火，带他们往安宁（*refrigerium*《诗篇》六十五）。必须
区别三个地点，灵魂按照德业不同被分配其中。那些将肉身
当监狱来使用，保留了人的实质而纯净无污的人，他们立刻
飞到天上。相反，那些直到死亡都犯下当死的罪行的人被
不加怜悯地送入地狱之所。那些非此非彼，处于两者之间
的，他们犯下死罪，临死前曾赎罪，却未能完成赎罪的，他
们不配立刻得到喜乐，但也不至于受到永火焚烧，他们则得
到炼罪场所，他们在那里受到鞭打，但却不至于失去意识
（*insipientia*？），然后出来被送到天国。对于那些在天上的

人，无需为他们祈祷，因为我们是向他们祈祷的，而不是为
他们祈祷。对于那些处于地狱中的，祈祷无用，因为仁慈之
门向他们关闭，得救的希望对他们是禁止的。相反，对于那
些在炼罪地点受到改正的，必须注意为他们祈祷，用（弥撒）
祭礼（*sacrificio singulari*）来帮助他们，让仁慈的父很快将他
们的赎罪变成荣耀中的满足。你要跑向他们中间，带着虔诚
的切身的感觉，整理你的行囊，那就是悲悯。

《伪伯尔纳铎》

第三个区域是赎罪区域。有三个地方，死者灵魂按照不
同德业被分配其中：地狱、炼狱、天上。入地狱的那些人不
可能救赎，因为在地狱中没有任何赎罪。处于炼狱的那些人
等待着赎清，但必须首先受到折磨，或者用火的炽热，或者
用寒冷的严酷或任何其他严厉刑罚。到天上的那些人享受看
到上帝的喜悦，他们是基督的真正的弟兄，共同承继着荣耀，
共享永福。因为第一类人不配得到赎罪，而第三类人不需要
赎罪，所以我们带着同情经过中间的一类，我们因为人性
而曾与他们共处。我要过去看这大异象（《出埃及记》三：
3），虔诚的父以此来给子孙荣耀，将他们抛弃到诱惑者手
中，不是为了让他们被杀戮，而是让他们得净化；不是通过
愤怒，而是通过仁慈；不是为了毁灭他们，而是为了教导他
们，让他们从今往后不再是那应受毁灭的包容愤怒的容器
（《罗马书》九：22—23），而是为天国预备的仁慈的容器。
故此，我起身帮助他们：我以我的呻吟来吁请，我以我的
叹息来哀求，我以我的祈祷来说项，我以我的（弥撒）祭

礼（*sacrificio singulari*）来满足，为的是万一我主偶然鉴
察和施行判断（《出埃及记》五：21），让祂将艰辛化为安
宁，将苦难化为荣耀，将打击化为王冠。通过这些和其他
类似的义务，他们的赎罪或许会被缩短，他们的艰辛被终
止，他们的刑罚被取消。所以，忠诚的灵魂啊，你要走过
那赎罪的地方，看到发生着什么，收拾你的行囊来准备这
桩事情,-那就是悲悯。

　　这两个文本之间尽管有不同，但结构和思想的相似性是最引
人注意的，几个完全相同的表述更加强了这种相似。一个主要区
别是伪彼得·达弥盎文本使用炼罪地点（*loca purgatoria*），而伪
伯尔纳铎文本使用炼狱（*purgatorium*）。

　　所以，我们或许可以认为这些文本有两位不同作者，他们要
么是从同一源头得到启发，要么第二位作者，即伪伯尔纳铎文本的
作者，见到过第一个文本，并且深受其影响。我将保留后一种假
设。研究彼得·达弥盎的专家们提出伪彼得·达弥盎布道文的作者
可能是克莱沃（明谷）的尼古拉，人称"巧妙的赝作者"（gerissen
Fälscher，语出 F. 德雷斯勒）。而尼古拉曾是圣伯尔纳铎的秘书，我
们知道他曾经炮制了一些圣伯尔纳铎的赝作。错误地归在彼得·达
弥盎名下的 19 篇布道文最早见于梵蒂冈图书馆的一个稿本，在这
一稿本中，这些布道文与圣伯尔纳铎的（或者归在圣伯尔纳铎名下
的）一些布道文紧邻着。当然了，布道文 42 并不在其中，但是这两
个布道文集的共存状态让人迷惑。我怀疑克莱沃的尼古拉是这两篇
221 布道文的作者，以其造假的天分，他将一个文本做成彼得·达弥盎

的赝作，将另一个文本做成圣伯尔纳铎的赝作。[①]

虽然这两篇布道文并非它们被归于其名下的著名圣徒的作品，但它们相反却是对炼狱诞生和分成三部分的（天上、炼狱、地狱）彼岸世界的形成的出色见证——真正的见证。或者，伪彼得·达弥益文本时间更早，炼罪地点（*loca purgatoria*）的表述可以由此解释，而伪圣伯尔纳铎文本写作的时候，炼狱（*purgatorium*）已经存在了。或者，虽然两个文本是同一位赝作者的作品，但这位赝作者大约从一些真实作品得到启发，或许甚至是来自圣伯尔纳铎的布道的提纲，有意或者无意，赝作者将自己觉得适当的词汇用于每位伪称的作者，因为炼罪场所（*loca purgatoria*）的说法是 11 世纪上半叶是见不到的，而炼狱（*purgatorium*）的说法在 12 世纪初叶是看不到的。如果这位赝作者是克莱沃的尼古拉，从时间上看，这是完全可能的。载有伪圣伯尔纳铎文本和炼狱（*purgatorium*）一词的最早的两个稿本很可能是在 12 世纪中后期缮写的。而克莱沃的尼古拉于 1176 年之后去世。[②] 因此，我们被

---

① 关于克莱沃的尼古拉，除第 217 页注解 2 引用的瑞安的文章，另见施泰格尔《明谷的修道士尼古拉，圣伯尔纳铎的秘书》（A. Steiger: "Nikolaus, Mönch in Clairvaux, Sekretär des heiligen Bernhard"），载 *Studien und Mitteilungen zur Geschichte des Benediktinerordens und seiner Zweige*, N. F. 7, 1917，第 41—50 页。勒克莱尔《明谷的尼古拉布道文集》（J. Leclercq: "Les collections de sermons de Nicolas de Clairvaux"），载《本笃会会刊》，66, 1956，尤其是第 275 页，注解 39。

② 加朗（M.-C. Garand）女士考察了这两个稿本，它们属于最早的三部之中的，巴黎，法国国家图书馆，ms latin 2571 和康布雷的 Cambrai 169。她写信告诉我："圣伯尔纳铎的圣徒称号没有包含在题目中，而在藏书票中被人修改过，这让我们可将稿本的时间确定在 1174 年他得到圣徒加封之前。但或许并不比这早很多，因为字体已经多有折体，这可能是在 12 世纪中晚期。至于康布雷的稿本，其字体和独特的特征同样让我们认为是属于这个世纪后半叶。"

带回到 1170—1180 年间。

　　被归在圣伯尔纳铎名下的那篇布道文的作者，不论他是一位修改者还是彻头彻尾的伪造者，他撰写的文本与熙笃会的伯尔纳铎这位大人物的方向是一致的。伯尔纳铎对于彼岸世界的确有着非常空间化的认识。关于教堂献堂仪式的第 4 布道文《论分成三部分的教堂》中，在谈到天堂时，他吐露了这样的想法："哦，神奇的殿堂，胜过人们所爱的帐篷，胜过人们所喜的广场！……在帐篷下，人们在赎罪中呻吟；但堂前的广场上，人们品尝到喜乐；通过你，人们充满了荣耀……"①

炼狱最早的过客：圣伯尔纳铎

　　历史的嘲讽，被人认定为炼狱之父的圣伯尔纳铎（但我们却要拒绝将"这发明"归功于他）是对这一新的地点的信仰的首个受益者。圣伯尔纳铎 1181 年去世前，圣阿尔班的尼古拉致塞勒的彼得的一封信，大约是在 1180—1181 年间，肯定说圣伯尔纳铎在进入天堂之前在炼狱中短暂停留。圣徒的炼罪是为什么呢？因为圣伯尔纳铎反对圣母无玷受孕的概念，虽然他对圣母玛利亚非常虔信。为了激发人们的想象和贬低反对者，无玷信仰的支持者

---

　　①　圣伯尔纳铎《全集》，383—388 句，尤其是 386 句。第 78 布道文《论各类事》是关于同一主题，我认为更像是对圣伯尔纳铎的匆忙的简化的抄袭，而非完整的原文。但这只是一种印象。与此相关的内容，我并未进行任何研究。见德·弗雷吉尔《圣伯尔纳铎所说的圣徒们的等待》（B. de Vrégille: "L'attente des saints d'après saint Bernard"），载 *Nouvelle Revue théologique*，1948，第 225—244 页。

们声称克莱沃修道院的这位院长因为这一轻微过错而受到过（轻
微的）惩戒。著名人士经过炼狱的主题在 13 世纪得到传布。似乎
圣伯尔纳铎是这系列人物的第一位。1180—1223 年间在位的菲利
普·奥古斯都（腓力二世）是首位经过炼狱的法国国王。

　　在 12 世纪末的西都派的一个有价值的稿本中，我们再次看到
圣伯尔纳铎（他必定是与炼狱的诞生相关联的），这是最早的讲道
示例故事集（exempla）中的一部，这是讲道者们插入布道文中的
一些小故事，我们在后文将看到，这些示例故事集在 13 世纪炼狱
的推广中起到重要作用。① 第 34 章是关于死后灵魂所受刑罚（*De
penis animarum post mortem*）的解说，开篇是对比德的弗尔塞的灵 223
视的节录。在宣布"在炼狱中（*in purgatorio*）对那些我们认为非
常轻微的过分行为所施行的刑罚非常重"之后，文本随后举出几个
灵视。这是对作为词语和信仰的炼狱的存在的又一个证据。在这些
灵视中，有一个是被当作圣伯尔纳铎的传记的节录。故事如下。

　　"一位修士出于好意，对其他修士过分严厉，缺少必要的同
情，他在明谷修院去世。死后不久，他向侍奉上帝者（圣伯尔纳
铎）显现，他看着很悲伤，仪态凄惨，显然一切并不如他所愿。
伯尔纳铎问他发生了什么，他抱怨受到四道大刑。说到此处，他
被人从后面推，匆匆从圣徒面前消失。圣徒悲痛地在他背后喊：
以天主之名义，我请你快点告诉我他的处境。他开始祈祷，并且
请求一些他了解具有很高的圣洁程度的修士们为这位修士进行圣

---

　　①　这是巴黎法国国家图书馆的 15912 拉丁稿本。感谢 Georgette Lagarde 夫人
录写了我在此书中概括的那些段落。in purgatorio（在炼狱中）的表述见于稿本第 64
对刊页的第 b 列，取自圣伯尔纳铎生平的讲道事例见对开页 65c—66a。

体礼奉献，一起来帮助他。他坚持不懈，直到几天之后，如他所请，他从另一次显现中得知这位修士得到了解脱。"

这个小故事——连同在同一稿本中与它毗邻的那些故事——是我所知的明确说到炼狱名称的灵魂显现故事的最早实证之一，这些故事在 13 世纪将对彼岸世界的这一新处所的信仰加以普及。在此，我仅提醒注意，这是一位非常特别的、受到严密监视的幽灵，受到双重控制：彼岸世界的施刑者的控制，他们将他的显灵控制到最小；他在此岸世界的帮助者的控制，他们要求他明确地报告。

现在，对于"炼狱"一词有了一系列的不可否认的实证，证明它在 12 世纪末和 13 世纪初的存在。这些实证主要来自于神学家。

最早的炼狱神学家们："大管事"彼得和图尔奈的西蒙

我认为将炼狱纳入体系和神学教育中的人是"大管事"彼得（Pierre le Chantre），大家越来越认可他在经院哲学的构建中的作用。巴黎圣母院学院的这位教师于 1197 年去世，他洞察他周围变动的世界，看到其经济表现、社会和政治结构，及其心态，他大概是从决疑论的关联中最好地把握城市和君主的世界中新异之处并加以理论化的人。①

仍旧是在有关赎罪的问题上，我们在他的《圣事与灵魂建议

① 鲍德温《教师、君主与商人：大管事彼得及其群体的社会观念》（J. Baldwin: *Masters, Princes and Merchants. The Social Views of Peter the Chanter and his Circles*），全两卷，普林斯顿，1970。

大全》（*Summa de sacramentis et animae consiliis*）看到，在谈到轻罪时，"大管事"彼得不得不肯定说因为轻罪人们在炼狱中（*in purgatorio*）被施以某种确定的刑罚。接着，他批评那些认为遭永劫者在下地狱之前同样经过炼狱（*per purgatorium*）的人，这些人认为遭永劫者在那里炼罪并且得到宽恕。"大管事"彼得反驳说，这是荒谬的，因为如果情况如此，那么那些获得上帝选择的人并不会比那些遭永劫者处境更佳，这是荒谬的。"大管事"彼得由此谈到了核心问题："必须将死后善人的处所与恶人的处所区分开来。对于善人，或者立刻入天堂（patria），如果他们没有什么需要焚烧的话，或者先进入炼狱（purgatorium），随后再进天堂，那些身负轻微罪行的人属于这种情况。对于恶人，不进行处所的区分，但据说他们立刻下地狱。""大管事"彼得接着肯定说，炼狱仅接纳那些预先确定的人（获选者），他重又转述了各种观点。比如有些人认为恶人确实经过炼狱，但对于他们那不是真正的炼狱，而仅仅是送他们进入永劫之火的载具。另一些人认为轻微罪行受到永火的惩罚，因为在死亡的时刻罪行未赎。但是，"大管事"彼得认为不赎罪必然伴随着永劫，但并非永劫到来的原因。在这几个段落中，名词"purgatorium"（炼狱）频繁出现，确切说出现了9次。至少在巴黎，这个词和词义在这个世纪末显然已经变成通用的，地狱—炼狱—天堂的体系似乎已经就绪。① 225

　　在《论圣事与灵魂建议》的另一个段落里谈及轻罪的赦免，

---

　　①　"大管事"彼得《圣事与灵魂建议大全》（Pierre le Chantre: *Summa de Sacramentis et Animae Consiliis*），J. A. Dugauquier 校勘，载 *Analecta Mediaevalia Namurcensia*, 7, 1957, 第 103—104 页。

"大管事"彼得提醒说我们的老师们讲轻微罪行通过炼狱的刑罚（*per penam purgatorii*）得到赦免，而不是通过赎罪。但彼得不同意这种看法。炼狱这个名词在几行文字中被使用了两次。[①] 第三部分收录一些是非判断的决疑案例，"大管事"彼得回答了施舍能否赎清轻罪的问题。"存在两种炼狱，一种在未来在死后，首先可以通过弥撒礼，其次通过其他善行来得到减轻。另一种炼狱，是教会规定的赎罪，同样可以通过相同的事来得到减轻。"这里，我们看到彼得一方面认为炼狱是已经确定的，但同时并不总是对它具有纯粹空间性的观念，在这最后一个段落中炼狱不是一个处所，而是一种状态。[②] 在另一著作《简短圣言》（*Verbum abbreviatum*）中，他探讨何等数量与强度的赎罪能够等同炼狱之火，这或许是他最出名的著作，有些人认为年代在 1192 年。他在其中同样使用了炼狱之火和炼狱这些词，这是那个时代惯用的，在 13 世纪同样如此。[③]

巴黎的另一位著名教师，1201 年去世的图尔奈的西蒙，是乌尔康的奥德的学生，他留下了一些《辩论》（*Disputationes*），经由阿贝拉尔之手这一文类成为时尚。尽管保守派（圣伯尔纳译、他

---

① "大管事"彼得《圣事与灵魂建议大全》（Pierre le Chantre: *Summa de Sacramentis et Animae Consiliis*），J. A. Dugauquier 校勘，载 *Analecta Mediaevalia Namurcensia*, 7, 1957, 第 125—126 页。

② "大管事"彼得《圣事与灵魂建议大全》第 3 部分，Ⅲ, 2 a.《良知的具体情境》（*Liber casuum conscientiae*），J. A. Dugauquier 校勘，载 *Analecta Mediaevalia Namurcensia*, 16, 1963, 第 264 页。

③ 《罗马教会圣师全集》205, col. 350—351. 年代确定在 1192 年，这是由范登·恩德《关于 12 世纪几部神学作品的年代确定》提出的（D. Van Den Eynde："Précisions chronologiques sur quelques ouvrages théologiques du ⅩⅡ e siècle"），载 *Antonianum*, ⅩⅩⅥ, 第 237—239 页。

的死敌圣维克托的休格、索尔兹伯里的约翰、图尔奈的艾蒂安）反对，他在 12 世纪后半叶成为神学教授，由"大管事"彼得引入到对圣经的注疏。在三个辩论中，图尔奈的西蒙谈及炼狱。[①] 在 226 辩论 40 中，他回答了人能否在死后获得德业的问题。一些人提出人通过在炼狱中受苦而获得德业。文中所使用的"在炼狱中"（*in purgatorii*）是复数的。但在回答中，作为此论的反对者，西蒙在肯定了死后不存在获得德业的场所之后，他四次用到炼狱一词，两次是用来指炼狱的受苦（*passio purgatorii*），一次谈到炼狱刑罚（*pena purgatorii*），一次指穿越炼狱（*transeundo purgatorium*）。在辩论 55 中，有两个问题与炼狱相关。一个是弄清炼狱之火是否可能是一种永罚，另一个是弄清如果借助于教会的祈祷襄助，人是否能完全免于炼狱。对于第一个问题，西蒙有些回避，他强调问题不在于弄清是否人犯下轻罪还是大罪，而是弄清人在死亡时是否是未赎罪的。对于第二个问题，他进行肯定的回答，指出死者在生前的德业可能让他通过教会的祈祷襄助而完全解脱炼狱，甚至可能有资格不进入炼狱（*ne intraret purgatorium*）。在这一辩论中我们看到图尔奈的西蒙对 *purgatorium*（炼狱）一词的使用很明晰，名词指炼狱这个处所，炼狱之火（*ignis purgatorius*）描述炼狱中所受之刑罚。

最后，在辩论 73 中，西蒙回答了灵魂在炼狱或地狱中是否受到有形之火惩罚的问题。对炼狱，他或者用名词 *purgatorium* 来称

---

① 瓦里谢《图尔奈的西蒙的辩论集》（J. Warichez: *Les Disputationes de Simon de Tournai*, 未出版，鲁汶，1932）。《辩论》40，55，73 见第 118—120, 157—158, 208—211 页。

呼，或者用更古老的形式 *in purgatoriis*（在炼狱中，意味着处所）。他的回答是，在地狱中存在有形之火，但在炼狱中应是种精神之火，隐喻意义的火，指非常严厉的刑罚，因为火指称的是有形的刑罚中最重的。

我还注意到，巴黎的另一位著名教师，1205 年去世的普瓦捷的皮埃尔（即彼得），他在其《箴言集》的一个文本中使用了早于227 炼狱这个词的一系列表述，同时在同一著作中同样使用了炼狱这个名词，不知是否缮写者脱漏了火（ignem）这个词："他们将通过炼狱"（*transibunt per purgatorium*）。[1]

名词 *purgatorium*（炼狱）出现的最后的证据是在 12 世纪最末期：这次不是出现在一个神学文本中，而是出现在圣徒传记中。这是穆宗的殉教者圣维克托的传记，将炼狱（*purgatorium*）定义为一个焚烧的场所，炼罪的监狱。[2] 我认为有几个文本和几个问题对于阐明炼狱在 12 世纪末和 13 世纪初诞生的意义非常重要，但在看它们之前，现在可能应该对于炼狱的诞生加以小结。

巴黎之春与西多（熙笃会）之夏

我尽可能多地参阅了来自基督教世界不同地区的文献，尤其

---

① 《罗马教会圣师全集》211, col. 1054。见摩尔《普瓦捷的彼得的作品：神学教师与巴黎法官（1193—1205）》（Ph. S. Moore: *The Works of Peter of Poitiers, Master in Theology and Chancellor of Paris (1193—1205)*），Publications in Mediaeval Studies, Notre-Dame（Ind.），I，1936。

② 《穆宗的殉道者圣维克托圣传》（"Vie de saint Victor, martyr de Mouzon"）F. Dolbeau 校勘，《阿登地区历史杂志》（*Revue historique ardennaise*），t. IX，p.61。

考察了来自 12 与 13 世纪之交的主要知识与文化创作中心的作品。我认为可以在坚实的基础上提出，两个圈子确定了这一信仰，并推出了炼狱这个词。第一个圈子，是最活跃的，即巴黎知识圈，特别是主教堂的学校，即巴黎圣母院学院，在知识的活跃转向塞纳河左岸之前，转入新兴的大学教育之前（尤其围绕着一些托钵僧团体的多明我会与方济各会的教师），这个学院具有首要作用。

12 世纪，特别是世纪后半叶，塞纳河左岸已经壮大起来的神学研究预告并且滋养了炼狱的发展。圣维克托修院和圣热纳维耶夫修院是其最主要的推动者。难道还需要在此向大家提起圣维克托的休格和其他圣维克托修院派，提起阿贝拉尔及其弟子们的名字和他们的学院的辉煌吗？

但知识的爆发是从"伦巴第人"彼得的教学与著作开端的，228 围绕着圣母院学院的教师与法官们，尤其是乌尔康的奥德、"食书者"彼得、"大管事"彼得。在路易七世与菲利普·奥古斯都统治下的巴黎的中心，毗邻着桥上的钱币兑换者、塞纳河上航行的贸易商、手艺人和工人（作为商品的人已经在格莱夫广场的劳力市场上压榨），基督教的伟大真理正在被人重新思考，在创新与热忱中被人重新塑造。这是思想激荡、辩论迭出、观念和平交锋的世界。教师、学生在这些问题集、辩论集、报告中兴奋地记录和书写着，尽管有某些杰出教师的权威性，但大家已经不太清楚这个或那个想法出自于谁，其中对立的各种立场有时被推到荒谬地步："一些人说……""另一些人说……""其他一些人认为……"。这是经院哲学自发展的美好时代。它并不长久。早在 1210 年，教会和王朝就对之重新加以掌握的形势已成。焚书和火刑的柴堆燃烧起来。这仅仅是警告。经院哲学将历经辉煌，在 13 世纪达到最高荣耀。但经院哲学的知识的大厦，即圣路易世纪的种种大全，它们是些有序的纪念碑，大胆妄言与自由勃发已经被排除在外。对于那个世纪的言论审查者而言，这仍嫌不够，1270—1277 年间，巴黎主教埃蒂安·唐皮耶（Etienne Tempier）将他的权杖砸向所有看起来新颖别致的东西，砸向布拉奔的西热（Siger de Brabant），人们指责他对于托马斯·阿奎那说了他自己并未曾讲过的话，而阿奎那实则也不像人们所认为的那样大胆。随着经院哲学之春，炼狱诞生了，在这个具有独特的创造力的时刻，这时出现了城市的唯智主义与经院理想的短暂汇聚。

炼狱诞生的第二个圈子实际是西多（熙笃会）。圣伯尔纳铎并未发明炼狱，这无关紧要。熙笃会（西斯廷教派）对生者与死者之间关系特别关注，在克鲁尼派之后（他们与之争论，却常常是其继承者），他们给了 11 月初与诸圣与死者相关的瞻礼仪式新的推动，这些让他们走到了炼狱的边缘。熙笃会与城市知识界的联系大概促成了其余的工作。许多大学教师，主要是巴黎的教师，乌尔康的奥多、"食书者"彼得、"大管事"彼得、里尔的阿兰是在熙笃会的修道院中终老的。在这两个圈子的会合点，在 1170—1200 年间，或许是在 1170—1180 这十年中（在这个世纪的最后十年已经是可以确定的事），炼狱诞生了。

炼狱与反异端的斗争

现在要转向第三条前线：反异端的斗争。在 12 和 13 世纪之交，有些教会作者对于炼狱的诞生有很大贡献。这些作者的共同点是都曾经对异端进行斗争，曾经将初生的炼狱用作斗争工具。同许多信仰一样，炼狱不仅仅是从一些有建设性的倾向、一些智性思考和大众的压力中产生，还产生于一些反驳的冲动，产生于对不信仰炼狱的人的斗争。这种斗争突出了炼狱在当时是个关键问题。正是在对 12—13 世纪的异端，对 13—14 世纪的希腊正教，对 15—17 世纪的新教徒的斗争中，罗马公教确立起炼狱的教义。罗马公教的敌手们对炼狱的攻击，其延续性是让人吃惊的。所有对手都认为人类在彼岸世界的命运只可能依赖于他们的德业和上帝的意志。所以，在死时一切均已决定。死者直接（或者在最后审判之后）进入天堂或地狱，但在死亡与整体复活之间不存在任何赎罪：所以，不存在炼狱，为死者祈祷是无用的。对于那些敌视教会的异端而言，这同样是一个机会来否定教会在人死后能起任何作用，拒绝将教会对人类的权力延伸到死后。

我们已经审视过 11 世纪初阿拉斯的异端们的案卷，他们受到康布雷的杰拉德的打击。在 12 世纪初，我们再次看到这个问题，有时是明确到个人的异端，有时是一个集团内部的无名无姓的人。布吕的彼得（Pierre de Bruys）便是如此，著名的克鲁尼的主教"尊者"彼得（Pierre le Vénérable）写了一部专论来反对他。他的弟子亨利更是如此，比老师更极端，他先是修院的僧侣，然后成为流浪僧侣，他在洛桑和勒芒（约 1116 年）以及其他不知名的地方布道，宣扬一些与阿拉斯的异端一脉相承的思想，这使他在 1134 年被捕，并送交比萨主教会议审判。写作于 12 世纪上半 230 叶的一个佚名论文努力驳斥亨利及其支持者。这一论文称对手们

认为"没有什么能对死者有所帮助，他们一旦死去，就受到永劫
或得到拯救"，论者认为这"显然是异端"。以教会的传统材料为
依据（《马拉基后书》十二：41—45 等；《马太福音》十二：31；《哥
林多前书》三：10—15 ；圣奥古斯丁的《论对死者的照料》），论
文肯定两种火的存在，炼狱之火和永火。论文支持说："有一些罪
过将在未来（在彼岸世界）被友人的施舍和忠诚者的祈祷或者被
炼狱之火抹去。"[①]

在此，我们再次看到圣伯尔纳铎。在写作于 1135 年，并在
1145 年重新写作的一则有关《雅歌》的布道文中，伯尔纳铎攻击
那些异端"不相信炼罪之火在死后持续，认为一旦与肉体分离，
灵魂便得安息或得永劫"。对于这些异端，伯尔纳铎按照教会惯常
的态度，将他们视作败坏的禽兽，带着高贵教士的轻蔑宣布"这
是些粗人、文盲，完全应该加以鄙视的人"。依照惯例，他试图
用异端首领的名字来给他们命名，但他们却并无首领，而且无耻
地自称为"使徒教义派"（ Apostoliques ）。他们反对婚姻，反对洗
礼，反对为死者祈祷，反对圣徒崇拜，他们食素（他们不食用任
何源自于交配的东西，所以不食动物）。依据《马太福音》十二：
32，圣伯尔纳铎用炼罪之火的存在来反驳他们，而不是用炼狱，那
时候炼狱还不为人知，伯尔纳铎肯定祈祷襄助对于死者是有效的。[②]

---

① 曼塞利《摩纳哥人亨利及其异端思想》（ R. Manselli: "Il Monaco Enrico e sua
eresia"，载 *Bolletino dell'Istituto Storico Italiano per il Medio Evo e Archivio Muratoriano*,
65, 1953，第 62—63 页）。关于 12 世纪的异端，见曼塞利的奠基之作《关于 12 世纪
的异端的研究》（ R. Manselli: *Studi sulle eresie del secolo XII*)，罗马，1953。

② 圣伯尔纳铎《全集》卷 II，第 185 页。参见校勘者的引论，卷 I, 第 IX 页。

　　"阿拉斯派"的脉络是清晰的，尽管不存在延续性和直接的继承关系。我们将在 12 世纪末和 13 世纪初在新的异端们那里再次看到对炼狱的拒绝：瓦勒度派（Vaudois）和纯洁派（Cathares）。在这些异端那里，对炼狱的反对是属于不同的宗教体系的，尽管存在一些传统上的异端元素。但在下面这一点上，所有这些新异端的立场实际是相同的：即活着的人对死者无能为力，祈祷帮助是无用的。在纯洁派那里，轮回转生的教义将炼狱排除在外，因为轮回转生具有同样的"及时"净化的作用。论争的最早文本大概是普赖蒙特莱修会的修道院长封考德的贝尔纳（Bernard de Fontcaude）在 1190—1192 年写作的《驳瓦勒度派》（*Liber contra Waldenses*）。文中未出现炼狱一词，但彼岸世界三个处所的系统已经以全新的明晰性展现出来。①

　　在第 10 章，封考德的贝尔纳抨击那些"否认炼罪之火的人，他们说一旦与肉体分离，精神（spiritus）就上天堂或下地狱"。他用三个权威来驳斥他们：保罗的《哥林多前书》、奥古斯丁的《论信望爱手册》和《以西结书》第十四章（耶和华宣布义人们的祈祷不能解脱不信之民，他们必须自己解脱）。他注释圣保罗的书

———————————

　　① 《罗马教会圣师全集》204, 795—840（第 10 和 11 章在 833—835 列）。见帕斯科夫斯基／塞尔格《瓦勒度派史料》（A. Paschowsky/K. V. Selge: *Quellen zur Geschichte der Waldenses*, 哥廷根，1973），以及韦雷《封考德的贝尔纳驳瓦勒度派和阿里乌斯派的论著》（L. Verrees: "Le traité de l'abbé Bernard de Fontcaude contre les vaudois et les ariens"），载 *Analecta praemonstratensia*, 1955, 第 5—35 页。高内《瓦勒度派走向分裂之路与异端学说（1174—1218）》认为这些思想"至少在源头上是由其他教派宣扬的，而非瓦勒度派"（G. Gonnet："Le cheminement des vaudois vers le schisme et l'hérésie（1174—1218））"，载《中世纪文明手册》，1976，第 309—345 页。

231

信，说这些话适用于"未来炼狱之火"，对奥古斯丁的解释是上帝用洗礼或俗世的磨难之火来洗清罪，或者用炼罪之火。他对《以西结书》的总结是耶和华命令将不信之民置于炼罪之火中。

最相关的段落在第 11 章。某些异端声称死者之灵在最后审判前不进入天堂和地狱，而是被容纳在其他居所。贝尔纳肯定说他们弄错了："实际存在三个地方来容纳脱离了肉体的灵魂。天堂接纳那些全善之人的灵，地狱则接纳全恶之人，炼罪之火接纳那些既不全善也不全恶的。因此，有一个全善的地方接纳全善者；有一个极恶之地接纳全恶者；有一个一般恶的地方接纳那些一般恶的人，那里不如地狱严酷，但比俗世更坏"。①

232　　因此，封考德的贝尔纳并不知道炼狱，而仅仅知道炼狱之火。但炼狱之火已经变成一个处所，个体死亡与最后审判之间的彼岸世界是三分的，（炼狱）首次被定义为一个在双重意义上的居中地点，居间的：在地理上的居中与审判意义上的居中。

贝济耶的埃尔芒戈（Ermangaud de Béziers，有多个人物有这个名字）不大为人了解，但他的《驳瓦勒度派》（*Contra Waldenses*）的年代很可能是在 12 世纪末或者 13 世纪初。在第 17 章，他攻击某些异端的败坏观点，他们保证说圣徒们的祈祷无助于活着的人，死者并不会因生者的弥撒奉献和祈祷而得到缓解刑

---

① 　Tria quippe sunt loca quae spiritus a carne solutos recipient. Paradisus recipit spiritus perfectorum. Infernus valde malos. Ignis purgatorionis eos, qui nec valde boni sunt nec valde mali. Et sic, valde bonos suscepit locus valde bonus; valde malos locus summe malus; mediocriter malos locus mediocriter malus, id est levior inferno, sec pejor mundo（《罗马教会圣师全集》，204, 834—835）。

罚。为了驳斥他们，埃尔芒戈肯定是存在三类死者：全善者不需要帮助；人们对全恶者无能为力，因为在地狱中不存在救赎；第三类是那些既非全善也非全恶的，那些已经忏悔，但未曾完成赎罪的人。埃尔芒戈不仅未说到炼狱这个词，而且他未使用任何purgare（炼罪）为词根的词。他说这些死者"既非得永劫也非立即得拯救，他们在对得救的期待中受到惩罚"。①

13 世纪初的一部《驳斥异端大全》被错误地归在约 1210 年去世的巴黎法官克雷莫纳的普雷沃斯汀（Prévostin de Crémone）名下，这一著作指诉那些称作"全圣派"（Passagins*）的异端拒绝为死者祈祷。著作驳斥了他们对穷苦的拉撒路和恶富人的解释，异端将亚伯拉罕的怀抱或占据着相对于地狱中层和下层的上层地方的"地狱的边缘"的存在推后到过去，早于基督下至地狱，这部普雷沃斯汀赝作同时给出了对于为死者祈祷问题的答案。"必须为那些炼狱中的普通的善人祈祷，不是为了让他们变得更善，而是为了让他们早得解脱，为那些普通的恶人祈祷，不是为了让他们得救，而是为了让他们少受些惩罚。"所以，普雷沃斯汀赝作仍然沿袭奥古斯汀，将业已存在的炼狱中的炼罪与可能在地狱中进行的"更加容易忍受的永劫"作出区分。天主教关于祈祷襄助的教义则依 233 据着下列权威：《马加比二书》十二；《箴言》十一：7：由比德加以注疏（PL，91，971）"义人死时，其期待不灭"；尤其是《马太福音》十二：32，其中"指明了某些罪过在来世得到赦免"。所以，

---

① Et hi non damnantur, nec statim salvantur, sed puniuntur sub exspectatione percipiendae salutis（*PL*, 204, 1268）.

* 来自希腊语 passagios，否认圣三一。

必须为死者们祈祷。[1]

　　里尔的阿兰的情况不同。这首先是一位一流的教师。[2] 执教于刚刚诞生的蒙彼利埃大学，于 1203 年去世，他曾参与反瓦勒度派和纯洁派异端的斗争，但在其《驳异端》(*Contra Haereticos*) 中，"他未理会炼狱的问题"。[3] 相反，在关于赎罪和布道的论文中，他涉及了这个问题。

　　在其《布道艺术大全》(*Summa de arte praedicatoria*) 中，在谈到赎罪时，他宣称："存在三种火：炼罪的、检验的、审判的。炼罪的火是（罪行）偿满，检验的火是试验 (tentatio)，审判的火是永劫……"炼罪之火是双重的：一个在路上进行（即此世），即赎罪；另一个在死后进行，即炼罪刑罚。如果我们在第一种火里洗清自己，那么我们就豁免第二种或第三种；如果我们未曾承受第一种，那么我们将承受第二种……第一种，即炼狱，排除了其他两种……炼罪之火仅仅是第二种的影子和图画，如同有形之火的影子和图画并不带来痛苦……如同赎罪之火与第二种炼罪之火相比并不算苦。然后他引用了奥古斯丁。[4] 所以，里尔的阿兰所关

----

① 《归在克雷莫纳的普雷沃斯汀名下的驳斥异端大全》(*The Summa contra haereticos ascribed to Praepositinus of Cremona*)，J. N. Garvin/J. A. Corbett 校勘，Notre-Dame (Ind.)，1958，特见第 210—211 页。

② 见阿尔维尔尼的奠基研究《里尔的阿兰：未刊文本附关于生平与著作的引论》(M.-Th. D'Alverny: *Alain de Lille. Textes inédits avec une introduction sur sa vie et ses oeuvres*)，巴黎，1965。

③ 高内（G. Gonnet）的见解载《中世纪文明手册》，1976，第 323 页。

④ *Summa de arte praedicatoria*, PL, 210, 174—175.

注的是赎罪，在赎罪观念大发展的这个时代，他将奥古斯丁所谈及的俗世的磨难之火等同于此世的赎罪。

在其写作于1191年的存有数种不同版本的《论赎罪》（*Liber poenitentialis*）中（其中一个长篇幅的版本写作于1199—1203年间），阿兰想弄清楚是否教会能够通过主教或神父们的中介来通过宣布赦罪来豁免赎罪。阿兰的想法看起来可能是让人迷惑的：对他而言，纯粹意义的炼罪之火是俗世的赎罪之火，他将主教或神父的权力限定于宽免炼罪刑罚，即赎罪；但教会对死亡之后的彼岸世界无能为力，而这并非后来的13世纪的僧侣们的认识。①

在这些文本中，里尔的阿兰使用的是一套既传统又创新的词汇，同时谈到炼罪之火（*ignis purgatories*）、炼罪刑罚（*poena purgatoria*）和真正意义的炼狱。他主要在一个特殊问题上用到炼狱这个名词，我将在后文论及"炼罪时间"时谈到这个有趣的问题："大家询问必须（在此世）完成七年的赎罪的人，却并未完成赎罪，是否他将会在炼狱中留七年。我们这样回答：毫无疑问，他将在炼狱中赎满罪，但是他将在那里多长时间，只有那位用天平称量罪行者知道。"② 这等于提出炼狱刑罚的对应比例问题，开辟了对彼岸世界的可计量性。

234

---

① 《论赎罪》（*Liber poenitentialis*），J. Longère 校勘，第2卷，鲁汶-里尔，1965，第174—177页。

② 出处同前，第177页：Item quaeritur si iste debebat implore septem annos et non implivit, utrum per septem annos sit in purgatorio? Respondemus: procul dubio implebit illam satisfactionem in purgatorio, sed quamdiu ibi sit, ille novit qui est librator poenarum.

教会法学者的滞后

　　与以巴黎为中心的神学大发展同时代，另一个知识运动搅动了 12 世纪后半叶的基督教世界，即教会法的蓬勃发展。其知识、机构、政治的中心是博洛尼亚。在讨论格拉提安的《教令集》（约 1140 年）这一核心文本时，我曾提到过这一点。然后，在炼狱诞生之时，教会法的运动却令人奇怪地缺席了。兰德格拉夫主教曾更为笼统地指出这一点，他在 1948 年写道："但我们无法掩盖，通常教会法家远未推动神学上的成体系的进步，而更多是阻碍进步。"[①] 一位教会法学者，格拉提安《教令集》的最早注疏者之一，1169 年《科隆大全》（*Summa coloniensis*）的作者，在谈到为炼狱的死者进行祈祷时，他承认了这一点："我未曾探讨这个问题，因为它更多关系到神学家，而非教会法学家。"[②] 所以，如果 12 世纪末的重要教会法家比萨的胡古齐奥（Huguccio）在他完成于 1188—1192 年间的《教令大全》（*Summa Decretorum*）中肯定说炼罪的时间从死亡时刻到最后审判，这便没有什么好奇怪了。关于炼罪地点，他回顾说奥古斯都曾谈到一些隐秘地点（是格拉提安《教令集》转述的文本），他承认自己同样不知道："Ignoro et

235

---

　　① 兰德格拉夫：《经院哲学早期文献史引论》（A. M. Landgraft: *Einführung in die Geschichte der theologischen Literatur der Frühscholastik*），雷根斯堡，1948，法译本，增补新版，巴黎，1973，第 58 页。
　　② 引文兰德格拉夫《经院哲学早期学说史》（A. M. Landgraft: *Dogmengeschichte der Frühscholastik*），Ⅳ/2，雷根斯堡，1956，第 260 页，注解 3。

ego..." ①

但这沉默并不会持久，因为教会法学家们很快发现这个问题的现实性和重要性，发现这个问题同样与他们相关。早在 13 世纪初，1215 年去世的克雷莫纳的西卡尔（Sicard de Crémone）在评论格拉提安的教令集时便写道："必须明白这涉及那些处于炼狱中的人，但有些人认为所涉及的是那些在炼罪中受折磨的人，而且所有刑罚都可能得到减轻。"② 应该注意到，在我前文提到的《科隆大全》（*Summa Coloniensis*）的稿本上，13 世纪的某人记录下了克雷莫纳的西卡尔的大致想法，以此纠正了《大全》作者的教会法学家对这个问题无所谓的看法。炼狱及其体系同样出现于 1245 年去世的"条顿人"约翰（Jean le Teutonique）在 1215 年后不久写作的关于格拉提安的《教令集》的注解之中。约翰转述了奥古斯丁以及《教令集》有关隐秘的地点的文本，但他肯定了祈祷襄助对于一般的善人是有用的，借助于这些帮助，他们更快从炼狱之火中解脱。③

约 1200 年：炼狱学说得到确立　　　　236

我认为三位作者概括了 13 世纪初由初生的炼狱所引出的彼岸世界的新体系。

---

① 　根据巴黎法国国家图书馆 ms latin 3891 稿本，183 对刊页正面（感谢 P. M. Gy 神父提供信息）。

② 　引文见兰德格拉夫《经院哲学早期学说史》Ⅳ/2，第 261 页，注解 6。

③ 　条顿人约翰（Johannes Teutonicus, fol 对刊页 335 背面—336 ）。

英诺森三世的一封信与一则布道

第一位作者是英诺森三世（Innocent Ⅲ）教宗（1198—1216）。值得注意的是，这位教宗如此快地接纳了这些新概念。在 1202 年给里昂总主教的一封信里，教宗仍然是审慎的。对于奥古斯丁（由格拉提安《教令集》采用的）对四类死者的区分：全善者、全恶者、一般善者与一般恶者，对此应得出哪些结论，关于生者借助教会的中介对死者的帮助的有效性（对全善者是作为对上帝的感恩，对全恶者是作为对生者的慰藉，对于一般善者是作为赎罪，教皇将这些交给总主教自己去辨析。[①] 但是，在关于两位六翼天使、三军与死者之灵的五处居所的一则诸圣瞻礼节的布道文中，他表述得更加明确。

两位六翼天使是新旧约。三军是天上的胜利的教会、地上的战斗的教会和"处于炼狱中"的教会。第一支大军在赞颂中行动，第二支大军在战斗中行动，第三支大军在烈火中。保罗的《哥林多全书》暗指的是这第三支大军。还存在人类之灵的五个居所。最高所在是全善人的居所，最低所在是全恶人的居所。最高所在是天上，真福者在那里。最低所在是地狱，遭永劫者在那里。中间的所在，是现世，是现世义人与罪人的居所。介于至高与中间之间，还存在（地上）天堂，以诺和以利亚仍然生活在那里，而他们在末世将会死去。在中间与最低之间（存在着炼狱），那些在此世未完成赎罪的人和那些在犯轻罪时死亡的人在那里受到惩罚。虽有五个所在，却只有三支军队。那些在天堂中的人，虽然属于

---

① 《罗马教会圣师全集》214, 1123 栏。

上帝之军，但他们本身不构成一支军队，因为他们只有两人。中间的军队在现世颂扬着将在天上的胜利的军队，然后为炼狱中的那些人祈祷。英诺森三世补充一个具有心理学意义的见解："实际上有谁不愿意为了圣徒们向不可见的圣三一称颂呢？我们相信可以从他们的祈祷和德业得到帮助，为的是有一天我们同样到达他们所处的地方。有谁不愿替死者们向不可见的圣三一祈祷呢？既然自己也必须死，为何不在此世为另一个人去做自己想让人在自己死后为自己做的事情呢？"在结尾，教宗称颂诸圣瞻礼节的庄严。①

---

① 《罗马教会圣师全集》217, 578—590。主要段落如下：Deus enim trinus et unus, tres tribus locis habet exercitus. Unum, qui triumphat in caelo; alternum, qui pugnat in mundo; tertium, qui jacet in purgatorio. De his tribus exercitibus inquit Apostolus: «In nomine Jesu omne genu flectatur, caelestinum, terrestrium et infernorum（《腓力比书》二）. Hi tres exercitus distincte clamant cum serphim, Sanctus Pater, sanctus Filius, sanctus Spiritus. Patri namque attribuitur potentia, quae convenit exercitui, qui pugnat in via; Filio sapientia, quae competit exercitui, qui triumphat in patria; Spiritui sancto misericordia, quae congruit exercitui, qui jacet in poena. Primus exercitus in laude, secundus in agone, tertius autem in igne. De primo legitur: "Beati qui habitant in domo tua, Domine, in saecula saeculorum laudabunt te（《诗篇》八十三）"; de secondo dicitur: "Militia est vita hominis super terram; et sicut dies mercenarii, dies ejus（《约伯记》七）". De tertio vero inquit Apostolus: "Uniuscujusque opus quale sit, ignis probabit（《哥林多前书》三）. Sane quinque loca sunt, in quibus humani spiritus commorantur. Supremus, qui est summe bonorum; infimus, qui est summe malorum; medius, qui est bonorum et malorum; et inter supremum et medium unus, qui est mediocriter bonorum; et inter medium et infimum alter, qui est mediocriter malorum. Supermus, qui est summe bonorum, est caelum, in quo sunt beati. Infimus, qui est summe malorum, est infernus, in quo sunt damnati. Medius, qui est bonorum et malorum, est mundus, in quo justi et peccatores. Et inter supremum et medium, qui est mediocriter bonorum, est paradisus; in quo sunt Enoch et Elias, vivi quidem, sed adhuc morituri. Et inter medium et infimum, qui est mediocriter malorum, in quo puniuntur qui poenitentiam non egerunt in via, vel aliquam maculam venialem portaverunt in morte.

238　　文本令人吃惊，其中多次谈到炼狱，英诺森三世以传统的象
征形式给出了最完整、最清晰、最有据的表述——囊括了全体人
类，从出生到世界末日，都放进一个完善的图像，而其中人间俗
世的部分是在教会的严格控制下进行的。教会自身变成了三重的。
奥古斯丁曾经区分"跋涉中"的教会和"天上的"教会，12 世纪
则确立了新的词汇："战斗的"的教会——这个表述是由"食书者"
彼得推出的——和"胜利的"教会。英诺森三世对其补充了炼罪
的教会，说出了这第三个词汇，这个词后来成为"受苦的"教
会，补足了教会的三分法。这是彼得·达弥盎伪书和伯尔纳铎
伪书所表述的五个处所的系统中的理性化的胜利。这位教宗对
这种完美秩序欢欣鼓舞："噢！这种规整性是多么合理和多么有拯
救力！"①

炼狱与忏悔：乔巴姆的托马斯

　　第二个文本选自英国人乔巴姆的托马斯（Thomas de Chobham）
的《忏悔师大全》，他是在巴黎的"大管事"彼得的圈子里完成教
育的。后文，我还会再次谈到忏悔问题，谈到其与炼狱诞生的联
系，谈到第四次拉特兰主教会议（1215）决议的影响，谈到那些
忏悔师手册的撰写，这些手册证明了精神生活的波动，一些人类
的新的良心问题，对俗世和彼岸的拷问的增加，以及教会对保持
对新的社会的控制而进行的努力。

---

　　①　图泽里耶：《奋斗的教会》（ Ch. Thouzellier: "Ecclesia militans"），载《教会
法历史研究》（ Etudes d'histoire du droit canonique），这一论文集致献给勒布拉，第 2
卷，巴黎，1965，第 1407—1424 页。

乔巴姆的托马斯的《忏悔师大全》(*Summa confessorum*) 开始写作于第四次拉特兰主教会议前不久，是在主教会议之后完成的。在谈到为死者举行弥撒时提及炼狱。《大全》说："为生者和死者举行弥撒礼，但为了死者要加倍，因为圣坛的祭礼对于生者来说是请愿，对于圣徒们来说是感恩，对于那些处在炼狱中的人来说是求赦，其结果是宽免刑罚。为了说明这一点，祭台上的圣体被分为三份，因为一部分是给圣徒们，一部分是给那些奉献祭礼者。239 前者是感恩，后者是乞请。"①

随后，《大全》回答了为死者所行的弥撒礼对那些地狱永劫者是否有效的问题——其依据是奥古斯丁《论信望爱手册》第60章，谈及"更加容易忍受的永劫"。乔巴姆的托马斯转述的观点认为应该把"永劫"理解为"炼狱的刑罚，因为对于地狱中的永劫者人们是无能为力的"。②

在此，我们看到被提及的炼狱是作为一个已经被接受、已认可的地点，这个炼狱被同时接纳于瞻礼仪式与赎罪规定中。生者与死者的联系收紧了。

彼岸世界的新旧词汇

最后，必须让对彼岸世界的旧有的词汇适应于对彼岸世界的新的地理描述。一些人想弄清"狮子口""地狱之手""地狱之湖""黑暗之地""塔塔鲁斯"这些《圣经》的表述相对于炼

<hr/>

① 乔巴姆的托马斯：《忏悔师大全》(Thomas de Chobham: *Summa Confessorum*)，F. Broomfield 校勘，鲁汶-巴黎，1968，第125—126页。

② 前引书，第127页。

狱来说意味着什么。在 1200 年前后编纂的一部著作中（里面提到"大管事"彼得和普雷沃斯汀），作者（或许是科尔贝的帕佳奴斯）宣称对于"将他们的灵从狮子口、地狱之手、地狱之湖中解脱"的祈祷，应该理解为炼狱之火本身，是依其猛烈程度不同区分。[①]1231 年去世的普瓦捷的若弗鲁瓦（Geoffroy de Poitiers）在他的《大全》中给出另一种解释，他写道："不如说在炼狱中存在不同地方：一些被叫作黑暗之地，另一些叫作地狱之手，另一些叫作狮子口，另一些叫塔塔鲁斯。而教会则请求死者们的灵魂从这些刑罚中得到解脱。"[②]

240   现在，轮到了炼狱这个地方被分区。《约翰福音》十四：2 的话："在我父的家，有许多住处"，本是适用于整个彼岸世界的，如今则又用在彼岸世界的新处所。或许可以说，我们在此见证着对炼狱的分割。

---

① 巴黎法国国家图书馆拉丁文稿本 ms latin 14883，114 对刊页，引文见兰德格拉夫《早期经验哲学学说史》Ⅳ/2，第 281 页，注解 61。

② Melius est, ut dicatur, quod diverse mansions sunt in purgatorio: alia appelantur obscura tenebrarum loga, alia manus inferni, alia os leonis, alia tartarus. Et ab istis penis petit Ecclesia animas mortuorum liberari（出处同前，第 281 页，注解 61）。

6　西西里与爱尔兰之间的炼狱

从德赖瑟尔姆的灵视到"胖子"查理的灵视，彼岸时间的想象之旅——被中世纪人们当作"真实"，尽管这些灵视是以"梦"（sommia）的形式呈现的——是肉体留在原地的活人的旅程，而且他们的灵魂仍回到俗世。这些灵视在12世纪继续着，最后一个灵视——《圣帕特里克的炼狱》——标志着炼狱诞生过程中，对彼岸地理与俗世地理的双重地理描述中的决定性阶段。

但我们同样看到另一类叙述的雏形，在13世纪，这类故事广泛地接纳——并且传播——炼狱。这就是死者向活人显的故事，死者承受着炼狱之刑，他们来向生者请求祈祷襄助，或者警告他们必须改过，如果他们想要避免炼罪刑罚的话。其实，这是重新采用了大格列高列的《对话集》第四卷中的那些故事，但是幽灵不再在俗世中洗清剩余的罪过，而是得到了短期的离开炼狱的特别外出许可，只是一个梦的时间。

修道士的灵视：幽灵

这些幽灵显现主要记载于修道院系统，这毫不奇怪，因为对大格列高列的阅读主要是在修道院中——大格列高列的《道德论》以

及《对话集》，《对话集》的第二卷"成就"了圣伯尔纳铎，而且在
242 这个人们不信任梦境的时代（大格列高列曾经说过，彼得·达弥盎
在 11 世纪重复过），修道士是这些梦、灵视、灵魂显现的主要特别
受益者，因为他们比其他人更能够抗拒魔鬼的幻象，比如圣安东尼
所做的那样，他们更有资格接收上帝的宣教的和真实的信息。

　　因此，在 1063—1072 年间写作的《论各种显现与神迹》（*De
diversis apparitionibus et miraculis*）第 34 卷中，"拉文纳人"彼
得·达弥盎，这位在约 1060 年成为主教的意大利隐修派的重要
人物对于作为"祈祷群体"①的隐修士群体的宗教虔诚中对死者的
怀念是非常敏感的，他转述了两个承受炼罪之苦的灵魂显现的故
事②。依据通报者约翰神父的说法，故事发生在罗马，是在他写
作前几年。圣母玛利亚升天节的前一天，当罗马人在教堂里祈祷
和唱颂圣礼的时候，一位在坎皮泰洛的圣玛利亚大教堂里的女子
"看到一位已经死去约一年的教母。因为人群拥挤，她没能跟她讲
话，她设法在一个小街的角落等她，以便在那人走出大教堂时不
会错过。当那人走过时，她立刻问：'你是不是我的教母玛洛齐亚，
已经去世的？'那人回答：'是我。''你怎么在这里？'那人说：

---

　　① 这一卷的文本见于米涅《罗马教会圣师全集》（Migne: *PL*, 145，col. 584—
590），带有校勘者所添加的各章节题目，常常有与时代不合的地方（比如 liberat
a poenis purgatorii（"解脱了炼狱之苦"））。关于彼得·达弥盎以及对死者的怀念，
见德雷斯勒《彼得·达弥盎：生平与著作》（F. Dressler: *Petrus Damiani. Leben und
Werk*，罗马，1954）。关于修道院环境中的死亡，见勒克莱尔《关于修道士的死亡的
文献》（J. Leclercq："Documents sur la mort des moines"）载《马比荣会刊》，XLV，
1955，第 165—180 页。

　　② 《罗马教会圣师全集》145, 186, 188。

'直到今天之前，我都被一种不轻的刑罚禁锢，因为我年轻时曾放纵于放荡的情诱，跟同年龄的姑娘做过羞耻之事，唉，我都忘记了，虽然曾经向一位神父忏悔，但不曾领受赎罪。但如今，世界的女主为我们广施祈祷，将我从刑狱之地（*de locis poenalibus*）解脱出来，通过她的说项，如今有很多人从折磨中解脱，他们的人数比罗马的全部人口都多；所以，我们参拜那些献给我们荣耀女主的神圣地方，为的是感谢她如此大的恩情。'为减少对这故事真实性的怀疑，那人补充说：'为了验证我所言的真实，你要知道在一年后的同一个节日，你肯定会死去。如果不是这样，如果你活得更久，那你可以指控我说谎。'说罢，她消失了。那女子为死者的预言忧心，从此过着更谨慎的生活。一年之期接近，同一节日的前一天，她病倒，在节日的当天，如同所预言的，她死去了。必须记取的是，可怕的是，因为她所忘记的过错，那位女子在上帝之母干预前一直在受苦。"

243

因其暗示力，这故事是让人吃惊的，暗示着圣母玛利亚进入炼狱。在 11 世纪末，后来获得巨大成功的玛利亚崇拜在西欧后起直追，圣母作为未来炼狱死者的主要帮助者的角色已经确立。

另一个宣教故事，彼得·达弥盎说来自库迈主教雷诺，雷诺则称自己是从已去世的可敬的圣吕凡的安贝尔（Humbert de Sainte-Ruffine）主教那里听到的。他讲述说："一位神父在静夜安眠，在灵视中，他听到有一位已去世的同伴呼唤：'来看看这景象，你不会无动于衷。'同伴领着他到圣塞西莉亚大教堂，在教堂的中庭，他们看到圣亚革尼斯、阿嘉莎和圣塞西莉亚本人，以及众多神圣的童贞女组成的合唱队，光彩夺目。她们在布置一个富丽堂皇的座位，这个座位比周围其他座位更高，然后圣母玛利亚由彼得、保罗和大卫跟随着，由光辉闪耀的一众殉教者和圣徒簇拥着，她在那个准备好的座位就座。此时，汇集的人一片寂静，所有人都恭敬站立，一个贫女，却穿着裘皮，她跪在无玷圣母脚下，哀求她怜悯去世的贵族约翰。因为她重复了三遍请求，却没有得到任何答复，她接着说：'你知道，我的女主，世界的女主，我就是那个在以你的名字命名的大教堂（圣玛利亚大教堂）的中庭里赤裸着颤抖着卧在地上的可怜女人。那个人（贵族约翰）一看到我就对我有了怜悯，他用自己穿的这件裘皮大衣盖住我。'于是，上帝的真福玛利亚说：'你为他求情的那个人身负众多罪行。但是他具有两个善良之处：对贫者的慈善与对神圣之所的谦卑的虔敬。他经常亲自挑来油脂和柴来为我的教堂照明。'其他圣徒证明说他对他们的教堂也做相同的事。世界的女主下令将这位贵族带到众人这里。立刻，一群恶魔将绳索捆绑的约翰拽来。[①] 于是，圣母命令将他释放，加入圣徒（受选者）队伍。但她命令将他卸下的绳索留给一个仍然活着的人。"在由圣彼得在他的主保教堂里主持的一个仪式之后，"那位继续着这个灵视的神父醒过来，梦境结束了。"

同前一个故事一样，在这个故事里，刑罚的地点与刑具（*loca poenalia, lora poenalia*）便是未来的炼狱，因为显灵并非来自地狱，这是毫无疑问的。但是，这些地点与刑罚具有完全的地狱特征，这一点由恶魔而非天使的到场加以强调。

---

① 拉丁文本明确而写实地指出：poenalibus undique loris astrictum et ambientium catenarum squaloribus vehementer attritum。

244

在一封书信中，彼得·达弥盎转述了一个叫马丁的退隐在卡玛尔多莱斯隐修院的非常虔诚的人讲述的另一个灵魂显现故事：在临近海边的"松树下"（ad Pinum）修道院，一位身负很多罪行的修士领受了严酷的长时间的赎罪。他请求一位与他交好的修士帮助他，分担他的赎罪惩罚。这位修士的生活是无可指摘的，他接受了，那时他认为自己还能活很久，足够完成自己的诺言，但他去世了。在死亡几天后，他在梦里向赎罪的僧侣显现，后者询问他的情况。死者对他说，因为他，自己的命运很坏，因为虽然解脱了自己的罪行，但他仍然担负着同伴的过错。他请求这位活着的修士的帮助，以及整个修院的帮助。所有修士都接受赎罪刑罚，死者再次显现，这一次看起来安详，甚至快乐。他宣布，多亏了修士们的祈祷，不仅他解脱了刑罚，而且因为至高者的右手（圣子）的决定，他最近被转移到获选者中间。因此，彼得·达弥盎总结说："仁慈的上帝通过死者来教育生者。"①

近一个世纪之后，克鲁尼修道院的院长"可敬者"彼得在他 245 的《论神迹》（*De miraculis* 1145—1156 年），转述了他收集的"灵视和死者灵魂显现"，并努力进行解释。他认为在他的时代，这些灵魂显现故事再次流行，在他看来，这些故事所讲述的都是得到证实的。不管怎样，这是他从许多值得信任的人那里听说的。②

在这些让人恐惧又着迷的幽灵中，有那位死去后向埃蒂安神父显灵的骑士，请求神父补救他忘记忏悔的两桩罪行，后来又回

①　《罗马教会圣师全集》144, 403。

②　《论神迹》（*De miraculis*），I, IX,《罗马教会圣师全集》189, 871。

来表示感谢，因为他已经从他承受的刑罚中解脱出来。[①] "可敬者"
彼得是大格列高列的忠实读者，他并未去寻求将格列高列认为的
死后炼罪的地点放到别的位置。一位死者是回到他犯罪的地方来
完成赎罪，而另一位罪过更重，他进了地狱。[②]

　　这个世纪末，等炼狱已经存在之时，那些灵视将提及彼岸世
界的新处所，特别是在熙笃会中，如果我们念及西多（熙笃会）
在炼狱诞生中所起的作用，这便不足为奇了。比如，来源于熙笃
会的一个稿本，最早的布道示例故事集（exempla，在后来时代得
到大发展）转述了一些关于死后灵魂所受刑罚的灵视。在出自比
德的《英吉利教会史》（Historia ecclesiastica Anglorum）的富尔塞
的灵视之后，"一位僧侣的灵视"讲述一位生前过度热爱猎鹰狩猎
的骑士在死后十日中所受酷刑：他的手背上站着一只大鸢不停用喙
和爪撕扯他。他看起来在生前过着有德行的生活，却因为我们认
为可以宽容的过分行为而在炼狱中（in purgatorio）受到严酷刑罚。
这位僧侣还看到一些死者，他们在生前不是将草药和浆果用于医
药，而是当作毒品和春药，他们被判处在自己口中不断转动燃烧
的木炭，另一些人生前曾经笑得过多，因为这个坏习惯受到鞭打，
246 还有一些因为过分饶舌而被不停扇耳光，有下流举止的人被锁在
一些有火的地方，如此等等。[③] 甚至圣徒们，因为一些表面看很轻
微的罪过，他们也在炼狱短暂停留。为这个新的信仰首先付出代

----

① 《论神迹》（Ⅰ, XXⅢ），《罗马教会圣师全集》，891—894。

② 《论神迹》（Ⅰ, XVⅢ），《罗马教会圣师全集》，903—908。

③ 即拉丁稿本 latin 15912，曾在高等社科研究院的西方中世纪历史人类学小
组做宣教故事研究时，由拉加德（Georgette Lagarde）做过部分誊写。此处转述的灵
视见于对刊页 64。

价的正是熙笃会的伟大圣徒圣伯尔纳铎本人，如前文所见，他短暂经过炼狱，因为他曾经不相信圣母的无玷受孕。[①]

四则修道士的彼岸之旅故事

对 12 世纪的一些彼岸之旅故事，我保留我认为最重要的四则，第一则是因为故事讲的是一位世俗人女性，涉及的是非常个人的经验——诺让的吉贝尔（Guibert de Nogent）的母亲的梦；第二则和第三则，塞泰夫拉蒂的阿尔贝里克（Albéric de Settefrati）的灵视和特奴戈达尔（Tnugdal）的灵视，因为它们提供的细节更丰富，时代在炼狱诞生前夕，它们的作者属于在彼岸世界的想象方面具有代表性的地区：意大利南部和爱尔兰；第四则——《圣帕特里克的炼狱》——是因为这算是炼狱在文献中诞生的出生证。对于我们的论题，这四则故事的意义在于它们向我们展示在彼岸世界中的一片炼狱专有的领土是如何在一种非常传统的文类中展露雏形的，一开始是摸索着前进，随后是以边缘模糊但整体清晰的意象存在。这些故事让我们可以评价修道士的想象在炼罪地点的产生中的作用。

1. 一位去彼岸世界的女性：诺让的吉贝尔的母亲

第一则灵视是由一位 12 世纪初的僧侣讲述的，他留下了独特的著作，尤其是两部作品，《论圣徒的圣骸》（*De pignoribus* 247

---

　　① 关于圣伯尔纳铎在炼狱短暂停留的故事（见第 222 页）未曾被瓦拉泽的雅各布收进《黄金传奇》。我们提醒大家，玛利亚的无玷受孕直到 1854 年才成为天主教教义。

sanctorum）预示着后世的批评精神，《自己的生平》（*De vita sua*）
是一部自传，这同样是这一文类的开山之作，尤其在中世纪之后
得到很大发展。[①]诺让的吉贝尔的《自己的生平》提供了让历史学
家关注的两类信息。它首先讲述和提及了一些法国东北部的政治
和社会事件，关于市镇独立运动的开始，它讲述了 1116 年拉昂市
的悲惨事件。在书中还看到一些心理的记录，促使历史学家求助
于心理分析或者自己来进行心理分析。[②]

　　下面是他母亲的灵视，记载于诺让的吉贝尔的叙述中：

　　　　一个夏夜，一个礼拜日，在晨经之后，因为她睡在一张
　　很窄的条凳上，她很快就睡着了，但她感觉并没有失去知觉，
　　感觉自己的灵魂走出肉体。在被人领着穿过一个巷道之后，
　　将要走出的时候，她靠近一个井口。她离得很近，这时几个
　　看似幽灵的人从这井的深处走出来。他们的头发似乎被蛆虫

　　①　诺让的吉贝尔的《自己的生平》（*De vita sua*）最初题目为 Monodiae（《一个人唱的诗篇，回忆录》），见米涅的《罗马教会圣师全集》第 156 卷，被收入基施《自传体历史》中（G. Kisch: *Geschichte der Autobiographie*, 1, 2, 法兰克福，1959）；见保罗《诺让的吉贝尔的〈自己的生平〉中的恶魔和想象》（J. Paul: "Le Démoniaque et l'imaginaire dans le De vita sua de Guibert de Nogent"），载《中世纪时代的魔鬼》（*Le Diable au Moyen Age*），Senefiance, n°6, Aix-en-Provence 大学，巴黎，1979，第 371—399 页。
　　②　见本顿对该作品英译本的引论《中世纪法国的自我与社会：女修道院长诺让的吉贝尔的回忆录》（John F. Benton : *Self and Society in Medieval France. The Memoirs of Abbot Guibert of Nogent*），纽约，1970。见麦克劳克林有启发的文章《幸存者与代理人：9—13 世纪的孩子与父母》（Mary M. McLaughlin: "Survivors and Surrogates: Children and Parents from the IXth to the XIIIth centuries"），载《儿童史》（*The History of Childhood*），Lloyd de Mause 编，纽约，1975，第 105—106 页。

吃掉了，他们想要用手抓住她，把她拽进去。突然，在她背后，传来一个被他们的攻击吓坏的喘息着的女人的声音，声音喊着："别碰我。"在抵抗之下，他们又回到井里。我忘记告诉你们，当她感到自己脱离人类的状态而跨过大门口的时候，她只向上帝要求一件事，要上帝允许她重新回到肉体里。从那些井里的人手中解脱，她在边上停下，突然她看到我父亲在她身旁，他看起来是他年轻时的样子。她盯着他，反复问他是不是埃夫拉尔（他的名字）。他否认。

　　幽灵拒绝人用生前的名字叫他，这不足为奇，因为只能 248 用属于灵性的词来表述灵性的现实（《哥林多前书》二：12—15）。认为灵魂知道自己的名字，这是可笑的，不然的话在彼岸世界，大概人们只认识自己亲近的人了。显然，灵不需要有名字，因为他们的灵视或者说灵知是内向的。

　　虽然，他否认自己叫这名字，但因为她肯定这就是他，于是她问他住在哪里。他暗示说那个地方不远。于是她问他的情况可好。他露出手臂和侧腹，露出那里皮开肉绽的样子，很多伤口一道道的，看着让人感到恐怖和触动。此外一个小孩子样的人哭喊着，只要看着就让她心烦。她对他说："老爷，你怎么能受得了这孩子的哭声？"他回答："不管我是否愿意，我必须忍受！"这孩子的哭声、手臂与侧腹的伤口的寓意如下：当我父亲年轻时，坏人利用他年少无知，出于恶意和挑唆让他偏离了与我母亲的合法的关系，恶意地诱惑他与其他女性有染；因为年轻冲动，他被引诱，因为他与不知哪个邪恶女子的可憎的关系，他有过一个孩子，那孩子生下就死了，从未受过洗礼。他侧腹的伤，那是他有违夫妇的忠诚；无可忍受的哭喊，是那邪恶中生出的孩子的永劫……

我母亲问他，是否祈祷、施舍、弥撒会对他有帮助（因为他知道她经常为他做这些）。他说是的，补充说："但是你们那里有个利埃雅尔德。"我母亲明白为何他提到这个人，明白应该问问利埃雅尔德记得他做过什么事情。这位利埃雅尔德是个智力不高的女子，她一心侍奉上帝，远离尘世。

与我父亲交谈完毕，她朝井里看着，那井口上面有一幅画。在画上，她看到了雷诺，她们那里的一个有名的骑士。我说过，那天正好是礼拜日，在博韦，这位雷诺在吃饭后被亲信可耻谋害。在这幅画上，他跪着，头前倾，腮鼓着，吹着火。这个灵视是早晨发生的，而他在中午死去，他被推进自己点燃的火里头。

在同一幅画里，她还看到我的兄弟在帮忙（但他是在那之后很久才去世的），我兄弟在以上帝的圣体与血来说咒骂的话，这是亵渎上帝之名和上帝的神圣奇迹，去受惩罚的地方是他应得的（ *hos mereretur et poenarum locos et poenas* ）。

在同一灵视中，她看到一位在她皈依之初与她一起生活的老妇人，此人过去对外人露出苦修鞭打的许多伤痕，但实际上并不太能克制住追求虚荣的欲望。她看到此人呈现为一个影子的形式，被两个黑灵带走。这个老妇人活着的时候，她们住在一起的时候，当她们谈到死亡降临时自己灵魂的状态，她们曾经相互许诺首先死去的那个，如果上帝允许的话，将向仍然活着的那个显灵，来解释自己的状态，不论好坏……在临死的时候，这老妇人自己在灵视中看到脱离肉体，与相类似的其他人走向一个殿堂，她觉得自己的肩膀上背负着十字架。当她走到那殿堂，人们不让她进去，门在她面前关上了。最后，在去世后，她向另一个人显现，伴随着恶臭，她感谢那人借助祈祷让她脱离了恶臭和痛苦。在死去的时候，她曾经在她的床脚看到一个可怖的黑色巨目的恶魔。她用圣事礼来发誓弃绝自身于羞惭之中，不做任何索取，借助这一可怕的弃绝誓言，她将恶魔驱离。

吉贝尔的母亲将所见与所知进行比较，坚信灵视的真实，她决定全心援助她的丈夫。实际上，她明白自己所见的是地狱中的施刑场所（poenales locos apus inferos），而那个她在那幅画上看到然后不久后死去的骑士被判下地狱。

她收养了一个孤儿，孤儿夜里的哭声折磨着她以及女仆们。但她抗拒恶魔的努力，恶魔让孩子的哭声令人无法忍受，让她周边的人请求她放弃。她知道这些苦难是洗清她在灵视中看到的自己丈夫的苦难的。

家庭关系和个人关系、关于名字问题的发挥（名字是中世纪人们的象征）、这则故事中几个通常相互分开的主题的融合，我们（遗憾地）将这些问题搁置一旁，这些主题是：彼岸世界刑罚地点的灵视、两个生者相互承诺先死者显灵回来将自己的遭遇讲述给 250 未死者的约定、孩子让人无法入睡的主题①、这则故事中噩梦性质

①　参见施密特《神圣的猎犬：13 世纪以来儿童的治愈者吉纳弗》（J.-Cl. Schmitt: *Le saint lévrier. Guinefort, guérisseur d'enfant depuis le XIII e siècle*），巴黎，1979。

的非常"现代"的梦境氛围。我们应关注那些在未来的炼狱之旅或炼狱逗留的讲述中再次出现的元素，这些元素是后来构成炼狱"系统"的一些元素。

　　首先是吉贝尔父亲所处地点的"地狱"属性，他母亲（在灵视中）险些被拽入其中这是一个"井"旁的"空场"，在另一个灵视中是从里面出来一些恶魔外形的东西的殿堂、黑色的魔鬼①、头发里满是蛆虫的亡灵、黑色巨目的怪物、一个视觉听觉嗅觉的恐怖世界（丑怪的景象、无法忍受的声音、恶臭的气味与身体的痛苦混合在一起）。这是酷刑的世界，惩罚施刑的世界，火是那里的特征。这是剥除了名姓的灵的世界，他们在肉体的酷刑中赎罪。这是受苦的世界，生者可以依据传统的祈祷襄助理论借助祈祷、施舍、弥撒奉献来让死者从苦难中解脱，同样可以通过分担苦难的考验，这些苦难的性质与所犯罪行的性质相关。在这一切之上有两个主导性的特点：肯定、寻求一个处所，这处所尚未与地狱整体完全分开（空场、井、殿堂、刑罚处所（poenarum locos, poenales locos）——灵视者问她丈夫的灵他住在哪里（ubi commaneret））；表达出生者与死者之间的紧密的团结互助，这种团结互助首先是家族的，肉体的家族，尤其是夫妇的家庭，那时的教会正大力提醒人们圣保罗所说的夫妇一体；然后是精神的家族，比如皈依者与帮助她皈依的老妇人形成的精神家族。最后，

<hr/>

　　①　关于中世纪黑色与魔鬼的关联，参见德维斯／莫拉《西方艺术中的黑色意象》二卷《从早期基督教到地理大发现》（J. Devisse/M. Mollat: *L'Image du noir dans l'art occidental,* Ⅱ. «Des premiers siècles chrétiens aux grandes découvertes»），2 vol. 弗里堡，1979。

作为系统的纽带，通过既是惩罚又是炼罪的一些刑罚来共同赎罪。这些苦难对人的苦难有洗清作用（*molestias istas molestiarum hominis... purgatrices*）。

阿尔贝里克和特奴戈达尔的两个灵视更加书面化，更加传统，但具有很强的意象力量。

2. 卡西诺山修道院：塞泰夫拉蒂的阿尔贝里克

251

塞泰夫拉蒂的阿尔贝里克（Albéric de Settefrati）约 1100 年出生，在 10 岁时一次昏迷九天九夜的病中有过一个灵视。他在杰拉尔当修道院长时（1111—1123 年）进入著名的卡西诺山本笃派的修道院，他向吉多内修士讲述了自己的灵视，后者将其记录下来。但是经过转抄和口耳相传，这个故事有了出入，塞尼奥莱托院长（1127—1137 年）建议阿尔贝里克在皮埃特罗·迪亚科诺的协助下重新撰写。这便是我们保留下来的故事。[①] 这一文本受到卡西诺山修院内人们已知的那些灵视作品的影响——《佩佩图阿与菲莉西塔的受难》《韦蒂的灵视》《圣弗尔塞的灵视》《圣布兰登传》。有人曾想从中看到穆斯林的影响，但这种影响只可能是有限影响，因为穆斯林的末世论将地狱仅限给异教徒和多神论者，似乎对炼狱一无所知。[②]

[①] 故事由因瓜内兹神父（Mauro Inguanez）校勘，载 *Miscellanea Cassinese*, XI, 1932，第 83—103 页，前附米拉（Antonio Mirra）神父的研究《阿尔贝里克的灵视》（"La vision di Alberico"），前引书，第 34—79 页。

[②] 关于穆斯林的影响，见帕拉齐奥先生的夸大性的博士论文《〈神曲〉中的穆斯林的末世论》（Asin Palacio：*La Escatologia musulmana en la "Divina Comedia"*），马德里，1919，以及《但丁与伊斯兰》（*Dante y el Islam*），马德里，1929。还有切

在伊曼纽和埃洛因两位天使的陪伴下，圣彼得向年轻的阿尔贝里克显现，阿尔贝里克被一个白色的气柱带到空中，他们带他走向刑罚的场所和地狱（*loca penarum et inferni*）来展示给他。

这个灵视的叙述似乎没完没了的。[①] 我只能概括一下，但我想尽量贴近原文，保留下可以加入我们意象库中的一些明确的形象，保留下漫步的感觉，虽然有圣彼得的引领，但这位僧侣的旅程还是让人有散漫的感觉。他的漫游可以让我们更好估量炼狱即将诞生的这个空间内部的秩序。

252　　　首先，阿尔贝里克看到一个燃烧着火球和烈焰蒸汽的地方，不足周岁死去的幼儿们的灵魂在那里炼罪。他们的罪行轻，因为他们没有时间犯很多罪。罪行的曲线图实际就是人生年龄的曲线图。随着少年期和成熟期，曲线上的罪行累计增加，然后随着老年期下降。在这些炼罪地点度过的时间与罪行的数量成正比，也与受刑的死者死亡时的年龄成正比。周岁的孩子在这些地方停留七日，两岁的在这里停留十四日，依次类推（阿尔贝里克未多做说明，因为正比例的递推大概会造成一些棘手问题）。

然后，他看到一个冰谷，通奸者、乱伦者和其他淫邪者在那里

（接上页）鲁力较温和的论文《天梯书与〈神曲〉中阿拉伯与西班牙源头问题》（E. Cerulli: *Il "libro della Scala" et la questione delle fonti arabo-spagnole della Divina Comedia*），罗马，1949。关于伊斯兰教中炼狱的缺无，请见布洛歇《关于伊朗宗教史的研究》（E. Blochet: "Etudes sur l'histoire religieuse de l'Iran"），载《宗教史研究学刊》（*Revue de l'histoire des religions*），20, t. 40, 巴黎，1899，第 12 页。另见阿尔昆等《中世纪伊斯兰中的奇异与神奇》（M. Arkoun/J. Le Goff/T. Fahd/M. Rodinson: *L'Etrange et le Merveilleux dans l'Islam médiéval*），巴黎，1978，第 100—101 页。

　　① 　内容占 20 个印刷页。

受刑。他沿着另一条满是荆棘的山谷走，那些拒绝哺乳新生儿的女子被穿透乳头悬挂在树上，毒蛇在吮吸她们的乳头，那些通奸的女子被用头发吊在那里被火烧。接着是一个火阶梯的铁梯子，梯子下面是一个满是沸腾松脂的池子：那些生前在性行为遭禁的日子（礼拜日和一些节日）与自己妻子发生性关系的男子在池里浮沉。接着是一个硫磺焰的炉子，那些对待属下不像主人而是像暴君的主人和那些杀婴和堕胎的女子在那里被烧着。炉子之后是一个火湖，火像是血。那些死去时没有赎罪的杀人者在三年中脖子上悬挂着被害者的像，他们被推进火湖里。在旁边的一个满是铜、锡、铅、硫磺和沸腾松脂的大池里，那些任凭发伪誓的、通奸的或被开除教籍的神父主持教堂的主教和教会负责人在那里受刑三年到八十年不等。

阿尔贝里克随后被带到靠近地狱的地方，地狱是一口充满了可怖黑暗的井，从里面发出恶臭、喊叫和呻吟。一头锁链拴住的巨龙在地狱旁边，它的火口里吞进许多灵魂，这些灵魂看着像苍蝇。浓重的黑暗让人无法看清这些灵魂是进入黑暗中还是进入地狱本身。向导告诉阿尔贝里克，这里有犹大、亚那、该亚法、希律和那些不需审判就被判刑的罪人。

在另一个山谷里，亵渎神圣者在一个火湖里被火烧着，买卖 253
圣物者在一口烈焰吞吐的井中。在另一个可怖的地方，黑暗而恶臭，满是噼啪作响的火焰、蛇、龙、尖叫和可怕的呻吟，那些放弃教士或修士身份的人、没有赎罪的人、发伪誓者、通奸者、渎神者、伪证人和犯其他"罪行"的人的灵魂在那里炼罪。他们的炼罪与罪行成正比，如同金、铅、锡和其他材料，就像圣彼得在《哥林多前书》中所说的。

在一个满是硫磺水、毒蛇和龙的黑色大湖里，恶魔用毒蛇在许多伪证人的嘴、脸和头上打。那附近，两个犬形和狮形的恶魔从嘴里发出烧灼的气息，将走近的灵魂投入各类酷刑。

出现了一只大鸟，翅膀上驮着一个年老的小个子僧侣，鸟让他落入地狱的黑暗深井，在那里他立刻被一些恶魔围住，但那鸟又回来把他从恶魔那里夺回来。

这时，圣彼得告诉阿尔贝里克，他将他交给两位天使：阿尔贝里克怕得要死，他也受到了一个可怖恶魔的攻击，恶魔想把他拽入地狱，但圣彼得回来解救了阿尔贝里克，把他投入一个天堂般的地方。

在对天堂进行描述之前，阿尔贝里克有对他在惩罚场所见到的东西给出一些细节。

他看到窃贼和强盗赤身被系在脖子、手足上的一些火锁链锁着，无法站直。他看到一条大火河从地狱流出，河上有一座铁桥，桥身变宽，义人的灵魂通过得很容易很快，而当罪人的灵魂通过时，桥收窄到一根线的宽度，罪人落入河里，待在里面，直到洗清罪，烤得像肉一样，他们才能通过那桥。圣彼得告诉他，这河和这桥被称为炼罪的地方。[①]

254   圣彼得随后告诉阿尔贝里克，一个人永不应该绝望，不论他的罪多么大，因为可以用赎罪来赎清一切。最后，这位使徒指给

---

① 校勘的文字（第93页）说：Hoc autem insinuante apostolo, purgatorii nomen habere cognovi。我理解为隐含着河流 fluminis 一词："我得知它的名字是炼罪（河）。"确实，根据校勘者的说法，这一张的标题在稿本中有 Du flumine purgatorio（炼罪河）。A. M. 伯杰告诉我，迪康热（Du Cange）新词典中 purgatorii（purgatorius）在提到这一段落时是将这个词作为形容词的属格的。

阿尔贝里克一片广大原野，要三天三夜才能穿越，那里荆棘密布，只能用脚踩在上面。在这个原野上，有一条巨龙，身上骑着一个骑士般的恶魔，他手中拿着一条大蛇。这个恶魔追捕任何落入这个原野的灵魂，用蛇来打。当灵魂跑了足够远，解除了自己的罪孽，他的奔跑就变得更加轻松，便可以从中逃离。

从炼罪的地点，阿尔贝里克来到更多欢笑的地方。

变得有资格达到安宁（refrigerium）的灵魂深入到一个充满愉悦的有百合和玫瑰芳香的原野。在这个原野中间是天堂，在最后审判之后灵魂才进入那里，那些天使和不经审判便被接纳进入第六重天的圣徒们例外。那里的圣徒中最荣耀的是圣本笃，而原野上最荣耀的人是僧侣们。阿尔贝里克的向导赞扬僧侣们，描绘了他们要想达到荣耀而必须遵从的人生方案。他们必须始终保有对上帝和邻人的爱，但他们的方案主要是被动的：他们必须忍受辱骂和迫害，必须抗拒魔鬼的诱惑，必须用双手劳动而不渴慕财富，必须抵制邪行，必须始终处于畏惧中。随后，圣彼得在指出贪食（gula）、贪婪（cupidas）和傲慢（superbia）这三宗最危险的大罪之后，让阿尔贝里克参观了七层天，他对此给出的细节不多，天使、大天使和圣徒们所居的第六重天和上帝宝座所处的第七重天是例外。随后，气柱将他带到一个高墙环绕的地方，从墙上方他可望见里面有什么，但他和所有人都被禁止吐露所见的东西。[①]

----

① 虽然没有提及出处，但这一禁令显然来自圣保罗《哥林多后书》十二：2—4。此处是旅程的结束：最后，圣彼得带阿尔贝里克穿过 51 个地上的省份——古罗马的帝国的行省——指给他一些圣徒的圣坛和宣教的神迹。故事结尾是对圣彼得的描写，这位使徒的各类言论，阿尔贝里克的灵魂回归肉体，看到他母亲祈祷圣保罗的像让他复原，以及他如何进入了卡西诺山修道院。

255　　　　让我们忽略这一叙事中对于给它灵感的各种文学源头的拼凑以及其中激荡的对本笃派的热爱。其对于炼狱诞生的价值是有限的，但却不能忽视，其价值正是在它的局限和沉默不言之中。

当然，这一叙事极其含混，对彼岸世界的地理给出了一种更加含混的图像。阿尔贝里克距离彼岸世界的第三个王国尚远。他的彼岸世界是分成区域的，跟随着圣彼得，我们从刑罚场所走到地狱之井或者天堂，或者一些地上的区域。但是，人们最终脱离"刑罚场所"走向得救，这个场所极具重要性。大致的统计（因为叙事犬牙交错）让我们可以在50个章节中识别出16个章节，它们是有关未来的炼狱的功能的地方，而关于天堂和周边的是12个章节，只有一个章节关于真正意义的地狱。

关于炼罪地点的"理论"，灵视中并未提及，或者至多推出一种非常粗糙的神学解释。所有罪行都导致人进入这些地方，但是所有罪行均可在那里赎清。赎罪的作用被高度肯定，但却看不出对俗世进行的赎罪和炼罪刑罚地点进行的赎罪的区别。在重罪与轻罪（大罪与轻罪的区别尚不存在）之间未作区分，它们都是scelera（罪行），按照圣奥古斯丁的看法，罪行导致人直接下地狱，但在这里似乎更倾向在暂时的但属于地狱性质的惩罚中得到赎清。最后，这里不存在经历刑罚场所之后向天堂的直接通道，而是一个处在天堂外围的门口：即幸福的原野。

但是，"死后"（*post mortem*）的炼罪占据重要位置，在谈到河与桥的时候，阿尔贝里克用的炼罪的形容词形式，似乎与名词接近，虽然存在数字象征意义上的混乱，但对彼岸世界的数量计算和俗世所犯罪行与彼岸赎罪时间的正比例关系的倾向是明确的。

　　总之，我们觉得这个灵视的一位或多位作者属于一个守旧的修道院群体，这个群体通过其传统文化——包括古老的清凉狱（*refrigerium*）概念——无法驾驭向着彼岸世界炼狱发展的倾向，256 这个群体承受着这种压力。

　　在本笃派修道院的疆域的另一端，在爱尔兰的特奴戈达尔的灵视中 ①，我们仍是相同的印象。

3. 爱尔兰：特奴戈达尔的没有炼罪的彼岸世界

　　特奴戈达尔的彼岸世界——他的旅行不包含地上的阶段——比阿尔贝里克的旅行要更加有序。与后来的那位卡西诺山的修士一样，特奴戈达尔首先经过一系列各类罪人受刑的地点：杀人者、背信者、吝啬者、盗贼、劫匪、贪食者、奸淫者。他们受惩罚的场所规模巨大：一些深谷、高山、大湖，巨大的房子。高山主题借助后来的但丁而得到大发展。灵魂在这些地方受到酷热与极寒的交替惩罚。黑暗与恶臭笼罩。一些怪兽让那里更加恐怖。这些怪兽中一只坐在冰湖边将一些灵魂吞进火口，消化后再吐出来（印欧传统的遗存），这些重获形体的灵魂具有尖喙，它们用喙撕碎自己的身体。这头怪兽的受害者是犯奸淫者，尤其是修道士中的奸淫者。在皮拉内西风格的一些意象中，特奴戈达尔看到贪食者的灵魂像面包一样在一个巨大的炉子里烤，而那些累犯罪行的人在一个遍布嘈杂的熔炉的山谷里，他看到一个名叫伍尔干

―――――――――――

　　① 《特奴戈达尔的灵视》（*Visio Tnugdali*, Albrecht Wagner 校勘，埃朗根，1882）。我提醒大家注意卡罗齐（Claude Carozzi）最近的研究，引文第 16 页，注解 1 和第 183 页，注解 1。

（Vulgain）的铁匠在对人进行折磨。在罪行和邪行的专门名称之外，凸显了罪行数量的概念，而且——作为12世纪热爱法律的时代的标志——天使向吓坏的特奴戈达尔指出，上帝并不因此就不仁慈和不公正，他说："这里，依据法律的裁决，每个人忍受的苦与自己的德业成比例。"

　　随后，在沿着一个深深的悬崖走向底层地狱的时候，恐怖、寒冷、恶臭和超越特奴戈达尔此前所经验过的无可比拟的黑暗告诉他到达了那里。他看到一个长方形的沟，如同一个储水窖，从里面冒出黢黑恶臭的火焰，里面充满恶魔和类似火星儿的灵魂，257 他们上来，熄灭，落回深渊。他一直走到地狱门口，作为生者有幸看到黑暗中遭永劫者所看不到的东西，这些永劫者同样也看不到他。他看到黑暗君王本人，那是一头大怪兽，比他已经看到过的任何一只都要大。

　　然后，恶臭与黑暗侵上，特奴戈达尔和天使在一座高墙下发现许多悲惨的男女在经受风雨。天使向特奴戈达尔解释说，这是些并非全恶的人，他们曾尝试可敬的人生，但没有将俗世的财产提供给穷人，他们必须在雨中等候几年，才被带到一个安息之地（*requies bona*）。从一个门穿过墙，特奴戈达尔与同伴发现一片美丽的芬芳的原野，满是花朵，光明而宜人，许多男女在那里快乐嬉戏。那是些并非全善的人，他们有资格被拔离地狱折磨，但尚不够加入圣徒们之列。在原野中有青春泉，泉水能让人永生。

　　然后，奇怪地提到一些传说中的爱尔兰国王——但显然被特奴戈达尔认为是真正的历史人物——他们是恶人，但悔过了，或者是善人，却仍旧犯有罪过。他们在这里赎罪，已经接近结束。

如同对本笃派的热爱启发阿尔贝里克的灵视，这里同样出现了爱尔兰的"民族主义"。在此，我们还看到对国王进行告诫的传统，这是对彼岸世界的政治利用，我们在"胖子"查理的灵视中已经看到过。一个炼罪场所（此处未提到这个词）的存在，让人可以对可敬而贪婪的王朝进行温和批判。

这里有国王多马库斯（Domachus）和康纳尔王（Conchober），他们非常残暴，互相是死对头，后来变得平和，成为朋友，在去世前悔过。应该从中看出对统一爱尔兰部族的号召？还有卡马克王（Cormachus），他坐在一个王座上，在一座金银墙壁的华舍里，那里没有门也没有窗，却可以从任何地方进入。他由一些穷人和朝圣者侍奉着，他将自己生前的财富分给他们。但不久之后，房子变暗，所有人都变得悲伤起来，国王哭着，起身走出。所有灵魂都向上天举起手，乞求上帝："请可怜你的仆人吧。"国王被置于火中直到肚脐，上身覆盖着苦行衣。天使解释说：国王每日受苦三个钟点，休息二十一个钟点。他的酷刑直到肚脐，因为 258 他曾经通奸，上身受苦是因为他曾让人杀死圣帕特里克附近一个伯爵，曾经发过伪誓。他的所有其他罪行都得到宽恕了。

最后，特奴戈达尔和天使到达天堂，天堂由三个有围墙的地方组成。银墙围着善夫妇们的居所，金墙围着殉道者和贞洁者、僧侣与修女、教堂捍卫者与建造者的居所，宝石墙围着处女们和九路天使、圣忏悔师鲁阿丹（Ruadan）、圣帕特里克和四位主教（爱尔兰的！）的居所。在灵视结束时，特奴戈达尔的灵魂回到肉体中。

特奴戈达尔的灵视所指出的是，虽然彼岸世界的地理仍旧是零碎的，但真正意义的地狱仅仅因为其不可被访问的属性才具有整体性，而炼罪场所的分区却在倾向按照三个原则来组织。第一个原则是地理原则：具有地形起伏的反差和温度的反差的地点的两级切换。第二个原则是道德原则：即按照邪行的类别来分布那些炼罪者。第三个原则是真正宗教意义的（如果不说是神学意义的），即把人分为四类：全善者在死后离开上天堂；全恶者在死后，经过对个人的审判（特奴戈达尔强调说遭永劫者是"已经被审判过的"），立刻被遣入地狱；还有非全善与非全恶者。但特奴戈达尔对他们的处置并不明确。按照字面意思看，这后两类与上层地狱中受刑的全体罪人是有区别的。对于非全恶者，在提及受刑地点的段落里，特奴戈达尔丝毫没有提到，仅限于让他们在风雨中待"几年"，忍受饥渴。至于非全善者，天使明确告诉特奴戈达尔，"他们被拔除了地狱的折磨"，但尚没有资格进入真正的天堂。

在这个时代，**炼狱**概念的阙如，让我们尤其吃惊。特奴戈达尔尝试笨拙地将一整套文学与神学的遗产组织进灵视故事，却不懂如何加以统一。一方面，有两个地狱存在，但他却不懂得明确出上层地狱的功能。另一方面是奥古斯丁的按照善恶划分四类人的理论。但因为不懂得如何在上层地狱分配他们，他将他们放进
259　一些独创的地方，倾向于将彼岸世界分成五个部分，这是 12 世纪展露雏形的一种重建彼岸世界模型的办法。这种设想的最大弱点（我认为可以从估值判断上来看待，因为我认为炼狱体系的协调一致性是它在这个"理性化"时期在教士与群众中获得成功的一个重要因素），是特奴戈达尔没有将非全善者与非全恶者的等候地点（或重或轻的赎罪地点）同地狱下层确定相互关系。他们彼此之

间的具有连续性的通道原本可以对奥古斯丁的命题给予具体解决。之所以特奴戈达尔没有这样做，有可能是因为不仅他的空间观念仍然模糊，而且更主要的是他的时间观念（我重复说，这与空间不可分离）让他无法这样做。对于他而言，彼岸世界仍旧服从于末世时间，与俗世的历史性的时间没有很多相似性。零零散散的，他谈到彼岸世界的"几年"时间，但并不存在有序的延续性。彼岸世界的时间并不统一，此世与彼世的人的双重时间更加不统一。

4. 爱尔兰的发现："圣帕特里克的炼狱"

第四个想象之旅，虽然是由一位修士（是熙笃会的）撰写，却在一些传统特征中带来一些重大的创新。尤其是这一创新："炼狱"在里面是作为彼岸世界的三个处所之一被提到的。这个小册子在炼狱历史中占据核心地位，在炼狱的成功中起过重要作用，虽然并非决定性的作用，它就是著名的《圣帕特里克的炼狱》[1]。

———————————

[1]　《圣帕特里克的炼狱》（*Purgatorium Sancti Patricii*）于 17 世纪曾两次刊出，由梅辛汉姆收在其《圣徒岛荟萃》（Messingham：*Florilegium Insulae Sanctorum*, 1624）。这一版本后收入《罗马教会圣师全集》t. 180, col. 975—1004，并由耶稣会士科尔干（John Colgan）收入其《三奇迹者》（*Triadis thaumaturgae... acta*），鲁汶，1647。一些现代版本由埃克勒本录于《对圣帕特里克炼狱的最早描述》（S. Eckleben：*Die älteste Schilderung vom Fegfeuer des heiligen Patricius*, 哈勒，1885）。后由马尔（Ed. Mall）收录，与科尔干的刊本对照，还收录了人们可看作最接近原始本的稿本的文本（班贝格的 14 世纪的稿本 ms E Ⅶ）和大不列颠博物馆的稿本 Arundel 292（13 世纪末）的异文，见《圣帕特里克炼狱传说的历史》（*Zur Geschichte der Legende vom Purgatorium des heiligen Patricius*），载 *Romanische Forschungen*, K. Vollmöller, Ⅵ, 1891, 第 139—197 页。由范德赞登（U. M. Van Der Zanden）收录于《圣帕特

260　　作者是一位被称作 H 的僧侣（这个首字母，在 13 世纪，马蒂厄·帕里斯将其转写为 Henricus 即亨利，但这是毫无根据的），他在撰写这一文本时住在亨廷登郡的萨尔特雷的熙笃会的修道院。是萨蒂斯（现今的贝德福德郡的瓦登）的熙笃会的修道院长命他撰写这一故事的。他是从另一位修士那里听来的，那人叫吉尔伯特。吉尔伯特被鲁达（现今的贝德福德郡的劳思帕克）的熙笃会修道院院长热尔韦派遣到爱尔兰，去那里找一个适合建立修道院

（接上页）里克的炼狱的研究》（*Etude sur le Purgatoire de saint Patrick*, 阿姆斯特丹，1927），他刊出了乌特勒支 15 世纪的一个稿本，在附录中提供一个 Arundel 292 稿本的一个修订版，由沃恩克（Warncke）在 1938 年进行了校勘。我使用的是马尔的刊本。《圣帕特里克的炼狱》的拉丁文和俗语本（尤其是英语和法语——法兰西的玛丽的译本《圣帕特里克的炼狱》除外）有许多研究作品，其中几部虽然年久，但始终有价值。多数研究将这一文本重新定位于古典以来的关于彼岸世界的信仰的历史中，定位于民俗研究中。虽然批评性不足，而且如今有些过时，但这些研究仍是史学开放精神的楷模。我们列举：赖特《圣帕特里克的炼狱：论中世纪流行的炼狱、地狱和天堂传说》（Th. Wright: *St. Patrick's Purgatory; an essay on the legends of Purgatory, Hell and Paradise, current during the Middle Ages*, 伦敦，1844）；巴林-古德《中世纪的奇异神话》（Baring-Gould: *Curious Myths of the Middle Ages*, 1884, 莱顿重印，1975：《圣帕特里克的炼狱》（*S. Patrick's Purgatory*），第 230—249 页）；克拉普：《圣帕特里克的炼狱传说，晚近文献史》（G. Ph. Krapp: *The Legend of St. Patrick's Purgatory, its later literacy history*, 巴尔的摩，1900）；菲力斯：《另一个世界：神话与传说：圣帕特里克的炼狱》（Ph. de Félice: *L'autre monde. Mythes et legends: le Purgatoire de saint Patrice*, 巴黎，1906）。被认为是最全面的研究是莱斯利的《圣帕特里克的炼狱：历史与文学的记录》（Shane Leslie: *St Patrick's Purgatory: A record from History and Literature*, 伦敦，1932），但并非最有价值的一部。对于现代的圣帕特里克炼狱的朝圣活动，特纳进行了很有启发性的人类学阐释《基督教文化中的意象与朝圣》（V/E. Turner: *Image and Pilgrimage in Christian Culture*）第三章《圣帕特里克的炼狱：古代朝圣中的宗教与民族主义》（*St Patrick's Purgatory: Religion and Nationalism in an Archaic Pilgrimage*），牛津，1978，第 104—139 页，但对我们的主题无益。

的地点。因为吉尔伯特不懂得爱尔兰语，他让欧文骑士陪同他，当他的翻译和保镖，欧文骑士向他讲述了他的冒险，他是《圣帕特里克的炼狱》的一位主人公。

在论述的前言部分，萨尔特雷的 H 回顾了圣奥古斯丁，特别是大格列高列，提醒大家彼岸世界的灵视和显现故事对于向活人们宣教是多么有益。被人们称作炼罪的（*que purgatoria vocatur*）的各种形式的刑罚尤其如此，在这些刑罚中，生前犯罪的那些人，尽管算是义人，却接受苦炼，由此才能得到他们注定的永生。惩罚和罪行的轻重与罪人的善良和邪恶性质成比例。与罪行和刑罚的梯级相对应的是刑罚地点的层级，那是在地下的地狱中，有 261 些人认为那是黑暗之狱。最大刑罚的受刑地点处在下层，最大的喜乐的地点在上层，是对处于中间的那些一般善恶的人（*media autem bona et mala in medio*）的奖励。此处，我们看到萨尔特雷的 H 采用了分为三类的划分（用来代替奥古斯丁的四类人）和居间的概念。

在炼罪的刑罚中，人们依照自己德业或多或少受到折磨，在经历刑罚后，灵魂从上帝那里接受回到肉身的许可，作为回忆、证据和警告，尸体展示出类似肉体伤痕的一些痕迹。[①]

圣帕特里克向爱尔兰人传布福音没有多大成功，他们总是反复堕入罪行，他试图用地狱的恐怖和天堂的吸引来让他们皈依，于是耶稣向他展示一个荒凉地方的一个黑暗的圆坑（*fossa*），告

---

① 在罗马的祈祷圣心教堂里有一个小型"炼狱博物馆"，那里保存着炼狱灵魂向活人显现的十几种痕迹（通常是手型的烧痕——作为炼狱之火的印记）。这些证据跨越 18 世纪初到 20 世纪初。这是炼狱体系的持久存在……

诉他如果具有真正的赎罪灵性和信仰的人在这个深坑里度过一昼夜，他将炼净所有罪行，并且能够看到恶人受的折磨和善人们的喜乐。圣帕特里克赶紧在这个深坑旁建一座教堂，安排一些接受戒律的神职人员，让人用一堵墙围住洞口，用一座门封住，只有院长有钥匙。自从圣帕特里克的时代起，许多赎罪者便经受过这个地方，帕特里克命人笔录下他们的讲述。这个地方被称作炼狱，因为圣帕特里克是院长，所以被叫作"圣帕特里克的炼狱"（*sancti Patricii purgatorium*）。①

262 习俗要求申请经历"圣帕特里克炼狱"的人得到教区主教的批准，主教必须首先劝阻他们。如果主教无法说服他们放弃，他给他们批准令，由教堂的首座来监督。首座接着说服他们采取别的赎罪方式，告诉他们许多人在这样的经历中死去。如果首座也没能说服，他便命令申请者首先在教堂中祈祷两周。在这两周之初，申请者列席弥撒，在弥撒中领圣体，用圣水驱魔。一个巡礼队列在歌唱中将他领到炼狱，首座打开大门，再次提醒有恶魔存在，以及之前有许多访问者失踪。如果申请者坚持，他便得到所有神父祝福，划着十字进入其中。首座重新关上门。次日的同一时辰，巡礼队列回到那个坑。如果赎罪者走出来，他便重回教堂，在那里再祈祷两周。如果门一直关着，人们便认为他死去，巡礼

---

① 关于生活于公元 5 世纪的圣帕特里克的这些内容是杜撰的。古老的圣帕特里克传记均提到这一点。如今的"圣帕特里克的炼狱"首次见于文献是在 1180—1183 年间弗内斯的乔斯林为圣徒撰写的新传记中。鉴于欧文骑士在这一文献中没有提及，所以人们通常认为 1180/1183 年这一阶段是对萨尔特雷的 H 的《炼狱论》（*Tractatus*）的断代的上限（terminus a quo）。

队列将退回。此处涉及一种独特的"神裁"（*ordalie*）形式，可能属于凯尔特人传统中的一个类型。

　　萨尔特雷的 H 随后跳跃到他的当代（*hiis nostris temporibus*），甚至明确到埃蒂安国王的时代（1135—1154）。13 世纪的马蒂厄·帕里斯更加明确——但没有任何根据——，他将欧文骑士的冒险确定在 1153 年。欧文骑士满负罪行，但对这些罪行却未加明确，他度过了神裁的前期准备，自信并欢喜地进入坑里。其实，他将自己的行动当作一次骑士冒险，他独自无畏地去面对（*novam gitur miliciam aggessus miles noster, licet solus, intrepidus tamen*）。①在越来越弱的昏暗光线中，他走到一个由 12 个修士做派的白袍人物居住的看似修道院的地方。他们的首领告诉他考验的规则。他将会被恶魔围住，恶魔要么试图用可怕的酷刑景象吓他，要么试图用甜言蜜语诱惑他。如果他对恐惧或诱惑让步，并且往回走，他就会失去肉体与灵魂。当感觉自己动摇的时候，应当呼唤耶稣之名。

　　于是，恶魔出现，在他的地狱历程中从始至终跟着他——他 263 陷入仅由酷刑火焰照亮的黑暗中隐现的可怕视像中，陷入恶臭的气味和尖锐的叫声的包围。通过呼唤耶稣之名，他胜利通过每个考验，每次考验之后，他都拒绝放弃和退回。我略去每个考验的结局部分。魔鬼们首先在出发的那个大厅里给他搭起柴堆，他们努力要把他扔进去。经过吹着利剑和剃刀般的凌厉的风的一个荒

---

　　①　参考埃里希·克勒《骑士冒险：典雅传奇中的理想与现实》（Erich Köhler: *L'Aventure chevaleresque. Idéal et réalité dans le roman courtois*），法译本，巴黎，1974。

芜和黑暗地区，他到达一片无垠的原野，一些赤裸的男女睡在地上，被穿透手脚的火焰钉钉在那里。他到达第二个原野，各年龄各性别各阶层的人仰卧或俯卧着，被龙、蛇和火蟾蜍猎食。然后他到达第三个原野，男女们被火焰钉穿透四肢，遭到恶魔的鞭打。然后在第四个原野，即真正的各种酷刑的原野，一些人被穿在眼睛、耳朵、咽喉、手、乳房或性器官上的铁钩吊起，另一些人在地狱般的厨房里受难，在炉子里或锅里烧，或串起来烤等等。随后，出现一个大火轮，上面挂着一些人，他们在火焰中高速转动着。之后是一个大浴室，许多男女老幼被投进池里，里面满是沸腾的金属，一些人被完全浸入，一些人浸到眉毛，或嘴唇，或脖子，或胸口，或肚脐，或膝盖，一些人只浸入一只脚或一只手。欧文随后到达陡峭立壁夹着的一座山，从山上留下一条火河。在山顶上有一群人，那里吹着猛烈寒风，让那些人落入火河，如果他们试图爬山逃脱，他们就被一些持着铁钩的恶魔推回去。

最后是从一口井里冒出的恶臭黢黑的火焰，许多灵魂如同火星儿一样从井里冒出又落回去。陪同他的恶魔告诉他："这便是地狱之门，矶汉那的门，通向死亡的大道，进入的人便出不来，因为地狱中不存在救赎。这是为魔王和帮凶准备的永火，你不能否认你是属于这一群的。"于是，他感到自己被井攫住，欧文再次呼唤上帝之名，他远离了井，来到一条非常宽的火河，河上架着一座桥，看起来无法越过，因为桥很高，无法不头晕，桥很窄，无法立足，桥很滑，无法站住脚。在桥下的河里，一些恶魔持着铁钩等待着。欧文再次呼唤耶稣之名，并走上桥。随着他向前走，桥变得更稳定更宽，走到一半，他在左右不再看到那河。他摆脱了愤怒的恶魔们的最后一次努力，走下桥，到了一座非常宏伟的墙的前面，墙上的门是纯金的，镶嵌着宝石，散发着美妙的气味。他进去，身处一座神奇城市。

两个类似大主教的人物引领着一个巡游队列，他们对欧文说："我们将向你解释你所见之事的意义（*rationem*）。"

他们接着说："这里是地上天堂①。我们回到这里，因为我们在酷刑中赎清了自己的罪——在死前，我们在俗世未完成赎罪——你在路上看到过那些酷刑，按照我们的罪过的数量，我们在酷刑中停留或长或短时间。你在各种刑罚场所看到的那些人，除了那些身处地狱之口下面的，在经过炼罪后都会到达我们所处的安息地，最终他们将会得救。那些受折磨的人无法知道他们会在刑罚地点停留多久，因为借助为他们进行的弥撒、唱圣颂、祈祷和施舍，可以减轻或者缩短他们的苦炼。我们也一样，虽然我们享受大安息和喜乐，却不配上天堂，我们不会永远留在这里；每一天，我们中一些人都从地上天堂到达天上天堂。"他们让他到了一座山上，指给他看天上天堂的门。从门口吐下火舌，让他们感到舒适。但是这些"大主教"将欧文呼唤回现实："你渴望看到的东西，你看到了一部分：真福者的安息和罪人的酷刑。现在必须从来路回到你的来处。如果今后你在俗世中良善地生活，你肯定会在死后到我们中间来，你已经看到那些等着你的酷刑了。在你的回程中，你不必畏惧恶魔，因为他们伤不到你。"骑士哭着走上归途，最终又见到开始看到的那十二个人物，他们恭贺他，宣告他洗清了

265

---

① 我继续简述故事，引号中的文字并非两位宗主教对话的完整译文。

罪孽。当教堂首座重新打开门，他走出帕特里克的炼狱，再次于教堂中行完了两周的祷告。随后，欧文成为十字军，前往耶路撒冷朝圣。归来后，他再次去见他效忠的国王，请求他分派他去指定的教士修会里生活。这正好是鲁达的吉尔伯特执行使命的时候；国王请欧文为这位僧侣充当翻译。骑士欣然同意，"因为在彼岸世界，我没有看到任何修会的荣耀超过熙笃会"。后来，他们建立了一座修道院，但欧文不愿成为僧侣或杂务修士，他仅仅充当了吉尔伯特的仆人。

对我们来说，彼岸世界的意象在这个故事中并非最重要——虽然这是故事取得成功的一个重要原因。这个故事包含了从圣保罗的《启示录》以来的大多数传统元素，并且宣示了未来的那些灵视中的元素——尤其是但丁的《神曲》。但这更多属于地狱意象，而非专门的炼狱意象。然而，某些主题在这故事中几乎没有出现，它们在这里的缺失大概对它们在后来的近乎失传有所影响。比如，火主题实际上驱逐了寒冷主题。灼热与酷寒这一对偶曾经是彼岸世界刑罚的意象中的一个典型元素。

在德赖瑟尔姆的灵视中，彼岸世界的造访者到达一个很大的深谷，山谷左坡烧着可怕的火，而右坡却肆虐着剧烈的雪暴。同样，特奴戈达尔在到达地狱下层之前在一个地方遇到"一座大山，有一条窄路通行，路的一侧是恶臭的冒烟的硫磺火，而另一侧寒风抽打着人"。

在被归在圣伯尔纳铎名下的布道文中，说到"那些处在炼狱中的人，他们在那里等待救赎，他们必须首先受到折磨，或者通过火的灼热，或者通过寒冷的严酷……"。

但是，长久以来，寒冷作为惩罚的意义已经不被人们注意到。[266]有益的清凉（refrigerium 清凉狱）的概念多多少少掩去了它。

在《"胖子"查理的灵视》中，做梦中的皇帝被带到彼岸的地狱，听到他父亲"日耳曼人"路易对他说话，他站在沸水池里淹没到大腿："不要害怕，我知道你的灵魂会归到肉体去。之所以上帝让你能来到这里，那是为了让你看到因为什么罪行我在经受什么刑罚，就像你所见到的那些。我一天在这沸水池里，下一天则被送到另一个池子，那里的水非常清凉……"这一文本的作者已经把握不到这一仪式的原始意义，文本中经历冷水的段落被当作恩惠，这位皇帝是多亏了圣彼得和圣雷米说情才得到恩典的。

在《圣帕特里克的炼狱》中，只是在谈到位于炼狱尽头的山顶上的寒风时才涉及寒冷主题。火的主题在 12 世纪被表现为炼罪场所本身，它驱逐了寒冷主题。炼狱的诞生终结了 refrigerium（清凉狱），宣告了"亚伯拉罕的怀抱"的隐去①。

《圣帕特里克的炼狱》的成功是迅速而巨大的。沙恩·莱斯利（Shane Leslie）写到，这个著作曾是"中世纪的一部畅销书"。其撰写年代并不确定。习惯上定在 1190 年前后，因为由著名的女诗人法兰西的玛丽翻译的法译本似乎不晚于 12 世纪最后十年。另一方面，圣玛拉基亚在《圣帕特里克的炼狱》中是作为圣徒被提到的，他被册封为圣徒是在 1190 年。但另一些学者将其撰

---

①　我提醒大家，在当今的玛雅人后裔，墨西哥南部的拉坎敦人那里，我们再次见到这些彼岸世界意象："智者占克因马什对这一阴暗领域多有讲述，那里并排流淌着寒水溪和火河……"（苏斯戴尔《四个太阳》（J. Soustelle: *Les Quatre Soleils*），巴黎，1967，第 52 页。

267 写年代推迟到约 1210 年。[①] 虽然，我力图在时间上尽量明确定位
purgatorium（炼狱）一词的出现和这个词的出现在对彼岸世界的表
现中的意义，但我觉得将《圣帕特里克的炼狱》断定在 1210 年还
是 1190 年对我们的研究并非十分重要。最主要的是，彼岸世界的
这个新处所分两个阶段被实在化，一个阶段是 1170—1180 年间在
巴黎教师与熙笃会群体的推动下的进行灵性问题研究的神学文献
中，另一个阶段是 1180—1215 年间的灵视文学中。的确，写作于
1180—1183 年间的乔斯林的圣帕特里克的传记谈到一部《圣帕特
里克的炼狱》，但这个炼狱位于康瑠特的克罗的鹰山上。[②] 信仰史、
心态史和感性史上的真实事件很少能够将断代精确到日或年的。
炼狱的诞生是 12 世纪到 13 世纪的转折点的一个现象。

　　相反，非常重要的是，有明确称谓的对炼狱的描述是以属于
俗世地理的一个入口为出发点的，这一描述是在约 1200 年进行
的。萨尔特雷的 H 的《炼狱论》应该大约与这个传说和朝圣活动

---

　　② 洛克：《圣帕特里克的炼狱论的新的年代确定》（F. W. Locke: "A new date
for the composition of the Tractatus de Purgatorio Sancti Patricii"），载 *Speculum*, 1965,
第 641—646 页）。他拒绝传统的约 1189 年的年代断定，他将《论圣帕特里克的
炼狱》的撰写年代推迟到 1208—1215 年间。这要求译本《圣帕特里克的炼狱》
（*Espurgatoire Saint Patriz*）的年代也被推迟约 20 年。理查德·鲍姆：《归在法兰西的
玛丽名下的作品研究》（Richard Baum : "Recherches sur les oeuvres attibuées à Marie
de France"，载 *Annales Universitatis Saraviensis*, 9, 海德堡，1968）最近指出不仅译
本时代晚于 12 世纪最后十年，而且甚至译本并非出自法兰西的玛丽。后文，我们将
看到坎布里亚的杰拉尔德的《爱尔兰方志》（*Topographia Hibernica*）和弗内斯的乔斯
林的《圣帕特里克传》都未给《圣帕特里克的炼狱》的年代断定带来决定性的论据。
　　② 弗内斯的乔斯林的《圣帕特里克传》曾在 17 世纪再版，与萨尔特雷的 H
的《炼狱》由梅辛汉姆合集出版《圣徒岛荟萃》（第 1—85 页），由科尔干合集《三
奇迹者》（与克罗的鹰山的炼狱相关段落见第 1027 页）。它被重新收录到《圣徒行
传》（*Acta Santorum*）"3 月 17 日"卷，卷 2，第 540—580 页。

的发起是同时代的。《圣帕特里克的炼狱》——这次未提及欧文骑士的故事——再次出现于"威尔士人"或"坎布里亚的"杰拉尔德（Giraldus Cambrensis）的《爱尔兰方志》（*Topographia Hibernica*）中，其初版年代为 1188 年，但在最古老的稿本中并未提及，而是仅仅见于 13 世纪上半期的一个《方志》稿本的页边笔记中。"威尔士人"杰拉尔德在 1185—1186 年间完成了他的爱尔兰之行。在《爱尔兰方志》的第二部分的第五章，他描写了阿尔斯特省的一个湖，湖中的一个岛分成两个部分。其中一部分是美丽宜人的，有官方教堂，其盛名是时有圣徒显现。另一部分是荒蛮可怕的，被抛弃给恶魔。那里的地中有 9 个洞。如果有人胆敢在其中任何一个洞中过夜，会被恶灵控制，会在各种可怕折磨与不熄的火里度过一整夜，早晨人们会发现你失去知觉。传说如果为了赎罪而忍受一次这些折磨，那么将会在死后脱离地狱刑罚，除非是此后犯下严重罪行。①

　　这个岛，圣站岛，处于德格湖（Lough Derg 即红湖）中，位于多尼戈尔郡，属于爱尔兰岛，邻近英属北爱尔兰的边境。似乎早在 12 世纪末，"圣帕特里克的炼狱"就成为朝圣地。教宗亚历山大六世在 1497 年禁止这种朝圣，但早在 16 世纪礼拜堂和朝圣活动就重新恢复了，并且挺过了 1632、1704 和 1727 年的新的拆

---

①　"威尔士人"杰拉尔德《全集》（Giraldus Cambrensis: *Opera*），t. V, J. F. Dimock 校勘，伦敦，1867，《不列颠史事的中世纪作者们》（*Rerum Britannicarum medii aevi scriptores*），第 82—83 页。紧接着这个段落，在 13 世纪上半叶的稿本中插入"这个地方被居民们称作帕特里克的炼狱"，讲述了圣帕特里克如何开创此地。见范德赞登作品。关于《爱尔兰方志》与《论圣帕特里克的炼狱》的有价值的一章载 1927 年 *Neophilologus*。"威尔士人"杰拉尔德写作《地方志》的时候似乎是赎罪朝圣——属于神裁性质的——的地点从最大的圣岛（圣徒岛）转移到德格湖东北部的小岛圣站岛的时期，因此他进行了综合，由圣徒与恶魔们共用同一个岛。

毁和禁令。在 1790 年之后，朝圣活动更加活跃，修建了一座大礼拜堂。1931 年完工的一座新的大教堂献堂给圣帕特里克，6 月 1 日到 8 月 15 日的朝圣活动每年吸引的朝圣者始终有大约15000 人。[①]

269　　　但是，在 12 世纪末，尽管与爱尔兰基督教和圣帕特里克信仰相关，《圣帕特里克的炼狱》却并不具有爱尔兰天主教民族主义的色彩，它要到现当代才具备这种色彩。发起朝圣活动并且进行控制的似乎是些英国的修道士。

　　　在法兰西的玛丽的译本之后[②]，有许多萨尔特雷的《炼狱》的

---

　　① 除了第 259—260 页注解末引用的特纳的重要研究，仅有些平庸或简略的朝圣研究。见西摩《圣帕特里克的炼狱：中世纪爱尔兰的朝圣》（John Seymour: *St Patrick's Purgatory. A Mediaeval Pilgramage in Ireland*, Dundald（1918））。瑞安：《新天主教百科》（J. Ryan: *New Catholic Encyclopedia*），卷 XI，1967，第 1039 页。

　　菲利普·德·菲力斯（其《另一个世界：神话与传说：圣帕特里克的炼狱》巴黎，1906，第四章题目为"德格湖圣殿的历史"，有一定价值，其结尾的见解是合理的："圣帕特里克的炼狱挺过了这么多世纪，这是一个明确的无可争辩的事实，其价值值得引起社会学家的重视"）讲述了（第 9 页及其下文中）他如何与一位表亲一起在 1905 年艰难抵达德格湖和炼狱岛。1913 年，爱尔兰首席主教洛格在访问圣站岛后宣布："我相信，任何在德格湖这里完成了传统朝圣，完成赎罪修炼、斋戒和值得许多宽免的祈祷的人，在之后死去的时候会在彼岸世界受很少的苦（引文见特纳书第 133 页）。安娜·隆巴尔-茹尔当曾于 1972 年访问德格湖和圣帕特里克炼狱，她热心为我带回了由当地主教拉赫督导的官方朝圣日程。早在中世纪，赎罪期限就从 15 天过渡到 9 天，采用了教会标准的 9 天期限。在现代，这个期限被缩到 3 天，这是当今的规则，但朝圣的核心部分仍旧是 24 小时的考验。1970 年的日程安排写有"守夜（the Vigil）是朝圣的主要精神修炼，意味着完全且持续的 24 小时戒除睡眠"。这是信仰与实践上的完美延续。见插图 4。

　　② 法兰西的玛丽的《圣帕特里克的炼狱》（*L'Espurgatoire Saint Patriz*，费城，1894）曾由詹金斯（Thomas Atkinson Jenkins）校勘。参见富莱《法兰西的玛丽与圣帕特里克的炼狱传说》（L. Foulet: "Marie de France et la Légende du Purgatoire de saint Patrice"），载 *Romanische Forschungen*, XXII, 1908，第 599—627 页。

拉丁版本和俗语译本，尤其是法文和英文译本 ①。拉丁版本由文
多弗的罗杰（Roger de Wendover）收录在他 1231 年编纂的《历　270
史集萃》（*Flores Historiarum*）中。罗杰的续写者马蒂厄·帕里

---

①　保罗·梅耶指出《圣帕特里克的炼狱》的 7 个法文韵文版本（《法国文学
史》（*Histoire littéraire de la France*），卷 XXXIII，第 371—372 页，以及《国家图书馆
稿本说明与节选》（*Notices et Extraits des manuscrits de la Bibliothèque nationale*），卷
XXXIV，巴黎，1891））：1）法兰西的玛丽的版本。2）—5）13 世纪的 4 个佚名作者
的版本。6）贝鲁尔（Béroul）的版本。7）巴黎的若弗鲁瓦的版本，插入在《魔鬼的
七态》第 4 卷。另一个版本由维辛（Johan Vising）校勘《阿尔 273 和法国国家图书馆
2198 稿本的圣帕特里克的炼狱》（*Le Purgatoire de saint Patrice des manuscrits Harléien 273
et Fonds français 2198*），哥德堡，1916。"炼狱"（purgatoire）这个名词在其中多次使
用。比如：Par la grant bounte qu' il aveit/ Dist qe mout bonnement irreit / En purgatoire,
qe assez / Peust espener ses pechiez（v. 91—94）大意：出自虔诚，他说愿意去炼狱，
可以消掉很多罪孽。Com celui qe ne velt lesser / En purgatoire de entrer（v. 101—102）
大意：因为他不愿让这个人进入炼狱。同样存在一些散文体的法文版本。其中之一
由塔尔贝（Prosper Tarbé）校勘《圣帕特里克的炼狱；根据兰斯图书馆稿本校勘的
13 世纪传说》（*Le Purgatoire de Saint Patrice. Légende du XIIIe siècle, publié d'après un
manuscrit de la Bibliothèque de Reims*），兰斯，1842。最古老的英文版本（13 世纪）
由霍茨曼（Hortsmann）校勘，载《古英伦传说》（*Alten Englische Legenden*），帕德
博，1875，第 149—211 页；科尔宾（Koelbing）校勘本载《英国研究》（*Englische
Studien*），I，第 98—121 页，布雷思劳，1876；史密斯（L. T. Smith）校勘本，《英
国研究》，IX，第 3—12 页，布雷思劳，1886。一个 15 世纪初奥克语的版本由让卢
瓦／韦纽校勘《佩莱洛的雷蒙：圣帕特里克的炼狱之旅》（A. Jeanroy/A. Vignaux:
Raimon de Perelhos. Voyage du purgatoire de saint Patrice，图卢兹，1903（15 世纪的奥
克语））。这个版本还包括丁达尔（特奴戈达尔）的灵视和圣保罗的灵视的一些奥克
语版本，佩莱洛的雷蒙将之归于圣帕特里克的炼狱之旅。所有文本均来自图卢兹市
图书馆稿本 894 号，证明了 15 世纪对于彼岸世界和炼狱的灵视的兴趣。这个文本集
导致丁达尔（特奴戈达尔）的灵视转变为炼狱的灵视。其题目（48 对刊页）：Ayssi
commensa lo libre de Tindal tractan de las penas de purgatori（"这里开始是丁达尔论炼
狱刑罚的书"）。关于圣帕特里克的炼狱在西班牙的命运，见佩雷斯·德·蒙塔邦
《圣帕特里传记及其炼狱》（J. Pérez de Montalban: *Vidas y Purgatorio de San Patricio*），
M. G. Profeti 校勘，匹萨，1972。

斯（Matthieu Paris）在其《大编年史》（*Chronica majora*）中逐字逐句收录了这个故事。不论德国熙笃会的海斯特巴赫的凯撒留斯（Césaire de Heisterbach）是否知道萨尔特雷的 H 的著作，他是炼狱的重要传播者，他在《神迹对话》（*Dialogus miraculorum*）中（十二：38）写道："让怀疑炼狱的人去爱尔兰，进入帕特里克的炼狱，之后他便不会再怀疑炼狱的刑罚。"13 世纪最具影响的五位宣道故事的作者曾使用《圣帕特里克的炼狱》（*Purgatorium Sancti Patricii*），维特里的雅克（Jacques de Vitry）在其《东方历史》（*Historia orientalis*）中使用过（第 92 章），多明我修会的几位作者使用过，博韦的文森特（Vincent de Beauvais）在其《历史之镜》（*Speculum historiale*）中使用（第二十卷，第 23—24 章），波旁的埃蒂安（Etienne de Bourbon）在其《论各种可用于布道的题材》（*Tractatus de diversismateriis praedicabilibus*）中使用（见后文），罗芒斯的安贝尔（Humbert de Romans）在《论敬畏之恩赐》（*De dono timoris*）中使用，瓦拉泽的雅各布（Jacopo da Varazze）在圣徒全传《黄金传说》中宣布："通过启示，圣帕特里克得知这口井通向一处炼罪地，那些想要下去在那里赎罪者，他们将被免除死后的炼狱。"[1] 梅斯的戈捷（Gossouin de Metz）在其《世界之相》中谈到过，这一著作有 1245 和 1248 年两个韵文版本，有 1246 年

---

[1]　《黄金传奇》（*Légende dorée*），T. de Wyzewa 的法译本，巴黎，1920，第182 页。关于波旁的埃蒂安和罗芒斯的安贝尔，见弗拉蒂《波旁的埃蒂安与罗芒斯的安贝尔所述圣帕特里克的炼狱》（L. Frati: "Il Purgatorio di S. Patrizio secondo Stefano di Bourbon e Umberto de Romans"），载 *Giornale storico della letter-atura italiana*, 8, 1886，第 140—179 页。

的一个散文版本 ^①。下面是其中一个版本的节选：

> 在爱尔兰有一个湖
>
> 日夜都如同着着火，
>
> 人们称之为圣帕特里克的炼狱
>
> 至今仍旧是这样
>
> 如果有人到达那里
>
> 悔过不够虔心
>
> 便立刻被抓进去失踪
>
> 不知其所终。
>
> 但如果他忏悔并悔过，
>
> 便必须经受诸般折磨
>
> 被净化掉罪行
>
> 罪行越多受苦越多。
>
> 从此地返回者
>
> 此后俗世不再有什么
>
> 让他欢喜
>
> 他不会笑了，而是哭着活
>
> 哀叹诸人所作的
>
> 邪恶与罪行。^②

271

---

① 梅斯的戈捷的散文版本曾由普里奥尔（O. H. Prior）校勘《散文版本戈捷的世界之相》（*L'Image du monde de maître Gossouin. Rédaction en prose*），洛桑／巴黎，1913。

② 节选自梅斯的戈捷的《世界之相》，是德·杜埃伯爵在《基督教传说词典》中所作的现代文的版本，Migne 出版，巴黎，1855，950—1035 栏。

博学的圣文德（Bonaventure 或译波拿文士拉）读过其原版或者节略版，他在对"伦巴第人"彼得的《四部语录》的注疏中提到过。[①] 弗鲁瓦萨（Froissard）询问一位在 1394 年到爱尔兰旅行的英国贵族威廉·莱尔爵士是否访问过"圣帕特里克的炼狱"。莱尔做了肯定的回答，甚至告诉他曾经与一个同伴在他称作地窖的著名的洞里度过一夜。他们睡在那里，在梦中有过一些异象，威廉爵士坚信"那一切都只是幻象"。[②] 对于那个时代而言，这是很少见的不轻信的情况。

但丁几乎沿袭了萨尔特雷的 H 的著作。后者的声名并不随着传统上称作中世纪的时代的结束而湮灭。拉伯雷和阿里奥斯托都272 提到过他。莎士比亚认为这个故事是《哈姆雷特》的观众们所熟悉的，[③] 卡尔德隆就这个主题写作过一部剧作[④]。书斋与大众文学中

①　方济各瓜拉基修院版本卷Ⅳ，第 526 页。圣文德这位方济各会的大师说炼狱位于此地的"传说"由此而来（ex quo fabulose ortum est, quod ibi esset purgatorium）。

②　弗鲁瓦萨：《编年史》（Froissart: *Chroniques*），Kervyn de Lettenhove 校勘，卷 XV，布鲁塞尔，1871，第 145—146 页。

③　莎士比亚：《哈姆雷特》。但父亲的幽灵向哈姆雷特显现（第一幕第五场），他向他显现自己被判一定期限内在夜里游荡，而日间在火焰中忍受饥渴，直到烧炼干净罪行（他后来说，他兄弟对他的谋杀尤其丑恶，因为没留给他时间在死前忏悔和进行赎罪）。"我是你父亲的灵魂，因为生前孽障未尽，被判在晚间游行地上，白昼忍受火焰的烧灼，必须经过相当的时期，等生前的过失被火焰净化以后，方才可以脱罪。"当他消失后，哈姆雷特没有向霍拉旭和马西勒斯透露鬼魂对他说的话，他以圣帕特里克起誓：霍拉旭："谈不上得罪，殿下。"哈姆雷特："不，凭着圣帕特里克的名义，霍拉旭，谈得上，而且罪还不小呢。关于这次显现。这是一位诚实的鬼魂。"

④　卡尔德隆：《圣帕特里克的炼狱》（Calderon: *Le purgatoire de saint Patrice*），Léon Rouanet 法译本，《卡尔德隆宗教剧》（*Drames religieux de Calderon*），巴黎，1898。原文《圣帕特里奇奥的炼狱》（*El purgatorio de San Patricio*）第一版是 1636 年。

的《圣帕特里克的炼狱》热潮至少持续到 18 世纪。[①]

　　但帕特里克炼狱信仰和论述中最主要的是，此后在炼狱的
名下存在着对这一彼岸世界新地点的一种描述，虽然欧文骑士
访问了天堂的门口，但在《圣帕特里克的炼狱》中存在彼岸
世界的三个地方：在欧文未曾进入的地狱与天堂旁边，存在着由
这位大胆的赎罪骑士长时间进行穿越和进行描写的炼狱。这一彼
岸世界的地理描述被插入到俗世的地理中，不是通过塞泰夫拉蒂
的阿尔贝里克（Alberic de Settefrati）所表现出的那种蹩脚的重叠，
而是通过从炼狱入口出发的精确的地理定位。有什么能比这更符
合这个时代的信仰和心态呢？这个时代草创阶段的地图学将天堂　273
（确切说是地上天堂）定位在与活人的世界的延续性之中。对于被
批准访问炼狱的活人，随着炼狱空间化的进程的发展，必须找到
炼狱入口，提供与俗世交流的渠道。长时期里，这些入口或多或
少被混同于地狱入口，在这里是天坑（井）的意象被确立起来。
炼狱入口的地形学此后将与洞窟、岩洞结合起来。处于一个爱尔
兰岛屿上的一个岩洞中的"圣帕特里克的炼狱"的巨大成功将强
化炼狱之井的意象。这一成功的一个值得注意的标志就是人们给
予一部独特艺术品的"圣帕特里克井"的传统名称，即 16 世纪在
奥尔维耶托建成的"圣帕特里奇奥井"。

---

　　①　德·杜埃伯爵在其非常有价值的词条 "Saint Patrice, son purgatoire et son
voyage"（"圣帕特里克，其炼狱与旅行"，《基督教传说词典》（*Dictionnaire des
légendes du christianisme*），米涅编，巴黎，1855，950—1035 栏），刊出了一个 18
世纪受推崇的版本。他写道（951 栏）："在众多版本中，我们选择一个近期版本，
在上个世纪依然流行，非常全面地体现了中世纪的意图。"

　　盎格鲁-爱尔兰基督教将毫无竞争地将其炼狱强加给基督教世界吗？在基督教世界的另一端，在意大利南部，不是大洋之滨而是地中海边，长久以来已具雏形的另一个炼狱同样倾向于得到肯定：那是在西西里岛。

西西里的企图

　　与盎格鲁-爱尔兰的炼狱之旅卷宗（据我们所知，起自 8 世纪的比德）并列，西西里向炼狱靠拢的卷宗绵延数个世纪，从 7 世纪到 13 世纪。就我们的论题而言，最重要的剧情发生在 11 世纪。我们已经看到，那是由利帕里岛的一位克鲁尼教派僧侣辑录的一位隐修士的灵视，并由约卒阿尔德和后来的彼得·达弥盎转述，录在他们的克吕尼修道院院长奥地禄（994—1049）的传记中。人们听到从一座山的火山口里传出在那里炼罪的死者们的哀号声。[①]

　　一个世纪之后，韦兹莱的朱利安（Julien de Vézelay）的关于

---

　　① 约卒阿尔德：《奥地禄传》（Jotsuald（亦拼为 Jotsald, Jotsaud, Jotswald）: *Vita Odilonis*），载《罗马教会圣师全集》，t. 142, 926—927。彼得·达弥盎：《奥地禄传》（*Vita Odilonis*），同载《罗马教会圣师全集》，t. 144, 935—937。见本书前文第171—173 页。关于与利帕里岛火山、圣巴多罗买崇拜（其圣骸在约 580 年出现于利帕里岛）和圣加罗杰罗崇拜（曾一度生活于利帕里岛，9 世纪他出现在僧侣塞尔乔的颂歌里，他于 16 世纪末获册封圣徒）有关的民间信仰，见卢奇《利帕里和维苏威火山 787 年的爆发》（G. Cozza Luzi: "Le eruzioni di Lipari e del Vesuvio nell'anno 787"），载 *Nuovo Giornale Arcadico*, ter. Ⅲ，米兰，1890，和雅格里诺《当风神变成地狱大军：卡罗杰洛独自面对成千魔鬼》（G. Iacolino: "Quando le Eolie diventarono colonie dell'Inferno. Calogero un uomo solo contro mille diavoli"），载 *Arcipelago*, anno Ⅱ, n° 4，利帕里，1977。布雷阿（Bernabo Brea）正在准备对从古至今的这些传统进行研究。

最后审判的布道文二十一对我们的研究具有双重价值。第一重价 274
值，这是关于对死亡具有一定感性的不同寻常的证据。当然，从
中可看到必须放弃俗世快乐的古代传统与超脱世俗事物的修道院
传统的双重启发。但是，其中反映出俗世驻留中人们所获得的愉
悦，特别是在当时醉心于乡间豪宅、奢华住所、服装与皮草、艺
术品和马匹，醉心肉体享受的统治阶级中间，这些显示出一种新
的精神状态，一种肯定俗世价值的心理，它为人们越发关注的世
俗世界的长久延续提供解释框架，所以这显示出对于个体死亡到
世界末日之间的这个中间阶段的越来越多的诘问。

韦兹莱的朱利安说：

三件事让我畏惧，只要一提到它们，我的整个内心就畏
惧得发抖：死亡、地狱与未来的审判。

因此，我因死亡而恐惧，死亡靠近，让我脱离肉体后，
让我从这所有人共有的惬意的光明走到为信徒的灵魂专用的
不知什么地方去……在我死后，人类的历史将会继续，并没
有我参与……

永别了，好客（*hospita*）的俗世，我在这俗世上为无谓的
事长时间疲于奔命，在这世上我住在一座污泥之屋，不情愿
地（*invitus*）脱离它，虽然它只是污泥……然而……却是不情
愿的，只有当驱逐我，我才离去。苍白的死神将在我的陋室
出现，不顾我的反抗把我拽到门口……

离开俗世的同时，我们离开所有属于俗世的东西。俗世
的荣耀在这悲惨的一天被放弃：别了荣誉、财富、产业、宽

阔迷人的草场、豪舍里大理石的地砖与画了壁画的天花板！马海毛和灰鼠皮、多色的大衣、银杯和富人骑着炫耀的不断繁殖的嘶鸣的纯种马又怎么样呢！但这一切仍旧微不足道：因为必须要离开看上去那么温柔的妻子，离开自己的孩子，将肉身留在身后，我们会愿意以黄金为代价来赎回这肉身，让它解脱死神的掌握……①

韦兹莱的朱利安的布道文的第二个价值是再次作为通往彼岸世界的俗世地点提及西西里。

下面是第一次提到那些在永火中烧灼的人和那些在炼狱之火中赎罪的人。

确实，且不论那些地狱焚烧的人，他们被称作"异教徒"（ethnique），这个词来自 *Etna*（埃特纳），是因为这永火，对于这些人，永无安宁可言，除了这些人之外……当然还有其他一些人，他们在肉体死亡后，历经漫长艰辛的苦役。在生前，他们拒绝"结与悔改之心相称的果实"（《路加福音》三：8），但在死时忏悔，感受到赎罪之感；这就是为何依照"父乃将审判全权交与之"的圣子的决定，他们可以在炼罪之火中完成他们在俗世疏忽的赎罪。这火烧尽"信仰之基上建筑的草木禾

① 韦兹莱的朱利安：《布道文》（Julien de Vézelay: *Sermons*, D. Vorreux 校勘，卷Ⅱ（基督教史料丛书，193）巴黎，1972，第 450—455 页）。朱利安在《布道文》一：10 中以 Etna（埃特纳火山）为出发点，认为与 ethnici（异教徒、不信教者）是同一词源，卷Ⅰ，第 224 页。

秸"，烧灼它净化的那些人；他们"虽然得救，乃像从火里经过一样"（《哥林多前书》三：12—13，15），因为他们必定不会从炼罪之火走到永火："同一桩事，主不裁决两次"（《约伯记》三十三：14）。稍后，再次谈到地狱之火时，他做出如下明确："火附着燃烧对象，不间断，不焚尽。就如同火蝾螈，这小小的蜥蜴，在燃烧的木炭上爬行却不伤身；如同石棉，一旦被火侵，不断烧着，但火却不会让它缩小；如同也许从世界之始就燃烧着的埃特纳火山，不丧失燃烧的物质。"[1]

我们看到，通过中世纪教士们（塞维利亚的伊西多罗是其典范）惯用的子虚乌有的词源游戏，埃特纳火山作为彼岸世界处所，作为俗世与阴间、活人与死者之间的沟通点的作用如何得到确认。但是此处地狱与炼狱的分野在地理上如何进行呢？

在 13 世纪初，卷宗中出现了一个奇特文件。在约 1210 年撰 276 写的献给布伦瑞克王朝的奥托四世皇帝的《帝王的闲暇》（*Otia Imperialia*）中，布汶战役（1214 年）的战败者，一位奇特的有学问的教士（名副其实的中世纪的人种学者），英国人蒂尔伯里的热尔韦（Gervais de Tilbury）一方面对于彼岸世界陈述了一些传统概念，这些概念无视新颖的炼狱，另一方面他讲述了一个奇特的故事。在第三部分的第 17 章，热尔韦谈到两个天堂和两个地狱。他说，如同存在地上天堂和天上天堂，同样"存在两个地狱：一个

---

[1]　韦兹莱的朱利安《布道文》，卷 II（基督教史料丛书，193），第 456—459，460—463 页。

地上地狱，人们将之定位在地上一个天坑，在这个地狱中有一个地方距离惩罚场所很远，因为其安宁和偏远而被称为怀抱，就像人们谈到大海的怀抱（海湾），人们说这是亚伯拉罕的怀抱，是因为拉撒路和富人的寓言……存在另外一个空中的黑暗的地狱，恶天使被推进去受惩罚，就如同善人在天上（九霄）天堂里。"[1] 这里，热尔韦所关注的，似乎是那些来到俗世与活人交配的恶魔，生出一些人们所说"无父"或"处女所产子"的独特之人，比如魔法师梅林，以及未来的敌基督。

　　稍后，热尔韦描写一些尤具西西里特色的地理"奇观"，讲述了下面的故事，是他在自己进行的一次西西里之行（约1190年）中收集到的：

　　"在西西里有一座山，爱特纳火山，燃烧着硫火，靠近卡塔尼亚城……民众称这座山为吉贝尔山（Mondjibel）[2]，当地人讲述说，在此山的荒坡上，伟大的亚瑟在我们的时代显现过。一天，卡塔尼亚主教的一个马夫因为吃得太多而感到困倦。他在梳毛的一匹马从他手中挣脱失踪。马夫在山上的悬崖峭壁间遍寻不着。他越来越担心，开始探索山上那些黑暗的洞穴。一条非常狭窄但很平坦的小径将他引到一个非常宽阔的草地，迷人且充满各种美妙事物。

---

　　① 蒂尔伯里的热尔韦《帝王的闲暇》：（Gervais de Tilbury: *Otia Imperialia*）载《记述不伦瑞克王朝事迹的书吏们》（*Scriptores Rerum Brunsvicensium*），汉诺威，1707，卷 I，第921页，莱布尼茨校勘，他在前言中显露出他作为启蒙时代的人对于中世纪的深深反感。

　　② 我们认出阿拉伯语 Djebel（山脉）这个词，证明西西里岛上穆斯林的存在以及埃特纳火山的威名，它称作山脉。

"那里，在用魔法建造的宫殿里，他发现亚瑟躺在国王的坐床上。得知他到来的原因，亚瑟王让人把马带来，还给马夫，让他归还给主教。他对他讲述了过去如何在对自己外甥莫德雷德和撒克逊人首领的作战中受伤，他在那里卧床很久，试图治好伤，但伤口却不断重现绽开。依据当地人对我讲述的，他捎了一些礼物给主教，主教让人把这些礼物展示给群众，他们对这个闻所未闻的故事惊讶莫名。"①

对这个文本和这一传说，伟大的阿尔图罗·格拉夫（Arturo Graf）贡献了一篇出色的文章。② 在此，我们仅限于指出它在炼狱诞生案卷中的特殊地位。蒂尔伯里的热尔韦并不知道炼狱，仍然保留着亚伯拉罕的怀抱，他在此将亚瑟王安置在一个更接近于异教徒的神奇彼岸世界的地方。这一文本首先是北方与南方传统，凯尔特人与意大利人传统之间的遇合。这是亚瑟王传说与意大利的遇合，摩德纳主教堂的一座 12 世纪的雕塑同样是其证明。③

有两个极点在牵引着炼狱：即天堂与地狱。炼狱可能变成一个近似天堂或者近似地狱的地方。

但是，很早炼狱（雏形）就被引向地狱，花了很长时间才与

---

① 《帝王的闲暇》，莱布尼茨的校勘本，第 921 页。

② 格拉夫：《埃特纳火山的亚瑟王》（A. Graf: "Artù nell'Etna"），载《中世纪的神话、传说和迷信》（*Miti, leggende e superstizioni del Medio Evo*），卷 II，都灵，1893，第 303—335 页。

③ 见卢米斯《亚瑟王传说的口头传播》（R. S. Loomis: "The Oral Diffusion of the Arthurian Legend"），载《中世纪的亚瑟王文学》（*Arthurian Literature in the Middle Ages. A Collaborative History*），R. S. Loomis 编，牛津，1959，第 61—62 页。以及同书中的维斯卡迪《1200—1500 年亚瑟王对意大利文学的影响》（A. Viscardi: "Arthurian Influences in Italian Literature from 1200 to 1500"），第 419 页。

之划清界限。直至 13 世纪，炼狱只是（此后仍旧是）一个较浅层的地狱，人们在那里不受永远的刑罚，而是有期限的，即上层的地狱。

所以，炼狱是在一种对彼岸世界的往往是地狱性的观念中形成的。

278 在炼狱的漫长孕育期中，这个彼岸世界通常位于地下，与地狱紧邻（即上层地狱）。但在这个模糊地理描述的时期，炼狱的地狱模板却遭到了两个模板的感染和校正。一个模板是近似天堂的炼狱模板。[①] 另一个模板产生于在地狱与天堂之间找到一个真正居间地带的愿望。

对于这些人们隐隐感到的问题，一直到 13 世纪，人们给出了各种解决办法，多少能自圆其说。有时，存在两个处所的叠加，其中一个倾向地狱样貌，另一个看着近乎天堂。比如，在非常模糊的《特奴戈达尔的灵视》中，两个区域被墙隔开，处于天堂与地狱之间，一个区域风雨交加，而另一区域是充满欢笑的，有生命之泉流过。第一个区域禁闭着那些并非全恶的人的灵魂，第二个区域容纳那些并非全善的人的灵魂。有时，炼罪的场所似乎处于大地表面，但位于一个狭深的谷中，那里黑暗笼罩，近似于地狱的黑暗。德赖瑟尔姆的灵视便是如此。

---

①   见纳特《爱尔兰神话传奇中的幸福彼岸：关于再生的凯尔特教理》（Alfred Nutt : *The Happy Otherworld in the Mythico-romantic Literature of the Irish. The Celtic Doctrine of Re-birth*），文章接在库诺·梅耶校勘的布兰之旅的后面，这个萨迦故事在 7 世纪就写成，在 10 世纪被重写，最古老的稿本是 12 世纪初的《布兰之旅》（*The Voyage of Bran, Son of Febal, to the Land of the Living. An Old Irish Saga*），伦敦，1895。

炼狱的地狱化及其局限

　　没有任何文本像蒂尔伯里的热尔韦的文本那样提到如此类似于安息之地的一个相当于炼狱的地方，这个文本描述了一个肯定属于死亡国度的地方（一座到处是火的山，人们被充当灵魂向导的一匹黑马领到那里，到达一种状态，俗世的伤口在那里无法治愈）的人们进行的等待状态，那里一位像亚瑟王这样的英雄生活在"国王的坐床上"，"在一个魔法建造的宫殿里"，处于充满各种美妙事物的一个宽阔迷人的草地中间。

　　似乎，在炼狱诞生的决定性时刻，罗马基督教世界在爱尔兰与西西里之间犹豫着，同样犹豫着让炼狱成为接近地狱还是天堂的场所……实际上，当蒂尔伯里的热尔韦收集一些更多反映过去观念而非当前观念的故事的时候，大局已经确定。炼狱承载着东方的末世论文学，充满火、酷刑、狂暴与噪声，由奥古斯丁定义为刑罚比任何俗世的刑罚都要痛苦的地方，由想要用畏惧与颤抖来进行拯救的教会确立起来，它早已导向地狱一侧。关于埃特纳火山中的亚瑟王的传说，阿尔图罗·格拉夫高屋建瓴地指出，从蒂尔伯里的热尔韦的故事到 50 年后多明我会的波旁的艾蒂安的故事，这一故事的地狱化与恶魔化的过程是如何完成的。亚瑟王的炼狱变成了暂时的地狱。①

　　同样，与爱尔兰相反，西西里（利帕里岛或埃特纳火山）不

---

　　①　我在后文将再次谈到（第 419—421 页）波旁的艾蒂安的版本。

会变成炼狱的持久的方位。要想理解这一点，必须上溯到西西里的彼岸世界的基督教源头。这个基督教的彼岸世界很大程度上归功于丰富的古代遗产，火神兀尔肯（Vulcain）及其铁匠的埃特纳的神话是其最佳表述。但炼狱在早期中世纪的伟大缔造者之一给西西里的基督教彼岸世界打下基础：那就是大格列高列。《对话集》中的两则故事是其证明。

在第一个故事中，修道士彼得问格列高列天堂中（*in regno*）善人们是否能相互辨认，在地狱中（*in supllicio*）恶人们是否能相互辨认，格列高列用拉撒路与恶富人的故事做出回答。随后，他过渡到已属传统的死者灵视的叙述（比如圣马丁的灵视，依据的典范是罗马公教圣徒传，"严厉者"苏尔皮齐乌斯（Sulpice Sèvère）所撰《马丁传》（*Vita Martini*））。首先是一位修士的故事，他在去世时看到约拿、以西结和但以理。随后是年轻的俄墨菲尤斯的故事。一天，他派奴隶对朋友埃蒂安说："快点来，因为船备好了，会带我们去西西里。"奴隶在途中的时候，两个人分别死去了。这个让人吃惊的故事让彼得着迷，他请求格列高列加以阐明：

> 彼得：但，我要问你，为何船会向正在离开肉体的灵魂显现？为何他说在死后将被带到西西里？
>
> 格列高列：灵魂不需要运输工具（*vehiculum*），但对一个仍然处于肉体之中的人显现出他习惯于通过肉身看见的东西，让他能以这样的方式理解他的灵魂可能被作为灵体带到什么地方去，这不足为奇。他向这个人肯定说他将被带去西西里，

280

这件事只可能有一个意思：这里不是其他任何地方可比的，酷刑的喷火大锅的口子正是开在这片地方的岛屿上。如同内行人所讲的，这些大锅每天都在加宽，因为世界末日临近，将要聚集在那里被焚烧的人数在增加，还要加上那些不一定去那里的人，这些酷刑的场所必须敞开才能容纳他们。万能的上帝想展示这些地方来纠正俗世的生者，让那些不相信存在地狱折磨的不信的灵魂（*mentes infidelium*）看见这些酷刑地点，这些人拒绝相信他们仅仅听说过的事情。

至于那些共同完成事业的人，不论是受选的还是遭弃绝的，他们被带到一些同属于共享的地方，真理之言应当足够让我们确信，即便缺乏实例。①

异教传说与正统基督教义，火山学与末日论神学的这种奇特混合出现在这位持末世论的大教皇的著作中，这不应让人吃惊。我们知道第二个故事，它质疑了西西里的火山岛和那些地狱场所：那就是狄奥多里克大帝被投入利帕里岛的一座火山受惩罚的故事。②

彼岸世界的灵视的政治化，这是这段历史的最让人吃惊的元素，这在中世纪一直非常强韧，预示着那些国王们在彼岸世界受惩罚的灵视作品，"胖子"查理的灵视中加洛林王朝的君主们和特奴戈达尔的灵视中的爱尔兰的国王们是我们已经看到过的例子。但是，将基督徒在彼岸世界受惩罚的地点定位在西西里，这是个

---

① 大格列高列：《对话集》（Grégoire Le Grand: *Dialogi*），Ⅳ，ⅩⅩⅩⅢ—ⅩⅩⅩⅦ，V. Moricca 校勘，第278—285页。
② 大格列高列：《对话集》，Ⅳ，ⅩⅩⅩ。见前文，第130页。

同样能说明问题的元素。显然，必须将约卒阿尔德和彼得·达弥盎讲述的故事定位在这一传统中。

利帕里岛地狱卷宗中的一个非常有价值的文件处于大格列高列的故事与 11—13 世纪的文本（约卒阿尔德和彼得·达弥盎的奥地禄的传记，蒂尔伯里的热尔韦的埃特纳火山中的亚瑟王的故事）之间。这一罕见的 8 世纪的文本让我们了解 723—726 年之间火山的爆发，同时了解到与这个独特地点有关的信仰的延续性。这是一位前往耶路撒冷的朝圣者，圣威利巴尔德，在此地停留的故事。

> 从那里，他来到卡塔尼亚城，然后来到卡拉布里亚的城市雷焦。狄奥多里克的地狱就在那里。到达那里后，他们从船上下来，去看看这地狱是怎样的。受好奇心驱使，想看看这个地狱内部是怎样的，威利巴尔德想爬到山顶，地狱从那里向下开口，但他未能做到。一些从黑暗地狱中来的火星上升到边缘，在那里夸张，聚集。就像雪从天上落下聚集成来自天穹的白色小堆，那些火星同样堆积在峰顶，让威利巴尔德无法攀登。但他看到黑色的火焰冒出，从坑口喷出，可怕而丑恶，带着雷鸣声。他看着巨大的火焰和烟雾的蒸汽升到很高的天上。作者们讲到的这种岩浆（pumax 或 fomex），他看到这东西从地狱上升，带着火焰被抛到海里，又从海里被抛到陆地。一些人收集它们，并带走。[①]

---

① 《圣威利巴尔德的旅程》（*Hodoeporicon S. Willibaldi*），载《耶路撒冷之旅》（*Itinera hierosolymitana*），T. Tobler/A. Molinier 校勘，日内瓦，1879，第 272—273 页。我在此感谢友人安娜·隆巴尔让我了解到这一文本。

　　这些文本的意义是清楚的。自从古代以来——此处仍旧是基督教义赋予这些信仰新的含义，但将它们保留在原地（in situ）——地狱位于西西里，在利帕里岛屿的火山与埃特纳火山。当然，长期里，基督徒炼罪的场所邻近地狱，甚至是地狱的一部分。但是当炼狱诞生，虽然在炼狱中有期限地经受地狱刑罚，但必须确保炼狱的自主性，首先确保它在彼岸世界地理体系中的地形的自主。在爱尔兰，圣帕特里克的炼狱——虽然是地狱性的——并未被地狱荫蔽。在西西里，重要的地狱传统未曾允许炼狱充分发展。古老的地狱阻拦了年轻的炼狱的路。

7 炼狱的逻辑

死者仅仅靠着活人，且为了活人而存在。英诺森三世曾经这样说过：活人照管死人，因为他们自己是未来的死人。在基督教社会中，尤其在中世纪，未来不仅仅是时序意义的，它首先并尤其具有某种末世论意义。自然与超自然，俗世与彼岸，昨天、今天和明天以及永远，永恒，都是统一的，是在同一条纬线上织成的，但并非没有事件发生（出生、死亡、复活），并非没有质的飞跃（皈依）和出乎意外的时刻（神迹）。教会在各处存在，履行它两难的角色：控制与拯救，对现存秩序进行辩解与质疑。从4世纪末到12世纪中期，从奥古斯丁到佛莱辛的奥地禄（"红胡子"腓特烈的主教叔父），社会的存续——马马虎虎，坏的情况更多——是按照一种理想模型，即天主之城。最主要的是，俗世之城尽管不完美，但却并不倒向恶魔那一边，邪恶那一边。12世纪之后，这一模型依然有效，撒旦甚至将会发动猛烈得让人担忧的攻势，只要由强者与弱者、善人与恶人、白的与黑的构成的这个封建的世界一直存在。

但是，11世纪末到13世纪中期，在基督教世界的大发展中，为了取得知识上的参照系，从安瑟莫到托马斯·阿奎那，事情不再是那么简单了。存在一些中间状态，一些阶段，一些过渡，人际的交流，人与上帝的交流更加复杂，空间与时间破碎重组，生命与死亡之间、俗世与永恒之间、地与天之间的边界在变动着。计量的工具不再相同，不论是知识工具、价值尺度，还是物质技术。11 世纪中期到 12 世纪中期，格列高列的改革是教会对基督教世界的新结构的挑战做出的回答，它清除了此前不久依然占据舞台但越来越难以掩盖基督教剧情的新的现实的一套说辞。这是两元性的说辞：两个城，两个权力，两把利剑，教士与俗人，教皇与皇帝；同样存在两支大军，基督的军队与撒旦的军队。在这一点上，英诺森三世是一位无可辩驳的见证人与行动者。这是一位伟大的教皇，不是像守旧的史学想要认为的那样是因为他才使得所谓的司法的封建制在基督教世界大获全胜，而是因为他尽管犯有一些错误（大约 1200 年的时候，谁又能想到熙笃会无法战胜异端呢？），他却重新建立了教会对于这个新社会的权力，不是通过反对它，而是通过适应它。从此以后，英诺森三世指定了三个教会：在上帝之军与西布伦（Zabulon）之军之间，存在"处于炼狱中的大军"[1]。

彼岸世界与正义的进步

第三个社会在彼岸世界中出现，这是对什么做出回应呢？是对拯救概念的变迁做出回应吗？人们通常将人类对于彼岸世界的

---

[1] "Pro exercitu qui jacet in purgatorio"《罗马教会圣师全集》217 卷，590 栏。见前文第 236—238 页。

284

观念附会在拯救的概念上。

　　活人们对于彼岸世界的思考，我认为更多出于对公平的需要，而非对得救的向往——也许在末世论短暂盛行的阶段除外。彼岸世界必须纠正俗世的不平等和不公正。但是彼岸世界的这种纠错功能和奖励功能并不独立于俗世的司法的现实。人类的永恒命运在基督教义中是在最后审判中确定的，审判的意象取得了独特的重要性。当然，《新约》描写了这个场景，俗世结束，向永恒敞开。这是对白羊与山羊的大甄别，对右边的获选者与左边的遭永劫者的大甄别（《马太福音》二十五：31—46）。这是圣灵（Paraclet）的降临。

285　　　　　当他来到时，就要指证世界关于罪恶、正义和审判所犯的错误：

　　　　　　关于罪恶，因为他们没有信从我；

　　　　　　关于正义，因为我往父那里去，而你们再见不到我；

　　　　　　关于审判，因为这世界的首领已被判断了。

　　　　　　　　　　　　　　　　　（《约翰福音》十六：8—11）*

这是对诸民族的审判：

　　　　我又看见死过的人，无论大小，都站在宝座前，案卷就展开了；还有另一本书，即生命册也展开了，死过的人都按那案卷上所记录的，照他们的行为受了审判。……然后死亡和阴府

―――――――――

　　*　中译文据思高本。

也被投入火坑，这火坑就是第二次死亡。凡是没有记载在生命
册上的人，就被投入火坑中。(《启示录》二十：12—15)*

　　但是这未来的、最后的、全体的审判，只包含两种可能：生
或死，光明或永火，天国或者地狱。炼狱将会依据一种不那么郑重
的裁决，一种死后立刻进行的对个体的审判，中世纪基督教的意象
倾向表现为善天使与恶天使之间，真正意义的天使与恶魔之间争夺
死者灵魂的搏斗。鉴于炼狱里的灵魂是最终将得拯救的获选者的灵
魂，他们是属于天使的，但却要服从复杂的司法程序。这些灵魂确
实享受减免刑罚，但却是因为外部干预，即祈祷襄助。因此，刑期不
仅依赖上帝的仁慈(象征为天使从恶魔手中争夺灵魂的热忱)，还依
赖死者生前获得的德业和死者的亲友请求教会所做的祈祷襄助。

　　这一程序显然是从俗世司法的概念与实践中得到启发的。12 世
纪正是双重意义上的正义(司法)的世纪：正义——作为理想——　286
是这个世纪的一个重要价值，同时司法实践有了重大的转变。正义的
模棱两可的概念在这种理想与这种实践之间演进着。面对把持了(作
为法律，作为统治领地成员的工具和作为财源的)正义的那些封建领
主，国王与君主们同时诉求正义的理想与现实，教士们则通过深化
基督教的正义概念，通过发展教会法庭，发展宗教裁判所，尤其是
通过建立新型的法律，即教会法，来加强对社会集体诉求的控制。

　　在公共权威的持有者一方，与日俱增的对司法领域的干预，
越来越迫切的对正义的理想的要求，是 12 世纪的特色。那些重

---

* 中译文据思高本。

要的封建王朝情况确实如此——首先是英国，但加佩王朝的法国也同样，从路易六世和路易七世到腓力·奥古斯都，从絮热（Suger）到腓力·奥古斯都的那些吹捧者，正义国王的形象与王朝司法的进行相得益彰。[①]那些大的王公领地也一样。弗兰德斯伯爵"高尚的"查理在布鲁日的伯爵家族礼拜堂里被一个隶农骑士（ministeriales）家族的成员刺杀，这个血腥故事值得我们讲述。这个故事的背景是弗兰德斯新生的经济实力，通过对遇刺伯爵的有些理想化的刻画，故事中出现了对 12 世纪的施政的政治理想的陈述。这个故事的作者是新型政府班子的成员，伯爵的公证人布鲁日的加尔贝，他在故事中将公正摆在君主的美德中的第一位。[②]这位王公的绰号正好是"高尚的"。

　　12 世纪的教会法运动的伟大开创者，沙特尔的伊夫（Yves de Chartres）主教，在他的教会法集《教令集》（1094）的前言中陈述了一种特许理论，关于教会当局权力的理论，允许在某些情况下不实行法律规则。对这种情况，他定义了司法规则的一种根本性的划分：强制规则、建议、宽容（*praeceptum, consilium,*

---

　　① 絮热：《"胖子"路易传》（Suger: *Vie de Louis VI le Gros*），H. Waquet 校勘翻译，收入《法国中世纪史经典》（Les classiques de l'Histoire de France au Moyen Age），巴黎，1964。絮热只撰写了路易七世传记的开头，这部传记未完成（J.Lair 校勘，文献学院图书馆，1875，第 583—596 页）。里戈尔的《腓力·奥古斯都传》（Rigord: *Gesta Philippi Augusti*）和"布列塔尼人"纪尧姆《腓力传》（Guillaume le Breton: *Philippis*）由德拉波德（F. Delaborde）校勘，法国历史学会，巴黎，1882—1885。

　　② 见布鲁日的加尔贝《"高尚的"查理的遇刺》（Galbert de Bruges: *Le meurtre de Charles le Bon*），J. Gengoux 从拉丁文翻译，主编与历史引言 R. C. Van Caeneghem，安特卫普，1977。

indulgentia)。① 在 12 世纪初年，受到沙特尔的伊夫的启发，列日的阿尔杰写作了《论仁慈与正义》(*Liber de misericordia et Justitia*)②，他是圣兰伯教堂的副祭和督学，后成为主教教堂的议事司铎，最终退隐于克吕尼修院（他并非初生的知识界的最强音，而是一位普通教士）。

这一政治意识形态定位于一种宗教背景中。虽然它参与这个世纪的暴力，但不论是在基督教世界，还是在对异教徒的十字军东征中，基于上帝的样板，教会对仁慈与正义不做区分。

阿尔杰定义了宽容的规则，主要在于不做没有司法证据的指控。他从奥古斯丁以来一直存在的严格的法律与进行宽容之间的这一经典的反题出发，这对反命题得到更新、明确，被重新用在一种完全不同的背景，即 11 到 12 世纪之交的意识形态与社会的激荡的背景下。他指明自己的目标，按照他的说法，这些目标应该是公正司法的目标：即倾向于和解，审慎地探求意图，明确界定罪行中意愿的作用。

如同不久之后的阿贝拉尔、格拉提安所做的，他提及《圣经》中矛盾的文本：在圣书中存在如此大的"多样性"！（Tanta

----

① 沙特尔的伊夫：《教令集前言》(Yves de Chartres: *Prologus in Decretum*)，载《罗马教会圣师全集》161，47—60。谈到祈祷襄助时，沙特尔的伊夫照搬了大格列高列的《对话集》Ⅳ，39/ Ⅳ，55。《罗马教会圣师全集》161，993—995，999—1000。

② 勒布拉：《列日的阿尔杰的〈论仁慈与正义〉》(G. Le Bras: "Le Liber de misericordia et justitia d'Alger de Liège")，载《法国与外国法律史学刊》(*Nouvelle Revue historique de droit français et étranger*)，1921，第 80—118 页。这一文本收录于米涅《罗马教会圣师全集》180，859—968。

diversitas scripturarum）因此，人们可以玩弄权威。在这个世纪末，吸取神学家与教会法学家必然玩弄智巧的教训，里尔的阿兰说引经据典的句子有着蜡做的鼻子……任由巧妙的人把它曲解到自己的意思去。

阿尔杰在宽容方面走得更远。他写道，"如果不能纠正不公正的人，那就必须宽容他们……"，"必须宽容那些恶人，以便保存统一性"——即和平。他认为，"即便一个被判刑的人，如果他真正悔过，他也能被恢复权利，因为那位不犯罪恶者是行使公正的（*non peccat qui exercet justitiam*）"。

288

最终，他谈到了被指控者可以解脱罪责、洗清不论真实或假设的过错的方式："被告可以用三种方式洗清（*expurgare*）：提供无可辩驳的证人，准备接受彻底的审查，或者当众坦白并悔过"（通过忏悔和赎罪：*confessione et penitentia*）。最后，"如果被告不想洗清自己，然后，或者他被证明有罪，或者自己承认罪行，他将被判决"。[1]

关于罪行的思考再次出现于神学与教会法中。罪行（*crimen*）、违法（*delictum*）、过错（*culpa*）、罪孽（*peccatum*），这些词在 12 世纪是神学家与教会法家共用的，他们彼此都在努力区分它们。

在关于教宗格列高列九世的《教宗手谕录》对格拉提安《教令集》中过错概念的讲授的一部经典研究中，[2] 斯特凡·库特纳在

---

[1]　见《论仁慈与正义》第 28，43，83，93 章。关于洗清的段落见 61—62 章（《罗马教会圣师全集》180，929—930）。

[2]　斯特凡·库特纳：《从格拉提安到格列高列九世教令的教会法的刑责学说》（ St. Kuttner: *Kanonistische Schuldlehre von Gratian bis auf die Dekretalen Gregors IX*)，梵蒂冈，1935。

前言中强调了（12 世纪的教会法研究的开端）这一伟大的知识与社会运动的重要性，他提到这个世纪后半叶中教会法文献的创作日益增多（对《教令集》的注疏、《大全》，在教会规章领域则有格列高列九世后来汇编成的《教宗手谕集》，后来于 1234 年插入正在集成的教会法的《法典》中），然后库特纳的研究的开篇是《阿贝拉尔和罪行概念》。

对于罪与赎罪的新概念

列日的阿尔杰的用语与想法将我们拉到与炼狱很接近的地方。列日的阿尔杰在提到他的启发者时，他将自己定位为炼狱奠基者奥古斯丁与大格列高列的衣钵传人，并非《对话集》中的那个格列高列，而是《道德论》（*Moralia*）和《司牧训话》（*Liber pastoralis*）中的格列高列。要到达炼狱，就要深入 12 世纪教会与社会进行的新的博弈的关键领域，这场博弈是在灵性生活与物质社会生活的交汇 289 点上进行的：即赎罪。

与斯特凡·库特纳的理路相反，但互为补充，一位神学史家，罗伯特·布洛姆，通过研究《12 世纪初叶神学学派中的关于罪恶的教理》[①]，重新发现了正义的概念，这是这个世纪的关键特征。

然后，在这个世纪后半叶，"食书者"彼得或许是炼狱的"发明者"。《箴言荟萃》（*Liber Pancrisis*）中，按照流行的"箴言集或

---

① R. 布洛姆：《12 世纪初叶神学各学派中的罪的学说》（R. Blomme: *La Doctrine du péché dans les écoles théologiques de la première moitié du XIIe siècle*），鲁汶，让布卢，1958。

问题集"的形式，他汇集了教会圣师的话或者"由现代大师们"（*a modernis magistris*）对这些引用所做的注疏。所涉及的是 12 世纪初的拉昂学派的神学家，尚波的威廉、拉昂的安瑟莫和拉乌尔，以及沙特尔的伊夫。[①]拉昂学派在关于罪与赎罪的概念的演变中起过重要作用。再次，我不再重复对这一知识与道德的大转变的出色研究[②]，这一转变更新了罪的概念，深刻改变了12世纪和13世纪初的赎罪的实践，将罪重新与无知关联起来，寻求罪人行为中的动机意图。

变迁的起点无疑是坎特伯雷的安瑟莫（Anselme de Cantorbéry）。这位伟大的神学家强调有意犯罪与无知犯罪之间的本质区别。在《在上帝为何降生为人》（*Cur Deus homo*，二：15，52，115）中，他宣布："在故意犯罪与无知犯罪之间存在如此巨大的差别，所以，如果事先知道其罪重大而绝不会犯的罪只是轻罪，因为是出于无知而犯下的。"[③]12世纪上半叶的所有重要学派——拉昂学派、阿贝拉尔、圣-维克托修道院学派——均采用和阐发了这样根本区分，它后来290 成为传统的区分。后来，主要有两种划分意义重大。邪行与罪之间的划分，罪意味着罪人的同意（consensus）。罪过与刑罚（culpa 和poena）之间的划分，阿贝拉尔的一位弟子在《剑桥注疏》中如下评述："首先，必须说罪包含两个侧面：比如人们说小孩子是无罪的时候，所说的是没有罪过（culpa），罪过相关的是同意（consensus）

---

① 洛坦:《对箴言荟萃进行校勘》（O. Lottin: "Pour une édition critique du *Liber Pancrisis*"），载《古代与中世纪神学研究》，XIII（1946），第 185—201 页。

② 除了 R. 布洛姆的著作，见前引书，请参考德莱等著《罪的神学》（Ph. Delhaye : *Théologie du péché*），卷 I，巴黎 / 图尔奈 / 纽约，1960。

③ 坎特伯雷的安瑟莫:《为何上帝降生成人》（Anselme de Cantorbéry: *Cur Deus Homo*），R. Roques 拉丁文本、引言、注解和译文，巴黎，1943。

或者藐视上帝（contemptus Dei），比如我们说自己作为亚当（人类）而犯罪时，这是与刑罚有关，即遭受刑罚。"① 对于我们的研究而言，重要的是罪过（culpa）通常导致永劫，可以因悔过和忏悔而得到赦免，而刑罚（poena）或赎罪的惩罚是由清偿来消除的，即通过完成由教会命令的赎罪。如果存在悔过并（或）忏悔，但赎罪未能进行或完成，不论自愿还是不自愿（比如死亡降临），刑罚（poena）必须在炼罪之火中完成，即从这个世纪末开始，在炼狱中完成。②

从此以后，全部的精神与道德生活都被引向探求人的意图，引向调查自愿和非自愿，故意实施和无知实施。个人责任的概念在其中大为增加和丰富。对罪的驱逐根植于道德生活的"内在化与个人化"，此后道德生活要求新的赎罪实践。此后人们所追寻的不仅仅是内在的证据，而是**坦白**，不仅仅是惩罚，更重要的是**悔过**③。这一切导致将**忏悔（告解）**放到首要位置，这是一种改变后的忏悔。

11 和 12 世纪之交，各种结构反转，出现了一部著作，至今仍然作者未明，年代不确，但却至关重要：即《论真与伪的赎罪》

---

① 《坎特伯雷对保罗书注疏与阿贝拉尔对哥林多前后书加拉太书以弗所书注疏》（*Commentarius Cantabrigiensis in Epistolas Pauli e Schola Petri Abaelardi 2 In epistolam ad Corinthias Iam et IIamm Ad Galatas et Ad Ephesos*），A. Landgraf 校勘，Notre-Dame（印第安纳），1939，第 429 页，引文见布洛姆《12 世纪初叶神学各学派中的罪的学说》，第 250 页，注解 2。

② 这一点由雷阿《罗马公教告解与免罪符的历史》指出（H. Ch. Lea：*A History of Auricular Confession and Indulgences in the latin Church*），卷 Ⅲ，Indulgences，费城，1896，第 313—314 页。

③ 见布洛姆《12 世纪初叶神学各学派中的罪的学说》，第 340 页。告解的重要性曾由福柯《性史》揭示（Michel Foucault: *Histoire de la sexualité, I, La Volonté de savoir*），巴黎，1976，第 78 页及以下。

291 （ *De vera et falsa penitentia* ）。[1] 早在 12 世纪这个文本就获得很大
成功。它被格拉提安在《教令集》中引用，被"伦巴第人"彼得
使用。的确，它的权威性不仅是因为（在多方面）内容新颖，还
因为人们以为它是圣奥古斯丁本人写作的。我仅仅保留三个概念，
它们将进入教会的实践中，将影响炼狱体系。

第一个概念是，在危险而无神父在场时，向一个世俗人忏悔是
合理而有益的。世俗人不赦罪，但通过世俗人得到实施的忏悔和证
明自己悔过的欲望能够导致对罪过（culpa）的宽恕。这种变通只是
在死亡威胁下才值得推荐，如果逃脱一死，那么必须去向一位神父
重新进行忏悔，神父能够给予赦罪：如果他死去，他不再履行刑罚
（poena），即这种做法通常导致炼狱。下面便是一个证明。

在 12 世纪最后期，英国人沃尔特·马普在《廷臣琐事》（ *De
Nugis curialium* ）中讲述一位作战勇敢而后成为修士的贵族的故
事，在一种特殊情形下，他不得不作战，打退敌人，但稍后不久，
在仅有一位俗务修士（puer）陪同的时候，他在葡萄园里被一个敌
人埋伏，受伤将死："于是他感觉死亡将至，他将向唯一陪同他的
仆人忏悔罪孽，请求他对他颁下告解圣礼。那人是一位无权能的
俗务修士，他发誓说他不懂得做。这位修士习惯于在各种情形下
当机立断，他大声悔过，对他说：'因着上帝之仁慈，亲爱的弟兄，
命令我的灵魂在地狱中赎罪，直到最后审判的日子，到时让主怜

---

[1]   校勘文本见米涅《罗马教会圣师全集》40, 1127—1128，我认为不可能是
原始文本（见《附录》二）。关于这一论著的影响，见蒂特《8—14 世纪罗马公教
中的向世俗人进行的告解》（ A. Teetaert: *La confession aux laïques dans l'Eglise latine
depuis le VIIIe jusqu'au XIVe siècle* ），巴黎，1926，第 50—56 页。

悯我，让我不跟那些不信者一起看到狂暴愤怒的面目。'流着泪的仆人于是对他说：'大人，作为告解，我命令你告解，即你此刻在上帝面前所说的话。'修士示意认可，虔诚接受告解而死去。"[①] 292
这里涉及的只有到最后审判日才能走出的地狱，当然是地狱上层，换言之即炼狱，沃尔特·马普反对这些新事物，他是熙笃会的对头，他无视炼狱的概念。

第二个概念是，人的一生中不应该在一次非常的罪过之后或者临死时仅仅做一次告解圣事，而是在可能的情况下做多次行告解圣事。

第三个概念是，必须"针对隐秘之罪，进行隐秘的告解圣事"，"针对公开的罪，进行公开的告解圣事"。因此，旧有的公开告解（补赎）圣事加速衰落。社会不再是信众的小团体，公开告解圣事是自然而然地在这种小团体里建立的。即使迪奥多西皇帝一脉相承的"政治性的"重大的告解圣事仍然服从由圣安波罗修制定的赎罪令，但在教皇与皇帝争斗的人间舞台上，这种告解圣事已经是天鹅绝唱了：亨利四世在卡诺莎进行公开告解，"红胡子"在威尼斯进行公开告解，以及十字军征讨阿尔比异端的特殊安排：图卢兹的雷蒙七世在巴黎圣母院公开告解悔罪……

这一切之中兴起的是越来越频繁的纳入规范的（或者说是日常的）精神生活的忏悔实践，是亲耳听闻的，口对耳的，罪人对神父

---

① 沃尔特·马普：《廷臣琐事》（Walter Map: *De nugis curialium*, M. R. James 校勘，牛津，1914）。引用文字见帕扬《中世纪法国文学中的悔罪主题》（J.-Ch. Payen: *Le Motif du repentir dans la littérature française médiévale*（*des origines à 1230*），日内瓦，1968，第 109 页），他看出这里涉及炼狱，而非沃尔特·马普所称地狱。

的，一对一的。"忏悔守秘原则"在后来才出现，但路径已经分明。1215年发生了一件大事，是中世纪史上的一个重要事件。第四次拉特兰主教会议在第21教谕《不论男女均必须》（*Omnis utriusque sexus*）让一年一次亲自进行忏悔成为所有成年的男女基督徒的义务。这样一来，至少一个世纪以来的这个将基督教世界引向忏悔的运动得到了内在化、普遍化和深化。这是强加给所有人的良心审查，是开辟在基督徒个体意识中的前锋线，是将此前仅限于教士的（尤其是修道士的）内省实践扩展到俗人。经历了长久演变，决定做出了，如同人们所言，决定是对需求的肯定。但是，在13世纪上半叶，这决定仍然是让人吃惊。习惯不容易形成，对于俗人，对于教士，都是如此。如何自我忏悔和如何听取忏悔，忏悔什么或者要求人忏悔什么，最后，对于神父而言，对这些已经不算了不起的大罪，而是通常属于日常和微不足道的过错的坦白，应该加以什么样的赎罪要求呢？对这些不知所措的神父（有时甚至对他们的新责任感到畏惧），至少对那些受过教育的神父，一些专家将会来帮助他们。在293 各个水平上——对"普通"的神甫用简化的形式——，他们有时写作一些忏悔师手册——比如乔巴姆的托马斯的开拓性的作品①。在提出的问题中，在所针对的赎罪范围中，一个新的东西占据重要位

---

① 沃热尔:《赎罪之书》（C. Vogel: *Les"Libri paenitentiales"*），载《西方中世纪史料分类》（*Typologie des sources du Moyen Age occidental*），27分卷，蒂伦豪特，1978。勒高夫:《中世纪忏悔师手册中的职业》（J. Le Goff: "Métier et profession d'après les manuels de confesseurs du Moyen Age"），载《中世纪学刊》（*Miscellanea Mediaevalia*），卷Ⅲ，《中世纪人们的职业意识》（*Beiträge zum Berufsbewusstsein des mittelalterlichen Menschen*），柏林，1964，第44—60页，重新收录于《试谈另一个中世纪》，巴黎，1977，第162—180页。

置：即炼狱。尤其是，炼狱同样接纳一些负有罪责的罪人，这些罪责可能是以正当的方式漏过了忏悔的筛选的：即轻微罪行。

轻微罪行具有长久历史，我们已经部分地看到过。其《圣经》的根据是《约翰一书》（一：8）："如果我们说我们没有罪过，就是欺骗自己，真理也不在我们内。"尤其是《约翰一书》中的另一个段落：五：16—17：

> 谁若看见自己的弟兄犯了不至于死的罪，就应当祈求，天主必赏赐他生命：这是为那些犯不至于死的罪人而说的；然而有的罪却是至于死的罪，为这样的罪，我不说要人祈求。任何的不义都是罪过，但也有不至于死的罪过。

由特土良（Tertullien）草创，轻罪概念由奥古斯丁和大格列高列加以明确。所采用的词是微小的（*minuta*），小或较小（*parva, minora*），轻或较轻（*levia, leviora*）的罪，尤其是日常（*quotidiana*）罪这个恰当的表述。轻微（*veniale, venialia*）这个词到 12 世纪才变成通用词，按照 A. M. 兰德格拉夫的看法，死罪与轻罪的对立系统是在 12 世纪后半叶由 1154 年去世的神学家普瓦捷的吉尔贝（Gilbert Porreta）的弟子们即普瓦捷学派确立的：这个团体成员有《问题集》的几位佚名作者，有图尔奈的西蒙、里尔的阿兰等。[1] 不管怎样，294

---

① 最重要的研究，见兰德格拉夫《托马斯·阿奎那经院哲学中可宽恕之罪的性质》（A. M. Landgraf: *Das Wesen der lässlichen Sünde in der Scholastik bis Thomas von Aquin*，班贝格，1923）和《经院哲学早期教理史》（*Dogmengeschichte der Frübscholastik*），第四部分《罪的教理及其后果》（*Die Lebre von der Sünde un ibren*

轻罪这一表述出现于 12 世纪伴随炼狱涌现出的一整套概念和词汇中间，它们与炼狱一同构成一个体系。而且，这个词的重要性在于意味着——12 世纪的教士们对这个意思有明确认识——有资格得到宽恕（*venia*）。这个概念取得了司法与神学的色彩。

12 世纪初，拉昂学派的一个神学论著《阿拉斯的箴言》（*Sententiae Atrebatenses*）宣布："对于刑事罪和轻罪必须有不同的赎罪。犯罪，即那些导致永劫的，是故意犯的罪。另外一些罪出于不可克服的肉身的软弱或不可克服的无知，是轻罪，即不导致永劫的。"[①] 它们是不花什么代价就可以宽恕的，通过忏悔、施舍或同性质的行为。1117 年去世的拉昂的安瑟莫在其《箴言集》中持同样看法。在《伦理学》[②] 中，阿贝拉尔将重罪（*criminalia*）与可宽恕或轻微的罪（*venialia aut levia*）相对立。随着圣维克托的休格和圣维克

（接上页）*Folgen*）Ⅱ，雷根斯堡，1956，尤其是Ⅲ，《可宽恕之罪的懈怠》（*Die Nachlassung der lässlichen Sünde*），第 100—202 页。另见德曼（Th. Deman）在《天主教神学词典》中的"罪"（péché）词条，Ⅻ/Ⅰ，1933，225—255 栏。见于夫捷《大罪与可宽恕之罪》（M. Huftier: "Péché mortel et péché véniel"）载 Ph. Delhaye 等《罪的神学》（*Théologie du péché*）第七章，1960，第 363—451 页（可惜一些错误引用令其大为逊色，如 venialia 被放在奥古斯丁作品中 quotidiana（日常的）的位置）。见奥布赖恩《可饶恕之罪的赎偿》（J. J. O'Brien: *The Remission of Venialia*），华盛顿，1959（属于抽象的托马斯学派，他成功做到了避谈炼狱）。布拉顿：《可宽恕之罪：托马斯·阿奎那之前的经院哲学教理》（F. Blaton: "De peccato veniali. Doctrina scolasticorum ante S. Thomas"），载 *Collationes Gandavenses*，1928，第 134—142 页。

① 洛坦：《阿拉斯的箴言》（O. Lottin: "Les *Sententiae Atrebatenses*"），载《古代与中世纪神学研究》，t. 10，1938，第 344 页。引文布洛姆《12 世纪初叶神学各学派中的罪的学说》，第 61 页注解 1。

② 阿贝拉尔（Abélard）著作，V. Cousin 校勘，卷Ⅱ，第 621 页。

托学派，出现了一个后来被人做多种阐发的问题：即轻罪会否变成大罪？圣维克托学派做肯定回答，如果这罪是建立在对上帝的蔑视之上。里尔的阿兰对大罪与轻罪之间的区分做了长篇讨论，他陈述了多种观点，对 12 世纪发展起来的教义进行了归纳。[①]

我不进入那些神学的精微之辩，轻罪概念开始让这些微妙情 295 节产生。当然，这些争论有时包含着炼狱。但是，我认为我们在本研究中并不到达这种钻牛角尖的级别，那些 13 世纪的神学家们乐此不疲，更不要说那些中世纪晚期经院派的与近代的神学家了。炼狱将因此被引入谵狂的经院派的无休止争论的旋涡，阐发那些最无聊的问题，打磨那些至为精细的区别，津津乐道于最雕琢的解决：轻罪能否变成大罪，轻罪的累积是否等同一桩大罪（这个问题已经由奥古斯丁提出过，但是用的词很简单），带着一桩大罪和一桩轻罪死去的死者，或仅仅带着原罪和一桩轻罪死去（假设这是可能发生的，一些人对此怀疑）的死者命运如何等等。审视那些谈到轻罪与炼狱的文献（它们在 13 世纪的基督教世界被人经历与讨论的原样），让我确信这些脱离现实的知识分子刁钻的争论对于普通信众中的炼狱概念没什么影响。至多这些胡言乱语的反响有可能让一些头脑简单而健全的人远离炼狱概念，这些人拒绝炼狱并非出于教理上的反对，而是出于对知识分子的吹毛求疵感到愤怒，早从 12 世纪起，炼狱有时会催生出这种雕琢。12 世纪的神学家们——多种多样，不应忘记他们中的修道院神学家——是些抽象思想者，因为科学是抽象的，而神学变成了科学。但是，

---

① 见兰德格拉夫《经院哲学早期教理史》IV/2，第 102 页及以下。

他们往往不拒绝与他们大教堂、禁院和城市学院周边社会进行接触和交流，他们的学院被不断加大的新社会的浪潮拍打着，他们知道对轻罪或炼狱进行思考就是对社会本身进行思考。相反，13世纪这些神学家和教会法家是从行会运动中走出的，行会运动让他们成为这些城市工地上的脑力劳动者，他们越来越孤绝于他们的大学教席和他们作为灵性问题专家的骄傲。

296

供给炼狱的材料：可宽恕之罪

12 世纪，还没达到这一步。关于可宽恕之罪，提出了两个问题，与我们的研究紧密相关：如何摆脱可宽恕之罪，以及与这个问题紧密关联的：在可宽恕之罪与炼狱之间有着怎样的关系？

炼狱尚未真正存在，可宽恕之罪的定义尚不明确，如我们所见，人们倾向认为这些罪通过祈祷，尤其是弥撒、施舍以及可能的忏悔而得以消除，或者通过奥古斯丁本人让人们隐约可见的未来的炼狱之火。圣伯尔纳铎未用**可宽恕**之罪的表述，而是使用日**常的**、较小的（minora）或无至于死的（quae non sund ad mortem），他认为祈祷是洗清这些罪的最佳方式，甚至认为忏悔对它们中一些无用。12 世纪的演变导致人们将可宽恕之罪与炼狱拉近。确实，以无知来作为判断标准更加适用于可宽恕之罪，神学家们越发觉得无知这个标准的重要性。罪过（culpa）被排除在外，剩下在炼狱中被消除的刑罚。保罗《哥林多前书》三：10—15 的注疏造成将草木、禾秸的建筑等同于可饶恕之罪，既然这些建筑传统上是被炼罪之火焚尽，但让那些建筑它们的人可以通过火得到拯救，所以可饶恕之罪导致炼狱。比如，在 12 世纪末，"献身上帝的"约翰（Johannes de Deo）在他的《赎罪大全》中就这样说过："可宽恕之罪有三个级别，即木、草和禾秸。可宽恕之罪是在火中洗清的。"① "伦巴第人"彼得早已在他的《箴言集》里认为从保罗书信中可以"得出结论，某些可宽恕之罪是在此生之后消除的"，而且可宽恕之罪"是在火中消解的"。② 因此，炼狱成为可宽恕之罪的常规的容纳之处，后来在 297 13 世纪，这种观点大为传播。但是，不应认为炼狱仅限于可饶恕之罪。在 12 世纪末，存在两类获罪情节的炼罪场所：可饶恕之罪和悔过、忏悔但未及完成赎罪的罪行。让我们回顾这个问题，按照 A. M. 兰德格拉夫的看法，问题提出于乌尔斯康的奥多的圈子，虽然用词古旧，但他清楚表述了这一体系："的确，某些灵魂，当它们与肉体分离，立刻进入炼罪之火；但是它们并非全部在那里洗净，只是其中一些。所有那些进入的灵魂都受到惩罚。所以，与其称为炼罪之火，不如叫惩罚之火，但这火得到了最高贵的名称。在进入其中的灵魂中，一些得到净化和惩罚，另一些仅仅得到惩罚。那些带来草木禾秸的灵魂被净化和惩罚……那些曾经悔过告解所有罪行但在完成神父规定的赎罪前死去的灵魂只是受到惩罚。"③

----

① 引文见兰德格拉夫《经院哲学早期教理史》Ⅳ/2，第 116 页。

② 《箴言集》（*Libri Sententiarum*），瓜拉基，佛罗伦萨，卷 Ⅱ，1916，第 881—882 页。

③ 兰德格拉夫：《经院哲学早期教理史》Ⅳ/2，第 165 页，注解 34。"verum est quod quaedam animae, cum soluuntur a corporibus, statim intrant purgatorium quemdam ignem; in quo tamen non omnes purgantur, sed quaedam. Omnes vero quotquot intrant, in eo puniuntur. Unde videretur magis dicendus punitorius quam purgatories, sed a digniori nomen accepit. Earum enim, quae intrant, aliae purgantur et puniuntur, aliae puniuntur tantum. Illae purgantur et puniuntur, quae secum detulerunt ligna, fenum, stipulam. Illi puniuntur tantum

　　说实话，要弄清哪类罪导致炼狱，这并非是关键问题。虽然可宽恕之罪与炼狱的确是几乎同时代诞生的，它们之间存在着密切联系，但 12 世纪末与 13 世纪初的教士们的抽象思考的主要对象并非诸如罪行、罪孽、罪过之类问题。他们尤其关注的是人类，他们首要关注的是社会。当然，这是一个按照宗教标准被分解和重组的社会，但教会的意识形态与灵性意义的行动中最本质的东西在于此：即把人类社会，不论是生者还是死者的社会，变成基督徒社会。之所以教会关注分类，那是因为教会关注的是对基督徒的分类。

　　在研究这些类别之前，应当提醒大家注意一点。俗世的正义，298 封建社会的司法机关，如同我所说过的，往往在 12 世纪与 13 世纪初的神学家们的关于正义的理论中至少充当着参照物，如果不说是样板的话。为了说明我们刚刚讨论的关于罪与赎罪的内容，我想给出两个例证。在对于一种关于意图的道德的寻求中，阿贝拉尔在 12 世纪初叶提到一个罪犯的例子，因为一桩罪行他被两个不同的法官以同样方式审判和判罪。在两种情况下，涉及的都是司法所要求的正直之行，但一位法官是出于对正义的热忱而行事，另一位法官是出于仇恨和复仇精神来行事。在 1200 年前后，这一概念根据俗世司法的演进而发生了演变。

　　在一个问题中（问题被约 1237 年去世的欧塞尔的纪尧姆和多明我派的圣谢尔的休格收录），1210 年去世的巴黎法官克雷莫纳的

（接上页）qui confitentes et poenitentes de omnibus peccatis suis decesserunt, antequam iniunctam a sacerdote poenitentiam peregissent.»

普雷波斯替（Prévostin de Crémone）提出质疑，这些质疑看起来是无谓的，但（有时）包含着某种明确的寓意。他想弄清楚，普通的可宽恕之罪会不会有可能在地狱中受到惩罚，而非在俗世或炼狱的赎罪中受到惩罚。他回答说或许并不可能，因为不能从罪行本身来裁断罪行，而是应该依据罪行所可能归属的多种正义——正义是司法意义的正义。从地狱的司法管辖（for）的角度看，罪行有可能应当受永罚，从现世或炼狱的赎罪司法管辖（for）的角度看，可能仅仅当受暂时的刑罚。他补充说，如同一桩小小偷窃在巴黎仅仅受到割掉一只耳朵的惩罚，但在沙特尔却要受到斩断一只脚的惩罚。圣谢尔的休格没有这么具体，他仅限于说同一罪行在巴黎受到严重惩处，在奥尔良受到更重惩处，在图尔受到非常重的惩处。[①] 学院的假设让最抽象的神学思考令人吃惊地通往最具体的历史现实。彼岸世界是否仅仅是一个封建制的王国——具有其条块分割的、标准与量刑不同的司法权？这是否是大革命之前的和工业革命之前的社会的一种彼岸世界？这个新王国，即炼狱，是否只是与地狱王国边界不确切、缺乏保障的领属地的拼凑物？因此，有时候在一个文献的转弯处，历史掀起它的面具……

从两类（或者四类）到三类：三类罪人　　299

　　在炼狱诞生、存在、扩展的这一时刻，要想弄明白那里头是什么人，必须审视人的类别，基督徒的类别。此处，我们触及一个最

---

① 兰德格拉夫：《经院哲学早期教理史》Ⅳ/2，第 234 页。

主要的历史机制，即心态框架转换、逻辑工具转换的机制。在这些思想运行中——不论是在整体社会层面还是专家知识分子层面——一个行动具有特别的重要性：即分类法与其下属的类别划分。

此处，应该专注于具体社会现实之外的逻辑框架。在12世纪末，事情很简单，但却遭遇了一个困难。一方面，存在四类人，即4世纪由奥古斯丁定义的，后来由格拉提安在约1140年采用并重新推出的划分：全善的、全恶的、不全善的、不全恶的。他们在死后去往何处？此后，提供了三个场所，如果我们把衰退中的仅剩下以诺和埃利的地上乐园及同样消失中的亚伯拉罕的怀抱，以及两个灵簿狱搁置不论的话。这两个灵簿狱的地位不同。自从耶稣下至地狱之后，人类先祖的灵簿狱就空了，而且以后永远如此。这仅仅是个历史记忆。孩童的灵簿狱此后成为几个世纪的争议对象，它与彼岸世界的其他三个地方并不处于同一层次。它对应的是那些没有负有任何个人罪孽而是仅仅负有原罪的人的情况，而地狱、炼狱和天堂关系到三类自身有罪的人，三类之间存在责任与命运的等级关系：恶人将下地狱，善人得到应许上天堂，那些既非全善又非全恶的在进天堂之前必须经过炼狱。虽然，在13世纪，直到但丁，我们在某些经院学者的理论著作中将看到一种"五个区域"的彼岸世界体系，12世纪末建立起来的则是一种三个场所的体系。

所以，问题看似很简单：必须让一个分成四类的框架与一个分成三部分的空间划分对应起来。让我们继续在具体的历史背景之外进行推理。除非把这两个划分体系同时打破，似乎存在两种简单的解决。要么分成三部分的这一集合扩展成四部分，要么分成四类的这个集合缩小成三类。这里，有两个元素参与进来。第一个元素，四类基督徒这个集合的创造者奥古斯丁实际上仅仅对其中的三类人确定了命运，非全恶的这一群体注定受到一种更多属于假设中的"较多宽容的永劫"。

我认为奥古斯丁在两种倾向间犹豫。一方面，虽然他思想精细微妙，但倾向于服从他那个时代越发强势的天堂地狱两分法的框架，古典古代晚期，要服从简化的心态框架才能苟存。他对于那些非全善者和让他们变成天堂获选者的炼罪之火表述得比那些非全恶者的情况更加清楚，但他未能清楚表述这另一类中间状态的群体的情况。但是，他其实倾向于对彼岸世界的三分法划分：天上、（炼罪）火、地狱，12世纪的那些思想者更多遵循的是奥古斯丁的精神，而非他著作的字眼，这些深受奥古斯丁思想熏陶的思想家成功地表述出一个三分法的框架。

第二个元素帮助这一演进走向与彼岸地点三分法相一致的罪人类别的三分法，这个元素是12世纪人们——首先是教士们——逻辑框架的整体转换，这是处于基督教世界当时正承受着的大变迁内部的。从二过渡到四（或者反方向），这并没有什么革命性。符合12世纪结构的整体转变的真正的改变，是将奥古斯丁对拯救问题上人类的四个类别缩减为三个。

此处，我请求读者进行思考。我猜想读者或者觉得有趣或者觉得恼火。两者合二为一呗，读者大概会这么想。要么，这是与历史现实无甚关联的抽象游戏，要么，这是自然而然的运作：在各个时代和各个地点，人类都在划分和重组——两个、三个或四个。有比这更"自然"的吗？但我搞错了。读者阅读过乔治·杜梅齐尔、克洛德·列维-斯特劳斯、乔治·杜比，阅读过泰奥多·开普楼（Theodor Caplow）这样的逻辑家的作品 [1]，而读者自己也进行过思考。所以，读者明白现实是与这两种简单化的假设

301 不同，必须把它们排除开外。依据时间与地点的不同，根据文化与历史，人类在自己所支配的简单语码中进行选择。构成一个群，一个集合，一个体系，并非看起来那么简单。三个人或三个事物很少共同形成一个三合体。有两元系统作为长期的习惯，从二过渡到三来表达一种整体性并非易事。所以，我认为 12 世纪基督教世界的彼岸世界体系中所发生的最重要的事是用天堂—炼狱—地狱三分系统来替代天堂—地狱二分系统。当然，这种替换对于永恒的概念无效。基督教义所处的社会尚未足够成熟，不足以改变基督教对永恒的观念。这种替换对于中间阶段有效。这一点同样是关键的，我会再次谈到。但是，我认为这种改变以及改变发生的方式与 11 至 14 世纪封建社会的转变有着深层的联系。首先，让我们看到罪人的类别从四类到三类的形式上的过渡。

这一改变分两个阶段发生，必须在时序上非常贴近。第一个阶段，我们已经看到其开端，是将奥古斯丁分类中的一个副词加以替换。在奥古斯丁谈到"完全地"（*valde*）善或恶的地方，他们谈的是"一般地"（*mediocriter*）善或恶，两个中间类别被拉近了。决定性时刻是一般地善与恶两个类别合二为一之时。这一变动引起一些人的愤怒，他们是有理由愤怒的。这种语法意义和意识形

---

① 开普楼：《二对一：三合体中的联合》（Th. Caplow: *Deux contre un. Les coalitions dans les triades*），1968，法译本，巴黎，1971。

态上的大胆妄为是很可观的。这是将相反的双方统一成唯一一个
类别——这是多么背道而驰的两类啊（善人与恶人，善与恶）！
当这一大力之举完成，将这个新类别归减（如果想要的话）为普
通人（*mediocres*）一类便只是一种平常的操作了。

神学家是发起者。"伦巴第人"彼得在 1150—1160 年间宣称：
"这便是教会为死者举行的仪式对于什么人有帮助，在什么方面有
帮助：对于那些一般恶的人，祈祷襄助等于减轻刑罚；对于一般
善的人，等于完全赦免。"① 我们已经看到，那些教会法学家姗姗来
迟。但是，除了例外情况，他们迎头赶上，因为划分类别更多属
于法学家的工作而非神学家的事情，他们追赶得很快。

格拉提安转录了具有四个类别划分的奥古斯丁的文本。最 302
早注疏这一文本的一部法律大全，约 1186 年的《莱比锡大全》
（*Summa Lipsiensis*），明白地显示出这一困难的思想演变："据另
外一些人看，'劫难'是**在炼狱中**用于那些一般善或一般恶的人的
刑罚，尽管如果谈到的不是那些受永劫者，我们不习惯讨论劫难。
一般善的人是那些在因为可宽恕之罪而领受赎罪之后死去，但却
尚未完成赎罪的人。一般恶的人是那些带着可宽恕之罪死去，他
们算得上善，因为可宽恕之罪似乎无伤大雅。某些人认为我们此
处谈及的仅仅是那些一般善的人，他们中间一些人已经得到完全
的宽免；对他们进行的只是一种劫难，及一种更加容易忍受的刑
罚。"② 约1188年，著名的比萨的胡古齐奥（Huguccio de Pisa）在其

---

① 《四部语录》（*Libri IV Sententiarum*），瓜拉基，卷Ⅱ，1916，第 1006—1007 页。
② 兰德格拉夫：《经院哲学早期教理史》Ⅳ/2，第 262 页，注解 7。

《敕令汇编》中对真正发生的演变进行强烈抗议："某些神学家自作主张地仅仅区分三类人（而非奥古斯丁和格拉提安区分的四类）。一些人是全善的，一些人是全恶的，一些是一般善的和一般恶的。他们实际上说一般善和一般恶的人是相同的，即那些处在炼罪之火中的人，只有他们能得到祈祷襄助，以得到更早解脱。'劫难'即（更容易忍受）刑罚，因为他们在那里受到的惩罚较少。但我认为这种观点近乎异端邪说，因为这观点导致将善恶等同，因为实际上一般善的人是善人，而一般恶的人是恶人。同样，在炼罪之火中只有善人，因为没有人能犯了大罪而身处那里。但是，没有人因为具有可宽恕之罪而是恶人的。所以，在炼罪之火中，没有任何恶人。"①

我们看到，《科隆大全》（*Summa Coloniensis*）未涉及这个主题，宣布将此留给神学家去探讨；但是在兰德格拉夫参阅的班贝格的稿本上，有人添加了由1215年去世的克雷莫纳的西卡尔（Sicard de Cremone）确立的框架，这一框架是非常明白、非常确定的。

303

	全善人	对他们所行的是感恩
死者	全恶人	对他们所行的是对生者的安慰
	一般人	对他们所行的是完全宽免或可忍受的劫难

西卡尔明确说："为了让他们的劫难变得更可忍受，必须将此理解

---

① 兰德格拉夫：《经院哲学早期教理史》，Ⅳ/2，第262页，注解9。

为指那些处在炼狱中的人。"①

最后，13 世纪对《箴言集》的一则注疏努力通过最新的演变来表述奥古斯丁与"伦巴第人"彼得的思想。

"大师与奥古斯丁是这样理解的：

"一些死者是全善的，教会不对他们进行祈祷襄助，因为他们不需要……他们无疑是得到荣耀的。

"一些是全恶的，教会同样不对他们进行祈祷襄助，因为他们罪有应得。他们无疑是得到永劫的。

"一些人是一般人，教会为他们进行祈祷襄助，因为他们有资格得到。关于他们的命运，请看……"（这里指出参见另一章节）。

这一注疏仍采用将中间类别详细分别为两个组成成分的解释，表述如同奥古斯丁思想中的悔过概念："一些人是一般善的，祈祷襄助对于他们等于完全赦罪，他们无疑是在炼狱中。

"一些人是一般恶的，祈祷襄助对他们等于减刑。对于他们，人们可能会犹豫说他们处于炼狱中，还是地狱中（受永劫），还是两者兼有。"②

12 世纪末，"激情的"拉乌尔（Raoul Ardent）同样区分三类死者：全善者，一般善者，完全受永劫者（*val de boni, mediocriter boni, omnino damnati*）。

他说："全善的那些人在死后立刻到安息处，他们不需要我们的祈祷和弥撒奉献，倒是我们从他们那里受益。那些一般善

---

① 　兰德格拉夫：《经院哲学早期教理史》，Ⅳ/2，第 261 页，注解 6。

② 　前引书，Ⅳ/2，第 270—271 页。

304　者，他们真正进行忏悔和赎罪，因为没有完全赎清，所以在炼罪场所（*in purgatoriis locis*）洗清罪过，对于这些人，祈祷、施舍和弥撒无疑是有益的。他们不是因死后的新德业而受益，而是（死前）从前的德业的结果。那些完全得永劫者，他们没有资格从这类善行中受益。但是，我们，兄弟们，我们不知道谁需要，谁不需要，不知道谁受益，谁不能受益，所以我们应该对所有人，包括那些我们不确定的人，奉献祈祷、施舍、弥撒。对那些全善者，这是感恩之行，对于那些一般善者，这是消罪之行，对于那些受永劫者，这是对生者的宽慰。最后，不论弥撒奉献对那人是否有益，无论如何，它们对那些带着虔诚进行奉献的人来说可能是有益的……因此，为他人祈祷的人，他正在为自己祈祷。"（《教会圣师全集》155，1485）

虽然，对炼狱的地点定位在此时还不统一，但是对死者的三类划分已经确立。

逻辑图式与社会现实：偏离中心的居间地

在这种三分图式的了不起的建构中，还应当注意到两个非常重要的侧面。

第一个侧面，我要加以强调，是对一个四分图式，实际上是二分的图式（2:2），代之以一个三分图式。这是11世纪以来基督教知识的心态框架中一次非常普遍的运动。从整体上，用更加复杂的三合体来代替一些低层/高层类型的对立，比如强权者/贫弱者（*potens/pauper*）①，教士 / 俗人，僧侣 / 普通教士。

在中世纪早期，人们乐于围绕着两元图式来整理思想。用以思考宇宙的威力：上帝与撒旦，虽然——这是重大的修正——基督教思想从教义上排斥摩尼教，让恶魔臣属于善的上帝。用以思考社会：教士与俗人，强权者与贫弱者。用以思考道德与精神生活：美德与邪恶。划分出的两元激烈斗争，如同普鲁登修斯 305（Prudence）诗歌里美德与邪恶在人内心的交战。两者的边界发展到人的内心，在上帝与撒旦之间，强力者的傲慢与贫弱者的艳羡之间，美德的召唤与邪恶的诱惑之间撕扯着。公元千年以来，一些多元图式，往往更多从古典希腊罗马而非基督教罗马时代继承而来，倾向于超越两元图式。在 12 世纪，在数字 7 的基础上建立起来的模式取得巨大成功：七圣事的七日期限，七宗罪，圣灵（圣神）的七恩。

但是，主要的倾向是用三元图式来代替两元图式，这些三元图式用更为复杂的三元素的机制来代替两类别的粗糙对立、对峙。

这些三元图式之一就是三等级图式：即祈祷者等级、作战者等级、劳作者等级（教士、贵族、农夫）。这一三分图式属于一个特殊类型：它将全体中的两个元素与第三元素即被统治的大众对

① 博斯尔:《强权者与贫弱者：中世纪初期社会分划词汇历史研究与早期中世纪的贫困》（K. Bosl: "Potens und pauper. Begriffsgeschichtliche Studien zur gesellschaftlicher Differenzierung im frühen Mittelalter und zum Pauperismus des Hochmittelalters"），载《中世纪欧洲社会早期形态》（*Frühformen der Gesellschaft im mittelalterlichen Europa*），慕尼黑 / 维也纳，1964，第 106—134 页。

立，但这一图式得以达到意识形态的表现。[①] 这就是由泰奥多·开普楼研究的逻辑模式：二对一。

炼狱的诞生基于三元图式的模型，这一三元图式从 12 世纪后半叶便大获成功，与封建社会正在演变中的结构密切相关。这一图式在两个极端类别之间加入一个"中间"类别。对"中间"的推广不是通过在最早的两个类别"之后"和"之下"出现第三个类别，而是在两者之间……炼狱是一个双重意义上的中间点：人们在那里既非与天堂中一样幸福，亦非与地狱中一样不幸，炼狱只持续到最后审判。只要将炼狱定位在天堂与地狱之间，就足以让它成为真正意义的居中者。

在这一点上，图式的主要应用是社会意义上的。所涉及的是表现——而非描绘——从封建时代的革命的第二阶段产生的社会，这是城市飞速发展的社会，而三个等级的图示则表现革命的第一阶段的社会，即农业进步的社会。在其最普遍和最常见的形式中，
306 这一图式对大、中、小进行区分：*maiores, mediocres, minores*。[②] 这一图式的拉丁文表述更好地显示出其意义与运作；它通过比较级来指称群体的两极："更"大者、"更"小者；它表述出一种关系、

---

①　杜比：《三个等级或封建制的想象》(G. Duby: *Les Trois Ordres ou l'imag-inaire du féodalisme*)，巴黎，1978。勒高夫：《印欧传统的三个功能，历史学家与封建制欧洲》(J. Le Goff: "Les trois fonctions indo-européennes, l'historien et l'Europe féodale")，载《经济、社会与文明年鉴》，1979，第 1187—1215 页。

②　关于"中"(mediocres)，见勒斯科姆《13 世纪之前的等级概念》(D. Luscombe: "Conception of Hierarchy before the XIIIth c.")，载《中世纪自我认知中的社会等级》(*Miscellanea Mediaevalia*, 12/1, *Soziale Ordnungen im Selbstverständnis des Mittelalters*)，柏林／纽约，1979，第 17—18 页。

一种比例、一种社会机制。在这一机制中，居中的群体能有何作为？依靠邻人或者某个个人来壮大自己，与这一个群体或那一个群体联盟，或者先与两个外部群体的一个联盟再与另一个联盟。阿西西的方济各在 13 世纪初向这一图式借用了一个名词，用来指称他所创立的修道会中的修士：小兄弟会[1]。对这一图式的最常见的运用是对被城市壮大所改变的封建社会：在（俗人与教士的）大人物与小人物（农村与城市劳动者）之间产生了一个中间类别：即市民（布尔乔亚）——是非常多元的，所以我更愿意不谈市民阶级（资产阶级）。

这里出现了这一图式的第二个特征：其中间元素与它两个极点并不等距离。理论上，其定位让这一三合体的中间类别可以向这一极或那一极结盟或投靠。布尔乔亚对于弱小者或强权者就是这么做的。但是，就炼狱的情况来说，它的活动余地在一侧被封住，在通向天堂的那一侧，不怎么能通行。炼狱与地狱之间的边界此后是活动的。这个中间地带是偏离中心的，我要重复这一点，它偏向黑暗的边界，通过阅读对彼岸世界的描述，我们会看到这一点，这些描述并不比中世纪早期的那些黑暗的灵视更加光明。[2]我们看到，这一模型——在其社会学意义的应用中——与三个等级的模型同样重要。三等级模型创造了第三等级，这一模型创造

---

[1]　见勒高夫《阿西西的方济各作品中的社会等级词汇与他在 13 世纪的传记》（J. Le Goff: "Le vocabulaire des catégories sociales chez François d'Assise et ses biographes du XIIIe siècle"），载《等级与阶级》（*Ordres et classes*）（圣克鲁社会史研讨会），巴黎 / 海牙，1973，第 93—124 页。

[2]　相反，从末世论的角度看，它是偏向天堂的，因为炼狱必然导致天堂。

了中间阶层。

　　希望大家能理解我的意思。说资产阶级创造炼狱，或者说炼狱以这种或那种方式来自于资产阶级，这是荒谬的，这需要假设那时代已经有一个资产阶级存在了。作为假设，作为对炼狱诞生的解读，我提出炼狱的诞生从属于一个整体，这个整体与封建时代基督教世界的转变有关，这一转变的一个核心表述是创造一些三元的逻辑图式，引入一个中间类别。[①] 这一模型深植于一些社会经济结构中，在我看来这是肯定的。但是，我认为同样可以肯定的是，心态结构、意识形态结构与宗教结构的沟通对于这一体系的运作是至关重要的。炼狱并非是这一体系的产物，而是这一体系的一个元素。

　　对于这段历史中我对某些词汇的微小变化的看重，读者可能同样有所怀疑。炼狱从形容词变成名词，一个副词词组（*non valde*，不完全地）被另一副词（*mediocriter*，一般地）代替，从这两个变化中，我看出一些深层次改变的征兆。实际上，我认为微小的语言的改变，如同是处在话语的关键点上，它们便是一些重大现象的表征。我认为词汇或意义的转移是更能说明问题的，因为这些转移是发生在僵化的意识形态体系内部。当然，中世纪基督教世界——本书希望说明这一点——既非一成不变的，也非毫无创造力。相反，它多么具有创新力！但在意识形态层面上，它的创新是小步走的，通过词汇的微小改变。

---

　　①　在平等，在等距中构想一种不平等不平均，这是"封建"时代心态的典型特征。见勒高夫关于领主与附庸关系的论文，《试谈另一个中世纪》，第 365—384 页。

心态框架的转变：数字

随着炼狱而发生改变，让炼狱成为可能并且对之加以接纳的，还有一些思维习惯，一套知识工具，它们属于新的心态景观。随着炼狱出现了一些新的对于数、时间和空间的态度。

对于数字的态度，是因为炼狱将在末世论中引入一种计算，这不是对象征数字的计算或是永恒中对度量衡的废除，而相反是一种实际意义的历算。这种计算是司法实践中的计算。炼狱并非永久的地狱，而是临时的。早在 11 世纪中期，对斯特龙博利火山口里传出的哀吟的讲述中，约卒阿尔德曾解释说罪人的灵魂在那里在规定时限（*ad tempus statutum*）内受到各种酷刑，刑期对他们是确定的。12 世纪末，在乌尔康的奥多的学术圈的一个集子里转述了一个问题，谈到一些人，他们认为可宽恕之罪并非永久受到惩罚，"而是在地狱中在一定期限内受罚"。

炼狱的创造将世界空间化进程与数理逻辑进程统一起来，在彼岸世界的三个王国之外，去控制人类行为与炼狱处境之间的关系。人们将按比例来衡量俗世犯罪中度过的时间与炼狱折磨中度过的时间，为死者炼罪而提供的祈祷襄助的时间与死者加速解脱炼狱的时间。这种可计算性将在 13 世纪即地图学与数学计算大发展的世纪，得到发展。最后，炼狱的时间将被引向教会免罪符的让人目不暇接的时间。

判处"有期"的概念根植于一种更加广泛的心态，它出自于对正义的关注，通向一种真正的彼岸世界的可计算性。根本思想来自教会圣师，来自奥古斯丁，历经各个世纪不断传承下来，那就是刑罚的成比例的概念，对于我们的问题而言即在炼狱度过的时间是依据罪行的轻重的。但是，成比例性、质的概念在 13 世纪才变成量化的。这一概念与算术与数学的进步有关。巴黎大学的教师，13 世纪前半叶加入方济各会的黑尔斯的亚历山大（Alexandre de Halès），在其《伦巴第人彼得四部语录注疏》中探讨炼狱刑罚是否可能是不公正的和不按比例量刑的（*injuste et improportionalis*）。他回答说："虽然炼狱刑罚（*poena purgatorii*）不是与人们犯罪时所取得快乐成比例，但与之有对比关系；虽然刑罚的严酷性的比例并不按照俗世刑罚量刑比例，但就成比例性来说，是与俗世刑罚成比例的：'成比例性实际上是比例的相似性。'俗世量刑的比例是来自于一桩俗世罪行而应得的俗世刑罚相对于一桩更大俗世罪行所应得俗世刑罚的比例，但是炼狱的刑罚并非按照俗世量刑的比例。其原因是炼狱的刑罚是更加严酷的，没有办法与俗世偿清的刑罚成比例，虽然两者都是自愿的，但此世偿清的刑罚是灵魂用肉身来承受的，而炼狱的刑罚是灵魂本身直接承受的。实际上，（此世）所承受的与（彼世）所承受的不成比例，与此相同，痛苦与痛苦也不成比例。而且，俗世的刑罚的自愿是本来意义的，而炼狱刑罚的自愿是引申意义的。"

　　这一文本令人吃惊，它不仅仅解释了相对于俗世的刑罚来说炼狱的刑罚是强度最大的，是因为没有肉身的保护，灵魂直接受刑是最脆弱的，而且这一文本在对彼岸世界的刑罚的思考中引入数学视角，拓扑学视角。在这一文本中只有一处引用，一个权威："成比例性实际是比例的相似性。"这一权威既非圣经的，也非教

309

会圣师的，也非教会的，这是对欧几里得的一处引用：《几何原本》第五卷，定义 4。[①]

13 世纪初对《四部语录》的一则注疏提出为死者祈祷的数量的效用的问题，据兰德格拉夫看，这很可能是第一个采用"算术比例""几何比例"的表述的文本。[②] 我们看到，随着炼狱展开 310 的，是彼岸时间的可计算性。[③] 这之前，只有永恒，或者无尽的等

---

① 黑尔斯的亚历山大《伦巴第人彼得四部语录注疏》(Alexandre de Hales: *Glossa in IV libros sententiarum Petri Lombardi, Biblioteca scholastic Medii AEvi*, t. XV 瓜拉基 , 1957, pp.352—353)。"Cum enim proportionalis esset poena temporalis culpae temporali poena autem purgatorii improportionaliter habeat acerbitatem respectus poenae hic temporalis, punit supra condignum, non citra. Respondemus quod ... licet autem poena purgatorii non sit proportionalis delectationi peccati, est tamen comparabilis; et licet non sit proportionalis secundum proportionem poenae hic temporali quoad acerbitatem, est tamen proportionalis secundum proportionalitatem. 'Est autem proportionalitas similitudo proportionum' (Euclide: *Elementa*, V, défin. 4). Quae enim est proportio poenqe temporalis hic debitae alicui peccato ad poenam temporalem debitam hic maiori peccato, ea est proportio poenae purgatorii debitae minori peccato ad poenam purgatorii debitam maiori peccato; non temen est proportio poenae purgatorii ad poenam hic improportionaliter poena purganti hic, licet utraque sit voluntaria, est quia poena purgans hic est poena animae per compassionem ad corpus, poena vero purgatorii est poena ipsius animae immediate. Sicut ergo passibile improportionale passibili, ita passio passioni. Praeterea, poena temporalis hic simpliciter voluntaria, poena purgatorii voluntaria comparative."

② 兰德格拉夫：《经验哲学早期教理史》IV/2，第 294 页，注解 2。这是 13 世纪初对《四部语录》的一则注疏："Sciendum quod secundum quosdam suffragia prosunt damnatis(purgatorio)quantum ad proportionem arithmeticam, non goemetricam." 人们知道祈祷襄助对（炼狱）受劫者的作用是按照算术比例，而非几何比例。

③ 这一表述是 J. 希福洛的出色研究的题目《彼岸时间的可计算性：中世纪末期维尼斯伯爵领地的人们、死亡与宗教》(J. Chiffoleau: *La comptabilité de l'au-delà. Les hommes, la mort et la religion en Comtat Venaissin à la fin du Moyen Age*)，罗马法国学院 , 罗马 , 1980。

待。这之后，人们依据罪行轻重来计算炼罪的时间，根据祈祷襄助的程度来计算炼罪减免的时间，人们计算此世生活时间与彼世所感受的时间之间的关系，因为期限的心理感受（在炼狱中的世纪似乎流逝得特别缓慢）同样被考虑在内。13 世纪这些文本让我们熟悉这些计算。它们提醒我们，13 世纪是计算的世纪，如同亚历山大·默里的启发性著作[①]所指出的，这是可计算性的时代，是最早进行预算的商人与官吏的时代。人们能够称作（的确这并非夸大）"法兰西王朝最早的预算"的，年代在菲利普·奥古斯都的王朝，在这位国王统治下，炼狱产生，或者说壮大起来。此后，在俗世时间与炼狱时间之间，教会与罪人们将维持一种可计算性，它在部分意义上是双重的。依据《启示录》，在最后审判日，账册将打开，死者们将依据册子的内容得到审判，但从我们所说的这个时代开始，在最后审判之前，另外一些账册被打开，它们是炼狱的账册。

空间与时间

炼狱同样与一些新的空间与时间观念联系在一起。炼狱被关联到一种新的彼岸世界地理描述，这不再是对那些作为独立单元的彼此叠加的小空间的地理描述，而是一些大的领地，如但丁所

---

① 默里：《中世纪的理性与社会》（A. Murray: *Reason and Society in the Middle Ages*），牛津，1978。J. 默多克则论及 14 世纪牛津大学学者对计量的妄谈（frenzy in measure），见默多克编《中世纪学业中的文化语境》（J. E. Murdoch /E. D. Sylla : *The Cultural Context of Medieval Learning*），多德雷赫特，1975，第 287—289、340—343 页。这种胡说八道至少在前一个世纪就开始了，而且不仅仅在牛津大学。

说的，是一些王国。基督教世界走过十字军东征之路，传教与通商之路，它探索世界的时代来临了。地图史的大行家，《地图，文明的形象》的作者乔治·基什（George Kish）写道："12 世纪末，发生了一个变化：中世纪的人们走动起来；一下子，旅行者们带回来一个信息，这个信息在 14 世纪改变了中世纪的地图……"彼岸世界的想象地图的改变在同时进行，或许改变得更快。直到此前，俗世的地图学简化为类似地理象形的东西，如今则尝试着地理表现的写实性。彼岸世界的地图学补充了这种探索空间的努力，虽然仍旧充斥着象征意义。① 时间也一样，时间本身在炼狱信仰中是最能够明确衡量的元素。作为重要的创新，可测量的时间在彼岸时间展开。因此，时间得以成为推算、估量、比较的对象。如黑尔斯的亚历山大所说，时间是以相互比拟的方式（comparative）出现在新的布道做法中。布道文是用来传道和拯救的。从 12 世纪末开始，布道者为了更好地说服人，在布道中纳入一些轶事，即布道示例故事（exempla）。这些轶事被认为是历史性的，"真实的"。在布道文的末世论的时间中，皈依与拯救的时间中，这些轶事引入一些历史性、可断定年代的、可测量的时间的片段。彼岸世界的时间中的炼狱即是以这种方式打造的。炼狱将成为这些布

311

---

① 关于中世纪地图学，另见赖特《十字军时代的地理知识》（J. K. Wright: *The Geographical Lore of the Times of the Crusades*），纽约，1925。金布尔：《中世纪的地理学》（G. H. T. Kimble: *Geography in the Middle Ages*），伦敦，1938。巴格罗夫：《地图学历史》（L. Bagrow: *Die Geschichte der Kartographie*），柏林，1951。莫拉：《中世纪》（M. Mollat: "Le Moyen Age"），载《探险通史》（*Histoire Universelle des explorations*），L. H. Parias 编，卷 I，巴黎，1955。基什：《地图，文明的形象》（G. Kish: *La Carte, image des civilisations*），巴黎，1980。

道示例故事（exempla）的一个偏爱的主题。

转向此世与个体死亡

在所有这些变化，在整个变动中，我们预感到两大根本运动，它们从深层解释了炼狱的诞生。

第一个运动是中世纪早期的一个重要的常用语的弱化，即contemptus mundi（对俗世的蔑视）。[1]

对俗世的蔑视尤其受到修道院灵修的滋养（如让·德吕莫所 **312** 指出的，在文艺复兴高潮中仍旧维系着它），面对人们对于同那个时代的创造热情相关联的俗世价值的越来越大的依恋，对俗世的蔑视走下坡路。

古斯塔沃·维纳伊（Gustavo Vinay）对于 12 世纪的乐观精神给出一些热情之言：“如果在中世纪存在一个快乐世纪的话，那便是这个世纪了：这个世纪里，西方文明爆发了，带着惊人的生命力、能量、一种更新万象的意志。这个世纪的气氛是中世纪最佳的氛围……12 世纪是典型意义上的解放世纪，人们从解放中抛弃了近千年来在内心慢慢败坏的所有一切。”但是，他补充说，矛盾的是，正是在这一刻，在这种“生命力爆发”的核心，产生了对死亡与苦难的恐惧：“在它最幸福的时刻，在它敞开肺腑呼吸的时刻，在它似乎意识到自己未来的一切的时刻，在历史学获得了它

---

① 关于对俗世的蔑视，见比尔托《西方的蔑视俗世教理，从圣安波罗修到依诺增爵三世》（R. Bultot: *La doctrine du mépris du monde en Occident, de saint Ambroise à Innocent* Ⅲ），鲁汶，1963。

未曾有过的维度的时刻,中世纪开始真正受苦。"[1]

我们应注意这段激昂和感性的文字中的夸大成分。但古斯塔沃·维纳伊很好地理解了 12 世纪产生的而且在接下来一个世纪可能延续着的这种向世俗的转移——实际上,虽有转折、疑问、回退,但它不会再消失。在对死亡的恐惧的同时发展中,矛盾同样只是表面的。从此后,对俗世生活的看重让离开生命的时刻变得更加可怕。在对于地狱的恐惧之上还加上——乃至替代——对这一痛苦时刻的恐惧:即死亡时刻。炼狱是对彼岸世界的新的希望和对死亡时刻的提醒,它在价值的这种转变中具有自己的地位。

总体上,基督教世界不再相信最后审判迫在眉睫。虽然人们没有变得更幸福,但经历了数个世纪的增殖,或者说衰退,人们体验到了增长。人类生产了更多的"财富"、价值,直到此前都仅仅被定位于来世的这些价值如今或多或少在俗世得到体现:正义、和平、财富、美。哥特风格的教堂似乎让天堂降到人间,它像是一个"安宁、光明和和平"的所在。在谈到哥特式教堂时,我再次看到人们提及"安宁"(*refrigerium* 清凉)和早期基督教的仪礼,我认为这并非仅仅流于隐喻。梅耶·沙皮罗和欧文·帕诺夫斯基 313 在评论絮热(Suger)关于圣德尼教堂新建筑的著作时指出"絮热的遣词造句让人想起早期基督教的那些铭题(tituli),新柏拉图主义的教条以类似的方式从中得到表述"。[2]人类已经安居于地上。

---

① 维纳伊:《12 与 13 世纪神学中的痛苦与死亡》(G. Vinay: *Il dorore e la morte nella spiritualita dei secoli XIIe XIII*(1962)),托迪,1967,第 13—14 页。

② E. 帕诺夫斯基引用沙皮罗《哥特式建筑与经院哲学思想》(Meyer Schapiro: *Architecture gothique et pensée scolastique*),法译本,巴黎,1967,第 42 页。

直到此前，没必要过度考虑个体死亡与整体复活之间的这个短暂时刻。地狱—天堂这一对偶如今不再足以回答社会的诘问。个体死亡与整体复活之间的中间阶段成为重大思考的关键。在拒绝进行这种思考，将所有的渴望都集中于"千禧"或最后审判的降临的末世论的狂热分子，与那些相反安居于此世，并因而关注此世的延伸，即死亡与复活之间的中间阶段的人之间，作为仲裁者的教会倾向于后者。虽然等待必然漫长，但必须诘问死者在中间阶段会怎样，诘问我们明天会怎样。当然，面对多数基督徒在此世的安居，少数人起而反对，更强烈地呼唤耶稣再临，呼唤在等待基督再临之时的义人对俗世的统治，即千禧（*Millenium*）。从菲奥雷的约阿基姆（Joachim de Flore）到塞莱斯廷五世教宗，从平民的十字军东征到"自行鞭笞者"和"灵修者"，"末日的狂热派"比以往更加活跃。我甚至怀疑进行赎罪的东征的国王圣路易，在他的下属们忙于计算和衡量，忙于巩固他的王国的时候，他却梦想着将王国带进末世论的冒险，同人们传说的某些德国皇帝一样，梦想着成为末世的国王。圣路易却说："没有人像我一样热爱自己的生命。"[1]

　　除了一小撮"疯子"，真正意义的《启示录》不再受人青睐。在11世纪和12世纪初，《启示录》曾是最多被人注疏的著作。[2]此后，《启示录》退居次要，落后于《雅歌》，《雅歌》里同时燃着俗世与天堂的热情。各种《启示录》的末日从哥特式教堂的门楣

　　① 茹安维尔：《圣路易传》（Joinville: *La Vie de Saint Louis*），N. L. Corbett 校勘，舍布鲁克，1977，第85—86，214页。
　　② 洛布利雄《12世纪神学家们的启示录》（G. Lobrichon: *L'Apocalypse des théologiens au XIIe siècle*），社会科学高等研究院博士论文，1979年在巴黎十大答辩。

上退下来，让位给一些最后审判的场景，炼狱此时尚未插入其中，314但这些场景展示一部遥远未来的历史，成为人们表现俗世的借口，教训世人以便让他们在俗世更好表现。

面对最后审判，末日的渐进的——相对的——消退，被那些中世纪的圣画大师加以强化。

埃米尔·马勒如此说："早在 12 世纪，一种崭新的理解最后审判场景的方式替代旧有方式。一些出色构图出现，几乎不受《启示录》启发，而是从《马太福音》得到启发……在 13 世纪，《启示录》谈不上是启发良多的经书……艺术家们更愿意向圣马太借用世界末日的图景。这位福音书作者的文本无疑较少夺目光彩，但与艺术更相通。在圣马太的文本[①]中，上帝不再是光彩让人难以直视的巨大的宝石：他是人之子；他如同在俗世时一样出现在宝座上；民众认出他的面目。圣保罗《哥林多前书》中关于死者重生的一章对这一整体补充了一些特征。"作为受《马太福音》启发的主题上的主要创新，埃米尔·马勒指出"善人与恶人的区分"。在对《启示录》的表现中，上帝"既作为君主享荣耀，又作为判官咄咄逼人"。在 13 世纪的最后审判场景中，上帝是"作为救赎者，作为法官，作为活着的上帝"的"人之子"。[②]

亨利·福西永（Henri Focillon）采用了这一分析："12 世纪的图像表现是由末世主导的，向《启示录》借用了可怕的异象和作为法官的基督形象本身，他高居于荣耀，被一些人物环绕……13

[①] 《马太福音》二十五：31—46 和保罗《哥林多前书》15—52。

[②] 马勒：《法国 13 世纪宗教艺术》（E. Mâle: *L'Art religieux du XIIIe siècle en France*），巴黎，第 9 版，1958，第 369—374 页。

世纪的图像表现同时拒绝了那些异象、史诗、东方、怪物。13 世纪的图像表现是来自福音书的、人性的、西方的和自然的。它让基督几乎降临到普通信众的水平……无疑，基督始终坐在门楣高处，主持着死者的唤醒和永恒的裁决：虽然他仍旧是福音书中的基督，保留着他人性的宽柔。"①

315　　　虽然，哥特式门楣上的基督仍旧是一位永恒的法官，但舍弃了启示录中的闪电，而采取对审判与复活的人群的写实表现，这让审判得以处于主景，炼狱的诞生是与审判有很大关联的。基督将获选者交给天使，天使带领他们前往天堂，这些获选者越来越多地是一些经历过炼狱，得到净化、提纯的"圣徒"。

　　这种俗世的安居与这种对时间的新的掌握中，在彼岸世界向炼狱的延伸中，主要存在一种关注，对死者的关注。我并不认为——在这一点上我沿袭保罗·韦纳——死亡本身是人们关注的对象，而是因为生者通过死亡，通过死者，在俗世中增加自身的势力。②12 世纪经历了记忆的丰富。其最大得益者当然是那些贵族家族，他们建立并延展着族谱。③死亡越来越少成为一种边界。炼

---

①　福西永：《西方艺术》卷二《哥特式的中世纪》（H. Focillon: *Art d'Occident*, t. 2, *Le Moyen Age gothique*），巴黎，1965，第 164—165 页。

②　参见弗里堡和曼斯泰德的德文的历史学家的著作（G. Tellenbach, K. Schmid, J. Wollasch），引文见沃拉施《忌辰簿：克吕尼修院生活的见证》（J. Wollasch: "Les obituaires, témoins de la vie clunisienne"），载《中世纪文明手册》，1979，第 139—171 页。韦纳：《面包与马戏》（Paul Veyne: *Le Pain et le Cirque*），巴黎，1976。

③　特请参考杜比《关于法国 11—12 世纪族谱文献的看法》（G. Duby: "Remarques sur la littérature généalogique en France aux XIe et XIIe siècles"），载《文学与铭文学院通报》（*Comptes rendus de l'Académie des Inscriptions et Belles lettres*），1967，第 335—345 页，收录于《中世纪的人们与结构》（*Hommes et Structures du Moyen Age*），巴黎 / 海牙，1973，第 287—298 页。

狱成为俗世的附属部分，延长生命与记忆的时间。为死者祈祷襄助变成越来越活跃的事业。遗嘱的重新出现——虽然在较迟的时代才提到炼狱——再次帮助人们将死亡的边界后撤。

虽然，生者与死者之间这些新的团结互助——是在克吕尼的作品中萌芽的——强化了家族、行会、修会兄弟的纽带，但炼狱——陷入灵性生活的个人化之中——实际上是有利于个人主义的。炼狱聚焦在对个体死亡与其后的审判的关注之上。

立身于建制与法律的视角，沃尔特·厄尔曼（Walter Ullmann）肯定说 "12 与 13 世纪之交是播下未来建制的萌芽和个人在社会中崛起的时期"。[①] 而且，他指出这是 "公民崛起" 的时代。个人 316 的这种显现，同样反映于死亡与彼岸命运的交锋线上。随着炼狱，诞生了个体死亡与最后审判之间的彼岸世界的公民。

甚至瞻礼也反映出这种演变。

瞻礼对炼狱一直是缄默的，如今开始向新的死者分类法开放，从中得出一些仪式上的结果，对个体命运的关注日益得到肯定。在巴黎圣母院议事司铎让·贝莱特（Jean Beleth）于 1165 年之前著作的《教会圣事大全》中看到这一点：

《论行死者圣礼》

"在尸体得到清洗或者裹入尸布之前，神父或者副祭应当带着圣水走到死者躺的地方，为他向上帝祈祷，必须呼唤和祈祷圣徒来接纳他的灵魂，将他送到喜乐之地。实际上，有些灵魂是全善

---

① 厄尔曼：《中世纪的个人与社会》（W. Ullmann: *The Individual and Society in the Middle Ages*），巴尔的摩，1966，第 69 页。

的，一出离肉身就离开飞上天去。另一些灵魂是全恶的，离开堕入地狱。有些是居中的（*medie*），对于他们必须进行这样的向圣徒的委托。对于恶人同样也这样做，但纯属偶然。洗净并包裹尸布的尸体必须被抬到教堂，此时必须唱弥撒。"[①] 接下来是奥古斯都的文本，曾经被格拉提安的《教令集》收录，是关于仍旧困囿于获选与永劫之间的四类人。

　　布兰登写道："为了填补具有 70 岁（*three-score years and ten*）俗世历程的个人利益与延展数千年的人类利益之间的鸿沟（这是希伯来宗教从未真正填补的鸿沟），教会发明了炼狱的概念。"[②]

　　① 贝莱特：《教会圣事大全》（Jean Beleth: *Summa de ecclesiasticis officiis*），H. Duteil 校勘，*Corpus Christianorum Continuatio Mediaevalis XLI A*，蒂伦豪特，1971，第 317 页及其下文字。

　　② 布兰登：《各大宗教中人类及其命运》（S. G. F. Brandon: *Man and his Destiny in the Great Religions*），曼彻斯特大学出版社，1962，第 234 页。

第三部分

炼狱的胜利

8 经院哲学的条理化

13 世纪是条理化的世纪。基督教社会越来越有组织。在经济领域出现了——古典古代以来的——最早的乡村经济的论著，而城市的规范的对象通常是手工业、新兴产业（建筑与纺织）、商业和银行。社会活动越来越多地被控制，在劳动领域被行会控制，在宗教领域被修会控制。在城市级别上，特别是在王朝级别上，政治的机构越来越具有约束力，如同我们在法国和教廷所看到的那样，在伊比利亚半岛国家和英国则较弱些。这种条理化尤其表现于知识圈，大学、托钵僧教团的学校、城市学院对 12 世纪意识形态与学院的蓬勃发展加以疏导、固化和组织，神学与法律（罗马法的复兴与教会法的发展）在其中构建着各种大全，建构起论辩、决议和应用的一套体系，给知识与知识的应用带来了秩序。

一场微薄的胜利

炼狱卷入这场运动，这场运动既将炼狱推上台面，又对它加以控制。在炼狱的诞生中，经院哲学的作用是决定性的，它确保炼狱的胜利，但这是一场有限度的微薄的胜利。

在此，不可能追踪从 13 世纪直到第二次里昂主教公会（1274 年）

炼狱在经院哲学中并且借助经院哲学得到确立的过程，第二次里昂主教公会给出了罗马公教对炼狱的官方表述。后文中，我将审视 13 世纪 20—80 年代几位最重要的神学家（欧塞尔的纪尧姆、奥弗涅的纪尧姆、黑尔斯的亚历山大、圣文德（波拿文士拉）、圣托马斯·阿奎那和大阿尔伯特）对炼狱的看法，但并不寻求——这并非我的说法——将对炼狱的论述重新放回到这些大师的整体思想之中，而是通过炼狱在他们作品中如何占有自己的位置来阐明他们对于炼狱的言论。

在他们的传授中，我们无疑找不到在 12 世纪下半叶，从"伦巴第人"彼得到"掌院"彼得，从普瓦捷的吉尔贝到克雷莫纳的普雷沃斯丁，那些大师的作品中感到的同样的思想的迸发，同样的激辩。但是，不应忘记 13 世纪巴黎大学里辩论的热情、争辩问题和 quodlibeta（圣诞与复活节神学大辩论）的活跃气氛①、入修会的教师与世俗人教师之间的大争论所表现的冲突与大胆、阿威罗伊学说问题和 1270 年与 1277 年蒙昧主义者埃蒂安·唐皮耶（Etienne Tempier）主教所发出的谴责令②。

此处对这些著名公案不便多言，它们往往只是炼狱神学的一

---

① 在 P. 格洛里厄统计的这些大讨论的题目中，《1260—1320 圣诞与复活节神学辩论文献》（P. Glorieux: *La littérature quodlibétique de 1260 à 1320*, 1925），我们只看到一个关于炼狱的辩论。这个辩论是托马斯·阿奎那的，时间是 1269 年圣诞：《是否可以或快或慢解脱同一种炼狱的刑罚》（*utrum aequali poena puniendi in purgatorio, unus citius possit liberari quam alius*），quod. Ⅱ，14，第 278 页。

② 1277 年遭到禁止的第 219 个也是最后一个命题是关于未加以明确的彼岸世界之火：《脱离肉体的灵魂无法以任何方式因火而受苦》（quod anima separate nullo modo patitur in igne）。但这是对通科学院的训令，并不针对神学院。见伊塞特《关于 1277 年在巴黎遭到谴责的 219 篇》（R. Hissette: *Enquête sur les 219 articles condamnés à Paris le 7 mars 1277*），鲁汶／巴黎，1977，第 311—312 页。

种背景。新兴的托钵僧教团很快关注 13 世纪这种新的权力，即大学的科学，多明我派没有什么踌躇便立刻进入角色，方济各派比较困难些，有过一些困惑。但是，托钵僧教团的教师中一些人很快便崛起于经院知识的前沿，吸引的学生最多，损害了那些世俗人教师的利益，他们指责托钵僧的理想，指责他们的权力欲，指责他们缺少同行的团结互助，他们嫉妒这些在修会的教师。13 世纪论述炼狱的大师是些托钵僧教团的教师。321

　　13 世纪的知识分子是一些古希腊（柏拉图，尤其是亚里士多德）和中世纪阿拉伯（1037 年去世的阿维森纳和 1198 年去世的阿威罗伊）伟大哲学家——拉丁文译本——的阅读者。教会当局并不乐见这种对"异教"哲学家的兴趣。被归于阿威罗伊名下的一种学说对理性的真理与启示的真理进行区分。这种学说承认在两者之间可能存在矛盾，甚至不相兼容。这种情况下，阿威罗伊主义的立场是偏向理性，而非信仰。阿威罗伊在 13 世纪于巴黎大学取得成功，这是无可否认的。一些巴黎教师是否确实宣扬了双重真理的学说，这并不那么肯定。但是有几位教师受到指控，针对他们掀起了激烈论战。在阿威罗伊学说的论战与炼狱学说之间并无交互影响。但是经院学者致力于对炼狱的论述，他们不仅是从引述的权威出发，而且是从理性出发。

　　最后，重要的反弹来自巴黎本身。主教埃蒂安·唐皮耶在 1270 年禁止了 13 个被宣布为谬误的命题，它们是受到异教哲学启发的。1277 年，再次发出的禁令针对 219 个命题。两次决议关系到一系列五花八门的"谬误"，但最受针对的流派是 1270 年禁止的阿威罗伊学说——或者是人们置于阿威罗伊名下的学说——和 1277 年禁止的亚里士多德学说，包括托马斯·阿奎那所传思想的一部分。难以评价埃蒂安·唐皮耶禁令的影响，本文所关注的不在此。这些粗暴禁止造成的气氛虽然在整体上不利于神学研究，但对炼狱神学的直接影响不大。首先是因为这个问题相对于巴黎的论争而言是边缘性的。我们将看到，只有1277年遭禁的最后两条涉及彼岸世界。尤其是，罗马公教神学对炼狱的思考的最主要内容在1274年已经完成，并且在那一年将得到第二次里昂主教公会的官方认可。

322 　　13世纪的论战在自由七艺的文理学院——后世称文理学院，年轻学生在其中接受基础教育，我们对之了解不够——也许比在神学院更为激烈。但是，炼狱——作为大学内容——首先归神学家。所以，炼狱主要归巴黎大学的人负责。确实，在13世纪，如同长久以来，法学主要在博洛尼亚，神学主要在巴黎传授。但是，这是在由学生和教师构成的国际氛围中进行的。除了法国人欧塞尔的纪尧姆（威廉）和奥弗涅的纪尧姆（威廉），为巴黎大学的神学带来声名的是意大利人巴尼奥雷焦的圣文德和托马斯·阿奎那。[1]

---

　　① 　13世纪的经院哲学的书目庞大。综述作品更多定位于哲学分类而非神学。对于总体把握，请参见经典作品，吉尔松：《中世纪哲学》（E. Gilson : *La Philosophie auMoyen Age*），第3版，巴黎，1947。德·伍尔夫：《中世纪哲学史》（M. De Wulf: *Histoire de la philosophie médiévale*, 第6版），卷Ⅱ，鲁汶，1936。范·斯丁伯根：《13世纪哲学》（F. Van Steenberghen : *La Philosophie au XIIIe siècle*），鲁汶/巴黎，1966。13世纪重要经院学者对哲学与神学泾渭分明。往往两者界限不容易确定，取决于人们对这两个学科的定义。总体上——至少对那些最出色的综述作品而言——我认为这些综述对于这两个学科区分的不够好。F. 阿莱西奥将中世纪哲学重新放在当时的社会中，进行了简洁但有启发的综述，阿莱西奥：《封建西欧的思想》（F. Alessio: "Il pensiero dell'Occidente feudale"），载《哲学与社会》（*Filosofie e Societa*），卷Ⅰ，博洛尼亚，1975。一种独特的诠释见特雷斯蒙当《基督教的形而上学与13世纪的危机》（C. Tresmontant: *La Métaphysique du christianisme et la crise du treizième siècle*），巴黎，1964。

这是微薄的胜利，首先因为炼狱在罗马公教神学中的成功不应该掩盖它在基督教世界的一些重要地区的失利。如 13 世纪瓦勒度派异端和纯洁派异端对它的拒绝，而纯洁派与罗马公教的对抗在 13 世纪占据如此重要的地位。又如希腊正教对它的反对，在第二次里昂主教公会（1274 年）达成的东西教会短暂的统一时期，一些政治原因曾经迫使希腊教会掩盖他们对炼狱的拒绝，这次主教公会迫使罗马公教与不接受这一新的彼岸世界的希腊正教进行争论。这些争论将导致罗马公教在 13 世纪更好地定义炼狱，如同因为对异端的斗争，教会在 12 世纪末被迫明确炼狱的存在。

这是微薄的胜利，还因为罗马公教的知识人在罗马教会和教会等级中的作用越来越大，当然在大学中也一样，他们对于这种新事物感到某种怀疑。很难对这种怀疑进行检验和提供佐证。但是，我们感受到它。这种怀疑零零星星地在他们的作品中透露出来。这是双重的怀疑。无疑，怀疑来自对一种如此缺乏《圣经》依据的信仰的某种局促不安，但主要来自于他们害怕看到这种信仰淹没在庸俗而迷信的虔诚之中。面对一个如此接近民俗文化和大众感性的彼岸世界，一个更多通过想象而非通过理据，更多通过感性而非灵性来加以定义的彼岸世界，他们感到恐惧。我们感到一种对炼狱加以理性化，加以引导，进行控制，进行提纯的意愿。

下面便是 13 世纪早期巴黎一位最重要的神学家如何谈及炼狱问题。

在其《黄金大全》（*Summa Aurea*, 1222—1225 年）中，在经院神学中最早引入亚里士多德学说的人之一，1231 年去世的欧塞尔的纪尧姆（或译威廉），被迫在两个问题上谈到炼狱，即为死者祈祷襄助的问题和炼狱之火的问题。

关系到为死者祈祷的问题（"为那些炼狱中的人祈祷有何用处"和"对那些爱德之外的人进行祈祷对炼狱中的那些人有用吗？"①），从彼岸世界的可计算性的角度来看，是非常有价值的。

纪尧姆介于对炼狱之火提出问题与对炼狱本身提出问题之间。关于炼狱之火以何种方式净化灵魂，欧塞尔的纪尧姆主要关注理论问题，即炼罪的动因问题（*causa efficiens purgationis*）。在这一点上，他对于弄清彼岸世界是否存在"德业之地"（*locus merendi*）的问题采取一种中间立场。虽然他实际上看起来同意未来的那些重要经院学者的看法，认为人们在死后不可能获得德业，但他驳斥那些否定可能通过火来得到修正的人，"这火净化灵魂，作用于灵魂，却不会将火的性质加给灵魂"（*ignis purgatorius purgat animas agendo in eas tamen non intendit eis imprimere qualitatem suam*）。这是非常重要的理论问题，因为它批准或者否定德业的可返还性。这种可返还性直到 14 世纪才得到认可。在当时，炼狱里的灵魂受益于生者的祈祷襄助，但生者却得不到任何报答，我们看到，生者得到的好处仅有通过在此世完成善行，为死者祈祷，而为自己获得德业。

324　　与炼狱相关的重要经院学者的文本以多样方式带有大学教科书的特征。我指出其中的两部。大学教育主要通过对教材的注疏进行。13 世纪，主要的是"伦巴第人"彼得《四部语录》。然而，

---

① 欧塞尔的纪尧姆：《黄金大全》（Guillelmus Altissiodorensiṣ: *Summa aurea*），Pigouchet 校勘，巴黎，1500；锌版再版，法兰克福，密涅瓦，1964，卷四，对刊页 304 背面—305 背面。

我们看到，"伦巴第人"在《四部语录》第四卷里谈到炼罪之火，在13世纪变成炼狱。在他们对"伦巴第人"的注疏中，巴黎大学的教师们不得不谈到炼狱，虽然1160年去世的这位巴黎主教（"伦巴第人"）当时还未拥有这个概念。保罗《哥林多前书》中的段落始终是资料与注解中的一个重要部分，但作为基础文本的《圣经》中这一文本将越来越被次生文本即"伦巴第人"的文本遮盖。

另外，大学教育围绕着一套条理的、理性的计划来组织，这种计划与人们对时间与知识新潮（比如亚里士多德学说或阿威罗伊学说的潮流）的关注不无关系。但是，即便是在原则上可以涉及修道会教程之外的任何问题的圣诞与复活节大辩论的系统中，问题的提出取决于它们要被纳入一套更为广泛的问题论。炼狱在"世界末日"的整体论题中，在《末世论》（*De novissimis*）的名目中[①]。对于这个世纪的重要神学家来说，这是从教会那里得到的受到宣扬的既知内容，并且是大学教程里提供的，但却并不让他们感兴趣。

在12世纪，居中的彼岸世界与神学家们、神秘主义者，以及以较为粗疏的方式与世俗人社会的至少一部分人共有的几个重大问题紧密关联：即《圣经》的注疏、罪的属性、赎罪的实践、灵视与梦境的地位。要对所提出问题确定解答，我们已经看到，神学，特别是巴黎神学，在这个世纪的后半叶有过很大贡献。

13世纪，大学神学——尤其是巴黎大学——将炼狱搬上台，

---

① 在罗马的格列高列派的大学的出色的图书馆的有条理的目录中，我们看到炼狱同样在这一名目下。

将它纳入基督教思想体系，但似乎并不觉得这是个关乎存亡的问题。所以，现在必须在两个层面上进行我们的调查：在知识分子层面上，在神甫与大众的层面上。

炼狱，俗世赎罪的延续：奥弗涅的纪尧姆

325

研究中世纪思想史的最出色的历史学家之一，M. 德·乌尔夫写道："重要的思辨神学家一脉是从奥弗涅的纪尧姆开始的，他是这个世纪前半叶最独特的思想家之一……纪尧姆是 13 世纪最伟大的哲学家。"[①] 埃蒂安·吉尔松则认为："不论从思维习惯还是语言风格，纪尧姆都属于 12 世纪。"他强调说，继阿贝拉尔和克莱沃的伯尔纳铎之后，他还是中世纪最后一位伟大神学家。[②] 我想知道奥弗涅的纪尧姆的这种有些"古旧"的特点是否如人们所说是来自于他对亚里士多德学说的反对（这种敌对应该不像人们认为的那样大），是否实际上因为这位教区神职人员，这位牧道者，虽然

① 关于奥弗涅的纪尧姆，见诺埃尔·瓦鲁瓦旧著《奥弗涅的纪尧姆：生平与著作》（Noël Valois: *Guillaume d'Auvergne, sa vie et ses ouvrages*, 巴黎，1880），J. 克兰普的研究《奥弗涅的纪尧姆的〈传授关于上帝的事〉》（J. Kramp: "Des Wilhelme von Auvergne Magisterium Divinale" 载 *Gregorianum*, 1920, 第 538—584 页及 1921, 第 42—78, 174—187 页），特别是 A. 马斯诺沃著作《从奥弗涅的纪尧姆到托马斯·阿奎那》（A. Masnovo: *Da Guglielmo d'Auvergne a San Tommaso d'Aquino*），2 卷，米兰，1930—1934。

② 艾伦·E. 伯恩斯坦 1979 年 2 月在"太平洋中世纪学会"宣讲论文《奥弗涅的纪尧姆论死后的惩罚》，他乐于将文章提供给我。我大体上同意他的诠释。我认为一方面，继阿尔诺·波斯特之后，在有关炼狱的想法上，他有些夸大反对纯洁派异端的斗争的影响，另一方面，夸大了纪尧姆关于炼罪之火的思想中存在的自相矛盾之处。艾伦·E. 伯恩斯坦进行了关于"13 世纪法国的地狱、炼狱和社区"的研究。

是伟大的神学家，却更接近教区信众的忧虑与心态，他们并不像那些新兴的大学知识分子那样在新兴的经院神学上那么领先，大学知识分子也许倾向于将经院神学封闭在正在形成的拉丁区这个小范围里。

约 1180 年出生于欧里亚克，1222—1228 年间任巴黎大学神学主任教席，1228—1249 年去世止任巴黎主教，奥弗涅的纪尧姆在 1223—1240 年间撰写了一部巨作《以智慧的方式来传授关于上帝的事》（*Magisterium Divinale sive sapientiale*），由七个论文组成，其中最重要的是《论造物的世界》（*De universo*），是在 1231—1236 年间撰写的。

在勾勒了一种将彼岸与此世统一起来的地理描述之后（其中灵魂真福的处所位于最高天的顶端，不幸的场所处于世界的底层，在与天穹相反的地底深处，混合了幸福与不幸的地点处于活人的世界），奥弗涅的纪尧姆谈及炼狱。他思考了两个经典问题：即处所与火。这位巴黎主教一开始便提出炼狱的处所问题，而炼狱这个词已经是已知的："如果人们称作炼狱的炼罪场所是个专门的地方，用于净化人类灵魂，是与地上天堂，与地狱，与我们所处的俗世分开的，那么这便是个问题了。"[①]

在肉体死后，许多东西有待净化，对于奥弗涅的纪尧姆来说

[①]　"De loco vero purgationis animarum, quem purgatorium vocant, an sit proprius, et deputatus purgation animarum humanarum, seorsum a pradiso terresti, et inferno, atque habitatione nostra, quaestionem habet"（*De universo*, chapp.LX）. 巴黎的纪尧姆：《全集》（Guilielmus Parisensis: *Opera Omnia*），巴黎，1674，I，676。与炼狱处所相关内容见这个版本的 60—61—62 章（第 676—679 页）。

326

这是"显而易见"（*manifestum est*）的。随后，他提出自己对炼狱概念的重要构想：这是俗世赎罪的延续。炼狱是赎罪的概念，之前没有人比他更清楚地表述出来，但却是属于 12 世纪的传统的，如同我此前所阐明的。

对于炼罪的显然的必然性，纪尧姆给出第一个理由：猝死或意外死去的死者，比如"死于利剑、窒息或过度疼痛"，在能够完成赎罪之前就被死亡带走，他们应当有个**地方**来完成赎罪。但炼狱的存在还有其他理由。比如，大罪与轻罪之间的区别。因为并非所有罪都是均等的，对于最严重与最轻微的罪，一方面，对于杀人或劫掠，另一方面，对于过度发笑、吃喝的快感，必须的赎罪也不可能是相同的。对于前者，是用惩罚（*per poenam*）来赎，对于后者，用赎罪（*per penitentiam*）。

327　　关于轻罪，负有轻罪的死者显然不可能带着罪进天堂，也不可能因为罪入地狱。所以，他必须赎清罪，才能被带到天堂的荣耀中。因此，必须存在一个地方，这种赎罪将在那里进行。奥弗涅的纪尧姆对于炼狱的时间毫无疑问：它处于死亡与肉体复活之间。

同样，他非常清楚地区分了地狱与炼狱。但虽然他未像后来 13 世纪通常所做的那样强调死后炼狱的非常痛苦的性质，但他将炼狱的赎罪等同于一种补赎，将炼狱的考验等同于赎罪性质的刑罚、惩罚（*poenae purgatoriae et poenitentiales*）。确实，他的主要思想正在于此，"炼罪的刑罚是一些补充俗世开始的赎罪的刑罚"。他补充说，意外死亡、死前未完成赎罪和带着轻罪死亡的频率使得这些刑罚"对于众多灵魂来说是必要的"（*necessariae sunt multis animabus*）。即是说，炼狱很有可能有很多人。不言而喻，在这种观念中，地狱显然或多或少遭到弃置，变得更有利于炼狱。炼狱的存在，对于奉行俗世的基督徒生活来说，却并无损害。"因为，出于对未来的炼罪的恐惧，无需其他督促，人们更容易和更早开始在俗世的赎罪净化，带着更多的热忱和力度来持续下去，努力在死前完成它。"

因此，炼狱的存在是由推理证明的，而且是从赎罪的视角来证明的。奥弗涅的纪尧姆接着用了其他证据。第一个证据来自经验。众多的和频繁的灵视及死后处于炼罪中的灵魂的显现证明了炼狱的实在性。他意识到了我想在本书研究的那些炼狱文献的重要性，他强调这些灵魂显现、灵魂诉求、预兆和启示的文字和故事所带来的那些具体信息的价值，它们不仅仅是消遣性的（*quae non solum auditu jocundae sunt*），同样是有用的和有益的。为死者提供祈祷襄助的必要性由此而来：祈祷、施舍、弥撒和其他虔诚功德。

最后，炼狱的存在还有最后一个理由：这是对公正的要求。328 他重复说，"那些否认炼狱存在，否认灵魂炼罪存在的人，他们无视赎罪"。而赎罪，"这是一种精神的审判，犯罪的灵魂在审判中自我控告，对自己提出不利证据，宣告不利于己的判决"。然而，任何审判均应满足公正的要求。并非所有过错都同样严重，不都应得到相同惩罚。如果人间的正义不容忍这种量刑的混淆，那么上帝的正义更加不会，上帝的正义是那么仁慈。在这一点上，奥弗涅的纪尧姆仍旧是与 12 世纪一脉相承的，我已经指出过，这个世纪对赎罪的渴望与对公正的渴望同样强烈。

其存在毫无疑问，还需要定位炼狱的处所。在这一点上，奥弗涅的纪尧姆比较困惑，因为"没有任何法令、文本明确这一点"
（ *nulla lex, vel alia scriptura determinat* ）。所以，必须相信灵视和灵
魂现象所揭示的内容。它们显示出这些炼罪在大地上的许多地点
进行。对此，纪尧姆同样想给出一种理论的、理性的说明。他说：
"事情并不惊人，因为这些炼罪只是补足赎罪，所以不应该给它们
赎罪者的地方之外的其他场所。"他补充说："给整体与部分的是
同一个地点；给整个人提供的地方，同样适合于人的手脚；这些
炼罪只是赎罪整体的一些局部。"因此，其赎罪性的炼罪学说使得
纪尧姆将炼狱定位在俗世。或许，这仅仅是这位大格列高列的读
者在寻求一种合乎理性的解释（ *apparere etiam potest ex ratione* ）。
尤其是，在他表述了他的世界的地理观念之后，我认为他只可能
得出这样的结论。天堂处于高处，地狱处于底部，我们的大地占
据着中间层面。他正是将炼狱这一绝佳的居间地带定位在这一层。
在大约一个世纪之后，但丁与奥弗涅的纪尧姆对炼狱的看法一脉
相承；这是个距离天堂比距离地狱更近的地方，人们进去后首先
遇到那些猝死或暴死者，甚至像小加图这样的自杀者。但借助他
的大地半球的概念，但丁得以给予炼狱之山一种既居间又专门的
地点定位。

　　奥弗涅的纪尧姆在《论造物的世界》（ *De universo* ）中论述的
关于炼狱的第二个问题是火的问题，在他那个时代，火不仅仅是
329 炼狱的一种主要的和必须的附属物，而且经常是炼狱的体现本身。

　　艾伦·E.伯恩斯坦以为在纪尧姆关于炼狱之火的章节中看出了
一种自相矛盾。他似乎倾向于一种非物质的乃至纯粹"隐喻"的火
的概念，虽然"隐喻"这个词并未出现，但他最后却承认一种物质

性的火的概念。伯恩斯坦试图解决这种矛盾，想像奥弗涅的纪尧姆在两个层面上建立理论：对他的学生，对知识分子（以及他自己），从奥力振的视角，他提出一种伪火的假设；对普通信众，他陈述一种物质性的真实的火的概念，让比较质朴的头脑更容易理解。当然，这位巴黎主教既是重要的神学家，又是非常关心"灵魂的照料"（*cura animarum*），关心信众利益的牧道者。但是，我认为艾伦·伯恩斯坦赋予他的双重教义在这种 13 世纪初的高级神职人员身上并不可信，并没有把《论造物的世界》的文本考虑在内。

　　同样是在这部大全中（我们不要忘记它谈及宇宙外物），奥弗涅的纪尧姆草拟了关于火的一份清单和一种现象学。他说，存在各种火。比如，在西西里，人们知道一些火具有一些奇怪属性，让头发闪磷光却不烧着，还有一些造物、一些动物不被火所侵，比如火蝾螈。这是俗世的关于火的科学真理。为何上帝不会造成一种奇特的火，让那些轻罪和未完全偿清的罪消失呢？所以，在纪尧姆的作品中，首先关心的是证明炼狱之火并非一种与其他火相同的火。炼狱之火尤其与阴间、地狱之火不同。纪尧姆的看法实际上很好地区别了炼狱与地狱。所以，炼狱之火必然区别于地狱之火。然而，即便地狱之火也与我们在俗世所经验的火（即焚烧而尽的火）不同。地狱之火焚烧，却并不烧尽，因为永劫者永远在那里受到惩罚。所以，如果存在一种火，它永远燃烧，却不烧尽，那么上帝为何不会同样创造了一种火，它燃烧，但仅仅烧尽罪孽、净化罪人呢？但这些燃烧却不烧尽的火却同样实在的。另一方面，纪尧姆有感于一些人的看法，这些人指出，按照人们对炼狱可能拥有的概念，即那些处身炼狱者在灵魂显现时所确认 330

的观点，火并非人们在炼狱承受的唯一一种赎罪形式。所以，火并非一种隐喻，而是用来指称炼罪内的灵魂所承受的赎罪和净化整体进程的范畴名称。

还剩下他的核心论据，艾伦·伯恩斯坦依据它来支持奥弗涅的纪尧姆作品中隐喻之火理论。这位神学家说，火甚至可能在想象中起作用，比如在噩梦里，它让人恐惧，却并非实在。但是，纪尧姆已经证明炼狱信仰将人导向俗世中更好的赎罪行为，同样，他仅仅想证明炼狱之火对于永远的得救也有效。我认为，他想表达的是，既然当火仅仅存在于人们想象中的时候（比如梦境中）已然是有效的，那么当火是实在的时候就更加有效。因为，奥弗涅的纪尧姆相信并且宣扬炼狱之火是实在的、物质的，对此有何可怀疑的呢？艾伦·伯恩斯特本人指出，依据纪尧姆的观点，这火“在肉体上真实地折磨灵魂的实体”（*corporaliter et vere torqueat corpora animarum*）。“灵魂的实体”，有谁比这更好而且更大胆地说出炼狱的戏剧并非影子的戏剧，而是实体的戏剧，灵魂在那里通过自己的身体在忍受着有形之火的噬咬？

炼狱与托钵僧教师们

随着这些重要的托钵僧神学家，我们涉及——尽管他们的个性和各自修会特点所造成的个体的独特性——一个学说的阵营。

虽然有些视角上的错误，但 A. 皮奥兰蒂很好地界定了这些重要的经院学者（黑尔斯的亚历山大、圣文德、圣托马斯·阿奎那、大阿尔伯特）的整体立场。“在 13 世纪，重要的经院学者在注释

'伦巴第人'彼得的文本时，建构出一套更加组织严密的综述：在讨论诸如可饶恕之罪的宽免、刑罚的轻重与期限、炼狱的地点这类次要问题①的同时，他们将炼狱的存在认可为信仰的教义，认可 331 了刑罚的时限，同意将火视为实体的。"②

在方济各会修士的作品中

1. 从"伦巴第人"彼得的注疏到彼岸世界的科学：黑尔斯的亚历山大

我已经引用过（第 308 页）黑尔斯的亚历山大对"伦巴第人"《四部语录》的注疏的片段，从数学的角度看，《语录》深化了有关炼狱的"**比例性**"问题。下文是这位伟大的巴黎大学教师的注疏内容的结果与核心。③

这位英格兰人出生于 1185 年，1210 年前成为巴黎大学自由七艺的教师，从约 1225 年起直到 1245 年去世，在那里教授神学。1236 年，他进入"小兄弟会"（方济各会），成为方济各会在巴黎大学的第一个神学讲席的教授。他属于巴黎大学最早解说亚里

---

① 我不认为这些问题是次要的。

② 皮奥兰蒂：《炼狱教义》（A. Piolanti: "Il dogma del Purgatorio"），载《往训万民》（*Euntes Docete*）6, 1953，第 301 页。

③ 关于黑尔斯的亚历山大的生平与著作，请见《绪论》（*Prolegomena* pp.7—75），即他的注疏的校勘本《黑尔斯的亚历山大大师对"伦巴第人"彼得〈四部语录〉的注疏》的第一卷（*Magistri Alexandri de Hales Glossa in quotuor libros sententiarum Petri Lombardi*），瓜拉基，1951。

士多德的神学家，尽管有禁令一再禁止（可见禁令的无效）阅读
这位"哲学家之王"的著作。人们曾经长期将《神学大全》归在
他名下，这并非他的作品，而是深受他影响的一些方济各会的大
学学者的作品。相反，他是《伦巴第人彼得四卷语录注疏》的作
者，他是首位将《语录》作为大学神学教学基础文本的人（1215
年第四次拉特兰主教公会实际上已将"伦巴第人"认可为官方神
学家），这一注疏可能是 1223—1229 年间撰写，而且《讨论的问
题》同样是他加入方济各会之前撰写的——它们的题目由此而来
（*Questiones disputatae antequam esset frater*，《在成为修士前讨论
的问题》）。

　　在对"伦巴第人"彼得《四卷语录》的第四卷的注疏中，亚
历山大在《分章》18 中，尤其是在《分章》20《论迟来的赎罪，
332　炼狱刑罚和解脱》中[1]，在《分章》21《论可宽恕之罪的宽免和惩
罚，论金银草木禾秸的教义，论宽免罪行的七种方式》中[2]探讨炼
狱问题。

　　我们看到他重新提出炼狱专门针对未及时赎罪和仅仅负有可
宽恕之罪的罪人的问题，他也使用了保罗的《哥林多前书》。

　　在亚历山大作品中首先是对于火的思考。存在一种火，直到
世界末日之前，它净化灵魂："存在双重的火，一个是炼罪的，它

---

　　[1]　*De sera poenitentia, de poena purgatorii et de relaxationibus*（《黑尔斯的亚
历山大大师对"伦巴第人"彼得〈四部语录〉的注疏》卷Ⅳ，瓜拉基，1957，第
349—365 页）。

　　[2]　*De remissione et punitione venialium, de aedificandis aurum, foenum, stipulam,
de septem modis remissionis peccati*（前引书，第 363—375 页）。

在净化灵魂，直到最后审判日；另一个是在审判之前，它焚尽这个俗世，净化那些用金银等建筑的人，如果他们到那时还有什么可以烧尽的东西。必须注意存在三类火：光明、火焰、炭火（ *lux, flamma, carbo* ），其分布为三处：高处是给受选者，中间是给那些必须得到净化的人，最后是给那些永劫者。"

亚里士多德曾写到"炭火、火焰和光明彼此不同"（《论题篇》五：5）。除了援引亚里士多德，援引圣保罗，我们看到黑尔斯的亚历山大调和了传统的关于火的见解；对于一些人而言，火作用于整体复活之前，对另一些人而言，火作用于整体复活后，在最后审判之时；并且宣称存在两种火：一个是个体死亡与整体复活之间的炼罪之火，另一个是整体复活与最后审判之间的焚尽或净化火。亚里士多德的三类火的区分，让亚历山大得以明确定义炼狱的中等的、居间的性质，对应它的是净化的火焰，而光明被留给获选者，而炭火，炽热的木炭被留给永劫者。这里，我们有了一个绝佳例子，说明亚里士多德给 13 世纪的经院学者们提供了逻辑的工具。

（1）这炼狱之火炼净可宽恕之罪（ *purgans a venialibus* ）："在此世，罪行是由仁爱（ *charitas* ）来宽免和炼净的，以众多方式进行，就像一滴水在火炉中，由圣体仪式、坚信礼和临终涂膏来进行。在死后，罪行是在炼狱中炼净的。"

（2）它同样炼净一些由尚未赎清的大罪造成的刑罚（ *et a* 333 *poenis debitis mortalibus nondum sufficienter satisfactis* ）。

（3）这是比俗世的任何刑罚都重的刑罚（ *poena maior omni temporali* ）；这里重复了奥古斯丁的论点，关注的是打击从宽论的观点，这种观点认为地狱基本上会被清空。

（4）这不会是一种不公正的和不成比例的刑罚吗？（*nonne iniusta et improportionalis*），对这个问题，我在前一章指出其重要性。

（5）那里存在信任与希望，却还未有亲见上帝的真福（*ibi fides et spes, nondum visio*）：同许多人一样，亚历山大强调炼狱即**希望**，因为它是天堂的门厅，但他同样强调说这还不是天堂，人们在那里被剥夺了直视上帝的真福。

（6）避免炼狱或从中解脱的人很少（*illud vitantes seu evolantes pauci*）。"教会中那些有足够德业而不需要经过炼狱（*transire per purgatorium*）的人很少。"炼狱，即多数人的，死者的临时的彼岸。这里肯定了炼狱的数量优势。

黑尔斯的亚历山大另外谈到教会与炼狱的关系。第一个问题是司法、管辖（for）的问题，炼狱中的灵魂归谁管。

"有人反驳说宽免炼狱刑罚，替换为有期的刑罚，这并非罗马教皇的权力（耶稣交付给彼得的宽免罪行的权力，通过彼得传给所有主教，所有神父），必须对此答复说那些处于炼狱中（*in purgatorio*）的人以某种方式属于奋斗的教会管辖（for），炼罪之火也一样，因为它适用于要赎满的刑罚（刑罚完成赎罪）。因为信众或者属于奋斗的教会管辖，或者属于胜利的教会管辖，而那些人是处于中间的（*in medio*），因为他们既不属于胜利的教会，也不属于奋斗的教会，所以他们可以服从于神父的权力（*potestati sacerdotis*），这是由耶稣交给罗马教皇的权柄。"

在教会法在实践层面和理论层面重新组织的这个时代，这是个关键文本，教会的司法权至少部分地将向彼岸世界开辟的新疆土置于自己的管辖下。直到此前，精神的司法权，灵魂的法庭、管辖权，是由一个边界明确分开的，这就是生死的界限。生前，334在俗世，人类属于教会，属于教会管辖；在彼岸，他只属于上帝，属于上帝管辖。当然，此前不久的对于册封圣徒的立法将对于一些死者的权力交付给教会，教会在他们死后立即宣布他们入天堂，得享亲见上帝之福，但是这样一来，"教会仅仅宣告非常少数量的死者的命运。"① 但是，插手到炼狱，我们看到，这关系到信众的大多数。无疑，新的疆土并不完全被教会吞并。处于其居间状态，炼狱服从上帝与教会的共同管辖。我们可以提出，比照着这个时代的封建制度发展起来的与教会共同司法的样子，存在着上帝与教会对炼狱的 pariage（封建制词汇所说的共同领主权）。但是，这是教会对于信众的掌控的多么大的提升啊！正当教会在俗世的权力同时受到沉湎俗世愉悦的那些温和派（无忧无虑派）和异端的强硬派的质疑，教会却将其对信众的权力延伸到了彼岸世界。

从教理上，这涉及最完整意义的和最广泛意义的教会，同样是黑尔斯的亚历山大在炼狱的视角下给出了最早的明确的表述"圣徒相通"*。下面是问题："教会的祈祷襄助对炼狱中的死者有用吗？"回答是："特定的苦痛导致人们赎满罪孽，与此相同，普世教会的共同痛苦，为死去的信众哭泣，同时哀求着为他们祈祷，这有助于罪过的赎满，痛苦本身并不造成赎罪圆满，但是伴随着赎罪者的刑罚，它有助于赎罪圆满，这便是祈祷襄助的定义本

---

① 　勒布拉:《中世纪基督教世界的教会机构》(G. Le Bras: *Institutions ecclési-astiques de la chrétienté médiévale*)，Ⅰ，巴黎，1959，第 146 页。

* 　教会的生者与死者的灵性的统一。

身。实际上，祈祷襄助即教会的功德，教会能够减低教会成员的刑
罚。"① 由此，痛苦、受苦的概念开始出现在明显位置，从简单的赎
罪，将变成德业的源泉，德业将让炼狱中的灵魂不仅能够——借助
335　生者的帮助——完成炼罪，而且获得资格向上帝为这些生者说情。

　　　教会，教士意义的教会仍然从彼岸世界的新体系中获得重大
权力。教会管理或者控制生者为帮助死者而进行的祈祷、施舍、
弥撒、各类奉献，教会从中受益。靠着炼狱，教会发展出免罪符
系统，这是巨大的权势与金钱收益的来源，最终成为不利于己的
危险的武器。

　　　在这一点上，黑尔斯的亚历山大同样是这一变迁的理论家与
见证者。他是谨慎的："对于反驳教会不能借助全善者来为其他人
获得赎罪圆满，我的回答是教会可以获得帮助，而非获得赎罪圆
满。但是，有人接着说，这样的话如何为死去的亲人获得解脱呢，
如果他们已经由上帝掌管，而我主说：当我择取了所定的日期，
我要按正直施行审判（《诗篇》七十四：3）？我们这样回答：只有
那称量灵魂的人才知道每个罪过应受刑罚的轻重，人类不应试图
了解太多。但那些出于仁爱去驰援圣地耶路撒冷的人可能如此虔
敬和乐于施舍，以至于自身从所有罪孽中解脱之后，他们可以解
救他们在炼狱中的亲属，为他们获得赎罪的圆满。"

---

　　　①　"Respondemus: sicut dolor communis Ecclesiae universalis, plangentis peccata
fidelium mortuorum et orantis pro ipsis cum genitu, est adiutorius in satisfactione: non
quod per se plene satisfaciat, sed（quod）cum poena poenitentis iuvet ad satisfactionem,
sicut ex ratione suffragii potest haberi. Suffragium enim estmeritum Ecclesiae, poenae
alicuius diminutivum"（《黑尔斯的亚历山大大师对"伦巴第人"彼得〈四部语录〉
的注疏》卷Ⅳ，第 354 页）。

　　所以，给死者免罪的泉源只是很有限开放的，仅仅有利于十字军这个特殊类别的基督徒，他们在 13 世纪越来越少了。但是，机制已经就位，准备着运行了。在这个世纪末，波尼法爵八世在 1300 年的大赦之时对此大加利用。

　　在 1216—1236 年间的《成为修士前（*Antequam esset frater*）所讨论的问题》中，黑尔斯的亚历山大多次提到炼狱。在《问题》48 中，谈到可宽恕之罪时，他区分出过错（coulpe），可以由临终涂油消除，而刑罚只能在炼狱中去除。[①] 在其他地方，他提到炼狱刑罚的苦涩、艰辛（*acerbitas*）属性。[②] 对于弄清炼狱中的人是否有希望的问题，他用航船上旅行者的绝妙的隐喻来进行回答。他 336 们的希望并非来自他们的德业，而是来自于他人的行为。旅行者要么靠自己的脚用力而前进，要么靠外部手段，比如一匹马或一艘船。炼狱中的死者"如同一艘船上的旅行者：他们不为自己获得功绩，而是支付自己的旅费；与此相同，死者们在炼狱中偿付自己应该领受的刑罚，不是作为能够在船上获得功绩的船长，而是仅仅作为乘客。"[③]

2. 圣文德和人类末日

　　若望·斐丹匝（Jean Fidanza）约 1217 年出生于拉齐奥和翁布

---

　　① 　黑尔斯的亚历山大：《在成为修士前讨论的问题》（Alexandre de Halès: *Quaestiones disputatae «antequam esset frater»*），《中世纪方济各会经院学者文库》（Biblioteca franciscana scholastica medii aevi），3 vol., t. 19—20—21, 瓜拉基，1960。所引段落《问题》48 见第 855—856 页。

　　② 　前引书，第 1069 页。

　　③ 　前引书，第 1548 页。

里亚交界的巴尼奥雷焦，后来取了波拿文士拉（文德 Bonaventure）
的名字，年轻时来到巴黎，1243 年加入方济各会，1248 年获得 "圣
经学士"（即获得讲授《圣经》的资格），1250 年获得 "语录学士"
（即获得注疏 "伦巴第人" 彼得《四部语录》的资格），1253 年成
为神学教师。[①] 因此，他撰写关于 "伦巴第人" 的《注疏》，是在
1250—1253 年，即他大学教师生涯的开端，是在他 1257 年成为
"小兄弟会"（即方济各会）的教长之前，在 1273 年成为主教之
前。我们从中看到奥古斯丁的重大启发，这是这位方济各会博士
的特点。[②]

　　在《"伦巴第人" 彼得四部语录注疏》的第四卷的《分章》20
337 中，文德论述了 "炼狱刑罚本身"。首先，他肯定说无疑必须将这
种刑罚放在此生之后。对于想知道 "炼狱刑罚是否最大的俗世的
刑罚"（*utrum poena purgatorii sit maxima poenarum temporalium*）
的问题，他回答说 "就它那一类而言" 比灵魂与肉身一体时所能

---

　　① 他在 1274 年去世，到 1482 年才获得册封圣徒，1588 年才被教会宣布为博
士。关于文德，可以参考布热罗尔《圣文德研究引论》（J.-C. Bougerol: *Introduction
à l'étude de saint Bonaventure*, 巴黎，1961），以及圣波拿文士拉（文德）的 5 卷全
集（*S. Bonaventura 1274—1974*），1973—1974 在格罗塔费拉塔出版。存在一部拉丁
文的关于圣文德和炼狱的研究，策尔：《方济各会博士圣文德教义中的炼狱》（Th. V.
Gerster a Zeil: *Purgatorium iuxta doctrinam seraphici doctoris S. Bonaventura*），都灵，
1932。

　　② 文德的《"伦巴第人" 彼得四部语录注疏》曾在 1882 年以来瓜拉基的方济
各会的大部头的刊本的最早四卷中刊出。对第四卷的注疏见于第 4 卷，《分章》20
见第 517—538 对刊页，《分章》21 第一部分的第 2 和 3 条见第 551—556 对刊页，
《分章》44 的第二条见第 943—944 对刊页。瓜拉基的方济各会修士们提供了更容易
查阅的版本《圣文德神学著作》（*S. Banaventurae Opera Theologica*, editio minor, t. IV,
Liber IV Sententiarum），瓜拉基，1949。

够承受的任何俗世刑罚都要重。文德依照奥古斯丁的传统肯定说
人们在炼狱所受刑罚的严峻，承认人们可能对这种刑罚与俗世刑
罚进行的对比，但他同时强调炼狱的特殊性。无疑这里反映出黑
尔斯的亚历山大的关于炼狱刑罚的成比例性的理论，亚历山大确
实是他的老师。随后，文德论及一个让所有经院学者关注的问题，
即炼狱刑罚是否具有意志的问题，在他们的体系中**意志**占据特殊
地位。在文德的思想中确实如此，他在《灵魂走向上帝之旅》中
定义的冥想的六个级别中的第三级中指出灵魂"看到自身中间闪
耀着上帝之形，因为在记忆、智力与意志三大力量中，它通过自
己看到上帝的形象"（J.-C. 布热罗尔）。

　　所有重要的经院学者，在来自各自体系的各种表述中，都仅
仅赋予炼狱刑罚一种有限的意志性，因为在死后，如同黑尔斯的
亚历山大所确定的那样，自由意志是停滞的，取得德业是不可能
的。所以，对于这些神学家来说，涉及刑罚（*quoad poenam*），可
宽恕之罪在到炼狱中得到宽免，但是涉及过错，涉及罪过（*quoad
culpam*），它们是在死亡时刻得到宽免的。托马斯·阿奎那更多
在字面意义上沿袭"伦巴第人"，在他的《语录注疏》中讲授说，
"在彼世中，**涉及罪过**，对于那些死于圣恩状态的人，可宽恕之罪
由炼狱之火得到宽恕，因为这种刑罚是以一定的有意志的方式进
行的，具有赎清任何与圣恩兼容的罪过的效力"。他反悔了《论邪
恶》的立场，他在其中认为可宽恕之罪在炼狱中不复存在；至于
罪过，则通过死亡时刻的全善的仁爱行为来抹去。

　　关于炼狱刑罚的意志性的问题，文德认为炼狱刑罚具有的意
志性很弱（*minimam habet rationem voluntarii*），因为意志"忍受"

它，但"渴望着它的反面"，即刑罚的停止和天堂的奖赏。① 接下

338 来的问题涉及炼狱与天堂的关系："在炼狱刑罚中获得荣耀的确信

要比道路上小吗？"② 也就是说在此世，人是行路者（viator），朝

圣者？对此，文德回答："炼狱中获得荣耀的确信比道路上大，却

比在父之地（家乡）少。"这里涉及的是作为**希望**的炼狱，文德以

某种方式超出了希望，因为他谈到确信；但他在确信中引入多个

程度。他所遵循的概念变成炼狱的根本概念，是作为"手段"的、

居间之地的炼狱，他区分出两个阶段，或者说天堂中两个处所：

父之地（patria③，这个概念还见于其他作者），似乎接近于亚伯拉

罕的怀抱的概念，人们在那里重新得到安息，而**荣耀**既是享受的

见神的喜悦，又类似对人的"神化"，人的灵魂收复了复活的肉

体，变成"荣耀者"。

　　这里，文德引入一个我们非常关注的问题，因为这个问题让

他进入想象领域，这在炼狱的经验史中是如此重要的问题。他回

答"炼狱刑罚是否是由魔鬼的职司（ministerio）来实施的"这个

问题："炼狱的刑罚并非由魔鬼的职司来施加，也不是由善天使，

但灵魂很可能是由善天使领到天上，由恶天使引向地狱。"

　　因此，文德把炼狱视为类似天使领地与恶魔领地之间的中立

---

① 　关于所有这些问题，见 A. 米歇尔在《天主教神学词典》中的《炼狱》词条，1239—1240 栏。

② 　"Utrum in poena purgatorii sit minor certitudo de gloria quam in via..."对此的结论是 "in purgatorio est maior certitudo de gloriaquam in via, minor quam in patria"（炼狱中获得荣耀的确信要比道路上大，却比父之地中小）（Opera, 卷Ⅳ，对刊页 522—524）。

③ 　Patria 这个词来自圣保罗：《希伯来书》十一：14："那些说这样话的人，表示自己在寻找一个家乡。"

地点、无人地带。但他将其定位于——是通过平等、等距中的不对等的视角，我指出过，这是封建社会人们精神中的一种根本的逻辑结构——天堂那一侧，因为如同后来的但丁所说，对于这两个王国来说，引导亡灵去往阴间的都是善天使。因此，这一看法与多数的彼岸世界的灵视是矛盾的，特别是《圣帕特里克的炼狱》。在 13 世纪的基督徒的信仰中，炼狱处在一种戏剧化氛围中。[339] 这种戏剧化主要来自 12 世纪末占主导的一种非炼狱或者近天堂的观念（尽管有各灵视中的黑暗色调）与阿尔图罗·格拉夫称作炼狱的"地狱化"的 13 世纪逐渐发展的观念之间的拉锯。在这一点上，文德更倾向于传统。

关于炼狱的确切地点，他也一样。"炼狱的地点是处于上面，下面，还是中间？"（*superius an inferius an in medio*）。他的回答很独特："炼狱的地点，依据共同法则，很可能处于下方（*inferius*），但依据神的安排（*dispensationem divinam*），它处于中间（*medius*）。"首先，我们应注意，如同前面关于天使和恶魔的问题，我们所处的是见解、概率的领域，而非确信。涉及想象、具体的一切内容中，这些重要的经院学者多多少少有所回避。但是，文德的观点很有意义，因为它对比了（同时注意到了它们的分歧或者说对立）某种共同法则（将炼狱定位在下方）和神意安排（将它定位在中间位置，依据的是新的彼岸世界体系的逻辑）。所以，炼狱的运作是在两个层面之间，即共同法则层面与神的安排的层面，这种两元性同样是神学传统与新潮之间的两元性。文德关于炼狱地点定位的迟疑再次出现于《四部语录注疏》的另外两个段落中。

论及炼狱之火，在对"伦巴第人"对保罗《哥林多前书》三：

15 的注疏的讲注中①，文德批评了这样的看法，它认为炼狱之火除了它的惩罚作用还具有精神的净化作用，将会洗清罪行（不论是否可宽恕之罪），即以一种祭礼的方式清除过错、罪过。他拒绝在炼狱之火中看到惩罚之外的一种新力量（ *vis nova* ），他的依据是援引大格列高列的见证，格列高列将众多灵魂炼罪定位于各个不同地点（ *per diversa loca* ），而罪过的净化仅仅属于神恩。所以，在这一问题上，他再次提到了格列高列的传统，将炼狱定位在俗世，是在犯罪的地点。

340　　　　早在《分章》20 的第 6 个问题中，文德提到炼狱地点定位的另一个案例，即《圣帕特里克的炼狱》。从这一灵视中，他得出结论认为炼罪的地点可能取决于某个圣徒的干预，因为根据他的看法，"某个人"从圣帕特里克那里获得恩准在俗世的某个地点受到惩罚，由此有了传说，认为那里就是炼狱（ *in quodam loco in terra, ex quo fabulose ortum est, quod ibi esset purgatorium* ）。但他自己的结论是，只不过存在不同的炼罪地点而已。因此，他证明了《圣帕特里克的炼狱》当时的流行，同时他认为这一地点定位作为个例也许是真的，但只是"传说"的一个源头而已。如我们后文所见，这并非海斯特巴赫的凯撒留斯（ Césaire de Heisterbach ）这样的熙笃会修士的看法。

在第四卷《分章》44 的第 1 条中，文德在"灵魂居所"这一经典问题中重复提到炼狱地点的问题。②他仔细区分了耶稣来临，

---

① 《分章》21 的第一部分的第 2 条的第 2 个问题。
② 前引书，939—942 对刊页。

道成肉身之前与之后的彼岸世界地理。在基督降临之前，地狱包含两层，一个最下面的地点（*locus infimus*），人们在那里承受感官的刑罚（物质性的惩罚），同时承受失苦（即剥夺了见神真福），还有一个稍靠下面的地点（*locus inferior*），在前一个地点之下，那里人们仅仅承受失苦。那里是灵簿狱（*limbus*，中世纪人们用单数指称一个地点或再区别出几处），那里包括**孩童的灵簿狱**和**先祖的灵簿狱**或亚伯拉罕的怀抱。

　　自从基督降临，便存在**四个**（我再次加以强调）地点：天堂、地狱、灵簿狱和炼狱。虽然，想法没有得到明确表述，但我们感觉炼狱是道成肉身的后果，与对罪过的宽免相关，是由基督降临开启的。另一方面，仅剩下了孩童的灵簿狱，但结果是四个地点的整体，因为文德明确将灵簿狱与地狱区别开（后文我们将看到，大阿尔贝是将地狱与灵簿狱衔接的）。文德继续他的论述，如他所喜欢做的，将四个地点的系统与另一个系统交叉，这个系统是三分的，抽象的，即获选者的"三重状态"：奖赏状态（即天堂），安息中等待状态（*quietae expectationis*，即亚伯拉罕的怀抱）341和炼罪状态（即炼狱）。他补充说："谈到炼罪状态，它对应于一个相对于我们来说而且就其本身而言居中的不确定的地点（*locus indeterminatus et quoad nos et quoad se*），因为并非所有人均在同一地点，虽然很可能许多人同在某个地方。"在此，他援引了他偏爱的权威作者奥古斯丁。

　　总体上，文德对于炼狱的地点没有明确看法。虽然文德更加明确地意识到这个问题的复杂性，但他的言论让我们觉得像是 12 世纪的某位举棋不定的神学家，比如圣维克托的休格。但是，文德应该是或多或少认可将炼狱定在唯一地点的信仰的，对他而言，这只不过是大多数人所处的地点，对炼罪地点的多样性存而不论，包括大格列高列想要做的那样，将炼罪地点确定为俗世。这是面对各具分歧的权威而感到不知所措吗？我认为，这主要是反感让炼狱变成一个地点，而非一种状态，当然必须对这状态进行定位，但却是在多元的物质性的、临时性的地点中的一种抽象的、原子化的定位。

他想弄清楚[①]人们是否能够从"宽免刑罚"（*relaxationes*）中受益，或者仅仅当生活于俗世时才能从中受益，文德与黑尔斯的亚历山大一脉相承，不得不强调对于炼狱的普遍意义上的教会的权力和个别意义上的教皇的权力。在免罪符与教会对于死者的权力的发展道路上，这个文本非常重要，波尼法爵八世后来在1300年的大赦中将开辟这一道路。

随后，波尼法爵回到炼狱之火问题。[②]他想弄清楚炼狱之火是有形的还是精神性的，或者乃至隐喻性的，他看到教会博士们的见解的多样性，看到他的老师奥古斯丁的迟疑，但他仍然得出结论（"让步"）认为这是"物质的或有形的"火。问题的这一侧面需要重新放入当时罗马教会与希腊教会的争论中来看，方济各会和波尼法爵本人在其中发挥很大作用。[③]

342   相反[④]，文德坚定地乃至激烈地对于最后审判之前炼狱中灵魂

---

① 《分章》20 的第二部分。

② 《分章》21 的第一部分第 2 条。

③ 在他去世前几天，波尼法爵在 1274 年里昂主教公会上宣告批准了希腊与罗马教会的统一。

④ 同一问题的第 3 条。

的解脱的问题采取了立场（把那些支持相反观点的人称为 *stulti* "蠢材"）。从见神的真福的角度，他极力肯定其真实性——主要是针对希腊教会。他依据一些权威和一些理性论据。在诸权威中，他首先引用十字架上的耶稣对强盗所说的句子："今天你要与我一同在乐园"（《路加福音》二十三：43）。三个推导是有价值的：1）在炼狱中炼罪之后不可能存在**迟滞**的因素，在炼罪完成后立刻飞离炼狱。2）拒绝支付工钱给雇工，这是违法（不义）；但上帝是绝对的正义者，一旦他看到人应该得到报酬，他便立刻给他酬劳（非常有价值的对司法的参照，这是 12 世纪的传统中的，并且提到公正的酬劳是在经院学者面对工薪制度的发展努力建立起一种经济与社会道德的背景下的）。3）最后是心理上的论据：不当地推延人的希望，是为残忍，如果上帝让圣徒们在最后审判日之前都得不到奖赏，那么上帝就是残忍的。

在《四部语录注疏》的结尾，文德谈及祈祷襄助。[1]沿袭奥古斯丁，但有少许改变，他主要区别三类死者：天堂中的善人（*boni*），一般善人（*mediocriter boni*）和完全恶人。他的回答此后成为经典，他说只有那些一般善人可以从生者的祈祷襄助中得益，但他加以明确说他们并非是处在获得德业的状态（*in statu merendi*），因为死后不再获得德业。

在大学教学的框架下，在注疏了"伦巴第人"彼得的《四部语录》之后，文德感觉需要对于神学家所面临的全部问题的整体来以一种更加个人化的方式陈述自己的观点，就如同托马斯·阿

---

① 《分章》44 第 2 条。

奎那写作《神学大全》那样。早在 1254—1256 年，他就写作了
《神学概要》（*Breviloquium*）。炼狱在其中所占据的微小地位说明
文德大概认为他正在表述或者说已经表述过（他的各著作关于炼
狱这一部分的先后关系难以确定）他在《"伦巴第人"彼得四部语
343 录注疏》中关于这一问题的主要想法。在《神学概要》中[①]，谈到
炼狱刑罚时，他加以明确说作为"惩罚"的刑罚是由一种物质性
的火施加的，而作为"净化"的刑罚则表现为一种精神性的火。

　　谈到祈祷襄助[②]，他毫不迟疑称之为"教会的"，由此表明教会
在这一领域的主导地位，他直截了当地明确说这些祈祷襄助"对
于一般善的人，及那些炼狱中的人"是有效的，但"对于那些全
恶人，即那些地狱中的人"并且"对于那些全善人，即那些在天
堂中的人"是无效的，相反，天堂中的人的德业和祈祷为"奋斗
中的教会"的成员获取许多好处。[③]

　　最后，在 12 月 2 日这个纪念死者日、"灵魂之日"的两则布
道文中，文德提到炼狱。在第一则布道文中，[④] 他区别了永劫者、
获选者、应得到炼罪者（*damnati, beati, purandi*）。他确立了应得
到炼罪者的存在，依据多种对《圣经》的引用，[⑤] 他将其划入"不

---

　　①　第七部分第 2 章。
　　②　同一部分第 3 章。
　　③　圣文德：《全集》（Bonaventura: *Opera*），t. Ⅴ, fol. 282—283。瓜拉基的方济
各会修士们后来出版过《神学概要》一个更容易查阅的版本，《语录注疏》也一样。
　　④　《全集》（卷Ⅸ，第 606—607 页）。
　　⑤　保罗《哥林多前书》三：10—13，但还有《旧约》的权威（《约伯记》二：
18，《箴言》十三：12），以及圣保罗书信（《提摩太后书》四：7—8；《希伯来书》
九：15），它们与炼狱的关系似乎较远。

全善者"之列。在第二则布道文中，他主要呼吁祈祷，援引了犹大·马加比（"铁锤"犹大）的祈祷，他的祈祷对那些"在炼狱中因自身顽固罪过受到折磨却将会从那里被带向永福的人"是有效的，他以譬喻的方式来将犹大、约拿单和西门这些人物诠释为"忠诚、简朴而谦卑的祷告，那些处于炼狱中的人由此得到解脱"。① 我们应当用他对祈祷的呼吁来结束对文德的立场的这一快速的审视，这位杰出的方济各会教士是倡导祈祷的重要经学博士之一。②

在多明我会的思想中

让我们仍然驻足巴黎，但让我们回溯几年，去审视一下两位最重要的多明我会的教师的思想中的炼狱学说：大阿尔伯特和托马斯·阿奎那。在巴黎神学家的圈子里，时代顺序不容忽视，但也许最好选择另外一种延续性，即巴黎大学教学的先后接替的延续性。方济各会与多明我会这两个重要的托钵僧教团，各自内部的学说沿袭大概是最佳的时代主线。大阿尔伯特1240—1248年间给出了他对于炼狱的主要思想。1268年，这些思想被阿尔贝的一位弟子，斯特拉斯堡的休格·黎柏林（Hugues Ripelin de

---

① 《全集》，第608页。

② 关于祈祷在波尼法爵的神学中的重要性（这让炼狱更加深入地根植于他的思想中），请参考扎法拉纳《圣文德论虔信》（Zelina Zafarana: "Pietà e devozione in San Bonaventura"），载《方济各会的圣文德》（*S. Bonaventura Francescano*）"14届中世纪神学研究中心大会"，托迪，1974，第129—157页。

Strasbourg）加以普及。这些思想影响到阿尔贝的另一位弟子的独特的著作，这是一位重要思想家，即托马斯·阿奎那，他1252—1256年间在巴黎大学的教学中首次表述了自己的炼狱概念（他几乎与文德同时注疏了"伦巴第人"彼得的《四部语录》），在他于1274年突然离世后，他的思想由一群弟子整理成书。这一多明我派"阵营"代表着经院哲学在亚里士多德方法与基督教传统之间达到平衡的巅峰，代表着13世纪教学和大学思想中"理性"建构的"最大成就"。阿尔伯特与托马斯的学说的精要在斯特拉斯堡的休格的《神学真理汇编》（Compendium）与皮派诺的雷吉纳尔德（Réginald de Piperno）的《神学大全》的普及工作中得到延续。

1. 经院学者的炼狱大纲：大阿尔伯特

劳因根的阿尔伯特（Albert de Lauingen）约1207年出生，1223年在帕多瓦进入"布道兄弟会"（多明我会），但他受教育是在科隆和其他德国修道院，随后到巴黎，他1240—1242年于巴黎大学成为"语录学士"，随后成为神学教师，1242—1248年在巴黎大学占据多明我会所有的两个教席之一。[①] 正是在这一阶段，作345 为亚里士多德的阅读者，却尚未成为真正"亚里士多德学说派"，阿尔伯特撰写了两部神学巨著，《造物大全》（Summa de creaturis），

---

① 关于大阿尔伯特，见洛坦《大阿尔伯特的神学著作》（O. Lottin："Ouvrages théologiques de saint Albert le Grand"），载《12与13世纪心理学与道德》（Psychologie et morale aux XIIe et XIIIe siècles）卷Ⅵ，让布卢，1960，第237—297页）和《全面博士大阿尔伯特》（Albertus Magnus Doctor Universalis 1280/1980, G. Meyer / A. Zimmermann 校勘，美因茨，1980）。

他的《论复活》(*De resurrectione*)可能是其中的一部分，1246 年之前的稿本中是与之在一起的，[①]另一部巨著是一部《"伦巴第人"彼得四部语录注疏》。阿尔伯特在这两部著作中谈及炼狱。

《论复活》可能是与《造物大全》结尾谈末日的《末日论》(*De novissimis*)等同的。在保留有《论复活》的稿本中，它是未完成的，以最后审判结束，未谈到它预告过的"永福、永恒的王冠和上帝的居所"。

在第一部分笼统谈到整体复活，在第二部分谈到耶稣的复活之后，阿尔伯特在第三部分谈到恶人的复活。他宣布，"刑罚的场所"是"地狱、炼狱、孩童的灵簿狱、人类先祖的灵簿狱"。对于地狱是不是一个场所的问题，阿尔伯特回答说地狱是双重的：存在一个外在的地狱，它是物质性的场所，存在一个内在的地狱，它是永劫者所受的刑罚，不论他们身在何处；地狱的地点"在地心"，那里的刑罚是永远的。他所援引的"权威"始终是奥古斯丁，随后是圣维克托的休格，关于火的地点问题，他援引大格列高列和《圣帕特里克的炼狱》。关于一些逻辑问题，他援引了亚里士多德。

依据《论复活》，炼狱是个场所，位置靠近地狱。甚至那里就是地狱上层。之所以大格列高列和帕特里克谈到炼狱在地上，那是因为存在一些炼狱中的灵魂在此世显现的情况，那是通过特别准许，为的是对人类发出警告。圣维克托的休格与圣保罗（《哥林多前书》三，曾由奥古斯丁加以注疏）的文本指出可宽恕之罪

① 《论复活》(*De resurrection*, W. Kübel 校勘，载《大阿尔伯特全集》(*Alberti Magni Opera Omnia*)，t. XXVI，明斯特/W，1958)。《问题》6《论炼狱》(*De purgatorio*)见第315—318页，《问题》9《论刑罚地点》(*De loci poenarum simul*)，第320—321页。

是在炼狱中消解的。对之的证明让阿尔伯特得以依据亚里士多德来进行一些精微的逻辑证明，证明的过程是比较长篇幅的。然后，阿尔伯特较快地论及炼狱刑罚的性质与强度。他同意炼狱中的灵346魂所受的刑罚并不更小，他们享受着信仰之光和神恩之光，他们暂时所缺的是见神的真福，但这种缺乏不应被等同于内心的黑暗。恶魔仅止于带着灵魂去炼狱炼罪，但恶魔并不是在那里给灵魂炼罪。最后，炼狱里存在冰冻的刑罚（*gelidicium*），这种刑罚惩罚人们对慈善的冷漠——必须在其中炼罪的灵魂属于这种情况。这里，阿尔伯特未道明火这种主要刑罚，他在谈到地狱时已经有机会说到过，他区分地狱之火与炼狱之火。最后，对跟奥古斯丁一样认为炼狱刑罚比俗世任何刑罚都"苦"（*acerbitas*）的那些人，以及其他认为炼狱刑罚相对于地狱刑罚仅仅如火的形象之于真的火，如点之于线的那些人，他的回答是诉诸逻辑，发起辩论。他求助于亚里士多德（《物理学》一：3，c. 6—206b 11—12），亚里士多德声明只能对有可比性的东西进行比较，即有限之物与有限之物进行比较。所以，"苦"（*acerbitas*）的问题应该加以排除。在炼狱与地狱之间，区别并非强度问题，而是**期限**问题。另一方面，灵魂在炼狱中所渴求的，并非重新找回肉体，而是与上帝在一起。这便是应该如何来理解奥古斯丁，奥古斯丁所想的并非炼罪之火。《论复活》的第三部分的结尾是对刑罚场所的总体论述（*De locis poenarum simul*）。阿尔伯特在这一点上表现出对于彼岸世界地理系统的统一性的强烈意识。这是物质与精神的统一：存在对彼岸世界的**一种**地理学和**一种**神学。

对于"灵魂的居所"的问题，阿尔伯特从三个角度来思考。

第一个视角是审视这居所是一个最终地点，还是一个过渡地点。如果这是个最终地点，有两点需要考虑：即荣耀与刑罚。如果是荣耀，那么仅有一个地点，即**天国**，天堂。如果是刑罚，则必须区别出一个仅仅有失苦之刑的地方，**即未受洗孩童的灵簿狱**，和一个具有感官苦与失苦之刑的地方，即**阴间**，地狱。如果居所仅仅是个过渡地点，那么同样必须在单纯的失苦的刑罚（人类先祖的灵簿狱）与同时受失苦和感官之苦即炼狱之间进行区别。

第二个视角是考虑德业的原因。德业可能是善的或恶的，或 347
者同时是善的和恶的（*bonum conjuctum malo*）。如果是善的，那应得**天国**。如果是恶的，那是因为个人的或者外人的罪行（*ex culpa propria aut aliena*）。对于个人的罪行，对应着**阴间**，对于外人的罪行（原罪）对应着**未受洗的孩童的灵簿狱**。如果德业是善恶混合的，那么不可能是大罪之恶，大恶是与神恩不相容的，神恩是与善连结在一起的。所以，从个人或外人罪错中来的是一种可宽恕的恶。如果是第一种情况，那么人将入**炼狱**，如果是第二种情况，那么人进入的是**人类先祖的灵簿狱**。

最后的视角可以关于这些地点有什么。这些地点可能具有四个性质：身苦的、黑暗的、光明的、神恩的或者欢欣的（*afflictivum, tenebrosum, luminosum, laetificativum*）。如果这地点是欢欣和光明的，那便是**天国**。如果那是受苦和黑暗的，因为见神的喜悦被推延，那便是**炼狱**。[①] 如果那是立即黑暗的，但不受苦，

---

① 大家可能注意到阿尔伯特在这一文本中习惯性使用名词 purgatorium（炼狱），在此处他使用形容词 purgatorius（意味着炼罪之火）。关于这个词的使用，参考后文谈到《四部语录注疏》的部分。

那就是**未受洗孩童的灵簿狱**。如果并非立即黑暗，但不受苦，那便是**人类先祖的灵簿狱**。阿尔伯特意识到自己未穷尽这四个属性间的所有可能的组合，但他证明他所考虑的这些情况是唯一可能彼此兼容的。[①]

　　我转述大阿尔伯特的证明过程，不仅是为了说明经院哲学把炼狱变成什么，说明我们看到它诞生的这种信仰的理性化进程，既通过意象，又通过推理，既通过权威文本，又通过奇诡的故事，走过迷茫、缓慢、迟疑、矛盾，如今结成一种非常紧密的建构。我这样做还因为，在我眼中，阿尔伯特比任何其他经院学者都更加懂得对半个世纪之前多多少少是从经验意义上诞生的炼狱体系构建理论。

348　　　这一文本还有其他价值。阿尔伯特比任何人都懂得在炼狱这样的信仰体系中协调属于想象的东西与属于逻辑的东西，协调来自权威的东西与推理所得的东西。他将魔鬼扫出炼狱门外，却让他们能接近炼狱边缘。他拒绝寒冷这一元素，但却接纳了酷热，火。他区分内在空间与外在空间，却承认彼岸世界是一个物质性场所构成的体系。他拒绝粗糙的比喻，却将比喻当作合理元素，甚至是思考彼岸世界系统所必须的。之所以他意图将想象加以净化，那并非出于原则上的反对，而是在想象与逻辑，与真理，或者与信仰的深层意义相抵触的时候。

---

　　① 阿尔伯特驳斥了最后一种反驳："可以在那些对于应受拯救者、永劫者或净罪者同样有益的德业进行众多区分，所以必须存在超过五种以上的居所"。他的回答是："对那些个别性的区别必须进行普遍性的划分。在'居所'内部将有一些'房舍'"。这是逻辑划分的精细化，同样也是对《约翰福音》的援引。

这一文本还表明，对于阿尔伯特来说，明确区别炼狱与地狱是重要的，或者说是本质性的。对于他来说，这同样是系统中自然而来的。炼狱对应某个罪行状态，这种状态中恶与善掺杂。首先由此而来的后果是系统实际是三分的，而非"四分的"（*aut est bonum aut est malum aut bonum coninactum malo*：或者善，或者恶，或者善恶相杂）。由此而来的结果主要是，炼狱是个偏离中心的中间地带，偏向于善，偏向于高处、天上、上帝。因为它所包含的恶是可宽恕的恶，而非大恶，而善同任何的善一样，是神恩的善。所以，认为 13 世纪的全部关于炼狱的思想都是倾向"地狱化"是错误的。如我们后文将要看到的，之所以炼狱最终的倾向如此，那要从那个时代作为机构的教会普遍做出的选择中去寻求原因，这个时代奉行以恐惧来牧道——那时一些宗教裁判所法官同时操纵着此世与彼岸的酷刑。

在几乎紧跟《论复活》之后的《语录注疏》中，大阿尔伯特对炼狱的论述更加完整，更加深入，表现出某种演进。当然，对炼狱做出陈述的始终是第四卷的《分章》21 与 45。在概述这位多明我派大师的注疏的同时，我将指出这一注疏中的发展，因为这一注疏彰显了阿尔伯特的方式，揭示出他是通过何种路径来到达一些立场的，这些立场并不完全与《论复活》中的立场一致。

在《分章》21① 中，阿尔伯特审视了下列几点：死后是否真 349
的存在罪行，如同基督在福音书中所言："说话干犯圣灵的，无论

---

① 《"伦巴第人"彼得四部语录注疏》的《分章》21 见奥古斯特·博尔涅的大阿尔伯特著作校勘本《大阿尔伯特全集》（Auguste Borgnet：*B. Albert Magni... opera omnia*），卷 29，第 861—882 页，巴黎，1894。

今世来世，总不能得赦免"？（《马太福音》十二：32）这些罪是
奥古斯丁在谈到草木禾秸时（《哥林多前书》三：12）所指的可宽
恕之罪吗？能否认为炼罪是通过暂时的炼罪之火进行，而这火却
比人在俗世所能承受的任何火都更严酷（奥古斯丁《天主之城》
二十一：26）？因为保罗说过（《哥林多前书》三：15）人得到拯
救如同经过火（*quasi per ignem*），这会导致人轻视这火吗？

阿尔伯特审视了这些问题，分 12 条做出解答：

第 1 条：某些可宽恕之罪在此生之后得到宽恕吗？回答是肯
定的，依据是一些权威，特别是大格列高列的《对话集》第四卷，
我保留其中两步推理：1）在死后，不再是增加德业的时间，而是
将（俗世获得的）德业用在恰当的用途；2）如果死亡的目的是受
难，如同那些殉道者那样，那么死亡的刑罚本身会抹去罪过，但
是其他普通的死者（*in aliis communiter morientibus*）不属于这种
情况。炼狱与人在俗世的整体的表现紧密相关，是为普通死者而
设的。

第 2 条：草木禾秸（保罗《哥林多前书》三：12）的宣教意义
是什么？回答：不同种类的可宽恕之罪。所援引的权威：圣哲罗
姆和亚里士多德。

第 3 条：这些建筑的地基是什么？看起来可能并非律法，因
为律法的制定仅为了善行，而可宽恕之罪并非善行。回答：地基
就是善，其实就是信仰，它让希望存于我们心中。物质给予建筑
实体，但是建筑的内壁却是朝向永恒事物，朝向天极的希望，那
里有仁爱（*charitas*），是完美之地。所以，关于炼狱的思考是嫁
接在关于主要美德的神学上的。

第 4 条对于阿尔伯特是核心的。实际上是回答问题："在死后 350 是否存在炼罪之火？"实际上，"伦巴第人"尚不知有炼狱，回答这个问题，等于既讨论炼狱的存在，又讨论炼罪之**火**的存在。尤其棘手的是这个问题处于那个时代与希腊教会的辩论的焦点，而奥古斯丁和大格列高列这些"炼狱的博士们"（这是我的说法，不是出自阿尔伯特）曾经对这火有所怀疑。

阿尔伯特审视了一些权威意见和理性的反对意见，他进行回答，一再重复说："这就是我们所说的炼狱。"他重复《马太福音》十二：31—32，保罗《哥林多前书》三：15 的诗句，加入了一位佚名的希腊注疏者（*expositor*）的见证，出于东西教会合一的精神，他以此来为死后炼罪之火的存在达成一致，他同样使用了亚里士多德。值得注意的是他使用了圣安瑟尔谟的《上帝何以化身为人》（*Cur Deus homo*）。由此，为了论证炼狱的存在，他划出了一条惊人的哲学与神学的脉络，从古希腊哲人一直到 12 世纪的罗马与希腊教会。随后，他依照自己的习惯，像那些经院学者通常所做的那样，他涉及那些理性的论据，列举死后炼罪的必要性。

对于反对意见，阿尔伯特通过巧妙混用形容词（purgatorius，隐含表示炼罪之火）和名词 purgatorium（炼狱）做出回答："不管怎样，依据任何理性与信仰，必须存在一种炼罪的火（purgatorius）。那些理由主要是道德上的，从中一致得出的结论是存在一个炼狱（purgatorium）。"

对于奥古斯丁所犹豫的内容，阿尔伯特肯定说这些犹豫不是针对炼狱的存在，而是对于圣保罗的文本的诠释。他提醒说，另一方面，其他圣徒明确谈到炼狱，而**否认其存在是一种异端意见**。阿尔伯特（后来得到他的弟子托马斯·阿奎那的跟从）在这一点上比他那一时代的任何神学家都走得更远。

至于"道德上的"原因，阿尔伯特不纠缠于火，他回到炼罪问题。他拒绝善与恶的等价对比，他在正义的天平上加重仁爱的重量，肯定说上帝"在人死后仅仅以仁爱奖赏与之相似者，除了那些背离他和仇视他的人，上帝不会判决任何人……。任何得到炼罪的人都不会被判决"，他以此瓦解了反对意见。

351　　第 5 条回答一个既属理论又属实践的问题："为何地狱的刑罚被用几个名称来指称，而炼狱的刑罚只用一个，即火，来命名？"按照阿尔伯特的意见，那是因为地狱是为了进行惩罚，存在几种惩罚方式，比如用寒冷和酷热。相反，炼狱是用来炼罪的，它只能通过一个元素来进行，这个元素有净化和焚尽的力量。寒冷不属于这种情况，但火却是如此。这里，阿尔伯特显然借助于他对于自然科学的兴趣。

在第 6 条中，他补充了对《哥林多前书》的注疏，谈到金银与宝石的建筑，他同样借助了亚里士多德在光明、火焰与炭火之间的划分。此后，在第 7 条中，他谈及自愿与非自愿的炼罪问题。他的结论是灵魂想要得到净化和拯救，但他们愿意在炼狱中得到净化，仅仅是因为他们没有别的可能得到拯救和解脱。他们的意愿是受**条件制约的**。

第 8 条关于永劫者所犯的可宽恕之罪。这看起来像是学校的练习一样简单：永劫者受到永远的判决，不是因为他们的可宽恕之罪，而是因为他们的大罪。

如同文德的作品中一样，第9条提出炼狱中的灵魂是否受到恶魔折磨的问题。如同文德，阿尔伯特认为恶魔不是炼狱的刑罚的执行者，但他并不肯定。相反，对于那些彼岸世界的灵视，他提出一个有趣假设：他认为恶魔看到炼狱中灵魂受苦而感到高兴，他们有时会旁观。他说："这就是我们有时候会读到的内容。"比如，他解释了《圣马丁传》的一个段落。某些人提出，既然依照这个圣徒传，魔鬼经常在圣徒的床前，他知道根据圣徒的德业不会遭永劫，他在那里是因为他希望在圣徒死亡时把他带去炼狱。阿尔伯特的诠释推翻了这种假设。

第10条长篇论述——时事逼迫——"某些希腊教徒的谬误，他们说明在最后审判日之前无人进入天堂或地狱，而是留在一些中间地点（*in locis mediis*），等待着（在审判后）被移到前者或后者。"

他在论辩中长篇幅客观陈述了希腊教会的观念，然后阿尔伯特得出结论认为无疑人们可以上天堂或者下地狱，要么是死后立刻，要么是在死亡到最后审判之间——这将炼狱的时间合理化，让人们可以相信灵魂或迟或早离开那里，这又让为死者祈祷有了合理性。阿尔伯特在结论中重复说对这种观点的拒绝是一种异端行为，甚至一种非常邪恶的异端邪说（*heresis pessima*），他用来支持自己的结论的是福音书（《路加福音》二十五：43和十六：22）、《启示录》（六：2）和保罗书信（《希伯来书》二：40），以及他习惯上的一些理性论据。这些论据中，我仅保留一个，对于当时的社会和意识形态背景来说尤为有趣。希腊教会方面，他们提出论据说死者构成一个共同体，如同在城市的共同体中人们共同做决定（ *in urbanitatibus in quibus in communi decertatur*[①] ），对全体获选者和永劫者的决定应当是同时做出和执行的。阿尔伯特则指出不在工人（ *operarii* ）一完成工作的时候就支付工资是不公正的，他提醒说我们看到（ *videmus* ）雇用工人的人给最好的工人奖金（ *consolatio specialis* ）。[②] 这是个阿尔伯特很看重的想法，虽然说到公正的工资（他那个时代的理论与实践上的问题），但不应忘记上帝是最高意义上的正义者。人们大概忍不住要说上帝是最公正的老板，最公正的"提供工作的人"。

第 11 与 12 条谈及忏悔，不谈炼狱问题，但提到过错（ *culpa* ）、大罪和可宽恕之罪的问题，这些问题间接涉及炼狱。这里，我们再次看到赎罪的背景，从"伦巴第人"到大阿尔伯特，关于新的炼狱的神学论争都是在这个背景下展开的。

在《语录注疏》的《分章》44 的第一部分的第 45 条中，大阿
353 尔伯特给出了 13 世纪关于彼岸世界的地理的据我所知的最佳表述。

提出的问题是："在与肉体分离后，存在五个给灵魂的居所吗？"解答如下："对此必须说灵魂的居所多样，彼此不同。它们

---

① 皮埃尔·米肖-康坦在其巨著《大学：罗马公教中世纪社群运动的表达》（ Pierre Michaud-Quantin: *Universitas. Expressions du movement communautaire dans le Moyen Age latin*, 巴黎，1970，第 105 和 119 页）中指出大阿尔伯特"研究集体的行为时，将集体区分为民间社会的城市共同体（ urbanitates ）和教会的教会集体（ congregationes ）"。在谈到教皇英诺森四世将那些集体革除教籍的禁令时，他用到这个词，这是这位热那亚的教皇的一个重要决定。阿尔伯特论及这个问题时略早于他的《四部语录注疏》（《分章》19，第 7 条，见《全集》，卷 29，第 808 页，我们的文本见同卷第 876 页）。皮埃尔·米肖-康坦指出"在同一背景下，波尼法爵用 congregatio 来指称任何市民或宗教集体"。

② 前引书，卷 29，第 877 和 878 页。

是一个处所，或是终点，或是途经。如果是个终点，那么有两个：品行恶的入地狱，品行好的入天国。但恶的品行的终点，即地狱，是双重的，按照自身的品行和按照与自然订立的不利的约定，第一种情况对应永劫者的下层地狱，第二种情况对应上层地狱的未受洗孩童的灵簿狱……如果是途经的地点，那可能是源自自身品行的缺陷或者未支付代价……第一种情况是炼狱，第二种情况是基督降临前的人类先祖的灵簿狱。"①

所以，实际有三个地点：天堂、分成矶汉那（阴间）和孩童的灵簿狱（位于邻接炼狱的地狱上层）两部分的地狱，以及炼狱（同样结合着另一半，人类先祖的灵簿狱，但这个灵簿狱是空的，从基督降临地狱之后被永远关闭）。

这是通过纯粹抽象的推理得出的对三个还是五个地点问题的巧妙解决，虽然这显然是以《圣经》和传统为根据的。最后，在《分章》45 的第 4 条中关于为死者祈祷的问题中，阿尔伯特再次肯定了祈祷对于炼狱中的灵魂有效，他提醒说他们属于教会的管辖权，强调说奋斗的教会的仁爱（*charitas Ecclesiae militantis*）是祈祷襄助的来源，如果活人可以让死者从他们的祈祷中受益，那么反过来说死者也能让活人受益。②

可以衡量出《论复活》之后思想的丰富过程。当然，作品的性质或多或少促使阿尔伯特这样去做：以"伦巴第人"为出发点，这促使他重新发现与炼狱的诞生相关的那个知识群体的联系，重

---

① 《大阿尔伯特全集》（Alberti Magni：*Opera omnia*），A. Borgnet 校勘，卷 30，第 603—604 页。

② 前引书，卷 30，第 612 页。

新发现圣事与赎罪的神学，提及祈祷襄助问题让他不得不探讨生
者与死者的团结互助这个主题。但是，我们感到阿尔伯特的思考
在此期间得到了深化。因为必须给出炼狱存在的证据，这促使他
354 陈述新的论据。他引用的"权威"卷宗得到丰富和多样化。他对
文本的注疏，尤其是对保罗《哥林多前书》的注疏，变得更加深
入。当他考虑炼狱中所发生的事情，他更多集中在炼罪进程，而
非刑罚。他以更多篇幅探讨炼狱的时间，涉及个体或长或短的在
炼狱停留时限，而在《论复活》中他仅限于说炼狱持续到最后审
判，但不会持续到那之后。在谈到祈祷襄助的时候，他援引诸圣
的相通（圣者团契、圣徒相通），借助于一些比喻，将文本置于对
那个时代的经济、社会、政治和意识形态的现实的尖锐看法之中。
最后，他将对于彼岸世界的地点系统归拢在单一陈述之中，明确
说先祖的灵簿狱只在基督降临前存在，他将五个地点的系统变成
四个，而实际上依据基督教彼岸世界的地理的深层逻辑变成了三
个地点的系统。

　　大阿尔伯特属于最清楚和最坚定地探讨炼狱问题的最重要的
经院学者，虽然也许在有些问题上保持沉默，有些油滑，但他赋
予炼狱以神学的地位，甚至是崇高的地位，同时却既不批评共同
的信仰，也不支持与共同信仰不兼容的立论。

2.　一部神学普及的教材

　　大阿尔伯特的影响通过他的一位弟子的神学普及作品得到延
续，他同样出版了阿尔伯特的全集。这便是由 1268—1296 年任斯
特拉斯堡多明我会修院院长的修士休格·利普林撰写的《神学真

理概要》(*Compendium theologicae veritatis*), 他同样被称为斯特拉斯堡的休格。我们将《概要》的年代确定在 1268 年。[①]

在第四卷中非常明白地解释了彼岸世界的地理, 在谈到基督降临地狱时解释了亚伯拉罕的怀抱的消失。

要想弄明白基督下到哪个地狱, 必须注意到地狱具有两个意思, 它指刑罚, 或指刑罚之地点。在第一个意思下, 人们说恶魔总是随身带着地狱。如果地狱指刑罚的地点, 那么 355 必须区分四个 (地点)。存在永劫者的地狱, 人们在那里承受感官苦与失苦 (剥夺了见神的真福), 那里有内在与外在的黑暗, 即失去神恩: 那是永恒之悲苦。在那上方是未受洗孩童的灵薄狱, 人们在那里承受失苦, 却不受感官苦, 那里有内在与外在的黑暗。

这个地点上方是炼狱 (休格使用阳性词 purgatorius, 而非中性词 purgatorium, 后者意味着 locus (地点)), 那里存在有期限的感官刑罚和失苦, 那里有外在的黑暗, 但不是内在的, 因为通过神恩, 人们在那里拥有内心的光明, 因为人们明白自己将会得救。上方的地点是人类先祖的灵薄狱, 那里曾经有失苦, 但没有感官苦, 曾经有外在的黑暗, 但没有剥夺了神恩的黑暗。基督曾降临的正是这个地方, 把自己人从那里解救出去, 因此 "咬开" 地狱, 因为他带走了地狱的一部分,

---

① 《神学真理概要》由博尔涅在大阿尔伯特的《全集》的第 34 卷刊出, 巴黎, 1895。关于斯特拉斯堡的休格, 请参阅博纳《关于多明我会神学家斯特拉斯堡的休格》(G. Boner: *Über den Dominikaner Theologen Hugo von Strassburg*), 1954。

留下了另一部分。但对于那些获选者，上帝完全摧毁了死亡，如同《何西阿书》十三：14 所说："我将是你的死亡，哦，死亡，我将是对你的咬噬，地狱"。人们同样称这个地点为亚伯拉罕的怀抱，亚伯拉罕的怀抱如今在天极，因为此后亚伯拉罕在那里了。所有这些地点都不彼此相通，除了从前从第三个地点到第四个地点是通的，即从炼狱到先祖的灵簿狱。①

虽然这个文本让我们想到大阿尔伯特《四部语录注疏》中的观念，但应该指出炼狱在此处被放在地狱性的整体中，与孩童的灵簿狱的分离不是那么明确，而阿尔伯特在把孩童灵簿狱与炼狱分开后，把它与地狱接在一起。休格在这一点上比阿尔伯特更加保守，他的观念揭示出炼狱的地狱化进程。相反，休格的理性化的努力更多是在一种历史的视角下，在这一点上，他是忠于阿尔伯特的精神的。亚伯拉罕的怀抱的历史性的消除在他作品中被明确指出，但我们知道并非基督降临地狱，或者用实证史学的用语来说并非福音时代，让亚伯拉罕的怀抱消失或者升到天上的，造成这些的是 12 与 13 世纪之交的炼狱的诞生。

356　　　关于炼狱的最主要内容在第七卷《论末日时代》(*de ultimis temporibus*)，炼狱在其中占据第 2 到第 6 章，前面的第 1 章是关于世界末日，而后面的章节谈论敌基督（反基督）。②《神学真理概要》开篇肯定说炼狱即**希望**，因为炼狱中的人"知道他们不会进地狱"。

① 《神学真理概要》四，22。大阿尔伯特《全集》，博尔涅校勘本，卷 34，第 147 页。

② 前引书，第 237—241 页。

他补充说，有许多原因使得炼狱必须存在。首先，如奥古斯丁所说，实际存在三类人，极善者、极恶者和非极善极恶者，非极善极恶者必须通过炼狱的刑罚来摆脱自己的可宽恕之罪。另外的六个原因主要属于正义和享受见神的真福之前接受洗礼净化的必要性。但是，灵魂一旦得到净化，它们就会飞向天堂，飞向荣耀。

炼狱的刑罚是双重的：失苦与感官刑罚，而感官刑罚非常严酷（*acerba*）。炼狱之火既是有形的又是无形的，这并非通过隐喻达成的，而是通过形象，通过相似，"就如同一头真的狮子与一幅绘画的狮子"，两者都是真实的，但就像如今我们可能会说的，它们具有将真狮子与"纸"狮子区分开的分别。

关于炼狱的方位，休格让人参考他谈到基督降临地狱所说过的内容，他补充说，如果依照共同法则，炼狱被定位在地狱的一个独立分区里，经过特殊准许，某些灵魂可能在某些它们犯错的地点炼罪，如同某些灵魂显现的情况所揭示的。

教会的祈祷襄助（第4章）对于获得永生是无效的，但对于解脱刑罚有效，不论是减轻刑罚，还是更快解脱。存在四类祈祷襄助：祈祷、斋戒、施舍和祭坛圣礼（弥撒）。这些祈祷襄助只可能让那些在俗世已经获得资格的人在他们死后从中受益。《神学真理概要》以独特的令人奇怪的方式补充说，祈祷襄助同样可以让那些获选者和遭永劫者受益。获选者是以增加的方式受益，因为获选者由于从炼狱得解脱的灵魂的加入而壮大，这增加了获得真福者全体的"分外的"荣耀。遭永劫者是通过减缓来受益，因为在相反方向，遭永劫者数量的减少减低了遭永劫者整体的刑罚。如果说关于获选者的推理是特别的，那么我觉得关于遭永劫者的部

357　分是荒谬的。在这一点上，渴求对称性的经院思想机器在我看来是胡说八道。

最后，如同文德所做过的，《神学真理概要》宣布世俗人只有借助于善行才能让死者从祈祷襄助中获益。免罪符的受益者不能将这些免罪符转手给生者，也不能转手给死者。相反，教皇——仅止于他——能够以权威颁许免罪符给死者，同时能够通过仁爱（charitas）颁许善行的祈祷襄助。因此，教宗的权力扩展到俗世范围之外，扩展到彼岸世界：从此之后，教权——通过册封圣徒——派遣圣徒前往天堂，将一些灵魂从炼狱中解脱出来。

3. 处于唯智论核心的炼狱：托马斯·阿奎那与从人向上帝的回归

我努力展示了几位重要的经院学者是怎样谈论炼狱的，他们着力肯定了炼狱的存在，却对于其处所保留了一些迟疑，对于炼狱最具体的侧面则显示出谨慎，他们在自己的神学体系中给予炼狱相对次要的地位。用几页纸的篇幅来界定炼狱在 13 世纪的最复杂的神学建构中的地位，即托马斯·阿奎那的神学建构中的地位，这就更为棘手了。

托马斯·阿奎那在其著作中曾多次论及炼狱。[1]

---

　　[1]　关于托马斯·阿奎那，参考舍尼《圣托马斯·阿奎那研究引论》（M.-D. Chenu: *Introduction à l'étude de saint Thomas d'Aquin*），蒙特利尔 / 巴黎，1950。威谢普：《托马斯·阿奎那修士：生平、思想及著作》（J. A. Weisheipl: *Friar Thomas d'Aquino, his Life, Thought and Works*），牛津，1974。《托马斯·阿奎那：诠释与接受：研究与文本》（*Thomas von Aquino. Interpretation und Rezeption. Studien und Texte*），W. P. Eckert 编，美因茨，1974。

　　阿奎诺（Aquino）伯爵的儿子托马斯于 1224 年底或 1225 年初降生于意大利南部的罗卡塞卡城堡，1244 年进入那不勒斯的多明我修会，追随大阿尔伯特求学于那不勒斯、巴黎和科隆。1252—1256 年，在巴黎大学获得"语录学士"的时代，他写作的并非真正意义的"伦巴第人"彼得《四部语录》的注疏，而是一部《著作》（*Scriptum*），是关于《四部语录》文本的一系列问题与辩论。在《问题》21 与 45 中，他显然谈到炼狱。人们将托马斯《著作》358 的提纲定义为出自一种"完全上帝中心说"的组织。它包含三个部分："上帝自身、作为来自上帝者的受造物、作为回归上帝者的受造物"。① 第三部分关于回归（*redditus*），分为两个部分。在第三部分的第二部分中涉及炼狱。

　　在各类反对穆斯林、希腊教会和亚美尼亚教会的论战作品中，以及更普遍意义上的驳斥"异教徒"（Gentils，可能同样包含犹太人和异端）的作品中，托马斯同样论及炼狱。这些论战文本是在意大利撰写的，多数是 1263 和 1264 年在奥尔维耶托撰写的：即应教宗乌尔巴诺四世请求撰写的《驳希腊教会的谬误》（*Contra errores Grecorum*），《为安条克大司祭论反对穆斯林、希腊人和亚美尼亚人的信仰上的原因》（*De rationibus fidei contra saracenos, Graecos et Armenos ad Cantorem Antiochiae*）和《驳异教徒大全》（*Summa contra Gentiles*）的第四卷。

　　炼狱还出现于《论邪恶》（*De Malo*），是 1266—1267 年在罗

---

　　① 科尔班：《托马斯·阿奎那思想中的神学之路》（M. Corbin: *Le Chemin de la théologie chez Thomas d'Aquin*），巴黎，1974，第 267 页。

马所争论的问题。1274 年 3 月 7 日，托马斯·阿奎那在福萨诺瓦的熙笃会修道院去世，那时他正在前往里昂第二次主教公会的路上。他留下了未完成的巨著《神学大全》(*Summa theologiae*)，他在书中效仿著作《神学概要》(*Breviloquium*) 的文德，他看起来想用更加个人化的陈述（与文德相反，文德更加宏观）来重新探讨他在关于"伦巴第人"彼得的《四部语录》的《著作》中提到的问题。由皮派诺的雷吉纳尔德领导的一众弟子完成了《神学大全》，他们添加了一个《补篇》，主要取自圣托马斯此前的著作，尤其是《著作》。关于炼狱的内容便是如此，这部分是在《大全》的结尾，属于对"末日"的陈述。

　　我的分析将集中在《补篇》，不得已的情况下，将参考《著作》(*Scriptum*)。①

359　　我理解我的选择可能引起的反对意见。《补篇》并非真正的圣托马斯的文本，虽然它是由一些虔敬的弟子撰写的，他们希望仅仅使用托马斯本人的文字。这些片断的整合歪曲了托马斯的思想，对他进行了双重的背叛。这样做让托马斯的思想变得僵化、贫乏，将他学说的相对早期的状态变成了他的神学建树的顶点。但《补篇》的优势不仅仅在于原文引用和内在的一致性，它还代表着中世纪晚期的教士们看作托马斯对于彼岸世界问题的最终立场的内容。

---

　　① 我使用的《神学大全》的版本带有德克莱出版社"青年丛书"的译文和注解。炼狱内容在论"彼岸世界"的文集，包含了补篇中《问题》69—74，巴黎/图尔奈/罗马，第二版，1951，译文来自 J. D. 福尔盖拉，附录出自威贝尔。Purgatorium（炼狱）这个词占据《与第一部分相符的第二部分托马斯著作索引》(*Index Thomisticus, Sectio* Ⅱ, *concordantia prima*) 的第 6 栏，R. 布萨校勘，第 18 卷，1974，第 961—962 页。

　　《补篇》的《问题》69 关于复活，首先谈及"死后灵魂的居所"
（这是《四部语录》注疏《分章》45 的问题一）。似乎《补篇》的
作者们是以线性的方式看待《大全》的提纲的，受到"之前，期
间，之后"这类时序坐标的影响。[①] 在受造物"回归"（redditus）
上帝的视角下，托马斯·阿奎那是从这个终点为起点来引导整个
进程的，而非从历史过程出发。在下一章中，我将尝试解释对于
13 世纪的大众而言炼狱时间被认为是末世时间与接续性的时间的
结合体的。在 13 世纪所有重要的经院学者中，我觉得在关于末日
方面圣托马斯是最超脱于他那个时代人们的共同经验的。在这种
永恒观之下，炼狱这样过渡性的现实的地位并不很重要，这尤其
因为受造者在炼狱中不再获得德业。我感觉托马斯将炼狱当作一
个勉为其难的问题，一个大学学者术语中所谓"提纲上的问题"
来探讨，而非一个核心问题。如果采用不属于他的词汇来说，我
会说炼狱在他看来是"庸俗"的。

　　我认为应当对托马斯的炼狱教理保留下《补篇》赋予它的这
种相对的僵化。

　　灵魂在死后的居所问题分为七条：1）死后存在一些指定给灵
魂的居所吗？ 2）它们是死后立刻前往那里的吗？ 3）它们能够从 360
中出来吗？ 4）"亚伯拉罕的怀抱"这个表述指称的是地狱的一个
外沿（灵簿狱）吗？ 5）这个灵簿狱是与永劫者的地狱同样的吗？
6）孩童的灵簿狱是与先祖的灵簿狱同样的吗？ 7）必须区分出这
些居所的确切数量吗？

---

① 　见 J. 威贝尔对前注中提及的文集的说明，第 287 页。

　　对于第一个问题，托马斯做出肯定回答，但他先从波伊提乌（明智者共同的见解是无形的存在不存在于某个地方）与奥古斯丁（十二《圣经中的创世》*Super Genesim ad litteram*）两个看似矛盾的观点出发，他们是我们所知的托马斯最喜爱的基督教思想家。对地点定位他则给出了一种抽象的定义："对于分离了肉体的灵魂……可能指定某些有形的地点，对应于灵魂的不同级别的资格"，灵魂在那里"如同在一个地点"（*quasi in loco*）。我们再次看到了这著名的"如同"（*quasi*），它让我们联想到奥古斯丁的"如同通过火"（*quasi per ignem*）。相反，阿奎那让最高的和最有活力的神学概念与大家的共同心理相遇合，他宣布"灵魂既然得到为它们指定的这个或那个地方，便会由此生出喜与悲：由此，它们的居所有助于奖赏或惩罚它们"。[1]

　　在第 2 条里，他——依据对实体重量的比喻——得出结论："被指定给一个灵魂的地方对应于它应得的奖赏或惩罚，所以灵魂一旦与肉体分离，它就被吞没在地狱中或者飞升天堂，除非在后一种情况下，它欠付给神圣正义的债让它的飞升迟滞，迫使它先进行炼罪。"[2] 在争论过程中，为了解释灵魂在最后审判（那时获得资格的灵魂的所有肉身将一同得到荣耀）之前走出炼狱，作为对同教（大阿尔伯特所说的集体（urbanitates））与希腊教会神学家们的论据的回答，他宣布："所有灵魂同时获得的荣耀不如所有肉身同时获得荣耀那样难。"

---

①　见 J. 威贝尔对前注中提及的文集的说明，第 13 页。

②　前引书，第 17 页。

　　第 3 条涉及幽灵，这是社会想象中的重要篇章，直到此前都被
历史学家们过度轻视了。[①]托马斯·阿奎那显然关注灵魂显现、灵 361
视、梦境的性质，关注它们在醒着或睡眠状态出现的情况，关注
它们的表象的或真实的性质。中世纪基督教社会对人们梦与释梦
没有很好掌控。[②]虽然托马斯显然有所抗拒，但他将灵视的文献加
以考虑，依据他的看法，获选者、永劫者和炼罪的灵魂能从它们
在彼岸世界各自的地方出来向活人显现。上帝仅仅是出于教育生
者的目的才允许永劫者的灵魂和更轻程度的炼狱灵魂出来，是为
了让活人畏惧（*ad terrorem*）。那些获选者可以随意显现，其他人
则只有在上帝允许之下才能够。谢天谢地（这是我的话，但我并
不认为会歪曲托马斯的思想），获选者与永劫者的灵魂显现的情况
很少："死者如果上天堂，他们与神圣意志的结合如此大，以至于
按照天意在他们看来没有什么是他们无法看到的；如果死者入地
狱，他们如此受累于刑罚，以至于他们更多想着为自己哀怜，而
不是向活人显现。"剩下那些处在炼狱中的，如同大格列高列所见
证的，他们"来哀求祈祷襄助"。但如同我们后文将看到的，对于

---

　　①　见 J. 德吕莫和 H. 内沃的开拓性研究，德吕莫：《西方的恐惧（14—18 世
纪）》（J. Delumeau: *La Peur en Occident (XIVe-XVIIIe siècles)*，巴黎，1978）（见索引
中 revenants（幽灵））和内沃：《约 1250—约 1300 年间西方信仰中的死亡次日》（H.
Neveux: "Les lendemains de la mort dans les croyances occidentales (vers 1250—vers
1300)"载《年鉴》，1979，第 245—263 页）。让-克劳德·施密特和雅克·希福洛
曾进行过对于中世纪显灵者的研究。

　　②　见勒高夫《中世纪西方文化与集体心理中的梦境》（J. Le Goff: "Les rêves
dans la culture et la psychologie collective de l'Occident médiéval"），载 *Scolies*，I，
1971，第 123—130 页。收入《试谈另一个中世纪》，巴黎，1977，第 299—306 页。
大阿尔伯特曾在其《论梦与醒》（*De somno et vigilia*）中坚定地谈及这一问题。

炼狱中的这些人，托马斯同样考虑将他们的游荡限制到最小。相反，炼狱中得到净罪的灵魂出去到天上则是正常的。

第 4 条：亚伯拉罕的怀抱曾经是地狱的灵簿狱（外沿），但自从基督降临地狱，便不再存在了。这里，托马斯继续了他的老师大阿尔伯特的教导。在第 5 条，他加以明确，"先祖的灵簿狱可能曾经占据与地狱相同的位置或者一个邻近的位置，虽然它比地狱高"。第 6 条区别孩童的灵簿狱与先祖的灵簿狱。孩童的灵簿狱仍旧存在，虽然因为这些孩童仅负有原罪，所以他们仅受最低的惩罚；甚至托马斯想弄清楚，与其说是惩罚，这是否只是荣耀的延迟（*dilatio gloriae*）。

362　　在第 7 条里，托马斯勾勒出彼岸世界居所的类型。[①]

第一种假设："居所对应于德业或德业欠缺"，所以在彼岸世界应当有两个居所：为德业准备的天堂，和为德业欠缺准备的地狱。

第二种假设："是在与人们生前获得德业或者有失德业的相同的地点。"所以，可以设想在死后给所有人指定一个唯一的地点。

第三种假设：这些地点应当对应于罪，罪可能属于三类：原罪、可宽恕之罪、大罪。所以应该有三个居所。人们同样可能想到"恶魔牢狱所代表的黑暗之气"，以诺和以利亚所处的地上天堂。所以，存在超过五个居所。

这并非全部。人们还可能认为必须有一个地方给仅仅带着原罪和可宽恕之罪离开俗世的灵魂。这灵魂不能上天，也不能入先祖的灵簿狱，因为它不拥有神恩；也不能入孩童的灵簿狱，因为

---

① 托马斯·阿奎那：《神学大全》《彼岸世界》，第 38—46 页。

那里没有可宽恕之罪造成的感官的刑罚；也不能入炼狱，因为灵魂并不永远居于炼狱，而这灵魂却应受永恒刑罚；也不能入地狱，因为只有大罪被判决入地狱。这是令人奇怪的学院的假设，它将由耶稣降临彻底封闭的先祖的灵簿狱考虑在内，它将可宽恕之罪设想为死后不得宽免的过错，可宽恕之罪不从属于炼狱。

但是，既然居所对应德业和德业欠缺，它们又有无限的等级，人们同样可能区别出对于德业和德业欠缺的无限数量的居所。同样不能排除灵魂在此世在曾经犯罪的地方受到惩罚。得到神恩但负有可宽恕之罪的灵魂拥有专门的居所，即与天堂区分开的炼狱，与此相同，那些处于大罪中但曾经完成过一些应该得到奖励的善行的灵魂应该拥有专门的居所，与地狱区分开来。最后，在基督降临前，人类先祖等待着灵魂的荣耀，同样，如今他们在等待肉身得荣耀。在基督降临前，他们曾在一个专门的地方等待，同样，363 他们如今应该在另一个地方等待，那个地方是与他们在整体复活后将去的地方（即天上）不同的。

在环视各种可能假设之后，托马斯给出了自己的解答：灵魂的居所是按照它们的地位区分的。托马斯在这里使用了一个词：status（状态；地位），这个词在 13 世纪大获成功。它既指称人们在俗世的各种社会职业处境，也指称个人的各种司法、精神、道德的地位。它的主要参照物是司法性质的。我们从中看出法律对于神学的影响。在死亡时刻处于接受善行的最终奖赏的地位的灵魂入天堂，那些处于受罚地位的灵魂入地狱。其地位使其无法得到最终奖赏的灵魂，如果是因为个人原因，它进入炼狱，如果仅仅因为其性质，它过去是进入先祖的灵簿狱的，但自从基督降临地狱，这个灵簿狱就不再存在了。

　　于是，托马斯对这种解答给出合理理由。他依据《伪丢尼修》和亚里士多德（《伦理学》二：8，14），肯定说"仅有一种为善的方式，但有多种为恶的方式"。所以，对善行的奖励只有一个地方，对于罪行的惩罚却有多个地方。恶魔不住在空中，而仅仅拥有地狱为居所。地上的天堂属于俗世，不属于彼岸世界的居所。在俗世中对罪行的惩罚是不予考虑的，因为这惩罚并不让人摆脱有德业或者德业欠缺的地位。因为恶不表现为纯粹状态，不掺杂着善，善也一样，所以为了达到真福即最高的善，就必须洗净所有的恶，如果死亡时刻不是如此，那么在死后必须存在一个地方来进行这种完全的净化。这就是炼狱。

　　托马斯补充说，那些入地狱的人不可能被剥夺所有的善，在俗世完成的善行可能为永劫者换来刑罚的减轻。在这里，托马斯大概想起奥古斯丁，但他并未引用，奥古斯丁为那些"并非全恶者"假设了一种"更容易忍受的永劫"。

　　因此，在彼岸世界开辟了四个居所：天上、孩童的灵簿狱、炼狱和地狱，以及一个关闭的居所，即先祖的灵簿狱。一个死后炼罪的地方即炼狱的存在对他来说毫无疑问，但他并不关心炼狱364　的居间的性质，而是关注它的临时性的存在。他立身于永恒性的视角，彼岸世界仅有三个真正的地方：即天上天堂，孩童的灵簿狱、地狱。在经院学者提出的所有系统中，托马斯学说提供的系统具有最完整的观念，提出的关于彼岸世界的处所的问题最丰富，但同样是最"知性"的，最远离那个时代的共同心态的。

　　《问题》70 论述脱离肉体的灵魂的处境和有形之火施加于它的

刑罚。这个问题对应于托马斯《著作》（*Scriptum*）关于"伦巴第人"彼得《四部语录》的《分章》44 的那一部分（《问题》33，第3 条）。托马斯在里面捍卫了有形之火的观念。

此处，《补篇》提出仅仅由原罪所造成的刑罚的问题，即孩童的灵簿狱，还提出一个关于炼狱的问题，莱奥十三世教宗敕编版（édition léonine）的校勘者们将它放进《附录》中。① 这些校勘者无疑是对的，因为托马斯的计划似乎不应将这些阐发放在这个位置上，它们打破了在《神学大全》整体计划中对最后末日的陈述的思路。同时，他们强调说在《神学大全》的体系中炼狱并非核心内容。但我现在却要探讨炼狱问题，因为我的研究正是集中于此，在炼狱之上。

关于炼狱的问题有八个。1）此生后存在炼狱否？ 2）灵魂得到净罪，永劫者受到惩罚，是在同一个地方吗？ 3）炼罪的刑罚超过了此生的任何俗世刑罚吗？ 4）这种刑罚是意愿性的吗？ 5）炼狱中的灵魂是被恶魔惩罚吗？ 6）通过炼罪的刑罚，可宽恕之罪可以赎清，那么罪过呢？ 7）炼罪之火解脱所欠的刑罚吗？ 8）相对而言，会有人更早解脱这刑罚吗？

对于第一个问题，托马斯回答说上帝的正义要求死去时已经悔悟了自己罪孽，并且接受了神父赦罪，但没有完成赎罪的人在死后受到惩罚。所以，"那些否认炼狱的人的说法违逆上帝的正义：这 ***365*** 是一种谬误，它让人远离信仰"。这里援引的权威是尼撒的贵格利（Grégoire de Nysse），在与希腊教会的论战中，这似乎是巧妙之举。

---

① "敕编版"旨在成为托马斯·阿奎那全部作品的标准版本，或者说官方版本，它的得名是因为是在 1882 年由教宗莱奥十三世发起的，他是新托马斯主义的推动者。这个版本至今未完成。

托马斯补充说，"既然教会命令'替死者祈祷，以便让他们解脱罪孽'，这只可能针对那些处在炼狱的人，但否定炼狱的人却抗拒教会的权威，他们是异端"。因此，他与大阿尔伯特的意见是一致的。

对于第二个问题，托马斯用一套彼岸世界的地理来做出回答，与我们刚刚审视过的《问题》69 中提出的地理与论据略有差别。这种差别似乎并未让《补篇》的作者们感到为难，但这是将这个问题如敕编版校勘者那样放入《附录》的一个额外的理由。但我们却必须审视这另外一种对炼狱方位的陈述。托马斯做出说明，"《圣经》对炼狱的处所没有做出任何明示"，所以并没有决定性的理性论据。[①] 但是，根据圣徒们所言和向许多生者做出的揭示，炼狱的地点很可能是双重的。依据"共同法则"，炼狱的地点是一个处于下方（地下）的地点，与地狱相邻，在炼狱中烧灼义人的火与更下方的地方烧灼永劫者的火是相同的。依据"宽免"情况，我们看到一些人在此世的不同地点受到惩罚，或者是为了教育生者，或者为了减缓死者之苦，让生者知道死者的苦楚，以便让他366 们通过教会的祈祷襄助来加以减轻。不管怎样，托马斯反对人们在自己犯罪的地点进行炼罪的想法。这里，他显然仍然注意将幽灵在俗世的出现限制到最少。最后，托马斯驳斥那些认为依据共同法则炼狱处于我们的上方（即天上）的人，他们的理由是炼狱的灵魂从其地位上应在我们与上帝之间的居间位置。他回答说这是不可能的，因为它们受到惩罚并非因为它们所拥有的高于我们

---

① "de loco purgatorii non inuenitur aliquid expresse determinatum in scriptura, nec rationes possunt ad hoc efficacies induci"（《神学大全》，第 105 页）。

的东西，而是因为它们自身所具的更低的东西。这个论据貌似有理，接近于文字游戏，让我们联想到中世纪教士们所热衷的那些错误的词源学。不管怎样，这一见解是有价值的，因为它表明托马斯参与到 13 世纪对炼狱的"地狱化"，但是同时却有些教士认为炼狱不是地下的，而是天上的。他们是但丁的先行者，但丁后来将炼狱之山起于地上，而升到天上的。

对于炼狱刑罚的期限（第三个问题），托马斯认为对于失苦和感官之苦，"两者中最小的苦均高于人在俗世所能承受的最大的苦"。炼罪刑罚的严酷（*acerbitas*）并非取决于受惩罚罪行的数量，而是取决于受惩罚者的处境，因为罪行在炼狱中受到的惩罚要比在俗世沉重。托马斯显然不愿支持在俗世所犯罪行与所承受的炼罪刑罚之间可能存在数量关系的想法。虽然，他强调在这些问题上的上帝的正义，但他并不谈及成比例性。在任何方面，他都不涉足彼岸世界的可计算性。

作为对第四个问题的答复，他认为炼罪刑罚是有意愿的，并非因为灵魂想要刑罚，而是因为它们知道这是得救的手段，托马斯拒绝了一些人的想法，他们认为炼狱的灵魂如此专注于刑罚以至于不知道刑罚在净化它们，它们以为得到了永劫。炼狱中的灵魂是知道自己将得拯救的。

如同大阿尔伯特，托马斯认为在炼狱中折磨灵魂的并非恶魔，可能恶魔在炼狱中伴随着灵魂，他们乐于看到灵魂受苦。这是对第五个提问的回答。对第六和第七个问题，托马斯回答说炼罪之火实际净化可宽恕之罪，但他似乎在这里将这火看作一种隐喻的火。在这一点上，他似乎赞同圣奥古斯丁的犹豫。

最后，虽然托马斯对炼狱中一些人是否比其他人更早得到解

367　脱的问题做出肯定回答（他对《哥林多前书》三：10—15进行了
简要评述），虽然这一次他用了"比例"这个词，但这是在对炼狱
刑罚的严酷（*acerbitas*）进行估量时同时谈到强度与期限的。他肯
定想避免对炼狱的时间确立一种庸俗的计算法。

采用了他关于末日的陈述的思路，《补篇》作者们借助他关于
"伦巴第人"彼得《四部语录》的《著作》的《分章》45的第二个
问题让托马斯在《问题》71中谈论为死者祈祷襄助的问题。这是
据我所知19世纪之前对这个问题最深入的探讨。① 托马斯在其中
回答了四个问题：（1）对一个死者的祈祷襄助能够让另一个人受益
吗？（2）死者能够从生者的作为中得到帮助吗？（3）罪人们进
行的祈祷襄助能够让死者受益吗？（4）为死者进行的祈祷襄助对
那些实施的人有益吗？（5）祈祷襄助对永劫者有效吗？（6）它
们对那些炼狱中的人有效吗？（7）它们对灵簿狱中的孩童有效
吗？（8）它们对真福者有效吗？（9）教会的祈祷、祭坛的圣事、
施舍对死者有用吗？（10）教会颁的免罪符对他们有用吗？（11）
葬礼仪式对他们有用吗？（12）祈祷襄助对所针对的人的益处大
于对其他死者的益处吗？（13）为许多人同时进行的祈祷襄助对
其中每个人都同样有用，如同是对单个人进行的一样吗？（14）
共同进行的祈祷襄助与那些专门进行的一样有用吗，对那些同时
接受共同的祈祷和专门的祈祷的人作用一样吗？

我认为下文不应打乱这顺序，不然我恐怕会偏离托马斯的思

---

① 《问题》71见我们所参考版本第129—203页（本书第355页注解）。

路，偏离阿奎那的回答中最重要的内容，特别是从炼狱问题的角度来看：

（1）我们的行为可能具有两个后果：获得某个地位，获得某个地位带来的某种益处，比如一个随机的奖赏或者减免某种刑罚。获得某个地位仅可能通过自己的德业。比如获得永生。相反，由于"圣徒相通"（*sanctorum communio*），我们可以通过类似馈赠的行为把善行赠送给别人：祈祷为他们获得神恩，对之的善用可能赐予人永生，条件是他们曾经在生前自己获得了资格。这是个人德业与集体的团结互助、仁爱之间的了不起的平衡。

（2）"仁爱的联系将教会成员结合在一起，它不仅对生者有效，而且对仁爱（charitas）状态下死去的死者同样有效……死者活在生者的记忆中……因此生者的祈祷襄助可以对死者有用。"这样一来，托马斯便驳斥了亚里士多德的看法，亚里士多德认为（《伦理学》一：11）"在生者与死者之间不可能存在任何沟通"。但这仅仅适用于城邦生活的关系，而不适用于精神生活的关系，精神生活是建立在仁爱、上帝之爱的基础上的，"对于上帝而言，死者的灵魂是活着的"。这是我所遇到的在谈到炼狱时对生者与死者之间的联系的最佳表述。

（3）是的，甚至罪人的祈祷襄助对死者也有用，因为祈祷襄助的价值取决于死者的处境，而非生者的处境。它们的进行类似圣事，圣事本身即是有效的，不取决于进行圣事者。

（4）作为赎满（赎清刑罚），祈祷襄助成为死者的财产，只有他能从中受益，但作为获得永生的德业，因为伴随在它之前的仁爱，它可能对接受者和施与者同样有用。

368

（5）是的，根据某些文本（特别是《马加比一书》十二：40），祈祷襄助可以对永劫者有用，但托马斯认为对于劫难应该理解为更广义的判决，而祈祷襄助主要对炼罪刑罚有用。不管怎样，对永劫者有用是属于神迹的，应该很少发生（也许皇帝图拉真的情况便如此）。托马斯趁此机会驳斥了奥利振、普雷沃斯汀、普瓦捷的吉尔贝的弟子们和欧塞尔的纪尧姆的观点。他再次（这一次是非常明确地）驳斥了任何成比例性的想法，即便是引用大格列高列为依据。

（6）祈祷襄助对于那些处于炼狱的人有用，甚至就是专门针对他们的，因为奥古斯丁说祈祷襄助针对那些既非全善又非全恶者。甚至，祈祷襄助的增加可能消除炼狱刑罚。

（7）对于未受洗礼死去的孩童，这些祈祷襄助是无效的，他369 们不处于承神恩的地位，因为他们无法改变他们的死者的地位。

（8）它们对那些真福者无用，因为祈祷襄助是一种辅助，所以不适用于那些什么都不缺乏的人。

（9）祈祷襄助发挥作用的条件是"生者与死者"在仁爱（charitas）中的结合。最有效的三类祈祷襄助是**施舍**（作为仁爱的主要后果）、**祈祷**（从意图上来说是最佳的襄助）和**弥撒**（因为圣体礼是仁爱之源，是唯一的效力可以沟通的圣礼）。最有效的弥撒是包含着为死者的专门祈祷的弥撒，但举行弥撒的人或者让人举行弥撒的人的虔诚心的强度是最主要的。斋戒同样是有用的，但比较小，因为它是外在的。大马士革的圣约翰（St Jean Damascène）所主张的蜡烛和油脂的供奉也一样。

（10）是的，免罪符适用于死者，因为"教会可以将共同德业，即免罪符的源泉，传递给活人，没理由不能传递给死者"。在这一点上，托马斯缺乏警惕。他太过属于"教会中人"了。

（11）托马斯比奥古斯丁更加开明，虽然他在有关丧仪的问题上援引奥古斯丁。奥古斯丁说"人们对死者尸体所做的一切对死者的永生没有丝毫用处，而只是一种人性的义务"。[1] 对于托马斯而言，埋葬的典礼作为帮助教会与穷人的行善的契机，通过引发人们为死者祈祷，对死者可能间接有用。更甚者，让人将死者埋葬在一个圣所或圣地，只要不是为了获得虚荣，可能使死者得到埋葬在其附近的圣徒的帮助。在这一点上，托马斯是属于他的时代和他的教团的。多明我会（以及方济各会）接纳甚至吸引世俗人（尤其是权势者和富人）埋葬在他们的教堂和墓地，而世俗人越来越追求享受埋葬在教堂的恩惠，直到此前这都是仅限于教士的。但是，这一条中最有价值的也许是圣托马斯以圣保罗的一个诗句作为依据（《以弗所书》五：29）："从来没有人恨过自己的肉身"。他宣布："肉身属于人性，人类自然爱它。"在这里，我们远 370 离了传统上修道士对于肉身"这灵魂的臭皮囊"的蔑视。[2]

（12）尽管有圣徒的相通，托马斯认为祈祷襄助主要对那些所针对的人有用，而非其他人，因为对他而言最重要的是进行祈祷襄助的生者的意图，因为死者已经不再能够自己获取德业。有人说富人们可能在炼狱中比穷人更多从这一个人体系中得到帮助，托马斯并不轻易被这样的论据说服。他回答说，赎清刑罚与天国

---

[1]　《论对死者的料理》（*De cura pro mortuis gerenda*），第 XVIII 章。

[2]　对于肉身的——尤其是修道士的——这种蔑视并未妨碍中世纪的基督教思想家们（包括僧侣们）坚信人们只能在"肉体和灵魂"上同时得到拯救，甚至是借助肉身来得到拯救。

中所得到的相比微不足道，而穷人在天国是更多得到偏爱的。

（13）"祈祷者不可能通过同一祈祷为多个人带来与为单一个人带来的同样多的赎罪。"在这一点上，托马斯显然倾向于个体，或者说个体至上论。

（14）"人们可以认为，通过神圣的慈悲的效果，多余的个人祈祷襄助对于它们所针对的人来说是富余的，它们适用于其他被剥夺了祈祷襄助而且需要帮助的死者。"

在解答这些问题的过程中，托马斯表现出对债务、财产转移问题的敏感。他有意识地向司法和经济术语借用词汇。托马斯拒绝彼岸世界的可计算性，但并不排斥某些让渡，它们更多让人联想到负债的小贵族阶级，而非商人阶层。还需要说他的思想仍主要是宗教性的吗？他继续更多地关心状态，而非实物；关心处境，而非地点；关心存在，而非拥有。

对于《补篇》的陈述，还必须借助圣托马斯的真正著作的两个段落来加以补足，或者进行细微辨别，这两个段落同样可以让我们捕捉他的思想从他关于"伦巴第人"彼得《四部语录》的《著作》以来在这个或那个问题上的演变。

在《神学大全》由托马斯本人写作的部分——最重要的部分，我注意到两个段落，其中涉及炼狱。

在《大全》第一部分《问题》89 的第 8 条里，托马斯论及死者、幽灵的显现。他强调说这些显现应该列为上帝的神迹，上帝允许它们发生，或者是由善天使执行，或者是由恶魔执行。托马斯将这些显现与梦中进行的显现进行比较，他强调说在两种情况下，显现的发生可能是在死者不知情的情况下，虽然死者是这些显现的内容。这里，托马斯实际未提及炼狱——虽然他谈到对死者的祈祷襄助，而且令人奇怪的是，他未提到那些显然意识到自己的命运和自己的幽灵状态的显灵者的这一特殊情况，因为他们是来乞求生者的祈祷襄助的。这里，我们再次感到托马斯面对这些来自彼岸世界的游魂的担忧，他力图尽量限制其数量和其独立性。他们是完全由上帝控制的，只可能"通过上帝的某种特别许可"（*per specialem Dei dispensationem*）才可能得到允许走出其居所或牢狱。说实话，对于我们的研究来说最有价值的是托马斯在这里将他关于（与肉体）分离的灵魂的理论放置在一种关于地点与距离的思考中（同是《问题》89 的第 7 条的 distancia localis 即"地点的距离"）。距离是认知的障碍吗？恶魔们从他们行动的快捷（*celeritas motus, agilitas motus*）得到助益吗？相对于神光来说，空间距离尤其重大，而时间上的距离也同样，与肉体分离的灵魂能够认知未来吗？托马斯虽然对于将彼岸世界的处境"通俗的"空间化有所排斥，但他意识到抽象思考对于地点与时间的重要性，地点与时间彼此相关，但却属于不同系统：因为空间距离与时间距离不属于同一种"理性"。①

《论邪恶》（*De Malo*，1266—1267 年）《问题》7 的第 11 条中，托马斯再次提出可宽恕之罪是否在死后于炼狱中得到宽免的问题。他的回答当然是肯定的，但他关注的是证明在大罪与可宽恕之罪之间不存在严重性的区别，而存在性质的区别。另一方面，他回到过错（coulpe）和刑罚问题。在关于"伦巴第人"彼得的《四

---

　　① 《神学大全》，一 a 部分，问题 89，第 7 条，罗马教会版，罗马，1920，第 695 页。"non est eadem ratio de distantia loci, et de distantia temporis"。

372 部语录》的《著作》中，他曾经追随"伦巴第人"的意见，认为"在彼世，就过错本身而言，对死于蒙神恩地位的人，可宽恕之罪通过炼罪之火得到宽免，因为这种刑罚从某种意义上具有意志性，它的作用是赎清所有可以同圣恩相容的过错"。但是在《论邪恶》中，他却认为对于过错而言，可宽恕之罪在炼狱中不再存在；灵魂刚刚脱离肉体，一种完美的仁爱之举就消除了它的过错，它仅剩下要赎清的刑罚，灵魂处在这样一种状态，他不可能获得德业来减轻或宽免这种刑罚。①

　　托马斯所关注的始终是罪，是灵魂的状态，而非某个过渡地点的周边毗邻情况，他最终仅限于肯定其存在，因为它属于信仰和教会权威，因为它符合上帝与人类之间关系的理性证明。

对炼狱的拒绝

1. 诸异端

　　面对经院哲学对炼狱的肯定，存在着异端和希腊教会的拒绝。

　　如同我们在后文将会看到的，异端对炼狱的反对既是在理论层面的，也是在实践层面的。这种反对深植于一种旧有的顽固的拒绝，拒绝为死者进行祈祷，进行帮助，我们已经看到这种拒绝在 12 世纪末促使正统教徒更加清楚地表述炼狱的存在。祈祷襄助

---

　　①　A. 米歇尔的"炼狱"词条，见《天主教神学词典》，col. 1240，关于《四部语录》的《著作》(*Scriptum*) 的《分章》21，问题 1，第 1 条文本见 Moos 校勘本第 1045—1052 页。《论邪恶》文本，问题 7，第 11 条，见 Marietti 校勘本《所争论问题》(*Quaestiones disputatae*)，第 587—590 页。

在 1025 年受到阿拉斯的异端的拒绝，在 1143—1144 年又受到科隆的异端的拒绝，为了驳斥他们，修道院长赫尔芬斯坦的埃贝魏因（Eberwin de Steinfeld）向圣伯尔纳铎求救："他们不承认在死后存在炼罪之火，而是传授说灵魂在离开俗世的时刻立即得安息或受永苦，是依据所罗门的话：'树倒向南或倒向北，一倒在那里，就躺在那里'（《传道书》十一：3）。"①

　　如我们所见，封寇德的贝尔纳（Bernard de Fontcaude）在反驳 373
瓦勒度派教徒时表述了彼岸世界的新结构，很可能是在同一时代，一部被错误地归在克雷莫纳的普雷沃斯汀名下的《驳斥异端大全》（但依据其校勘者的意见，应该是 12 世纪末的作品）提到了被称作"全圣"（Passagins）的异端反对为死者祈祷，在此时谈到过炼狱。如同我们所考察的文本，炼狱存在，但死者仍旧分为四类，而非三类，12 世纪的最后几年看起来是恰当的年代断定。②

――――――――――

　　①　原始文本见圣伯尔纳铎的书信（书信 472），见《罗马教会圣师全集》卷 182，676—680 栏。《赫尔芬斯坦的埃贝魏因致圣伯尔纳铎书信》（*Everwini Steinfeldensis praepositi ad S. Bernardum*），原文与英译见 W. L. Wakefield/A. P. Evans: *Heresies of the High Middle Ages*，纽约 / 伦敦，1969，第 126 页及以下（关于炼罪之火的段落见第 131 页）。

　　②　"全圣派"宣扬严格遵守《旧约》，包括割礼的实践。他们曾被列为秘密的"犹太化分子"。第一次提到他们是在 1184 年，最后一次提到他们是在 1291 年。他们似乎限于伦巴第地区，活跃于 1200 年前后几年。见曼塞利文章《全圣派》（R. Manselli:"I Passagini"），载《意大利历史学院中世纪和穆拉多利残篇学刊 》（*Bollettino dell' Istituto storico italiano per il medio evo e Archivio Muratoriano*）LXXXV，1963，第 189—210 页。他们与纯洁派同时出现，但在这部《归于克雷莫纳的普雷沃斯汀的驳斥异端大全》（*Summa contra Haereticos ascribed to Praepositinus of Cremona*，J. N. Garvin 校勘，印第安纳圣母大学，1958），部分英文译本见韦克菲尔德 / 伊文思《早期中世纪的异端》（Wakefield/Evans: *Heresies of the High Middle Ages*），第 173 页及以下。

对于"全圣派"的拒绝,《驳斥异端大全》按照奥古斯丁的思想给出如下"解决":

> 我们为生者祈祷,不管他们有多么恶,因为我们不知道他们将受永劫还是获选。但我们尤其为我们的弟兄和死者们祈祷;不是为那些全善者,因为他们不需要,也不为那些全恶者,因为这对他们没有用,而是为那些处于炼狱中的一般善者,并非为了让他们变得更善,而是让他们更早得到解脱,我们为那些一般恶者祈祷,不是为让他们得拯救,而是为了让他们少受惩罚。[①]

英国科吉舍尔熙笃会修道院 1207—1218 年的院长拉尔夫的编年史在谈到蒂尔伯里的杰维斯年轻时代的历险时提到被称为"保罗派"(Publicains,包税人)[②]的异端思想,这些思想传播于法国的几个地区,特别是兰斯,他们 1176—1180 年在那里通过一系列巫术行为而有所表现:"他们声称孩童不应在达到懂事的年纪之前受洗礼;他们补充说人们不应该为死者祈祷,也不应请求圣徒们说情。他们反对婚姻,宣扬童贞以便掩盖他们的淫乱。他们厌恶牛奶和任何来自牛奶的食物以及任何由动物交配所产生的食物。**他们不相信死后有炼罪之火,而是认为灵魂一旦解脱便立即得安息**

374

---

① 《早期中世纪的异端》,第 210—211 页。
② 这个词是东方的保罗派(Pauliciens)教徒的误写,在西方用来指称任何异端。

或得永劫。" ①

在 13 世纪，几乎所有关于异端及其思想的论著都将对炼狱的拒绝列入多数这类教派（这些"正统派"的作者通常对它们分辨不清）的谬误，尤其是瓦勒度派。多明我派的波旁的埃蒂安（Etienne de Bourbon）在他 1261 年去世之前写作的一部供布道者使用的论著里——我下文还会提到——谈到 1235 年前后瓦朗斯地区（多菲内）的瓦勒度派教徒时说："他们还宣布除了现世的惩罚之外不存在任何其他炼罪惩罚。对于死者，不管是教会的圣事，还是任何可能为帮助他们而做的事情都是没有效果的。"② 多明我派的宗教裁判所法官，亚力山德里亚（意大利北部）的安瑟莫，1266—1270 年间撰写一部论著，他在书里努力对瓦勒度派与纯洁派加以区分，对瓦勒度派中的伦巴第派别和阿尔卑斯山另一侧的派别（"里昂的穷人"）加以区别。在两个瓦勒度派集团的共同信仰中，他列出了对炼狱的否定："同阿尔卑斯山另一侧的教派一样，这些伦巴第人不相信炼狱，不相信宣誓，不相信法律……（对于他们彼此）同样不存在炼狱。参拜圣徒坟墓，瞻仰十字架，建造

---

① 拉丁文原文见《柯吉歇尔的拉尔夫的盎格鲁人编年史》（*Radulphi de Coggeshall Chronicon anglicanum*），J. Stevenson 校勘，伦敦，1875，第 121—125 页，英文译文见韦克菲尔德 / 伊文思版本，第 251 页。

② 拉丁文原文的刊本见《各类布道材料》（*Tractatus de diversis materiis praedicabilibus*）的节选，由 A. 勒瓜德拉马什校勘《从未刊的 13 世纪多明我会的波旁的埃蒂安的文集中选出的历史轶事、传说与卫道文章》（A. Lecoy de la Marche: *Anecdotes historiques, legends et apologues tirées du recueil inédit d'Etienne de Bourbon, dominicain du XIIIe siècle*），巴黎，1877，第 202—299 页。英文译文见韦克菲尔德 / 伊文思版本，第 347 页。

教堂，或者为死者进行祷告、弥撒和施舍，这些都是没有用的。"[1]

375　　　在他著名的《宗教裁判所法官手册》中，多明我派的贝尔纳·居伊（Bernard Gui）也持同样论调（这是在 14 世纪初，他快要去世前记载他长期经验的成果）："瓦勒度派同样否定存在给死后的灵魂的炼狱，因而肯定说信徒帮助死者进行的祈祷、施舍、弥撒和其他虔诚的襄助都没有用。"还有："他们同样说并且向信徒传授，对于罪行的真正的赎罪和炼罪只可能在此世进行，而不是在彼世……同样，依照他们的看法，灵魂在脱离肉体时，如果它们应得拯救，将立刻入天堂，如果应受永劫，则入地狱，所以在此生之后不存在天上与地狱之外的别的给灵魂的地方（居所）。他们同样说为死者进行的祈祷根本不会帮助他们，如果他们入天堂，他们不会需要祈祷，而对于那些入地狱的人，不存在安息。"[2]

　　至于纯洁派，他们对炼狱的态度似乎更加复杂。我还会再次谈到。与具体信仰相关的文献，主要是蒙塔尤的文献，向我们显示出一种比较模糊和细分层次的立场。此处所审视的理论文本同样普遍强调他们对炼狱的一种否定态度。雷内留斯·萨科尼（Rainerius Sacconi）是一位由维罗纳的彼得（Pierre de Verone）感

---

[1]　拉丁文本见东丹《意大利的纯洁派异端，二，亚历山德里亚的安瑟莫论异端》（A. Dondaine: "La hiérarchie cathare en Italie, Ⅱ, Le Tractatus de Hereticis d'Anselme d'Alexandrie, O. P. ..."），载《多明我会档案》（Archivum fratrum prae-dicatorum），XX, 1950，第 310—324 页。英文译文见韦克菲尔德/伊文思版本，第 371—372 页。

[2]　贝尔纳·居伊 1261 或 1262 年生于利穆赞，1279 年加入多明我会，在蒙彼利埃完成学业，作为宗教裁判所法官主要活跃于图卢兹教区。去世时他担任洛代弗主教。《宗教裁判所法官手册》应该是 1323—1324 年间完成的。这个手册的法译本由 G. 莫拉在《法国中世纪史经典》中出版，Ⅷ/Ⅸ，2 卷，巴黎，1926—1927。所引用文字见第 5 部分第 2 章。

化皈依的异端，同彼得一样成为多明我会教士和宗教裁判法官，他躲过了刺杀，而彼得却丧生（随即成为教会的"殉教者"圣彼得）。1250 年，萨科尼在其《关于纯洁派与里昂的穷人的大全》（*Summa de Catharis et Pauperibus de Lugduno*）中说："他们的第二个谬误是，照他们看来，上帝不施加任何炼罪惩罚，因为他们彻底否定炼狱，上帝也不施加任何俗世的惩罚，因为俗世的惩罚是由恶魔在此生施加的。"①

对于被称作"阿尔巴尼亚人"（Albaniens 或 Albanais，这个词常常误写成 Albigeois "阿尔比派"）的意大利的纯洁派，可能由一位方济各修士在1250—1260年间写作的一部小篇幅的佚名作者的《概要》说，他们不仅不相信炼狱，而且不再相信地狱，因为地狱并非由上帝创造（依据《创世记》，上帝创造世界），而是由路西法创造的。在这一视角下，"他们说不存在炼罪之火，也不存在炼狱"。② 376

2. 希腊教会

虽然，在牧道与论战层面，如我们所见，教会反对异端蔑视

---

①　萨科尼的《大全》的校勘本由 A. 东丹在其作品《一部 13 世纪的新摩尼教论著：〈论两个原则〉，附一部纯洁派仪礼残卷》（A. Dondaine: *Un Traité néomanichéen du XIIIe siècle: le* Liber de duobus principiis, *suivi d'un fragment de ritual cathare*），罗马，1939，第 64—78 页的前言中发表。英文译文见韦克菲尔德 / 伊文思版本，第 333—334 页。

②　这部《批驳异端所述谬误概要》（*Brevis summula contra errores notatos hereticorum*）由塞莱斯坦·杜埃校勘发表于他的《13 世纪供南方布道者使用的权威大全》（Célestin Douais: *La Somme des autorités à l'usage des prédicateurs méridionaux au XIIIe siècle*），巴黎，1896，第 125—133 页。英译文见韦克菲尔德 / 伊文思版本，第 355—356 页。

死后救赎的斗争促使它在 12 世纪末采用并明确了对死后刑罚炼罪地点即炼狱的信仰，但是却是罗马与希腊教会机构成员之间在神学上的争论导致罗马教会在 13 世纪做出了对炼狱的最早的教义上的表述。理论让基层的实践登峰造极。炼狱从人们的渴求中诞生，同样也从斗争中诞生。

　　自从 1054 年东西教会分裂（这是至迟自 4 世纪就开始了的罗马教会与希腊教会之间分歧缓慢深化的结果），[①] 两个教会的争论和关于统一的谈判从未断绝。彼岸世界的问题并未在其中有何作用。希腊教会虽然曾经发起应当导致炼狱诞生的教理建设，却并未发展这些萌芽。希腊教会满足于对死后救赎的可能的一种模糊的信仰和一种与罗马教会相似的为死者进行祈祷襄助的实践。但在彼
377 岸世界第三地点的诞生中，通过对彼岸世界地理学的深度的重整，罗马教会的信仰得到充分发展，炼狱问题突现于争论与分歧的前沿。论争进行的最初阶段主要围绕着炼狱之火的问题。

　　让我们专注于 13 世纪，首先必须提醒大家，在这个世纪上半叶，除了真正宗教意义的困难，谈判主要遇到政治上的困难。教宗通过 1204 年的第四次十字军东征来支持建立在君士坦丁堡的罗

---

　　①　总览著作请参考孔加尔《900 年后：关于东方教会分离的说明》（Y. M. J. Congar: "Neuf cents ans après. Notes sur le Schisme oriental"）载《教会与诸教会：东西教会 900 年痛苦分离：纪念兰贝尔·博杜安神父研究论文集》（*L'Eglise et les Eglises: neuf siècles de douloureuse séparation entre l'Orient et l'Occident. Etudes et travaux offerts à dom Lambert Beaudoin*），I，舍沃托涅，1954。没有这么宽泛的视角，请参考 D. M. 尼科尔的研究，汇集于尼科尔《拜占庭：其教会史及其与西方世界的关系》（D. M. Nicol: *Byzantium: Its Ecclesiastical History and Relations with the Western World*），伦敦，1972。

马帝国，而希腊教会却仅仅承认撤退到尼西亚的拜占庭皇帝。

在这些谈判中，炼狱问题爆发出来。如同达尼埃尔·斯蒂埃农神父开玩笑但恰当地指出的："火！唉，是的，还有炼狱之火，一年之后，它将点燃灵魂。它的火星于 1235 年 11 月从普利亚进发，烧到希腊宗主教的宝座，虽然牧首日耳曼二世被促请加入新的论争，起草了关于这个主题的论战文，但这是多么灼人的主题啊，它将留下持久的伤痕……"①

实际上，希腊与罗马教会关于炼狱的辩论的第一个重要痕迹要比这稍早些。那是关于 1231 年底奥特朗托附近的卡索莱的希腊教会修道院中科孚岛主教乔治·巴达内斯与教宗遣使方济各会的巴泰勒米的辩论的报告。这份报告可能并不完整，是一位希腊教会的高级教士所作。乔治·巴达内斯首先宣布方济各会"宣扬错误的教义，认为存在净化之火（πυρκαθαρτηριον），那些忏悔后但来不及进行赎罪就死去的人被带去那里，他们在最后审判之前得到净化，在最后审判之前得到对刑罚的解脱"。②方济各修士所提出的权威是"《对话录》的圣格列高列"，即大格列高列，他被希腊教会这样称呼，以便与众多其他格列高列区别。

---

① 斯蒂埃农：《拜占庭视角下希腊与罗马教会统一问题：从日耳曼二世到约瑟夫一世（1232—1273）》（D. Stiernon: "Le problème de l'union gréco-latine vu de Byzance: de Germain II à Joseph Ier（1232—1273）"），载《1274，转折的年份：突变与延续》（ *1274. Année charnière. Mutations et Còntinuité* ）（里昂巴黎研讨会 1974），巴黎，CNRS，1977，第 147 页。

② 龙卡利亚：《科孚岛主教乔治·巴达内斯和方济各会的巴泰勒米：关于炼狱的辩论（1231 年 10 月 5 日—11 月 17 日）》（P. Roncaglia: *George Bardanès métropolite de Corfou et Bartélemy de l'ordre franciscain. Les discussions sur le Purgatoire (15 octobre-17 novembre 1231)* ）。校勘文字与评注，罗马，1953，第 57 页及以下。

下面是辩论如何进行的：

378　　　名叫巴泰勒米的罗马教会的人提出的问题大概如此：

"我想问问你们希腊教会的人，那些未进行赎罪和来不及完成忏悔师所命令的赎罪①就死去的人的灵魂去往哪里。"

我们希腊教会的答复是：

"罪人的灵魂不从此世进入永劫地狱，因为那位必将裁判全世界的人尚未带着荣耀降临，来从罪人中把义人区分出来，但是这些灵魂进入一些黑暗之地，那里让人预先尝到这些罪人必将承受的折磨的滋味。因为，如同对于义人，依照救世主所说②，在上帝的家里准备了有几个住处和安息所，对于罪人同样存在各种惩罚。"

罗马教会的人说：

"我们，我们没有这种信仰，但我们相信以一种特殊方式存在一种炼罪之火，即是说③净化的火，通过这火，那些离开此世未有悔恨的人，比如窃贼、通奸者、杀人者和所有那些犯可饶恕之罪的人，他们在这（炼罪）火中一段时间，净化自己犯罪的污点，然后解脱惩罚。"

我说："但是，我卓越的朋友，相信此类事情并且加以传授的人，在我看来是彻头彻尾的奥利振的支持者。的确，奥利振及其追随者曾经宣扬地狱不复存在的教理，甚至魔鬼经

① Epitimies：赎罪和谦卑行为。
② 《约翰福音》十四：3。
③ 巴达内斯此处用 ποργτορισγ 这个新词来翻译拉丁词。

过几年也获得原谅，被解脱永苦。再者，你只需运用你的智慧，参考上帝传授的福音书的话，因为上帝的话如下：行过善的，复活进入生命；作过恶的，复活而受审判。① 还有：可咒骂的，离开我，到那给魔鬼和他的使者预备的永火去吧！② 而且：在那里必有哀号和切齿。③ 在那里，虫子不死，火也不灭。"④

既然，我主对那些带着恶行和未（通过赎罪）净化的罪 379 孽离开此世的人加以诸多这样的威胁，谁还敢担保在那判官的判决之前存在一种炼罪之火和所谓的惩罚的结束？如果在（最后审判）之前可能以任何方式让离开此世的负有随便什么罪恶的人解脱折磨，那么还有什么能阻止最忠诚和最得上帝之爱的亚伯拉罕将毫无慈悲心的富人从不熄的火里放出来？而这富人用让人深深感动的话语乞求着哪怕一滴水会落下来让他得些清凉，但他听到："孩子，你应记得你活着的时候，已享尽了你的福，而拉撒路同样也受尽了苦。现在，他在这儿受安慰，而你应受苦了。"⑤ 他教诲说在富人与穷人拉撒路之间存在不可逾越的深渊。

但是，因为方济各会修士听了这一切，却不被说服，而且堵上了自己的耳朵，所以我们把诸圣师关于《圣经》的文

---

① 《约翰福音》五：29。
② 《马太福音》二十五：41。
③ 《马太福音》二十五：51。（原文疑误，当为30。——译注）
④ 《马可福音》九：43—48。
⑤ 《路加福音》十六：25。

字带到他眼前，他们身带着上帝（＝受到上帝启发），目的是让他在这些最伟大的大师的权威面前肃然起敬，放弃自己的反对意见。

《圣经》的权威却并未撼动方济各会修士，他们各自固守自己的立场。

首次由教宗对炼狱进行的定义（1254 年）

在英诺森四世教宗在位的最后几年，希腊教会与罗马教会辩论的气氛转变，教宗 1254 年去世时，人们可能认为双方正走向一致。在他去世前几个星期，1254 年 3 月 6 日，教宗致信给他派驻塞浦路斯的希腊教会的代表沙托鲁的奥多（Eudes de Châteauroux）主教一封官方信函（*sub catholicae*，《正统之下》），这是炼狱历史的一个重要日子。教宗认为在希腊教会与罗马教会之间存在足够的共同点，搁置了是在整体复活之前或之后经过炼罪之火这一当时的棘手问题，他以一种其实仍旧比较专断的方式请求希腊人赞同对**炼狱**的一种定义：

380

既然福音书中的真理肯定说，如果有人亵渎圣灵，这罪孽在此世和彼世均不得饶恕：我们由此明白，某些过错是在现世得到宽恕的，而另一些是在彼世得到宽恕；既然使徒同样宣布每个人的作为不管如何，都将受到火的试验，如果燃烧，其作为者将受损失，但自己将得救，如同被火拯救；既然希腊教会自身据说相信并真正且毫不迟疑地宣扬那些死时曾经接受赎罪命令却未来得及完成，或那些死时没有犯有大罪但负有可宽恕之罪或微小过失的人，他们在死后得到净化，可以得到教会的祈祷襄助，而我们认为希腊教会肯定说在他们的教义中找不到任何专门和确定的名称来指称进行这种炼罪的地点，而另一方面，根据传统与教会圣师的权威，这个名称就是炼狱，所以我们想要在未来让这一表述同样被希腊教会接受。因为，在这暂时的火中，罪孽，当然不是大罪，而是一些轻罪和微小过失，此前还未通过赎罪得到宽免的，它们将得到净化；如果他们在人世中没有得到宽免，那么它们成为灵魂在死后的负担。[①]

这封书函是作为地点的炼狱在教理上的出生证。

第二次里昂主教公会与炼狱（1274 年）

1274 年第二次里昂主教公会上，新的一步迈出了。

---

① 译文略有修订，引自《天主教神学词典》的"炼狱"词条，1248 栏。在他对 Purgatorium 炼狱这个词的著名释义中，杜康热引用了这一书函。下面是拉丁文原文关于我们研究主题的重要段落："Nos, quia locum purgationis hujus modi dicunt（Graeci）non fuisse sibi ab eorum doctoribus certo et proprio nomine indicatum, illum quidam juxta traditions et auctoritates sanctorum partum purgatorium nominantes volumus, quod de caetero apud illos isto nomine appeletur" 而我们认为希腊教会肯定说在他们的教义中找不到任何专门和确定的名称来指称进行这种炼罪的地点，而另一方面，根据传统与教会圣师的权威，这个名称就是炼狱，所以我们想要在未来让这一表述同样被希腊教会接受。

　　或许应该先提一下 13 世纪四分之三世纪中标志着希腊教会与罗马教会掺杂着论战的谈判的众多阶段中的一个。

381　　1263 年，托马斯·阿奎那被召唤来作为与希腊教会论战的专家给出他的意见。克罗托内主教，都拉斯的尼古拉（Nicolas de Durazzo），"精通拉丁文和希腊文"，曾经写过《论圣灵的发出和三位一体，驳希腊教会的谬误》（*Libellus de processione spiritus sancti et de fide trinitatis contra errores Graecorum*），其拉丁文抄件在 1262 年被呈给教宗乌尔巴诺四世，教宗征求托马斯·阿奎那的意见。这一论著主要关注"和子说"（filioque），想要证明 13 世纪的希腊教会并不忠于他们自己教会的那些圣师，因为那些圣师们曾经宣扬与罗马教会相同的教义。实际上这一论著是错误、造假和张冠李戴的大杂烩。[①] 但教宗却想将此作为基本根据来同希腊教会谈判。似乎，托马斯·阿奎那阅读这一论文"感觉不自在"。他未质疑所引文本的真伪，但质疑了论文的一部分是否有效，他通常更倾向求助于其他权威作品。这一论文的影响并不减少托马斯在 1263 年夏天于奥尔维耶托写作的《反驳希腊教会的谬误》的影响，后者成为罗马教会反对希腊教会而汲取论据的源泉。[②] 最主要的是关于三位一体之中圣灵的来源的 32 个章节，而 7 个短的章节中有 5 个是关于罗马教廷的至上，另外两个是关于圣体礼的无酵面饼和炼狱。在关于炼狱的章节中，托马斯捍卫炼狱的存在，他

---

　　① 见威谢普《托马斯·阿奎那修士》，第 168—170 页。
　　② 见东丹《克罗托内的尼古拉与托马斯·阿奎那的驳希腊教会的谬误的来源》（A. Dondaine: "Nicolas de Crotone et les sources du Contra errores Graecorum de saint Thomas"）载 *Divus Thomas*，1950，第 313—340 页。

辩护的方式在我们之前审视过的《神学大全》的《补篇》也得到采用。

但是，希腊人 1261 年收复君士坦丁堡和恢复拜占庭表面上的完整性之后产生的政治局势导致他们尝试进行罗马教会与希腊教会的和解，这导致了 1274 年第二次里昂主教公会。①

由于一些政治原因，教皇格列高列十世期待罗马教会与希腊 382
教会的统一，他认为这是他想要组织的十字军东征获得成功的必要先决条件，东罗马皇帝帕里奥洛格斯王朝的米海尔八世同样期待，他不仅想避免查理·德·安茹的可能的进攻，而且，如同吉尔贝·达格龙指出过的，他想要恢复"东西教会之间有机联系"的重大的传统政策。

统一的谈判在模棱两可中进行，未能深入问题的根本，拜占庭皇帝在逼迫着希腊教会，在此前曾经拒绝统一的东方宗主教约瑟夫一世被废黜后，1275 年 1 月 16 日，统一得以宣告。统一实际上仍是不能落实的空文。但统一使得炼狱得以在罗马教会更加落实。双方保留的表述是一种折衷，是由教皇克雷孟四世 1267 年 3 月 4 日致米海尔八世皇帝的一封书函中确立的。这一表述在格列

---

① 见研讨会论文集《1274，转折的年份》（1977 年由 CNRS 出版社出版）关于《拜占庭与统一》的部分（第 139—207 页），其中有我们已经引用过的斯蒂埃农的文章，以及 J. 达鲁泽、J. 古亚尔和 G. 达格龙文章。另请参阅罗贝格《1274 年里昂主教公会希腊与罗马教会的统一》（B. Roberg: *Die Union zwischen der griechischen und der lateinischen Kirche auf den* Ⅱ. *Konzil von Lyon, 1274*），波恩，1964。关于拜占庭对彼岸世界的态度，我们期待吉尔贝·达格龙的下一部著作。我感谢艾芙利娜·帕特拉让将她即将在《使人相信》（罗马法国学院，1979）研讨会发表的论文《拜占庭与其彼岸世界。关于几个故事的见解》提供给我。

高列十世 1272 年 10 月 24 日致帕里奥洛格斯王朝的米海尔皇帝的书函中以及在皇帝 1274 年 3 月作为答复而申明的基本信条中被重复。这一表述成为主教公会在稍加改动后于 1274 年 11 月 1 日颁布的教会宪章《作为神圣不可侵犯的》（*Cum sacrosancta*）的附篇。

内容如下：

> 但是，因为某些人出于无知，另一些人出于狡黠而引入的各种谬误，它（罗马教会）说并且宣扬，那些经过洗礼的堕入罪重的人不应该被再次洗礼，而是通过真正的赎罪获得对他们罪行的宽恕。如果他们真的在赎罪，却在通过有效的赎罪成果赎满他们所犯的或忽略的罪之前，他们在仁爱中死去，那么他们的灵魂，如同约翰使徒告诉我们的，在他们死后由**炼罪**或**净化**的刑罚得到净化，活着的信徒的襄助对他们有用，即信徒们习惯上按照教会的规定为其他信徒提供的弥撒、祈祷、施舍和其他虔行。那些经过洗礼，未受过任何罪行玷污的人的灵魂，以及那些受到玷污，但已经得到净化的灵魂（不论是在灵魂留在肉体中时得到净化，还是在受玷污后，在肉身内，或者与肉体分离后得到净化），如前面所说的，它们立刻被接纳到天堂。①

20 年前，这一文本隐含在依诺增爵四世的书函中。涉及"poenis purgatoriis seu chartheriis"（炼罪或净化的刑罚），这个被

---

① 根据《天主教神学词典》的"炼狱"词条，1249—1250 栏。

拉丁化的希腊词对应的是希腊人曾经加以希腊化的拉丁词。但是
purgatorium 炼罪这个名词却没出现。这里既不涉及地点，也不涉
及火。这种退缩是希腊教会的反对造成的，还是同样由于某些西
方教会神学家的排斥？这并非不可能。特别是多份文献让我们认
为，至少在拜占庭帝国的中央行政部门内，他们准备接纳炼狱这
个词。确实，我们在米海尔八世 1277 年致若望（约翰）二十一世
教宗及后来的尼古拉三世教宗的基本信条中看到，不论在拉丁文
本中（poenis purgatorii seu catharterii 炼罪或净化的刑罚），还是在
希腊文本中（ποιναις πουργατοριον ητοι καθαρτηριον）都看到炼罪
或净化的刑罚。同样，在安德洛尼卡二世几年之后发出的基本信
条中也一样。我们同样可以推测，第二次里昂主教公会曾颁布过
一种佚失的表述，重复了依诺增爵四世 1254 年书函的词句，而非
克雷孟四世 1267 年书函的词句。[①]

炼狱与心态：东方与西方

重要的在别的地方。

首先，如同 A. 米歇尔所看出的，"从教义上看，这个被强加给
希腊教会的文本当然代表着天主教教义。它是等同于出于教宗权
威（ex cathedra）的定义"。[②] 这是首次作为教义申明对**炼罪过程**或
者说炼狱的信仰。

---

① 根据《天主教神学词典》的"炼狱"词条，1249—1250 栏。

② 同上。

　　第二个有价值的事实是，在教理层面，炼狱将不再被教会定义为一个明确地点或者一种火，两次主教大会将彻底确立炼狱在罗马天主教中教义：即 1438—1439 年的费拉拉–佛罗伦萨主教公会（再次面对希腊教会①）和1563年的特伦托主教公会（这一次是驳斥新教徒）。

　　我仍然相信，尽管神学家们的排斥和教会机构的谨慎，炼狱的成功归功于对它的空间化和它使之得以充分发展的人们的想象。

　　但在审视炼狱、炼罪地点在 13 世纪取得"民间"的成功、群众的成功之前，我想从一份与希腊教会和罗马教会的辩论相关的文献中举出一则对事实的陈述，它说明了在炼狱诞生与普及之时西方教会基督徒的内心的态度。在第二次里昂主教公会（1274）之后，帕里奥洛格斯王朝的米海尔八世努力让拜占庭教士遵守统一。阿索斯山的诸修道院是主要的抵制的据点。1276 年 5 月，帝国警察在"阿索斯山的搜捕"中驱逐和解散了僧侣们，并拘捕了其中两位，尼塞弗尔和克莱芒，皇帝出于对罗马教会的尊重，派人将他们用一艘威尼斯船带到阿卡的圣雅各（在以色列），交给那里的教长。这位教长并非寻常人。他是多明我会修士伦蒂尼的托马斯（Thomas de Lentini），他比托马斯·阿奎那早四十多年加入多明我会。

　　这位教长同样是阿卡的主教和耶路撒冷的宗主教，他同两位希腊僧侣进行坦诚的讨论，最终仅仅将他们软禁在塞浦

---

　　①　主要参考《佛罗伦萨主教公会上的炼狱辩论》（*De Purgatorio Disputationes in Concilio Florentino Habitae*），L. Petit/G. Hofmann 校勘，罗马，1969。

路斯。[①] 在辩论中出现了炼狱问题，因为所涉及的正是炼罪
（ τοπυρκατοριον ）。

　　　　罗马人：那么炼狱呢，你们对此怎么看？

　　　　希腊人：炼狱是什么，您是从哪部圣典里知道的？

　　　　罗马人：从圣保罗那里，在他说人们要被火试验时："但
谁的工程若被焚毁了，他就要受到损失，他自己固然可得救，
可是仍像从火中经过的一样"。

　　　　希腊人：实际上，他的惩罚无尽头。

　　　　罗马人：我们的看法如下。如果某个人，在犯罪后，他
去忏悔，为这罪过领受了赎罪，却未完成赎罪就死去，那么
天使将他的灵魂放入净化之火，即那火河中，直至他完成灵
性（父）为他规定的剩余的时间，这是他因为死亡的猝然不
可预料而未能完成的时间。这完成剩下的时间之后，我们认
为，他得到净化去往永生。你们也这样认为吗，是与不是？

　　　　希腊人：下面是我们的看法：我们不仅不同意这些，而
且我们诅咒此论，如同那些参加主教公会的神父一样。依
据我主的话，"你们迷失了，不了解圣典，也不了解上帝的
威力"。

385

----

①　见达鲁兹《与里昂主教公会有关的希腊文献》（ J. Darrouzes: "Les docu-
ments grecs concernant le concile de Lyon"），载《1274，转折的年份》第 175—176
页。所引用文本取自《对尼塞弗尔的审讯（ 1277 ）》，载洛朗 / 达鲁兹校勘《1273—
1277 年里昂的统一的希腊文献》（ V. Laurent/J. Darrouzes: *Dossier grec de l'Union de
Lyon (1273—1277)*,《东方基督教档案》（ *Archives de l'Orient chrétien* ），16，巴黎，
1976，第 496—501 页。

确实，对于希腊教会来说，面对未谈及炼狱的《圣经》，罗马教会仅限于引述一些所谓的在彼岸世界解脱了折磨的灵魂的灵视。他们补充说："然而，人们讲述的那些梦境中和空气中的事情，充斥着子虚乌有，所以不能提供确证。"因此，"在你的今生行善吧，因为在死后一切都一成不变，因此，为那些在他们自己一生中未行善的人祈祷，这是不会如愿的"。

但伦蒂尼的托马斯再次发起争论：

　　罗马人：那些义人们的灵魂如今在何处安息，恶人们的灵魂又在何处？

　　希腊人：按照我主的话，如同拉撒路那样的义人，他们在亚伯拉罕的怀抱，而那些如没有仁慈心的富人一样的恶人，他们处在阴间的火里。

　　罗马人：我们教会的许多普通信众难以支持这个。他们说，修复（apocatastase 万物归新说）尚未到来，因此，灵魂感受不到惩罚，也感受不到安息。所以，如果是这样……

　　……

稿本在此处出现空白，正是在为我们补足关键信息的时候。因此，我的诠释有假设的成分在里面。

首先，我注意到这位罗马教会人士的矛盾之处，他援引了奥利振的修复说，但我认为最主要的不在于教义上，而在于罗马教会信徒的内心倾向，伦蒂尼的托马斯提到这点。许多普通信徒不再满足于个体死亡之后的阴间与亚伯拉罕的怀抱，地狱与天堂的对立。炼狱是个体死亡到整体复活之间最后的高潮，是赎罪与得救进程的延长，跨越了死亡这道虚假的界限，对炼狱的需要变成了大众的一种强烈要求。民众的声音（*Vox populi*）……* 至少在西方教会如此。

---

*　谚语后半句"便是上帝的声音"。

9 社会意义上的胜利：牧道与炼狱

13 世纪，·炼狱在神学中以及在教理层面取得胜利。它的存在是确定的，它变成信仰与教会的真理。以这种或那种形态，在非常具体或者比较抽象的意义上，这是一个地点。对炼狱的表述成为官方的。炼狱给了一种非常古老的基督教的习俗即给死者的祈祷襄助以完整的意义。但神学家们和教会机构控制着它，限定它在人们想象中的夸大。

在我目前所处的层面，即作为历史学家尽量达到的关于全体信众、各个社会和职业阶层对炼狱的接受的层面上，炼狱取得的进展则更加惊人。

当教会让炼狱从神学推理的高度降到日常宣教中，降到牧道实践中，发动起想象的资源，炼狱的成功似乎非常巨大。在 13 世纪末，炼狱在布道中、（悄然潜入的）遗嘱中、俗语文学中随处可见。1300 年的大赦是炼狱的胜利，在信众的渴望与教会的命令中承认了炼狱的地位。在知识人中，乃至异端中，反对被瓦解了。唯有图像仍对这场胜利没有反应：这是图形表现上的保守主义吗？是对表现一个居中的、有期限的、短暂将逝的世界的困难？这是教会刻意避免一些更多是让人放心，而非让人畏惧的表现吗？^① 教会希望维持炼狱靠近地狱的位置，甚至将它"地狱化"。388
炼狱的诞生是出于确定地点的想法，因为必须为炼罪的刑罚找到
一个地点，因为刑罚中灵魂的游荡已经不再为世人容忍。但空间
与时间总是连在一起的，即便这地点并不单一，托马斯·阿奎那
提醒人们这一点。

得到计算的时间

炼狱同样是一种时间，因为可以将之定义为"有期的"地狱。
故而存在一种炼狱时间，这一时间同样在 12 到 13 世纪之交得到
定义，它属于这一时代对时间结构的一种整体上的重新思考。

直到此前，生活和心态一方面受到一种关于时间的意识形态
主宰，另一方面则是对时间的多重性的经验。教会传授关于世界
的六大时期的理论，而世界已经到达了第六个时期，即最后一期，
是老年期或者衰落期，同时教会将宇宙牢牢地锁定在一种历史性
之中，这种历史性受过去的两大事件的影响：创世记和继而人类
的堕落，基督道成肉身和由之而来的拯救，它将时间导向一个终
点：即最后审判和时间在永恒中被废除。教会相信并且肯定这一
终结临近了，这一确信的主要后果是人们很少关心个体死亡到全
体复活与审判之间的这个非常短暂的时期。一些或苛求或质疑，
或者既苛求又质疑的个人与群体，他们在这一图式中引入了两种

---

① 也许细致的研究能让我们找出一种被我们通常以为的更早期的对炼狱的图
形表现（见附录 3）。

变体。

　　他们中一些人希望世界重返青春，回到早期教会，即黄金时代神话的基督教形式；另一些人（有时与前者是同一批人）相信或者希望与《启示录》相一致，世界末日之前会有敌基督的考验，但是在此之前会有一段漫长的正义时代，即千禧年（Millenium）。在13世纪初，长期以来受到教会否定的千年至福说获得了一位新389　的先知，即菲奥雷的约阿基姆（Joachim de Flore，约阿辛），他的思想在整个世纪中点燃了众多信徒的热情，特别是在方济各会之中。①

　　另一方面，人们的生活被另一种时间的多重性规范着：即瞻礼仪式的时间，由教会宣布和控制着的日历的时间，每日由宗教建筑的钟楼指示的时间，紧密依赖于自然界的节奏却受到或多或少基督教化的仪式的标记的乡村劳作的时间：传统的年初的12日的系列（从圣诞节到主显节），狂欢节和封斋的时间，耶稣升天节前的农作祈愿与圣约翰节的时间（收获季），而封建制度的时间以春季的服役与圣灵降临节的收租期限和骑士大会为标记。

　　但是，线性的时间的划分已经成型，期限已经被赋予某种意义。它们从属于对个体与集体记忆的一种新的应用。贝尔纳·格

---

　　①　关于菲奥雷的约阿基姆和千年至福说，见 M. 里夫斯的博学著作《晚期中世纪的预言影响：对约阿基姆主义的研究》（M. Reeves: *The Influence of Prophecy in the Later Middle Ages. A Study in Joachimism*, 牛津，1969），以及亨利·莫蒂的力作《约阿基姆所论灵的显现》（Henry Mottu : *La Manifestation de l'Esprit selon Joachim de Fiore*, 纳沙泰尔 / 巴黎，1977）。诺曼·科恩的著作《千禧的追寻》（Norman Cohn: *The Pursuit of the Millenium*, 伦敦，1957，法译本 *Les Fanatiques de l'Apocalypse*, 巴黎，1963）很有想法，但有时值得商榷，他让大众了解了11—16世纪的千年至福说运动。

内曾经指出，用于追忆过去的记忆上溯几乎不超过百年。[1] 在强权者、贵族这一层，记忆与某段文字、或多或少出于偶然而保留下的文书、关于祖先（让谱系得以建立的世系的创建者）的传说给出的日期相结合。[2] 尤其，对于我们所考虑的问题，记忆是对死者 390 的纪念的源头，在 11—12 世纪的克吕尼修道院尤为活跃，甚至要早于炼狱地点的确立。称作《纪念册》(*Libri memoriales*) 的忌辰登记表的撰写，以及将诸圣瞻礼节次日即 12 月 2 日定为**亡者纪念日**，都表达出这种记忆，它记录在为死后仍有待拯救的死者进行的登记与瞻礼仪式中。[3]

13 世纪对于时间的新的态度的标志是末日论的时间与或多或少渗透着线性，特别是多多少少由标记、坐标、时间份额所分割的俗世的时间的结合体。

---

① 格内：《中世纪的历史时间与记忆时间》(B. Guenée: "Temps de l'histoire et temps de la mémoire au Moyen Age", 载《法国史学会会刊》(*Bulletin de la Société de l'Histoire de France*), n° 487, 1976—1977, 第 25—36 页。

② 见豪克《中世纪贵族家庭的家世文学》(K. Hauck: "Haus- und Sippenge-bundene Literatur mittelalterlicher Adelsgeschlechter"), 载 (《奥地利中世纪史论坛通讯》(*Mitteilungen des Instituts für Österreichische Geschichtsforim Mittelalter*), Wege der Forschung, XXI, 1961。杜比：《关于 11 与 12 世纪法国族谱文学》(G. Duby: "Remarques sur la littérature généalogique en France aux XIe et XIIe siècles"), 载 *Comptes rendus de l'Académie des Inscriptions et Belles-Lettres*, 1967, 第 123—131 页。杜比：《亲缘结构与贵族：11—12 世纪法国北方》(G. Duby: "Structures de parenté et noblesse. France du Nord XIe—XIIe siècles", 载 *Miscellanea Mediaevalia in memoriam J. F. Niermeyer*, 1967, 第 149—165 页), 两篇均收入《中世纪的人们与结构》(*Hommes et Structures duMoyen Age*), 巴黎, 1973, 第 267—298 页。热尼科：《族谱》(L. Genicot: "Les Généalogies"), 载《西方中世纪史料分类》(*Typologie des Sources du Moyen Age occidental*), fasc. 15, 蒂伦豪特, 1975。

③ 见前文所引著作, 第 170—171 页。

　　这种前后相继的时间同样是叙事的时间，在叙事文学中尤为显著，而叙事文学在 1150 年之后，特别是在 1200 年后得到了飞速发展：叙事诗、韵文故事、传奇在几十年的时间内成为成功的文体。[①]炼狱的成功与此同时代。两个现象甚至是相关联的。炼狱将某种曲折情节引入到个体得救的历史中。尤其，这一情节延续到死后。

　　死亡时，死者们必须进入一种纯粹的末日论时间，不论他们立刻得到地狱或者天堂中的永恒，或是在个体死亡到最后审判之间的整个时期都在等待（或是在一个中立的，但灰色的、比较黑暗的、类似犹太人的阴间的地方等待，或是在类似亚伯拉罕的怀抱的居所等待）。但关于这些居所的理论其实直到 12 世纪之前都是得到基督教义支持的，此时则在发生转变，以至于仅仅成为一种学院的表述。人类先祖的灵簿狱被彻底封闭，亚伯拉罕的怀抱清空了，以诺和以利亚孤独地留在人间天堂里，仅剩下孩童的灵簿狱和炼狱。

391　　尽管有一些迟疑的迹象（迟疑主要来自奥古斯丁），但炼狱在 13 世纪之后在其时间界限上得到了明确限定。人们只在死后才进入炼狱。炼罪并不在俗世开始。无疑信仰与赎罪习俗的发展有利

---

　　① 关于这一时期叙事文体的成功，见《西方中世纪史料分类》的第 12 分卷（《传奇作品》（ *Le Roman*)，由 J.-Ch. Payen/F. N. M. Diekstra 编）和第 13 分卷（《韵文故事》（ *Le Fabliau*)，O. Jodogne 编，和《叙事谣曲》（ *Le Lai Narratif*)，J. -Ch. Payen 编），以及《想象的叙事文学：从文类到表达手段》（ *La littérature narrative d'imagination: des genres littéraires aux techniques d'expression*, 1959)，斯特拉斯堡研讨会文集，巴黎，1961。对于中世纪的"叙事现象"及其在 13 世纪的大发展缺乏整体的研究。

于炼狱的诞生。但奥弗涅的纪尧姆的炼狱的"赎罪"观念在他死后却不再有同样的活力。托马斯·阿奎那给出理论上的回答，他强调只可能在生前进行赎罪，死后只可能有刑罚。所以，进入炼狱只在死后才开始。炼狱不提前到生前，同样，炼罪不再牵涉真正意义的末世时间，不牵涉整体复活之后。实际上，"火"并不会在最后审判**期间**净罪，而是在那**之前**。

最重要的是，对于个体的死者，炼狱的时间并不一定覆盖死亡到整体复活之间的全部时期。甚至最大的可能是炼狱中的灵魂在最后审判之前得到解脱，或快或慢，或早或晚，依照有待净化的罪行的数量与性质的不同和由生者提供的祈祷襄助的强度不同。所以，在彼岸世界确立起一种可变的、可量度的而且可操纵的时间。由此而来的是，来自炼狱的灵魂显现故事的讲述者和这些灵魂本身在对生者的讲述中精确地指示出死后至今的时间，已经在炼狱中度完的时间，有时明确给出有待服刑的期限，[①] 尤其是离开炼狱升入天堂的时间，这让我们可以量度在炼狱度过的时间。

此处正在寻求确立对俗世所犯罪行数量、补赎罪行所做的祈祷襄助数量与炼狱中度过的阶段之间比例的一种计算，一种可计算性。黑尔斯的亚历山大在他对成比例性的思考中对这些计算给出某种理论上的合理解释，而托马斯·阿奎那却极力抵制。免罪符制度的发展为这种可计算性的泛滥打开大门。不管怎样，俗世时间与彼岸时间，罪孽时间与炼罪时间由此被关联起来。

炼狱体系还有两大后果。 392

---

① 读者不难看出，"服满刑"这一变得平常的表述是来自炼狱信仰。

第一个后果是给予死前阶段某种崭新的重要性。当然，罪人们始终被提醒防备猝死，被敦请及时准备摆脱地狱。但是，要想避免如此沉重的劫难，必须及早而且努力着手，不得让人生过于不堪，不得犯过分的罪行，如果犯有过分的罪行则必须尽可能进行示范性的赎罪，最好是进行遥远的朝圣。对于那些可以轻易进入修道院的人，在俗教士、贵族、有权势的人，在衰老来临时加入修道院是一种很好的保障。从此之后，炼狱体系让人们能够在宗教实践中确定一些更为细微的但就摆脱炼狱而言同样具有决定性的行为。如果没有圣洁的一生，那么最佳手段仍旧是赎罪（越来越多先进行忏悔），但如果至少已经开始悔改，最终（*in extremis*）还存在希望，可以摆脱地狱，仅仅度过炼狱。**临终忏悔**越来越成为享有炼狱的最终援助。因此，生命最后时刻获得了额外的强度，因为对于大多数垂死者而言，想要直接升入天堂早就为时已晚，但仍旧可以通过炼狱得到拯救。我认为，与菲利普·阿里耶斯在《面对死亡的人》中所言相反，早在 13 世纪（菲利普·阿里耶斯认为是在 14—15 世纪），"不死的灵魂的命运从此是在肉体死亡时就决定了"，[①] 炼狱是死亡时刻的这种戏剧化的一个主要原因。

实际上，菲利普·阿里耶斯接着说："幽灵和显灵的位置将越来越少。"这同样是我所看见的，但早在 13 世纪便是如此，除了少数炼狱中的灵魂，除了极少数的在上帝"特别许可"下的获选者

---

① 阿里耶斯：《面对死亡的人》（Philippe Ariès: *L'Homme devant la mort*），巴黎，1977，第 110 页。

或永劫者的灵魂，他们短暂向活人显现做出指示，不再到处游荡。如果我们对比多明我派修士瓦拉泽的雅各布（Jacopo de Varazze）在约 1260 年写作的《黄金传奇》和半个世纪后蒙塔尤居民面对宗教法庭法官进行的讲述，我们惊讶于这些排斥炼狱的异端村民周边有灵魂游荡，而在关心传布炼狱信仰的布道者的著作中幽灵却 393 付诸阙如。①

文艺复兴却经历了幽灵的回归，因为虽然炼狱继续起着生者与死者联系的作用，甚至在丰富着这种新的虔信形式的作用，但似乎其作用更多是作为禁闭受刑灵魂的地点。16 世纪的一些历史学家突出描写了那些重新开始的灵魂的游荡和在俗世的墓地里逃脱了炼狱的幽灵的舞蹈。②

所以，我不认为菲利普·阿里耶斯所做的补充是对的："相反，长期专属于学者和神学家或诗人的对炼狱这个等待场所的信仰变成真正大众的信仰，但这不早于 17 世纪中叶。"甚至，他并没有提出问题，是否在某些地区，比如图卢兹地区，炼狱的流行是否早在 18 世纪就结束了。③

---

① 内沃：《中世纪的死亡次日》（H. Neveux: "Les lendemains de la mort au Moyen Age"）载《经济、社会与文明年鉴》，1979，第 245—263 页。

② 让·德吕莫的重要的综合著作《14—18 世纪西方的恐惧》（1978）的上卷，让·维尔特的出色研究《年轻姑娘与死亡》（对文艺复兴德国艺术中的死亡之舞主题的研究）（Jean Wirth: *La jeune fille et la mort*, 1979）。

③ 巴斯塔-富尼埃：《14 世纪与 15 世纪初图卢兹地区的炼狱》（Michelle Bastard-Fournié: "Le Purgatoire dans la région toulousaine au XIVe siècle et au début du XVe siècle", 载 *Annales du Midi*, 第 5—34 页）："历史时间尺度上的短暂成功；似乎在 18 世纪，炼狱不再是图卢兹人宗教关注的中心，如果我们仅仅依据遗嘱来看的话"（第 5 页，注解 2）。

　　炼狱体系具有第二个后果：它意味着对生者与死者之间联系（对于祈祷襄助有效的联系）的相对明确的定义。

　　来自炼狱的灵魂向谁显现来求助？首先是他们的血亲，前辈或者后辈。随后是他们的配偶，在13世纪炼狱中死者的寡妇的作用尤其重要。接着是他们的非自然的亲属，如果他们是僧侣或是与修道会相关的在俗人，那么首先向修道会显现。最后，死者可能向一位上级显现：一位僧侣来恳请首座或院长的帮助显然属于此类，但我们也看到一个附庸、熟人、仆人向自己的领主、主人求助的情况，好像由封建附庸的契约建立起来的领主的保护义务延续到死后的时间，这一时间既是不同的又是补充的，这是炼狱的时间。逐渐地，从13到16世纪，炼狱的团结互助将被引向行会互助的新形式。但是，我们不应错误理解，虽然菲利普·阿里耶斯将这一关键时刻的年代确定得过晚，但他很好地领会到炼狱赋予死亡的界限另外一重意义。一方面，通过将宽免罪孽的可能性扩展到彼岸世界，炼狱似乎让这一界限更加容易逾越，另一方面，炼狱结束了作为从生命到永恒（荣耀或永劫）过渡的一种没有接缝的时间长卷。我们引用加布里埃尔·勒布拉的话，对于数目越来越多的死者来说，在彼岸世界开辟了俗世生活与天堂奖赏之间的一种"见习期"。

　　在灵魂显现中表达的以及生者与死者关系中所揭示的炼狱的时间图式可以如下描述：死亡后不久（几天或者几个月，很少更长），炼狱中一位死者向一个在俗世中有关联的活人显现，或长或短地告诉他自己的处境，一般是在彼岸世界的处境，尤其是在炼狱中的处境，请他亲自或者让别的亲属或亲近者，或者让某个社群，为他进行一些祈祷襄助（斋戒、祈祷、施舍，尤其是弥撒）。死者向他许诺会在下一次显现中告诉他所进行的这些祈祷襄助的灵验（或不灵验）。如果此前已经有一次显现，那么死者通常会告诉生者他的刑期被补赎了多大份额。通常是一个简单的比例，一半或三分之一，通过幽灵的外表加以物质化，其"形体"（或"服装"）有一半黑（有待补赎的部分）或者有三分之一白色而三分之二黑色，诸如此类。

　　人们可能吃惊（13世纪的人们尚不熟悉这种通俗化的炼狱，他们表现出这种惊奇），在炼狱的居留往往看起来很短暂，诸如几天或几月，虽然在如列日的高利贷者这样最有价值的最早期的例子中，炼罪期持续到14年，分为两个7年的阶段。[①]因为所受刑罚的严酷（*acerbitas*），炼狱中时间显得非常漫长。在后文我们会看到，有些人觉得一天同一年一样漫长。炼狱中的时间的这种强度从几个方面都引人注意。首先，这是对俗世时间与炼罪的彼岸世界时间之间比例问题的一种解决，虽然是比较粗糙的解决，它必须将不同等的甚至根本不同的时间建立比例。这同样是借助于一种心理概念（期限的主观意义），这与日益发展的"心理化"相契合，这是同时代文学的特征。最后（既让人吃惊，又十分重要），炼狱的时间与民间故事的传统的彼岸时间是反方向的。阿尔奈/汤普森民间故事分类法[②]中第470"反类型"中对民俗传统的彼岸时间的定义如下："对数年的经历如同数日：在彼岸世界经历

395

---

①　见后文，第407—410页。

②　A. 阿尔奈、S. 汤普森：《民间故事分类》（A. Aarne/S. Thompson: *The Types of the Folktale*），第2修订版，赫尔辛基，1964，第161页。

的数年，由于遗忘，仿佛数日"，而且这还因为那里的生活更加惬意。从宜人的凯尔特彼岸世界过渡到炼狱的非常严酷的彼岸世界，这导致了时间感的颠倒。这是引人注意的演进：在书翰文化与民间文化之间的颠倒作用中，通常是民间故事想象出一个颠倒的世界。此处，学者思想借鉴了属于民间故事的彼岸的主题，却加以颠倒而为己所用。这里，我们看到相互借鉴的机制，以及书翰文化与民俗文化之间的对称运作。我从中看出民俗在炼狱诞生中的存在的一些证据。[①] 比如，让我们回顾《布兰的旅行》，在结尾时，当布兰与同伴在经历属于彼岸世界的神奇岛屿的游历后想要回归他们出发的地方，他们中一人从船上跳下，变成灰落在岸上，"好像他曾在地上活了几百年"。灵视文学在 13 世纪并未耗尽对听众和读者的吸引力。彼岸世界之旅从此堂而皇之向炼狱敞开一席之地。

新的彼岸世界之旅

396

在这个世纪初年，一位德国的熙笃会修士康拉德（曾是克莱沃修院的僧侣，后成为陶努斯山区的埃伯巴赫修道院院长）写过一系列的神迹与轶事，回顾了修会的早期历史《熙笃会的伟大创始或熙笃会早期事迹》（*Exordium Magnum Cisterciense Sive Narratio de Initio Cisterciensis Ordinis*）。从中我们看到几个幽灵故事。炼狱在其中很少被提到，因为这一著作自视为一个时期的历史，即 12 世纪，那个世纪中直到约 1180 年，炼狱尚不存在。在向克莱沃的赫

---

① 让-克洛德·施密特在其对幽灵的研究中尤其关注这个侧面。

伯特 1178 年写作的《神迹之书》借用的一个故事里，一位沉沦于暴力与抢劫的城堡主，兰斯地区的博杜安·德·吉斯，他敬爱伊尼修道院院长皮埃尔，博杜安在悔过中死去，但来不及完成赎罪。他死亡当夜，向一位僧侣显现，请求圣贝尔纳铎的帮助，而一位天使向伊尼修院的皮埃尔显现，请求熙笃会僧众为死者进行祈祷襄助。据此不久，两位天使将死者带到伊尼修道院教堂的祭坛，来到皮埃尔院长面前，死者穿着黑色衣服，但看着体面，而且是用上好的棕黑布料。院长明白黑衣服是赎罪的标志，但在祭坛的显现让人推测死者将会得救。鉴于他此后没有再显现，人们肯定他已经被接纳到炼罪的地方（in locis purgatoriis），得到了未来得救的承诺。

我们看到，这一体系此时未完全就绪，因为死者未来通知生者他从炼狱到了天堂。[①]

在另一个故事中，是圣奥古斯丁在灵视中向克莱沃修院的一位圣徒僧侣显现，领他穿越众多酷刑地点，直到阴间井口[②]。

在另一个例子中，康拉德想证明炼罪之火的考验（examen 397 ignis purgatorii）是多么可怕和恐怖：他讲述一位僧侣的故事，他在死前的灵视里被带到地狱般的地方（ad loca infernalia），他对那里的短暂的灵视与《圣帕特里克的炼狱》（以及保罗的《启示录》）接近，随后他进入一个清凉安宁之地（ad quemdem refrigerii

---

① 埃伯巴赫的康拉德：《熙笃会的伟大创始》（Conrad d'Eberbach: *Exordium magnum cisterciense*），Ⅱ，23，B. Griesser 校勘，罗马，1961，第 143—147 页。我感谢正在准备《熙笃派中的死亡》研究的菲利普·多特雷先生让我注意到这些文本。

② 仍旧引用的是赫伯特的《神迹之书》（*Liber miraculorum*），出处同前，第 229 页。

locum)。康拉德解释说，死者依据罪孽的数量与性质或快或慢炼净了罪过之后被接纳到那个地方，他援引了圣伯尔纳铎为克莱沃修道院的翁波特院长之死所做的布道，圣伯尔纳铎在其中说俗世所犯罪孽必须在炼罪的地方（ *in purgatoriis locis* ）百倍补赎，直至完全偿清。[①]

　　这是炼狱即将诞生却尚未存在的时代的回响，《熙笃会的伟大创始》（ *Magnum Exordium Cisterciense* ）这些灵视与显现具有古旧之风。相反，炼狱出现在更晚年代由两位英国本笃派修士记载下的灵视中，他们承继了比德以来的伟大的凯尔特与盎格鲁-撒克逊传统。他们中第一位是文多弗的罗杰（ Roger de Wendover ），是奥尔本斯大修道院的僧侣，1236 年去世，他在 1236 年的《历史集萃》（ *Flores historiarum* ）中讲述了瑟吉尔的彼岸之旅。[②]

　　在田地中劳作时，伦敦主教区蒂德斯塔德村的这位农民看到一个人显现，他自称"招待旅客者"圣儒利安，警告他次日夜里要来带他去他对之十分虔心的主保圣徒圣雅各那里，经过了上帝的允许，要向他显示一些不许人知的秘密。夜晚来临，圣徒确实来把他从床上唤醒，让他的灵魂出了肉体，肉体仍旧躺着，在床上失去知觉。他的向导带他进入一座辉煌的大教堂，除了北方一座不太高的墙，那里是没有墙壁的。教堂的守卫者圣儒利安和圣多姆纽斯带瑟吉尔进行参观。上帝将此地指定给死者，不论他们得永劫，还是注定通过炼狱刑罚（ *per purgatorii poenas* ）得拯救。

---

①　赫伯特：《神迹之书》，第 332—334 页。
②　见本书附录四，第 500—501 页。

靠近那面墙，瑟吉尔看到一些黑白斑点的灵魂。最白的那些离墙
最近，最黑的那些离墙最远。在墙边敞开着地狱之井，瑟吉尔闻
到里面的恶臭。儒利安告诉他，这恶臭是一种警告，因为他没有 398
很好地支付给教会的什一税。随后，圣徒指给他教堂东边一片炼
罪的大火，灵魂从那里经过，然后去另一个炼罪地方得到净化，
另一个地方是冰冷的，是一个非常寒冷的池塘，那里的通路受圣
尼古拉控制（作为炼狱的圣徒，我们已经遇到过他）。最后，或快
或慢，灵魂从一座尖利的木桩和钉子的桥上通过，走向天堂之山
（喜乐山 mons gaudii）。回到了教堂中心，儒利安和多姆纽斯让瑟
吉尔看对灵魂的筛选和称重。大天使圣米迦勒、圣彼得和圣保罗
在那里替上帝行事。圣米迦勒让完全洁白的灵魂从炼罪火焰上通
过，带他们前往天堂之山。那些黑白斑点的灵魂，圣彼得让他们
进入炼罪之火，在那里用火焰炼罪。至于那些完全黑的灵魂，他
们成为圣保罗和恶魔之间称量的对象。如果天平倾向圣保罗一边，
他便带灵魂去炼罪之火中炼罪，如果倾向恶魔一边，恶魔则带他
去地狱。在多姆纽斯的陪伴下，瑟吉尔随后在撒旦带领下长时间
参观了地狱，地狱的下层除外。靠近喜乐山的门厅时，他看到圣
米迦勒让那里等待的灵魂前进，他们或快或慢，依据他们的朋友
与普世教会为解救他们而做的弥撒数量的多少。此后，他在圣米
迦勒指引下很快浏览了天堂山上的众多居所，最后去地上天堂一
游。圣儒利安再次向他显现，命令他向人们讲述他所见的事。从
此之后，从诸圣瞻礼节开始，瑟吉尔讲述自己的灵视。当然，他
是用俗语讲述的，但我们佩服这个之前没有文化的不善言辞的乡

下人在他的故事中表现出很好的口才。①

　　当然，这个充满古风的故事将彼岸世界集结在三个地方，天
堂、地狱和炼狱，但地理上的三分是不完善的。地狱始终包含一
399　个上层和下层，天堂包含众多居所，天堂山类似巴别塔，炼狱是
由凑合着拼起来的三部分构成：火、冰水的池塘和桥。

布道中的炼狱：布道示例故事

　　此时这些故事仍只是针对有限的听众，即修道院的听众：尚
有待于触及世俗的大众。

　　炼狱的重要传播手段是布道，是小故事，在布道文中，布道
者开始在讲道中夹入小故事，寓教于乐。借助短小的叙事形式，
这是教会让布道符合时人趣味的一个主要手段，同样也是沿袭着
一种漫长的传统。就这些讲道故事来说，这些布道示例故事——
尽管有显著差别——承接着大格列高列在《对话集》中的故事。
我们知道，大格列高列的这些故事在炼狱的道路上则有着里程碑
作用。炼狱与示例故事（exemplum）在 13 世纪的决定性的相遇是
大格列高列在 6 个半世纪之前草创的道路的辉煌终点。②

---

　　①　《文多弗的罗杰的编年史》（*Chronica* Regeri de Wendover），见《历史荟萃》
（*Flores Historiarum*），卷 Ⅱ，伦敦，1887，第 16—35 页。马蒂厄·帕里斯同样是
圣奥尔本斯修院的修士，1259 年去世，他在《大编年史》（*Chronica Majora*）中接
续文多弗的罗杰，他仅限于逐字照搬《历史集萃》中瑟吉尔的故事。见《圣奥尔本
斯的修士马蒂厄的大编年史》（Matthaei Parisiensis Monachi Sancti Albani *Chronica
Majora*），卷 Ⅱ，伦敦，1874，第 497—511 页。

　　②　关于示例故事，见布雷蒙等《中世纪史料分类》（Cl. Brémond/J. Le Goff/
J.-Cl. Schmitt: *Typologie des sources du Moyen Age*，付印中）的《示例故事》分卷。

　　布道始终在教会的传教中占据重要地位，但 13 世纪是讲道复兴的世纪，是在一种崭新的话语中进行，更加直接，更加现实，托钵僧修会的修士们很快便成为其主要推动者。① 布道文——以及嵌入的示例故事——是 13 世纪大众传播的重要手段，这是所有信众收到的信息，即便存在一些逃避弥撒，特别是逃避讲道的人，他们更愿意在酒馆里畅饮，而不是到教堂。夹杂着示例故事的布道不再仅仅是圣事中预先设定的时刻，它单独发展起来，在教堂或者广场，是讲座和集会的前身。流浪艺人的观众主要是贵族，400 与他们同时兴起的那些时髦的讲道者成为基督教教众的"偶像"。他们向群众指出炼狱的存在，传授相关的知识。

先驱：雅克·德·维特里

　　雅克·德·维特里（Jacques de Vitry）是夹杂着示例故事的布道文模本的最早的作者之一，示例故事后来广为使用。他于 13 世纪初年在巴黎大学就学，成为法国北部瓦尼的神父，接触到女居士群体，这些女性隐居在城市中，过着介于僧俗之间的生活。这位布道者闻名于基督教世界的一部分，主要是法国，他曾是巴勒斯坦的阿卡的主教，最后成为图斯库卢姆的枢机主

---

① 关于布道，见 A. 勒夸德拉马尔什的旧作《中世纪的布道，尤其是 13 世纪》（ A. Lecoy de la Marche: *La chaire française au Moyen Age, spécialement au XIIIe siècle* ），巴黎，1886；日内瓦重印本，1974，总能提供宝贵的信息和想法。同样见勒高夫 / 施密特《13 世纪：新的话语》（ J. Le Goff/J.-Cl. Schmitt : "Au XIIIe siècle: une parole nouvelle" ），载 J. Delumeau 主编《基督教民众生活经验史》（ *Histoire vécue du peuple chrétien* ），卷 I，图卢兹，1978，第 257—279 页。

教（1240 年去世）：这是一位非常重要的人物。[①] 在他的布道文集中，炼狱不占重要地位，但我们从中已经看出新的彼岸世界体系已经成为信仰，他提供了几个有价值的特异之处。实际上，必须将他的示例故事与他表达自己观念的布道文的理论部分合在一起看。

　　两个段落特别有意义。第一个段落是在《致夫妇》（*Ad conjugatos*）这个布道文的范本中："悔过将地狱刑罚变成炼狱刑罚，忏悔将之变成有期的刑罚，合乎规矩的赎罪圆满让刑罚消灭。在悔过中，罪孽死去，在忏悔中，罪孽从家中清除，在赎罪圆满中，罪孽被埋葬。"[②] 这是值得注意的陈述，它将炼狱与悔罪，与赎罪进程联系起来，强调从地狱走向炼狱是具有决定性的减罪。

　　在一个礼拜日布道的范本中，雅克·德·维特里提到炼狱中
401 的主日安息的概念："应该虔诚相信，许多圣徒肯定过，主日的时候，直到星期一，在炼狱中死者的灵魂安息，或至少承受较少的严酷惩罚，教会习惯在主日通过为死者举行弥撒用同情来援救他们。同样，那些在俗世不尊重主日，拒绝停止劳役和世俗事务，或者更糟，放纵于暴饮暴食和其他肉体欲望，沉湎于歌舞，斗胆用争吵、无聊妄语、污蔑与冒失之语玷污和不敬礼拜日的人，他们应当将在

---

　　① 　关于雅克·德·维特里，见富尔尼《雅克·德·维特里：布道者与社会研究者》（Alberto Forni: "Giacomo da Vitry, Predicatore e sociologo"），载 *La Cultura* XVII/I，1980，第 34—89 页。

　　② 　维特里：《通俗布道》（Jacques de Vitry: *Sermones vulgares*），《68 致夫妇》（Sermo 68 *Ad conjugatos*），未刊出，誊写本来自加斯诺 Marie-Claire Gasnault，主要依据稿本 Cambrai 534 和 Paris BN, ms latin 17509。

炼狱中被剥夺主日的安息。"①

　　将地狱中的主日的安息变成炼狱中的礼拜日释放，俗世中礼拜日的行为与彼岸世界礼拜日的刑罚关联起来。教会果断地将炼狱与俗世的宗教实践结合于一种宣教的平行对比中。

　　在雅克·德·维特里针对各种身份的人的布道文范例中（"通俗讲道"或"针对身份"（ad status）），我仅仅举出两个讲道故事，炼狱在其中起着核心作用。

　　第一个故事或许是从熙笃会修士弗鲁瓦蒙（冷山）的埃利南（Hélinand de Froimont）那里借用的，它来自于围绕着查理大帝产生的那些传说，它针对的是"那些为亲人或朋友死亡哭泣的人"。所以，故事是定位于生者与死者之间新的互助形式的。随从查理大帝远征西班牙的撒拉逊人的一位骑士，遗嘱中请求一位亲人在他死后卖掉他的马来帮助穷人。这位不诚实的亲人留下了那匹马。八天之后，死者向他显现，责备他延迟了自己在炼狱中获得解脱，告诉他第二天这个亲人就会以惨死来赎罪。第二天，一些黑色的乌鸦把这个不幸的人带到天上，让他落在一块岩石上，他摔断脖子死去。② 生 402
者对于炼狱中死者的作用被巧妙提及，可宽恕之罪与大罪之间的区别

----

①　未刊出的布道文《所有人享有主日的布道（1）》（*Sermo communis omni die dominica*（1），根据列日的稿本 455，2—2v 对刊页），我非常感谢玛丽-克莱尔·加斯诺提供文本。

②　《雅克·德·维特里通俗讲道中的示例故事》（*The Exempla or illustrative stories from the sermons vulgares of Jacques de Vitry*），Th. F. Crane 校勘，伦敦，1890；重印本，嫩德恩，1967。这个校勘本有宝贵的注解，但文本质量一般，它将示例故事从布道文上下文中抽出，这妨碍我们把握全部含义。所引用的故事见 N. CXIV，第 52—53 页。

得到了说明。这里的目的在于促使遗嘱执行人执行遗嘱，特别是在涉及一些赎罪条款的时候。炼狱与天堂的博弈丰富了威胁的种类。

第二个示例故事几乎未提及炼狱。但它却同样重要。这个故事被附在鼓励十字军的布道中。一位女子阻止丈夫去听由雅克·德·维特里本人宣讲的鼓励参加十字军的布道。但丈夫还是成功从窗户听了。当他听到布道者指出这种赎罪形式可让人避免炼罪刑罚和阴间的刑罚，获得天国奖赏，于是丈夫摆脱了妻子的监视，从窗户跳出，第一个参加了十字军。[①] 十字军、免罪符和炼狱，提及彼岸世界这一三重体系，从此一个范本被建立起来，炼狱在其中或多或少地起着重要的中介作用。

炼狱的两位重要的推广普及者

应该到那些与城市环境接触更多的受戒律的修士中去寻找炼狱的重要推广者，他们的手段是布道与示例故事。下面是其中杰出的两位。他们与雅克·德·维特里大为不同，而他们两人之间的差别同样巨大。这是两位受戒律的修士，但一位是熙笃会的，另一位是多明我会的。他们生活于 13 世纪前三分之二的时期，但其中一位于 1240 年去世，另一位在 20 年之后于 1261 年去世。他们一位是德国人，他的文化与地理坐标是科隆，另一位是法国人，他的经历在更大范围内展开，在巴黎大学求学与作为宗教裁判所法官的活动之间，围绕着里昂的布道兄弟会（多明我会）修道院。

---

① 《雅克·德·维特里通俗讲道中的示例故事》，N. CXXII，第 56 页。

但是，两位均写作供布道者使用的著作，或者直接写作，或者间接写作，两人均在著作中充斥着示例故事，以至于他们的著作被（错误地）当作示例故事集。尤其是，他们彼此都非常重视炼狱，不论是在示例故事中，还是在他们的理论建构中。伴随着他们，403明确地出现了三重性的彼岸世界。地狱、炼狱、天堂之间建立的相对的平衡，在但丁《神曲》中将达到极致。

1. 熙笃会的海斯忒巴赫的凯撒里乌斯

以对话的形式（让人联想到大格列高列），熙笃会的海斯忒巴赫的凯撒里乌斯（Césaire de Heisterbach）在 1219—1223 年间撰写了一部《奇迹故事对话》，实际是轶事集，从中我们看到传统的奇迹故事文类转变为布道示例故事（exemplum）。[①] 但是这个集子是有导向的，这种导向是基督徒走向世界末日，走向彼岸世界的历程。这一历程的十二个阶段构成《奇迹故事对话》(*Dialogus miraculorum*) 的十二分篇（distinctiones），它们是皈依、悔过、忏悔、诱惑、恶魔、简朴、圣母、灵视、圣体礼、奇迹、垂死者、对死者的酬报。[②] 最后一章显然是炼狱的表现最充分的，不论是在示例故事的数量和细节上，还是在作品的结构上。

第十二章即最后一个分篇的结构很简单。对死者的酬报是三

---

① 见瓦格纳《海斯忒巴赫的凯撒里乌斯研究》(Fritz Wagner: "Studien zu Caesarius von Heisterbach") 载 *Analecta Cistercensia* 29, 1973，第 79—95 页。

② 海斯忒巴赫的凯撒里乌斯：《奇迹故事对话》(Césaire de Heisterbach: *Dialogus miraculorum*)，J. Strange 校勘，科隆 / 波恩 / 布鲁塞尔，1951. F. 瓦格纳在前注的论文中预告他在准备新的校勘本。我感谢安德蕾·杜比的信息与建议，她正在准备关于《奇迹故事对话》的一部主要著作。

重的。对于一些人，那是天国（天上的天堂）的荣耀；对于另一些人，要么是地狱的永罚，要么是炼狱的暂罚。在 55 个示例故事中，25 个关于地狱，16 个关于炼狱，14 个关于天堂。从这一简单计算中，我们看出虽然凯撒里乌斯是自由思想者，满怀悲悯，虽然炼狱的地狱化尚未发展到后来一个世纪达到的强度，但地狱仍旧是人们最多从中汲取教训的地方。教人畏惧，如果说这并非首要的关注，至少是一个核心关注。[①] 但在地狱与炼狱之间，炼狱获取了实际上同等的地位。

404   但是，炼狱并未等到《奇迹故事对话》的最后一个分篇才出现。安德蕾·杜比在《奇迹故事对话》前面 11 章里摘出 8 个"炼狱的示例故事"，其中几个对于凯撒里乌斯理解的炼狱教义是至关重要的。[②] 实际上，虽然从此之后炼狱属于基督教各类大全的最后

① 在他好意转给我参阅的一篇文章中，阿尔贝托·富尔尼注意到对于布道的听众来说，炼狱主题是"恐怖之源"。的确如此，但在其他语境中，炼狱的地狱化并不如此发达。见富尔尼《福音传道与适应时代：12—14 世纪天主教传道的一些侧面》（A. Forni: "Kerigma e adattamento. Aspetti della predicazione cattolica nei secoli XⅡ—XⅣ"）（即将发表于《意大利史学会中世纪史学刊》（*Bollettino dell'Istituto Storico Italiano per il Medio Evo*)）。

② 即示例故事 I，32（死而复生的毛立蒙修道院长的皈依）；Ⅱ，2（成为剪径强盗的叛教僧侣在临死时悔悟，选择了 2000 年的炼狱炼罪）；Ⅲ，24（与一少年犯有鸡奸罪的忏悔师，痛切悔悟，却不敢忏悔，在死后向少年显现，讲述自己在炼狱的刑罚，鼓励他进行忏悔）；Ⅲ，25（没来得及做总告解就死去的熙笃会见习修士通过梦中显现向一位院长告解而脱离了炼狱）；Ⅳ，30（海斯忒巴赫修院的年轻僧侣克雷蒂安的受诱惑与灵视，圣阿加莎警告他俗世中 60 天重病在炼狱中算为 60 年）；Ⅶ，16（黑门罗德修院的僧侣克雷蒂安虔信圣母，在灵视中看到自己的灵魂穿过大火最终到达天堂）；Ⅶ，58（一个强盗同意在星期六不再犯罪，以向圣母表示敬意，他任人吊死或斩首：他由此脱离了炼狱）；XI，11（杂役修士门戈茨被吉尔伯特院长救活，他讲述自己在彼岸世界看到一些死者必须等到 30 天后才从炼狱解脱）。

一章的内容，即谈论末日（*novissima*）的章节，但炼狱同样出现于对精神生活各个阶段的论述中。

我先谈谈前面章节中的四个重要示例故事，然后再谈最后"分篇"中炼狱示例故事的整体。

第一章谈到皈依，海斯忒巴赫的凯撒里乌斯在其中讲述一位天资不高的大学生的故事，为了顺利完成学业，在魔鬼的建议下，他同意借助法术。他手里拿着撒旦给他的护身符，在考试中获得好成绩。但他病倒，临死向神甫告解，神甫让他把护身符远远扔掉。他死去，灵魂被带到一个可怖的峡谷，一些长着尖锐长指甲的精灵玩弄他的灵魂如同一个球，在玩弄的时候残忍弄伤它。上帝怜悯他，命令恶魔们停止折磨这个灵魂。这个灵魂重回大学生的肉体，他复活了。他被自己所见和所经历的事情吓坏，他皈依，并成为熙笃会修士。他后来成为毛立蒙修院的院长。在见习修士与修士（即凯撒里乌斯）之间进行一次对话。见习修士问大学生受折磨的地点是地狱还是炼狱。凯撒里乌斯回答，如果受刑的地点属于地狱，那便意味着他的告解未伴随悔意，他的确同意保留魔法石，但他曾拒绝向恶魔效忠。不管怎样，在毛立蒙修院院长的故事中，促使凯撒里乌斯不明确谈及炼狱的因素是在他的灵视中未见到天使，而是见到恶魔。而凯撒里乌斯在科隆大学的老师鲁道夫曾对他讲授说恶魔从不触碰一个受选的灵魂，而只有善天使才将受选灵魂带去炼狱，"如果它配得上炼狱的话"——这一表述指出炼狱是对天堂的许诺，是获得上帝慈悲正义的希望、恩准。[①]

405

---

① 《奇迹故事对话》，I, 32, 第36—39页。

在关于悔过的第二章，凯撒里乌斯讲述一个年轻僧侣的故事，他离开修道院成为剪径强盗，在围困一座城堡时受到致命伤。在死前，他进行告解。在他的忏悔师看来，他的罪显得如此之大，他找不到合适的赎罪。垂死者建议在炼狱中2000年，他希望那之后能得到上帝的慈悲，在咽气前，他请求神甫带一封信给某主教，请求他为自己祈祷。他死去，被带到炼狱。虽然他叛教，但主教并未终止对这位从前的僧侣的仁爱，在一年期间，他为他祈祷并让整个教区的所有教士为他祈祷。一年之后，死者向他显现，"苍白，枯槁，消瘦，穿着黑衣"。尽管如此，他感谢主教，因为这一年的祈祷襄助为他去除了1000年的炼狱刑罚，他宣布再有一年的帮助就可以让他完全解脱。主教与教士们继续努力。在第二年后，死者再次向主教显现，"穿着白色修士服，神情安详"，也就是说穿着熙笃会的服装。他宣布他要动身去天堂了，他感谢主教，因为这两年等于他在炼狱的2000年。见习修士惊讶于死者悔过的威力和让他得以解脱的祈祷的威力。凯撒里乌斯强调说，悔罪比祈祷襄助更加有效，祈祷襄助可以减轻刑罚，却不会增加荣耀。①

海斯忒巴赫修院的一位年轻僧侣克雷蒂安的故事在《奇迹故事对话》最后一章还会再次看到，按照凯撒里乌斯的看法，这个故事同样充满了对炼狱的可计算性的教益。这是一位非常虔诚的修士，在出生时就被香气环绕，这香气类似圣洁之气息，但他智力薄弱。他得天眷顾，他在灵视中看到圣母、众天使、耶稣本人，他受到诱惑的考验而受伤，失去了流泪的能力，但亲吻十字架就

---

① 《奇迹故事对话》，II, 2, I，第58—61页。

让他复原了。他的最后考验是一场重病。圣阿加莎向他显现，鼓励他虔诚忍受疾病，因为 60 天的磨难将在彼岸抵 60 年。这次显现 60 天后，圣阿加莎节那天，他死去了。凯撒里乌斯说，可以将圣阿加莎的话用两种方式来解读：或者这 60 天的疾病为他洗净了相当于炼狱中 60 年的罪，或者他忍受这 60 天疾病的方式为他获得了 60 年的功德。[①] 凯撒里乌斯以正面的、褒扬的方式，而不是仅仅用负面的方式来诠释俗世的德业。如同前面的例子里，相对于被动的德行，凯撒里乌斯侧重人的主动的意志。

黑门罗德修院的僧侣克雷蒂安的故事想要表明的是圣母的力量。这一位克雷蒂安同样有些头脑简单，在成为僧侣之前是大学生，后成为神甫，他抵御了各种诱惑，得天眷顾得到圣抹大拉的玛利亚的灵视，尤其得到了圣母的灵视。他后来成为黑门罗德修院的僧侣，一天他梦见炼狱刑罚，他有了一个灵视：圣母周围是一群贞女，由死去的皇帝红胡子腓特烈陪同，圣母在主持这位僧侣的葬礼。她将死者的灵魂带到天上，一群恶魔在她身边吐着火，徒劳地索要着死者灵魂。但是，一些天使把灵魂带到一大团火那里，告诉它死后它会回到这个地方，它必须穿过这火。复生之后，克雷蒂安继续在修道院过着充满灵视与谦卑的圣洁的生活。这种谦卑可以从这一事实得到解释，他不仅在年轻时失去了童贞，而且他曾经有过两个私生子，但这两个儿子都加入了熙笃会。所以，他尤其需要圣母的帮助。圣母果然不负所望，在他死时，圣母与儿时的耶稣向他显现，他们穿着熙笃会的服装，当他死去，他们

407

---

① 《奇迹故事对话》，IV，30，I，第 198—202 页。

接纳他入天堂。所以，炼狱之火的灵视并未应验。[①]

在两位克雷蒂安的例子中，凯撒里乌斯想证明最糟糕的情况从来不是确定的，第一位克雷蒂安懂得逃脱地狱前往炼狱，而第二位免于炼狱而前往天堂。

第十二也是最后"分篇"中的关于炼狱的示例故事，初看起来，构成三个集合，划分的标准混合了新的思考和传统的想法。当时的时代精神中的东西首先是将这个新的彼岸世界与罪行的分类联系起来。相反，对于具体划分各种类型的祈祷襄助的关注，这是与传统相符的。最后，13 世纪的特色是强调炼狱刑罚的严酷的意愿，甚至像凯撒里乌斯这样的满怀宽宏的思想者也表现出这种意愿。

第一个集合（8 个示例故事，编号 24—31）关于吝啬（贪婪）、淫荡、法术、不服从、变态的执拗、轻率、懒惰。

列日的高利贷者：炼狱与资本主义

我觉得这一系列开端的这个示例故事尤其重要。下面便是列日的高利贷者的故事。

> 修士：列日的一个高利贷者死去，是我们当代的事。主教将死者从墓地驱逐。他的妻子前往宗座那里，请求将他安葬在圣地。于是，她为自己的丈夫辩护："大人，有人对我说，男人和女人是一体的，按照使徒的说法，不忠的男人可以被忠诚的妻子拯救。我丈夫所忘记做的，我作为他肉体的

---

①《奇迹故事对话》，Ⅶ, 16, Ⅱ，第 17—23 页。

一部分，我将自愿替他做。我准备为了他隐修，向上帝补赎他的罪过。"在主教们的请求下做出让步，教宗让人将死者重新葬在墓地。她的妻子选择住在他的墓旁，像隐修者一样幽居，夜以继日地努力通过施舍、斋戒、祈祷和守夜平息上帝的怒火，让丈夫的灵魂得救。七年后，她丈夫向她显现，穿着黑衣，感谢她说："上帝给你回报，因为多亏了你经受的考验，我被从地狱深处和最可怕的刑罚中撤回。如果你仍旧在七年中为我提供同样的帮助，我将完全得到解脱。"她这样做了。在七年后，丈夫再次向她显现，但这一次穿着白衣，面色欢喜。"感谢上帝和你，因为我今天得到了解脱。" 408

见习修士：他如何可能说今天从地狱中得到解脱呢，从那里不可能得到任何救赎啊？

修士：地狱深处，意思是炼狱的严酷。同样，当教会为死者祈祷时说"上主耶稣基督，荣耀之主，请将所有忠诚的死者的灵魂从地狱之手和深渊深处等解放吧"，并不是为永劫者祈祷，而是为那些可以拯救的人。地狱之手，深渊深处，在此处意味着炼狱的严酷。至于我们说的这位高利贷者，如果他不曾表达临终的悔意，他是不会从刑罚中得到解脱的。[1]

这一文本令人印象深刻的是，着重点放在夫妻关系的力量，这个时代教会正力图确立建立在夫妻平等基础上的一夫一妻制的婚姻模式，与之对立的是一种男性的贵族的模式，完全导向对遗产

[1] 《奇迹故事对话》，XII，24，II，第335—336页。

的保有，不太遵守夫妇关系的唯一性和不可解除性。[①] 在为炼狱中的灵魂的祈祷襄助的体系中，普遍说来，起作用的是贵族亲属关系结构，妻子在其中的作用是次要的。相反，在这一文本中，在城市和市民阶级的环境中，夫妇纽带在彼岸世界中与俗世中都走上重要位置。这是俗世的祈祷襄助的时间与炼狱刑罚时间之间的时间比例性的系统，以及对于受到这种时间比例制约的灵魂显现故事的舞台表现（俗世的两个七年期被死者先后的黑色和白色服装表现出来）。文中提及祈祷襄助方法：施舍、斋戒、祈祷、守夜，其中少了弥撒，但圣徒相通的一种极端形式对此进行了补足和概括：即妻子作为生者代替丈夫赎罪，形式为在城市环境中的赎罪性的隐修。在词汇层面上，对地狱与炼狱之间的关系做出明确，圣书经典的地狱的词汇过渡到新的炼狱词汇，炼狱将地狱吸纳过去，却——有限期——保留了其严酷性。

409

最让人吃惊的却不在于此。这一文本的惊人之处——对于这则示例故事的听众与读者可能都是如此——在于这一故事中受益的主角是一个高利贷者。那个时代，教会加倍努力打击高利贷，在拉特兰第二次（1139）、第三次（1179）[②] 和第四次主教公会上高利贷受到严厉谴责；在里昂第二次主教公会（1274）和维也纳第四次主教公会（1311），当时在基督教世界发展起一次反高利贷的运动，13 世纪初在意大利北部和图卢兹尤其活跃，此时吝啬正在

————————

① 见杜比《骑士、女性与神父：封建制法国的婚姻》（G. Duby: *Le Chevalier, la femme et le prêtre. Le mariage dans la France féodale* ），巴黎，1981。

② 在第三次主教公会上尤其拒绝了对高利贷者作为基督徒安葬。

夺取傲慢在七宗罪中首罪的地位[1]。虽然信众始终不忘罗马式艺术意象中高利贷者这个人们偏爱的主题，高利贷者注定下地狱，被鼓鼓的钱袋拽入阴间，钱袋吊着他的脖子，但在这个故事里，高利贷者却被某种假设中的临终悔悟和他妻子的宗教热忱拯救。尽管存在教会的抗拒，但教会的最高等级上正是由一位高利贷者代表着。

我在其他地方指出过[2]，与这一示例故事一脉相承，高利贷者将在 13 世纪中，在某些条件下，从地狱中被拽出，经由炼狱得到拯救。我甚至提出过挑衅性的论点，因为认为炼狱让高利贷者的得救成为可能，所以它曾经为资本主义的诞生做出贡献。在此，我尤其想强调炼狱在社会与职业领域的作用。炼狱的一个作用曾经确实是从地狱中把一些类别的罪人带出来，这些罪人或者因为过错的性质和严重性，或者因为传统上人们对他们职业的敌对，他们在此前的时候不太有机会逃脱地狱。

一方面，存在一些极严重罪行，特别是在修道院环境中，比如叛教或淫邪，这些罪行通过在炼狱里或长或短的逗留，享受到 410 最终的得救，而在此之前这样的情况是无可救药的。确实，他们是幸运的，尤其是在西多（熙笃），他们得到了飞速发展中的热忱的圣母玛利亚崇拜——在表面看来完全无望的情况下，有谁的说

---

① 利特尔：《傲慢先于贪婪：社会改变与罗马公教所论恶行》（L. K. Little: "Pride Goes before Avarice: Social Change and the Vices in Latin Christendom"），载《美国历史评论》（*American Historical Review*），76（1971），16—49。

② 勒高夫：《高利贷者与炼狱》（J. Le Goff: "The Usurer and Purgatory"），载《现代银行业的萌芽》（*The Dawn of Modern Banking*）（加州大学中世纪与文艺复兴研究中心，洛杉矶）纽黑文／伦敦，1979，第 25—52 页。

情能比圣母更有效呢？——和修会的共同体纽带的团结互助的帮助。但是，另一方面，受到鄙视和谴责的社会与职业种类，放血者、放贷者、有秽行玷污者，如果他们懂得在俗世时与自己的亲朋足够亲近（即便是用不义之财？），那么便有可能有希望。同圣母一样，俗世中是妻子有可能成就奇迹，13世纪反对高利贷的立法与司法特别关注高利贷者的寡妇。

炼狱即希望

第二则布道示例故事的基调是贪婪，讲一位刚刚去世的院长向熙笃会的一位修女显现，他面色苍白柔美，修道袍破败，他告诉修女说自己将最终在圣母的节日庆典时从炼狱解脱，这多亏了他手下一位僧侣的祈祷襄助。修女目瞪口呆：所有人之前都认为他是那么"圣洁"！他经过炼狱的原因：受到吝啬的驱使，他不当地增加了修道院的财产。熙笃会成员之间关系的一种三重体系在此处的院长、僧侣和修女之间起作用。女性在炼狱的运作中起着重要作用，尤其是在熙笃会，特别是在海斯忒巴赫的凯撒里乌斯的作品中。[1]

弗里西亚的锡永的修女的罪很严重。她曾经受到一位教士引诱，她在生产时死去。在死前，她将自己托付给肉体上的家人：她父亲、母亲、两位已婚的姐姐和一位堂姐。但这些人觉得没希望拯救她，她的情况如此明确，所以他们并不费心为她进行任何帮助。于是，她去恳请一位熙笃会的院长，他对她的灵魂显现非常吃惊，因为他并不认识她。她感觉到羞愧，怯懦地请求"至少

---

① 《奇迹故事对话》，XII, 25, II，第336—337页。

为她诵读一部诗篇和进行几次弥撒"，不敢告诉院长她的罪过，也
不敢透露她完整的身份信息。最终，他遇到死者的一位姑妈，她 411
同样是熙笃会的修女，她向院长解释了一切。他们通知了死者父
母，他们重获希望，同样还通知了她的血亲与所有同省的修士与
修女。故事并未说这种全体动员的结果，但这位女罪人的快速得
救是没有疑问的。在这次拯救行动中，圣母并未直接干预，但是
女主角的名字——她敢于告诉修道院长的唯一称呼——是玛丽亚。
这一短小故事的讲述很巧妙，具有很大的心理真实性，它突出了
13 世纪初炼狱的核心作用。不幸者的父母已经对她的灵魂得救不
抱希望，随后重获希望（*de animae ejus salute desesperantes… spe
concepta*）。炼狱即希望。[1]

　　另一则布道故事讲一位丈夫为死去的妻子祈祷，她之前曾向
她小姑子（一位修女）显现，告诉她自己正在炼狱经受一些非常
严酷的刑罚。这位表面上正直良善的女子曾经从事一些法术活动
来挽回丈夫的爱。《对话》中的见习修士忽略了这种行为的迷信色
彩，却被上帝对一些他看来属于琐碎小事的罪过的严厉感到吃惊。
文本似乎在告诉人们，请注意，我们的看法不一定是上帝的看
法。[2] 凯撒里乌斯进一步强调这点。上帝是非常严厉的，甚至非常
穷究细节。一些僧侣并不服从上级的所有命令，固执地加以抗拒，
即便这是微不足道的，但上帝却不放过一切。[3]

　　继疏忽之后的是其反面，即固执，也在炼狱中受到惩罚。固

---

① 《奇迹故事对话》，ⅩⅡ，26，第 337—338 页。
② 前引书，ⅩⅡ，27，第 338—339 页。
③ 前引书，ⅩⅡ，28，第 339 页。

执同样是一种不服从的形式。一位学校教师成为普勒伊修道院的僧侣，他表现得很刻板，他的院长曾经试图让他平和些，但徒劳无功。他去世，一天夜里，院长为了颂赞经，正在教堂的祷告席，他看到祭坛显现出三个人，类似燃烧的烛火。他认出他们：居中的是那位学校教师，被两位新近死去的杂役修士围着。院长对死去的修士说："你的情况怎样？"对方回答："还好。"院长回忆起他的固执，感到吃惊："你不因为你的不服从受到任何惩罚吗？"显现的灵魂承认："受到的，很多的很大的折磨。但因为我的意图是好的，天主并没有让我受劫。"至于那两位杂役修士，院长吃惊地看到其中曾经有叛教言行的比另外那个无可指摘的光芒更亮，那位修士解释说第一位在犯错之后进行悔过，他的热忱超过了第二位，此人只不过是个不太有热情的人。此处出现了一个有趣细节：为了留下灵魂显现的无可辩驳的证据，即我们下文还会谈到的炼狱的存在的证据，死去的僧侣对唱颂赞经的台子用力踢了一脚，台子裂开了。炼狱的一处"圣物"由此产生。这类圣物最早的年代在 13 世纪末，最晚的在我们 20 世纪中叶，它们汇集在罗马的小型的炼狱博物馆里。从这则讲道故事中得出怎样的教训？凯撒里乌斯与见习修士一致认为从中看出圣伯尔纳铎的价值体系得到检验，伯尔纳铎对那些偏执于刻板和那些过于"轻率"的人同时加以责备。① 本笃派对温和的颂扬被炼狱验证了。对轻率的提及是巧妙的过渡，为的是谈到维莱修道院圣器保管员约翰的例子，这是个教会中人，但言行（ *in verbis et*

---

① 《奇迹故事对话》，Ⅻ，29，第 339—340 页。

signis）轻率。他被判入炼狱，他向院长显现，使其受到不小的惊吓。[①]

　　最后，在对炼狱中惩罚的修道院罪行的纵览中，懒惰受到了惩罚。黑门罗德修道院院长在各方面遵守修会的戒律，除了他抗拒与弟兄们一起动手劳动。在死前，他曾向一位最看重的修士许诺在死后30日向他显现，告诉他自己的状况。在约定的日子，他显现了，腰带以上是闪光的，腰带以下却是全黑的。他请求为他祈祷，修士们这样做了，他再次显现，告知自己从炼狱中解脱。[②]于是，见习修士请教祈祷襄助的等级。祈祷比施舍对死者更加有效吗？几个布道故事将给出答案。

　　下面首先是一位向朋友显现的死者的例子，他告诉朋友的等级如下：首先是祈祷，这是真正意义的足够温和的帮助，再者是施舍，最重要的是弥撒。在弥撒中，基督在祈祷，他的身体和他的血液是施舍。[③] 413

　　一个贵族少年成为克莱沃修院的杂役修士，他看管一个谷仓里的羊。一位死去的堂兄向他显现，为了解脱非常严酷的折磨，他请求三次弥撒的帮助。三次弥撒之后，他再次显现表示感谢，指出不应对圣体礼的力量感到吃惊，因为一次短暂的赦罪礼足够让某些灵魂得到解脱。[④]

　　然后，我们看到前文谈到过的（Ⅳ，30）海斯忒巴赫的克雷

---

① 《奇迹故事对话》，Ⅻ，30，第340—341页。
② 前引书，Ⅻ，31，第341—342页。
③ 前引书，Ⅻ，32，第342页。
④ 前引书，Ⅻ，33，第342—343页。

蒂安的显现。他在院长不在的时候死去。当院长七天后回来,他仅仅说了"让他安息",就让克雷蒂安从炼狱中解脱。[①]

　　仍然必须借助某种有效的中介进行说情——哪怕是微不足道的。波恩附近林多普修道院的本笃会修女是圣施洗约翰的热忱信徒。在她死后,她向一位修女显现,这人同样是她的同胞姐妹,她常为死去的修女祈祷,死者告诉她自己出了炼狱。但是,她向她透露说为自己说情的并非圣约翰,而是圣伯尔纳铎,他仅仅替她跪在上帝面前就成事了。因此,这里在提醒修士与修女们,尊奉本修道会的圣徒创建者是更有利的。[②]

　　凯撒里乌斯关于炼狱的最后几个示例故事旨在强调炼狱刑罚的严酷。见习修士问凯撒里乌斯,是否真的炼狱中最小的刑罚比俗世所能想象的任何刑罚都重。凯撒里乌斯用他曾经在前面咨询过的一位神学家的意见做出回答。那位神学家回答:"这不是真的,至少不是真的在谈论同类的刑罚:比如炼狱之火比任何俗世的火都猛烈,寒冷比任何俗世的寒冷都酷厉等。"但是,在炼狱可能存在一些刑罚要低于俗世的某些刑罚。凯撒里乌斯,作为温和的思想家,他注重指出炼狱体系的全部的灵活性,他强调炼狱刑罚的比例圆规是开放的,它提供了最大扇面的惩罚种类。

414　　比如,亚琛附近救世主山修道院一位 9 岁的小修女,格特鲁德修女,向修道院中一位同龄的修女玛格丽特显现,她过去习惯跟她在圣事期间闲聊。她被判在自己犯罪的地方完成炼罪,她必

---

① 《奇迹故事对话》,Ⅻ,34,第 343 页。
② 前引书,Ⅻ,35,第 343—344 页。

须回来参加四次修道院的圣事，除了她的朋友谁也看不见她。见习修士认为这刑罚比之某些俗世刑罚是微不足道的。[①] 最后，凯撒里乌斯拿出一个示例故事，说明我们可以称作炼狱的零度的刑罚。一个非常纯净的男孩威廉加入修会，他在进行一年修道见习期后死去。他向一位修士显现，告诉他正在服刑。修士对此感到恐惧："如果你那么纯净都要受惩罚，我这样可怜的罪人将会怎样？"年轻的死者回答："你放心，我所承受的只是被剥夺了亲见上帝的荣耀。"七日之中进行几次祈祷便足以让他再次显现，他受到圣母的披风的护佑，正在走向天堂。

此处，凯撒里乌斯展现一个非常接近孩童的灵簿狱的炼狱，他强调小威廉的情况不是例外：一位神学家曾对他肯定说，某些义人只需要赎清很少数量的可饶恕之罪，他们在炼狱中的全部惩罚只是在一段时间里被剥夺亲见上帝的荣耀。[②]

在此，凯撒里乌斯达到了炼狱教义的一个极端。他不仅将刑罚的扇面打开到最大，而且他明确将对于炼狱的神学思考与另一种关注联系起来，这种关注虽然不是明确与之关联，但却是经常应该与之关联的，这种关注就是对于亲见上帝的荣耀的思考。要想对中世纪神学关于中介时期即个体死亡到整体复活之间的时间的思考给出全部维度，就必须意识到虽然炼狱在下部受到地狱的威胁，得到炼罪的灵魂成功脱离地狱，但他们受到天堂的召唤走向上方，天堂最起码可以归结为这种空缺，本质性的空缺，即亲

---

① 《奇迹故事对话》，XII，36，第344—345页。
② 前引书，XII，37，第346—347页。

见上帝的真福。正是在 13 世纪那些重要神学家的作品中，义人们
在个体审判之后立刻有亲见上帝的真福的教义才最终确立。[①] 就其
415　上层界限的极端案例来说，炼狱最终可能是对最后审判之前存在
亲见上帝的真福的真实性的一种证据。

　　凯撒里乌斯对炼狱的纵览的结尾提醒大家某些灵视显示炼狱
可能处在俗世的多种地点。大格列高列对此给出了几个例子。但
是最有证明力的是圣帕特里克的炼狱的例子。他肯定说："让怀疑
炼狱的人去爱尔兰，进入圣帕特里克的炼狱，他便不再会怀疑炼
罪刑罚的真实。"[②]

　　我们看到，除了我强调的这些侧面，对于海斯忒巴赫的凯撒
里乌斯这位对炼狱地点在中世纪基督徒信仰中确立的绝佳证人与
参与者而言，炼狱体系中最核心的内容是什么。首先，那是赎罪
进程的结果，这一进程中，如同我们在列日的高利贷者的例子中
所见，临终的悔悟是充分必要条件，但其正常的步骤是悔悟、告
解和赎罪。再者，那是对地点和刑罚的定义，它们当时还无法完
全确定下来，但相对于俗世，相对于灵簿狱，相对于天堂，尤其
相对于地狱，它们越来越具有个别性。将炼狱与地狱明确区分，
这对于凯撒里乌斯来说是首要的关注。

---

　　① 见东丹《13 世纪神学家思想中见神之福的对象与媒介》（H. Dondaine:
"L'objet et le medium de la vision béatifique chez les théologiens du XIIIe siècle"）载 *Revue
de théologie antique et médiévale*, 19, 1952, 第 60—130 页。关于教皇约翰二十二世
否定见神真福在 14 世纪引起的危机，见迪克曼《约翰二十二世关于见神之福的讲
道》（M. Dykmans: *Les sermons de Jean XXII sur la vision béatifique*），罗马，1973。
　　② 《奇迹故事对话》，XII，38 和 XII，39，第 347—348 页。

　　还存在某种对可计算性的实践，虽然有时有点简单化，但处于象征性的可计算性的修道院的习惯与某种实践中的可计算性的新习惯的交汇点上，实践中的可计算性正从商贸扩及赎罪。

　　凯撒里乌斯尤其强调生者与死者之间的互助团结，对他来说，这种团结互助的模本是熙笃会大家庭，贵族阶层的血缘关系与宗教团体的人为亲缘在其中得到统一，同时那里绽发出一些新的团结互助：夫妻互助和职业互助，列日的高利贷者的情况便是其最值得注意的例子。

2.　多明我会的波旁的埃蒂安以及对炼狱的地狱化

416

　　从海斯忒巴赫的《奇迹故事对话》（约 1220 年）到多明我会的波旁的埃蒂安（Etienne de Bourbon）1250 年至约 1261 年（这部未完成作品的作者去世的时间）撰写的《论布道的各种题材》（*Tractatus de diversis materiis praedicabilibus*），炼狱的氛围在改变。炼狱不再是该希望的，而是该恐惧的。

　　这位作者约 1195 年出生于索恩河畔贝尔维尔，在马孔的圣文森特修道院学习，然后入巴黎大学，后来加入多明我会。他经常离开里昂的多明我会修道院，作为布道者和宗教法庭法官走遍奥弗涅、弗雷山、勃艮第、阿尔卑斯山。晚年，他投入写作一部供布道者使用的长篇论著，他同样在里面加入了许多布道示例故事。但他并非如同凯撒里乌斯那样主要从自身经历得到素材（凯撒里乌斯的多数故事是他新近听到的轶闻），埃蒂安同时借鉴书面材料与同时代的传统。但他留给他的故事的独立性较小，将它们紧密附属于一个大纲，这个大纲遵照七灵（圣灵的七种恩赐）。①

417　　　《论敬畏的恩赐》的第一卷包含 10 个标题：1）论七种畏惧；2）论敬畏天主的后果；3）必须敬畏上帝；4）论地狱；5）必须敬畏未来的炼狱；6）论对最后审判的畏惧；7）论敬畏死亡；8）论畏惧罪行；9）必须畏惧当下的危险；10）论人类敌人（恶魔）的品性。

甫一开始，我们便同波旁的埃蒂安进入关于畏惧的基督教义，炼狱被置于畏惧末世的语境下，它在其中与地狱毗邻。

涉及炼狱的是第五个标题。这一标题又被波旁的埃蒂安人为地分成七章，因为这位里昂的多明我会修士是按照象征意义的数字（7，10，12 等）来组织自己的论述的。这七章是关于现时中的炼狱、未来的炼狱、罪人的属性和炼狱相关的过错、必须畏惧炼狱的理由（分为三章），最后是能够帮助炼狱中的灵魂的十二类祈祷襄助。

波旁的埃蒂安回归到他那个时代已经通常遭人抛弃的一种传

---

① 对波旁的埃蒂安的论著的校勘本正在准备中，由巴黎国家文献学院、高等社科学院的中世纪西欧历史人类学小组和罗马意大利历史学会中世纪分会合作。对《论敬畏的恩赐》（*De dono timoris*）的誊写是由若尔热特·拉加德（我非常感谢她）依据巴黎国家图书馆稿本 latin 15970 进行，内中炼狱占据对刊页 156—164。从波旁的埃蒂安的集子中抽出的一个示例故事集曾在 19 世纪由 A. 勒夸德拉马什出版，《12 世纪多明我会波旁的埃蒂安未刊集中选出的历史轶事、传说与寓言》（A. Lecoy de la Marche: *Anecdotes historiques, legends et apologues tire du recueil inédit d'Etienne de Bourbon, dominicain du XIIe siècle*），巴黎，1877。本书作者抽出了 14 个关于炼狱的示例故事，在此书的第 30—49 页，拉加德夫人誊写了关于炼狱的全部 39 个故事。多明我会的总执事罗芒的翁贝尔（Humbert de Romans）在他退隐的里昂的多明我会修院从 1263 年到 1277 年去世撰写了一个示例故事集《论敬畏的恩赐》（*Liber de dono timoris*）或称《论示例故事的丰富》（*Tractatus de habundancia exemplorum*），有待于评注校勘。这一论著非常接近波旁的埃蒂安的论著。

统观念，他认为俗世生活可以被视作第一种炼狱，人们在俗世中可以通过十二种方式炼罪，我不对读者一一列举。对于这一点并没有提供任何论证，而是拼凑了一些《圣经》的权威。第二章尝试证明在未来存在脱离肉体的灵魂的炼罪。证据是一些权威（《马太福音》十二、大格列高列《对话集》四、保罗《哥林多前书》三），以及一系列谈论未来的火与考验的《旧约》文本。既然死后必须存在对罪行的赦免，所以必须存在一个适合这种最后炼罪的地点，这不可能是地狱，也不可能是天堂。埃蒂安谴责异端——尤其是瓦勒度派，"他们说未来不存在炼罪"，拒绝为死者提供祈祷襄助。通过他惯用的概念转换，埃蒂安于是提到了律法涉及的 418 八类刑罚，却未指出与炼狱的对应关系，他宣布拒绝炼狱的人犯反上帝的罪，反对所有圣事的罪。

谁在炼狱中受罚？在第三章的开始，埃蒂安定义了三类归炼狱的罪人：那些"皈依"过迟的人、死亡时只负有可宽恕之罪的人和在俗世未足够赎罪的人。简要的阐发实际上可概括为对保罗《哥林多前书》三：10—15 的简短的注疏。

第四、五、六章关于人类畏惧炼狱刑罚的理由。理由有七：严酷（*acerbitas*）、多样（*diversitas*）、持久（*diuturnitas*）、贫乏（*sterilitas*）、危害（*dampnositas*）、折磨的性质（*tormentorum qualitas*）和援助者稀少（*subveniencium paucitas*）。

炼狱刑罚的这些非常负面的特征主要借助布道示例故事加以说明。比如《圣帕特里克的炼狱》有对它的酷刑的描写，源自保罗的《启示录》，《圣帕特里克的炼狱》被用很大篇幅援引，用来说明刑罚的严酷和多样。持久性对应在炼狱中灵魂的感受，由于所受的折磨，他们感到时间流逝得非常缓慢。对等关系主要是俗世与彼岸之间的对等。埃蒂安有所保留地（他说 forte "有可能"）提出人们在俗世大概用一天时间能赎的罪等于炼狱中的一年。贫乏源自于死后不可能获得德业，危害源自缺乏亲见上帝的真福。海斯忒巴赫等人似乎认为被剥夺亲见上帝的真福是炼狱中可能受到的最轻的刑罚；与他们相反，埃蒂安提醒人们，即便一天被剥夺亲见上帝的真福，这也不是一种微不足道的损害。他说了下面这句恰当的话：如果必须，圣徒们宁愿下地狱却能亲见上帝，也不愿居于天堂而看不见上帝。在这些相对蒙昧主义的论述中，关于亲见上帝的真福的这段发挥就像是一缕阳光。

关于酷刑的性质，埃蒂安援引他对于地狱的看法，这是能说明问题的。援助者的稀少源自埃蒂安的悲观主义。按照他的看法，"生者很快忘记死者"，地狱中的死者同约伯一样哭喊："怜悯我，419 怜悯我，至少你们，我们的朋友们请怜悯我，因为主的手触到了我。"还有："爱财富，爱俗世的人如同狗，只要桌上进餐的朝圣者手里拿着骨头，狗就摇着尾巴对他亲热，但当他两手空空，那狗便不再认识他。"这里又一次与地狱拉近，"因为地狱是健忘的"。

波旁的埃蒂安最后对能够帮助炼狱中灵魂的十二类帮助做了长篇论述。这里仍旧是用示例故事来证明。这位多明我会修士在此处的陈述有些混乱，但可以构成十二类帮助的列表：弥撒、虔诚献祭、祈祷、施舍、赎罪、朝圣、十字军、执行虔诚的遗赠、归还不义获取的财产、圣徒的求情、信仰、以圣人的相通为基础的教会的慷慨帮助。埃蒂安似乎有三点关注：强调亲朋的作用（最能够帮助炼狱中灵魂的是死者父母、"亲人"（sui）和朋友

（amici）），强调由善人、义人施行的帮助的价值，最后提醒人们教会在这些祈祷襄助的施行与控制中的作用。

我们在这里不可能涉及波旁的埃蒂安的 39 个"关于炼狱的示例故事"，况且其中很多是转引自我们之前已经提到过的更早的来源，大格列高列、比德、"尊者"彼得、雅克·德·维特里等。

对埃蒂安肯定说是由自己从他人那里收集来的故事（他在故事开头用"我听说"），我引用其中三则。

第一则很有可能是有书面来源的，因为故事见于蒂尔伯里的热尔韦的《帝王的闲暇》（约 1210 年），除非是对他讲故事的人自己是从热尔韦的作品中读到的。不管怎样，将热尔韦的版本与埃蒂安的版本进行对比是有益的。下面我复述蒂尔伯里的热尔韦的版本：

> 西西里有一座山，埃特纳山，燃烧着硫火，靠近卡塔尼亚城……，民众称此山为基贝尔山（Mondjibel），当地居民讲述在荒芜的山腹上，亚瑟大王在我们现代显现过。一天，卡塔尼亚主教的一个马夫吃得过饱，觉得疲倦。他正在刷毛的马挣脱失踪。马夫寻遍山的悬崖峭壁都徒劳无益。他越来越担心，开始探索山里黑暗的洞穴。一条狭窄但平坦的小路将他引向一片宽广、迷人、美妙无穷的草地。
>
> 那里，在魔法建造的宫殿里，他看到亚瑟睡在御床上。这位国王知道他的来意，让人把马牵来还给马夫，让他归还给主教。他向马夫讲述自己从前如何在对外甥莫德雷德和撒克逊公爵希尔德里克的战斗中受伤，他躺在这里已经很久，

420

试图治好伤，但伤口却不断重新绽开。根据讲故事给我的当
地人的说法，他让马夫带礼物给主教，主教让人将礼物陈设
供人瞻仰，人们对这闻所未闻的故事感到惊讶。[①]

而波旁的埃蒂安的版本如下：

　　一位来自普利亚叫约翰的修士说他来自事情发生的地区，
从他那里我听说，一天，一个人在埃特纳山寻找主人的马，
据说炼狱就在那里，靠近卡塔尼亚。他到达一座城，人们是
从一个小铁门进入那里的。他向守门人打听他在寻找的马的
事情。守门人回答他说应该去到主人的宫廷，主人会归还他，
或者告诉他情况。他恳求守门人告诉他应该做什么。守门人
告诉他应该小心不要吃别人提供给他的任何食物。在这座城
里，他看到许多人，与生活在俗世的人一样多，他们形形色
色，各种职业都有。穿过许多庭院，他到了一个宫廷，他看
到一位君主被大臣包围。有人提供给他许多菜，他拒绝品尝。
人们指给他看四张床，告诉他其中一张是为他的主人准备的，
另外三张是为高利贷者准备的。这位君主告诉他，他为他的
主人和三位高利贷者确定了不可更改的日期，或者说他们将
被强迫带来。君主给了他一个黄金盖子的金瓶。人们告诉他

---

① 见莱布尼茨校勘、蒂尔伯里的热尔韦的《不伦瑞克王朝事迹的书吏们》
（Gervais de Tilbury: *Scriptores rerum brunsvicensium*），Ⅰ，921，和利布雷希特《蒂尔
伯里的热尔韦的帝王的闲暇》（Liebrecht: *Des Gervaisius von Tilbury Otia imperialia*），
汉诺威，1856，第 12 页。

不要打开，而是把它当作通灵物带给他的主人，让他的主人
喝里面的东西。人们把马还给他，他回去复命。人们打开金
瓶，炽热的火焰喷出，人们把它扔进海里，海水燃烧起来。421
其他人虽然告解了，但只是出于恐惧，而非真的悔罪，在说
定的那天，他们被四匹黑马带走了。①

从热尔韦到埃蒂安，未被命名的炼狱被呼出名字，城市失去
了魅力，炼狱之火被瓶中的火宣示着，铺好的床铺不再是安寝的
被褥，而是让人感觉是酷刑之床，马匹则预告了作为灵魂向导的
黑马，它们是死亡的预告者。如同阿尔图罗·格拉夫所指出的，
从前一个文本到后一个文本，故事倾向于地狱化。②

另一则故事是一位年老而虔诚的神父讲给波旁的埃蒂安的。
从前有一位不畏惧上帝，也不畏惧人的治安官。上帝怜悯他，赐
予他一场重病。他在医药和其他手段上花掉了他所有的全部，却
徒劳无益。五年后，因为他一直不见好，他无法起床，没有了生
存来源，他因自己的贫穷、苦难和病痛而绝望，开始小声埋怨上
帝，说上帝让他在这样的苦难中继续苟延残喘。一位天使被派去
责备他这样埋怨，鼓励他耐心，向他许诺如果他在两年中更好地
忍受苦痛，他将会完全洗净罪，并进入天堂。可他回答说做不到，

---

① 拉丁文本见 A. 勒夸德拉马什《12 世纪多明我会波旁的埃蒂安未刊集中选
出的历史轶事、传说与寓言》，第 32 页。

② 格拉夫:《埃特纳火山中的亚瑟王》(Arturo Graf : "Artù nell'Etna")，载
《中世纪传说、神话与迷信》(*Leggenda, miti e superstizioni del Medio Evo*)，都灵，
1925。

他情愿死去。天使告诉他必须选择受苦两年或者在炼狱里两天的刑罚，然后上帝才能让他进天堂。他选择了炼狱的两日刑罚，被天使带走，送入炼狱。刑罚的严酷（acerbitas）让他觉得如此艰难，才不到半日时间就让他觉得过了无数天。他开始哭喊、呻吟，骂天使是骗子，说那不是个天使，而是个恶魔。天使来了，鼓励他耐心，责备他小声埋怨，肯定告诉他才来到那里很短时间。他哀求天使带他回到从前的状态，肯定说如果天使允许，不仅他准备耐心忍受仅仅两年病痛，而且他愿意一直忍受到最后审判。天使同意了，整整两年中治安官耐心忍受所有病痛。[①]

422

已经很清楚——虽然有些简化——指出了炼狱的日与俗世的年的初步比例关系，以及炼狱刑罚的严酷要无限高于俗世任何刑罚。

最后一个布道示例故事，波旁的埃蒂安讲述："我听说，一个名门望族的孩子在将近九岁时死去。为了进行赌博，他同意从父母的亲戚那里按息借贷（原文如此）。在死时他没有想到借钱的事，虽然他告解了，但他没有偿清。"死后不久，他向一位亲人显现，说自己因为没有还清欠债而受到严厉惩罚。他对之显现的那个人打听了，还清了他的欠债。孩子再次向他显现，宣布自己解脱了所有刑罚，他看起来很快乐。"这个孩子是勃艮第公爵于格的儿子，他对之显现的那个人是公爵的母亲，孩子的祖母，这故事是她讲给我的。"[②] 以上，我们简要回顾了炼狱灵魂的显现，指出偿

---

① A. 勒夸德拉马什：《12 世纪多明我会波旁的埃蒂安未刊集中选出的历史轶事、传说与寓言》，第 30—31 页。

② 前引书，第 43 页。

清欠债对于解脱炼狱的重要。炼狱成为得救的工具，同时成为对俗世的经济生活的调节机制。

波旁的埃蒂安的论著似乎大获成功，他的示例故事常常被人使用。由此，地狱化的、平常化的，作为简单化计算的对象的炼狱的形象得以传布。

下文，我将审视一个布道示例故事集，它是按照字母顺序的标题分章的，即《按字母顺序讲述的故事集》（*Alphabetum narrationum*）。故事集是在 14 世纪初年由列日的阿尔诺（Arnold de Liège）编撰，14 和 15 世纪它有许多抄本，多少忠实原本，拉丁文和俗语（英语、加泰卢尼亚语、法语）的都有，反映了**关于炼狱的布道示例故事**的最终面貌。这些故事结为八个主题。其中四个关于炼狱刑罚，其强度，其严酷，其引发的畏惧："炼狱的刑罚是多样的"（n° 676），即是说刑罚并不归结为炼罪之火，"炼狱之刑是严酷漫长的"，奥古斯丁如此教诲，"炼狱的刑罚，即便持续不久，也让人感觉持续漫长"，我们从中再次看到与民间故事中的彼岸时间颠倒的时间。最后"炼罪更让善人们畏惧，而非恶人"，这让它的位置更加靠近天堂，而非地狱，但同样证明其严酷。两个主题与炼狱的地点有关，同意炼狱在俗世的存在："一些人是在活人中间炼罪的"，以及"某些人的炼罪是在自己与之共同犯罪的人中间进行的"。最后，两个主题关于祈祷襄助："炼罪之刑罚由祈祷减缓"，"炼罪的刑罚被弥撒消除"。示例故事是向大格列高列、"尊者"彼得、《圣帕特里克的炼狱》、熙笃会的冷山的埃利南和海斯忒巴赫的凯撒里乌斯、维特里的雅克和与波旁的埃蒂安很接近的《论敬

423

畏的恩赐》(*De dono timoris*)的作者罗芒的翁贝尔借用的。[①]

　　下文中，对炼狱的传播的研究，我用 13 世纪的布道文和示例故事加以补充，一方面将提到早期多明我会成员的生平，他们在居士阶层中的布道，另一方面，我将提到将炼狱灵视用于政治目的的延续。

炼狱中的多明我会修士

　　13 世纪中叶，托钵僧修会接替了熙笃会进行对社会的精神指导。但是在多明我会与方济各会中，一部分修士仍旧接近修道院传统。比如，与波旁的埃蒂安同时代的热拉尔·德·弗拉谢424（Gérard de Frachet），他为炼狱提供了一种明显与多明我会的利益不同的形象。

　　热拉尔·德·弗拉谢对于炼狱信仰在多明我会内部传播的见证尤为珍贵。这位来自沙吕（上维埃纳省）的利穆赞人于 1225 年

----

① 我感谢科莱特·里博古将未刊的《按字母顺序排列的故事集》的一个稿本转给我，之前她曾交给我《炼狱的示例故事》。关于《按字母顺序排列的故事集》见勒高夫《按字母顺序排列的故事集中的词汇》(J. Le Goff: "Le vocabulaire des exempla d'après l'Alphabetum narrationum")，载《中世纪拉丁文词典学》(*La lexicographie du latin médiéval*, 巴黎研讨会 1978)，巴黎，1981。如果想大致了解炼狱在中世纪布道故事中的地位，可以参阅 F. C. 图巴赫的《示例故事索引》，他主要检索了 13 和 14 世纪的主要的示例故事集。他统计出 30 个炼狱示例故事主题。在《西欧中世纪史料分类》关于示例故事的分卷中，我们可看到对这一工具书的优缺点的指导，见图巴赫《示例故事索引：中世纪宗教故事手册》(F. C. Tubach: *Index exemplorum. A Handbook of Medieval Religions Tales*)，FF Communications, n° 204, 赫尔辛基，1969。

在巴黎加入多明我会，曾任利摩日的小修道院院长，后成为普罗旺斯省的牧长，1271 年于利摩日去世。他曾写作一部多明我会的历史，1203—1254 年，他的《可追忆之事》(*Memorabilia*)。历史包括五个部分。第一部分关于修会的创始，第二部分关于圣多明我，第三部分关于接替多明我执掌修会的总执事萨克森的若尔丹 (Jourdain de Saxe)，第四部分关于修会的发展 (de progressu ordinis)，第五部分关于修士们的死亡。

作品的这种结构是能说明问题的。第五部分即最后一部分很好地表述了教会中代表传统与创新的教士群体的各种态度。死亡赋予生命意义，它定位于俗世存在与末日命运的交汇点。弗拉谢的热拉尔反映出这种以死亡时刻为焦点的关注，它将死亡与死后联系起来，这同样解释了炼狱的成功。

让我们进一步审视《多明我会修士们的生活》或《1203—1254 年修会编年史》的第五部分。这一部分代表了修士们所有可能的死亡方式和在彼岸的状态。里面首先涉及修会殉道者、真福死者、伴随死亡的灵视与启示的问题。随后是死后的处境。是在这一部分首先提及炼狱中的修会修士，其后谈到恶魔的伎俩、帮助死者的方式、叛教者的悲惨命运以及与之相反的那些死后显现奇迹者的荣耀。所以，炼狱中的修士的示例故事处于中间的承上启下的关键的位置，这也是炼狱这个新地点的位置。

弗拉谢的热拉尔提供了 14 个示例故事，14 个炼狱故事，它们不是像在海斯忒巴赫的凯撒里乌斯或波旁的埃蒂安的作品中那样穿插在论述中。故事是为了说明多明我会的荣耀，或者更多是供修会内部使用，真福的荣耀者的事例与那些必须让修士们深思的事例交错出现。这些故事让人联想到世纪之初埃伯巴赫的康拉德为熙笃会所作的《熙笃会的伟大创始》（*Exordium magnum*），而相对于凯撒里乌斯作品而言，它们显得非常传统。

第一则故事：科隆的修道院在同一天里有一位年老的宣讲修士（布道师）和一位见习修士去世。三天后，见习修士向人显现。他的热忱让他短暂地经历炼狱。相反，那位宣讲修士经过一个月才向人显现。他与一些在俗神职人员的妥协让他经受更长的考验，但是相反他有更辉煌的命运，装饰着宝石的服装、黄金王冠揭示出这一点，这是对他所获得的人们的皈依的奖赏。

后面 14 个故事发生在英国。在德比，一位将死的年轻修士由欢喜转为焦虑。他感到欢喜，因为圣爱德蒙和圣母先后向他显现。他感到焦虑，因为虽然知道自己几乎肯定获得选择，但他害怕自己所负有的可宽恕之罪（*modica*，轻微的）仍旧会为他带来永劫。这提醒我们在可宽恕之罪与大罪之间，在炼狱与地狱之间，仅仅咫尺的界限。

理查德修士是英国的二品修士（朗读修士），首先在他垂死之时于病榻上看到一些可怕的显现异象，然后他得到启示说他将借助于他所在的多明我会修士们的帮助以及他所钟爱的方济各会修士们的帮助而得到拯救。所以，这故事是在呼吁两个修会之间的合作。

阿伦修士是约克修道院院长，在去世之时他同样被一些可怕异象侵扰，他宁愿待在可怕的火里直到最后审判，也不愿接受对他显现的那些恶魔的图景。所以，炼狱哪怕从其最严酷的形态来看，也要比地狱的最外观的景象好很多。

一位神父对预示他将入地狱的一次灵视感到恐惧，他加入多明我会，在他死后向他的忏悔师显现，告诉他自己得到了拯救，而且忏悔师也会得救。

后面两个故事发生"在西班牙"，在圣塔伦（如今在葡萄牙境内）。在一则故事里，我们看到一位修士经历炼狱，因为是一些在俗神职人员在他去世之时协助他。在另一则故事中，第二位修士遭遇相同命运，因为他为自己善于歌唱而骄傲。

博洛尼亚的一位意大利修士受炼狱折磨，因为他过度迷恋建筑学。里斯本的一位葡萄牙修士受到惩罚，一直待在炼狱里，因为他过度关心手稿。而奥塔斯的加亚尔修士在一次灵魂显现中胸部和侧腹受到灼伤，是因为他过度关注建造新的修道院，他请求修士们为他祈祷。利摩日的让·巴莱斯蒂埃修士在炼狱中度过七日，是因为他的缺点，他证明人们因为可宽恕之罪在那里承受的刑罚是非常酷烈的。他明确说是天使来接他去天堂的。

426

这一信息是非常有益的，因为它预告了炼狱的图形表现：人们将会看到天使们向死者们伸出手，让他们从这个崭新的地点走出，让他们上到天上。

图卢兹的皮埃尔修士，虽然对自己的修会充满热忱，虽然获得许多人的皈依，但他在别人梦中显现，说他自己在炼狱度过数月，因为一些说不清楚的罪行。

一位杰出的修士去世，面部表情恐怖。死后数日，他的灵魂显现，人们问他恐惧的原因。他用《约伯记》四十一：16 的诗句回答："*Quia territi purgabuntur*"（因为他们将在恐怖中净罪）。最后一位修士受到折磨，是因为他过度喜爱他饮用的不兑水的葡萄酒。

这些布道示例故事显示出炼狱体系的某些特征：期限、灵魂显现。这些故事是有教益的，因为它们揭示出它们在多明我会内部的用途———一方面，这是对可宽恕之罪的一套决疑论，另一方面，它们揭露出一种修道士形象，他们更接近修道士的传统的关注，而非知性的倾向，虽然修士们曾经想要自己与传统有所区别，而现今人们却愿意将知性倾向当作修道士的特征（以他们中一些重要人物为榜样）。

在几位多明我会修士的故事之后，下面是一些女性，她们同样有志于一种新形态的宗教生活，而人们建议她们对炼狱进行冥想：她们就是慈善修女（béguines）。

炼狱与慈善修女

慈善修女（或译贝居安修道女）在 13 世纪构成一个很有趣的群体。这些女性退隐于个人住宅或少量人共同居住的住宅，她们在城市的同一个街区，目的是过介于僧俗之间的修道生活。她们既吸引人，又让人不安，成为教会方面专门布道的目标。

研究 1272—1273 年间在圣路易国王约 1260 年创立的巴黎慈善修女会的圣卡特琳娜礼拜堂由多明我会与方济各会为主的布道师进行的布道活动时，妮可尔·贝里尤常常遇到炼狱故事。[①] 一位

---

① 贝里尤：《1272—1273 瞻礼年中对巴黎慈善修女的布道》（Nicole Bériou："La prédication au béguinage de Paris pendant l'année liturgique 1272—1273"），节选自《奥古斯丁研究》（Recherches augustiniennes），vol. XIII，1978，第 105—229 页。

布道者展现天堂中荣耀的死者，天堂由耶路撒冷圣城代表，这些人鼓励炼狱中的同胞，后者是由教会来象征的。炼狱的刑罚沉重，我们必须关心在炼狱受折磨而无能为力的亲人。①

另一位让慈善修女们为"炼狱中那些人"祈祷，为的是让上帝"将这些炼狱囚牢中的囚犯"释放出来。②

人们应该为炼狱中那些人祈祷，因为一旦到了天堂，他们便会为那些让他们摆脱炼狱的人祈祷，我们看到这一认识得到了明确。第二位布道师肯定说："他们不会忘恩负义的。"另一位仍旧让人为炼狱中那些人祈祷，却不要为地狱中的人祈祷，即为那些在天主的囚牢中的人祈祷，用通俗语言说就是那些"哭喊嚎叫的"，生者应该通过自己的施舍、斋戒和祈祷将他们释放出来。③

一位布道师强调，不应等待炼狱或地狱来完成赎罪，④ 而一位方济各修士提醒人们八类人的名单，通常人们必须为他们祈祷（*pro quibus solet orari*），其中就是那些身在炼狱中的人。⑤ 第三位布道师明确说必须特别"为亲属和朋友"这样做。⑥ 这一位布道者指出赎罪的第一个成果便是解脱炼狱的刑罚，⑦ 而前一位布道者则警告说："那些说'好吧，我将去炼狱里赎罪'的人是疯子，因为

---

① 贝里尤：《1272—1273 瞻礼年中对巴黎慈善修女的布道》，第 124 页。
② 同上。
③ 前引书，第 129 页。
④ 前引书，第 138 页。
⑤ 前引书，第 143 页。
⑥ 前引书，第 154 页。
⑦ 前引书，第 160 页

炼狱刑罚的严酷是俗世任何刑罚都无法相比的。"[1] 一位方济各布道师在圣枝主日那天所宣示的内容尤其有价值。他不愿成为作为"伟大的灵魂称量者"那类忏悔师（*non consuevi esse de illis magnis ponderatoribus*），他们把这些或那些人打发到地狱或天堂。他说："我觉得中庸道路是最可靠的。而且因为我不了解各种人的内心，我宁愿把他们送去炼狱，而非出于绝望把他们送去地狱，我把其他的事情交给至高无上的主，交给圣灵，圣灵从内部教导着我们的心。"[2] 对于炼狱的功能，还有比这更贴切的表述吗！

这个给巴黎的慈善修女的布道文的小集子强调炼狱的三个主要侧面：1）炼狱是上帝的牢狱。所以，这是对灵魂的监禁，灵魂的解脱有赖生者的祈祷，因为这根植于基督教为囚徒祈祷的悠久传统，传统源自于基督教受迫害的最初几个世纪，是受到正义感和仁爱感情激励的。2）炼狱强制生者与死者之间的团结互助，几乎所有布道师都强调这种互助。3）最后，炼狱与赎罪紧密联系，或者是赎罪解脱炼狱，或者是炼狱完成赎罪。

炼狱与政治

14 世纪初科尔马的多明我会修道院编纂的一部编年史中，我们看到一则故事，显示出炼狱始终是掌握在教会手中的一种政治武器。那便是关于一个滑稽剧演员的故事，他在炼狱中见到哈

---

[1] 贝里尤：《1272—1273 瞻礼年中对巴黎慈善修女的布道》，第 185 页，注解 253。

[2] 前引书，第 221 页。

布斯堡王朝的鲁道夫（1271—1290 年），他是罗马王鲁道夫的儿子。

　　故事的讲述者是多明我会修士奥托，故事被认为发生在卢塞恩。在这座城市有两个朋友，一个是铁匠，一个是叫扎尔查的滑稽剧演员。一天，滑稽剧演员去一个举行婚礼的地方演出。但铁匠去世了。他向扎尔查显现，骑着一匹高头大马，载着扎尔查和他的琴进入一座山，那座山开启了让他们通过。他们在那里遇到许多死去的大人物，其中有阿尔萨斯公爵鲁道夫，罗马国王鲁道夫的儿子。这些死者走近扎尔查，请求他向各自的妻子和朋友宣告他们正在受着沉重刑罚。他们中一人曾经劫掠，另一位曾经从事高利贷，他们请求活着的亲属归还他们攫取的东西。同样，鲁道夫委托扎尔查带一个口信给自己的继承人，请求他们归还他篡夺的财产，委托他向 429
父亲罗马国王宣布他将很快去世，将会来到这个受折磨的地方。作为凭据，他用两个手指在扎尔查颈上留下两个痛苦的印记。山让他们返回活人世界。扎尔查带到了委托给他的口信，但颈上的神秘标记（*intersignum*）感染了，他在十天后死去。

　　整个故事沉浸在一种民间故事的氛围里：铁匠是一位沟通阴阳两界的魔鬼，滑稽演员则是魔鬼的提琴师。至于炼狱，它"地狱化"程度如此之深，以至于扎尔查问鲁道夫"您在哪里"时，后者回答"在地狱"。①

　　炼狱同样侵入圣徒和圣徒传记的世界。13 世纪是圣徒资格

---

①　克莱因施密特：《13 和 14 世纪多明我会科尔马修道院的故事》（E. Kleinschmidt: "Die Colmarer Dominokaner Geschichtsschreibung im 13 und 14 Jahrhundert"），载《中世纪研究档案》（*Archiv für Erforschung des Mittelalters*），28, Heft 2, 1872，第 484—486 页。

从此由教皇权力控制的时代，圣徒们的产生不再仅仅通过民众的
声音（*vox populi*）（条件是由一些奇迹来加以肯定），而且还通
过教会的声音（*vox Ecclesiae*）。这同样是圣徒资格的概念发生变
迁的时代，除了识别圣徒始终所必须的奇迹，德行、对一生的定
性、灵性的征兆越来越重要。除了那些殉道者、忏悔师和行奇迹
者，阿西西的圣方济各代表着新的一类圣徒，他们的直接模范是
基督本人。①但是，一种民间信仰、大众的虔信触及知识分子和普
通民众，它传统上的源泉是圣徒传记。除了圣徒们个人的生平之
外，圣徒传奇的集子也传播开来，集子的编纂本着一种新的精神，
中世纪的书目学家自己将之称为"新传奇"（*legenda nova*）。当
然，这些传奇集的最佳读者是"集体生活的教士小群体"，"大众"
未被这些集子直接企及。但是，仍是通过布道师和艺术家的中介
（为了壁画、细密画、雕塑，艺术家广泛从这些传奇中汲取灵感），
430　大众同样被涉及。尤其，翻译、改编、缩写成俗语的声势浩大的
行动使这些传奇可以被那些不懂得拉丁文的修道院成员理解，即
那些杂役修士和隐修女，从而打开了这些传奇通向世俗人社会的
道路。②

---

①　见安德烈·沃谢的出色著作《中世纪最后几个世纪西方的圣徒：中世纪宗
教心态研究（1198—1431）》（André Vauchez: *La Sainteté en Occident aux derniers
siècle du Moyen Age (1198—1431). Recherche sur les mentalités religieuses médiévales*），
罗马，1981。

②　关于那些拉丁文传奇作者，居伊·菲力帕尔有出色的介绍《拉丁文传奇作
者与圣徒传的其他稿本》（Guy Philippart : *Les légendiers latins et autres manuscrits
hagiographiques*），《西方中世纪史料分类》，蒂伦豪特，1977。让-皮埃尔·佩罗
1980 年在巴黎三大答辩的一部有益的博士论文，是关于 13 世纪法文的全部传奇故
事集。接下来有一些关于英文和德文传奇故事集的研究。

《黄金传奇》中的炼狱

在这场圣徒传奇创作中，意大利的出场相对较晚，但它在 13 世纪，约 1260 年，提供了尽管平庸却最获成功的传奇集，即多明我会的瓦拉泽的雅各布（Jacopo da Varazze）的《黄金传奇》（*Legenda aurea*，《圣传金库》）。作为各种来源的大杂烩，《黄金传奇》却对一些"现代"的虔信主题敞开门户。它乐于接纳炼狱。[①] 炼狱出现在两章的首要位置，关于《圣帕特里克的炼狱》的一章和论述《对灵魂的纪念》的一章。

在《圣帕特里克的炼狱》这一章，他提供了下面的源头："因为圣帕特里克在爱尔兰传教，却未获许多成果，于是他请求主显露一个征兆来让爱尔兰人畏惧，促使他们进行赎罪。依据主的命令，他在某个地方用杖画了一个大圈，于是圈里的大地开启，出现一口很大很深的井。圣帕特里克得知那里是炼狱的一处地方。如果有人想下到里面，他便不需要完成其他赎罪，不为自己的罪孽承受其他炼罪。许多人不会从那里回来，从那里回来的人必须在那里停留一昼夜。然而，进到里面的许多人并未回来。"接着，雅各布简述了索特雷的 H（H. de Saltey）的集子（他未提到其名字），但他改变了主人公的名字，用名叫尼古拉的贵族代替欧文 431

[①]　Th. 格雷泽（Th. Graese）对《黄金传奇》拉丁文本的校勘本，德累斯顿 / 莱比锡，1846，仅仅根据一部稿本。相对于罗兹（Roze）平庸的法译本（巴黎，1900，1967 再版），我们更倾向于比较难以找到的泰奥多尔·德·维泽瓦（Téodor de Wyzewa）的译本，巴黎，1902。

骑士。[1]

　　这个传奇集子插入到瞻礼节年历中，瞻礼年度的重要阶段和重要时刻都在集子里引出一些简要的教理陈述，炼狱在其中再次出现于 11 月 2 日的《对灵魂的纪念》。[2] 这一陈述一开始便涉及炼狱问题。纪念日被展现为旨在给那些未得到专门的善行援助的死者带来帮助的日子。其源头被归于克吕尼修道院院长奥地禄的发起，依据的是皮埃尔·达弥盎的说法。我们已知的文本被修改，奥地禄不再是朝圣归来的修道士所讲故事的听众，而是成为哭喊和嚎叫的直接见证者，这些声音不再是出自受酷刑的死者，而是发自恶魔，他们看到死者灵魂被施舍和祈祷解救而感到愤怒。

　　接着，雅各布回答了两个问题：1）谁在炼狱里？ 2）人们能为炼狱里的人做什么？

　　意大利西北部的这位多明我会修士照本宣科地迎合数字标题的划分，将第一个问题向下细分成三个：1）谁应当炼罪？ 2）借助于谁？ 3）在哪里？（作为对第一个小问题的回答）存在三类炼罪者：1）死亡时未完全完成赎罪的人；2）因为忏悔师命令进行的赎罪低于应当领受的赎罪（雅各布同样预见到规定的赎罪高于应当领受的情况，这会让死者得到更多的荣耀）而下到炼狱的人（*qui in purgatorium descendunt*）；3）"携带着草木禾秸"的人，通过引用保罗《哥林多前书》，雅各布针对的是可宽恕之罪。

---

① 《黄金传奇》，格雷泽校勘本，第 213—216 页。

② 前引书，第 728—739 页。

通过阐发这些原则，雅各布勾勒出一套炼狱的计算法，比如他说"如果必须承受炼狱中两个月的刑罚，那么可以（通过祈祷襄助）得到帮助，让人能在一个月后解脱"。他明确说，根据奥古斯丁的说法，炼罪之火的刑罚虽然并非永恒，却非常酷烈，超过俗世的任何刑罚，甚至超过那些殉道者所受的刑罚。雅各布将炼狱的地狱化推向更远，他认为在炼狱中折磨死者的是恶魔、恶天使。而其他人认为撒旦和恶魔乐于来旁观酷刑，而在这里却相反，   432
是善天使在旁观和宽慰他们。炼狱中的死者具有另外一种慰藉：他们怀着确信等待着"未来的荣耀（天国）"。相对于未来的荣耀，他们拥有一种"普通的"（*medio modo*）确信，这强调了这个**中间**类别的重要性。生者活在不确定和等待之中，获选者活在不需等待的确信中，炼狱中的人处于等待中却拥有确信。但是，雅各布其实并无任何个人观点，他罗列彼此的论点，最后（*in fine*）他在这一问题的结论中指出或许最好相信炼狱的惩罚并非由恶魔施行，而是出于上帝的唯一指示。

关于下一个问题，即炼狱的位置，雅各布在陈述了他那个时代占主导的观点之后，他同样一一列举了他认为与前者并不矛盾的其他观点。共同的观点如下："炼罪在一个靠近地狱的地方进行，那里叫作炼狱。"① 但是，他补充说："这是多数学者（*sapientes*）的看法（*positio*），但是另外一些人认为炼狱处于空中和酷热地带。"他接着说："然而，经过上帝的特许，有时多种地方被指定给一些

---

① "Purgatur in quodam loco juxta infernum posito qui purgatorium dicitur"《黄金传奇》，格雷泽校勘本，第 730 页。

灵魂，或者为了减轻他们的惩罚，或者预示他们更快得到解脱，或者为了对我们宣道，或者为了让惩罚在犯过错的地点进行，或者是借助了某位圣徒的祈祷。"为支持后几种假设，他引用了一些权威和布道示例故事，主要引述大格列高列，但同样引述了源自"执事"彼得的教师西罗的故事，这个故事在雅克·德·维特里和波旁的埃蒂安的作品中也可以看到，对于最后一种情况，即圣徒的干预，他请人们参看《圣帕特里克的炼狱》。

对于祈祷襄助，他照本宣科地指出四类帮助特别有效：朋友的祈祷、施舍、弥撒和斋戒。他援引的权威是大格列高列（帕斯卡尔西乌斯和其他人的故事）、"尊者"彼得、"大管事"彼得、《马加比二书》、那个世纪后半叶巴黎大学著名的教师根特的亨利，以及一则有趣的故事，因为它提到了与十字军有关的免罪符，所涉及的是讨伐阿尔比派异端的十字军："教会的免罪符同样有效。比如一位教会的主教曾请求一个英勇的骑士为教会效劳，讨伐阿尔比派，颁给他一张免罪符给他去世的父亲；他在那里四十来天，这个阶段之后，他父亲向他显现，身上发出光芒，感谢他让自己解脱。"①

最后，他指定一般的善人这一类为享受祈祷襄助者。他最后出尔反尔，推翻了活着的恶人所进行的祈祷襄助对炼狱中的灵魂无益的看法，转而说这看法不适用于弥撒，弥撒总是有效的，这看法也不适用于生者为了完成死者委托而执行的善行，即便执行者是恶人。

---

① 《黄金传奇》，格雷泽校勘本，第 736 页。

长篇大论的阐发以一则示例故事结束，故事取自 13 世纪初熙笃会的冷山修院的埃利南的编年史，故事被认为发生在查理大帝的时代，确切说是在 807 年。"一位骑士出征参加查理大帝对摩尔人的战争，他请求一位亲人，如果他在战争中死了便卖掉他的马，将所得金额捐给穷人。在骑士死后，这位亲戚很喜欢那马，他留了下来。不久后，死者向他显现，如阳光般耀眼，并对他说：'亲爱的亲人，你让我在炼狱中受了八天折磨，因为你没有把马的钱给穷人；但你不会带着它进天堂（*impune non feres*），因为就在今天，恶魔们将带你的灵魂去地狱；而我则已经炼罪，我将前往上帝之国。'随即，人们听到空中如狮子、熊和狼的叫声，那人被从地上掠走。"[1] 我们辨识出这是雅克·德·维特里的《通俗讲道》中关于炼狱的两个示例故事中的一个——但同样见于切里顿的奥多（Eudes de Chériton）和康坦普雷的托马斯（Thomas de Cantimpré）的作品。这是示例故事集中的一个经典。故事再次收录于《黄金传奇》，几乎成为 13 世纪炼狱的必选故事。从中，我们看到奥古斯丁以来的炼狱卷宗的最主要的内容，还有几个更晚近的文本，旨在给出理论的补充或说明。

炼狱的一位女圣徒：吕佳田

434

圣徒传记文学为炼狱的通俗性提供了一个惊人例证。

炼狱中的灵魂需要帮助。帮助主要来自他们的亲属、朋友、

---

① 《黄金传奇》，第 739 页。

同侪。但是，难道不是应该由圣徒，由某些圣徒，来履行说情者、辅助者的义务吗？圣母当然是绝佳的说情者，她尤其有建树。一位叫尼古拉的圣徒正在将对炼狱的护佑添加进他的诸多主保范围，如果我们可以这样说的话。但是，有一个例子尤其值得注意。13 世纪初步展露出对一位真正的炼狱圣徒的崇拜，即圣吕佳田（sainte Lutgarde）。这是一位熙笃会修女，在圣弗龙的本笃会修院受训，可能只是普通的杂役修女，1246 年去世时已经目盲，是在那慕尔教区的布拉奔地区的艾维埃尔修道院。她似乎与慈善修女团体有联系，与雅克·德·维特里有过交往，曾收到他的至少一封信件。她与瓦尼的玛丽（Marie d'Oignies）有联系，这是位著名的慈善修女，雅克·德·维特里写过她的传记。她主要在神秘主义的历史上留下声名，她与一些慈善修女一同帮助推广了对耶稣圣心的信仰。[①]

一位著名的多明我会修士，康坦普雷的托马斯，在吕佳田死后立刻在 1246—1248 年间为她作传。但吕佳田并未被官方册封圣徒。托马斯告诉我们说吕佳田从未学会法语（她不是正想保留自己的出身文化语言弗拉芒语，与世俗人接近？），似乎教会官方对她有所疑心。英诺森四世请求康坦普雷的托马斯纠正传记的第一版。这位多明我会修士仅仅称吕佳田为"虔诚的"（*pia*），从未

---

①　关于吕佳田，见鲁瓦森《从其教派与时代看艾维埃尔的圣吕佳田》（S. Roisin: "Sainte Lutgarde d'Aywière dans son ordre et son temps"），载《改革的熙笃会》（*Collectanea Ordenis Cistercensium reformatorum*），Ⅷ，1946，第 161—172 页。雷本斯：《圣吕佳田的神秘飞升》（L. Reypens: "Sint Lutgarts mysticke opgang"），载《我们的精神家园》（*Ons geest Erf*），XX，1946。

称"圣"（*sancta* 或 *beata*），但是她被人"按照古老的方式"尊奉为圣徒。依据她的传记，她专力于解放炼狱里的灵魂。经她手得到救助的有几位贵人，乃至名人。

第一位提到的是普伊修院院长西蒙，"一位有热忱然而对手下 435 人苛刻的人"。他过早离世。因为他特别推崇虔诚的吕佳田，他的死触动了她。她完成了一些专门的赎罪（*afflictiones*）和斋戒，向主请求解放死者的灵魂，主回答她说："看在你的份上，我将善待你为他祈祷的那个人。"她是努力解放炼狱中灵魂的活动家，她回答说："主啊，我会不停地哭泣，只要看不到我为之哀求的那个人得到解脱，我是不会满意的。"于是主向她显现，展示给她看旁边的那个灵魂，他已经从炼狱中解脱。"从那以后，西蒙频繁向吕佳田显现，告诉她如果不是她的祈祷在仁慈上帝那里帮助了他，他原本会在炼狱度过四十年。"①

真福的瓦尼的玛丽亚在去世时，断言吕佳田的斋戒和努力有很大力量。她预言说："在俗世，没有比吕佳田更加忠诚、更加有效地通过其祈祷让灵魂从炼狱解脱的说情者了。在生时，她在完成一些精神上的奇迹，在她死后，她将会完成一些肉体上的奇迹。"*

雅克·德·维特里主教本人原本也可能得益于吕佳田的说情。在他死后四天，吕佳田尚未得到死讯，她被带到天上，她看到雅克·德·维特里的灵魂被一些天使带去天堂。"吕佳田的灵恭喜他，对他说：'最可敬的神父，我不知你死讯。你是何时离开肉体

---

① 《传记》（*Vita*），Ⅱ，4，《圣徒行传》（*Acta Sanctorum*），6 月 16 日，《六月卷》Ⅳ，巴黎 / 罗马出版，1867。

* 《传记》，Ⅱ，9，前引书，第 198 页。

的？'他回答说：'四天前，我在炼狱待了两天三夜。'她感到惊奇：'为何你不在死后立刻通知我，我还活着，可以让我通过修女们的祈祷解脱你的刑罚？'他回答：'主不愿我的刑罚使你悲伤，他宁愿用我的解脱、我服满的炼狱和我的荣耀来宽慰你。但你啊，你会很快步我后尘。'听到这些话，虔诚的吕佳田回到身体中，快乐地向修女们宣布自己的死亡、炼罪和荣耀。"依据康坦普雷的托马斯的说法，雅克·德·维特里的炼罪有第二个证人，是罗马的多明我会修院的一位杂役修士，雅克·德·维特里最初被葬在那里，同样是在他死后第四天，上帝向他解释雅克的炼罪和荣耀。①

最后，真福的瓦尼的玛丽向吕佳田显现，请求她为自己的朋友瓦尼修院院长巴本松的博杜安求情，他曾经是艾维埃尔的神父，她曾许诺会在他去世时帮助他。②

康坦普雷的托马斯总结说："噢，可尊敬的玛丽，你的见证是多么真实，你忠于诺言，你想去请求虔诚的吕佳田的对所有凡人的祈祷帮助，你尚在人世的时候，你曾经请求无比威力的圣母解救炼狱中的灵魂，你已经荣获了天国的喜乐，你却还会来为一位去世的友人请求帮助！"

生者与死者：遗嘱与忌辰记录簿

13 世纪在生者与死者之间团结互助的新的形态的主要表现中

---

① 《传记》，Ⅲ，5，《圣徒行传》，第 205 页。
② 《传记》，Ⅲ，8，前引书，第 206 页。

同样有炼狱出现。

　　我们首先想到的文献是遗嘱。必须承认在 13 世纪炼狱仅仅在遗嘱中含蓄地出现。是在 14 世纪炼狱才真正进入遗嘱中，而且依据地区而有所不同。[①] 比如，在年代确定为 1296 年的蒙贝利亚尔伯爵雷诺·德·勃艮第的遗嘱中（附有 1314 年的追加遗嘱），涉及通过付清欠债来解脱未来死者灵魂，让人在他忌辰进行弥撒"以作为对灵魂的救药"（*pro remedio animae* 在捐赠文书中是传统的表述，随后成为遗嘱中的传统表述，从 12 世纪开始重新得到提倡），因而遗嘱让人想到对炼狱中死者的祈祷襄助，但这样的话并未说出来。[②] 应当研究托钵僧教团的态度，我们知道他们一方面是 437 重要的"遗嘱敲诈者"，另一方面在布道文和示例故事中是炼狱的重要传播者。难道不是他们在 13 世纪将炼狱普及推广者的角色转给了熙笃会？

　　宗教机构始终是撰写死者的纪念登记册的。但是，之前时代的死者名册让位给人们称作忌辰登记册的新的纪念登记册，虽然炼狱未直接出现在其中，但炼狱取得的进展是造成这种转变的重

---

　　①　见希福洛《彼岸的可计算性：中世纪末期阿维尼翁地区的人们、死亡与宗教》（ J. Chiffoleau: *La comptabilité de l'Au-delà, les hommes, la mort et la religion dans la région comtadine à la fin du Moyen Age*, 罗马，1981 ），以及巴斯塔-富尼埃《14 世纪与 15 世纪初图卢兹地区的炼狱》5—34，尤其是第 14—17 页以及注解 65。

　　②　勒杜泰：《蒙贝利亚尔伯爵雷诺·德·勃艮第的遗嘱》（ J.-P. Redoutey: "Le testament de Renaud de Bourgogne, Comte de Montbéliard" ），载 *Société d'émulation de Montbéliard*, vol. LXXV, fasc. 102, 1979，第 27—57 页。参考坦巴尔的简要说明《中世纪的虔诚馈赠》（ P. C. Timbal: "Les legs pieux au Moyen Age" ），载《中世纪的死亡》（ *La Mort au Moyen Age* ），斯特拉斯堡大学中世纪史研讨会 1975，斯特拉斯堡，1977，第 23—26 页。

要原因，正如专门研究者让-卢·勒迈特所认为的那样。

　　早在 12 世纪末，随着对遗嘱的重新发现，随着虔诚遗赠的增加，随着炼狱信仰的发展，死者名册取得了明显不同的样貌。过去的简单记载要求纪念与祈祷襄助，代替它的是一种注明需要举行一次圣事的记载。"完全圣事"（*officium plenum*）直到此前都是例外施行的，渐渐变成了定例。为死者举行的圣事，不论是否正式，都是职责之外的，应该通过建立一种基金来保障其实施，那些记载中的说明的性质由此改变。在死者姓名、资格或职务旁边，添加了构成这种基金的元素，基金通常是以年金的形式建立：抵押的财产、债务人、债务人的承继，有时甚至明确使用的方式：分配给主祭、协助者、照明费用、敲钟人。甚至有时明确举行圣事的类型。在某些案例中，基金是在受益者生前订立，所定立的圣事是弥撒，常常是祈祷圣母或圣灵的弥撒，在受益者死后变成忌辰的弥撒。

　　所以登记的过程是多样的，而且有所演变。在最初阶段，人们一个挨着一个记载修会的成员、信仰团体成员和忌辰纪念基金的定立，注明忌辰纪念的方式。渐渐的，这些基金的记载成为主导，代替了对需要纪念死者姓名的自动的和免费的简单登录。当然，始终可以在教务会或食堂回顾修院被要求为之祈祷的死者的名姓，但最重要的是了解必须举行何种死者纪念圣事，必须为谁进行，依情况不同而与举行圣事相关的食品定量、花费金额如何。所以，忌辰簿具有双重用途，几乎不再仅仅用于记载修道集体所定立的忌辰纪念。

438

出于这一原因，我们看到从 13 世纪起，修道集体的成员（特别是修道士）从这些忌辰簿中逐渐消失，而留下了世俗人，市民或者贵族，他们关注通过建立虔诚的捐赠来确保自己的得救，缩短在炼狱的逗留期。[①]

最后，我们至少看到了一个明确的例证，说明炼狱在行会成员们所关注的问题中占有的地位，效仿古典古代的丧葬事务会，这些结社组织的一个重要关注点是督导对兄弟会去世成员的葬礼与祈祷襄助。我们在阿拉斯的理发师行会 1247 年的规约中看到提及这一问题。

这一文本的原件是用俗语写作的，用的是古法语，因为立约人——理发师——是由世俗人构成，他们不懂拉丁文，这一文本是最能说明问题的。炼狱是这个社团的关注焦点，这类宣誓行会是新的城市环境所特有的，由某个职业的男女两性的成员（该职业是由市镇类的获选长官，市长或治安官管理的），与一个新的托钵僧教团盟誓建立（多明我会，在他们的传教活动中与新兴的城市社会密切相连）。

所有在场与后来者均应了解，阿拉斯多明我会修道院长与此修会的修道院获得该修会的主事的许可，准许阿拉斯的理发师成立一个慈善会（行会），尊奉上帝和圣母和圣多明我。对

---

① 勒迈特《法国墓葬文献索引》(J.-L. Lemaître: *Répertoire des documents nécrologiques français*)，收入 P. Marot 主编《法国史家文集》(*Recueil des historiens de la France*, 2 vol.)，巴黎，1980，第 23—24 页。

于所有加入行会、留在行会与死于行会的兄弟姐妹，准许永远
为他们每年举行三次弥撒。第一次弥撒是圣多明我的瞻礼节的
延期日那天，另外两次是在他们去世父母的忌辰。准许给他们
完全的联盟（*compagnie*），准许他们完全参与到阿拉斯修道院
和整个修道会在整个基督教世界所做善事，这些善事是为了那
些行会中保有上帝恩宠的所有活人，是为了那些将会死去者，
为的是缩短他们在炼狱中的刑罚和加快他们得到永恒的安息。
以所有上述事体，修道院长与修道士们联合（*acompaigne*）
加入到这个慈善会的所有男女，慈善会的中间人是市长和治
安官，慈善会将由理发师建立。为证明此事，并使之切实
（*estande*）且可证，修道院长与上述修会的修道院在此文书上
加盖印章。此文书立于我主道成肉身 1248 年 4 月。[①]

　　关于这一文本——说实话，这是据我所知属于这类的唯一留
存至今的文本——，我想提出两个假设。第一个假设是对于托钵
僧教团在普及炼狱中的作用的假设，他们是新的面对死亡的态
度的传播者。第二个假设是那些受人怀疑的、受鄙视的职业中的
一个对炼狱的关注，那便是人们将之列入不体面职业（*inhonesta
mercimonia*）的那些接触肉体与血液的理发师兼外科医师。如同我
们在高利贷者的问题上所看到的，理发师难道不正是从炼狱中看
到了更大的逃脱地狱的机会？炼狱的进展的一个后果不正是从得

---

　　① 　原始文本曾由法尼耶校勘出版《法国工业史有关文献》（G. Fagniez:
Documents pour servir à l'histoire de l'industrie en France），t. Ⅰ，巴黎，1898。

救的角度为那些在灵性问题上处于脆弱地位的社会和职业类别恢复名誉，在宗教方面加强他们的社会地位的上升？

俗语中的炼狱：以法语为例

另一个应该进行的考察是在俗语文学中进行。其价值在于让我们了解这个新的彼岸世界在被世俗人直接"消费"的文学作品中的传播。当然，我们会在用俗语写作的示例故事集中或《兰斯 440 的游吟诗人》这一"无所不包"的编年史中遇到炼狱。但文学创作，比如使用法语进行的文学创作，在 13 世纪变得非常丰富，以至于无法进行统计调查。我认为，根据几位学者提供的选样[①]，炼狱成为多个文学类别的一种附属品。如同托布勒-洛马齐的《古法语词典》所指出的，在史诗类作品中从未涉及炼狱（这个文类比炼狱出现得要早，虽然在 13 世纪仍有人创作武功歌），而首部谈到炼狱的法语文学作品是法兰西的玛丽的《圣帕特里克的炼狱》（*Espurgatoire saint Patriz*）。

一位意大利骑士，诺瓦拉的菲利普（Philippe de Novare），他是法学家、作家，参与过塞浦路斯和耶路撒冷圣地的事务，在他60 多岁退隐后，在 1260 年后用法语（当时整个基督教世界的文

---

① 我保留托布勒-洛马齐《古法语词典》提供的例子（Tobler-Lommatzch: *Altfranzösisches Wörterbuch*, Ⅶ, 1969, col. 2096—2097），"purgatoire"（炼狱）词条下内容。以及帕杨所参考的文献《中世纪法国文学中的悔罪主题》（J.-Ch. Payen: *Le motif du repentir dans la littérature française médiévale (des origines à 1230)*，日内瓦，1968），"purgatoire"（炼狱）主题下内容，但我仅仅保留明确谈及炼狱的文本，《小酒桶骑士》中的"虔诚的伯爵"这样的文本不属于此类。

学语言）写作了一部论著，他在其中概述了自己的经历，那就是
《人的四个年纪》。按照菲利普的说法，年轻人做出许多不谨慎乃
至疯狂的事情。他们在俗世进行的赎罪很少，所以他们必须在炼
狱进行严酷而漫长的赎罪。[①]

在《博杜安·德·瑟布尔克传奇》中，我们可以读到：

> 所以他直接去了天堂……
> 不需经过炼狱[②]

这提醒人们炼狱的中介作用，过渡阶段的处境。

苏瓦松的议事司铎戈蒂埃·德·宽西（Gautier de Coincy）是
韵文体的最丰富且最著名的集子《圣母奇迹》（1223 年）的作者，
他谈到炼狱时是作为受惩罚的场所：

441
> 在炼狱里是算总账
> 因为恶行被带到那里
> 那些恶行是人在生时犯下的[③]

---

① 诺瓦拉的菲利普：《人的四个年纪》（Philippe de Novare: *IV âges d'omes*, M.
de Fréville 校勘，巴黎，1888，第 32 页）："所以年轻人在俗世很少进行赎罪；所以
通常会在炼狱进行严酷而漫长的赎罪。"（Si fait li jones po de penitance ou siècle; si
estuet qu'il la face grant et longue en purgatoire.）

② 《博杜安·德·瑟布尔克传奇》（*Li Romans de Baudouin de Sebourc*, XVI,
843），见托布勒-洛马齐词典，七卷，2097。

③ En purgatoire c'est la somme/ Menez en fu por les meffaix/ Qu'en sa vie out
ouvrez et fait（《博杜安·德·瑟布尔克传奇》）。

庇卡底的领主让·德·茹尔尼（Jehan de Journi）在其 1288 年于塞浦路斯创作的《悔罪的什一税》中写道：

> 明智的人应当有节制
>
> 只要他还能忍受
>
> 在世时要尽量施舍
>
> 为的是去世时
>
> 这会助他进入炼狱
>
> 得到净化以入天堂[①]……

但是，所有文学文本中最有价值的无疑是韵文故事《天堂之廷》的一个段落：

> 因此告诉你们诸灵节这天
>
> 紧接着诸圣瞻礼节那天
>
> 大家都应该明确；
>
> 故事告诉我们
>
> 炼狱中的灵魂
>
> 在这两天里得到安息；
>
> 但那些不会得到宽恕的灵魂
>
> 因其罪孽将得永劫的灵魂

---

① Et sages home amesurer / Se doit si ke puisse durer / S'aumosne tant qu'il iert en vie / Si qu'a la mort li fache aïe /De li mener en purgatoire / Pour lui poser net en la gloire...《悔罪的什一税》（*La Dime de pénitence*），见托布勒-洛马齐词典，七卷，2097。

它们全部都很肯定

既得不到安息也得不到暂栖。

442 诸圣瞻礼节与诸灵节之间（11 月 1 日与 2 日）的关联被强调出来，这两个仪式与炼狱的联系被明确指出。这些韵文句子的独特之处主要在于虽然地狱中的安息日（即地狱永劫者每周的暂息）被否定，但相反却出现了炼狱中这两日暂歇的概念，代替了我们在雅克·德·维特里那里看到的主日安息的概念。炼狱显然被地狱化了，使得为地狱设想出的某种安息的主题被移植到炼狱。

13 与 14 世纪之交，一个重大事件让炼狱得以推广，成为教会意图与信众渴望的遇合。这便是 1300 年的大赦。①

为炼狱免罪：1300 年大赦

这一年，波尼法爵八世教宗已经卷入与法国国王"美男子"菲利普的争斗，并通过他陷入与世俗基督教社会的冲突，人们越来越难以忍受教廷的束缚。教宗首次召集了罗马全体信众来举行大赦仪式，是为了纪念由《利未记》二十五章表述的摩西律法。所涉及的是一种安息的禧年，是赎罪与安息之年，是释放奴隶与回归祖业之年，每七倍七年之后一次，即每五十年一次。象征性

---

① 弗鲁戈尼：《波尼法爵八世的大赦年》(Arsenio Frugoni: "Il Giubileo di Bonifacio Ⅷ"，载 *Bollettino dell'Istituto Storico Italiano per ilMedioevo et Archivio Maratoriano*, 1950, 第 1—121 页，重新收录于《中世纪的巧遇》(*Incontri nel Medio Evo*)，博洛尼亚，1979, 第 73—177 页。

的禧年大概从未真正实现过。在这一问题上，基督教义承继了犹太教，福音书宣布"上主恩慈之年"（《路加福音》四：19）。早在中世纪早期，禧年不再被教会奉行，被某些教会作者纳入新的关于赎罪与宽恕的观念之中。所以，得到复活的禧年与晚近的炼狱相遇合是正常的，炼狱同样从历史上和理论上与赎罪相关联。

塞维利亚的伊西多禄在其《词源》中曾将五十年禧年定义为赦罪之年（*remissionis annus*）。① 作为赦罪之年，其 1300 年的推动者们同样指出这是一个新世纪的开端。作为赎罪的结果，它给予信众一种"千禧"（Millenium）的替代品，是受到教会与教宗的严密控制的。

值此之际，教宗赐予到罗马的朝圣者完全免罪（*plenissima venia* 443 *peccatorum*），赦免所有罪行，直到此前是仅仅颁给十字军的。他将免罪符的受益者推及一些死者，即炼狱中的一些灵魂。对免罪符的这种前所未闻的扩展进行得较晚，而且是以间接的方式进行的。

通过 1300 年圣诞的一个决议，波尼法爵八世赐予在前往罗马途中或在罗马朝圣期间死去的所有朝圣者完全免罪，并且给予所有具有完成朝圣的坚定意愿但遭到阻止的人完全免罪。② 这一举措是至关重要的。

教宗似乎决定了"对炼狱中的某些灵魂立即解脱一切刑罚"。③ 当然，在这一问题上有关教宗权力的理论，如我们已经看到的，是由圣文德和圣托马斯·阿奎那建立的。但是，对这理论的施行却似乎从未有过。生者解脱炼狱中死者的可能性，直到此前，仅

---

① 《罗马教会圣师全集》，72，222。
② 《禧年圣谕》（*Bullarium Anni Sancti*），H. Schmidt 校勘，罗马，1949，第 35 页。
③ 弗鲁戈尼：《中世纪的巧遇》，第 106 页。

仅通过祈祷襄助模式（*per modum suffragii*）施行，通过将生者用善行获得的德业转移给死者来进行。

　　在这次张扬行动之后，直到 15 世纪，教宗在解放炼狱中灵魂方面的权力似乎仍旧属于理论上的。比如，1314 年去世的教会法学者亚历山德罗·隆巴多（Alessandro Lombardo）徒劳地重复说，借助教宗可能间接地或"偶然"赐予"为炼狱中死者祈祷或行善"的所有人的免罪符，教宗能够帮助那些处于炼狱中的人，但是教宗的 14 世纪的继任者们，据我们所知，却不敢使用这种扩张到彼岸世界的权力。但是，已经采取了主动，虽然是有限的。将免罪符纳入到炼狱体系，便已跨越了一个阶段。

对炼狱的顽固的反对

　　波尼法爵八世在 1300 大赦年的这一决定大获成功，在某种程度上是炼狱在 13 世纪取得的胜利后的最高潮。然而，不应忘记，在这一世纪之交，炼狱在基督教世界内并不只有支持者。

　　首先存在那些异端。

　　仍是在 14 世纪初，1335 年，在皮埃蒙特地区的贾韦诺，众多瓦勒度派教徒对多明我会的宗教裁判所法官宣布："在彼岸，只有天堂和地狱，炼狱仅存于此世。"①

　　在其他案例中，一些显然是异端的嫌疑人或者被当作异端的

---

① 梅尔洛：《14 世纪皮埃蒙特社会中的异端与宗教裁判法官》（ G. G. Merlo: *Eretici e inquisitori nella società piemontese del trecento* ），都灵，1977，第 167，176，178，185，192，196，198 页。

人却似乎或多或少勉强接受炼狱，或者将炼狱纳入关于彼岸世界的民间信仰的基质，或者受到关于炼狱的想象的感染。

一位叫里格森达（Rixenda）的女性便是如此，1288年，她在纳博讷受到宗教法庭的审讯。她似乎属于与灵修的方济各会有关的慈善修女团体。她声称8年前，在圣马太节，"她被带去天上，看到耶稣站着和坐着，他母亲玛利亚在他身旁，他们身边有圣方济各"。她补充说"她看到自己的父母在炼狱中赎罪，他们告诉她说为了拯救他们……[稿本此处有空白]，他们说多亏了她的祈祷，许多灵魂被拔出炼狱，特别是她的父母亲和一位叫奥克拉迪的堂姐。她还说在被带到天上时看到一位女性，贝济耶的菲拉尔吉耶尔，她在炼狱中备受酷刑，在三天中被拷打……她看到自己的父母亲到了天堂门口，不久他们被带进他们的居所。"第二天，她明确说从炼狱中出来的灵魂并不直接去天堂，而是在他们的居所中暂时等候。因此，她借助祈祷和归还他们所欠的麦子而从炼狱解放的父母必须在天堂门口等待一昼夜……[①]

对于蒙塔尤的某些纯洁派异端的村民，情况也一样。我认为对此必须对埃马纽埃尔·勒华拉杜里的下面观点进行细微分析："所有这些故事中，存在着一个遭人遗忘者，那就是炼狱。"在对阿克斯的雷蒙·韦西埃的审判中，宣誓证人让·巴拉宣布："我们两人在昂卡斯泰尔时，他让我加入已经去世的异端皮埃尔·奥蒂耶的教派，因为如果我那样做，我的灵魂在离开肉体时就立刻进 445

① 《对狂热的里格森达的审讯》(*Inquisitio in Rixendin fanaticam*)，载冯·多林格《关于中世纪的宗派历史》(*I. Von Dollinger: Beiträge zur Sektengeschichte des Mittelalters*)，慕尼黑，1890，卷II，第706—711页。

入天堂，不会经历地狱、深渊，也不会经历炼狱。"①

在引起埃马纽埃尔·勒华拉杜里关注的最完整的案例，即绰号名"马斯–圣–安多尼的酒鬼"*的阿尔诺·热利的案例中，我们看到鬼魂与炼狱共存和夹杂。已故的帕米耶的议事司铎皮埃尔·迪朗的灵魂在圣安多尼教堂向他显现，阿尔诺很随意地向他提出下面这个经典问题："我问他情况如何，他对我说：'现在还好，但我经历过一个糟糕的地方。'我问他是哪里。他回答我：'我经过炼狱之火，严酷而恶劣。但我只是从中经过。'他请求我为他祈祷。还有一次，我在修院的禁院里看到他……另外又有一次是在禁院里看到他，随后我不再看到他，因为我认为他得到安息了。"②

阿尔诺·热利注意到地狱面向炼狱的后撤："上述所有人都告诉我，不必畏惧永劫，因为只要是个忠诚的基督徒，只要悔过和告解便不会得永劫……"

不管怎样，皮埃尔·迪朗是个特例。按照阿尔诺·热利所揭示的，死者灵魂的正常状况是游荡和去访问一些教堂："他们的赎罪是去不同的教堂。一些人走得快，另一些人慢，即是说那些要赎的罪大的人走得更快。因此那些放高利贷者跑得像风一样快；而那些要赎的罪较少的人则缓慢行走。我没有听到他们任何人说有这行走之外的任何其他赎罪，除了前面说过的皮埃尔·迪朗之

---

① 迪维努瓦:《雅克·富尼耶宗教审判记录》(J. Duvernoy: *Le Registre d'Inquisition de Jacques Fournier*)，巴黎 / 海牙，1978，I，354。

* Bouteiller 在此似不应理解为司酒官，而应从古法语形容词 "嗜酒的"来理解。

② 迪维努瓦:《雅克·富尼耶宗教审判记录》，第 160 页。

外，他经历了炼狱之火。当他们不再这样子访问教堂，他们便进入安息之所，他们在那里待着，直到最后审判日，据这些死者告诉我的是这样。"①

同样，当阿尔诺·热利在公开放弃异端信仰时，他不得不更多看重炼狱："关于第一条，他放弃了其中包含的谬误，不论他曾经相信过什么，还是他曾经说过什么，他现在坚定地相信死去的男女的灵魂去往炼狱，他们在那里完成他们在俗世未完成的赎罪。赎罪完成后，他们去往天上天堂，我主基督、圣母、天使与诸圣在那里。"②

对炼狱的另一形式的抗拒主要见于某些宗教家和诗人的作品，特别是在意大利。

一些人是些保守派，墨守成规者，他们固守古老的地狱 / 天堂的对立，对崭新的第三地点，对知识分子神学家的创造视而不见。

米兰人本韦赞·达拉·里瓦（Bonvesin dalla Riva）③生活于13世纪后半叶，是"谦卑者派"的第三号人物，写作了《三部著作之书》（*Libro delle Tre Scritture*），书中用"黑色"文字描写地狱十二刑罚，"金色"文字指示天堂的十二荣耀，两者之间构成"红色"文字的不是炼狱，而是道成肉身、救世主的受难，是用基督

---

① 迪维努瓦：《雅克·富尼耶宗教审判记录》，第163页。
② 前引书，第167页。
③ 本韦赞·达拉·里瓦：《通俗作品》（Bonvesin dalla Riva: *Le opera volgari*），G. Contini 校勘，Ⅰ，罗马，1941。我参考了雷安德罗·比亚代内的校勘本《本韦赞三部著作之书》（Leandro Biadene: *Il libro delle Tre Scritture di Bonvesin dalla Riva*），匹萨，1902。我感谢我的朋友吉罗拉莫·阿尔纳尔迪和拉乌尔·曼塞利提供本韦赞·达拉·里瓦和维罗纳的贾哥米诺的文本。

的鲜血形成的。

　　同一时代，另外一位诗人，方济各会的维罗纳的贾哥米诺
（Giacomino da Verona）在《论耶路撒冷永城与巴比伦地狱》一诗
中仅仅保留了本韦赞"文字"中的黑色与金色，其中在天堂的喜
乐与地狱的刑罚之间，同样不存在居中的炼狱的位置。诗中影射
了神学家们的"智巧"（第 19 句），善与恶截然对立：

　　　　随着那堕落天使，恶导致死亡

　　　　随着善的耶稣，善赋予生命

　　　　　　　　（331—332 句）

似乎意在排斥炼狱居中的布局。[1]

　　其他一些人，如果不反对炼狱，至少反对与炼狱有关的一些
447 信仰上的夸大，这种反对似乎是害怕炼狱信仰中重现异教的迷信。
比如多明我会的雅各布·帕萨万蒂（Jacopo Passavanti）在其著名
的《真正赎罪之镜》（Specchio di vera penitenza）的一个段落中，
他揭露"异教残留或由魔鬼的虚假教义引入的虚假和虚妄的观
点"，他攻击"那些想要代理神的正义的俗人的虚妄与贪婪，他们
企图通过他们的行为、言词、奉献来缩短炼狱中灵魂的期限。这

---

　　① 　维罗纳的贾哥米诺：《论耶路撒冷永城与巴比伦地狱》（Giacomino da Verona:
La Gerusalemme celeste e la Babilonia infernale），E. Barana 校勘，维罗纳，1921。我使
用了布罗吉尼 / 孔蒂尼（R. Broggini/G. Contini）的校勘本载《十三世纪诗人》（Poeti
del Duecento），Ⅰ，那波里，1960，第 627—652 页。

是巨大的自负和危险的错误"。[1]

　　人们将本韦赞·达拉·里瓦和维罗纳的贾哥米诺当作但丁的先驱。而《神曲》（*Divina Commedia*）的作者的才气与胆识在其衬托下却愈发彰显。

---

　　① 雅各布·帕萨万蒂：《真正赎罪之镜》（Jacopo Passavanti: *Lo Specchio di vera penitenza*），M. Lenardon 校勘，第 387—391 页。

10　诗歌的胜利:《神曲》

　　诞生 100 年后不久，炼狱拥有了一次非凡的机遇：1265 年生于佛罗伦萨的但丁·阿利吉耶里的诗歌天才永久赋予炼狱在人类记忆中的特殊地位。1302 年从佛罗伦萨被放逐，到他于 1321 年于拉韦纳去世，但丁撰写了《神曲》(*Divina Commedia*)，其头两个诗篇即《地狱篇》与《炼狱篇》于 1319 年完成，此由博洛尼亚学者乔瓦尼·戴尔·维尔吉利奥德一封书信所证明。

　　我以《神曲》来终结我的研究并不仅仅为了证明偶然性再次在炼狱历史中起了作用，不仅仅为了在本书终结时将炼狱留在但丁将它所置的高峰上。我这样做同样因为，尤其因为但丁通过一部卓绝之作将我在此书中跟踪其线索的多数零散的主题汇集成一部交响曲。《炼狱篇》是炼狱漫长产生过程的一个崇高结语。教会在肯定炼狱教义的主旨的同时，将其意象听凭基督徒们的感性和想象的选择，在这些意象中间，但丁的《炼狱篇》是人类精神中产生的对炼狱的最高贵的表现。

　　在但丁研究者的浩如烟海的评论中（我从中置喙是会让人见笑的），我所遵从的是对这一诗篇的朴素阅读的简单路径，我阅读的指南是对《神曲》之前寻求炼狱的过程中的众多文本的回忆。① 首先，我将回顾这一历程。

---

① 我使用了 1965 年纪念但丁 700 周年时由联合出版社出版的双语版本（巴黎，1965），拥有依据"意大利但丁学会"的最后校勘本确定的意大利文本，由路易斯·科恩和克洛德·昂布鲁瓦兹校订的 L. 艾斯比纳斯–蒙日内译本，以及保罗·勒纽齐的介绍。我还利用了"七星文库"收录的，同样于 1965 年出版的，安德列·佩扎尔（André Pézard）的译本和独特见解的丰富翔实的注释。实用的《炼狱篇》结构图见于《但丁全集》（*Tutte le Opere di Dante*）的《百年纪念版》（*Edizione del Centenario*, Fredi Chiapelli 校勘，米兰，U. Marsia 出版社，1965）。《但丁词典》（*Dante Dictionary*）的简单词条"炼狱"（Purgatorio）对于从地图学角度和意识形态角度看待但丁笔下炼狱的特点是有帮助的。在爱德华·科里的旧文《但丁的地上天堂》（Edoardo Coli: *Il paradise terrestre dantesco*, 佛罗伦萨，1897）中，我们可找到关于炼狱的方位与描述的有益的指点，评论中，G. A. 斯卡塔奇尼（Scartazzini）的评论被裘塞佩·万戴利（Giuseppe Vandelli）审阅并收录在"意大利但丁学会"的注释版中，米兰第 2 版，1960。安德列·佩扎尔推崇特罗科里的评论《但丁的炼狱》（G. Troccoli: *Il Purgatorio dantesco*）。我同样使用了查尔斯·S. 辛格尔顿的评论《但丁神曲炼狱篇 2：评论》（Charles S. Singleton: *Dante Alighieri, The Divine Comedy, Purgatorio, 2: Commentary*），普林斯顿，1973，以及纳塔利诺·萨佩尼奥（Natalino Sapegno）版本的注解，佛罗伦萨，1956。从我的角度来说，一个重要视角，即神学视角，可以阅读芒多内神父的经典研究《但丁：神学》（Mandonnet: *Dante, le théologie*），巴黎，1935；吉尔松的《但丁与哲学》是其后继（Etienne Gilson: *Dante et la philosophie*），巴黎，1939。
关于但丁在灵视与彼岸世界描述中的先驱，除了派齐的《中世纪文学中描写的彼岸世界》（H. R. Patch: The Other World according to descriptions in medieval literature, 1950），我要举出安科纳的《但丁的先驱》（A. d'Ancona : I precursori di Dante, 佛罗伦萨，1874）；多兹的《但丁的先驱》（M. Dods: Forerunners of Dante, 爱丁堡，1903）；迪尔斯的《从荷马到但丁的天堂与地狱机制》（Diels: "Himmels-und Höllenfahrten von Homer bis Dante", 载 Neues Jahrbuch, ⅩＬⅨ, 1922, 第 239 页及下），尤其是吕格的《但丁之前的彼岸概念》（A. Rüegg: Die Jenseitsvorstellungen vor Dante, 艾因西德伦／科隆，1945），乔旭埃·慕斯卡的《但丁与比德》（Giosuè Musca: "Dante e Beda", 载《纪念贝托里尼历史研究文集》（Studi Storici in onore di Ottorino Bertolini）Ⅱ，1972，第 497—524 页）。我感谢吉罗拉莫·阿尔纳尔迪使我能够在极好条件下参考由比亚吉等发表的最老的关于《神曲》的评论《艺术想象与世俗评论中的神曲》（G. Biagi/G. L. Passerini/E. Rostagno: La Commedia Divina nella figurazione artistica e nel secolare commento），都灵，1931。最古老的评论（14 世纪的评论，我仅仅关注这一些）主要是语文学意义的。

450

但丁的炼狱体系

在《地狱篇》的最后诗节，但丁对此已经道出良多。诗人及其向导维吉尔走出去"重见群星"。炼狱不是在地下的。它的高度是大地这一层，处于星空之下。一位老者，古代的智者，乌提卡的加图（即小加图）接待他们，因为他是炼狱的守卫。炼狱是一座山，山的底部是一个门厅，一个等候的地方，尚未有资格进入
451　　真正意义的炼狱的死者在那里翘首以待。山矗立在南半球，但丁依据托勒密的说法，认为那里被荒寂的大洋占据，活人无法到达。山脉矗立在耶路撒冷城在地球上的对跖点上（二：3，四：68 句及下）。在第九章里，两位朝圣者到达真正意义的炼狱，在那里，维吉尔告诉同伴：

> 现在你已到达炼狱
> 你看围绕它的那道峭壁，
> 你看那里在峭壁似乎断裂的地方的那个入口

（49—51 句）

炼狱由呈阶梯的七道圈或者平台（cerchi, cerchie, cinghi, cornici, giri, gironi）构成，圈的周长向着封顶逐级减少。灵魂在那里炼净七宗罪：所依据的顺序是骄傲、嫉妒、愤怒、懒惰、吝啬、贪吃、淫荡。在山的顶峰，维吉尔和但丁进入地上天堂，《炼狱篇》最后六个诗篇的内容发生在那里（二十八至三十二章）。维吉

尔在地上天堂的门口放弃了他作为向导的使命，对他一直陪同来
到的但丁说：

> 不要再期待我说话、示意了，
> 你的意志已经自由、正直、健全，
> 不照其所欲而行就是错误；
> 因此我给你加王冠和法冠宣告你为你自己的主宰。

（二十七章：139—142 句）

诗人远去，留下但丁在那里哭泣（三十章：49—54 句），贝雅特丽
奇随即向他显现，她是他朝圣最后阶段的向导，他到了第三个王
国，即天堂。

　　没有人比但丁更好地表述出俗世与彼岸在创世体系中的关系。
从地狱上升到中间的暂时世界一层，即大地这一层，从这里走向
天上，炼狱之上的是地上天堂，它不再处于宇宙的某个迷失的角
落，而是居于它意识形态意义的层面，即居于炼狱炼罪的顶峰与
天国荣耀的开始之间的无罪的层面。此处，相对被牺牲掉的是灵
薄狱，在 13 世纪，职业神学家们曾经乐于谈到灵薄狱，但这些边
缘地带似乎并未深植入信仰与实践。由信众们采用的真正的彼岸
世界体系，并非五个处所构成的体现，而是三个处所的体现。然
而，灵薄狱存在于《神曲》中。两个灵薄狱：古代智者与先祖的 452
灵薄狱与基督教世界未受洗儿童的灵薄狱。这里，我们感到但丁
被撕扯着，一方面有他对异教先贤的景仰、认可、喜爱——选择
维吉尔作为向导是很能说明问题的——是他对那些幼龄死去的孩

童的怜悯与温情，而另一方面同时有他的严格的基督教正统。如果未受洗礼，没有人能够得到拯救入天堂。但灵簿狱的两种居民在他整个朝圣途中不断困扰着但丁。对于基督将临之前的智者与义人，存在两种不同命运。那些在《旧约》律法下生活的，被下到地狱这一部分的基督拯救，这个部分就是人类先祖的灵簿狱，

> 他使他们得享天国之福
>
> （《地狱篇》四：61 句）

之后基督永远关闭了地狱的这一部分。对于那些异教徒，他们不得不留在这个黑暗的层面，但上帝在地狱的最高层即第一层留给他们一座高贵的城堡（nobile castello），他们在那里生活在"一块青翠的草坪上"，一侧是一个"空旷、明亮的高地"（《地狱篇》四：106及其下）。但丁在旅途中不断提到和回忆古代的智者，在《炼狱篇》中更为显著：他们是亚里士多德、柏拉图和其他许多人，他提到了他们对追寻真的上帝的"毫无结果的愿望"（三：40—45）；维吉尔提到尤维纳利斯，他"降临在地狱的林勃*中"（二十二：14）；斯塔拉乌斯焦急地问他的老师维吉尔是否那些古罗马的重要作家们遭到永劫，维吉尔回答他说他们与自己一起"在幽冥地狱的第一层"，他们在那里经常谈论那座山，炼狱之山，他们的乳母们即缪斯们在那里居住（二十二：9 及以下）。而且，上帝让他们中一位成为炼狱之山的守卫：即乌提卡的加图。一些人吃惊地看到这个位置被交给

---

* 此处是边缘，此词同样有灵簿狱的意思。

一位异教徒,而且他还是自杀身亡的。但是,对于这位以生命为代价捍卫自由的人,但丁最为景仰(《炼狱篇》一:70—75)。在《飨宴》中,维吉尔使加图成为公民的象征,城邦生活的英雄,他认为"不是为自己而生,而是为了祖国为全世界而生"。①

　　至于未及洗礼就死去的仅仅负有原罪烙印的孩童,他们与异　453
教的智者们一同处于地狱第一层的这座城堡之中。维吉尔向在炼狱前界遇到的游吟诗人索尔戴罗透露:

> 地狱有一个地方,情景悲惨并非由于苦刑,
> 而只是由于黑暗,那里的悲哀声音
> 听起来不是痛苦的叫喊,而是叹息。
> 在那里,我同那些在被免除人的罪孽以前
> 就被死神的牙齿咬住的,
> 天真无邪的婴儿在一起

（七:28—33）

　　在《天国篇》,但丁还会提到留在地狱的灵簿狱的孩童:

> 但是在蒙受神恩的时代到来后,
> 未曾领受基督的完善的洗礼的小孩子们
> 就被留在底下那个去处

（三十二:82—84）

---

　　①　"Onde si legge(西塞罗的《论老年》)di Catone che non a se, ma a la patria e a tutto lo mondo nato esser credea"(《飨宴》(*Convivio*),IV,XXVII,3)。

　　之所以但丁如此精于赋予炼狱各个维度，是因为他理解了炼狱的积极的居间的作用，并凭借对炼狱的空间化身和他自己融入其中的神学思想逻辑的图解来加以展示。但丁懂得在自己的宇宙起源论与神学之间建立联系。某些评论者曾提出他在《神曲》中引入——几乎是作为填充物——他在与他所谓的"教士的学派与哲学家论争"的接触中获得的知识，在贝雅特丽奇1290年死去之后他曾全身心投入这些活动。有谁会看不出他的宇宙起源论、哲学和神学是他诗歌——内容与精神——的相同材料？

　　炼狱正是地狱与天堂之间的"第二个王国"。但是，但丁认为这个居中的彼岸世界是非常有活力和灵性的。炼狱并非一个中立的居间地带，它是具有方向性的。它从未来的上帝选民死亡的俗世走向作为他们永恒居所的天国。在他们的历程中，他们洗净自己，一直在变得越来越纯净，越来越接近顶峰，那是他们命中454 注定要达到的高峰。在诸多世纪以来的对彼岸世界的想象提供给但丁的所有地理意象中，他选择了唯一的表述炼狱真正逻辑的那一个意象，即人们不断攀登的意象，即山脉。在对最后末日的提示中，但丁实现了最新的（炼狱）与最传统的（对地狱的畏惧与对天国的渴望）内容之间进行综合，对他而言不存在围绕着死亡进行的情感的凝结。他仅限于在《炼狱篇》第二章以一种寓意的方式提到死亡，在这一章里，在摆渡天使的船上，亡灵们"齐唱"《诗篇》113《以色列出离埃及》(In exitu Israel de Aegypto)，这是中世纪人们在将死者从家里运到教堂然后再到墓地的时候唱的（二：46—48）。最主要的是对此山的攀登，山不断被提到（整个诗篇中被称作"山"*il monte*)[①],甚至被称作"神山"(*il sacro monte*,十九:38),"圣山"(*il santo monto*,二十八:12)。他在两个诗句中提到这座山意在让人联想到多个意思,但丁将它定义为"井",即指火山,矗立指向天空,它把人带去那里:

> 举目仰望那座
>
> 从海中耸入云霄的最高的山
>
> (e diedi il viso mio incontro al poggio
>
> Che'nverso il ciel piu alto si dislaga)
>
> (三:14—15)

这座山很高,非常陡峭,非常难以攀登。维吉尔实际上拽着但丁,他们手脚并用地攀爬:

> 我们从岩石的裂缝里攀登,
>
> 两边的岩壁紧夹着我们,
>
> 下面的地面须要手脚一起着地行走。
>
> 当我们爬到高堤的堤沿儿上,
>
> 到达开朗的斜坡时,
>
> 我说:我的老师,我们往哪儿走啊?

---

① 《炼狱篇》一:108;二:60, 122;三:46;四:38, 39;六:48;七:4, 65;八:57;十:18;十二:24, 73;十四:1;十五:8;十九:117;二十:114, 128;二十一:36, 71;二十二:123;二十五:105;二十七:74;二十八:101;三十:74,以及《天国篇》十五:93;十七:113, 137。

455　　他对我说：你一步都不要走偏了；

要跟着我向山前进

（四：31—38）

山顶之高非目力所能及

（四：40）

这"第二个王国"是个独立的世界，它本身分成一些区域，但丁同样将这些区域称为王国：它们就是维吉尔请求看门的小加图让他们，即但丁和他，前往的"七重王国"：

让我们走过你的七重王国

（一：82）

从其中一个王国走到下一个，从一个平台走到上方一个，旅行者们在爬台阶，一些陡峭的阶梯（scale, scaglioni, scallo, gradi 等等）。比如他们从第四个平台爬到第五个平台：

坚硬的岩石构成的两道墙壁中间

（十九：48）

炼罪之山

但是，这座山是炼罪之山，这是那里进行的主要活动。这样主题一开始就由但丁提出：

> 我要歌唱人的灵魂
> 在那里消罪，使自己得以升天的
> 第二个王国
>
> （一：4—6）

维吉尔对小加图说话时，他提到向但丁展示炼罪是他们到此旅行的目的：

> 现在打算让他去看那些在你的监管下
> 清除自己罪孽的灵魂
>
> （一：65—66）

在集体炼罪的环境中，但丁关注于个体的炼罪。比如在第七个平 456
台，即贪色者的平台上的圭多·圭尼采里：

> 我是圭多·圭尼采里，我已经在净罪
>
> （二十六：92）

　　山上的炼罪以三种方式进行。通过实体性的惩罚，折磨邪恶的激情，鼓励美德。通过对有待洗净的罪孽和与之相反的德行的沉思：可以说《炼狱篇》是一部对美德与邪恶的论著。沉思借助于这些平台上遇到的显赫的或知名的死者的事例。这一点上，但丁重归和发展了传统上的利用炼狱中的死者为政治目的服务（有哪个诗人能比他更加关注政治？），他是以一种更高的灵性意义的教训进行的。最后，净罪通过祈祷进行，祈祷净化灵魂，强化上帝对它的恩宠，表达灵魂的希望。[①]

解释灵魂在炼狱各平台的分布的原则是爱。在半山腰，第三平台即愤怒者平台与第四平台即怠惰者平台之间，维吉尔对但丁解释其机制。

但丁在暂歇时刻询问他的向导，歇脚不应停止他所接受的持续的教诲：

> 我亲爱的伙伴，告诉我，
> 我们所在的这一层要清除的是什么罪？
> 虽然我们的脚停住，你的话可不要停住啊。

（十七：82—84）

所有罪行的基质是缺乏对上帝的爱，即对善的爱。被误引向恶的爱、过于平淡的爱、由爱转恨的爱，这便是罪孽的深层运动；在炼狱之山上，人们恢复真正的爱，炼狱中的攀登时重新攀向善，重新回到向着上帝的航行，这航行被罪孽耽误了。但丁在此处将山的隐喻与海的隐喻统一在这一个地方，山在这里从海中耸出。的确，维吉尔回答说：

457　　　　爱善缺乏应有的热情

---

① 《但丁词典》，第534页。

就在这里弥补；

就在这里重划当初不幸划得过慢的桨

（十七：85—87）①

进步之法则

这个山脉炼狱的全部逻辑在于攀登中完成的进步：迈出每一步，灵魂都在进步，变得更加纯洁。这是身体与灵性的双重意义的攀登。这种进步的信号，是刑罚的减轻，对于罪孽的负担越来越少的灵魂来说似乎攀登更加容易了，山不那么陡峭了。

早在炼狱前界，维吉尔就告诉过但丁这些：

他对我说：这座山的情况是这样：

从下面开始攀登时，一直很艰苦，

越往上走，就越不觉得劳累

（四：88—90）

再一次，攀登与航海混合的意象出现：

因此，等到你觉得往上走

如同乘船顺流而下

一样容易时

---

① Ed elli a me: "L' amor del bene scemo / Del suo dever quiritta si ristora. / Qui si ribatte il mal tardato remo." 这绝妙的诗句难以翻译……。

你就到达这条路的终点了

（四：91—94）

早在第一个平台就有过一次改善：烟囱被台阶代替了：

你们来吧，这里附近就是台阶，
现在上去很容易了

（十二：92—93）

458　　在第一个平台上方，但丁回顾了前进的法则，它同样是一种
进步的法则。

我们到了石级的顶端，
在那里，这座使攀登者消罪的山
再次被切削

（十三：1—3）

在下一个平台，在更为松弛的气氛下，一位天使让他看那些
追求改善的攀登者：

他用喜悦的声音对我们说：从这里进去吧。
这里台阶没有其他的陡

（十五：35—36）

到达第五个平台，那里死者们脸贴地哭泣，在召唤他们来帮忙时

提到了上升中的进步原则:

> 啊,上帝的选民呐,
> 正义和希望都使你们的痛苦减轻,
> 你们指点我们向高处攀登的路吧
>
> (十九:76—78)

这一综合而成的新捷径让人联想到炼狱的几个主要内容:在那里停留的灵魂得到了天国的许诺,那是些受选者的灵魂,他们在那里受苦,但上帝的正义是完善的,与慈悲相混同,希望在此处占主导,它们减缓痛苦,随着人们登高,痛苦在减轻。

在第六个平台,但丁向他的朋友浮雷塞·窦那蒂(Forese Donati)指出他所处的山,即维吉尔带着他去的山,是纠正你们,让你们正直的地方:

> 从那里他以他的劝导把我拉上来,
> 攀登和环游这座矫正你们
> 被尘世引入斜路者的山
>
> (二十三:124—126)

炼狱与罪孽

459

这个炼狱当然是人们赎清罪孽的地方,但是但丁似乎(至少在此处)忽略了神学家们的教诲。人们在这里赎的并非可饶恕之罪,但丁几乎没怎么谈到这些罪孽,或许只是通过提到对亲人过分的爱来加以暗示，这是圣奥古斯丁已经提到过的一种"轻"罪。但是，就主旨来看，在七个平台上清洗的是七宗大罪，同地狱中一样。但丁始终意识到炼狱的深层逻辑，将之视为有期的地狱，让人联想到相同的罪孽在地狱中应受的折磨，却是按照较轻的过渡模式，但是这些罪是以较不严重的方式犯下的，或者已经通过悔罪和赎罪部分地加以消除，或者犯下这些罪时不如遭永劫者那样根深蒂固，或者这些罪仅仅部分地玷污一生，其余部分是由对上帝的爱主导的。

在炼狱的入口，一位天使用这些罪象征性地对但丁施以印记，用他的剑在但丁额头上划了七次字母 P（peccato，罪孽），

> 你到了里面，
> 要注意洗掉这些伤痕
>
> （九：112—114）

每离开一个平台，一位天使便会抹去印在但丁额头的一处伤口，一桩罪孽。

在第十七章，在维吉尔向但丁解释了一系列违逆仁爱的行为之后，他同样借助这一原则对他解释了七宗罪系统。

向善之爱朝着向恶之爱的败坏的头三种形式是三类对于同类的仇恨，或不如说是对同类遭恶的喜爱（*'l mal che s'ama è del prossimo*）。即贬损同类的愿望，不可能忍受同类的优越，渴望以任何攻击行为来报复。所以，七宗罪的头三个是：傲慢，嫉妒和愤怒（十三：112—123）。

另一方面，存在另一种爱的三种形式，这种爱"趋向善，但

却依据一种秩序的腐败"（十七：125 及其下文）。维吉尔让但丁在 460
随后的攀登中自己去发现这种被败坏的爱，即贪财、贪食和贪色。

　　居于这一系统的核心的是爱心的松懈、冷淡的爱、"迟钝"的
爱（*lento amore*）。那便是在半山腰赎的罪孽：即修道院环境中
产生的怠惰，对生命的厌恶，人们用拉丁文称之为 *accedia*（怠
惰，意大利语 *accidia* 由此而来），第四个平台的那些"悲伤者"
（*tristi*）在洗脱这一罪行。

　　我们看到，七宗大罪的列表同样是一种有等级的列表，因为
逐个平台向上攀登时，灵魂在进步。在这一点上，但丁看起来既
守旧又创新。他是守旧者，因为他将傲慢列在罪行首位，而在 13
世纪贪财（吝啬）通常被放在傲慢前面。[①]他是创新者，因为他认
为对同类的精神上的犯罪，傲慢、嫉妒、愤怒，比多数情况下对
自己犯下的肉体上的犯罪，贪财、贪食、贪色，更加严重。对于
最后一宗罪，但丁让贪色者，不论是同性恋还是异性恋，都让他
们享有炼狱，而他之前人们曾让他们受地狱永劫（第二十六章）。

　　在导致炼狱的罪孽机制中，但丁似乎对悔罪的迟晚特别敏感。
他多次提到这点。在炼狱前界，贝拉夸坚信前往对他封闭的炼狱
之门是无益的，

　　　　因为我把拯救的叹息推迟到临终时刻

　　　　　　　　　　　　　　　　　　　　　　（四：132）

---

　　① 见利特尔《傲慢先于贪婪：社会改变与罗马公教所说罪恶》（L. K. Little:
"Pride goes before Avarice. Social Change and the Vices in Latin Chris-tendom"），载
《美国历史评论》，LXXVI，1971。

那是一群畏惧暴死的人，所以，直到临终时刻才悔过：

> 我们都是早先死于暴力的，
>
> 直到最后一刻都是有罪的人
>
> （五：52—53）

　　在第一个平台，提到一位死者，他等到最后时刻才悔过，无人帮助的话，他无法被接纳入炼狱（十一：127—129）。但丁因此461吃惊地在炼狱中遇到死后不到五年的浮雷塞·窦那蒂，他从前的不急于悔过曾让他滞留在炼狱前界

> 下面那个
>
> 以时间补偿时间的地方
>
> （二十三：83—84）

炼狱前界

　　但丁的独特之处在于想象出许多罪人在进入展开炼罪进程的空间之前，在一个等候地点，即炼狱前界，进行某种实习。可以推测，炼狱越来越被许诺给那些仅限于最后关头（ in extemis ）进行悔罪的人（在海斯忒巴赫的凯撒里乌斯作品中已经看到过）。尽管应该相信上帝的慈悲是宽宏的，但丁认为建立这种额外的考验，即炼狱门前的等候，是必要的。

　　这是焦虑的一群人，不知道通往炼狱的路在何处，他们询问

维吉尔和但丁:

> 如果你们知道的话,
> 就指给我们上山的路吧
>
> (二:59—60)

而但丁在炼狱前界则询问他的朋友卡塞拉:

> 但是,你为什么被留下那么多时间?

卡塞拉仅仅回答:

> 虽然那位愿意何时接走就何时接走的天使
> 曾多次拒绝我过海到这里来,
> 对此我一点都不感到委屈,
> 因为他的意志是来源于公正的意志
>
> (二:94—97)

　　正是他,提到古老的传说时是当作一种现实,依据这个传说,未遭永劫但必须炼罪的死者的灵魂聚集在奥斯提亚(Ostie),靠近台伯河的河口。

> 所以,当时我看着海
> 在台伯河水变咸的地方,

462

就被他和蔼地接受下来。
现在他已经把翅膀指向那个河口，
因为凡是不向阿刻隆河堕落的
总在那里集合

（二：100—105）

骄傲的锡耶纳人普洛温赞·萨尔瓦尼得以逃脱在炼狱前界的等候是凭借对他的一次羞辱行为。为了付清一位朋友的赎金，他曾经在城市的大广场上乞讨：

这一行为为他解除了流放之刑

（十一：142）

圭多·圭尼采里则已经开始炼罪了，他对但丁说：

因为我在命终以前及时忏悔了

（二十六：93）

在但丁完成彼岸之旅的时代，存在过一次机会，解除炼狱之门的障碍，将等候中的灵魂送往炼罪山。那便是教宗波尼法爵八世在1300大赦年决定的免罪符。在谈到摆渡者加图时，卡塞拉将此告知维吉尔和但丁：

然而三个月来，凡是想上船的

他都一律毫无异议地予以运载

（二：98—99）

哪里能找到比这更好的证据来证明波尼法爵八世的创新在与炼狱相关的宗教实践中造成的混乱？

不仅不是任何人想要去就能去，想怎么去就怎么去炼狱的，而且不应认为但丁的炼狱已经等于天堂了。他的那些平台上回荡着哭声和呻吟。当但丁在梦境中靠近时，他同样感到恐惧。他颤抖，并变得面色苍白，

如同吓得浑身冰冷的人似的

（九：42）

维吉尔不得不努力安慰他。

463

山脉当然是一个惩罚场所。比如，下面，在第二个平台，用鞭子惩罚嫉妒者，虽然鞭子的绳是用爱编成的，

这一层平台鞭打忌妒罪，
因此马鞭子的皮条
取材于爱

（十三：37—39）

这些嫉妒者的魂魄还要承受更糟的刑罚，

因为他们的眼皮都用一根铁丝穿透

缝在一起，就像对于一只不肯安静的野鹰

所做的那样

（十三：70—72）

俗世犯下的罪行与惩罚的强度与期限之间，特别是与炼狱前界等待的长度之间，不论罪过是在山脉的哪一层洗练，都存在着成比例关系，我认为这种比例关系是炼狱体系的一个特征。

得到承认的斐得利哥二世的私生子曼夫烈德，在去世时被革除了教籍，他在炼狱前界宣布：

确实，至死都拒不服从圣教会的人，

即使他临终悔罪，

也必须在这道绝壁外面停留

三十倍于他傲慢顽抗的时间

（三：136—140）

而贝拉夸则说：

我生前，天围绕我转了多久，

现在我就得在山门外滞留多久，

因为我把得救的叹息推迟到临终时刻

（四：130—132）

维吉尔的崇拜者斯塔拉乌斯将这种比例关系加以反转，他肯

定说如果能够在尘世上与维吉尔同时代生活一年他自愿在炼狱里　464
多待一样长的时间（二十一：100—102）。

　　然而，但丁再次肯定了奥古斯丁的看法，认为炼狱刑罚比尘
世的任何刑罚都严厉。他以自己意象的方式来表达，运用他赋予
炼狱的地形起伏：

> 在这同时，我们来到了山脚下
> 我们发现那里岩石异常陡峭，
> 即使两腿矫捷，要想攀登也是徒然。
> 莱利齐和图尔比亚之间的最荒僻
> 最崎岖险阻的山路，和它相比，
> 就是一道便利、宽阔的阶梯
>
> 　　　　　　　　　　　（三：46—51）

火

　　但丁经常提到在他之前或多或少被等同于炼狱的东西，那就
是火。

　　靠近炼狱之山，在折磨着他的恶魔中，但丁在梦境中看到一
种火：

> 在那里，它和我好像都燃烧起来；
> 梦幻中的大火烧得那样猛烈，
> 使得我的睡梦必然中断
>
> 　　　　　　　　　　　（九：31—33）

因此，但丁以为自己下到地狱了：

> 地狱的黑暗，狭小的天穹下，
> 被浓云遮得要多么昏暗就有多么昏暗，
> 无任何行星的夜晚的黑暗，
> 在我眼前蒙上的任何面纱
> 都不像那里包围我们的烟形成的雾那样厚
>
> （十六：1—5）

在第七个即最后一个平台，火烧灼着好色者（二十五：137）：

465

> 这里的峭壁喷射火焰，
> 平台沿儿上有风向上吹，
> 迫使火焰倒退，离开那里；
> 因此我们必须沿着平台无遮拦的一侧
> 鱼贯而行；我这边怕火，
> 那边怕摔下深渊
>
> （二十五：112—117）

这火非常猛烈，阻止但丁与他的老师圭多·圭尼采里拥抱：

> 由于火的缘故，我没向他走得更近
>
> （二十六：102）

而阿尔诺·丹尼埃尔，

他就隐藏在精炼他的火中

（二十六：102）

最后，在离开炼狱前往地上天堂的时候，必须跨越火墙。最后一
个平台的天使告诉他说：

神圣的灵魂们，如果不先让火烧
就不能再往前走，进入火中吧

（二十七：10—11）

但丁畏惧地看着火：

我双手交叉着探身
去看那火，在想象中鲜明地浮现出
先前看见过的被火烧的人体

（二十七：16—18）

维吉尔宽慰他：

你要确信，如果你在火焰中心
待上整整一千年之久，
也不会使你秃一根头发

（二十七：25—27）

但是，这考验是严酷的，虽然在火中，维吉尔挡在他前面：　　466

我一到火中，就真恨不得

跳进融化的玻璃中凉快一下，

那里火的热度高得无法计量

（二十七：49—51）

维吉尔必须不停地对他谈起贝雅特丽奇，而且一个声音在另一边歌唱着呼唤他们，但丁才忍受得住这考验。

这火让人想到地狱，却与之有别。在离开但丁的时刻，维吉尔提醒他：

暂时的火和永恒的火

你都已见过了，我的孩子

（二十七：127—128）

炼狱与地狱：悔过

显然，炼狱多次让但丁想起地狱。山脉具有七重居所、炼狱前界、炼狱的七个平台和地上天堂，虽然它们预示着天堂的九重天，但是在但丁攀登的时候，山尤其让他想到九重地狱。但是，但丁指出地狱与炼狱之间的根本区别，他出色地清楚阐述了这一点。首先，是因为门的狭窄（九：75—75），这与地狱之门的宽敞形成反差，提醒人们按照福音书的说法，得救的门是狭窄的："你们要从窄门进去，因为宽门和大路导入丧亡；但有许多的人从那里进去。那导入生命的门是多么窄，路是多么狭！找到它的人的确不多。"（《马太福音》

四十七:13—14)还有:"你们竭力由窄门而入罢!因为将来有许多人,我告诉你们:要想进去,而不得入。"(《路加福音》十三:24)

但丁的表述更加明晰:

> 哦,通到那里这些道路与地狱之路
>
> 多么不同,因为这里是在歌声中进入
>
> 而那里是在残忍的哀吟声里。

467

让炼狱成为彼岸时间的居间的地带,但丁胜过任何人,但是他让他笔下的炼狱服从地狱化的进程,这是13世纪的教会强加给他的。从教理上,他更多忠实于炼狱的逻辑理路,认为这个居间地带距离两个极端距离不等,它更加靠近天堂一边,但丁将炼狱呈现为期望的地点和喜悦的开端,是逐渐走向光明的入口。

这是因为,以某种方式,但丁与多数重要的经院学者一样(与之前奥弗涅的纪尧姆一样,但纪尧姆有些过度忠实了)忠实于12世纪的神学家们的重要传统,他们将炼狱锚定在赎罪之中。

这体现在炼狱前界的"Miserre"(怜恤,即"上帝,求你按你的慈爱怜恤我")的歌声,这是赎罪与炼罪所必须的谦卑之歌(五:22—24)。

这体现在跨越炼狱之门的时候,通往炼狱的三个台阶的完美而巧妙的象征手法。

> 我看到那里有一座门,
>
> 下面有三级颜色不同的台阶可以上到门口,

还有一个尚未说话的守门人

……

我们来到了那里；第一级台阶

是白大理石的，那么光滑、明净，

我在那上面都照得见我的影子。

第二级台阶颜色比黑紫色还深，

是一种粗石的，干巴巴的像火烧过，

有纵一道、横一道的裂缝。

上面的那质地坚实的第三级台阶我看来似乎是斑岩的，

呈红色

如同从血管里涌出的血一样。

……

我的向导拉着我心甘情愿地顺着三级台阶走上去，

他说：你以谦卑的态度去恳求他开门吧。

（九：76—108）

如同但丁百年纪念时法国双语版的注释所解释的，"这一幕是对赎罪的表现：天使象征神父，他缄默无语，因为应该由罪人对他告解。三个不同颜色的台阶象征三个祭礼：悔罪、告解和赎罪，祭礼本身有区别，但三者构成一个祭礼，就如同三个台阶通向唯一一道门槛。"①

---

① 这是由 L. 埃斯皮纳斯-蒙热内译文的版本，本书第 449 页注解 1 已经提到。引文见第 604 页。

第一级台阶象征悔罪（*contritio cordis*），应该让赎罪者变得如大理石一样洁白。第二级代表告解（*confessio oris*），让赎罪者变得像仇恨一样紫红。第三级象征真正意义的赎罪（*satisfactio operis*），如同激励着赎罪者的慈善和仁爱的热情一样火红。

早在炼狱的入口，赎罪的死者虽然进入

> 这个世界，我们不再可能犯罪的
>
> （二十六：131—132）

作为始终拥有自由意志的人，他应当表现出炼罪的意愿。带着"良好的意愿"（*di buona voglia*），但丁追随维吉尔到达炼狱。

在炼狱的核心，斯塔拉乌斯提醒维吉尔和但丁，灵魂必须愿意得到净化。

> 幽魂已经变得纯洁的唯一证明
> 就是能完全变换处所的意志，
> 这种意志突然降临于它，对它有益
>
> （二十一：61—63）①

因此，但丁保留了经院学者们的抽象教诲，他们想知道炼狱刑罚是否是"意志"的。

赎罪同样包含着苦涩成分（神学家们和牧道者们所说的"严

---

① Della mondizia sol voler fa prova / che, tutto libero a mutar convent, / l'alma sorprende, e di voler le giova.

酷"*acerbitas*)。

　　比如第五个平台上的贪财和挥霍者：

469
　　　　贪婪造成的后果
　　　　在悔悟的灵魂们赎罪的方式中显示出来，
　　　　这座山再也没有更苦的刑罚了

　　　　　　　　　　　　　　　　　　（十九：115—117）

　　还有，在地上天堂，美丽的淑女玛苔尔达歌舞着迎接但丁，此时
但丁仍旧由维吉尔陪同，她歌唱《诗篇》三十二，这是个赎罪的诗篇：

　　　　罪恶蒙赦免，过犯得遮掩的人，是有福的！（*Beati, quorum
tecta sant peccata*！）

　　　　　　　　　　　　　　　　　　（二十八：40）

　　在赎罪进程中，悔过尤其重要，悔过应该由眼泪表达。
　　炼狱前界的暴死者，尽管在咽气之前有极短的时间，他们却
不仅进行了悔过，而且宽恕了杀害自己的人或刽子手。

　　　　离世时，来自天上的光使我们醒悟了，
　　　　我们通过悔罪和宽恕别人同上帝和解，
　　　　如今他使我们被切盼去见祂的愿望折磨着

　　　　　　　　　　　　　　　　　　（五：55—57）

　　在炼狱前界，波恩康特·达·蒙泰菲尔特罗讲述说，他临死

的悔恨把他交到上帝天使的手里，不顾地狱恶魔使者的反对，地
狱使者认为猎物逃脱是因为一小滴眼泪（*per una lacrimetta*）：

> 上帝的天使带走我，
> 那来自地狱的说：
> 啊，你这来自天上的使者啊，你为什么剥夺我？
> 你由于一小滴眼泪就从我手里夺去他
>
> （五：104—107）

当但丁在贪财者的平台上发现羞愧地要藏起来的教宗阿德里
亚诺四世，他这样叫住他：

> ……灵魂啊，你的哭泣使那种果实成熟
> 没有这种果实，就不能回到上帝那里……
>
> （十九：91—92）

在这第五个平台上，沿着深渊的边缘，布满因眼泪而脱离了 470
罪恶的人群，

> 因为，在另一边，那些把支配着全世界的那种罪恶
> 从眼里一滴一滴融化的人太靠近外沿了
>
> （二十：7—8）

在进入地上天堂时，但丁最后一次提醒说，为了品尝这幸福，
首先必须用悔恨来偿付，悔恨让泪水流淌（三十：145）。

希望

　　然而，但丁却强调，在炼狱里希望占主导。灵魂被赋予一种非实体性的身体——这是不断重复的影子主题，人们想去抱住它们，却徒劳无功[①]——，它们是些得到解脱的，已经得到拯救的灵魂。

　　希望经常在祈祷中得到表达。整个《炼狱篇》的节奏是遵从以下祈祷和歌唱。但丁擅长在诗歌中加入瞻礼仪式，而那些经院学者却常常是对之分别对待的。炼狱中正在进行祈祷的死者，这意象恰恰是中世纪末期的艺术家们选择用来区分炼狱与地狱的意象。在地狱里，毫无希望，祈祷有何用？在炼狱中，相反，对得救的确信必须在祈祷中得到实体化，被祈祷证明和加速。希望被用白色和绿色加以象征表现，这是纯洁与希望的颜色。

　　早在旅行者们刚刚踏入炼狱前界，白色就出现了。

　　　　随后，在它的两侧各自出现了

　　　　一种我不知道是什么的白东西，

　　　　在它下面又逐渐出现了另一种白东西

　　　　　　　　　　　　　　　　　　　（二：22—24）

---

　　①　Oi ombre vane, fuor che nell'aspetto! / Tre volte dietro a lei le mani avvinsi, / tantemi tornai con esse al patto 啊，仅有外表的空虚的幽魂哪！我三次把两手绕到他背后去搂抱他，每次两手都落空回到我胸前（二：79—81）。

维吉尔鼓励但丁，鼓励他寻求光明：

> 亲爱的孩子，你要坚定你的希望
>
> （三：66）

当两位朝圣者开始攀登，他们再次受到渴望、希望与光明的激励，

> 但是这里人们就非得飞不行，
> 我的意思是说，跟随着给予我希望、
> 做我指路明灯的向导，
> 凭借伟大愿望的矫捷羽翼飞上去
>
> （四：27—30）

灵魂在祈祷中通过炼狱前界：

> 这里伸着双手祈祷的，
> 有小斐得利哥和那个比萨人
>
> （六：16—17）

在炼狱守卫的天使有着希望色彩的袍子和翅膀：

> 接着，就看到两位天使从天而降，
> 手持两把折断的、失去锋芒的、发出火焰的剑。

　　　　他们的衣服像初生的嫩叶一般绿，

　　　　拖在身子后面，被他们绿色的翅膀拍打着，随风飘动

　　　　　　　　　　　　　　　　　　　　　　（八：25—30）

　　　　一听到绿色的翅膀掠过天空，

　　　　那条蛇就逃了

　　　　　　　　　　　　　　　　　　　　　　（八：106—107）

　　而在第一个平台上，有一大段是关于那些傲慢者诵读《我们在天上的父》(Pater)主祷文，他们仅是在形式上诵读祷文的最后一句，这一句号召脱离罪恶，因为他们已经解脱罪孽，不再需要了。

472　　　　这最后的祷告，亲爱的主，

　　　　并不是为我们作的，因为没有必要，

　　　　而是为留在我们后面的人们作的

　　　　　　　　　　　　　　　　　　　　　　（十一：22—24）

　　但丁在炼狱前界最先看到的灵魂已经是"幸运的幽魂"（二：74），是上帝选民……。维吉尔在对他们讲话时这样说：

　　　　啊，结局美好的人们，啊，已被选中的灵魂们

　　　　　　　　　　　　　　　　　　　　　　（三：73）

　　对那些第二个平台的忌妒者，但丁同样说：

啊，你们这些已经肯定

能见到你们所一心向往的至高无上之光的人呐

(十三:85—86)

炼狱中灵魂的得救已经由上帝的正义决定，上帝惩罚人，但同样慈悲和恩宠。得救的进步同样通过灵魂本身余下的意志。在贪财者的平台，法国国王于格·加佩（Hugues Capet）指出这一点：

有时，我们中某个讲话声音高，某个声音低，

这是由于驱使我们前进的热情

时而让我们步子大，时而让步子小

(二十:118—120)

生者的帮助

炼罪的进展和向天空的上升尤其有赖于生者的帮助。在这一点上，但丁完全重复了对祈祷襄助的信仰。虽然炼狱中多数死者要求某个亲戚或朋友的帮忙，但其他人更广泛地求助于圣徒的相通。

在炼狱入口等待时，曼夫烈德请求诗人在回到俗世时把自己的情况告诉他的女儿，"温柔的康斯坦斯"，他女儿知道他被革除教籍，有可能以为他遭遇永劫了，

因为这里的人借助于世人的祷告可以前进许多

(三:145)

473   贝拉夸绝望于不能立刻进入炼狱，

> 除非蒙受天恩的活人心中
> 发出祷告先来帮助我
>
> （四：133—134）

雅各波·戴尔·卡塞罗请求法诺城全体居民的帮助：

> 我恳求你，如果你一旦看到
> 位于罗马涅和查理的王国之间的那个地方，
> 就劳驾为我在法诺请求人们
> 在祭坛为我作良好的祈祷，
> 直到我能洗净深重的罪孽
>
> （五：68—72）

波恩康特·达·蒙泰菲尔特罗抱怨自己被妻子乔万娜和亲人们抛弃了：

> 乔万娜和其他人都不关心我了，
> 所以我在这些人中间垂着头走
>
> （五：89—90）

但丁似乎被这些在炼狱之门前等候的灵魂的请求压垮了：

> 当我摆脱了所有那些

> 一直在请求别人为他们祈祷
>
> 使他们从速超升的灵魂
>
> （六：25—27）

尼诺·维斯康提同样请求但丁恳请他的孙女乔万娜帮助他：

> 等你回到茫茫大海彼岸时，
>
> 告诉我的乔万娜为我
>
> 向对天真无罪者有求必应的地方祈祷
>
> （八：70—72）

那些念诵《我们在天上的父》（*Pater*）的傲慢者请求活人的帮助，因为他们自己尽其所能（但丁似乎走上赞同德业的相互性的道路），在为那些俗世的人祈祷，而但丁赞同他们的请求：

474

> 如果他们在那里一直为我们祈祷，
>
> 在俗世，那些既有意愿又有善根的人
>
> 有什么不应该通过言语和功德为他们做的呢？
>
> 我们实在应该帮助他们洗掉从这里带去的污点，
>
> 使他们能够既洁净又轻快，从那里出去，上升到诸天
>
> （十一：31—36）

因此，在炼狱存在着受人遗忘者；同时存在一些得到协助的人。锡耶纳人萨庇娅悔过太迟，她得到了同乡"售梳者"彼得

（彼埃尔），一位方济各会俗家修道会教士的帮助：

> 到了生命的终点，
> 我想与上帝和解了；
> 要不是售梳者彼埃尔
> 出于仁爱之心哀怜我，
> 在他神圣的祈祷中想着我，
> 我所负的债至今还不会被忏悔减轻
>
> （十三：124—129）

有时，炼狱中灵魂请求但丁去求情的不是俗世人，而是上帝。比如在愤怒者的平台上的伦巴第人马可说：

> 我请求你，当你到了天上时
> 为我祈祷
>
> （十六：50—51）

在第五个平台上，斯塔提乌斯为炼狱中灵魂们请求的同样是上帝的帮助：

> 我祝愿他早日打发他们上升
>
> （二十一：72）

但是，炼狱中受苦者更多请求的当然是圣母和圣徒们的说情，

比如第二个平台上的忌妒者们:

> 我听见喊"玛利亚,为我们祈祷吧!"
> 接着,又听见喊"米凯勒""彼得"和"一切圣徒"
>
> (十三:50—51)

炼狱的时间

475

　　但丁与维吉尔的炼狱旅程持续了复活节时期的四天,即基督复活、战胜死亡、许诺的得救的节庆:其中一天,即复活节那天,是在炼狱前界;两天,即复活节后的周一和周二,在炼狱山上;最后一天,即周三,在地上天堂。在整个旅程中,但丁仔细记录了照耀着他们环行上升的太阳和星辰的方位变化,这象征着上帝的恩赐,神恩伴随着他们,将炼狱中的灵魂引向天国。

　　但是《炼狱篇》整个诗篇中散布着对时间的记录。在《地狱篇》中,对时间的仅有的指示是维吉尔与但丁的路程的阶段。在《天国篇》中,时间将消失,哪怕是对于但丁的短暂经历。相反,炼狱是处于时间进程中的王国。[①]但丁提醒人们,炼狱中的时间状况是处于历史时间的整体之中的,炼狱中最长的停留时间是从个

---

　　① 　见布拉苏齐的有启发的研究,《炼狱篇中的时间维度》(Luigi Blasucci: "La dimensione del tempo nel Pugatorio"),载 *Approdo Letterario*,1967,第40—57页。关于这些神学内容的心理学表述,见莫米里亚诺(A. Momigliano)在他对《炼狱篇》的评论中的精细分析(佛罗伦萨,1946),尤其是关于"俗世与天堂的共同怀恋,将那些渴望天国的灵魂们与怀念着遥远故乡的朝圣者统一在相同的忧郁之中"的见解。

体死亡到最后审判的长度。就此问题，诗人对读者说：

> 你将听到
> 上帝要求人们怎样还债：
> 你不要注意受苦的形式；
> 要想一想它的结果，想一想，在最坏情况下，
> 它也不能持续到最后的审判以后
>
> 　　　　　　　　　　　　　　（十：107—111）

在这种象征意义的时间性中，时间是由但丁的旅程时间与他所遇到的那些炼狱中灵魂经历的时间相互绞合而形成的，主要是由这些处在俗世与天国之间，在俗世生活与永恒之间的经历考验的灵魂的各自交杂的不同的时间构成的。既是加速的时间，又是放缓的时间，是在生者的记忆与死者的担忧之间往返的时间，也是挂靠着历史的，而且早已被末世论所渴望的时间。

在炼狱中，即使时间的绵延也是由灵魂的进展划分节奏的。一些奇遇标志着从人类的时间走向上帝的永恒的路程上的衔接点。它们凸显出在炼狱中可能发生的唯一的事件。

当维吉尔与但丁处在第五个平台，即贪财者的平台，山脉震动起来：

> 我们正在努力就我们力所能及
> 克服路径的困难快速前进，
> 我忽然觉得山在震动，好像要倒塌似的；

因此我感到胆战心寒,

如同去受死刑的人通常会感受的那样

(二十: 127—129)

然而,奇怪的是,欢快的歌声响起来:

随后,就开始发出那样一片呼喊,

使得我的老师向我靠近,

说:"不要害怕,有我给你带路呢。"

所有人都在唱 "*Gloria in excelsis Deo*"

(在至高之处荣耀归与上帝)

(二十: 133—137)

在下一章,斯塔提乌斯向两位朝圣者解释了大地震动的意义:

每逢某一个幽魂觉得自己已经变得纯洁,

可以站起来或者可以动身上升时,

这里的地就会震动,

伴随着你听到的那种呼喊

(二十一: 58—60)

这些炼狱事件的震动,即是那些变得有资格升天并有能力飞翔的灵魂的飞升。这种震动与喧嚣,是灵魂从时间向永恒过渡时产生的震动。

477　　无疑，但丁的炼狱同样是，仍然是受苦与考验的时间。不管怎样，炼狱中的灵魂被剥夺了真正的快乐，即见到上帝的喜悦，如同教宗阿德里亚诺五世悲伤地说的：

> 正如我们两眼生前只注视尘世的事物，
> 不向高处抬起；
> 同样，在这里，正义就使它们下沉到地

（十九：118—120）

走向光明

但是，炼狱是整个向高空抽离的。到了第三十一章，到了地上天堂，贝雅特丽齐才来接替维吉尔指引但丁，然而早在炼狱前界，维吉尔就将此预先告知但丁：

> 我不知道你明白了没有：我说的是贝雅特丽齐，
> 你将在山上，在这座山的顶上，
> 看到她微笑，洋溢着天国之福

（六：46—48）

经院学者们想知道照管炼狱中的灵魂的是恶魔还是天使。但丁毫不迟疑地回答说是善天使，天国的使者，上帝的使者。在炼狱大门，那位天使用代表七宗罪的七个 P 字母印在他的额头，但是在每个平台同样有天使将灵魂们与朝圣者引入，而在走出一层时便抹去与这一层相对应的 P 字。

虽然经历了黑暗、烟雾、黑夜的阶段——是星光之下的黑夜——,炼狱山却是逐级显露光明的。上升是向着光明进发。在地狱的黑暗与天堂的光明之间,炼狱是个浸润于半明半暗中,却不断变得更加明亮的地方。①

早在一开始,在海岛的沙滩上,在大海边,太阳正在升起,让景物恢复颜色,如同但丁的面容。

> 我把泪痕斑斑的面颊凑到他跟前,
>
> 在那里,他使我那被地狱的烟雾遮住的面色
>
> 重新恢复了颜色
>
> (一:127—129)

478

这种光明同样来自于天使,他们将天国的光明带给炼狱,那光明遍布他们的脸上:

> 我清楚地看到他们头上的金黄的头发,
>
> 但一注视他们的脸,眼睛顿时昏花起来
>
> (八:34—35)

在深入到第二个平台时,维吉尔看着太阳说:

---

① 见马尔蒂《炼狱篇中的光明象征》(M. Marti: "Simbologie luministiche nel Purgatorio"),载《但丁的写实主义与其它研究》(*Realismo dantesco e altri studi*),米兰/那波利,1961。

啊，柔美的光啊，我因为信赖你而走上

这一条新路……

你的光应该永远是我们的向导

（十三：16—21）

在从第二个平台上到第三个平台时，但丁甚至感觉目眩：

我觉得，我的眼睛被光芒照得

远比起初还难睁开，

这种原因不明的情况使我愕然

（十五：10—12）

而维吉尔向他解释说：

如果天上的使者仍然使你目眩，

你不要惊奇……

那是一位前来迎接人上升的使者

（十五：28—30）

最后，地上天堂已经沉浸在天国的光明之中。

四面的黑暗已因此消散

（二十七：112）

最后的净化在进行。从一个泉里流出两条河，一条是忘川

（勒特河），清除人类对罪孽的回忆，另一条是欧诺埃河（是但 479
丁杜撰的），将对所做的所有善事的记忆还给人（二十八：127—
132）。这是但丁关于这一赎罪与净化进程（其中记忆起着重要作
用）的最终结论。这是记忆的最终化身，记忆同样被清洗掉了罪
孽。恶被人遗忘，唯留下对人类身上所存在的不朽，即善的记忆。
记忆本身也达到了末世的门槛。

于是，但丁达到了真正的光明：

啊，强烈的永恒之光的光芒啊

（ *Ô isplendor di viva luce etterna* ）

（三十一：139）

诗人完成了炼狱之旅，他饮用欧诺埃河的水，灵魂变得如此
纯洁，他终于到达了《炼狱篇》的最后诗句：

身心纯洁，准备上升到群星

（ *puro e disposto a salire alle stelle* ）

炼狱的理性

炼狱在基督教社会中的历史并未在 14 世纪初结束。它深入到基督教以及随后的天主教的信仰，它的最狂热、最"荣耀"的时刻在 14—19 世纪。它传统的传播形式是布道文，其书籍出版的形式接续了稿本形式，此外传播形式还有图像。[①] 壁画、细密画、版刻和专业化的礼拜堂和祭坛的艺术整体，最终赋予炼狱达到具体化的可能。被剥除了纠缠着某些彼岸世界灵视作品的文学的谵妄力量，建筑、雕塑和绘画为炼狱确保了直接视像的诱惑，完成了炼狱的处所、实体性及其内容的胜利。[②]

在信仰与习俗方面的发展同样重大。炼狱曾经有限地出现在

---

① 见《附录》三。

② 关于炼狱的各种形式的"成功"，见巴斯塔-富尼埃《14 世纪与 15 世纪初图卢兹地区的炼狱》第 5—7 页。关于炼狱的图像表现，这是尚未得到广泛开拓的广阔领域，应当提到加比和米歇尔·沃维尔的开拓性研究《从为炼罪死者举行的弥撒看死亡和彼岸观念》(Gaby/Michel Vovelle: *Vision de la mort et de l'au-delà en Provence d'après les autels des âmes du purgatoire (XIVe- XXe siècles)*, 巴黎，1970)。我未参阅过据我所知沃利永-塞尔沃尼夫人打印稿的未发表的博士论文《法国西南和中部与西班牙中世纪的炼狱的图像表现》(A.-M. Vaurillion-Cervoni: *L'iconographie du Purgatoire au Moyen Age dans le Sud-Ouest, le centre de la France et en Espagne*, 图卢兹，1978)，该论文似乎关系到中世纪末期与 16 世纪。

人们的遗嘱中。从 14 世纪开始，依据地区不同而或早或晚，或强 482
或弱，炼狱的进入像是一场侵略。① 有时，一些指定内容开始附
加在死者遗嘱的不留财产的记录之上，或者强调这些内容，以号
召信众们的慷慨。比如，在对个体审判和彼岸第三个地点残留一
些抵触情绪（或者说抗拒）的法国南部地区，"为炼狱中灵魂募款
盆"在弥撒的时候在教堂里相互传递，收集"信众们的钱"，用
来资助某个死者的花费，即其"炼狱功德"。这种做法得到了米歇
尔·巴斯塔-富尼埃的出色研究。这是用来进行圣徒们的相通的零
钱。这些有形的表现，这些习俗揭示与炼狱相关的信仰的一些转
变，一种扩展。人们的虔诚通过祭坛祭礼和为炼狱中灵魂进行还
愿来表达，显示出从此之后，这些灵魂不仅获得德业，而且他们
可以将德业转给生者，对生者的帮助给予回报和还债。于是，德
业的可逆性得到了确保，在 12 和 13 世纪人们对此仍是怀疑的，
在那时往往受到人们的否定。生者与死者之间通过炼狱团结互助
的体系变成了无限的循环，一种完美的交互性的回路。一切大功
告成。另一方面，"为炼狱中灵魂募款盆"的制度证明对死者的帮
助远不止 11 月 2 日的亡灵纪念日，祈祷襄助适用于所有被认为处
于炼狱中的死者，即使信徒认为自己的奉献主要用于缩短"自己
的"死去亲人的苦刑考验。圣徒的相通完全得到了表现。对之的
运用得到了普及。

　　到 13 世纪，炼狱仅仅催生了一些有限的精神形态——如果我

---

　　① 我请读者参考巴斯塔-富尼埃（Bastard-Fournié）的见解，尤其关于雅
克·希福洛（Jacques Chiffoleau）对阿维尼翁和孔塔-弗内森的出色研究，请特别参
考第 17 页注解 65，更笼统的了解请见第 7 页。

们把但丁的伟大诗篇排除在外的话。圣女吕佳田（Sainte·Lutgarde）
是炼狱中灵魂的热诚的协助者，但她似乎没有明确地将这种虔诚
汇入以她为先驱的更加深层的灵性的潮流，特别是未将之与圣心
崇拜结合起来。起源于慈善修女的团体，圣心崇拜随着马格德堡
（Magdebourg）的哈德维希和梅希蒂尔德，以及后来 13 世纪末的
本笃派修女哈克博恩（Hackeborn）的梅希蒂尔德和格特鲁德发展
起来，这种信仰主要启发了德国萨克森州赫尔夫塔（Helfta）修道
483　院的修女团体。随着 1301 或 1302 年去世的大格特鲁德，炼狱进
入最高的神秘领域，随着《炼狱论》的作者热那亚的圣卡特琳娜
（1447—1510 年）而达到神秘主义的顶峰。

　　在教义和神学领域，同样是在 15 世纪中叶和 17 世纪初之间炼
狱被最终引入天主教会的教义，不顾希腊教会在佛罗伦萨主教公
会（1439 年）上的反对，不顾基督新教在特伦托主教公会（1562
年）上的反对。特伦托主教公会，涉及的是神学家和执政者的事
务，而非牧道者的事务，公会以无可逆转的方式将炼狱加入教义，
如同 13 世纪一样，将人们对这个第三处所的想象维持在疏远位置。
炼狱深入到特伦托公会之后的教理基本教育中的神学内容，但在
耶稣会的白敏（Bellarmin）和苏亚莱（Suarez）的两部重要的综合
作品中同样不占据重要位置。

　　但是，从 15 到 19 世纪的天主教重要建筑风格中，炼狱的位
置更加重要。存在着一种火焰哥特式和"新灵修"运动（*devotio moderna*）的炼狱，一种"反宗教改革"的炼狱，当然，可能最
主要的还是一种古典主义的炼狱、一种巴洛克的炼狱，以及最
后的一种浪漫主义的炼狱和一种圣绪尔比斯教堂风格的炼狱。菲

利普·阿里耶斯、皮埃尔·肖尼、弗朗索瓦·勒布伦、阿尔贝托·泰南蒂和米歇尔·沃韦勒是研究 16—20 世纪人们面对死亡的态度的重要的历史学家，在他们的重要著作中，他们给了炼狱一席之地。但是，炼狱的位置并非总是如我们希望的那么明确。[①] 确实，炼狱这个历史中被忽略的重要内容，尽管涉及的是一种会消逝的彼岸世界，但它是彼岸世界的一个部分，但它不是（至少从表面看）关于死亡的思想的一种本质性的成分，而关于死亡的思想是这些历史学家的主要研究范围。然而，如同我所指出的，早在 13 世纪，炼狱改变了基督徒面对生命最后时刻的态度。炼狱将俗世生命的最后阶段加以戏剧化，加载了一种混合了畏惧与希望

484

① 阿里耶斯：《面对死亡的人》。肖尼：《14、17、18 世纪死亡在巴黎》（P. Chaunu: *LaMort à Paris – XIVe, XVIIe, XVIIIe siècle*），巴黎，1978。勒布伦：《安茹地区人与死亡》（F. Lebrun: *Les Hommes et la mort en Anjou*），巴黎，1971。沃韦勒：《巴洛克的虔诚与普罗旺斯的去基督教化》（M. Vovelle: *Piété baroque et déchristiantisation en Provence*），巴黎，1973。同作者《昔日的死亡：17 与 18 世纪面对死亡的集体态度》（*Mourir autrefois. Attitudes collectives devant la mort aux XVIIe et XVIIIe siècle*），巴黎，1976。在我写作本书结论时，在我收到的一本书中，肖尼出色地总结了 16 世纪炼狱的特征，与我的研究的结论不谋而合，肖尼：《教会、文化和社会：关于宗教改革与反改革（1517—1620）》（Pierre Chaunu: *Eglise, culture et société. Essais sur Réforme et contre-Réforme 1517—1620*），巴黎，1981，特别是第 378—380 页关于特伦特公会的部分。他在书中重复了他在 1978 年著作中的成果（第 131 页），部分地来自于我在 1975 年提供的提纲《12—13 世纪炼狱的诞生》（J. Le Goff: "La naissance du Purgatoire（XIIe—XIIIe siècles）"，载《中世纪的死亡》（*La Mort au Moyen Age*，1975 斯特拉斯堡研讨会，肖尼作序），巴黎，1977，第 710 页。他写道："炼狱的爆发，炼罪刑罚的爆发与实体化，可能是可以非常精确地确定年代的。它产生于 1170—1180 年，我们大家共同完成的这一内容各异的文集或许能让人对此加以衡量。炼狱的爆发如同一颗原子弹，如同确立了核裂变的临界质量。"大家看到了，我自己的结论要更加含蓄。

的强度。本质性的东西是选择地狱还是天堂，因为炼狱是得到确保的天堂的门厅，在最后关头仍然可能扭转乾坤。最后时刻是最后机会的时刻。所以，我认为仍需要阐明14—20世纪炼狱与死亡之间的关系。

我已经尝试指出并且解释4—16世纪基督教彼岸世界体系的形成，这是个意识形态与想象的系统，在本书终篇之际，我感到某种焦虑。我的本意是提出在这一体系中，居于主要地位的是居中的、非永恒的、脆弱的但是本质性的元素，即炼狱，它在天堂与地狱之间确立了自己的位置。

但是，这一体系的真相确实如此吗？

人们或许会想弄清楚驱动性的、起组织作用的元素是否正是天堂。天堂很少引起历史研究者的关注，翻翻我的研究案卷，我却并不觉得天堂如同人们所说的那样乏味单调。那一片平原由一些大河滋养着，它被光明改变了面貌，响彻和谐的歌声，沉浸着美妙的香气，充满了无可言喻的神的在临，神的在场揭示在九霄之天的无尽的纯粹与广阔之中，它仍是一个有待于发现的世界。[①]炼狱，是得救的希望与确信，是对更精微和更明确的正义的要求，是为上帝"回归"的最终阶段所要求的完美纯洁性做更加精心的准备的要求，在此之上，驱动着整个体系的岂非正是被钉上十字架的基督对善心的盗贼的许诺："我实在告诉你，今天你就要与我一同在乐园"（《路加福音》二十三：43）？

---

① 见格林《天上天堂，地上天堂：诠释西方1200年前的天堂历史》（R. R. Grimm: *Paradisus Coelestis, Paradisus Terrestris. Zur Auslegungs-geschichte des Paradises im Abendland bis um 1200*），慕尼黑，1977。

尽管在意象上如此地狱化，炼狱却是如此地偏向天堂一侧，天主教对彼岸世界的信仰的驱动力可能正是这种对天国的渴望，这天国将炼狱中的灵魂虹吸进一系列不间断地向上帝的回归过程 485 中，这些回归阶段在《神曲》中是由欢乐的雷声来划分段落的。

在这一视角下看，我可能尚未透过近乎寂然无声的文本去足够多地揭示直见上帝之福的问题，对这一问题的剥离，并非炼狱的"零度"，而更像是临界永恒的最后的滩头。不应去皮埃尔·肖尼所谓"超级绵延"（surdurée），或菲利普·阿里耶斯称作"个人生平的增补"里去寻找俗世生活*之后*的炼狱的时空的关键，而是应该往直见上帝之福*之前*，永恒*之前*的必要的空白里去寻找。约翰二十二世教宗难道是对的？炼狱更多是一种预备的永恒（pré-éternité），而非一种生命之后时期（post-existence）？

然而，我的焦虑来自于别处。在这一整部历史中，教会主要关心的不正是保留永恒的地狱吗？临时性的炼狱之火不正是永不熄灭的劫火的预支部分？这第二个王国不正是地狱王国的防护沿儿？炼狱不正是由教会付出的用来保留永劫这一终极武器的代价？这是对天主教的一个阶段的不完善的诠释，这一阶段对应着让·德吕莫所说的基于恐惧的基督教义。

大家或许能更好理解当今大多数天主教徒与教会面对炼狱的态度。

这种态度针对的是彼岸世界体系整体，但尤其是针对炼狱。对于教会而言，这是在其历史上又一次实现了"与时代共进"（aggiornamento），依据自己的信仰。每个人可以将之看作一种缓慢然而坚韧地向实现"理想"的基督教义迈进，既是向源头的回归，又是成果，或者将之归结为在历史的颠簸行进中一个落后的机构所进行的追赶。不管怎样，对彼岸世界的想象再一次成为某种态度的牺牲品，这种态度打着纯洁化的旗号，抛弃了信仰的"原始的"形态。至多，一些了解过去、尊重他人、关注平衡的思想者，他们同 Y. M. 孔加尔神父一样说："这一次仍然必须精炼我们的象征表现，或者说消减我们所拥有的东西，虽然不涉及意象的东西，因为人们没有意象便无法思考，存在着一些有效的，甚至美丽的意象，至少某些想象是这样。"① 大家不都是将纯属地狱般的，或者所谓炼罪的酷刑归为想威吓人们却步的愿望吗？这些酷刑对俗世人们的酷刑的模仿是显而易见的（可惜俗世的酷刑远未消灭）。对于多明我会的这位伟大神学家所草拟的计划，应当记取他将两种倾向加以统一的愿望，历史学常常将它们对立起来：那就是让信仰适应社会与心态的演进，同时不剥夺人类其记忆与存在中的一个本质部分，即想象。理性从意象中得到营养。深层的历史揭示出这一点。

确实，我担心在这种加以纯化的愿望中，炼狱会尤其成为输家，因为我认为自己已经阐明这一点，炼狱的诞生、发展、传播与想象的联系如此紧密，以至于孔加尔神父必须重新找回如同奥利振般的语调来在天主教会机构当下的观念中去拯救炼狱。

---

① 孔加尔：《广阔世界，我的教区：拯救的真理与维度》（Y. Congar: *Vaste Monde, ma paroisse. Vérité et dimensions du salut*, 巴黎，1966），第七章：《我们对炼狱了解多少？》，第 76 页。请同样参考孔加尔《炼狱》（Y. Congar: "Le Purgatoire"），载《死亡的神秘及其庆典》（*Le mystère de la mort et sa célébration*），Lex orandi, 12，巴黎，1956，第 279—336 页。

在信众一方面，我感觉他们对炼狱失去感觉的原因在别处，甚至可能出于一些相反的原因。在教士这一方面，存在对炼狱的去除地狱化和去除物质化。在信众和对宗教信仰的演变敏感的人们这方面，存在对于彼岸世界这个居间阶段的逐渐的冷漠。再一次，我们的时代（特别是在所谓发达的社会）将诘问、希望与焦虑集中在两个极端。首先是在俗世，如果排除那些少数真正"无忧无虑"者，人们的关注落在死亡的问题，在死亡问题上旧的死亡模式分崩离析。如何死亡？对于天主教徒，对于任何信仰的人和那些仅仅必须思考自身死亡的人，死亡的选择似乎再次缩减为天堂与地狱之间的选择，即世俗梦想的投射与找到了新的想象现实的恐惧之间的选择。如今的末日（启示录）是核武器的世界末日：这种末日，它的可怕实验是在俗世进行的。[①]

然而，我希望如此，在人类的梦想中总会留一席之地给进一步的细致划分，给正义／正确，给克制（包含这个词的所有涵义），给理性（啊，理性的炼狱！）和希望。我希望人们不会立即说，真的，炼狱只不过是存在过一段时间的东西。

---

① 我提醒大家 apocalypse 的词源意义：揭示，启示。

附录一 炼狱问题的参考书目

炼狱问题在目前的参考书目是可观的。许多关于炼狱历史的著作不太为人所知，在天主教徒与新教徒之中激起论战精神，而在天主教徒当中则是护教精神。人们往往觉得天主教考据学对于炼狱的看法从 20 世纪上半叶相对于白敏（Bellarmin）和苏亚莱（Suarez）鲜有更新。瓦康（E. Vacant）、芒热诺（E. Mangenot）和阿曼（E. Amann）主编的《天主教神学词典》（*Dictionnaire de Théologie catholique*）里由米歇尔（A. Michel）撰写的长篇幅的"炼狱"（Purgatoire）词条（第 13 卷，1936，1163—1326 栏）非常丰富，如今仍旧是根本性的。词条的精神是守旧的和反新教的。我认为最简要的最佳的综述是皮奥兰蒂（A. Piolanti）的《炼狱的教义》（Il dogma del purgatorio），载于《往训万民》（*Euntes docete*）第 6 期，1953，第 287—311 页。《神学与教会词典》（*Lexicon für Theologie und Kirche*）的"炼狱"（Fegfuer）词条（第四卷，1960，49—55 栏）很简洁。新教的弗莱希哈克（E. Fleischhak）的著作《炼狱：有关死者的能力的基督教思想的图解历史》（*Fegfeuer. Die christlichen Vorstellungen vom Geschick der Verstorbenen geschichtlich dargestellt*, 1969）旨在将天主教的立场告知新教的同教信徒，其态度温和，但基于二手材料，信息了解不充分，而且有错误。

最有启发性的著作是人类学家和历史学家马库斯·兰道（Marcus Landau）的著作《民间信仰中的地狱和炼狱：虚构与教会的宣教》（*Hölle und Fegfeuer in Volksglaub, Dichtung und Kirchenlehre*, 海德堡，1909）。很遗憾，他的信息是过时的和片面的，尤其是他怀有人类学家对于时序性的轻视。

关于对炼狱发展至关重要的一个文本的中世纪的注疏，请见格尼尔卡（J. Gnilka）的《哥林多前书 3：10 是对炼狱的签字证明吗？一部注疏与历史考察》（*Ist I Kor. 3, 10 ein Schriftzeugnis für das Fegfeuer? Eine exegetisch-historische Untersuchung*, 杜塞尔多夫，1955）。

炼狱的古代历史由约瑟夫·恩特迪卡（Joseph Ntedika）的出色著作加以更新，即《炼狱教义在圣奥古斯丁思想中的演变》（*Evolution de la doctrine du Purgatoire chez saint Augustin*, 奥古斯都研究会，巴黎，1966）和《为死者进行的祈祷中对彼岸世界的提及：488 对罗马教会圣师著作与瞻礼的研究》（*Evocation de l'au-delà dans la prière pour les morts. Etudes de patristique et de liturgie latines*, 鲁汶，1971）。

古贝尔（J. Goubert）和克里斯蒂亚尼（L. Cristiani）的《关于彼岸世界的最美文本集》（*Les plus beaux textes sur l'au-delà*）是一部价值与水平各异的文本集，但其中几个文本是关于炼狱的能够说明问题的文本。

附录二 "Purgatorium"（炼狱）：一个词的历史

　　核心的事实是在 12 世纪后半叶，在形容词 purgatorius（阳性，炼罪的），a（阴性），um（中性）之外出现了名词 purgatorium（炼狱）。奇怪的是，我觉得这一语言变化是与彼岸世界相关的信仰发生重大演变的信号，炼狱的历史研究者们漏掉了这一变化或者未予足够重视。甚至约瑟夫·恩特迪卡搞错了（《炼狱教义在圣奥古斯丁思想中的演变》，第 11 页，注解 17），将首先使用 purgatorium 的殊荣归于拉瓦尔丹的伊尔德贝或勒芒的伊尔德贝（1133 年去世）。同样的错误见于《神学与教会词典》（第四卷，51 栏）的 "Fegfeuer"（炼狱）词条。A. 皮奥兰蒂仅限于说："在这个世纪（12 世纪）出现了最早的"炼狱论"（De purgatorio）的雏形（从此，形容词转变为名词）"（《炼狱的教义》，载《往训万民》6，1953，第 300 页）。E. 弗莱施哈克在未给出参考文献的情况下（原因就不必说了！）声言："purgatorium 一词从加罗林时代起就被人使用"（《炼狱》，1969，第 64 页）。

　　要想做到像我所做的这样提出这个词很可能是在 1170—1180 年之间出现了，就必须纠正对一些文本的错误的作者认定，或者改进对被认为早于 1170 年的某些文本的校勘工作（这个词主要用于 ignis purgatorius（炼罪之火），poena（e）purgatoria（e）（炼罪刑罚），loca purgatoria（炼罪场所）这些表述中，在 in（locis）purgatoriis（在一些炼罪的场所）这一形式中），在这些校勘本中，作为名词，purgatorium 的出现仅仅是因为校勘工作是根据晚于 1170 年的一些稿本进行的，那些稿本的缮写者应该自然而然地用独立的 purgatorium（炼狱）一词代替了比如 ignem purgatorium（炼罪之火）这样的词，因为这个名词的使用在当时已经是习以为常的了。

彼得·达弥盎（1072 年去世）在其庆祝圣尼古拉圣日的布道文 59 中没有使用 purgatorium（炼狱）一词，他从可能接纳人的五个区域中区分出炼罪地点，这五个区域是：1）regio dissimilitudinis（存在区别的区域，俗世），2）paradisus claustralis（禁院的天堂，俗世天堂，即修道院禁院），3）regio expiationis 赎罪区域——炼罪，4）regio gehennalis 地狱，5）paradisus supercoelestis 天上天堂。490

为了区分这个赎罪的区域，他使用了 loca purgatoria（炼罪场所）（《罗马教会圣师全集》144 卷，838 栏）。但是，得到大家认可的是这一文本并非是彼得·达弥盎的，而是出自那位著名的造假者克莱沃的尼古拉（1176 年去世），他曾是圣伯尔纳铎的秘书。比如，德雷斯勒的《彼得·达弥盎：生平与著作》（F. Dressler: *Petrus Damiani. Leben und Werk*（Anselmiana XXXIV）罗马，1954，附录三，第 234—235 页）在 19 篇布道文列表中（这些布道文似乎不应该归于彼得·达弥盎名下）给出了布道文 59，他补充说这些布道文"貌似"是出自克莱沃的尼古拉，他是"一位纰漏很多的造假者"（einem gerissenen Fälscher）。请参考瑞安的《圣彼得·达弥盎与克莱沃的尼古拉的布道文：做一澄清》（J. Ryan: "Saint Peter Damiani and the sermons of Nicholas of Clairvaux: a clarification" 载《中世纪研究》（*Midieval Studies*），9，1947，151—161）。而且，米涅（Migne）的《罗马教会圣师全集》（*Patrologie latine*）两次刊出了同一个布道文（59），第一次是在彼得·达弥盎名下（《罗马教会圣师全集》144卷，835—839栏），第二次是在克莱沃的尼古拉名下（《罗马教会圣师全集》184卷，1055—1060栏）。克莱沃的尼古拉很可能同样是归于圣伯尔纳铎的布道文42《论五协议与五个区域》（*De quinque negotiationibus et quinque regionibus*）的作者，这一文本与彼得·达弥盎的文本非常接近，但是其中明确出现了三个地点的体系（处在五个地点内部）和炼狱一词（purgatorium），我认为这样的明确性在1153年（圣伯尔纳铎去世的时间）之前是不可能的："地点是三个，死者灵魂按照自己的不同的德业而被分配其中：地狱、炼狱、天国"（Tria sunt loca, quae mortuorum animae pro diversis meritis sortiuntur: infernus, purgatorium, caelum）（圣贝尔纳铎《全集》（Saint Bernard: *Opera Omnia*），J. 勒克莱尔/H. M. 罗谢校勘，6，1，第259页）。让·勒克莱尔（Jean Leclercq）神父与H. M. 罗谢（Rochais）以书面形式和口头形式曾向我再次肯定过他们在不同文章中谈到的内容：勒克莱尔《克莱沃的尼古拉的布道文集》（J. Leclercq: "Les collections de sermons de Nicolas de Clairvaux" 载 *Revue bénédictine*, 1956）；罗谢《关于圣伯尔纳铎各种布道文与箴言的调查》（H. M. Rochais: "Enquête sur les sermons divers et les sentences de saint Bernard" 载 *Analecta SOC*，1962），应该了解没有材料能让我们确定不将布道文 42 归于圣伯尔纳铎，虽然也没有材料能让我们很有把握地将之归在他名下："我们将布道文 42《论多样》（*De diversis*）保留为圣伯尔纳铎的作品……这并不意味着这一判断是不可更改的。我认为这样一个存在多次撰写的文本，不是归于圣伯尔纳铎，而是出于克莱沃的尼古拉和其他人，这可以解释为何引入了一些更晚的元素。"（勒克莱尔 1979 年 10 月 5 日信件）莫妮卡-塞西尔·加朗夫人好意为我审读了巴黎国家图书馆拉丁文稿本 2571 和康布雷的稿本 169 号（它们可能是最古老的文本），她审慎提出，依据古文字学的标准，第一部稿本应该是 12 世纪中期之后的四分之一世纪的（但可能早于伯尔纳铎 1174 年册封圣徒，"sanctus"（圣）这个词未出现于头衔，是在藏书票（ex-libris）中被补进去的），第二部稿本是 12 世纪后半叶的。所以，我们可以认为是在一个接近 1170 年的年代。我坚信这个布道文不是出于圣伯尔纳铎，它的年代最早也要在伯尔纳铎死后二十来年。关于克莱沃的尼古拉，请同样参考康斯特布尔《"尊者"彼得书 **491**信集二，蒙蒂埃拉梅的尼古拉与"尊者"彼得》（G. Constable: *The letters of Peter the Venerable* Ⅱ, *Nicholas of Montieramey and Peter the Venerable*, 马萨诸塞剑桥，1967，第 316—330 页）。

在圣伯尔纳铎之前，purgatorium（炼狱）这个词似乎见于拉瓦尔丹的希尔德贝尔的一个文本中，他是勒芒主教和图尔的总主教（1133 年去世）。如我们所见，杰出的恩特迪卡又一次收录了这个被错误确定作者的文本。布道文 85《被建起的耶路撒冷》（*Jerusalem quae aedificatur*）由博让德尔（Beargendre）在 1708

年刊入希尔德贝尔的布道文集，复由米涅录入《罗马教会圣师全集》（171 卷，741 栏 "那些在炼狱中被净化的人"（hi, qui in purgatorio poliuntur）），这个布道文被奥雷欧归在 "食书者" 彼得名下（Hauréau: "Notice sur les sermons attribués à Hildebert de Lavardin"，《对被归在拉瓦尔丹的希尔德贝尔名下的布道文的说明》，载《稿本的说明与节选》（*Notices et extraits des manuscritu...*），XXXII，2，1888，第 143 页）。请参阅维尔马《希尔德贝尔的布道文》（A. Wilmart: "Les Sermons d'Hildebert"，载 *Revue Bénédictine*, 47, 1935，第 12—51 页）。将作者定为 "食书者" 彼得得到了勒布勒东的证实（M. M. Lebreton: "Recherches sur les manuscrits contenant des sermons de Pierre le Mangeur"，《对包含 "食书者" 彼得的布道文的稿本的研究》，载 *Bulletin d'Informations de l'IRHT*, 12（953），第 25—44 页）。弗朗索瓦·多尔博先生好意向我指出，他同样肯定这些布道文的最古老稿本出自 "食书者" 彼得，其中见到 in purgatorio（"在炼狱中"，昂热市 12 世纪末的稿本 ms 312［303］和 247［238］），但是 in purgatorio（"在炼狱中"）这一成分出现在其中的整个句子在更加古老的一个稿本中付诸阙如，即瓦朗西埃讷市图书馆的 12 世纪中叶的稿本 227［218］。

名词 purgatorium（炼狱）似乎见于英国本笃会修士圣奥尔本斯的尼古拉（Nicolas de Saint-Albans）1176 年寄给克吕尼修道院的塞勒的皮埃尔（Pierre de Celle）的一封信里（依据 A. M. 博捷友情提供的信息，信件年代在 1180—1182 年间）：Porro facto levi per purgatorium transitu intravit in gaudium Domini sui（不久后经过炼狱得到见神之欢乐）（《罗马教会圣师全集》202 卷，624 栏），

附录二 "Purgatorium"（炼狱）：一个词的历史

而 1179 年去世的"食书者"彼得虽然在《被建起的耶路撒冷》布道文中使用名词 purgatorium，但是却从未在 1165—1170 年间撰写的《论圣事》（*De sacramentis*）中使用过这个词。将 purgatorium 当作名词的最早的使用是在 1170 年之后不久，在克莱沃的尼古拉、本笃会的圣奥尔本斯的尼古拉和巴黎圣母院学校的在俗教士教师"食书者"彼得的作品中。

　　现在主要还余下一个问题，我还未能给予彻底阐明。在由米涅刊出的一个佚名作者的论著《论真的与假的赎罪》（*De vera et falsa poenitentia*）校勘本中（中世纪时被归为圣奥古斯丁，实际年代是 11 世纪末，更有可能是 12 世纪初叶），purgatorium 这个词被用作名词：ita quod nec purgatorium sentiunt qui in fine baptizantur（所以那些最终受洗礼者不会感受到炼狱）（《罗马教会圣师全集》40 卷，1127 栏）。在稍后几行，这个文本谈到了炼罪之火（ignis purgationis），这一事实虽然证明不了什么，但它却让前面 purgatorium 一词孤零零的，而我坚信从 12 世纪末开始 purgatorium 变成唯一留在众稿本中的形式，原始的文本大概是 ignem purgatorium（炼罪之火）。确实，毫无疑问《论真的与假的赎罪》的年代在 12 世纪中期之前，因为不仅有 1160 年去世的"伦巴第人"彼得提到过它（《罗马教会圣师全集》192 卷，883），而且有写作于 1140 年前后的格拉提安的《教令集》提到它（《罗马教会圣师全集》187 卷，1559，1561，1637）。可惜，虽然在弗朗索瓦·多尔博先生、阿戈斯蒂诺·帕拉维齐尼先生和玛丽-克莱尔·加斯诺女士协助下，我进行了研究，参阅了早于 12 世纪末的《论真的与假的赎罪》的稿本，但我所坚信的东西仍旧停留

492

于假设。我只能希望这个对于赎罪历史研究、12 世纪神学与宗教实践的核心主题的首要文本能够得到学术校勘。请参阅特塔厄特《8 世纪到 14 世纪罗马公教中向世俗人进行告解》（A. Teetaert: *La Confession aux laïques dans l'Eglise latine depuis le VIIIe jusqu'au XIVe siècle*, 巴黎，1926，第 50—56 页）和范蒂尼《奥古斯丁的伪书〈论真的与假的赎罪〉》（C. Fantini: "Il tratatto ps. Agostiniano *De vera et falsa poenitentia*" 载《宗教史研究》（*Ricerche di storia religiosa*），1954，第 200—209 页）。

关于 ignis purgatorius（炼罪之火）这一表述从 12 世纪末开始向 purgatorium（炼狱／炼罪）转变的方式（尤其是在最晚近的文本中的名词形式和最早期文本中的形容词形式属于相同的语法格的情况下），下面是一个能说明问题的例子。

黑尔斯的亚历山大（Alexandre de Halès）在其《"伦巴第人"彼得四部语录注疏》中（1223—1229 年），引用了 1173 年去世的圣维克托的理查德（Richard de Saint-Victor）的《论将要获选和得救者的力量》（*De potestate legandi et solvendi*），他的引用是这样的："per incendium purgatorii scoria peccati excoquitur"（罪孽的污垢通过炼狱的大火被焚尽）《"伦巴第人"彼得四部语录注疏》（*Glossa in IV Sententiarum Petri Lombardi*），卷 4，第 20 分章，瓜拉基修道院校勘，卷四，第 354 页。而在圣维克托的理查德的原始文本中是："per incendium purgatorii ignis scora peccati excoquitur"（罪孽的污垢通过炼罪的大火被焚尽，《罗马教会圣师全集》196 卷，1177 栏）。

在 12 世 纪 末 和 13 世 纪 初，purgatorium（炼 狱）和 ignis

purgatorius（炼罪之火）作为几乎同义的词并存，有时是在同一些作者的作品中。圣奥尔本斯的尼古拉在 1180 年前后致信塞勒的皮埃尔，（在谈到圣伯尔纳铎时）谈到 purgatorium（炼狱），而塞勒的皮埃尔在 1179 年撰写的论著《论禁院的纪律》（*De disciplina claustrali*）中却仅仅使用了 ignis purgatorius（炼罪之火）的表述（《罗马教会圣师全集》202 卷，1133 栏）。鉴于 12 世纪的几部作品的最古老稿本未保存下来，所以难以确定地搜索出对 purgatorium 一词的最早的使用。

安娜-玛丽·博捷女士友情向我指出，对炼狱的最古老定义之一见于一部墨宗（Mauzon）的殉道者圣维克托的传记，近期由 F. 多尔博校勘出版（载《阿登地区历史杂志》（*Revue historique ardennaise*），卷 IX，第 61 页），内容如下："Purgatorium ergo, locum conflationis, ergastulum purgationis, iste sanctus repperit in gremio ecclesiae in qua conflari injuriis et passionibus meruit, quibus ad remunerationem victoriae laureatus"（所以，炼狱是熔炼的地方，炼罪的监狱，圣洁者从教会内部区分出有资格在那里被用辱骂与苦难来熔炼的人，与那些应该得到荣耀的奖赏的人）。我们看到，某些圣徒（人们认为圣伯尔纳铎本人即如此）不是直接入天堂，而是经由炼狱。

最后，如果我们参阅中世纪拉丁文的词典与词汇解释，我们会看到迪康热（Du Cange）举出的 purgatorium（炼狱）的最早例子是英诺森四世教宗 1254 年给沙托鲁的奥德（Eudes de Châteauroux）的一封信里。尼尔维耶《中世纪拉丁文词典》（J. F. Niermeyer: *Mediae Latinitatis Lexicon Minus*，莱顿，1976）说："名 493

词，中性，purgatorium: 炼狱，英语 Purgatory，出现于 13 世纪"。
布莱兹在其《中世纪拉丁文作者拉丁文—法语词典》中（A. Blaise:
Dictionnaire latin-français des auteurs du Moyen Age，收录于《基督教
文库，中世纪续篇》Corpus christianorum, ContinuatioMaedievalis, 蒂
伦豪特，1975，第 754—755 页），他说这个词出现于 12 世纪，而
在此前，人们在使用诸如 purgatorius ignis（炼罪之火）的代用语，
他举出了奥古斯丁的赝作（《论真的与假的赎罪》）、英诺森四世
13 世纪初的信件和拉瓦尔丹的希尔德贝尔的布道文（应该重新认
定为 1179 年去世的"食书者"彼得的作品）。他同样指出这个词
有这样的意思："一个岛屿上的进行赎罪的居所，那里叫作圣帕特
里斯或帕特里克的炼狱"。

巴克斯特和约翰逊《来源自英国与爱尔兰史料的中世纪拉丁
文词汇表》（J. H. Baxter/Ch. Johnson: *Medieval Latin Word-List from
British and Irish Sources*，牛津，1934）仅仅给出"purga-torium, 炼
狱（教会），约 1200 年"。莱瑟姆在其《来源自英国与爱尔兰史料
的中世纪拉丁文词汇表修正本》中（R. E. Latham: *Revised Medieval
Latin Word-List from British and Irish Sources*，伦敦，1965），区分了
"purgatorium 炼罪 / 炼狱（神学）"和"purgatorium Sancti Patricii
圣帕特里克的炼狱（位于德格湖）约 1188 年"。我认为约 1150
年的年代来自于欧文骑士冒险的圣帕特里克的炼狱（Purgatorium
Sancti Patricii）的传统给定的 1153 年的年代。这个年代（这个故
事也很可能）是子虚乌有的。

对于俗语的情况，在法语中，最早提到 purgatoire（炼狱）
很可能是在约 1190 年法兰西的玛丽的《圣帕特里克的炼狱》

（*Espurgatoire Saint Patriz*）中以 espurgatoire（炼狱）的形式出现（或者依据洛克的假设，是 13 世纪初，1208—1215 年间，F. W. Locke, 载 *Speculum*, 1965，第 641—646 页）。

我的朋友约瑟夫·马切克（Josef Macek）向我指出在捷克语中，指称炼狱的词 Očistec，它在 1350—1380 年代才出现，那是在对拉丁语作品的译本中。但是，这个炼狱似乎与灵簿狱，甚至与地狱没有很好区别。对于约翰·胡斯（Jean Hus）来说，炼狱即"第三个地狱"（třetie pehlo），见《对信仰的阐释》（*Vyhlad viery*），布尔诺大学图书馆稿本 MK，对刊页 16a。直到 15 世纪初，他泊派教徒（Taborites）仍然拒绝相信炼狱，他们在 Očistec（炼狱）与 Ošistec（欺骗）之间造成一个文字游戏，或者将炼狱称为 purgač，即泻药。关于瓦勒度派与胡斯派教徒对炼狱的拒绝，请参阅罗摩罗·切尼亚的《论圣物与圣徒崇拜：1412—1415 年布拉格大学教师，被人称为来自（切鲁克）德莱斯顿的罗萨奈拉的尼古拉的〈论炼狱〉》（Romolo Cegna: "Le *De reliquiis et de veneratione sanctorum: De purgatorio* de Nicola della Rosa Nera detto da Dresda（di Cerruc），maître à Prague de 1412 à 1415"，载《波兰中世纪哲学》（*Mediaevalia Philosophica Polonorum*），t. XXIII，布雷思劳 / 华沙 / 克拉科夫 / 格但斯克，1977）。

附录三　最初的意象

出色的《基督教图像表现词典》（*Lexicon der christlichen Ikonographie*，基施鲍姆（E. Kirschbaum）编，卷 2，1970，17 栏）的 Fegfeuer（炼狱）词条中，布劳恩费尔斯（W. Braunfels）写道："在早期基督教的造型世界中，与直到 14 世纪末的中世纪的造型艺术中一样，我们找不到任何对炼狱的表现。"

似乎的确如此，对炼狱的图像表现是从 14 世纪末开始才传播开来，但是在之前一个世纪中我们仍遇到一些对炼狱的表现，细致的图像研究无疑会揭示出早于 14 世纪末的更丰富的炼狱意象。

在此，我介绍这些图像表现中的三个：

（1）吉（Gy）神父向我指出最早的意象，是一幅细密画，见被称为《"美男子"菲利普的日课经》的巴黎日课经的第 49 对刊页，（巴黎，国家图书馆，拉丁稿本 1023）。这一稿本年代在 1253—1296 年间，以形态上的标准来看，应该接近 1296 年，很可能是国王"美男子"菲利普 1296 年向著名巴黎画家奥诺雷（Honoré）大师订购了插图的那部日课经，卢浮宫的藏库清单可以证明是这一年。

第 49 对刊页的小画幅（2.5cm × 4cm）细密画很可能展示替上帝进行的对灵魂的审判。基督坐在王位，两位六翼大天使簇拥着

他，他们占据细密画上部的约三分之二的部分。在下部，我们看
到炼罪的四个灵魂，两个仍然浸在火中，两个已经被两位天神从
火中拽出，天使拨开了顶上的云层。这个画面包含四个层叠的地
点：金色的天空、一个云彩区域、一个方格中的尘世的区域、火。
（参考勒罗凯《法国公共图书馆中的稿本日课经》（V. Leroquais:
Les Bréviaires manuscrits des bibliothèques publiques de France），
卷 2，巴黎，1934，n° 487，第 465—485 页）。

　　（2）被称作《查理五世日课经》的巴黎日课经可能是 1347—
1380 年间为法国王室一位女性制作的，1380 年是它进入查理五世
的图书馆的年代，其中的一幅细密画与前一幅画表现了同样内容，
同时又有所不同（巴黎，国家图书馆，拉丁稿本 1052，第 556 对
刊页背面，见勒罗凯，卷 3，第 49—56 页）。这幅细密画同样是
小画幅的，插入稿本中是为了"纪念亡灵节"，即 11 月 2 日，而
前一幅画是《诗篇》一百一十四的插图。在这个《我爱耶和华》
的诗篇里，诗篇作者感谢耶和华将他从阴府（sheol）的罗网中解
救出来。与前一幅相反，在后一幅画里，基督并不出现。两位大
天使将两个灵魂拉向天空，两个灵魂仅剩双脚还留在火里。11 个
灵魂的头部代表着炼狱中众多灵魂和各类社会地位（从中我们辨
识出教宗、主教等等），他们陷入火中。存在三个层叠的地点：狭
窄的蓝色天空（约占上部的十分之一画幅）、一个占据上部超过一
半画幅的方格内的居间区域、一个有巨大火坑的云母砂岩构成的
地狱世界。由于弗朗索瓦·阿夫里尔先生的友情帮助，我才了解
这幅细密画的存在，并进行了复制。

　　（3）第三幅对炼狱的表现见于萨拉曼卡的古老的主教教堂的

495

一幅壁画上，壁画表现了 14 世纪初的整个彼岸世界体系，是按照分成四个地点的观念。左边（就观察者而言）是天国，右侧是地狱。中间是一些居所，其中左侧的灵魂代表着炼狱，右侧的灵魂代表着灵簿狱。在炼狱上部的居所，一位天使前来接一个灵魂，领他上天。一处铭文将这幅画的年代定在西班牙纪年的 1300 年，相当于公元 1262 年，但弗朗索瓦·阿夫里尔先生认为，基于艺术风格的原因，这幅壁画不可能早于 14 世纪上半叶。由于路易斯·科尔泰斯的友情帮助，我才能够复制了这幅图像。请参考何塞·古迪奥尔·里加特的《西班牙艺术》卷 9《哥特绘画》（José Gudiol Ricart: *Ars Hispania*, vol. 9, *Pintura Gotica*, 马德里，1955，第 47 页）。

附录四　近期研究著作

　　自从本书出版（1981 年 1 月），我了解到各类或多或少与炼狱相关的研究。

　　保罗·桑塔坎杰利在《招魂：诗人们的下至地狱之旅》（Paolo Santarcangeli: *NEKYIA. La discesa dei poeti agli Inferni*, 米兰，1980）中，在谈及位于一些岛屿上的地狱的象征性的地理状况时，他提到圣帕特里克的炼狱与爱尔兰（第 72 页）。

　　对于彼岸世界中的灵视与旅行，有了三部重要的研究。

　　第一部是米歇尔·奥布兰的《6—11 世纪西方的灵视作品的特征及宗教与社会影响》（Michel Aubrun: "Caractères et portée religieuse et sociale des *Visiones* en Occident du VIe au XIe siècle"），发表于《中世纪文明手册》（*Cahiers de civilisation médiévale*, 1980 年 4—6 月，第 109—130 页）。作者细致分析了这些灵视的宗教与心理环境。他很有洞察力地发掘出教会机构的态度，教会在持保留态度与事后拿来利用之间摇摆，两者都基于早期中世纪教会对于梦境的不信任。对奥布兰来说炼狱基本不成其"问题"，因为他的研究终止于 12 世纪初，但他正确地注意到在比德作品中德赖瑟尔姆的灵视中类似于"东北方的赎罪炼狱"和"东南方的等候炼狱"的存在。对于炼狱的这种两分法对应于凯尔特传统中的两个彼岸世界，即近似地狱的地方和近似天堂的地方，这种两分法是但丁《炼狱篇》具有炼狱前界的炼狱的先声。

苏联重要的中世纪研究者古列维奇（Aaron J. Gurjewitch）（其著作《中世纪文化范畴》1972，翻译为德语的题目是 *Das Weltbild desmittelalterlichen Menschen*，德莱斯顿，1978，很快将在伽利马出版社"历史文库"丛书中出版法译本）提交给 1981 年 3 月在巴黎举行的国家科研中心组织的关于"基督教的时间（4—13 世纪）"研讨会一篇重要论文，可惜他未能参加研讨会，但这篇文章《个人与彼岸世纪的想象》（*L'individu et l'imagination de l'au-delà*）将发表于《经济、社会、文化年鉴》。古列维奇指责皮埃尔·肖尼，特别是菲利普·阿里耶斯，说他们有关炼狱的想法是建立在他们从晚近时代才收集到的史料基础上（遗嘱，特别是图形表现），而另外的史料，最重要的史料，却引导我们将炼狱的诞生和传播的时代确定在更早时期。我同意他的意见，认为其他史料——我在本书中广为利用的彼岸世界的灵视与布道示例故事——是必不可少的，它们给出了炼狱历史的另外一幅景象。我们两人从中得出的结论是关键时期是 12 世纪末和 13 世纪初。但我认为，古列维奇本人则过度忽略了神学、瞻礼和宗教实践。同他一样，我认为这些史料揭示出的炼狱及彼岸世界体系的整体显现出一个对死亡与彼岸世界进行个体化的进程，这一进程越来越多强调死后立刻进行的个体审判。但是，史料整体，特别是谈及祈祷襄助的那些史料，如同我已经证明过的，揭明了这种对个体得救的推广是与个体所从属的社群的行动相互结合的，不论是血亲或姻亲的俗世的社群，还是圣徒的相通构成的超自然的社群。

　　1981 年 4 月，在主题为《早期中世纪文化中的民族与国家》的"第 29 期斯波莱托意大利早期中世纪研究中心历史研讨周"上，克洛德·卡罗齐（Claude Carozzi）提交了一篇出色的论文（将发表于研讨周的报告与讨论集中），题目为《中世纪早期彼岸世界的地理及其意义》（*La géographie de l'au-delà et sa signification pendant le haut Moyen Age*）。这是他正在写作的有关 6—13 世纪灵视文学的博士论文的大纲。炼狱处于他的报告的核心。我同意他的意见，他强调地理在彼岸世界信仰发展中的重要性，区分出几个主要阶段：大格列高列的《对话集》、比德的德赖瑟尔姆的灵视、加洛林王朝时代对彼岸世界的政治利用、在 12 世纪与 13 世纪初的重要文本中向着精确性的决定性演变。但是，我们在一点上存在分歧，我认为这个分歧点是至关重要的。克洛德·卡罗齐认为炼狱在 8 世纪的时候就存在了，甚至于在 6 世纪初就有了。在我奉行"唯名论"的地方，他奉行"现实主义"，我相信词汇变化的关键意义，因此他认为在 12 世纪末是地狱的诞生（一个非常明确的永罚的彼岸世界），而非炼狱的诞生。作为挑衅性的抗议，这种假设是影射性的。我并不认为这种假设符合历史的现实。克洛德·卡罗齐博学而睿智地研究了一个文类。像炼狱的诞生这样的历史现象应当用一整套史料来解释，这些史料要放在它们的整体历史语境中来分析。但是，我的概述将克洛德·卡罗齐的立论简化了许多。必须等到他的博士论文完成和出版，我肯定论文的丰富和价值。　498

　　这些最新的研究促使我提醒大家，并且明确说我并未研究 8—13 世纪保留下来的所有彼岸世界的灵视。我认为我仅仅排除了一些在这种或那种意义上与我的证明无关的作品，尽管它们可能具有价值。当然，purgatorium（炼狱）这个词在任何这些文本中都不存在。在此，我简短举例说明为何我没有保留我刚刚提到的前面三位作者与从前一些作者（虽然他们的方法不够细致，且较少出于历史的视角，比如贝克尔、多兹、麦卡洛克、西摩、帕奇，已经较晚近的丁泽尔巴克）曾经分析过的灵视作品中的某一些。

　　早期中世纪：7 世纪。波内卢斯（Bonellus）的灵视（《罗马教会圣师全集》第 87 卷，433—435 栏）。

　　在 8 世纪最后十年内去世的西班牙修道院长瓦莱里乌斯（Valère）讲述了修道士波内卢斯的彼岸世界之旅。在一次出神状态中，他被一个天使领到一处居所，是一个宝石闪耀的禁室，如果他坚持苦行，那将是他未来的居所。在第二次出神状态中，一个恶魔把他拽到地狱深井。没有任何词暗示任何形式的炼罪，但几处细节让人联想到未来的炼狱。这个地方位于地下深处，那里有可怕的火，恶魔将一些灵魂投进火里。波内卢斯在那里看到一个可怖的魔鬼被锁链锁住，但他应该不是撒旦，因为人们只是向修道士展示"深渊的井底，那里刑罚更加严酷"。他曾在俗世帮助过的一位穷人试图走到他身边求助——暗示着祈祷襄助体系。借助划十字，修道士抗拒着，这与后来在帕特里克的炼狱中的做法一样。最后，他被带回地上。我再次重复，并不存在任何炼罪的概念，仅仅是惩罚地点的等级。这一系统是两元的：未加言明的非常怡人的地方；被称作地狱（infernus）的深渊（abyssus）。

　　早期中世纪：7 世纪。巴伦图斯（Barontus）的灵视（678—679 年）(《历史上的日耳曼尼亚史料，记述墨洛温王朝事迹的书吏们》(*Monumenta Germaniae Historica, Scriptores Rerum Merovingicarum*) 卷 5，第 377—394 页)。隆戈雷图斯修道院（今圣西朗，靠近布尔热）的修道士巴伦图斯在重病中被两个恶魔劫持，得到了大天使拉斐尔和圣彼得的援救，他们向他展示天堂的四个门，让他隐约看清地狱，地狱中成群的男女依据罪的类别聚集，他们受到恶魔的酷刑折磨。此中不涉及炼罪。

　　早期中世纪：8 世纪。文洛克（Wenlock）修道院的修士的灵视（约 717 年)(《历史上的日耳曼尼亚史料，书信集》(*Monumenta Germaniae Historica Epistolae*) 卷 3，第 252—257 页)。

　　在致女修道院长特内特的埃德伯格的一封信里，圣波尼法爵讲述了英国什罗普郡文洛克修道院的一位修士的灵视。一些天使领他周游全球，然后向他展示地狱火坑，他听到处于地狱底层的灵魂呻吟和哭泣的声音。天使们同样向他展示了一个非常怡人的地方，告诉他那是上帝的天堂。对于炼狱的先前史来说唯一有价值的一点是存在一座桥，跨越一条火河，一些灵魂从桥上落入河里，他们完全浸入，或者只是身体一部分进入，或者半身，或者到膝盖，或者到腋窝。天使告诉他："那些是在离开俗世生命之后的灵魂，他们尚未完全清除某些轻微罪行，需要仁慈上帝的某些虔敬的惩罚才能配得上见上帝。"这是炼罪的概念，虽然没有说出这个词。但这个文本相对于几乎同时代的比德记录的德赖瑟尔姆的灵视来说是落后的。

在 11 世纪：圣埃默朗的奥特罗（Otloh de Saint-Emmeran）。

圣埃默朗和福尔达的奥特罗（1010—1070）是中世纪首位自传作者，人们甚至将他的自传与圣奥古斯丁的《忏悔录》相比，他写作了一部《灵视书》（《罗马教会圣师全集》第 146 卷，341—388 栏），该书属于修道院的传统，记述了他自己得到的或者在其他作者（主要是大格列高列的《对话集》）书中找到的一些灵视。在这些来自外邦的灵视中，有文洛克修院的修士的灵视，是有圣波尼法爵记述的（375—380 栏），以及由比德讲述的德赖瑟尔姆的灵视（380—383 栏）。鉴于奥特罗的原始资料的古老性，在这些灵视中不仅不涉及炼狱，而且 ignis purgatorius（炼罪之火），poenae purgatoriae（炼罪刑罚）这些表述也很少见到。[①] 比如，在第 14 个灵视中，波西米亚一座修道院的修士伊萨克在一片怡人的草地上看到圣贡特尔、圣穆理斯和圣亚德伯，圣徒们告诉他说他们不得不"经过炼罪之火"才来到这安息地（refrigerium）。所以，奥特罗并没有对未来的炼狱提供什么新东西。在他记述的灵视的旁支细节中，我们能注意到他一方面倾向于强调世俗人对修道院财产的劫夺是造成他们在彼岸世界受惩罚的原因（在灵视 7 中，一位犯下此罪的领主在空中骑着马向两个儿子显现，这应该是最早提及埃勒坎幽灵军（mesnie Hellequin）的地方），另一方面他倾向将这些灵视用于政治目的。比如，修道士伊萨克的灵视旨在显示雷根斯堡主教地位高于布拉格主教。灵视 17 显示奥托二世的妻

500

---

① 现代的校勘者在他给这些灵视所加的题目中多次任性使用了 purgatorium（炼罪 / 炼狱）这个词。

子、奥托三世的母亲泰奥法诺皇后向一位修女显现，请求她将自己从在彼岸世界所受的折磨中解救出来，因为她曾经以东方女性的方式在俗世生活中炫耀过于淫邪的妆容。这是利用彼岸世界来表达西方与东方之间文化鸿沟的绝佳例子！

13 世纪初：瑟吉尔（Thurchill）的灵视。

我重新回到瑟吉尔的灵视，这是名副其实的惊人的灵视，几年前我曾在我的研讨课上解释过，但是我在前文没有对此展开（前文第 397—399 页），因为它大致上与圣帕特里克的炼狱同时代，很可能稍晚些，与萨尔特雷的 H 的灵视相反，它并未造就炼狱的成功。这个 1206 年的灵视很可能是英国熙笃会的柯吉歇尔的拉尔夫（Ralph de Coggeshall）的作品。这个灵视被本笃会的文多弗的罗杰（Roger de Wendover）插入他的《历史荟萃》（*Flores historiarum*）里，被 1259 年去世的马蒂厄·帕里斯（Mathieu Paris）插入他的《大编年史》（*Chronica Majora*）。瑟吉尔是伦敦地区的普通农民，在睡眠中被"好客者"圣儒利安和圣多姆纽斯带着穿越彼岸世界，应圣雅各的请求，他们让他周游了彼岸世界。在一座类似修道院禁院的十字型大教堂内部，他参观了"恶人们受惩罚的地方和义人们的居所"。如同 13 世纪初一般的情况，与炼狱相关的词汇汇集了一些古老的表述（loca poenalia（刑罚场所）、ignis purgatorius（炼罪之火））和新名词 purgatorium（炼狱，per purgatorii poenas（通过炼狱刑罚））。瑟吉尔的彼岸世界地理仍旧有些含糊，炼狱符合多个"灵魂们的居所"（receptacula animarum）的古老意象，炼狱尚未得到统一。因此，炼狱与其他炼罪场所同属于一种由圣尼古拉主持的炼

罪（qui huic purgtorio praerat）。瑟吉尔的灵视体现出两个特点，它
们代表着 13 世纪初人们的心态：即对称量灵魂重量的重视（我们在
哥特艺术的雕塑中看到这种意象）以及将彼岸世界刑罚场所的驻留
者的分类与炼狱联系起来（将对七宗罪比如对傲慢者的惩罚与对社
会分类的罪行比如神父、骑士、法官的罪孽混同起来，这三者是社
会的三分图式的一种有趣的形态）。触动瑟吉尔的灵视的注疏者的
主要是这个灵视在一个令人吃惊的片段中充满的戏剧性，在这个片
段中周游者旁观了恶魔对炼狱所居者进行折磨的演出、表演（ludos
vestros）（第 503 页）。亨利·雷-弗洛（Henri Rey-Flaud: *Pour une
dramaturgie du Moyen Age*《试论中世纪剧本创作》，巴黎，1980，第
82—83 页）对瑟吉尔的灵视与同时代的戏剧运动做了比较研究，特
别是与完全同时代的阿拉斯的让·博德尔（Jean Bodel）的《圣尼
501 古拉剧》做了比较研究。不过，如同图像研究中一样，似乎这种炼
狱的戏剧表现流产了，神秘剧的运作继续按照天堂和地狱的两元
系统。

最后，12 与 13 世纪之交与《圣帕特里克的炼狱》和瑟吉尔
的灵视并列的第三大灵视作品是艾因沙姆（伊夫舍姆）的修道士
的灵视，它同样被插入的柯吉歇尔的拉尔夫的《盎格鲁人编年史》
（*Chronicon Anglicanum*, J. 史蒂文森校勘，1875，第 71—72 页），
文多弗的罗杰的《历史荟萃》和马蒂厄·帕里斯的《大编年史》
（卷 2，第 243—244 页），它与德赖瑟尔姆的灵视极其相似，炼狱
在其中仍旧过于支离破碎，我因此没有保留它。

——弗朗索瓦·多尔博好意向我指出布赖恩·格罗根的文

章《早期爱尔兰教会的末世论教育》(Brian Grogan: "Eschatological Teaching of the Early Irish Church",载《圣经研究》(*Biblical Studies*),《中世纪爱尔兰的贡献》,M. 麦克纳马拉编辑,爱尔兰圣经学会会刊,第 1 期,都柏林,1976,第 46—58 页)。其中多有涉及炼狱问题。B. 格罗根并未明确说明,因为他过早使用了炼狱这个词,但他证实说地狱与炼罪之火 (ignis purgatorius) 直到 12 世纪末才相互区分开来,《圣帕特里克的炼狱》是第一个有关爱尔兰的文本,炼狱 (purgatorium) 这个词是在这个文本中首次出现的。

——我收到了吉尔贝·德拉贡的文章《洞察某种区别:"炼狱之争"的开端》(Gilbert Dragon: La Perception d'une différence: les débuts de la "Querelle du Purgatoire",载《拜占庭研究第 15 届大会文集》(*Actes du XVe congrès international d'Etudes byzantines*),第四卷《历史》,雅典,1980,第 84—92 页),但是我未来得及用上。

致　谢

　　本书研究得到了许多人的协助。首先是社会科学高等研究学院的历史人类学小组成员的协助：安德蕾·杜比、玛丽-克莱尔·加斯诺、若尔热特·拉加德、科莱特·里博古、让-克洛德·施密特以及我的同事与朋友安娜·隆巴尔-茹尔当。

　　还感谢巴黎国家科研中心的文本历史与研究学院的弗朗索瓦·多尔博和莫妮卡-塞西尔·加朗，迪康热委员会的安娜-玛丽·博捷，中世纪哲学拉丁语词汇研究所的安妮·卡泽纳夫以及法国多明我会勒索尔舒瓦图书馆团队，我从他们的专业与友善中受益。

　　感谢在罗马的朋友吉罗拉诺·阿纳尔迪和拉乌尔·曼塞利让我从他们的博学与关心中受益。我得到了罗马法国学院图书馆诺埃尔·德拉·布朗沙迪埃、帕斯卡尔·科克和所有人员的无可比拟的帮助。"中世纪研究"主任让-克洛德·迈尔-维格尔和法国学院成员雅克·希福洛对我多方帮助。法国学院院长乔治·瓦莱和安德烈·哈特曼在纳沃纳广场驻地热情接待了我，并允许我在优越的条件下撰写了本书大部分内容。感谢梵蒂冈图书馆的阿戈斯蒂诺·帕拉维齐尼-巴里亚尼，同样感谢路易·迪瓦尔-阿尔奴和约瑟夫·索塞主教，他们对我倾尽其学识与善意。我同样能在卓越条件下在格列高列教宗大学图书馆里工作。德国历史研究所主任赖因哈特·埃尔策教授与图书馆员戈尔德布鲁纳博士甚至提前预计到我的所需与所愿。

感谢三位朋友，他们为我本书研究各个阶段，特别是对本书手稿的批评意见为我提供了无可估量的帮助：他们是皮埃尔-玛丽·吉神父、让-克洛德·施密特，尤其是雅克·雷韦尔，我对他们致以特别的感谢。

克里斯蒂娜·博纳富瓦以及西蒙娜·布罗什罗对本书的成书贡献了关注与热心。

我谨向所有人致以深切感谢。

图书在版编目(CIP)数据

炼狱的诞生/(法)雅克·勒高夫著;周莽译. —北京:
商务印书馆,2022
(汉译世界学术名著丛书)
ISBN 978 - 7 - 100 - 18674 - 2

Ⅰ.①炼… Ⅱ.①雅… ②周… Ⅲ.①欧洲—中世
纪史 Ⅳ.①K503

中国版本图书馆 CIP 数据核字(2020)第 109251 号

汉译世界学术名著丛书
炼狱的诞生
〔法〕雅克·勒高夫 著
周莽 译

商 务 印 书 馆 出 版
(北京王府井大街 36 号 邮政编码 100710)
商 务 印 书 馆 发 行
北京市白帆印务有限公司印刷
ISBN 978 - 7 - 100 - 18674 - 2

2022 年 6 月第 1 版　　　　开本 850×1168 1/32
2022 年 6 月北京第 1 次印刷　　印张 20⅛
定价:88.00 元